曾文正公家書

家书 卷一至卷八

（上）

〔清〕曾国藩 著

中国书店

图书在版编目（CIP）数据

曾文正公家书 / 曾国藩著. — 北京 : 中国书店, 2015.9（2023.2重印）
ISBN 978-7-5149-1374-3

Ⅰ. ①曾… Ⅱ. ①曾… Ⅲ. ①曾国藩（1811-1872）—书信集②家庭道德—中国—清代 Ⅳ. ①K827=52 ②B823.1

中国版本图书馆CIP数据核字(2021)第110475号

责任编辑 柏 实 王 丹
策　　划 万文社

曾文正公家书
曾国藩 著

出　　版 中国书店
地　　址 北京市西城区琉璃厂东街115号
邮　　编 100050
发　　行 全国新华书店经销
印　　刷 北京飞帆印刷有限公司
开　　本 680毫米×980毫米 1/16
印　　张 54
字　　数 700千字
版　　次 2015年9月第1版
印　　次 2023年2月第7次印刷
书　　号 ISBN 978-7-5149-1374-3
定　　价 89.00元（全2册）

出版说明

曾国藩逝世后，李瀚章、李鸿章兄弟主持编校了第一版权威的《曾文正公全集》。光绪二年由湖南传忠书局刻印。这部《全集》没有收录曾国藩的家书。

光绪五年，在李氏兄弟主持下《曾文正公家书》编校完成，仍交由传忠书局刻印。这是第一部权威的曾国藩家书。全书分十卷，收录了曾国藩 30 岁以后（道光二十年至同治十年）与家人的通信，总计 780 余封。此后刊行的各种家书，基本都是依据此刻本翻刻或排印。

本次出版的简体横排版，就是以传忠书局刻印的这一版《曾文正公家书》为底本。在编校上完全遵从了原版体例和文本。并在此基础上增加了《旧本未刊家书补编》390 余封和同为李氏兄弟主持编校的两卷本《曾文正公家训》120 余封两部分内容。以求更完整呈现曾国藩修身、齐家、治国的思想和实践。

文字校订方面，除了将繁体竖排转换成简体横排之外，仅改正了原版中一些明显的错字。另有异体字和古今不同写法的词形，均根据现在通行的标准处理。书中所用人名，能确定为同一人名不同写法的，用最常用名进行统一。比如李鸿章有“李少荃”、“李少泉”的写法，为方便阅读，本书统一为“李少荃”。

本书与之前诸多版本最大的区别在于完全保留了原版的编排体例和文本，以方便读者能更真实地感受曾国藩原汁原味的语言、文字和思想。限于编者的水平，书中难免出现疏误，敬请读者谅解。

总目录

目录

曾文正公遺像

曾文正公畫像贊

周綜四代孔闡六數匋鑄區宇係苞桑固文誤而炎
圖焉彫鏤盪浮黜華虛尋理緖因循多故迷螢尤霧
驚彼草木熏胥猿鶴儒家者流睢喜操觚秉禮出治
理而不膚投之艱鉅內剛外柔風颷雷激朋飛羣附
滌盪瑕垢祇行吾素
先帝曰都而不善乎將相通侯東南尸祝文場伏波
非經不娛曰辰孔夕自詆若無人之有技有容休休
通經之用羣反厥初薪盡火傳覩此禮書武兮文備
啟我聖徒元氣布濩允莫與圖

李鴻章敬題

曾文正公家書卷一

道光二十年庚子歲二月初九日

男國藩跪稟父親母親大人膝下去年十二月十六日男在漢口寄家信付湘潭人和紙行不知已收到否後於廿一日在漢口開車二人共僱二把手小車六輛男占三輛半行三百餘里至河南八里汊度歲正月初二日開車初七日至周家口即換大車僱三套篷車二輛每套錢十五千文男占四套朱占二套初九日開車十二日至河南省城拜客躭擱四天獲百餘金十六日起行即於是日三更趁風平浪靜逕渡黃河廿八日到京一路清吉平安天氣亦好惟過年二天微雪耳到京在長郡會

原版正文首页　上图是光绪五年传忠书局刻印的《曾文正公家书》，正文第一页。

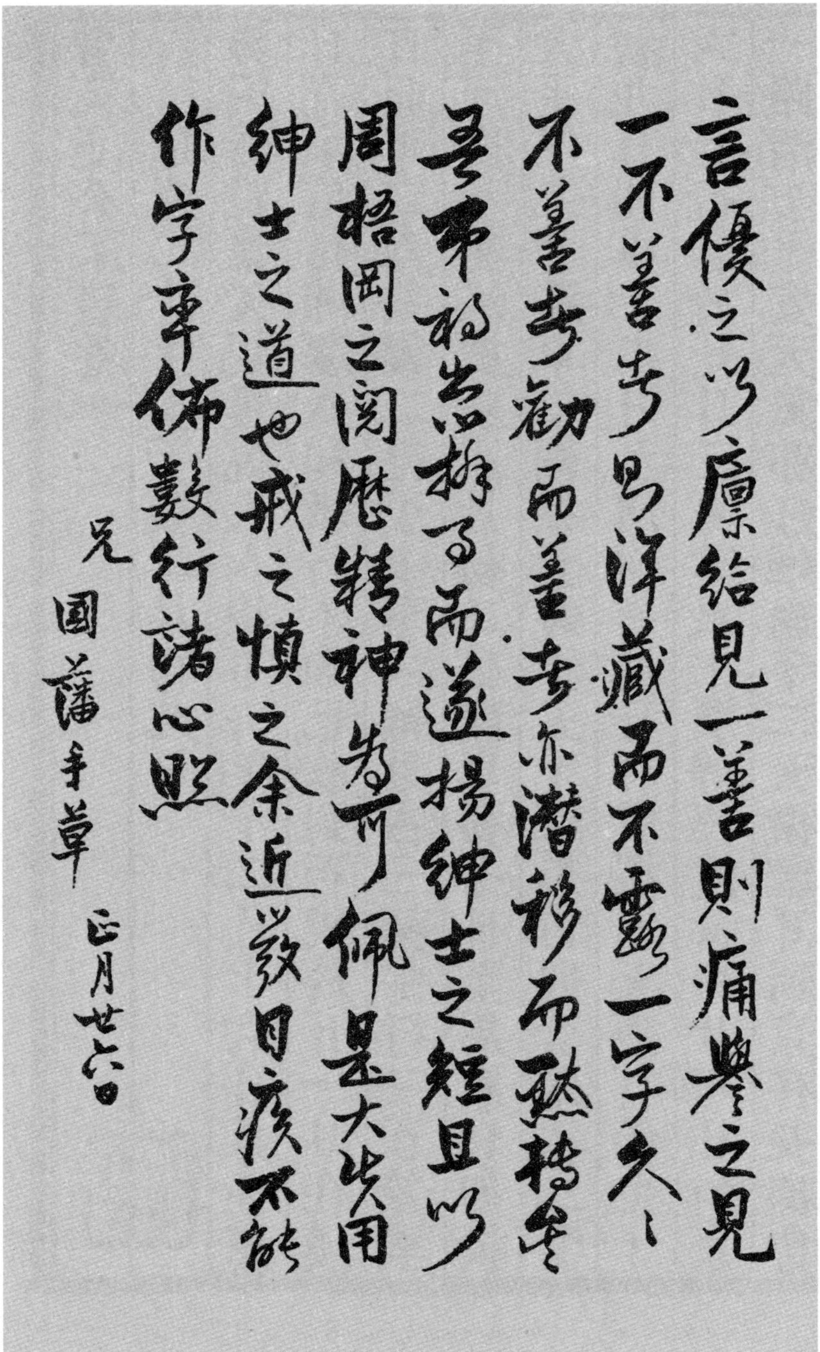

言優之以廩給見一善則痛譽之見
一不善者則渾藏而不露一字久之
不善者勸而善者亦潛移而默轉矣
吾弟輕出揚言而遂揚紳士之短且以
周梧岡之閱歷精神為可佩是大有用
紳士之道也戒之慎之余近日目疾不能
作字草佈數行諸心照

兄 國藩手草 正月廿六日

致沅甫九弟　曾国藩手书于咸丰七年

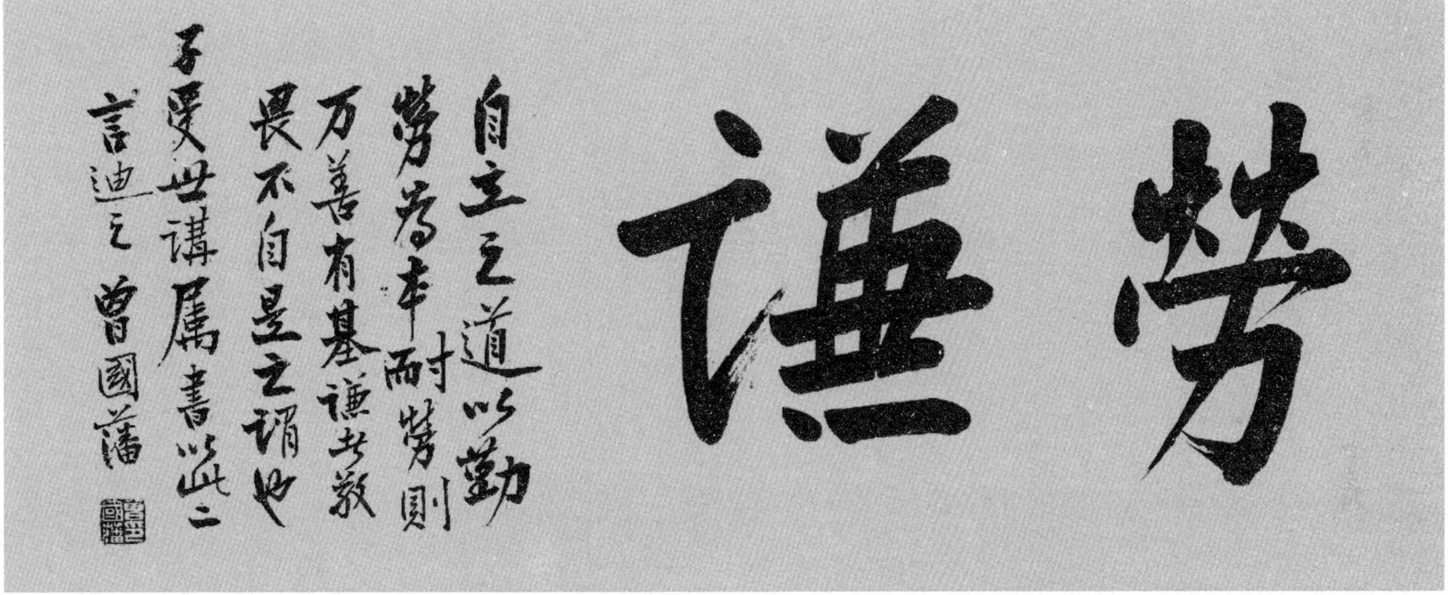

劳谦　曾国藩手书此二字，以示家中子侄。

曾国藩家族成员录

祖父　曾玉屏，号星冈。《家书》中被尊称为“**星冈公**”。

父亲　曾麟书，号竹亭。《家书》中被尊称为“**竹亭公**”。

曾玉屏长子。考过十次童生，均未考上。自知仕途无望，所以建立家塾“利见斋”，将光大门第的希望寄托在曾国藩兄弟身上。

叔父　曾骥云，号高轩。《家书》中被尊称为“**高轩公**”。

曾玉屏第三子。一直在家乡帮助父亲和兄长主持家事，是家族的重要主事人。

十叔　曾丹阁，《家书》中被称为“**丹阁十叔**”。

曾国藩族叔。与曾国藩年纪相仿，曾同窗十年，二人关系很好。

妻子　欧阳夫人

其父欧阳凝祉是曾国藩在衡阳求学时的老师，其兄欧阳牧云是曾国藩的好友。

四弟　曾国潢，《家书》中被称为“**澄候、澄弟、四弟**”。

原名国英，后改国潢，号澄候。曾国藩大弟，在族谱兄弟中排行第四。因资质平庸，遵循兄长指教在家主理家事。

六弟　曾国华，《家书》中被称为“**温甫、温弟、六弟**”。

原字谦斋，后曾国藩为他改名为温甫。曾国藩二弟，在族谱兄弟中排行第六。因叔父曾骥云无子，被过继给叔父为子。他功名不顺，于咸丰五年开办团练。当湘军被困于江西时，他率军赴赣解围。后为湘军将领李续宾副手，转战鄂、皖。不幸殉命于安徽三河镇。朝廷赠其道员衔，加赠太常侍卿衔，追赠通议大夫，赏骑都尉世职，谥“愍烈”。

九弟　曾国荃，《家书》中被称为“**叔淳、子植、沅甫、九弟**”。

字沅甫，号叔淳，又名子植。曾国藩三弟，在族谱兄弟中排行第九。湘军主要将领之一。他于咸丰二年取优贡生，后随曾国藩征战南北。咸丰六年，因攻打太平军有功，赏“伟勇巴图鲁”名号和一品顶戴。同治三年，率军攻破太平天国的都城金陵。朝廷封太子少保，并加封一等伯爵。此后历任陕西和山西巡抚、两广总督、礼部尚书、两江总督兼通商事物大臣等。光绪十五年加太子太保衔。翌年，卒于位，谥“忠襄”。

季弟　曾国葆，《家书》中被称为“**季洪、季弟**”。

字季洪，又字事恒，派名传履，后改名贞干。曾国藩最小的弟弟。咸丰三年，曾国藩奉诏讨伐太平军，曾国葆率六百人相从。咸丰八年，为报兄长曾国华战死之仇复出，并改名贞干。咸丰十一年，与兄曾国荃合围攻克安庆。同治元年，与曾国荃合围天京，不幸病逝于军营。朝廷追赠内阁学士，谥“靖毅”。

长子　曾纪泽，《家书》中被称为“**纪泽、泽儿**”。

字劼刚，号梦瞻。袭封一等毅勇侯，晚清著名外交家。自幼受严格教育，通经史，工诗文，并精算术。长大后，因受洋务运动影响，开始学习英语，研究西方科学文化。同治九年由二品荫生补户部员外郎，光绪三年父忧服除，以承袭爵位入京。后相继出使英、法、俄诸国。曾配合左宗棠在新疆对俄作战。并与沙俄谈判，修改了崇厚擅自与沙俄签订的丧权辱国的《里瓦几亚条约》，签订了《中俄改订条约》(即《中俄伊犁条约》)。交还伊犁及乌众岛山，帖克斯川诸要隘，有功于新疆甚大。

次子　曾纪鸿，《家书》中被称为“**纪鸿、鸿儿**”。

字栗诚。晚清数学家。他从小不热衷于仕途，爱好数学。著有《对数评解》、《圆率考真图解》、《粟布演草》等数学专著。可惜33岁就英年早逝。

曾国藩年龄对应年代表

公元纪年	皇帝纪年	干支纪年	曾国藩年龄
1811 年	嘉庆十六年	辛未	1
1812 年	嘉庆十七年	壬申	2
1813 年	嘉庆十八年	癸酉	3
1814 年	嘉庆十九年	甲戌	4
1815 年	嘉庆二十年	乙亥	5
1816 年	嘉庆二十一年	丙子	6
1817 年	嘉庆二十二年	丁丑	7
1818 年	嘉庆二十三年	戊寅	8
1819 年	嘉庆二十四年	己卯	9
1820 年	嘉庆二十五年	庚辰	10
1821 年	道光元年	辛巳	11
1822 年	道光二年	壬午	12
1823 年	道光三年	癸未	13
1824 年	道光四年	甲申	14
1825 年	道光五年	乙酉	15
1826 年	道光六年	丙戌	16
1827 年	道光七年	丁亥	17
1828 年	道光八年	戊子	18
1829 年	道光九年	己丑	19
1830 年	道光十年	庚寅	20
1831 年	道光十一年	辛卯	21
1832 年	道光十二年	壬辰	22
1833 年	道光十三年	癸巳	23
1834 年	道光十四年	甲午	24
1835 年	道光十五年	乙未	25
1836 年	道光十六年	丙申	26

续表

公元纪年	皇帝纪年	干支纪年	曾国藩年龄
1837 年	道光十七年	丁酉	27
1838 年	道光十八年	戊戌	28
1839 年	道光十九年	己亥	29
1840 年	道光二十年	庚子	30
1841 年	道光二十一年	辛丑	31
1842 年	道光二十二年	壬寅	32
1843 年	道光二十三年	癸卯	33
1844 年	道光二十四年	甲辰	34
1845 年	道光二十五年	乙巳	35
1846 年	道光二十六年	丙午	36
1847 年	道光二十七年	丁未	37
1848 年	道光二十八年	戊申	38
1849 年	道光二十九年	己酉	39
1850 年	道光三十年	庚戌	40
1851 年	咸丰元年	辛亥	41
1852 年	咸丰二年	壬子	42
1853 年	咸丰三年	癸丑	43
1854 年	咸丰四年	甲寅	44
1855 年	咸丰五年	乙卯	45
1856 年	咸丰六年	丙辰	46
1857 年	咸丰七年	丁巳	47
1858 年	咸丰八年	戊午	48
1859 年	咸丰九年	己未	49
1860 年	咸丰十年	庚申	50
1861 年	咸丰十一年	辛酉	51
1862 年	同治元年	壬戌	52
1863 年	同治二年	癸亥	53
1864 年	同治三年	甲子	54
1865 年	同治四年	乙丑	55
1866 年	同治五年	丙寅	56
1867 年	同治六年	丁卯	57
1868 年	同治七年	戊辰	58
1869 年	同治八年	己巳	59
1870 年	同治九年	庚午	60
1871 年	同治十年	辛未	61
1872 年	同治十一年	壬申	62

曾文正公家书

卷一 家书

目录

道光二十年庚子岁二月初九日

男国藩跪禀父亲、母亲大人膝下：

去年十二月十六日，男在汉口寄家信，付湘潭人和纸行，不知已收到否？后于二十一日在汉口开车，二人共雇二把手小车六辆，男占三辆半。行三百余里，至河南八里汊度岁。正月初二日开车，初七日至周家口，即换大车。雇三套篷车二辆，每套钱十五千文。男占四套，朱占二套。初九日开车，十二日至河南省城，拜客耽搁四天，获百余金。十六日起行，即于是日三更，趁风平浪静，径渡黄河，二十八日到京。一路清吉平安，天气亦好，惟过年二天微雪耳。

到京在长郡会馆卸车。二月初一日移寓南横街千佛庵。屋四间，每月赁钱四千文，与梅、陈二人居址甚近。三人联会，间日一课，每课一赋一诗誊真。初八日是汤中堂老师大课，题“智若禹之行水赋”，以“行所无事则智大矣”为韵，诗题赋得“池面鱼吹柳絮行，得吹字”，三月尚有大课一次。同年未到者不过一二人，梅、陈二人皆正月始到。岱云江南、山东之行无甚佳处，到京除偿债外，不过存二三百金，又有八口之家。

男路上用去百金，刻下光景颇好。接家眷之说，郑小珊现无回信。伊若允诺，似尽妥妙；如其不可，则另图善计，或缓一二年亦可，因儿子太小故也。

家中诸事都不挂念，惟诸弟读书不知有进境否？须将所作文字诗赋寄一二首来京。丹阁叔大作亦望寄示。男在京一切谨慎，家中尽可放心。

又禀者，大行皇后于正月十一日升遐，百日以内禁薙发，期年禁燕会音乐。何仙槎年伯于二月初五日溘逝。是日男在何家早饭，并未闻其大病，不数刻而凶问至矣。没后，加太子太保衔。其次子何子毅已于去年十一月物故。自前年出京后，同乡相继殂逝者夏一卿、李高衢、杨宝筠三主事，熊子谦、谢切庵及何氏父子，凡七人，光景为之一变。

男现慎保身体，自奉颇厚。季仙九师升正詹，放浙江学政，初十日出京。廖钰夫师升尚书。吴甄甫师任福建巡抚。朱师、徐师灵棣并已回南矣。

詹有乾家墨，到京竟不可用，以胶太重也，拟仍付回，或退或用，随便。接家眷事，三月又有信回家中。信来须将本房及各亲戚家附载详明，堂上各老人须一一分叙，以烦琐为贵。

谨此跪禀万福金安。

道光二十一年辛丑四月十七日

祖父大人万福金安：

四月十一日由折差发第六号家信，十六日折弁又到。孙男等平安如常，孙妇亦起居维慎，曾孙数日内添吃粥一顿，因母乳日少，饭食难喂，每日两饭一粥。

今年散馆，湖南三人皆留，全单内共留五十二人，仅三人改部属，三人改知县。翰林衙门现已多至百四五十人，可谓极盛。琦善已于十四日押解到京，奉上谕派亲王三人、郡王一人、军机大臣、大学士、六部尚书会同审讯，现未定案。梅霖生同年因去岁咳嗽未愈，日内颇患咯血。同乡各京官宅皆如故。

澄侯弟三月初四在县城发信已经收到，正月二十五信至今未接，兰姊以何时分娩？是男是女？伏望下次示知。

楚善八叔事，不知去冬是何光景？如绝无解危之处，则二伯祖母将穷迫难堪，竟希公之后人将见笑于乡里矣。孙国藩去冬已写信求东阳叔祖兄弟，不知有补益否？此事全求祖父大人作主。如能救焚拯溺，何难嘘枯回生！

伏念祖父平日积德累仁，救难济急，孙所知者已难指数。如廖品一之孤、上莲叔之妻、彭定五之子、福益叔祖之母及小罗巷、樟树堂各庵，皆代为筹划，曲加矜恤。凡他人所束手无策、计无复之者，得祖父善为调停，旋乾转坤，无不立即解危，而况楚善八叔同胞之亲、万难之时乎？孙因念及家事，四千里外杳无消息，不知同堂诸叔目前光景。又念家中此时亦甚艰窘，辄敢冒昧饶舌，伏求祖父大人宽宥无知之罪。楚善叔事如有说法之处，望详细寄信来京。

兹逢折便，敬禀一二。即跪叩祖母大人万福金安。

道光二十一年五月十八日

男国藩跪禀父亲大人万福金安：

自闰三月十四日在都门拜送父亲，嗣后共接家信五封：十五日接四弟在涟滨所发信，系第二号，始知正月信已失矣；二十二日接父亲在二十里铺发信；四月二十八巳刻接在汉口寄曹颖生家信；申刻又接在汴梁寄信；五月十五接父亲到长沙发信，内有四弟信、六弟文章五首。诸悉祖父母大人康强，家中老幼平安，诸弟读书发奋，并喜父亲出京一路顺畅，自京至省仅三十余日，真极神速！

男于闰三月十六发第五号家信，四月十一发六号，十七发七号，不知家中均收到否？迩际男身体如常，每夜早眠，起亦渐早。惟不耐久思，思多则头昏，故常冥心于无用，优游涵养，以谨守父亲保身之训。

九弟功课有常，《礼记》九本已点完，《鉴》已看至三国，《斯文精萃》诗、文各已读半本。诗略进功，文章未进功。男亦不求速效，观其领悟，已有心得，大约手不从心耳。

甲三于四月下旬能行走，不须扶持，尚未能言。无乳可食，每日一粥两饭。冢妇身体亦好，已有梦熊之喜。婢仆皆如故。

今年新进士龙翰臣得状元，系前任湘乡知县见田年伯之世兄。同乡六人，得四庶常、两知县。复试单已于闰三月十六付回，兹又付呈殿试朝考全单。同乡京官如故。郑莘田给谏服阕来京。梅霖生病势沉重，深为可虑。黎樾乔老前辈处，父亲未去辞行，男已道达此意。广东之事，四月十八得捷音，兹将抄报付回。男等在京自知谨慎，堂上各老人不必挂怀。

家中事，兰姊去年生育，是男是女？楚善事如何成就？伏望示知。男谨禀。即请母亲大人万福金安。

道光二十一年六月初七日

孙男国藩跪禀祖父大人万福金安：

五月十八日孙在京发第八号家信，内有六弟文二篇，广东事抄报一纸，本年殿试朝考单一纸，寄四弟、六弟新旧信二封，绢写格言一幅，孙国荃寄呈文四篇、诗十首、字一纸，呈堂上禀三纸，寄四弟信一封，不审已收到否？六月初五日接家信一封，系四弟四月初十日在省城发，得悉一切，不胜欣慰。

孙国藩日内身体平安。国荃于二十三日微受暑热，服药一帖，次日即愈；初三日复患腹泻，服药二帖即愈。曾孙甲三于二十三日腹泻不止，比请郑小珊诊治，次日添请吴竹如，皆云系脾虚而兼受暑气，三日内服药六帖，亦无大效。二十六日添请本京王医，专服凉药，渐次平复。初一、二两日未吃药，刻下病已全好，惟脾元尚亏，体尚未复。孙等自知细心调理，观其行走如常，饮食如常，不吃药即可复体，堂上不必挂念。冢孙妇身体亦好，婢仆如旧。

同乡梅霖生病于五月中旬日日加重，十八日上床，二十五日子时仙逝。胡云阁先生亦同日同时同刻仙逝。梅霖生身后一切事宜，系陈岱云、黎月乔与孙三人料理。戊戌同年赙仪共五百两，吴甄甫夫子戊戌总裁进京，赙赠百两，将来一概共可张罗千余金。计京中用费及灵柩回南途费不过用四百金，其余尚可周恤遗孤。

自五月下旬以至六月初，诸事殷繁，荃孙亦未得读书。六弟前寄文来京，尚有三篇孙未暇改。广东事已成功，由军功升官及戴花翎、蓝翎者共二百余人。将上谕抄回前半节，其后半载升官人名未及全抄。

昨接家信，始知楚善八叔竹山湾田于去冬归祖父大人承买，八叔之家稍安，而我家更窘迫，不知祖父如何调停？去冬今年如何说法？望于家信内详示。

孙等在京别无生计，大约冬初即须借帐，不能备仰事之资寄回，不胜愧悚。吴春冈分发浙江，告假由江南回家，七月初起程。余容续禀。即禀祖父、祖母大人万福金安。孙跪禀。

道光二十一年六月二十九日

孙男国藩跪禀祖父大人万福金安：

六月初七日发家信第九号，二十九日早接丹阁十叔信，系正月二十八日发，始知祖父大人于二月间体气违和，三月已痊愈，至今康健如常，家中老幼均吉，不胜欣幸。四弟于五月初九寄信、物于彭山屺处，至今尚未到，大约七月可到。

丹阁叔信内言去年楚善叔田业卖与我家承管，其中曲折甚多。添梓坪借钱三百四十千，其实只三百千，外四十千系丹阁叔兄弟代出。丹阁叔因我家景况艰窘，勉强代楚善叔解危，将来受累不浅。故所代出之四十千自去冬至今不敢向我家明言，不特不敢明告祖父，即父亲、叔父之前，渠亦不敢直说。盖事前说出，则事必不成；不成，则楚善叔逼迫无路，二伯祖母奉养必阙，而本房日见凋败，终无安静之日矣。事后说出，则我家既受其累，又受其欺，祖父大人必怒，渠更无辞可对，无地自容，故将此事写信告知孙男，托孙原其不得已之故，转禀告祖父大人。现在家中艰难，渠所代出之四十千，想无钱可以付渠。八月心斋兄南旋，孙拟在京借银数十两付回家中归楚，此项大约须腊底可到，因心斋兄走江南回故也。

孙此刻在京光景渐窘，然当京官者，大半皆东扯西支，从无充裕之时，亦从无冻饿之时，家中不必系怀。孙现经管长郡会馆事，公项存件亦已无几。孙日内身体如恒，九弟亦好。甲三自五月二十三日起病，至今虽痊愈，然十分之中尚有一二分未尽复旧。刻下每日吃炒米粥二餐，泡冻米吃二次。乳已全无，而伊亦要吃。据医云此等乳最不养人，因其夜哭甚，不能遽断乳。从前发热烦躁、夜卧不安、食物不化及一切诸患，此时皆已去尽，日日嬉笑好吃。现在尚服补脾之药，大约再服四五帖，本体全复，即可不药。孙妇亦感冒三天，郑小珊云："服凉药后，须略吃安胎药。"目下亦健爽如常。

甲三病时，孙妇曾于五月二十五日跪许装修家中观世音菩萨金身，伏求家中今年酬愿。又言西冲有寿佛神像，祖母曾叩许装修，亦系为甲三而许，亦求今年酬谢了愿。

梅霖生身后事办理颇如意，其子可于七月扶榇回南。同乡各官如常。家中若有信来，望将王率五家光景写明。肃此谨禀祖父母大人万福金安。

道光二十一年八月初三日

男国藩跪禀父亲大人万福金安：

五月十八日发家信第八号，知家中已经收到。六月初七发第九号，内有男呈祖父禀一件，国荃寄四弟信一件。七月初二发第十号，内有黄芽白菜子，不知俱已收到否？

男等接得父亲归途三次信：一系河间二十里铺发，一汴梁城发，一武昌发。又长沙发信亦收到。六月二十九接丹阁叔信。七月初九彭山屺到京，接到四弟在省所寄《经世文编》一部，慎诒堂《四书》、《周易》各一部，小皮箱三口，有布套龙须草席一床，信一件，又叔父手书，得悉一切：谱已修好，楚善叔事已有成局，彭山屺处兑钱四十千文。外楚善叔信一件，岳父信一件。七月二十七日接到家信二件，一系五月十五在家写，一系六月二十七在省写。外欧阳牧云信一，曾香海信一，心斋家信二，荆七信一，俱收到。

彭山屺进京，道上为雨泥所苦，又值黄河水涨，渡河时大费力，行李衣服皆湿。惟男所寄书，渠收贮箱内，全无潮损，真可感也！到京又以腊肉、莲茶送男。渠于初九晚到，男于十三日请酒，十六日将四十千钱交楚。渠于十八日赁住黑市，离城十八里，系武会试进场之地，男必去送考。

男在京身体平安。国荃亦如常。男妇于六月二十三四感冒，服药数帖痊愈，又服安胎药数帖。孙纪泽自病痊愈后，又服补剂十余帖，辰下体已复元，每日行走欢呼，虽不能言，已无所不知。食粥一大碗，不食零物。仆婢皆如常。周贵已荐随陈云心回南，其人蠢而负恩。萧祥已跟别人，男见其老成，加钱呼之复来。

男目下光景渐窘，恰有俸银接续，冬下又望外官例寄炭资，今年尚可勉强支持，至明年则更难筹划。借钱之难，京城与家乡相仿，但不勒追强逼耳。前次寄信回家，言添梓坪借项内，松轩叔兄弟实代出钱四十千，男可寄银回家，完清此项。近因完彭山屺项，又移徙房屋，用钱日多，恐难再付银回家。

男现看定屋在绳匠胡同北头路东，准于八月初六日迁居。初二日已搬一香案去，取吉日也。棉花六条胡同之屋，王翰城言冬间极不吉，且言重庆下者不宜住三面悬空之屋，故遂迁移。绳匠胡同房每月大钱十千，收拾又须十余千。心斋借男银已全楚，渠家中付来银五百五十两，又有各项出息，渠言尚须借银出京，不知信否。

广东事前已平息，近又传闻异辞。参赞大臣隆文已病死，杨芳已告病回湖南。七月间又奉旨派参赞大臣特依顺往广东查办。八月初一日，又奉旨派玉明往天津，哈哴阿往山海关。黄河于六月十四日开口，汴梁四面水围，幸不淹城。七月十六，奉旨派王鼎、慧成往河南查办。现闻泛溢千里，恐其直注洪泽湖。又闻将开捐名“豫工”，例办河南工程也。

男已于七月留须。楚善叔有信寄男，系四月写，备言其苦。近闻衡阳田已卖，应可勉强度日。戊戌冬所借十千二百，男曾言帮他，曾禀告叔父，未禀祖父大人，是男之罪，非渠之过。其余细微曲折，时成时否，时朋买，时独买，叔父信不甚详明。楚善叔信甚详，男不敢尽信。总之，渠但免债主追逼，即是好处。第目前无屋可住，不知何处安身？若万一老亲幼子栖托无所，则流离四徙，尤可怜悯！以男愚见，可仍使渠住近处，断不可住衡阳。求祖父大人代渠谋一安居。若有余赀，则佃田耕作。又求父亲寄信问朱尧阶，备言楚善光景之苦与男关注之切，问渠所管产业可佃与楚善耕否？渠若允从，则男另有信求尧阶，租谷须格外从轻。但路太远，至少亦须耕六十亩方可了吃。尧阶寿屏，托心斋带回。

严丽生在湘乡不理公事，簠簋不饬，声名狼藉，如查有真实劣迹，或有上案，不妨抄录付京。因有御史在男处查访也，但须机密。

四弟、六弟考试不知如何？得不足喜，失不足忧，总以发愤读书为主。史宜日日看，不可间断。九弟阅《易知录》，现已看至隋朝。温经先穷一经，一经通后，再治他经，切不可兼营并骛，一无所得。厚二总以书熟为主，每日读诗一首。

右谨禀父母亲大人万福金安。

道光二十一年八月十七日

男国藩跪禀父母亲大人万福金安：

八月初三日，男发家信第十一号，信甚长，不审已收到否？十四日接家信，内有父亲、叔父并丹阁叔信各一件，得悉丹阁叔入泮，且堂上各大人康健，不胜欣幸。

男于八月初六日移寓绳匠胡同北头路东，屋甚好，共十八间，每月房租京钱二十千文。前在棉花胡同，房甚逼仄，此时房屋爽垲，气象轩敞。男与九弟言，恨不能接堂上各大人来京住此。

男身体平安，九弟亦如常，前不过小恙，两日即愈，未服补剂。甲三自病体复元后，日见肥胖，每日欢呼趋走，精神不倦。冢妇亦如恒。九弟《礼记》读完，现读《周礼》。

心斋兄，于八月十六日男向渠借钱四十千，付至家用。渠允于到湘乡时送银二十八两交勤七叔处转交男家，且言万不致误。男订待渠到京日偿还其银，若到家中，不必还他。又男有寄冬菜一篓、朱尧阶寿屏一付在心斋处。冬菜托交勤七叔送至家，寿屏托交朱啸山转寄。香海处，月内准有信去。王睢园处，去冬有信去，至今无回信，殊不可解。颜字不宜写白折，男拟改临褚、柳。

去年跪托叔父大人之事，承已代觅一具，感戴之至，泥首万拜。若得再觅一具，即于今冬明春办就更妙。敬谢叔父，另有信一函。在京一切，自知谨慎。男跪禀。

道光二十一年八月十七日

侄国藩敬禀叔父大人侍下：

本年家信三号，正月一号，至今尚未收到；由彭九峰寄之信，七月初九收到；七夕所发之信，八月十四收到，欣悉家中一切。三月之事，本侄分所当为，情所不得已，何足挂齿！

前年跪托之事，蒙在渣前买得顶好料一具，侄谨率弟国荃南望拜谢，感抃难名。更求再买一具，即于今冬明春请木匠办就。其所需之钱，望写信来京，侄可觅便付回。一切经营费心，何能图报！

婶母之病痊愈，不知是何光景？曾否服药？尚有不时言笑否？若有信来，望详细示知为幸。肃此恭请叔父母大人万福金安。侄率弟国荃谨禀。

道光二十一年九月十五日

男国藩跪禀父母亲大人万福金安：

八月十四接家信三件，内系得父亲信一，叔父信一，丹阁叔信一。十八日男发家信第十二号，不知已收到否？

男等在京身体平安，甲三母子如常。惟九弟迫思南归，不解何故。自九月初间即言欲归，男始闻骇异，再四就询，终不明言。不知男何处不友，遂尔开罪于弟，使弟不愿同居。男劝其明白陈辞，万不可蕴藏于心，稍生猜疑。如男有不是，弟宜正容责之，婉言导之，使男改过自赎。再三劝谕，弟终无一言。如男全无过愆，弟愿归侍定省，亦宜写信先告知父亲，待回信到时，家中谕令南归，然后择伴束装，尚未为晚。男因弟归志已决，百计阻留，劝其多住四十天，而弟仍不愿，欲与彭山屺同归。彭会试罢屈，拟九月底南旋，现在尚少途费，待渠家寄银来京。男目下已告匮，九弟若归，途费甚难措办。

英夷在浙江滋扰日甚。河南水灾，豫、楚一路，饥民甚多，行旅大有戒心。胡咏芝前辈扶榇南归，行李家眷雇一大船，颇挟重赀，闻昨已被抢劫，言之可惨。九弟年少无知，又无大帮作伴，又无健仆，又无途费充裕，又值道上不甚恬谧之际，兼此数者，男所以大不放心，万万不令弟归。即家中闻之，亦万万放心不下。男现在苦留九弟在此，弟若婉从，则读书如故，半月内男又有禀呈；弟若执拗不从，则男当责以大义，必不令其独行。

自从闰三月以来，弟未尝片语违忤，男亦从未加以词色，兄弟极为湛乐，兹忽欲归，男寝馈难安，辗转思维，不解何故，男万难辞咎。父亲寄谕来京，先责男教书不尽职、待弟不友爱之罪，后责弟少年无知之罪，弟当翻然改寤。男教训不先，鞠爱不切，不胜战栗待罪之至。伏望父母亲俯赐惩责，俾知悛悔遵守，断不敢怙过饰非，致兄弟仍稍有嫌隙。男谨禀告家中，望无使外人闻知，疑男兄弟不睦，盖九弟不过坚执，实无丝毫怨男也。男谨禀。

道光二十一年十月十九日

男国藩跪禀父母亲大人万福金安：

十月十七日接奉在县城所发手谕，知家中老幼安吉，各亲戚家并皆如常。七月二十五由黄恕皆处寄信，八月十三日由县附信寄折差，皆未收到。男于八月初三发第十一号家信，十八发第十二号，九月十六发第十三号，不知皆收到否？

男在京身体平安。近因体气日强，每天发奋用功，早起温经，早饭后读《二十三史》，下半日阅诗、古文。每日共可看书八十页，皆过笔圈点，若有耽搁，则止看一半。

九弟体好如常，但不甚读书。前八月下旬迫切思归，男再四劝慰，询其何故，九弟终不明言，惟不读书，不肯在上房共饭。男因就弟房二人同食，男妇独在上房饭，九月一日皆如此。弟待男恭敬如常，待男妇和易如常，男夫妇相待亦如常，但不解其思归之故。男告弟云“凡兄弟有不是处，必须明言，万不可蓄疑于心。如我有不是，弟当明争婉讽，我若不听，弟当写信禀告堂上。今欲一人独归，浪用途费，错过光阴，道路艰险，尔又年少无知，祖父母、父母闻之，必且食不甘味，寝不安枕，我又安能放心？是万不可也”等语。又写书一封，详言不可归之故，共二千余字，又作诗一首示弟。弟微有悔意，而尚不读书。十月初九，男及弟等恭庆寿辰。十一日，男三十初度，弟具酒食，肃衣冠，为男祝贺，嗣是复在上房四人共饭，和好无猜。

昨接父亲手谕，中有示荃男一纸，言“境遇难得，光阴不再”等语，弟始愧悔读书。男教弟千万言，而弟不听，父亲教弟数言，而弟遽惶恐改悟，是知非弟之咎，乃男不能友爱，不克修德化导之罪也。伏求更赐手谕，责男之罪，俾男得率教改过，幸甚。

男妇身体如常。孙男日见结实，皮色较前稍黑，尚不解语。男自六月接管会馆公项，每月收房租大钱十五千文，此项例听经管支用，俟交卸时算出，不算利钱。男除用此项外，每月仅用银十一二两，若稍省俭，明年尚可不借钱。比家中用度较奢华，祖父母、父母不必悬念。男本月可补国史馆协修官，此轮次挨派者。

英夷之事，九月十七大胜，在福建、台湾生擒夷人一百三十三名，斩首三十二名，大快人心。

许吉斋师放甘肃知府，同乡何宅尽室南归，余俱如故。同乡京官现仅十余人。敬呈近事，余容续禀。男谨禀。

又呈附录诗一首云：

松柏翳危岩，葛藟相钩带。兄弟匪他人，患难亦相赖。行酒烹肥羊，嘉宾填门外。丧乱一以闻，寂寞何人会？维鸟有鹣鹣，维兽有狼狈。兄弟审无猜，外侮将予奈？愿为同岑石，无为水下濑。水急不可矶，石坚犹可磕。谁谓百年长，仓皇已老大。我迈而斯征，辛勤共粗粝。来世安可期，今生勿玩愒！

道光二十一年十一月十九日

孙男国藩、国荃跪禀祖父母大人万福金安：

十一月初二日孙发家信第十五号，外小鞋四双，由宝庆武举唐君带至湘乡县城罗宅，大约新正可到。

十五日戌刻，孙妇产生一女。是日孙妇饮食起居如故，更初始作势，二更即达生，极为平安。寓中所雇仆妇，因其刁悍，已于先两日遣去，亦未请稳婆，其断脐、洗三诸事，皆孙妇亲自经手。

曾孙甲三于初十日伤风，十七大愈，现已复元，系郑小珊医治。孙等在京身体如常。同乡李碧峰在京，孙怜其穷苦无依，接在宅内居住，新年可代伊找馆也。谨禀。

道光二十一年十二月二十一日

男国藩跪禀父母亲大人万福金安：

十一月十八男有信寄呈，写十五日生女事，不知到否？昨十二月十七日奉到手谕，知家中百凡顺遂，不胜欣幸。

男等在京身体平安，孙男孙女皆好。现在共用四人，荆七专抱孙男，以春梅事多，不能兼顾也。孙男每日清早与男同起，即送出外，夜始接归上房。孙女满月，有客一席。九弟读书近有李碧峰同居，较有乐趣。男精神不甚好，不能勤教，亦不督责。每日兄弟语笑欢娱，萧然自乐，而九弟似有进境。兹将昨日课文原稿呈上。

男今年过年，除用去会馆房租六十千外，又借银五十两。前日冀望外间或有炭资之赠，今冬乃绝无此项。闻今年家中可尽完旧债，是男在外有负累，而家无负累，此最可喜之事。岱云则南北负累，时常忧贫。然其人忠信笃敬，见信于人，亦无窘迫之时。

同乡京官俞岱青先生告假，拟明年春初出京。男有干鹿肉托渠带回。杜兰溪、周华甫皆拟送家眷出京。岱云约男同送家眷，男不肯送，渠谋亦中止。

彭山屺出京，男为代借五十金，昨已如数付来。心斋临行时，约送银二十八两至勤七叔处转交我家，不知能践言否？

嗣后家中信来，四弟、六弟各写数行，能写长信更好。男谨禀。

道光二十二年壬寅正月初七日

男国藩、国荃跪禀父亲大人万福金安：

去年十二月二十一日发平安信第十七号，内呈家中信六件，寄外人信九件，不知已收到否？

男与九弟身体清吉。冢妇亦平安。孙男甲三体好，每日吃粥两顿，不吃零星饮食，去冬已能讲话。孙女亦体好，乳食最多。合寓顺适。

今年新正，景象阳和，较去年正月甚为暖烘。兹因俞岱青先生南回，付鹿脯一方，以为堂上大人甘旨之需。鹿肉恐难寄远，故熏腊附回。此间现熏有腊肉、猪舌、猪心、腊鱼之类，与家中无异。如有便附物来京，望附茶叶、大布而已，茶叶须托朱尧阶清明时在永丰买，则其价亦廉，茶叶亦好。家中之布附至此间，为用甚大，但家中费用窘迫，无钱办此耳。

同县李碧峰苦不堪言，男代与张罗，已觅得馆，每月学俸银三两。在男处将住三月，所费无几，而彼则感激难名。馆地现尚未定，大约可成。

在京一切，自知谨慎。即请父母亲大人万福金安。

道光二十二年正月十八日

男国藩跪禀父母亲大人万福金安：

新正初七日，男发第一号家信，并鹿脯一方，托俞岱青先生交彭山屺转寄，不知到否？去年腊月十九发家信，内共信十余封，想已到矣。初七日信系男荃代书。

初八早，男兄弟率合寓上下焚香祝寿。下半日荃弟患病，发热畏寒，遍身骨节痛，胁气疼痛，次早请小珊诊，系时疫症，连日服药，现已大愈。小珊云："凡南人体素阴虚者，入京多患此症。"从前彭棣楼夫妇皆患此症。罗苏溪、劳辛阶、郑小珊、周华甫亦曾有此病。男庚子年之病，亦是此症。其治法不外滋阴祛邪，二者兼顾。九弟此次之病，又兼肝家有郁，胃家有滞，故病势来得甚陡，自初八至十三，胁气疼痛，呻吟之声震屋瓦，男等日夜惶惧，初九即请吴竹如医治，连日共请四医，总以竹如为主，小珊为辅。十四日胁痛已止，肝火亦平，十五日已能食粥，日减日退，现在微有邪热在胃。小珊云："再过数日，邪热祛尽，即可服补剂，本月尽当可复体还元。"

男自己亥年进京，庚子年自身大病，辛丑年孙儿病，今年九弟病，仰托祖父母、父母福荫，皆保万全，何幸如之！因此思丁酉春祖父之病，男不获在家服侍，至今尚觉心悸。九弟意欲于病起复体后归家，男不敢复留，待他全好时，当借途费，择良伴，令其南归，大约在三月起行。

英逆去秋在浙滋扰，冬间无甚动作。若今春不来天津，或来而我师全胜，使彼片帆不返，则社稷苍生之福也！黄河决口，去岁动工，用银五百余万，业已告竣，腊底又复决口。湖北崇阳民变，现在调兵剿办，当易平息。余容续禀。男谨呈。

道光二十二年二月二十四日

男国藩跪禀父母亲大人万福金安：

正月十七日发第二号家信，不知已收到否？男身体平安，男妇亦如常。九弟之病自正月十六日后日见强旺，二月一日开荤，现已全复元矣。二月以来，日日习字，甚有长进。男亦常习小楷，以为明年考差之具。近来改临智永《千字文》帖，不复临颜、柳二家帖，以不合时宜故也。孙男身体甚好，每日佻达欢呼，曾无歇息。孙女亦好。

浙江之事，闻于正月底交战，仍尔不胜，去岁所失宁波府城，定海、镇海二县城，尚未收复。英夷滋扰以来，皆汉奸助之为虐。此辈食毛践土，丧尽天良，不知何日罪恶贯盈，始得聚而歼灭！湖北崇阳县逆贼钟人杰为乱，攻占崇阳、通城二县。裕制军即日扑灭，将钟人杰及逆党槛送京师正法，余孽俱已搜尽。钟逆倡乱不及一月，党羽姻属皆伏天诛。黄河去年决口，昨已合龙，大功告成矣。

九弟前病中思归，近因难觅好伴，且闻道上有虞，是以不复作归计。弟自病好后，亦安心，不甚思家。李碧峰在寓住三月，现已找得馆地，在唐同年李杜家教书，每月俸金二两，月费一千。男于二月初配丸药一料，重三斤，约计费钱六千文。

男等在京谨慎，望父母亲大人放心。男谨禀。

道光二十二年三月十一日

男国藩跪禀父母亲大人万福金安：

二月二十三日发家信第三号，不知已收到否？正月所寄鹿脯想已到。三月初奉大人正月十二日手谕，具悉一切。又知附有布匹、腊肉等在黄茀卿处，第不知黄氏兄弟何日进京，又不知家中系专人送至省城，抑托人顺带也。

男在京身体如常，男妇亦清吉。九弟体已复元。前二月间因其初愈，每日只令写字养神。三月以来，仍理旧业，依去年功课。未服补剂，男分丸药六两与他吃，因年少不敢峻补。孙男女皆好，拟于三月间点牛痘。此间牛痘局系广东京官请名医设局积德，不索一钱，万无一失。

男近来每日习帖，不多看书。同年邀为试帖诗课，十日内作诗五首，用白折写好公评，以为明年考差之具。又吴子序同年有两弟在男处附课看文。又金台书院每月月课男亦代人作文，因久荒制艺，不得不略为温习。

此刻光景已窘，幸每月可收公项房钱十五千，外些微挪借，即可过度。京城银钱比外间究为活动。家中去年彻底澄清，余债无多，此真可喜。蕙妹仅存钱四百千，以二百在新窑食租，不知住何人屋？负薪汲水，又靠何人？率五素来文弱，何能习劳！后有家信，望将蕙妹家事琐细详书。余容后禀。男谨呈。

道光二十二年四月二十七日

孙男国藩跪禀祖父母亲大人万福金安：

三月十一日发家信第四号，四月初十、二十三发第五号、第六号。后两号皆寄省城陈家，因寄有银、参、笔、帖等物，待诸弟晋省时当面去接。四月二十一日接壬寅第二号家信，内祖父、父亲、叔父手书各一，两弟信并诗文俱收。伏读祖父手谕，字迹与早年相同，知精神较健。家中老幼平安，不胜欣幸。游子在外，最重惟平安二字。

承叔父代办寿具，兄弟感恩，何以图报！湘潭带漆，必须多带。此物难辨真假，不可邀人去同买，反有奸弊。在省考试时，与朋友问看漆之法，多问则必能知一二。若临买时向纸行邀人同去，则必吃亏。如不知看漆之法，则今年不必买太多，待明年讲究熟习，再买不迟。

今年添新寿具之时，祖父母寿具必须加漆，以后每年加漆一次。四具同加，约计每年漆钱多少？写信来京，孙付至省城甚易，此事万不可从俭。子孙所为报恩之处，惟此最为切实，其余皆虚文也。孙意总以厚漆为主，由一层以加至数十层，愈厚愈坚。不必多用瓷灰、夏布等物，恐其与漆不相胶粘，历久而脱壳也。然此事孙未尝经历讲究，不知如何而后尽善。家中如何办法，望四弟详细写信告知，更望叔父教训诸弟经理。

心斋兄去年临行时，言到县即送银二十八两至我家。孙因十叔所代之钱，恐家中年底难办，故向心斋通挪，因渠曾挪过孙的。今渠既未送来，则不必向渠借也。家中目下敷用不缺，此孙所第一放心者。孙在京已借银二百两，此地通挪甚易，故不甚窘迫，恐不能顾家耳。

曾孙姊妹二人体甚好，四月二十三日已种牛痘。牛痘万无一失，系广东京官设局济活贫家婴儿，不取一钱。兹附回种法一张，敬呈慈览。湘潭、长沙皆有牛痘公局，可惜乡间无人知之。

英夷去年攻占浙江宁波府及定海、镇海两县，今年退出宁波，攻占乍浦，极可痛恨，京城人心安静如无事时，想不日可殄灭也。孙谨禀。

道光二十二年六月初十日

孙男国藩跪禀祖父母大人万福金安：

四月二十七日呈家信第七号，内共四信，不知已收到否？

孙兄弟在京平安。孙妇身体如常。曾孙兄妹二人种痘后，现花极佳。男种六颗出五颗，女种四颗出三颗，并皆清吉。寓内上下平善。

逆夷海氛甚恶，现在江苏滋扰。宝山失守，官兵退缩不前，反在民间骚扰，不知何日方可荡平！天津防堵甚严，或可无虑。

同乡何子贞全家住南京，闻又将进京。谢果堂太守兴峣于六月初进京，意欲捐复，多恐不能。郑莘田世任放贵州贵西道，黎樾乔转京畿道，同乡京官绝少。孙在京光景虽艰，而各处通挪，从无窘迫之时，但不能寄赀回家，以奉甘旨之需，时深愧悚。

前寄书征一表叔，言将代作墓志，刻下实无便可寄。蕙妹移居后，究不知光景如何？孙时常挂念，若有家信来京，望详明书示。孙在京自当谨慎，足以仰慰慈廑。孙谨禀。

道光二十二年七月初四日

男国藩跪禀父母亲大人万福金安：

六月二十八日接到家书，系三月二十四日所发，知十九日四弟得生子，男等合室相庆。四妹生产虽难，然血晕亦是常事，且此次既能保全，则下次较为容易。男未得信时，常以为虑，既得此信，如释重负。

六月底，我县有人来京捐官王道隆。渠在宁乡界住，言四月县考时，渠在城内并在彭兴歧云门寺、丁信风两处面晤四弟、六弟，知案首是吴定五。男十三年在陈氏宗祠读书，定五才发蒙作起讲，在杨畏斋处受业。去年闻吴春冈说定五甚为发奋，今果得志，可谓成就甚速。其余前十名及每场题目，渠已忘记，后有信来，乞四弟写出。

四弟、六弟考运不好，不必挂怀。俗语云：不怕进得迟，只要中得快。从前邵丹畦前辈甲名，四十三岁入学，五十二岁作学政，现任广西藩台。汪郎渠鸣相于道光十二年入学，十三年点状元。阮芸台元前辈于乾隆五十三年县、府试皆未取头场，即于其年入学中举，五十四年点翰林，五十五年留馆，五十六年大考第一，比放浙江学政，五十九年升浙江巡抚。些小得失不足患，特患业之不精耳。两弟场中文若得意，可将原卷领出寄京，若不得意，不寄可也。

男等在京平安。纪泽兄妹二人体甚结实，皮色亦黑。

逆夷在江苏滋扰，于六月十一日攻陷镇江，有大船数十只在大江游弋，江宁、扬州二府颇可危虑。然而天不降灾，圣人在上，故京师人心镇定。

同乡王翰城继贤，黔阳人，中书科中书告假出京，男与陈岱云亦拟送家眷南旋，与郑莘田、王翰城四家同队出京郑名世任，给事中，现放贵州贵西道。男与陈家本于六月底定计，后于七月初一请人扶乩另纸录出大仙示语，似可不必轻举妄动，是以中止。现在男与陈家仍不送家眷回南也。

同县谢果堂先生兴峣来京，为其次子捐盐大使，男已请至寓陪席。其世兄与王道嶐尚未请，拟得便亦须请一次。

正月间俞岱青先生出京，男寄有鹿脯一方，托找彭山屺转寄，俞后托谢吉人转寄，不知到否？又四月托李昺冈荣灿寄银寄笔，托曹西垣寄参，并交陈季牧处，不知到否？前父亲教男养须之法，男仅留上唇须，不能用水浸透，色黄者多，黑者少，下唇拟待三十六岁始留。男每接家信，嫌其不详，嗣后更愿详示。男谨禀。

道光二十二年八月初一日

孙男国藩跪禀祖父母大人万福金安：

七月初五日发第九号信，内言六月二十四后，孙与岱云意欲送家眷回南，至七月初一谋之于神，乃决计不送。

初五日发信后，至初八日，九弟仍思南归，其意甚坚，不可挽回，与孙商量，孙即不复劝阻。九弟自从去年四月父亲归时，即有思归之意。至九月间，则归心似箭。孙苦苦细问，终不明言其所以然。年少无知，大抵厌常而喜新，未到京则想京，既到京则想家，在所不免。又家中仆婢，或对孙则恭敬，对弟则简慢，亦在所不免。孙于去年决不许他归，严责曲劝，千言万语，弟亦深以为然，几及两月，乃决计不归。今年正月病中又思归，孙即不敢复留矣。三月复原后，弟又自言不归，四、五、六月读书习字，一切如常。至六月底，因孙有送家眷之说，而弟之归兴又发。孙见其意，是为远离膝下，思归尽服侍之劳。且逆夷滋扰，外间讹言可畏，虽明知蕞尔螳臂，不足以当车辙，而九弟既非在外服官，即宜在家承欢，非同有职位者闻警而告假，使人笑其无胆，骂其无义也。且归心既动，若强留在此，则心如悬旌，不能读书，徒废时日。兼此数层，故孙比即定计，打发他回，不复禁阻。恰好郑莘田先生名世任，长沙人，癸酉拔贡，小京官，由御史升给事中，现放贵西兵备道将去贵州上任，迂道走湖南省城，定于十六日起程，孙即将九弟托他结伴同行。

此系初八九起议，十四日始决计，即于数日内将一切货物办齐，十五日雇车。郑宅大车七辆，渠已于十三日雇定，九弟雇轿车一辆，价钱二十七千文。时价轿车本只要二十三千，孙见车店内有顶好官车一辆，牲口亦极好，其车较常车大二寸，深一尺，坐者最舒服，故情愿多出大钱四千。恐九弟在道上受热生病。雇底下人名向泽，其人新来，未知好歹，观其光景，似尚有良心者昨九弟出京七日，在任邱县寄信来京，云向泽伺候甚好。十六日未刻出京，孙送至城外二十里，见道上有积潦甚多，孙大不放心，恐路上有翻车陷车等事，深为懊悔。二十三日接到弟在途中所发信，始稍放心。兹将九弟原信附呈。孙交九弟途费纹银三十二两整，先日交车行上脚大钱十三千五百文，及上车现大钱六千文两项在外，外买货物及送人东西另开一单九弟带回。外封银十两，敬奉堂上六位老人吃肉之赀孙对九弟云，万一少途费，即扯此银亦可，若到家后，断不可以他事借用此银，然途费亦断不至少也。向泽订工费大钱二千文，已在京交楚。郑家与九弟在长沙分队，孙嘱其在省换小船到县，向泽即在县城开销他。向泽意欲送至家，如果至家，留住几日打发，求祖父随时斟酌。

九弟自到京后，去年上半年用功甚好。六月因甲三病，耽搁半月余。九月弟欲归，不肯读书，耽搁两月。今春弟病耽搁两月。其余工夫，或作或辍，虽多间断，亦有长进。计此一年半之中，惟书法进功最大。外此则看《纲鉴》卅六本，读《礼记》四本，读《周礼》一本，读《斯文精萃》两本半因《周礼》读不熟，故换读《精萃》，作文六十余篇，读文三十余首。父亲出京后，孙未尝按期改文，未尝讲书，未能按期点诗文，此孙之过，无所逃罪者也。读文作文全不用心，凡事无恒，屡责不改，此九弟之过也。好与弟谈伦常，讲品行，使之扩见识，立远志，目前已颇识为学之次第，将来有路可循，此孙堪对祖父者也。待兄甚敬，待侄辈甚慈，循规蹈矩，一切匪彝慆淫之事毫不敢近，举止大方，性情挚厚，此弟之好处也。弟有最坏之处，在于不知艰苦。年纪本轻，又未尝辛苦，宜其不知，再过几年应该知道。

九弟约计可于九月半到家。孙恐家中骇异，疑兄弟或有嫌隙，致生忧虑，故将在京、出京情形述其梗概。至琐细之故，九弟到家详述，使堂上大人知孙兄弟绝无纤介之隙也。

孙身体如常，惟常耳鸣，不解何故。孙妇及曾孙兄妹二人皆好。丫环因其年已长，其人太蠢，已与媒婆兑换一个京城有官媒婆，凡买妾买婢，皆由她经纪，彼此不找一钱。此婢名双喜，天津人，年十三岁，貌比春梅更陋，而略聪明。寓中男仆皆如故。

同县谢果堂先生为其子捐盐大使，王道嶐王恒信之侄捐府经历，黄鉴之子捐典史，以外无人。

孙在京一切自宜谨慎，伏望堂上大人放心。孙谨禀。

道光二十二年八月十二日

男国藩跪禀父母亲大人万福金安：

八月初二日发第十号家信，内载九弟南旋事甚详，不审到否？九弟自七月十六出京，二十三即有信来京，嗣后在道上未发信来，刻下想已到樊城矣。不知道上果平安否？男实难放心。

黄河决口百九十余丈，在江南桃源县之北，为患较去年河南不过三分之一。逆夷在江南半月内无甚消息，大约和议已成。

同县有黄鉴者，为口外宣化巡检，去年回家，在湘乡带一老妈来京，因使用不合，仍托人携带南归，现寄居男寓，求男代觅地方附回，途费则黄自出。谢果堂先生已于八月初六出京，住京两月，与男极相投洽，临别依依难舍。同乡如唐镜海、俞岱青、谢果堂三前辈，皆老成典型，于男皆青眼相待。何子贞全家皆已来京。

男妇及孙男女身体如常。此次折差于七月十六在省起身，想父亲彼时尚在省城，不知何以无信？陈岱云家信言学院十六封门，四弟、六弟府考渠亦不知。彭王姑墓志铭，九弟起程时，仓猝未及写，今写毕，又无便寄，求告知征一表叔。

正月十二所办寿具，不知已漆否？万不可用黄二漆匠。此人男深恶之，他亦不肯尽心也。彭宫五亦不可用，彼未学过，且太迟钝。余俟续禀。男谨禀。

道光二十二年九月十七日

孙男国藩跪禀祖父母大人万福金安：

九月十三日接到家信，系七月父亲在省所发，内有叔父信及欧阳牧云致函，知祖母于七月初三日因占犯致恙，不药而愈，可胜欣幸。

高丽参足以补气，然身上稍有寒热，服之便不相宜，以后务须斟酌用之，若微觉感冒，即忌用此物。平日康强时，和入丸药内服最好。然此时家中想已无多，不知可供明年一单丸药之用否？若其不足，须写信来京，以便觅便寄回。四弟、六弟考试又不得志，颇难为怀，然大器晚成，堂上不必以此置虑。闻六弟将有梦熊之喜，幸甚。近叔父为婶母之病劳苦忧郁，有怀莫宣，今六弟一索得男，则叔父含饴弄孙，瓜瓞日蕃，其乐何如！唐镜海先生德望为京城第一，其令嗣极孝，亦系兄子承继者，先生今年六十五岁，得生一子，人皆以为盛德之报。

英夷在江南，抚局已定。盖金陵为南北咽喉，逆夷既已扼吭而据要害，不得不权为和戎之策，以安民而息兵。去年逆夷在广东曾经就抚，其费去六百万两。此次之费，外间有言二千一百万者。又有言此项皆劝绅民捐输不动帑藏者，皆不知的否。现在夷船已全数出海，各处防海之兵陆续撤回，天津亦已撤退。议抚之使系伊里布、耆英及两江总督牛鉴三人。牛鉴有失地之罪，故抚局成后即革职拿问。伊里布去广东代奕山为将军，耆英为两江总督。自英夷滋扰，已历二年，将不知兵，兵不用命，于国威不无少损。然此次议抚，实出于不得已，但使夷人从此永不犯边，四海宴然安堵，则以大事小，乐天之道，孰不以为上策哉？

孙身体如常，孙妇及曾孙兄妹并皆平安。同县黄晓潭鉴荐一老妈吴姓来。渠在湘乡苦请他来，而其妻凌虐婢仆，百般惨酷，黄求孙代为开脱。孙接至家住一月，转荐至方夔卿太守宗钧处，托其带回湖南，大约明春可到湘乡。

今年进学之人，孙见题名录，仅认识彭惠田一人，不知二十三四都进人否？谢宽仁、吴光煦取一等，皆少年可慕。一等第一题名录刻黄生平，不知即黄星平否？

孙每接家信，常嫌其不详，以后务求详明。虽乡间田宅婚嫁之事，不妨写出，使游子如神在里门。各族戚家，尤须一一示知，幸甚。敬请祖父母大人万福金安。余容后呈。孙谨禀。

道光二十二年九月十八日

四位老弟足下：

九弟行程，计此时可以到家。自任邱发信之后，至今未接到第二封信，不胜悬悬，不知道上不甚艰险否？四弟、六弟院试计此时应有信，而折差久不见来，实深悬望。

予身体较九弟在京时一样，总以耳鸣为苦。问之吴竹如，云只有静养一法，非药物所能为力。而应酬日繁，予又素性浮躁，何能着实养静？拟搬进内城住，可省一半无谓之往还，现在尚未找得。

予时时自悔，终未能洗涤自新。九弟归去之后，予定刚日读经、柔日读史之法。读经常懒散不沉着。读《后汉书》，现已丹笔点过八本，虽全不记忆，而较之去年读《前汉书》，领会较深。九月十一日起同课人议每课一文一诗，即于本日申刻用白折写。予文、诗极为同课人所赞赏，然予于八股绝无实学，虽感诸君奖借之殷，实则自愧愈深也。待下次折差来，可付课文数篇回家。予居家懒做考差工夫，即借此课以摩厉考具，或亦不至临场窘迫耳。

吴竹如近日往来极密，来则作竟日之谈，所言皆身心国家大道理。渠言有窦兰泉者垿，云南人，见道极精当平实。窦亦深知予者，彼此现尚未拜往。竹如必要予搬进城住，盖城内镜海先生可以师事，倭艮峰先生、窦兰泉可以友事，师友夹持，虽懦夫亦有立志。予思朱子言"为学譬如熬肉，先须猛火煮，然后用漫火温"，予生平工夫全未用猛火煮过，虽略有见识，乃是从悟境得来，偶用功，亦不过优游玩索已耳，如未沸之汤，遽用漫火温之，将愈煮愈不熟矣。以是急思搬进城内，摒除一切，从事于克己之学。镜海、艮峰两先生亦劝我急搬，而城外朋友，予亦有思常见者数人，如邵蕙西、吴子序、何子贞、陈岱云是也。

蕙西尝言："'与周公瑾交，如饮醇醪。'我两人颇有此风味。"故每见辄长谈不舍。子序之为人，予至今不能定其品，然识见最大且精，尝教我云："用功譬若掘井，与其多掘数井而皆不及泉，何若老守一井，力求及泉而用之不竭乎？"此语正与予病相合，盖予所谓"掘井多而皆不及泉"者也！

何子贞与予讲字极相合，谓我真知大源，断不可暴弃。予尝谓天下万事万理皆出于乾坤二卦，即以作字论之：纯以神行，大气鼓荡，脉络周通，潜心内转，此乾道也；结构精巧，向背有法，修短合度，此坤道也。凡乾以神气言，凡坤以形质言。礼乐不可斯须去身，即此道也。乐本于乾，礼本于坤。作字而优游自得、真力弥满者，即乐之意也；丝丝入扣，转折合法，即礼之意也。偶与子贞言及此，子贞深以为然，谓渠生平得力尽于此矣。

陈岱云与吾处处痛痒相关，此九弟所知者也。

写至此，接得家书，知四弟、六弟未得入学，怅怅然。科名有无迟早，总由前定，丝毫不能勉强。吾辈读书，只有两事：一者进德之事，讲求乎诚正修齐之道，以图无忝所生；一者修业之事，操习乎记诵词章之术，以图自卫其身。进德之事难以尽言，至于修业以卫身，吾请言之：

卫身莫大于谋食。农工商，劳力以求食者也；士，劳心以求食者也。故或食禄于朝，教授于乡，或为传食之客，或为入幕之宾，皆须计其所业足以得食而无愧。科名者，食禄之阶也，亦须计吾所业将来不至尸位素餐，而后得科名而无愧。食之得不得，穷通由天作主，予夺由人作主；业之精不精，则由我作主。然吾未见业果精而终不得食者也。农果力耕，虽有饥馑，必有丰年；商果积货，虽有壅滞，必有通时；士果能精其业，安见其终不得科名哉？即终不得科名，又岂无他途可以求食者哉？然则特患业之不精耳。

求业之精，别无他法，曰专而已矣。谚曰“艺多不养身”，谓不专也。吾掘井多而无泉可饮，不专之咎也。诸弟总须力图专业。如九弟志在习字，亦不必尽废他业，但每日习字工夫，断不可不提起精神，随时随事，皆可触悟。四弟、六弟，吾不知其心有专嗜否？若志在穷经，则须专守一经；志在作制义，则须专看一家文稿；志在作古文，则须专看一家文集。作各体诗亦然，作试帖亦然，万不可以兼营并骛，兼营则必一无所能矣。切嘱切嘱！千万千万！

此后写信来，诸弟各有专守之业，务须写明，且须详问极言，长篇累牍，使我读其手书即可知其志向证见。凡专一业之人，必有心得，亦必有疑义。诸弟有心得，可以告我共赏之；有疑义，可以问我共析之。且书信既详，则四千里外之兄弟不啻晤言一室，乐何如乎！

予生平于伦常中，惟兄弟一伦抱愧尤深。盖父亲以其所知者尽以教我，而我不能以吾所知者尽教诸弟，是不孝之大者也。九弟在京年余，进益无多，每一念及，无地自容。嗣后我写诸弟信，总用此格纸，弟宜存留，每年装订成册。其中好处，万不可忽略看过。诸弟写信寄我，亦须用一色格纸，以便装钉。

谢果堂先生出京后来信并诗二首。先生年已六十余，名望甚重，与予见面，辄彼此倾心，别后又拳拳不忘，想见老辈爱才之笃。兹将诗并予送诗附阅，传播里中，使共知此老为大君子也。

予有大铜尺一方，屡寻不得，九弟已带归否？频年寄黄英白菜子，家中种之好否？在省时已买漆否？漆匠果用何人？信来并祈详示。兄国藩手具。

道光二十二年十月二十六日

男国藩跪禀父母亲大人万福金安：

十月二十二奉到手谕，敬悉一切。

郑小珊处小隙已解。男从前于过失每自忽略，自十月以来，念念改过，虽小必惩，其详具载示弟书中。耳鸣近日略好，然微劳即鸣。每日除应酬外，不能不略自用功，虽欲节劳，实难再节。手谕示以节劳、节欲、节饮食，谨当时时省记。

萧辛五先生处，寄信不识靠得住否？龙翰臣父子已于十月初一日到京，布匹线索俱已照单收到，惟茶叶尚在黄恕皆处，恕皆有信与男，本月可到也。男妇等及孙男女皆平安，余详与弟书。谨禀。

道光二十二年十月二十六日

十月二十一日接九弟在长沙所发信，内途中日记六页，外药子一包。二十二接九月初二日家信，欣悉以慰。

自九弟出京后，余无日不忧虑，诚恐道路变故多端，难以臆揣。及读来书，果不出吾所料，千辛万苦始得到家，幸哉幸哉！郑伴之不足恃，余早已知之矣。郁滋堂如此之好，余实不胜感激。在长沙时，曾未道及彭山屺，何也？又为祖母买皮袄，极好极好！可以补吾之过矣。

观四弟来信甚详，其发奋自励之志溢于行间，然必欲找馆出外，此何意也？不过谓家塾离家太近，容易耽搁，不如出外较清净耳。然出外从师，则无甚耽搁；若出外教书，其耽搁更甚于家塾矣。且苟能发奋自立，则家塾可读书，即旷野之地，热闹之场，亦可读书，负薪牧豕，皆可读书；苟不能发奋自立，则家塾不宜读书，即清净之乡，神仙之境，皆不能读书，何必择地？何必择时？但自问立志之真不真耳！

六弟自怨数奇，余亦深以为然。然屈于小试辄发牢骚，吾窃笑其志之小，而所忧之不大也。君子之立志也，有民胞物与之量，有内圣外王之业，而后不忝于父母之所生，不愧为天地之完人。故其为忧也，以不如舜、不如周公为忧也，以德不修、学不讲为忧也。是故顽民梗化则忧之，蛮夷猾夏则忧之，小人在位、贤才否闭则忧之，匹夫匹妇不被己泽则忧之，所谓悲天命而悯人穷，此君子之所忧也。若夫一身之屈伸，一家之饥饱，世俗之荣辱得失、贵贱毁誉，君子固不暇忧及此也。

六弟屈于小试，自称数奇，余窃笑其所忧之不大也。盖人不读书则已，亦既自名曰"读书人"，则必从事于《大学》。《大学》之纲领有三：明德、新民、止至善，皆我分内事也。若读书不能体贴到身上去，谓此三项与我身了不相涉，则读书何用？虽使能文能诗，博雅自诩，亦只算得识字之牧猪奴耳！岂得谓之明理有用之人也乎？朝廷以制艺取士，亦谓其能代圣贤立言，必能明圣贤之理，行圣贤之行，可以居官莅民、整躬率物也。若以明德、新民为分外事，则虽能文能诗，而于修己治人之道实茫然不讲，朝廷用此等人作官，与用牧猪奴作官何以异哉？然则既自名为"读书人"，则《大学》之纲领皆己身切要之事，明矣。其条目有八，自我观之，其致功之处，则仅二者而已：曰格物，曰诚意。

格物，致知之事也；诚意，力行之事也。物者何？即所谓本末之物也。身、心、意、知、家、国、天下，皆物也；天地万物，皆物也；日用常行之事，皆物也。格者，即物而穷其理也。如事亲定省，物也；究其所以当定省之理，即格物也。事兄随行，物也；究其所以当随行之理，即格物也。吾心，物也；究其存心之理，又博究其省察涵养以存心之理，即格物也。吾身，物也；究其敬身之理，又博究其立齐坐尸以敬身之理，即格物也。每日所看之书，句句皆物也；切己体察，穷究其理，即格物也。此致知之事也。所谓诚意者，即其所知而力行之，是不欺也。知一句便行一句，此力行之事也。此二者并进，下学在此，上达亦在此。

吾友吴竹如，格物工夫颇深，一事一物皆求其理。倭艮峰先生则诚意工夫极严，每日有日课册，一日之中一念之差，一事之失，一言一默，皆笔之于书。书皆楷字，三月则订一本。自乙未年起，今三十本矣。盖其慎独之严，虽妄念偶动，必即时克治，而著之于书，故所读之书，句句皆切身之要药，兹将艮峰先生日课钞三页付归与诸弟看。余自十月初一日起，亦照艮峰样，每日一念一事，皆写之于册，以便触目克治，亦写楷书。冯树堂与余同日记起，亦有日课册。树堂极为虚心，爱我如兄，敬我如师，将来必有所成。

余向来有无恒之弊，自此次写日课本子起，可保终身有恒矣。盖明师益友，重重夹持，能进不能退也。本欲钞余日课册付诸弟阅，因今日镜海先生来，要将本子带回去，故不及钞。十一月有折差，准钞几页付回也。

余之益友，如倭艮峰之瑟僩，令人对之肃然；吴竹如、窦兰泉之精义，一言一事，必求至是；吴子序、邵蕙西之谈经，深思明辨；何子贞之谈字，其精妙处，无一不合，其谈诗尤最符契。子贞深喜吾诗，故吾自十月来已作诗十八首，兹钞二页，付回与诸弟阅。冯树堂、陈岱云之立志，汲汲不遑，亦良友也。镜海先生，吾虽未尝执贽请业，而心已师之矣。

吾每作书与诸弟，不觉其言之长，想诸弟或厌烦难看矣。然诸弟苟有长信与我，我实乐之，如获至宝，人固各有性情也。

余自十月初一日起记日课，念念欲改过自新。思从前与小珊有隙，实是一朝之忿，不近人情，即欲登门谢罪。恰好初九日小珊来拜寿，是夜余即至小珊家久谈，十三日与岱云合伙请小珊吃饭，从此欢笑如初，前隙尽释矣。

金竺虔报满用知县，现住小珊家，喉痛月余，现已全好。李笔峰在汤家如故。易莲舫要出门就馆，现亦甚用功，亦学倭艮峰者也。同乡李石梧已升陕西巡抚。两大将军皆锁拿解京治罪，拟斩监候。英夷之事，业已和抚，去银二千一百万两，又各处让他码头五处。现在英夷已全退矣。两江总督牛鉴，亦锁解刑部治罪。

近事大略如此，容再续书。兄国藩手具。

道光二十二年十一月十七日

男国藩跪禀父母亲大人万福金安：

十月二十七日发第十二号信，不知到否？男在京身体甚好，男妇亦如常。孙男日益发胖，毫无小恙。孙女于昨十五日满周，一年之内，无半点累大人之处，真可谓易养者也。合寓上下平安。

海疆平定以来，政简人和，雍熙如旧。廖钰夫师署漕运总督，兼署南河总督。奕山、奕经并拟斩监候罪。满协办大学士敬徵补授，汉大学士尚未宣麻。今年南河决口，河督麟庆革职，现放潘锡恩为总河。同乡京官并皆如常。

其余琐事，详载诸弟信中，不敢上渎。男谨禀。

道光二十二年十一月十七日

诸位贤弟足下：

十月二十七日寄弟书一封，内信四页，钞倭艮峰先生日课三页，钞诗二页，已改寄萧辛五先生处，不由庄五爷公馆矣，不知已到无误否？

十一月前八日已将日课钞与弟阅，嗣后每次家信，可钞三页付回。日课本皆楷书，一笔不苟，惜钞回不能作楷书耳。冯树堂进功最猛，余亦教之如弟，知无不言。可惜九弟不能在京与树堂日日切磋，余无日无刻不太息也。九弟在京年半，余懒散不努力；九弟去后，余乃稍能立志，盖余实负九弟矣。余尝语岱云曰："余欲尽孝道，更无他事，我能教诸弟进德业一分，则我之孝有一分；能教诸弟进十分，则我孝有十分；若全不能教弟成名，则我大不孝矣。"九弟之无所进，是我之大不孝也。惟愿诸弟发奋立志，念念有恒，以补我不孝之罪，幸甚幸甚。

岱云与易五近亦有日课册，惜其识不甚超越。余虽日日与之谈论，渠究不能悉心领会，颇疑我言太夸。然岱云近极勤奋，将来必有所成。

何子敬近待我甚好，常彼此作诗唱和，盖因其兄钦佩我诗，且谈字最相合，故子敬亦改容加礼。子贞现临隶字，每日临七八页，今年已千页矣。近又考订《汉书》之讹，每日手不释卷。盖子贞之学长于五事：一曰

《仪礼》精，二曰《汉书》熟，三曰《说文》精，四曰各体诗好，五曰字好。此五事者，渠意皆欲有所传于后。以余观之，前三者余不甚精，不知深浅究竟何如；若字，则必传千古无疑矣。诗亦远出时手之上，必能卓然成家。近日京城诗家颇少，故余亦欲多做几首。

金竺虔在小珊家住，颇有面善心非之隙。唐诗甫亦与小珊有隙。余现仍与小珊来往，泯然无嫌，但心中不甚惬洽耳。曹西垣与邹云陔十月十六起程，现尚未到。汤海秋久与之处，其人诞言太多，十句之中仅一二句可信。今冬嫁女二次，一系杜兰溪之子，一系李石梧之子入赘。黎樾翁亦有次女招赘。其婿虽未读书，远胜于冯舅矣。李笔峰尚馆海秋处，因代考供事，得银数十，衣服焕然一新。王翰城捐知州，去大钱八千串。何子敬捐知县，去大钱七千串，皆于明年可选实缺。黄子寿处，本日去看他，工夫甚长进，古文有才华，好买书，东翻西阅，涉猎颇多，心中已有许多古董。何世兄亦甚好，沉潜之至，天分亦高，将来必有所成。吴竹如近日未出城，余亦未去，盖每见则耽搁一天也。其世兄亦极沉潜，言动中礼，现在亦学倭艮峰先生。吾观何、吴两世兄之姿质，与诸弟相等，远不及周受珊、黄子寿，而将来成就，何、吴必更切实，此其故。诸弟能看书自知之，愿诸弟勉之而已。此数人者，皆后起不凡之人才也，安得诸弟与之联镳并驾，则余之大幸也。季仙九先生到京服阕，待我甚好，有青眼相看之意。同年会课，近皆懒散，而十日一会如故。

予今年过年，尚须借银百五十金，以五十还杜家，以百金用。李石梧到京，交出长郡馆公费，即在公项借用，免出外开口更好。不然，则尚须张罗也。

门上陈升一言不合而去，故予作《傲奴诗》。现换一周升作门上，颇好。予读《易 · 旅卦》：“丧其童仆”。《象》曰：“以旅与下，其义丧也。”解之者曰：“以旅与下者，谓视童仆如旅人，刻薄寡恩，漠然无情，则童仆亦将视主上如逆旅矣。”予待下虽不刻薄，而颇有视如逆旅之意，故人不尽忠，以后予当视之如家人手足也。分虽严明，而情贵周通。贤弟待人，亦宜知之。

予每闻折差到，辄望家信，不知能设法多寄几次否？若寄信，则诸弟必须详写日记数天，幸甚。予写信亦不必代诸弟多立课程，盖恐多看则生厌，故但将予近日实在光景写示而已，伏惟诸弟细察。

道光二十二年十二月二十日

男国藩跪禀父母亲大人万福金安：

十二月十四奉到十月初七手谕，敬悉一切。芝妹又小产，男恐其气性太躁，有伤天和，亦于生产有碍，以后须平心和气，伏望大人教之。

朱备之世兄任宝庆同知，其人浑朴，京师颇有笑其憨者，实则笃厚君子也。龙见田年伯来京，男请酒，渠辞不赴。意欲再请翰臣，待明春始办席也。在省未送程仪，待见面可说明。

漆寿具既用黄二漆匠，亦好，男断不与此等小人计较，但恐其不尽心耳。闻瓷灰不可多用，多用则积久易脱，不如多漆厚漆，有益无损，不知的否？以后每年四具必须同漆一次，男每年必付四两银至家，专为买漆之用。九弟前带回银十两，为堂上吃肉之费，不知已用完否？男等及孙男女身体俱如常。今年用费共六百余金，绝不窘手，左右逢源，绰有余裕，另有寄弟信详言之。正月祖父大人七十大寿，男已作寿屏两架，明年有便，可付回一架。

今年京察京城各衙门京察，堂官出考语，列等第，取一等者即外放道府，湖南惟黎樾乔得一等。翰林未满三年俸者，例不京察。

同乡黄茀卿兄弟到京，收到茶叶一篓，重二十斤，尽可供二年之食。惟托人东西太大，不免累赘，心实不安，而渠殊不介意也。在京一切，自知谨慎。男谨禀。

道光二十二年十二月二十日

诸位贤弟足下：

十一月十七寄第三号信，想已收到。父亲到县纳漕，诸弟何不寄一信，交县城转寄省城也？以后凡遇有便，即须寄信，切要切要。九弟到家，遍走各亲戚家，必各有一番景况，何不详以告我？

四妹小产以后，生育颇难，然此事最大，断不可以人力勉强，劝渠家只须听其自然，不可过于矜持。又闻四妹起最晏，往往其姑反服侍他，此反常之事，最足折福。天下未有不孝之妇而可得好处者，诸弟必须时劝导之，晓之以大义。

诸弟在家读书，不审每日如何用功？予自十月初一立志自新以来，虽懒惰如故，而每日楷书写日记，每日读史十页，每日记“茶余偶谈”一则，此三事未尝一日间断。十月二十一日立誓永戒吃水烟，洎今已两月不吃烟，已习惯成自然矣。予自立课程甚多，惟记“茶余偶谈”、读史十页、写日记楷本此三事者，誓终身不间断也。诸弟每人自立课程，必须有日日不断之功，虽行船走路，俱须带在身边。予除此三事外，他课程不必能有成，而此三事者，将终身以之。

前立志作曾氏家训一部，曾与九弟详细道及。后因采择经史，若非经史烂熟胸中，则割裂零碎，毫无线索。至于采择诸子各家之言，尤为浩繁，虽钞数百卷，犹不能尽收。然后知古人作《大学衍义》、《衍义补》诸书，乃胸中自有条例，自有议论，而随便引书以证明之，非翻书而遍钞之也。然后知著书之难，故暂且不作曾氏家训。若将来胸中道理愈多，议论愈贯串，仍当为之。

现在朋友愈多，讲躬行心得者，则有镜海先生、艮峰前辈、吴竹如、窦兰泉、冯树堂；穷经知道者，则有吴子序、邵蕙西；讲诗、文、字而艺通于道者，则有何子贞；才气奔放则有汤海秋；英气逼人、志大神静，则有黄子寿。又有王少鹤名锡振，广西主事，年二十七岁，张筱浦之妹夫、朱廉甫名琦，广西乙未翰林、吴莘畬名尚志，广东人，吴抚台之世兄、庞作人名文寿，浙江人，此四君者，皆闻予名而先来拜，虽所造有浅深，要皆有志之士，不甘居于庸碌者也。京师为人文渊薮，不求则无之，愈求则愈出。近来闻好友甚多，予不欲先去拜别人，恐徒标榜虚声。盖求友以匡己之不逮，此大益也；标榜以盗虚名，是大损也。天下有益之事，即有足损者寓乎其中，不可不辨。黄子寿近作《选将论》一篇，共六千余字，真奇才也。子寿戊戌年始作破题，而六年之中遂成大学问，此天分独绝，万不可学而至，诸弟不必震而惊之。予不愿诸弟学他，但愿诸弟学吴世兄、何世兄。吴竹如之世兄，现亦学艮峰先生写日记，言有矩，动有法，其静气实实可爱。何子贞之世兄，每日自朝至夕总是温书，三百六十日，除作诗文时，无一刻不温书，真可谓有恒者矣。故予从前限功课教诸弟，近来写信寄弟，从不另开课程，但教诸弟有恒而已。盖士人读书，第一要有志，第二要有识，第三要有恒。有志，则断不甘为下流；有识，则知学问无尽，不敢以一得自足，如河伯之观海，如井蛙之窥天，皆无识者也；有恒，则断无不成之事。此三者缺一不可。诸弟此时惟有识不可以骤几，至于有志、有恒，则诸弟勉之而已。予身体甚弱，不能苦思，苦思则头晕；不耐久坐，久坐则倦乏。时时属望惟诸弟而已。

明年正月，恭逢祖大人七十大寿，京城以进十为正庆。予本拟在戏园设寿筵，窦兰泉及艮峰先生劝止之，故不复张筵。盖京城张筵唱戏，名为庆寿，实则打把戏。兰泉之劝止，正以此故。现在作寿屏两架，一架淳化笺四大幅，系何子贞撰文并书，字有茶碗口大。一架冷金笺八小幅，系吴子序撰文，予自书。淳化笺系内府用纸，纸厚如钱，光彩耀目，寻常琉璃厂无有也，昨日偶有之，因买四张。子贞字甚古雅，惜太大，万不能寄回。奈何奈何！

侄儿甲三体日胖而颇蠢，夜间小解知自报，不至于湿床褥。女儿体好，最易扶携，全不劳大人费心力。

今年冬间，贺耦庚先生寄三十金，李双圃先生寄二十金，其余尚有小进项。汤海秋又自言借百金与我用，计还清兰溪、寄云外，尚可宽裕过年。统计今年除借会馆房钱外，仅借百五十金，岱云则略多些。岱云言在京已该账九百余金，家中亦有此数，将来正不易还。寒士出身，不知何日是了也！我在京该账尚不过四百金，然苟不得差，则日见日紧矣。

书不能尽言，惟诸弟鉴察。兄国藩手草。

课程

主敬　整齐严肃，无时不惧。无事时心在腔子里，应事时专一不杂。

静坐　每日不拘何时，静坐一会，体验静极生阳来复之仁心，正位凝命，如鼎之镇。

早起　黎明即起，醒后勿沾恋。

读书不二　一书未点完，断不看他书。东翻西阅，都是徇外为人。

读史　《二十三史》每日读十页，虽有事不间断。

写日记　须端楷，凡日间过恶，身过、心过、口过，皆记出，终身不间断。

日知其所亡　每日记“茶余偶谈”一则，分德行门、学问门、经济门、艺术门。

月无忘所能　每月作诗文数首，以验积理之多寡，养气之盛否。

谨言　刻刻留心。

养气　无不可对人言之事，气藏丹田。

保身　谨遵大人手谕：节欲，节劳，节饮食。

作字　早饭后作字，凡笔墨应酬，当作自己功课。

夜不出门　旷功疲神，切戒切戒。

道光二十三年正月十七日

男国藩跪禀父母亲大人万福金安：

正月八日恭庆祖父母双寿。男去腊作寿屏二架，今年同乡送寿对者五人，拜寿来客四十人。早面四席，晚酒三席，未吃晚酒者，于十七日、二十日补请二席。又请人画《椿萱重荫图》，观者无不叹羡。

男身体如常。新年应酬太繁，几至日不暇给，媳妇及孙儿俱平安。

正月十五接到四弟、六弟信。四弟欲偕季弟从汪觉庵师游，六弟欲偕九弟至省城读书。男思大人家事日烦，必不能在家塾照管诸弟，且四弟天分平常，断不可一日无师，讲书改诗文，断不可一课耽搁。伏望堂上大人俯从男等之请，即命四弟、季弟从觉庵师，其束脩银，男于八月付回，两弟自必加倍发奋矣。六弟实不羁之才，乡间孤陋寡闻，断不足以启其见识而坚其志向。且少年英锐之气不可久挫，六弟不得入学，既挫之矣；欲进京而男阻之，再挫之矣；若又不许肄业省城，则毋乃太挫其锐气乎？伏望堂上大人俯从男等之请，即命六弟、九弟下省读书。其费用男于二月间付银二十两至金竺虔家。

夫家和则福自生，若一家之中，兄有言弟无不从，弟有请兄无不应，和气蒸蒸而家不兴者，未之有也。反是而不败者，亦未之有也。伏望大人察男之志，即此敬禀叔父大人，恕不另具。六弟将来必为叔父克家之子，即为吾族光大门第，可喜也。谨述一二，余俟续禀。

道光二十三年正月十七日

诸位老弟足下：

正月十五日接到四弟、六弟、九弟十二月初五日所发家信。四弟之信三页，语语平实，责我待人不恕，甚为切当。谓“月月书信，徒以空言责弟辈，却又不能实有好消息，令堂上阅兄之书，疑弟辈粗俗庸碌，使弟辈无地可容”云云，此数语，兄读之不觉汗下。

我去年曾与九弟闲谈，云：为人子者，若使父母见得我好些，谓诸兄弟俱不及我，这便是不孝；若使族党称道我好些，谓诸兄弟俱不如我，这便是不弟。何也？盖使父母心中有贤愚之分，使族党口中有贤愚之分，则必其平日有讨好底意思，暗用机计，使自己得好名声，而使其兄弟得坏名声，必其后日之嫌隙由此而生也。刘大爷、刘三爷兄弟皆想做好人，卒至视如仇雠，因刘三爷得好名声于父母、族党之间，而刘大爷得坏名声故也。今四弟之所责我者，正是此道理，我所以读之汗下。但愿兄弟五人，各各明白这道理，彼此互相原谅。兄以弟得坏名为忧，弟以兄得好名为快。兄不能使弟尽道得令名，是兄之罪；弟不能使兄尽道得令名，是弟之罪。若各各如此存心，则亿万年无纤芥之嫌矣。

至于家塾读书之说，我亦知其甚难，曾与九弟面谈及数十次矣。但四弟前次来书，言欲找馆出外教书。兄意教馆之荒功误事，较之家塾为尤甚，与其出而教馆，不如静坐家塾。若云一出家塾便有明师益友，则我境之所谓明师益友者，我皆知之，且已夙夜熟筹之矣。惟汪觉庵师及阳沧溟先生，是兄意中所信为可师者。然衡阳风俗，只有冬学要紧，自五月以后，师弟皆奉行故事而已。同学之人，类皆庸鄙无志者，又最好讪笑人其笑法不一，总之不离乎轻薄而已。四弟若到衡阳去，必以翰林之弟相笑，薄俗可恶。乡间无朋友，实是第一恨事，不惟无益，且大有损。习俗染人，所谓与鲍鱼处，亦与之俱化也。兄尝与九弟道及，谓衡阳不可以读书，涟滨不可以读书，为损友太多故也。

今四弟意必从觉庵师游，则千万听兄嘱咐，但取明师之益，无受损友之损也。接到此信，立即率厚二到觉庵师处受业。其束脩，今年谨具钱十挂，兄于八月准付回，不至累及家中，非不欲从丰，实不能耳。兄所最虑者，同学之人无志嬉游，端节以后放散不事事，恐弟与厚二效尤耳。切戒切戒。凡从师必久而后可以获益，四弟与季弟今年从觉庵师，若地方相安，则明年仍可从游；若一年换一处，是即无恒者，见异思迁也，欲求长进，难矣。

此以上答四弟信之大略也。

六弟之信，乃一篇绝妙古文，排奡似昌黎，拗很似半山。予论古文，总须有倔强不驯之气，愈拗愈深之意，故于太史公外，独取昌黎、半山两家。论诗亦取傲兀不群者，论字亦然。每蓄此意而不轻谈。近得何子贞意见极相合，偶谈一二句，两人相视而笑。不知六弟乃生成有此一枝妙笔，往时见弟文，亦无大奇特者，今观此信，然后知吾弟真不羁才也。欢喜无极，欢喜无极！凡兄有所志而力不能为者，吾弟皆可为之矣。

信中言兄与君子讲学，恐其渐成朋党，所见甚是。然弟尽可放心，兄最怕标榜，常存黯然尚絅之意，断不至有所谓门户自表者也。信中言四弟浮躁不虚心，亦切中四弟之病，四弟当视为良友药石之言。信中又有“荒芜已久，甚无纪律”二语，此甚不是。臣子于君亲，但当称扬善美，不可道及过错；但当谕亲于道，不可疵议细节。兄从前常犯此大恶，但尚是腹诽，未曾形之笔墨。如今思之，不孝孰大乎是？常与阳牧云并九弟言及之，以后愿与诸弟痛惩此大罪。六弟接到此信，立即至父亲前磕头，并代我磕头请罪。

信中又言弟之牢骚，非小人之热衷，乃志士之惜阴。读至此，不胜惘然，恨不得生两翅忽飞到家，将老弟劝慰一番，纵谈数日乃快。然向使诸弟已入学，则谣言必谓学院做情，众口铄金，何从辨起？所谓塞翁失马，安知非福，科名迟早实有前定，虽惜阴念切，正不必以虚名萦怀耳。

来信言看《礼记疏》一本半，浩浩茫茫，苦无所得，今已尽弃，不敢复阅，现读朱子《纲目》，日十余页云云。说到此处，兄不胜悔恨，恨早岁不曾用功，如今虽欲教弟，譬盲者而欲导人之迷途也，求其不误，难矣。

然兄最好苦思，又得诸益友相质证，于读书之道，有必不可易者数端：穷经必专一经，不可泛骛。读经以研寻义理为本，考据名物为末。读经有一耐字诀。一句不通，不看下句；今日不通，明日再读；今年不精，明年再读，此所谓耐也。读史之法，莫妙于设身处地。每看一处，如我便与当时之人酬酢笑语于其间。不必人人皆能记也，但记一人，则恍如接其人；不必事事皆能记也，但记一事，则恍如亲其事。经以穷理，史以考事，舍此二者，更别无学矣。

盖自西汉以至于今，识字之儒约有三途：曰义理之学，曰考据之学，曰词章之学，各执一途，互相诋毁。兄之私意，以为义理之学最大，义理明，则躬行有要而经济有本；词章之学，亦所以发挥义理者也；考据之学，吾无取焉矣。此三途者，皆从事经史，各有门径。吾以为欲读经史，但当研究义理，则心一而不纷。是故经则专守一经，史则专熟一代，读经史则专主义理。此皆守约之道，确乎不可易者也。

若夫经史而外，诸子百家，汗牛充栋。或欲阅之，但当读一人之专集，不当东翻西阅。如读《昌黎集》，则目之所见，耳之所闻，无非昌黎，以为天地间除《昌黎集》而外，更别无书也。此一集未读完，断断不换他集，亦专字诀也。六弟谨记之。

读经，读史，读专集，讲义理之学，此有志者万不可易者也。圣人复起，必从吾言矣。然此亦仅为有大志者言之。若夫为科名之学，则要读四书文，读试帖律赋，头绪甚多。四弟、九弟、厚二弟天质较低，必须为科名之学。六弟既有大志，虽不科名可也，但当守一耐字诀耳。观来信，言读《礼记疏》，似不能耐者，勉之勉之！

兄少时天分不甚低，厥后日与庸鄙者处，全无所闻，窍被茅塞久矣。及乙未到京后，始有志学诗、古文并作字之法，亦洎无良友。近年得一二良友，知有所谓经学者、经济者，有所谓躬行实践者，始知范、韩可学而至也，马迁、韩愈亦可学而至也，程、朱亦可学而至也。慨然思尽涤前日之污，以为更生之人，以为父母之肖子，以为诸弟之先导。无如体气本弱，耳鸣不止，稍稍用心，便觉劳顿，每自思念，天既限我以不能苦思，是天不欲成我之学问也。故近日以来，意颇疏散，计今年若可得一差，能还一切旧债，则将归田养亲，不复恋恋于利禄矣！粗识几字，不敢为非以蹈大戾已耳！不复有志于先哲矣。吾人第一以保身为要，我所以无大志愿者，恐用心太过，足以疲神也。诸弟亦须时时以保身为念，无忽无忽！

来信又驳我前书，谓“必须博雅有才，而后可明理有用”，所见极是。

兄前书之意，盖以躬行为重，即子夏“贤贤易色章”之意，以为博雅者不足贵，惟明理者乃有用，特其立论过激耳。六弟信中之意，以为不博雅多闻，安能明理有用？立论极精，但弟须力行之，不可徒与兄辩驳见长耳。

来信又言四弟与季弟从游觉庵师，六弟、九弟仍来京中，或肄业城南云云。兄之欲得老弟共住京中也，其情如孤雁之求曹也。自九弟辛丑秋思归，兄百计挽留，九弟当能言之，及至去秋决计南归，兄实无可如何，只得听其自便。若九弟今年复来，则一岁之内忽去忽来，不特堂上诸大人不肯，即旁观亦且笑我兄弟轻举妄动。且两弟同来，途费须得八十金，此时实难措办，弟云能自为计，则兄窃不信。曹西垣去冬已到京，郭筠仙明年始起程，目下亦无好伴。惟城南肄业之说，则甚为得计。兄于二月间准付银二十两至金竺虔家，以为六弟、九弟省城读书之用。竺虔于二月起身南旋，其银四月初可到。

弟接到此信，立即下省肄业。省城中兄相好的如郭筠仙、凌笛舟、孙芝房，皆在别处坐书院；贺蔗农、俞岱青、陈尧农、陈庆覃诸先生皆官场中人，不能伏案用功矣。惟闻有丁君者名叙忠，号秩臣，长沙廪生，学问切实，践履笃诚，兄虽未曾见面，而稔知其可师。凡与我相好者，皆极力称道丁君。两弟到省，先到城南住斋，立即去拜丁君托陈季牧为介绍，执贽受业。凡人必有师，若无师，则严惮之心不生。既以丁君为师，此外择友则慎之又慎。昌黎曰：“善不吾与，吾强与之附；不善不吾恶，吾强与之拒。”一生之成败，皆关乎朋友之贤否，不可不慎也。

来信以进京为上策，以肄业城南为次策。兄非不欲从上策，因九弟去来太速，不好写信禀堂上，不特九弟形迹矛盾，即我禀堂上亦必自相矛盾也。又目下实难办途费，六弟言能自为计，亦未历甘苦之言耳。若我今年能得一差，则两弟今冬与朱啸山同来甚好。目前且从次策，如六弟不以为然，则再写信来商议可也。

此答六弟信之大略也。

九弟之信，写家事详甚，惜话说太短，兄则每每太长，以后截长补短为妙。尧阶若有大事，诸弟随去一人帮他几天。牧云接我长信，何以全无回信？毋乃嫌我话太直乎？扶乩之事，全不足信，九弟总须立志读书，不必想及此等事。季弟一切皆须听诸兄话。此次折弁走其急，不暇钞日记本，余容后告。冯树堂闻弟将到省城，写一荐条，荐两朋友。弟留心访之可也。

道光二十三年二月十九日

男国藩跪禀父母亲大人万福金安：

正月十七日，男发第一号家信，内呈堂上信三页，复诸弟信九页，教四弟与厚二从汪觉庵师，六弟、九弟到省从丁秩臣，谅已收到。二月十六日接到家信第一号，系新正初三交彭山屺者，敬悉一切。

去年十二月十一，祖父大人忽患肠风，赖神灵默佑，得以速痊，然游子闻之，尚觉心悸。六弟生女，自是大喜。初八日恭逢寿诞，男不克在家庆祝，心尤依依。

诸弟在家不听教训，不甚发奋，男观诸弟来信，即已知之。盖诸弟之意，总不愿在家塾读书。自己亥年男在家时，诸弟即有此意，牢不可破。六弟欲从男进京，因散馆去留未定，故比时未许。庚子年接家眷，即请弟等送，意欲弟等来京读书也。特以祖父母、父母在上，男不敢专擅，故但写诸弟而不指定何人。迨九弟来京，其意颇遂，而四弟、六弟之意尚未遂也。年年株守家园，时有耽搁，大人又不能常在家教之，近地又无良友，考试又不利，兼此数者，怫郁难申，故四弟、六弟不免怨男。其可以怨男者有故：丁酉在家教弟，威克厥爱，可怨一矣；己亥在家未尝教弟一字，可怨二矣；临进京不肯带六弟，可怨三矣；不为弟另择外傅，仅延丹阁叔教之，拂厥本意，可怨四矣；明知两弟不愿家居，而屡次信回，劝弟寂守家塾，可怨五矣。惟男有可怨者五端，故四弟、六弟难免内怀隐衷，前次含意不申，故从不写信与男，去腊来信甚长，则尽情吐露矣。

男接信时，又喜又惧。喜者，喜弟志气勃勃，不可遏也；惧者，惧男再拂弟意，将伤和气矣。兄弟和，虽穷氓小户必兴；兄弟不和，虽世家宦族必败。男深知此理，故禀堂上各位大人俯从男等兄弟之请，男之意实以和睦兄弟为第一。九弟前年欲归，男百般苦留，至去年则不复强留，亦恐拂弟意也。临别时，彼此恋恋，情深似海。故男自九弟去后，思之尤切，信之尤深。谓九弟纵不为科目中人，亦当为孝弟中人。兄弟人人如此，可以终身互相依倚，则虽不得禄位，亦何伤哉！

恐堂上大人接到男正月信必且惊而怪之，谓两弟到衡阳，两弟到省，何其不知艰苦，擅自专命。殊不知男为兄弟和好起见，故复缕陈一切，并恐大人未见四弟、六弟来信，故封还附呈，总愿堂上六位大人俯从男等三人之请而已。

伏读手谕，谓男教弟宜明言责之，不宜琐琐告以阅历工夫。男自忆连年教弟之信不下数万字，或明责，或婉劝，或博称，或约指，知无不言，总之尽心竭力而已。

男妇、孙男女身体皆平安，伏乞放心。男谨禀。

道光二十三年三月十九日

诸位老弟足下：

正月间曾寄一信与诸弟，想已收到。二月发家信时甚匆忙，故无信与弟。

三月初六巳刻，奉上谕于初十日大考翰詹。予心甚着急，缘写作俱生，恐不能完卷。不图十三日早见等第单，予名次二等第一，遂得仰荷天恩，赏擢不次，以翰林院侍讲升用。格外之恩，非常之荣，将来何以报称？惟有时时惶悚，思有补于万一而已。

兹因金竺虔南旋之便，付回五品补服四付、水晶顶二座、阿胶二封、鹿胶二封、母亲耳环一双。竺虔到省时，老弟照单查收。阿胶系毛寄云所赠，最为难得之物，家中须慎重用之。竺虔曾借予银四十两，言定到省即还。其银以二十二两为六弟、九弟读书省城之资，以四两为买书买笔之资，以六两为四弟、季弟衡阳从师束脩之资，以四两为买漆之费，即每岁漆一次之谓也，以四两为欧阳太岳母奠金。贤弟接到银后，各项照数分用可也。

此次竺虔到家，大约在五月节后，故一切不详写。待折差来时，另写一详明信付回，大约四月半可到。贤弟在省如有欠用之物，可写信到京，要我付回。另付回大考名次及升降一单照收。余不具述。兄国藩手草。

道光二十三年三月二十三日

孙男国藩跪禀祖父母大人万福金安：

二月十九日，孙发第二号家信。三月十九日发第三号交金竺虔，想必五月中始可到省。孙以下阖家皆平安。

三月初六日，奉上谕于初十日大考翰詹，在圆明园正大光明殿考试。孙初闻之，心甚惊恐，盖久不作赋，字亦生疏。向来大考，大约六年一次。此次自己亥岁二月大考，到今仅满四年，万不料有此一举，故同人闻命下之时无不惶悚。孙与陈岱云等在园同寓。初十日卯刻进场，酉正出场，题目另纸敬录，诗赋亦另誊出。通共翰詹一百二十七人，告病不入场者三人邵灿，己亥湖南主考；锡麟、江泰来，安徽人，病愈仍须补考。在殿上搜出夹带比交刑部治罪者一人，名如山戊戌同年。其余皆整齐完场。十一日皇上亲阅卷一日，十二日钦派阅卷大臣七人，阅毕拟定名次进呈。皇上钦定一等五名，二等五十五名，三等五十六名，四等七名。孙蒙皇上天恩，拔取二等第一名。湖南六翰林，二等四人，三等二人，另有全单。十四日引见，共升官者十一人，记名候升者五人，赏缎者十九人升官者不赏缎。孙蒙皇上格外天恩，升授翰林院侍讲，十七日谢恩。现在尚未补缺，有缺出即应孙补。其他升降赏赉，另有全单。湖南以大考升官者，从前雍正二年惟陈文肃公名大受，乾隆朝宰相一等第一，以编修升侍读，近来道光十三年胡云阁先生二等第四，以学士升少詹，并孙三人而已。孙名次不如陈文肃之高，而升官与之同，此皇上破格之恩也。孙学问肤浅，见识庸鄙，受君父之厚恩，蒙祖宗之德荫，将来何以为报？惟当竭力尽忠而已。

金竺虔于昨二十一日回省，孙托带五品补服四付、水晶顶戴二座、阿胶一斤半、鹿胶一斤、耳环一双。外竺虔借银五十两，即以付回。昨在竺虔处寄第三号信，信面信里皆写银四十两，发信后渠又借去十两，故前后二信不符。竺虔于五月半可到省，若六弟、九弟在省，则可面交；若无人在省，则家中专人去取，或诸弟有高兴到省者亦妙。

今年考差，大约在五月中旬，孙拟于四月半下园用功。孙妇现已有喜，约七月可分娩。曾孙兄妹并如常。寓中今年添用一老妈，用度较去年略多。此次升官，约多用银百两。东扯西借，尚不窘迫。不知有邯郸报来家否？若其已来，开销不可太多。孙十四引见，渠若于二十八以前报到，是真邯郸报，赏银四五十两可也。若至四月始报，是省城伪报，赏数两足矣。家中景况，不审何如？伏恳示悉为幸。孙跪禀。

道光二十三年四月二十日

男国藩禀父母亲大人万福金安：

三月二十日，男发第三号信，二十四日发第四号信，谅已收到。托金竺虔带回之物，谅已照信收到。男及男妇、孙男女皆平安如常。男因身子不甚壮健，恐今年得差劳苦，故现服补药，预为调养，已作丸药二单。考差尚无信，大约在五月初旬。

四月初四，御史陈公上折直谏，此近日所仅见，朝臣仰之如景星庆云。兹将折稿付回。三月底盘查国库，不对数银九百二十五万两，历任库官及查库御史皆革职分赔，查库王大臣亦摊赔，此从来未有之巨案也。湖南查库御史有石承藻、刘梦兰二人，查库大臣有周系英、刘权之、何凌汉三人，已故者令子孙分赔，何家须赔银三千两。

同乡唐诗甫李杜选陕西靖边县，于四月二十一出京。王翰城选山西冀宁州知州，于五月底可出京。余俱如故。

男二月接信后，至今望信甚切。男谨禀。

道光二十三年六月初六日

孙男国藩跪禀祖父母大人万福金安：

四月二十日，孙发第五号家信，不知到否？五月二十九接到家中第二号信，系三月初一发。六月初二日接第三号信，系四月十八发的。具悉家中老幼平安，百事顺遂，欣幸之至。

六弟下省读书，从其所愿，情意既畅，志气必奋，将来必大有成，可为叔父预贺。祖父去岁曾赐孙手书，今年又已半年，不知目力何如？下次信来，仍求亲笔书数语示孙。大考喜信，不知开销报人钱若干？

孙自今年来身体不甚好，幸加意保养，得以无恙。大考以后全未用功。五月初六日考差，孙妥帖完卷，虽无毛病，亦无好处。首题“使诸大夫国人皆有所矜式”，经题“天下有道，则行有枝叶”，诗题“赋得角黍，得经字”。共二百四十一人进场。初八日派阅卷大臣十二人，每人分卷二十本。传闻取七本，不取者十三本。弥封未拆，故阅卷者亦不知所取何人，所黜何人，取与不取一概进呈，恭候钦定。外间谣言某人第一，某人未取，俱不足凭，总待放差后，方可略测端倪。亦有真第一而不得，有真未取而得差者，静以听之而已。同乡考差九人，皆妥当完卷。六月初一，放云南主考龚宝莲辛丑榜眼，段大章戊戌同年，贵州主考龙元僖、王桂庚子湖南主考。

孙在京平安，孙妇及曾孙兄妹皆如常。前所付银，谅已到家。高丽参目前难寄，容当觅便寄回。六弟在城南，孙已有信托陈尧农先生。同乡官皆如旧。黄正斋坐粮船来，已于六月初三到京。余容后禀。

道光二十三年六月初六日

温甫六弟左右：

五月二十九、六月初一连接弟三月初一、四月二十五、五月初一三次所发之信，并四书文二首，笔仗实实可爱。

信中有云“于兄弟则直达其隐，父子祖孙间不得不曲致其情”，此数语有大道理。余之行事，每自以为至诚可质天地，何妨直情径行。昨接四弟信，始知家人天亲之地，亦有时须委曲以行之者。吾过矣！吾过矣！

香海为人最好，吾虽未与久居，而相知颇深，尔以兄事之可也。丁秩臣、王衡臣两君，吾皆未见，人约可为尔之师。或师之，或友之，在弟自为审择。若果威仪可则，淳实宏通，师之可也；若仅博雅能文，友之可也。或师或友，皆宜常存敬畏之心，不宜视为等夷，渐至慢亵，则不复能受其益矣。

尔三月之信所定功课太多，多则必不能专，万万不可。后信言已向陈季牧借《史记》，此不可不熟看之书。尔既看《史记》，则断不可看他书。功课无一定呆法，但须专耳。余从前教诸弟，常限以功课，近来觉限人以课程，往往强人以所难，苟其不愿，虽日日遵照限程，亦复无益。故近来教弟但有一专字耳。专字之外，又有数语教弟，兹特将冷金笺写出，弟可贴之座右，时时省览，并抄一付寄家中三弟。

香海言时文须学《东莱博议》，甚是。尔先须过笔圈点一遍，然后自选几篇读熟。即不读亦可，无论何书，总须从首至尾通看一遍，不然，乱翻几页，摘抄几篇，而此书之大局精处茫然不知也。

学诗从《中州集》入亦好。然吾意读总集不如读专集。此事人人意见各殊，嗜好不同。吾之嗜好，于五古则喜读《文选》，于七古则喜读《昌黎集》，于五律则喜读《杜集》，七律亦最喜杜诗，而苦不能步趋，故兼读《元遗山集》。吾作诗最短于七律，他体皆有心得。惜京都无人可与畅语者。尔要学诗，先须看一家集，不要东翻西阅；先须学一体，不可各体同学，盖明一体则皆明也。凌笛舟最善为律诗，若在省，尔可就之求教。

习字临《千字文》亦可，但须有恒。每日临帖一百字，万万无间断，则数年必成书家矣。陈季牧最喜谈字，且深思善悟。吾见其寄岱云信，实能知写字之法，可爱可畏。尔可从之切磋，此等好学之友，愈多愈好。

来信要我寄诗回南，余今年身体不甚壮健，不能用心，故作诗绝少，仅作感春诗七古五章，慷慨悲歌，自谓不让陈卧子，而语太激烈，不敢示人。余则仅作应酬诗数首，了无可观。顷作寄贤弟诗二首，弟观之以为何如？京笔现在无便可寄，总在秋间寄回。若无笔写，暂向陈季牧借一支，后日还他可也。兄国藩手草。

道光二十三年六月初六日

澄侯、叔淳、季洪三弟左右：

五月底连接三月一日、四月十八两次所发家信。四弟之信具见真性情，有困心横虑、郁积思通之象。此事断不可求速效，求速效必助长，非徒无益，而又害之。只要日积月累，如愚公之移山，终久必有豁然贯通之候，愈欲速则愈锢蔽矣。

来书往往词不达意，我能深谅其苦。今人都将学字看错了，若细读

"贤贤易色"一章，则绝大学问即在家庭日用之间。于孝弟两字上，尽一分便是一分学，尽十分便是十分学。今人读书皆为科名起见，于孝弟伦纪之大，反似与书不相关。殊不知书上所载的，作文时所代圣贤说的，无非要明白这个道理。若果事事做得，即笔下说不出何妨？若事事不能做，并有亏于伦纪之大，即文章说得好，亦只算个名教中之罪人。贤弟性情真挚，而短于诗文，何不日日在孝弟两字上用功？《曲礼》、《内则》所说的，句句依他做出，务使祖父母、父母、叔父母无一时不安乐，无一时不顺适，下而兄弟妻子皆蔼然有恩，秩然有序，此真大学问也。若诗文不好，此小事，不足计，即好极，亦不值一钱。不知贤弟肯听此语否？

科名之所以可贵者，谓其足以承堂上之欢也，谓禄仕可以养亲也。今吾已得之矣，即使诸弟不得，亦可以承欢，可以养亲，何必兄弟尽得哉？贤弟若细思此理，但于孝弟上用功，不于诗文上用功，则诗文不期进而自进矣。

凡作字总须得势，务使一笔可以走千里。三弟之字，笔笔无势，是以局促不能远纵。去年曾与九弟说及，想近来已忘之矣。九弟欲看余白折，余所写折子甚少，故不付。大铜尺已经寻得。付笔回南，目前实无妙便，俟秋间定当付还。

去年所寄牧云信未寄去，但其信前半劝牧云用功，后半劝凌云莫看地，实有道理。九弟可将其信钞一遍仍交与他，但将纺棉花一段删去可也。地仙为人主葬，害人一家，丧良心不少，未有不家败人亡者，不可不力阻凌云也。至于纺棉花之说，如直隶之三河县、灵寿县，无论贫富男妇，人人纺布为生，如我境之耕田为生也。江南之妇人耕田，犹三河之男人纺布也。湖南如浏阳之夏布，祁阳之葛布，宜昌之棉布，皆无论贫富男妇，人人依以为业，此并不足为骇异也，第风俗难以遽变，必至骇人听闻，不如删去一段为妙。书不尽言。兄国藩手草。

卷二 家书

目录

088 道光二十五年五月初五日　致兄弟
089 道光二十五年五月二十九日　禀父母
090 道光二十五年六月十九日　禀父母
091 道光二十五年七月初一日　禀父母
091 道光二十五年七月十六日　禀父母
092 道光二十五年七月三十日　致兄弟
093 道光二十五年八月二十一日　启叔父母
094 道光二十五年九月十七日　启叔父
094 道光二十五年十月初一日　启叔父母
095 道光二十五年十月二十九日　禀父母
096 道光二十五年十一月二十日　禀父母
097 道光二十六年丙午正月初三日　禀父母
098 道光二十六年二月十六日　禀父母
099 道光二十六年三月二十五日　禀父母
099 道光二十六年四月十六日　致子植 季洪两弟
100 道光二十六年五月十七日　禀父母
101 道光二十六年闰五月十五日　禀父母
101 道光二十六年七月初三日　禀父母
102 道光二十六年九月十九日　禀父母
103 道光二十六年十月十五日　禀父母

道光二十四年正月二十五日

男国藩跪禀父母亲大人万福金安：

男在四川于十一月二十日还京，彼时无折弁回南，至十二月十六始发家信，十二月除夕又发一信，交曾受恬处。受恬名兴仁，善化丙子举人，任江西分宜县知县。十月进京引见，正月初四出都，迂道由长沙回江西。男与心斋各借银壹百两与渠作途费。男又托渠带银三百两，系蓝布密缝三包，鹿胶二斤半、阿胶二斤共一包，高丽参半斤一包，荆七银四十两一包，又信一封，交陈宅，托其代为收下，面交六弟、九弟，大约二月下旬可到省。受恬所借之银百两，若在省能还更好，若不能还，亦不必急索，俟渠到江西必还，只订定妥交陈宅，毋寄不可靠之人耳。若六月尚未收到，则写信寄京，男作信至江西催取也。

陈岱云之贤配于正月八日仙逝。去年岱云病时，曾经割臂疗夫。十二月初二日生一子，小大平安。至除夕得气痛病，正月初三即服人参，初八长逝。岱云哀伤异常，男代为经理一切。二十三日开吊，男赙银十六两。陈宅共收赙仪三百二十余两。

二十二夜，男接家信，得悉一切，欣喜之至。蕙妹移寓竹山湾，自好。但不知作何局面？待聘妹夫恐不谙耕作事，不宜写田作也。祖父大人七旬晋一大庆，不知家中开筵否？男在京仅一席，以去年庆寿故也。祖母大人小恙旋愈，甚喜。以后断不可上楼，不可理家事。叔父大人之病，不知究竟何如？下次求详书示知。

男前次信回，言付银千两至家，以六百为家中完债及零用之费，以四百为馈赠戚族之用。昨由受恬处寄归四百，即分送各戚族可也。其余六百，朱啸山处既兑钱百三十千，即除去一百两，四月间再付五百回家，与同乡公车带回，不同县者亦可，男自有斟酌也。

男自四川归后，身体发胖，精神甚好，夜间不出门。虽未畜车，而每出必以车，无一处徒步。保养之法，大人尽可放心。男妇及孙男女皆平安。陈岱云十二月所生之子，亦雇乳妈，在男宅抚养，其女在郑小山家抚养。本家心斋，男待他甚好，渠亦凡事必问男，所作诗赋，男知无不言。冯树堂于正月十六来男寓住，目前渠自用功，男尽心与之讲究一切。会试后即命孙儿上学，每月修金四两。郭筠仙进京，亦在男处住，现尚未到。四川门生已到四人，二月间即考国子监学正。今年正月初三下诏举行恩科。明年皇太后万寿，定有覃恩，可请诰封，此男所最为切望者也。去年因科场舞弊，皇上命部议定：以后新举人到京，皆于二月十五复试，倘有文理纰缪者，分别革职、停科等罚，甚可惧也。

在京一切，男自知慎。余容续陈。男谨禀。

道光二十四年正月二十六日

四位老弟左右：

正月二十三日接到诸弟信，系腊月十六在省城发，不胜欣慰。四弟女许朱良四姻伯之孙，兰姊女许贺孝七之子，人家甚好，可贺。惟蕙妹家颇可虑，亦家运也。

六弟、九弟今年仍读书省城，罗罗山兄处附课甚好。既在此附课，则不必送诗文与他处看，以明有所专主也。凡事皆贵专，求师不专，则受益也不入；求友不专，则博爱而不亲。心有所专宗，而博观他途以扩其识，亦无不可；无所专宗，而见异思迁，此眩彼夺，则大不可。罗山兄甚为刘霞仙、欧晓岑所推服，有杨生任光者，亦能道其梗概，则其可为师表明矣。惜吾不得常与居游也。在省用钱，可在家中支用银三十两则够二弟一年之用矣，亦在吾寄一千两之内，予不能别寄与弟也。

我去年十一月二十日到京，彼时无折差回南，至十二月中旬始发信。乃两弟之信骂我糊涂，何不检点至此？赵子舟与我同行，曾无一信，其糊涂更何如耶？余自去年五月底至腊月初未尝接一家信。我在蜀可写信由京寄家，岂家中信不可由京寄蜀耶？又将骂何人糊涂耶？凡动笔不可不检点。

陈尧农先生信至今未接到。黄仙垣未到京。家中付物，难于费心，以后一切布线等物，均不必付。九弟与郑、陈、冯、曹四信，写作俱佳，可喜之至。六弟与我信字太草率，此关乎一生福分，故不能不告汝也。四弟写信语太不圆，由于天分，吾不复责。余容续布，诸惟心照。兄国藩手具。

道光二十四年二月十四日

四位老弟左右：

正月二十六日发第一号家信。二月初十日黄仙垣来京，接到家信，备悉一切，欣慰之至。所付诸物，已接脯肉一方，鹅肉一边，杂碎四件，布一包，烘笼二个，余皆彭雨苍带来。

朱啸山亦于是日到，现与家心斋同居，系兄代伊觅得房子，距余寓甚近，不过一箭远耳。郭筠仙现尚未到，余已为赁本胡同关帝庙房，使渠在庙中住，在余家火食。冯树堂正月十六来余家住，拟会试后再行上学，因小儿春间怕冷故也。树堂于二月十三考国子监学正，题“而耻恶衣恶食者”、“不以天下奉一人策”二句，共五百人入场。树堂写作俱佳，应可必得。

陈岱云于初六日移寓报国寺，其配之柩亦停寺中。岱云哀伤异常，不可劝止，作祭文一篇，三千余字。余为作墓志铭一首，不知陈宅已寄归否？余懒眷寄也。

四川门生现已到二十余人。我县会试者，大约可十五人。甲午同年，大约可二十五六人。然有求于余者，颇不乏人。

余今年应酬更繁，幸身体大好，迥不似从前光景，面胖而润，较前稍白矣。耳鸣亦好十之七八，尚有微根未断，不过月余可全好也。内人及儿子、两女儿皆好，陈氏小儿在余家乳养者亦好。

六弟、九弟在城南读书，得罗罗山为之师，甚妙。然城南课似亦宜应，不应，恐山长不以为然也。所作诗文及功课，望日内付来。四弟、季弟从觉庵师读自佳。四弟年已渐长，须每日看史书十页，无论能得科名与否，总可以稍长见识。季弟每日亦须看史，然温经更要紧，今年不必急急赴试也。

曾受恬自京南归，余寄回银四百两、高丽参半斤、鹿胶阿胶共五斤、闱墨二十部，不知家中已收到否？尚有衣一箱，银五百两，俟公车南归带回。

同乡汤海秋与杜兰溪，子女已过门而废婚，系汤家女儿及父母并不是。余俱如故。周介夫鸣銮放安徽庐凤道，其女儿欲许字纪泽。常南陔大淳升安徽臬台，其孙女欲许字纪泽。余俱不甚愿。

季仙九师为安徽学政后，升吏部右侍郎。廖老师名鸿荃，去年放钦差至河南塞河决，至今未成功，昨革职，赏七品顶戴，在河工效力赎罪。黄河大工不成，实国家大可忧虑之事，如何如何！余容后陈。国藩手具。

道光二十四年三月初十日

孙国藩跪禀祖父母大人万福金安：

二月十四孙发第二号信，不知已收到否？孙身体平安，孙妇及曾孙男女皆好。孙去年腊月十八曾寄信到家，言寄家银一千两，以六百为家中还债之用，以四百为馈赠亲族之用，其分赠数目，另载寄弟信中，以明不敢自专之义也。后接家信，知兑啸山百三十千，则此银已亏空一百矣。顷闻曾受恬丁艰，其借银恐难遽完，则又亏空一百矣。所存仅八百，而家中旧债尚多。馈赠亲族之银，系孙一人愚见，不知祖父母、父亲、叔父以为可行否？伏乞裁夺。

孙所以汲汲馈赠者，盖有二故：一则我家气运太盛，不可不格外小心，以为持盈保泰之道。旧债尽清，则好处太全，恐盈极生亏；留债不清，则好中不足，亦处乐之法也。二则各亲戚家皆贫，而年老者，今不略为饮助，则他日不知何如。自孙入都后，如彭满舅曾祖、彭王姑母、欧阳岳祖母、江通十舅，已死数人矣。再过数年，则意中所欲馈赠之人，正不保何若矣！家中之债，今虽不还，后尚可还；赠人之举，今若不为，后必悔之。

此二者，孙之愚见如此。然孙少不更事，未能远谋，一切求祖、父、叔父作主，孙断不敢擅自专权。其银待欧阳小岑南归，孙寄一大箱，衣物、银两概寄渠处，孙认一半车钱，彼时再有信回。孙谨禀。

道光二十四年三月初十日

六弟、九弟左右：

三月八日接到两弟二月十五所发信，信面载第二号，则知第一号信未到。比去提塘追索，渠云并未到京，恐尚在省未发也。以后信宜交提塘挂号，不宜交折差手，反致差错。

来书言自去年五月至十二月，计共发信七八次。兄到京后，家人仅检出二次，一系五月二十二日发，一系十月十六日发，其余皆不见。远信难达，往往似此。

腊月信有“糊涂”字样，亦情之不能禁者。盖望眼欲穿之时，疑信杂生，怨怒交至。惟骨肉之情愈挚，则望之愈殷；望之愈殷，则责之愈切。度日如年，居室如圜墙，望好音如万金之获，闻谣言如风声鹤唳，又加以堂上之悬思，重以严寒之逼人，其不能不出怨言以相詈者，情之至也。然为兄者观此二字，则虽曲谅其情，亦不能不责之。非责其情，责其字句之不检点耳，何芥蒂之有哉！

至于回京时有折弁南还，则兄实不知。当到家之际，门几如市，诸务繁剧，吾弟可想而知。兄意谓家中接榜后所发一信，则万事可以放心矣，岂尚有悬挂者哉？来书辩论详明，兄今不复辨。盖彼此之心虽隔万里，而赤诚不啻目见，本无纤毫之疑，何必因二字而多费唇舌？以后来信，万万不必提起可也。

所寄银两，以四百为馈赠族戚之用。来书云：“非有未经审量之处，即似稍有近名之心。”此二语推勘入微，兄不能不内省者也。又云：“所识穷乏得我而为之，抑逆知家中必不为此慷慨，而姑为是言？”斯二语者，毋亦拟阿兄不伦乎？兄虽不肖，亦何至鄙且奸至于如此之甚！所以为此者，盖族戚中有断不可不一援手之人，而其余则牵连而及。

兄己亥年至外家，见大舅陶穴而居，种菜而食，为恻然者久之。通十舅送我，谓曰："外甥做外官，则阿舅来作烧火夫也。"南五舅送至长沙，握手曰："明年送外甥妇来京。"余曰："京城苦，舅勿来。"舅曰："然。然吾终寻汝任所也。"言已泣下。兄念母舅皆已年高，饥寒之况可想，而十舅且死矣，及今不一援手，则大舅、五舅者又能沾我辈之余润乎？十舅虽死，兄意犹当恤其妻子，且从俗为之延僧，如所谓道场者，以慰逝者之魂，而尽吾不忍死其舅之心。我弟我弟，以为可乎？

兰姊、蕙妹家运皆舛，兄好为识微之妄谈，兰姊犹可支撑，蕙妹再过数年则不能自存活矣。同胞之爱，纵彼无觖望，吾能不视如一家一身乎？

欧阳沧溟先生夙债甚多，其家之苦况，又有非吾家可比者，故其母丧，不能稍隆厥礼。岳母送余时，亦涕泣而道。兄赠之独丰，则犹徇世俗之见也。

楚善叔为债主逼迫，抢地无门，二伯祖母尝为余泣言之。又泣告子植曰："八儿夜来泪注，地湿围径五尺也。"而田货于我家，价既不昂，事又多磨。尝贻书于我，备陈吞声饮泣之状，此子植所亲见，兄弟尝欷歔久之。

丹阁叔与宝田表叔昔与同砚席十年，岂意今日云泥隔绝至此。知其窘迫难堪之时，必有饮恨于实命之不犹者矣。丹阁戊戌年曾以钱八千贺我，贤弟谅其景况，岂易办八千者乎？以为喜极，固可感也；以为钓饵，则亦可怜也。任尊叔见我得官，其欢喜出于至诚，亦可思也。

竟希公一项，当甲午年抽公项三十二千为贺礼，渠两房颇不悦。祖父曰："待藩孙得官，第一件先复竟希公项。"此语言之已熟，特各堂叔不敢反唇相讥耳。同为竟希公之嗣，而菀枯悬殊若此，设造物者一旦移其菀于彼二房，而移其枯于我房，则无论六百，即六两亦安可得耶？

六弟、九弟之岳家皆寡妇孤儿，槁饿无策。我家不拯之，则孰拯之者？我家少八两，未必遂为债户逼取，渠得八两，则举室回春。贤弟试设身处地而知其如救水火也。

彭王姑待我甚厚，晚年家贫，见我辄泣。兹王姑已没，故赠宜仁王姑丈，亦不忍以死视王姑之意也。腾七则姑之子，与我同孩提长养。各舅祖则推祖母之爱而及也。彭舅曾祖则推祖父之爱而及也。陈本七、邓升六二先生，则因觉庵师而牵连及之者也。其余馈赠之人，非实有不忍于心者，则皆因人而及。非敢有意讨好，沽名钓誉，又安敢以己之豪爽形祖父之刻啬，为此奸鄙之心之行也哉？

诸弟生我十年以后，见诸戚族家皆穷，而我家尚好，以为本分如此耳。而不知其初皆与我家同盛者也。兄悉见其盛时气象，而今日零落如此，则大难为情矣。凡盛衰在气象。气象盛，则虽饥亦乐，气象衰，则虽饱亦忧。今我家方全盛之时，而贤弟以区区数百金为极少，不足比数。设以贤弟处楚善、宽五之地，或处葛、熊二家之地，贤弟能一日以安乎？凡遇之丰啬顺舛，有数存焉，虽圣人不能自为主张。天可使吾今日处丰亨之境，即可使吾明日处楚善、宽五之境。君子之处顺境，兢兢焉常觉天之过厚于我，我当以所余补人之不足；君子之处啬境，亦兢兢焉常觉天之厚于我，非果厚也，以为较之尤啬者，而我固已厚矣。古人所谓境地须看不如我者，此之谓也。

来书有“区区千金”四字，其毋乃不知天之已厚于我兄弟乎？兄尝观《易》之道，察盈虚消息之理，而知人不可无缺陷也。日中则昃，月盈则亏，天有孤虚，地阙东南，未有常全而不缺者。《剥》也者，《复》之几也，君子以为可喜也。《夬》也者，《姤》之渐也，君子以为可危也。是故既吉矣，则由吝以趋于凶；既凶矣，则由悔以趋于吉。君子但知有悔耳。悔者，所以守其缺而不敢求全也。小人则时时求全，全者既得，而吝与凶随之矣。众人常缺而一人常全，天道屈伸之故，岂若是不公乎？今吾家椿萱重庆，兄弟无故，京师无比美者，亦可谓至万全者矣。故兄但求缺陷，名所居曰“求缺斋”，盖求缺于他事而求全于堂上，此则区区之至愿也。家中旧债不能悉清，堂上衣服不能多办，诸弟所需不能一给，亦求缺陷之义也。内人不明此意，时时欲置办衣物，兄亦时时教之。今幸未全备，待其全时，则吝与凶随之矣，此最可畏者也。贤弟夫妇诉怨于房闼之间，此是缺陷。吾弟当思所以弥其缺而不可尽给其求，盖尽给则渐几于全矣。吾弟聪明绝人，将来见道有得，必且韪余之言也。

至于家中欠债，则兄实有不尽知者。去年二月十六接父亲正月四日手谕，中云：“年事一切，银钱敷用有余，上年所借头息钱，均已完清。家中极为顺遂，故不窘迫。”父亲所言如此，兄亦不甚了了，不知所完究系何项？未完尚有何项？兄所知者，仅江孝八外祖百两、朱岚暄五十两而已。其余如耒阳本家之账，则兄由京寄还，不与家中相干。甲午冬借添梓坪钱五十千，尚不知作何还法，正拟此次禀问祖父。此外账目，兄实不知。下次信来，务望详开一单，使兄得渐次筹划。如弟所云："家中欠债千余金，若兄早知之，亦断不肯以四百赠人矣。"如今信去已阅三月，馈赠族戚之语，不知乡党已传播否？若已传播而实不至，则祖父受啬吝之名，我加一信，亦难免二三其德之诮，此兄读两弟来书所为踌躇而无策者也。兹特呈堂上一禀，依九弟之言书之，谓朱啸山、曾受恬处二百落空，非初意所料。其馈赠之项，听祖父、叔父裁夺，或以二百为赠，每人减半亦可；或家中十分窘迫，即不赠亦可。戚族来者，家中即以此信示之，庶不悖于过则归己之义。贤弟观之，以为何如也？

若祖父、叔父以前信为是，慨然赠之，则此禀不必付归，兄另有安信付去，恐堂上慷慨持赠，反因接吾书而尼沮。凡仁心之发，必一鼓作气，尽吾力之所能为，稍有转念，则疑心生，私心亦生。疑心生则计较多，而出纳吝矣；私心生则好恶偏，而轻重乖矣。使家中慷慨乐与，则慎无以吾书生堂上之转念也。使堂上无转念，则此举也阿兄发之，堂上成之，无论其为是为非，诸弟置之不论可耳。向使去年得云、贵、广西等省苦差，并无一钱寄家，家中亦不能责我也。

九弟来书，楷法佳妙，余爱之不忍释手。起笔收笔皆藏锋，无一笔撒手乱丢，所谓有往皆复也。想与陈季牧讲究，彼此各有心得，可喜可喜。然吾所教尔者，尚有二事焉：一曰换笔，古人每笔中间必有一换，如绳索然，第一股在上，一换则第二股在上，再换则第三股在上也。笔尖之着纸者，仅少许耳。此少许者，吾当作四方铁笔用。起处东方在左，西方向右，一换则东方向右矣。笔尖无所谓方也，我心中常觉其方，一换而东，再换而北，三换而西，则笔尖四面有锋，不仅一面相向矣。二曰结字有法，结字之法无穷，但求胸有成竹耳。

六弟之信文笔拗而劲，九弟文笔婉而达，将来皆必有成。但目下不知各看何书？万不可徒看考墨卷，汩没性灵。每日习字不必多，作百字可耳。读背诵之书不必多，十页可耳。看涉猎之书不必多，亦十页可耳。但一部未完，不可换他部，此万万不易之道。阿兄数千里外教尔，仅此一语耳。

罗罗山兄读书明大义，极所钦仰，惜不能会面畅谈。

余近来读书无所得，酬应之繁，日不暇给，实实可厌。惟古文各体诗，自觉有进境，将来此事当有成就。恨当世无韩愈、王安石一流人与我相质证耳。贤弟亦宜趁此时学为诗、古文，无论是否，且试拈笔为之，及今不作，将来年长，愈怕丑而不为矣。每月六课，不必其定作时文也。古文、诗、赋、四六无所不作，行之有常，将来百川分流，同归于海，则通一艺即通众艺，通于艺即通于道，初不分而二之也。此论虽太高，然不能不为诸弟言之，使知大本大原，则心有定向，而不至于摇摇无着。虽当其应试之时，全无得失之见乱其意中；即其用力举业之时，亦于正业不相妨碍。诸弟试静心领略，亦可徐徐会悟也。

外附录《五箴》一首、《养身要言》一纸、《求缺斋课程》一纸，诗文不暇录，惟谅之。兄国藩手草。

五箴 并序，甲辰春作

少不自立，荏苒遂洎今兹。盖古人学成之年，而吾碌碌尚如斯也，不其戚矣！继是以往，人事日纷，德慧日损，下流之赴，抑又可知。夫疢疾所以益智，逸豫所以亡身，仆以中材而履安顺，将欲刻苦而自振拔，谅哉其难之欤！作《五箴》以自创云。

立志箴

煌煌先哲，彼不犹人。藐焉小子，亦父母之身。聪明福禄，予我者厚哉！弃天而佚，是及凶灾。积悔累千，其终也已。往者不可追，请从今始。荷道以躬，舆之以言。一息尚活，永矢弗谖。

居敬箴

天地定位，二五胚胎。鼎焉作配，实曰三才。俨恪斋明，以凝女命。女之不庄，伐生戕性。谁人可慢？何事可弛？弛事者无成，慢人者反尔。纵彼不反，亦长吾骄。人则下女，天罚昭昭。

主静箴

斋宿日观，天鸡一鸣。万籁俱息，但闻钟声。后有毒蛇，前有猛虎。神定不慑，谁敢余侮？岂伊避人，日对三军。我虑则一，彼纷不纷。驰骛半生，曾不自主。今其老矣，殆扰扰以终古。

谨言箴

巧语悦人，自扰其身。闲言送日，亦搅女神。解人不夸，夸者不解。道听途说，智笑愚骇。骇者终明，谓女实欺。笑者鄙女，虽矢犹疑。尤悔既丛，铭以自攻。铭而复蹈，嗟女既耄。

有恒箴

自吾识字，百历洎滋。二十有八载，则无一知。曩之所忻，阅时而鄙。故者既抛，新者旋徙。德业之不常，曰为物牵。尔之再食，曾未闻或愆。黍黍之增，久乃盈斗。天君司命，敢告马走。

养身要言 癸卯入蜀道中作

一阳初动处，万物始生时。不藏怒焉，不宿怨焉。——右仁，所以养肝也。

内而整齐思虑，外而敬慎威仪。泰而不骄，威而不猛。——右礼，所以养心也。

饮食有节，起居有常，作事有恒，容止有定。——右信，所以养脾也。

扩然而大公，物来而顺应。裁之吾心而安，揆之天理而顺。——右义，所以养肺也。

心欲其定，气欲其定，神欲其定，体欲其定。——右智，所以养肾也。

求缺斋课程 癸卯孟夏立

读熟读书十页。看应看书十页。习字一百。数息百人。记《过隙影》即日记。记《茶余偶谈》一则。——右每日课

逢三日写回信。逢八日作诗、古文一艺。——右月课

熟读书：《易经》、《诗经》、《史记》、《明史》、《屈子》、《庄子》、杜诗、韩文。

应看书不具载。

道光二十四年四月二十二日

四位老弟左右：

前黄仙垣归，托带四川闱墨四十部，共二包，无家信。顷欧阳小岑归，托带大皮箱一口，内银五百十两，衣服一单，单存箱内；又长包一

个，内袍褂料及毡子诸物，亦有单存包内，有家信数行。外又有寄霞仙信一件，书一包，共十套。不知仙垣、小岑二君到时，诸弟尚在省城否？

兹安化梁菉庄同年献廷南还，又托带四川闱墨四十部，共一包。有一包系油纸封的，内装钉闱墨二十部，彭王姑墓志铭一幅内“业”误“叶”，“慄”误“傈”，龙翰臣写散馆卷三开，自写白折一本试笔写的，故大小不均。又布包鹿胶一包，重三斤，又乡试录题名录共一包，照收。并附大挑单一纸。其进士题名录及散馆录随后交折差带回。统俟后信详述。兄国藩手草。

道光二十四年五月十二日

男国藩跪禀父母亲大人万福金安：

五月十一接到四月十三自省城所发信，具悉一切。母亲齿痛，不知比从前略松否？现服何药？下次望四弟寄方来看。叔父之病至今未愈，想甚沉重，望将药方病症书明寄京。刘东屏医道甚精，然高云亭犹嫌其过于胆大，不知近日精进何如？务宜慎之又慎。

王率五荒唐如此，何以善其后？若使到京，男当严以束之，婉以劝之。明年会试后偕公车南归，自然安置妥当，家中尽可放心，特恐其不到京耳。

本家受恬之银，男当写信去催。江西抚台系男戊戌座师，男可写信提及，亦不能言调剂之说。常南陔之世兄，闻其宦家习气太重，孙男孙女尚幼，不必急于联婚。且男之意，儿女联姻，但求勤俭孝友之家，不愿与宦家结契联婚，不使子弟长奢惰之习，不知大人意见何如？望即日将常家女庚退去，托阳九婉言以谢。渠托买高丽参，因亲事不成，亦不便买。

本家道三兄弟托荐馆，男当代为留心。然分发湖南者，即使在京答应，未必到省果去找他，此亦不可靠者也。常南陔处，即由男写信回复。

前男送各戚族家银两，不知祖父、父亲、叔父之意云何？男之浅见，不送则家家不送，要送则家家全送；要减则每家减去一半，不减则家家不减。不然，口惠而实不至，亲族之间嫌怨丛生，将来衅生不测，反成仇雠。伏乞堂上审慎施行，百叩百叩。男谨禀。

道光二十四年五月十二日

四位老弟足下：

自三月十三日发信后，至今未寄一信。余于三月二十四日移寓前门内西边碾儿胡同，与城外消息不通。四月间到折差一次，余竟不知，迨既知而折差已去矣。惟四月十九欧阳小岑南归，余寄衣箱银物并信一件，四月二十四梁菉庄南归，余寄书卷零物并信一件。两信皆仅数语，至今想尚未到。四月十三黄仙垣南归，余寄闱墨，并无书信，想亦未到。兹将三次所寄各物另开清单付回，待三人到时，家中照单查收可也。

内城现住房共二十八间，每月房租京钱三十串，极为宽敞，冯树堂、郭筠仙所住房屋皆清洁。甲三于三月二十四日上学，天分不高不低，现已读四十天，读至“自修齐至平治矣”。因其年太小，故不加严，已读者字皆能认。两女皆平安，陈岱云之子在余家亦甚好。内人身子如常，现又有喜，大约九月可生。

余体气较去年略好。近因应酬太繁，天气渐热，又有耳鸣之病。今年应酬较往年更增数倍：第一，为人写对联条幅，合四川、湖南两省求书者，几日不暇给；第二，公车来借钱者甚多，无论有借无借，多借少借，皆须婉言款待；第三则请酒拜客及会馆公事；第四则接见门生，颇费精神。又加以散馆，殿试则代人料理，考差则自己料理，诸事冗杂，遂无暇读书矣。

三月二十八大挑，甲午科共挑知县四人，教官十九人，其全单已于梁菉庄所带信内寄回。四月初八日发会试榜，湖南中七人，四川中八人，去年门生中二人，另有题名录附寄。十二日新进士复试，十四发一等二十一名，另有单附寄。十六日考差，余在场，二文一诗，皆妥当无弊病，写亦无错落，兹将诗稿寄回。十八日散馆，一等十九名，本家心斋取一等十二名，陈启迈取二等第三名，二人俱留馆。徐棻因诗内“皴”字误写“皱”字，改作知县，良可惜也。二十二日散馆者引见，二十六、七两日考差者引见，二十八日新进士朝考，三十日发全单附回，二十一日新进士殿试、二十四日点状元全榜附回。五月初四、五两日新进士引见。初一日放云贵试差，初二日钦派大教习二人，初六日奏派小教习六人，余亦与焉。

初十日奉上谕，翰林侍读以下、詹事府洗马以下自十六日起每日召见二员。余名次第六，大约十八日可以召见。从前无逐日分见翰詹之例，自道光十五年始一举行，足征圣上勤政求才之意。十八年亦如之，今年又如之。此次召见，则今年放差大约奏对称旨者居其半，诗文高取者居其半也。

五月十一日接到四月十三家信，内四弟、六弟各文二首，九弟、季弟各文一首。四弟东皋课文甚洁净，诗亦稳妥，“则何以哉”一篇，亦清顺有法，第词句多不圆足，笔亦平沓不超脱。平沓最为文家所忌，宜力求痛改此病。六弟笔气爽利，近亦渐就范围，然词意平庸，无才气峥嵘之处，非吾意中之温甫也。如六弟之天姿不凡，此时作文，当求议论纵横，才气奔放，作为如火如荼之文，将来庶有成就。不然，一挑半剔，意浅调卑，即使获售，亦当自惭其文之浅薄不堪；若其不售，则又两失之矣。今年从罗罗山游，不知罗山意见如何？吾谓六弟今年入泮固妙，万一不入，则当尽弃前功，壹志从事于先辈大家之文。年过二十，不为少矣，若再扶墙摩壁，役役于考卷截搭小题之中，将来时过而业仍不精，必有悔恨于失计者，不可不早图也。余当日实见不到此，幸而早得科名，未受其害。向使至今未尝入泮，则数十年从事于吊渡映带之间，仍然一无所得，岂不靦颜也哉？此中误人终身多矣。温甫以世家之子弟，负过人之姿质，即使终不入泮，尚不至于饥饿，奈何亦以考卷误终身也。九弟要余改文详批，予实不善改小考文，当请曹西垣代改，下次折弁付回。季弟文气清爽异常，喜出望外，意亦层出不穷，以后务求才情横溢，气势充畅，切不可挑剔敷衍，安于庸陋，勉之勉之，初基不可不大也。书法亦有褚字笔意，尤为可喜。总之，吾所望于诸弟者，不在科名之有无，第一则孝弟为瑞，其次则文章不朽。诸弟若果能自立，当务其大者远者，毋徒汲汲于进学也。

冯树堂、郭筠仙在寓看书作文，功无间断。陈季牧日日习字，亦可畏也。四川门生留京约二十人，用功者颇多。余不尽书。兄国藩草。

道光二十四年六月二十三日

男国藩跪禀父母亲大人万福金安：

五月十二日，男发第六号信，其信甚厚，内有寄欧阳小岑、黄仙垣、梁蓂庄三处货物单。此刻三人想俱到省，不审已照单查收否？

男及男妇身体清吉。孙儿亦好，六月十七日《三字经》读完，十八日读《尔雅》起。二孙女皆好。冯树堂、郭筠仙皆在寓如常。王率五妹夫于五月二十三日到京，其从弟仕四同来。二人在湘潭支钱十千，在长沙搭船，四月十二日至汉口，在汉口杉牌厂内住十天，二十二在汉口起身，步行至京，道上备尝辛苦，幸天气最好，一路无雨无风，平安到京。在道上仅伤风两日，服药二帖而愈。到京又服凉药二帖，补药三帖，现在精神全好。初到京时，遍身衣裤鞋袜皆坏，件件临时新制，而率五仍不知艰苦。京城实无位置他处，只得暂留男寓，待有便即令他回家。男自调停妥当，家中不必挂心，蕙妹亦不必着急。至于仕四，目前尚在男寓吃饭，待一月既满，如有朋友回南，则荐仕四作仆人带归，如无便可荐，则亦只得麾之出门，不能长留男寓也。湖北主考仓少平系男同年相好，男托仓带仕四到湖北，仓七月初一出京，男给仕四钱约六千，即可安乐到家。本不欲优待他，然不如此，则渠必流落京城，终恐为男之累，不如早打发他回为妥。

祖父大人于四月鼻血多出，男闻不胜惶恐。闻率五说祖父近日不吃酒，不甚健步，不知究竟何如？万求一一详示。叔父病势似不轻，男尤挂心，务求病症开示。

男教习庶吉士五月十八日上学，门生六人。二十日蒙皇上御勤政殿召见，天语垂问及男，奏对约共六七十句。今年考差只剩河南、山东、山西三省，大约男已无望。男今年甚怕放差，盖因去年男妇生产是踏花生，今年恐走旧路，出门难以放心。且去年途中之病，至今心悸。男日来应酬已少，读书如故。寓中用度浩繁，共二十口吃饭，实为可怕。居家保身，一切男知谨慎，大人不必挂念。男谨禀。

道光二十四年七月二十日

男国藩跪禀父母亲大人万福金安：

六月二十三日男发第七号信交折差，七月初一日发第八号交王仕四手，不知已收到否？

六月二十日接六弟五月十二书，七月十六接四弟、九弟五月二十九日书，皆言忙迫之至，寥寥数语，字迹潦草，即县试案首前列皆不写出。同乡有同日接信者，即考古考老生皆已详载，同一折差也。各家发信迟十余日而从容，诸弟发信早十余日而忙迫，何也？且次次忙迫，无一次稍从容者，又何也？

男等在京大小平安，同乡诸家皆好，惟汤海秋于七月八日得病，初九未刻即逝。六月二十八考教习，冯树堂、郭筠仙、朱啸山皆取。湖南今年考差，仅何子贞得差，余皆未放。惟陈岱云光景最苦。男因去年之病，反以不放为乐。王仕四已善为遣回。率五大约在粮船回，现尚未定。渠身体平安，二妹不必挂心。叔父之病，男累求详信直告，至今未得，实不放心。甲三读《尔雅》，每日二十余字，颇肯率教。

六弟今年正月信欲从罗罗山处附课，男甚喜之。后来信绝不提及，不知何故？所付来京之文，殊不甚好。在省读书二年，不见长进，男心实忧之而无如何，只恨男不善教诲而已。大抵第一要除骄傲气习，中无所有而夜郎自大，此最坏事。四弟、九弟虽不长进，亦不自满。求大人教六弟，总期不自满足为要。余俟续呈。男谨禀。

道光二十四年八月二十九日

孙国藩跪禀祖父母大人万福金安：

八月二十七日接到七月十五、二十五两次所发之信，内祖父、母各一信，父亲、母亲、叔父各一信，诸弟亦皆有信，欣悉一切，慰幸之至。叔父之病，得此次信始可放心。祖父正月手书之信，孙比收他处，后偶忘之，近亦寻出。孙七月二十发第九号信，不知到否？

八月二十八日，陈岱云之弟送灵榇回南，坐粮船，孙以率五妹夫与之同伴南归。船钱饭钱，陈宅皆不受。孙送至城外，率五挥泪而别，甚为可怜。率五来意，本欲考供事，冀得一官以养家。孙以供事必须十余年乃可得一典史，宦海风波，安危莫卜，卑官小吏，尤多危机。每见佐杂末秩，下场鲜有好者。孙在外已久，阅历已多，故再三苦言，劝率五居乡，勤俭守旧，不必出外做官。劝之既久，率五亦以为然。其打发行李诸物，孙一一办妥，另开单呈览。

孙送率五归家，即于是日申刻生女。母女俱平安。前正月间，孙寄银回南，有馈赠亲族之意，理宜由堂上定数目，方合《内则》“不敢私与”之道。孙比时糊涂，擅开一单，轻重之际，多不妥当，幸堂上各大人斟酌增减，方为得宜，但岳家太多，他处相形见绌，孙稍有不安耳。率五至家，大约在春初可以到家。渠不告而出，心中怀惭，到家后望大人不加责，并戒家中及近处无相讥讪为幸。孙谨禀。

道光二十四年八月二十九日

四位老弟左右：

昨二十七日接信，快畅之至，以信多而处处详明也。

四弟七夕诗甚佳，已详批诗后。从此多作诗亦甚好，但须有志有恒，乃有成就耳。予于诗亦有工夫，恨当世无韩昌黎及苏、黄一辈人可与发吾狂言者。但人事太多，故不常作诗，用心思索，则无时敢忘之耳。

吾人只有进德、修业两事靠得住。进德，则孝弟仁义是也；修业，则诗文作字是也。此二者由我作主，得尺则我之尺也，得寸则我之寸也。今日进一分德，便算积了一升谷；明日修一分业，又算余了一文钱。德业并增，则家私日起。至于功名富贵，悉由命定，丝毫不能自主。昔某官有一门生为本省学政，托以两孙，当面拜为门生。后其两孙岁考临场大病，科考丁艰，竟不入学。数年后，两孙乃皆入，其长者仍得两榜。此可见早迟之际，时刻皆有前定，尽其在我，听其在天，万不可稍生妄想。六弟天分较诸弟更高，今年受黜，未免愤怨，然及此正可困心横虑，大加卧薪尝胆之功，切不可因愤废学。

九弟劝我治家之法，甚有道理，喜甚慰甚。自荆七遣去之后，家中亦甚整齐，问率五归家便知。《书》曰："非知之艰，行之维艰。"九弟所言之理，亦我所深知者，但不能庄严威厉，使人望若神明耳。自此后，当以九弟言书诸绅而刻刻警省。

季弟信天性笃厚，诚如四弟所云"乐何如之"。求我示读书之法及进德之道，另纸开示，余不具。国藩手草。

道光二十四年九月十九日

男国藩跪禀父母亲大人万福金安：

八月二十九日男发第十号信，备载二十八生女及率五回南事，不知已收到否？

男身体平安。冢妇月内甚好，去年月里有病，今年尽除去。孙儿女皆好。初十日顺天乡试发榜，湖南中三人，长沙周荇农中南元原名康立。率五之归，本拟附家心斋处。因率五不愿坐车，故附陈岱云之弟处，同坐粮船。昨岱云自天津归，云船不甚好，男颇不放心，幸船上人多，应无可虑。

诸弟考试后，尽肄业小罗巷庵，不知勤惰若何？此时惟季弟较小，三弟俱年过二十，总以看书为主。我境惟彭薄墅先生看书略多，自后无一人讲究者，大抵为考试文章所误。殊不知看书与考试全不相碍，彼不看书者，亦仍不利考如故也。我家诸弟，此时无论考试之利不利，无论文章之工不工，总以看书为急。不然则年岁日长，科名无成，学问亦无一字可靠，将来求为塾师而不可得。或经或史，或诗集文集，每日总宜看二十页。男今年以来，无日不看书，虽万事丛忙，亦不废正业。

闻九弟意欲与刘霞仙同伴读书。霞仙近来见道甚有所得，九弟若去，应有进益。望大人斟酌行之，男不敢自主。此事在九弟自为定计，若愧奋直前，有破釜沉舟之志，则远游不负；若徒悠忽因循，则近处尽可度日，何必远行百里外哉？求大人察九弟之志而定计焉。余容续呈。男谨禀。

道光二十四年九月十九日

四位老弟足下：

自七月发信后，未接诸弟信，乡间寄信较省城百倍之难，故予亦不望也。

九弟前信有意与刘霞仙同伴读书，此意甚佳。霞仙近来读朱子书，大有所见，不知其言语容止、规模气象何如？若果言动有礼，威仪可则，则直以为师可也，岂特友之哉？然与之同居，亦须真能取益乃佳，无徒浮慕虚名。人苟能自立志，则圣贤豪杰何事不可为？何必借助于人？“我欲仁，斯仁至矣。”我欲为孔孟，则日夜孜孜，惟孔孟之是学，人谁得而御我哉？若自己不立志，则虽日与尧、舜、禹、汤同住，亦彼自彼，我自我矣，何与于我哉？去年温甫欲读书省城，吾以为离却家门局促之地而与省城诸胜己者处，其长进当不可限量。乃两年以来，看书亦不甚多；至于诗文，则绝无长进，是不得归咎于地方之局促也。去年予为择师丁君叙忠，后以丁君处太远，不能从，予意中遂无他师可从。今年弟自择罗罗山改文，而嗣后杳无信息，是又不得归咎于无良友也。日月逝矣，再过数年则满三十，不能不趁三十以前立志猛进也。

予受父教，而予不能教弟成名，此予所深愧者。他人与予交，多有受予益者，而独诸弟不能受予之益，此又予所深恨者也。今寄霞仙信一封，诸弟可钞存信稿而细玩之。此予数年来学思之力，略具大端。

六弟前嘱予将所作诗录寄回。予往年皆未存稿，近年存稿者不过百余首耳，实无暇钞写，待明年将全本付回可也。国藩草。

道光二十四年十月二十一日

男国藩跪禀父母亲大人万福金安：

九月二十日，男发十一号信，内有寄刘霞仙一封，想已收到。

男身体平安，读书日有常课，自六月底起，至今未尝间断一天。男妇如常，渐渐有乳。孙男读书有恒，已读《尔雅》一本，共四本，大约明年下半年可读完。此书太难，他书则易为力矣。三孙女皆好，余亦合室平安。男自七月起，寓中已养车马，每年须费百金。因郭雨三奉讳出京，渠车马借与男用，渠曾借男五十金，亦未见还。

率五在东昌有信来京，兹附呈。渠在道上，船钱火食皆陈宅的，所需用者不过剃头、吃烟而已，故男仅给银十两，钱五千而已。意谓钱已够用，银可剩下到家也。兹渠到东昌已将钱用完，不知余银敷用否？若不敷，陈处挪移自易，然男已不放心。

邹至堂来，望付茶叶一篓、大小剪刀各二把，其余布匹、腊肉之类俱不必付，盖家中极难办，路上极难带也。初九日，父亲大人寿辰，京寓客共三席。十一月初三日，母亲大人六十寿辰，男不获在家庆祝，不胜瞻恋。男拟于寿辰后作寿屏一架，即留在京张挂，不必付回。诸弟读书，不知明年定在何处？望于今冬写信告知，男不胜悬望。谨禀。即跪叩父母亲大人双寿大喜。

道光二十四年十月二十一日

四位老弟足下：

前次回信内有四弟诗，想已收到。九月家信有送率五诗五首，想已阅过。吾人为学最要虚心。尝见朋友中有美材者，往往恃才傲物，动谓人不如己，见乡墨则骂乡墨不通，见会墨则骂会墨不通，既骂房官，又骂主考，未入学者则骂学院。平心而论，己之所为诗文，实亦无胜人之处，不特无胜人之处，而且有不堪对人之处。只为不肯反求诸己，便都见得人家不是，既骂考官，又骂同考而先得者。傲气既长，终不进功，所以潦倒一生而无寸进也。

予平生科名极为顺遂，惟小考七次始售。然每次不进，未尝敢出一怨言，但深愧自己试场之诗文太丑而已。至今思之，如芒在背。当时之不敢怨言，诸弟问父亲、叔父及朱尧阶便知。盖场屋之中，只有文丑而侥幸者，断无文佳而埋没者，此一定之理也。

三房十四叔非不勤读，只为傲气太胜，自满自足，遂不能有所成。京城之中，亦多有自满之人，识者见之，发一冷笑而已。又有当名士者，鄙科名为粪土，或好作诗古，或好讲考据，或好谈理学，嚣嚣然自以为压倒一切矣。自识者观之，彼其所造，曾无几何，亦足发一冷笑而已。故吾人用功，力除傲气，力戒自满，毋为人所冷笑，乃有进步也。

诸弟平日皆恂恂退让，第累年小试不售，恐因愤激之久，致生骄惰之心，故特作书戒之，务望细思吾言而深省焉，幸甚幸甚。国藩手草。

道光二十四年十一月二十一日

孙国藩跪禀祖父母大人万福金安：

十月二十一日发十二号家信，想已收到。孙在京平安，孙妇及曾孙男女四人皆好。曾孙最好写字，散学后则在其母房中，多写至更初犹不肯睡，骂亦不止。目下天寒墨冻，脱手写多不成字，兹命之写禀安帖寄呈，以博堂上大人一欢笑而已。

上半年所付黑狸皮褂，不知祖父大人合身否？闻狸皮在南边易于回潮，黑色变为黄色，不知信否？若果尔，则回潮天气须勤勤检视。又凡收皮货，须在省城买樟脑，其色如白淮盐，微带黄色，其气如樟木，用皮纸包好，每包约寸许，每衣内置三四包，收衣时仍将此包置衣内。又每年晒皮货，晒衣之日不必折收，须过两天，待热气退尽乃收。

江西家受恬明府昨有信来，云此银今冬必付到，不知近来接到否？如未接到，则立即写信来京，再去催取，兑银之难，往往如此。同乡唐镜海先生三年以来连生三子，而长者前以病殇，幼者昨又以痘殇，仅存次子，尚未周岁，良可悼叹。现在京官甚少，仅二十二人，昨十月二十五日谢恩，赴宫门叩头者仅到三人，尤非盛时气象。兹将谢折付回呈览。

王率五到家，须即寄一信。仕四已于八月初到省，不知曾到我家否？母亲生日，京中仅客一席，待明年当付寿屏回。家中有所需之物，须写信来，明年会试后寄归。孙谨禀。

道光二十四年十一月二十一日

四位老弟足下：

前月寄信，想已接到。余蒙祖宗遗泽、祖父教训，幸得科名，内顾无所忧，外遇无不如意，一无所觖矣。所望者，再得诸弟强立，同心一力，何患令名之不显？何患家运之不兴？欲别立课程，多讲规条，使诸弟遵而行之，又恐诸弟习见而生厌心；欲默默而不言，又非长兄督责之道，是以往年常示诸弟以课程，近来则只教以有恒二字。所望于诸弟者，但将诸弟每月功课写明告我，则我心大慰矣。乃诸弟每次写信，从不将自己之业写明，乃好言家事及京中诸事。此时家中重庆，外事又有我料理，诸弟一概不管可也。以后写信，但将每月作诗几首，作文几首，看书几卷，详细告我，则我欢喜无量。诸弟或能为科名中人，或能为学问中人，其为父母之令子一也，我之欢喜一也。慎弗以科名稍迟，而遂谓无可自力也。如霞仙今日之身分，则比等闲之秀才高矣。若学问愈进，身分愈高，则等闲之举人、进士又不足论矣。

学问之道无穷，而总以有恒为主。兄往年极无恒，近年略好，而犹未纯熟。自七月初一起，至今则无一日间断，每日临帖百字，钞书百字，看书少亦须满二十页，多则不论。自七月起至今，已看过《王荆公文集》百卷，《归震川文集》四十卷，《诗经大全》二十卷，《后汉书》百卷，皆朱笔加圈批。虽极忙，亦须了本日功课，不以昨日耽搁而今日补做，不以明日有事而今日预做。诸弟若能有恒如此，则虽四弟中等之资，亦当有所成就，况六弟、九弟上等之资乎？

明年肄业之所，不知已有定否？或在家，或在外，无不可者。谓在家不可用功，此巧于卸责者也。吾今在京，日日事务纷冗，而犹可以不间断，况家中万万不及此间之纷冗乎？树堂、筠仙自十月起，每十日作文一首，每日看书十五页，亦极有恒。诸弟试将朱子《纲目》过笔圈点，定以有恒，不过数月即圈完矣。若看注疏，每经亦不过数月即完。切勿以家中有事而间断看书之课，又弗以考试将近而间断看书之课。虽走路之日，到店亦可看；考试之日，出场亦可看也。兄日夜悬望，独此有恒二字告诸弟，伏愿诸弟刻刻留心，幸甚幸甚。兄国藩手草。

道光二十四年十二月十四日

孙国藩跪禀祖父母大人万福金安：

十一月二十二日发十三号信。二十九日祖母大人寿辰，孙等叩头遥祝，寓中客一席，次日请同县公车一席。初七日，皇上御门，孙得转补翰林院侍读，所遗侍讲缺，许乃钊补升。侍讲转侍读，照例不谢恩，故孙未具折谢恩。

今冬京中未得厚雪，初九日设三坛求雪，四、五、六阿哥诣三坛行礼，皇上亲诣太高殿行礼，十一日即得大雪。天心感召，呼吸相通，良可贺也。

孙等在京平安。曾孙读书有恒，惟好书写，见闲纸则乱画，请其母钉成本子。孙今年用度尚宽裕，明年上半年尚好，至五月后再作计。昨接曾兴仁信，知渠银尚未还，孙甚着急，已写信去催，不知家中今年可窘迫否?

同乡京官皆如故。冯树堂、郭筠仙在寓亦好。荆七自五月出去，至今未敢见孙面，在同乡陈洪钟主事家，光景亦好。若使流落失所，孙亦必宥而收恤之。特渠对人言，情愿饿死，不愿回南，此实难处置。孙则情愿多给银两使他回去，不愿他在京再犯出事，望大人明示以计，俾孙遵行。四弟等自七月寄信来后，至今未再得信，孙甚切望。

严太爷在京引见，来拜一次，孙回拜一次，又请酒，渠未赴席。此人向有狂妄之名，孙已亥年在家，一切不与之计较，故相安于无事. 大约明春可回湘乡任。孙谨禀。

道光二十四年十二月十八日

诸位老弟足下：

十四日发十四号家信，因折弁行急，未作书与诸弟。十六日早接到十一月十二所发信，内父亲一信，四位老弟各一件。是日午刻又接九月十二所寄信，内父亲及四、六、九弟各一件，具悉一切，不胜欣幸。

曹石樵明府待我家甚为有礼，可感之至，兹寄一信去。西坤四位，因送项太简，致生嫌隙，今虽不复形之口角，而其心究不免有觖望，故特作信寄丹阁叔，使知我家光景亦非甚裕者。贤弟将此信呈堂上诸大人，以为开诚布公否？如堂上诸大人执意不肯送去，则不送亦可也。四弟之诗又有长进，第命意不甚高超，声调不甚响亮。命意之高，须要透过一层。如说考试，则须说科名是身外物，不足介怀，则诗意高矣；若说必以得科名为荣，则意浅矣。举此一端，余可类推。腔调则以多读诗为主，熟则响矣。去年树堂所寄之笔，亦我亲手买者。“春光醉”目前每支大钱五百文，实不能再寄；“汉璧”尚可寄，然必须明年会试后乃有便人回南，春间不能寄也。五十读书固好，然不宜以此耽搁自己功课。女子无才便是德，此语不诬也。常家欲与我结婚，我所以不愿者，因闻常世兄最好恃父势作威福，衣服鲜明，仆从烜赫，恐其家女子有宦家骄奢习气，乱我家规，诱我子弟好佚耳。今渠再三要结婚，发甲五八字去，恐渠家是要与我为亲家，非欲与弟为亲家，此语不可不明告之。贤弟婚事，我不敢作主，但亲家为人何如，亦须向汪三处查明。若吃鸦片烟，则万不可对；若无此事，则听堂上各大人与弟自主之可也。所谓翰堂秀才者，其父子皆不宜亲近，我曾见过，想衡阳人亦有知之者。若要对亲，或另请媒人亦可。六弟九月之信，于自己近来弊病颇能自知，正好用功自医，而犹曰“终日泄泄”，此则我所不解者也。家中之事，弟不必管。天破了自有女娲管，洪水大了自有禹王管，家事有堂上大人管，外事有我管，弟只安心自管功课而已，何必问其他哉？至于宗族姻党，无论他与我家有隙无隙，在弟辈只宜一概爱之敬之。孔子曰：“泛爱众而亲仁。”孟子曰：“爱人不亲反其仁，礼人不答反其敬。”此刻未理家事，若便多生嫌怨，将来当家立业，岂不个个都是仇人？古来无与宗族乡党为仇之圣贤，弟辈万不可专责他人也。十一月信言现看《庄子》并《史记》，甚善。但作事必须有恒，不可谓考试在即，便将未看完之书丢下，必须从首至尾，句句看完。若能明年将《史记》看完，则以后看书不可限量，不必问进学与否也。贤弟论袁诗、论作字亦皆有所见，然空言无益，须多做诗，多临帖，乃可谈耳。譬如人欲进京，一步不行，而在家空言进京程途，亦何益哉？即言之津津，人谁得而信之哉？九弟之信，所以规劝我者甚切，余览之，不觉毛骨悚然。然我用功，实脚踏实地，不敢一毫欺人。若如此做去，不作外官，将来道德文章必粗有成就。上不敢欺天地祖父，下不敢欺诸弟与儿子也。而省城之闻望日隆，即我亦不知其所自来。我在京师，惟恐名浮于实，故不先拜一人，不自诩一言，深以过情之闻为耻耳。来书写大场题及榜信，此间九月早已知之，惟县考案首前列及进学之人，则至今不知。诸弟以后写信，于此等小事及近处族戚家光景，务必一一详载。季弟信亦谦虚可爱，然徒谦亦不好，总要努力前进。此全在为兄者倡率之。余他无可取，惟近来日日有恒，可为诸弟倡率。四弟、六弟纵不欲以有恒自立，独不怕坏季弟之样子乎？

昨十六日卓秉恬拜大学士，陈官俊得协办大学士，自王中堂死后，隔三年大学士始放人，亦一奇也。书不宣尽。兄国藩手具。

道光二十五年己巳二月初一日

四位老弟足下：

去年十二月二十二日寄去书函，谅已收到。顷接四弟信，谓前信小注中误写二字，其诗比即付还，今亦忘其所误谓何矣。

诸弟写信，总云仓忙。六弟去年曾言城南寄信之难，每次至抚院赍奏厅打听云云，是何其蠢也！静坐书院三百六十日，日日皆可写信，何必打听折差行期而后动笔哉？或送至提塘，或送至岱云家，皆万无一失，何必问了无关涉之赍奏厅哉？若弟等仓忙，则兄之仓忙殆过十倍，将终岁无一字寄家矣。

送王五诗第二首，弟不能解，数千里致书来问，此极虚心，余得信甚喜。若事事勤思善问，何患不一日千里？兹另纸写明寄回。家塾读书，余明知非诸弟所甚愿，然近处实无名师可从。省城如陈尧农、罗罗山皆可谓明师，而六弟、九弟又不善求益，且住省二年，诗文与字皆无大长进。如今我虽欲再言，堂上大人亦必不肯听。不如安分耐烦，寂处里闾，无师无友，挺然特立，作第一等人物，此则我之所期于诸弟者也。昔婺源汪双池先生，一贫如洗，三十以前在窑上为人佣工画碗，三十以后读书，训蒙到老，终身不应科举，卒著书百余卷，为本朝有数名儒。彼何尝有师友哉？又何尝出里闾哉？余所望于诸弟者，如是而已，然总不出乎“立志有恒”四字之外也。

买笔付回，刻下实无妙便，须公车归乃可带回。大约府试院试可得到，县试则赶不到也。诸弟在家作文，若能按月付至京，则余请树堂看。随到随改，不过两月，家中又可收到。书不详尽，余俟续具。兄国藩手草。

道光二十五年三月初五日

四位老弟足下：

二月有折差到京，余因眼蒙，故未写信。三月初三接到正月二十四所发家信，无事不详悉，忻喜之至。此次眼尚微红，不敢多作字，故未另禀堂上，一切详此书中，烦弟等代禀告焉。

去年所寄银，余有分馈亲族之意，厥后屡次信问，总未详明示悉。顷奉父亲示谕，云皆已周到，酌量减半。然以余所闻，亦有过于半者，亦有不及一半者。下次信来，务求九弟开一单告我为幸。

受恬之钱，既专使去取，余又有京信去，想必可以取回，则可以还江岷山、东海之项矣。岷山、东海之银，本有利息，余拟送他高丽参共半斤，挂屏、对联各一付，或者可少减利钱，待公车归时带回。父亲手谕要寄银百两回家，亦待公车带回。有此一项，则可以还率五之钱矣。

率五想已到家，渠是好体面之人，不必时时责备他，惟以体面待他，渠亦自然学好。兰姊买田，可喜之至。惟与人同居，小事要看松些，不可在在讨人恼。

欧阳牧云要与我重订婚姻，我非不愿，但渠与其妹是同胞所生，兄妹之子女，犹然骨肉也。古者婚姻之道，所以厚别也，故同姓不婚。中表为婚，此俗礼之大失。譬如嫁女而号泣，奠礼而三献，丧事而用乐，此皆俗礼之失，我辈不可不力辨之。四弟以此义告牧云，吾徐当作信复告也。

罗芸皋于二月十八日到京。路上备尝辛苦，为从来进京者所未有。于二十七日在圆明园正大光明殿补行复试，湖南补复试者四人，予在园送考，四人皆平安，感予之情。今年新科复试，正场取一等三十七人，二三等人数甚多，四等十三人，罚停会试二科。补复者一等十人，二三等共百六十人，四等五人，亦罚停二科。立法之初，无革职者，可谓宽大。湘乡共到十人。邓铁松因病不能进场。渠吐血是老病，或者可保无虞。

芸皋所带小菜、布匹、茶叶俱已收到，但不知付物甚多，何以并无家信？四弟去年所寄诗已圈批寄还，不知收到否？汪觉庵师寿文，大约在八月前付到。五十已纳征礼成，可贺可贺。朱家气象甚好，但劝其少学官款，我家亦然。啸山接到咨文，上有“祖母已没”字样，甚为哀痛，归思极迫。予再三劝解，场后即来予寓同住。我家共住三人。郭二于二月初八到京，复试二等第八。上下合家皆清吉。余耳仍鸣，无他恙。内人及子女皆平安。树堂榜后要南归，将来择师尚未定。

六弟信中言功课在廉让之间，此语殊不可解。所需书籍，惟《子史精华》家中现有，准托公车带归。《汉魏百三家》京城甚贵，予已托人在扬州买，尚未接到。《稗海》及《绥寇纪略》亦贵，且寄此书与人，则必帮人车价，因此书尚非吾弟所宜急务者，故不买寄。元明名古文尚无选本，近来邵蕙西已选元文，渠劝我选明文，我因无暇，尚未选。古文选本惟姚姬传先生所选本最好，吾近来圈过一遍，可于公车带回，六弟用墨笔加圈一遍可也。

九弟诗大进，读之为之距跃三百，即和四章寄回。树堂、筠仙、意诚三君，皆各有和章。诗之为道，各人门径不同，难执一己之成见以概论。吾前教四弟学袁简斋，以四弟笔情与袁相近也。今观九弟笔情，则与元遗山相近。吾教诸弟学诗无别法，但须看一家之专集，不可读选本以汩没性灵，至要至要。吾于五七古学杜、韩，五七律学杜，此二家无一字不细看。外此则古诗学苏、黄，律诗学义山，此三家亦无一字不看。五家之外，则用功浅矣。我之门径如此，诸弟或从我行，或别寻门径，随人性之所近而为之可耳。

予近来事极繁，然无日不看书，今年已批韩诗一部，正月十八批毕。现在批《史记》，已三分之二，大约四月可批完。诸弟所看书望详示。邻里有事，亦望示知。国藩手草。

道光二十五年四月十五日

男国藩跪禀父母亲大人：

男于三月初六日蒙恩得分会试房，四月十一日发榜出场，身体清吉，合室平安。所有一切事宜，写信交折差先寄。兹因啸山还家，托带纹银百两，高丽参斤半，《子史精华》六套，《古文辞类纂》二套，《绥寇纪略》一套，皆六弟信要看之书。高丽参男意送江岷山、东海二家六两，以冀少减息银，又送金竺虔之尊人二两，以报东道之谊，听大人裁处。男尚办有送江家、金家及朱岚暄挂屏，俟郭筠仙带回，又有寿屏及考试笔等物，亦俟他处寄回。余俟续具，男谨禀。

道光二十五年四月十五日

四位老弟足下：

三月初六日予发第二号家信。是日皇上天恩，予得会试分房差，即于是日巳刻入闱。十三日始阅卷，十八房每位分卷二百七十余，至二十三日头场即已看毕，二十四看二、三场，至四月初四皆看完。各房荐卷，多少不等，多者或百余，少者亦荐六十余卷。予荐六十四卷，而惟予中卷独多，共中十九人，他房皆不能及。十一日发榜，予即于是早出闱。在场月余极清吉。寓内眷口大小平安。出闱数日，一切忙迫，人客络绎不绝。

朱啸山于四月十六日出京。予寄有纹银百两，高丽参一斤半，书一包，内《子史精华》六套、《古文辞类纂》二套、《绥寇纪略》一套，到家日查收。别有寿屏及笔等项尚未办齐，待郭筠仙带归。

十四日新进士复试，题“君子喻于义”，赋得“竹箭有筠，得行字”。我县谢吉人中进士，后因一切不便，故邀来在余寓住。

十五日接三月初十日家信，内有祖父、父亲、叔父手谕及诸弟诗文并信。其文此次仅半日，忙不及改，准于下次付回。四弟之信所问，盖窦牟、窦庠、窦巩兄弟，皆从昌黎游。去年所写“牟尼”，实误写“尼”字也。汪双池先生灿系雍正年间人，所著有《理学逢源》等书。

郭筠仙、翊臣兄弟及冯树堂俱要出京，寓内要另请先生，现尚未定。草布一二，祈贤弟代禀堂上各位大人。今日上半天已作一函呈父亲大人，交朱啸山，大约六月可到。兄国藩手草。

道光二十五年四月二十四日

四位老弟左右：

四月十六日曾写信交折弁带回，想已收到。十七日朱啸山南归，托带纹银百两，高丽参一斤半，书一包，计九套。

兹因冯树堂南还，又托带寿屏一架，狼兼毫笔二十枝，鹿胶二斤，对联条幅一包内金年伯耀南四条，朱岚暄四条，萧辛五对一幅，江岷山母舅四条，东海舅父四条，父亲横披一个，叔父折扇一柄，乞照单查收。前信言送江岷山、东海高丽参六两，送金耀南年伯参二两，皆必不可不送之物，唯诸弟禀告父亲大人送之可也。

树堂归后，我家先生尚未定。诸弟若在省得见树堂，不可不殷勤亲近。亲近愈久，获益愈多。

今年湖南萧史楼得状元，可谓极盛。八进士皆在长沙府。黄琴坞之胞兄及令嗣皆中，亦长沙人也。余续具。兄国藩手草。

道光二十五年五月初五日

四位老弟足下：

四月十六日予寄第三号交折差，备述进场阅卷及收门生诸事，内附寄会试题名录一纸。十七日朱啸山南旋，予寄第四号信，外银一百两，书一包计九函，高丽参一斤半。二十五日冯树堂南旋，予寄第五号家信，外寿屏一架，鹿胶二斤一包，对联、条幅、扇子及笔共一布包。想此三信皆于六月可接到。

树堂去后，予于五月初二日新请李竹坞先生名如篦，永顺府龙山县人，丁酉拔贡，庚子举人教书，其人端方和顺，有志性理之学，虽不能如树堂之笃诚照人，而亦为同辈所最难得者。

初二早，皇上御门办事。余蒙天恩，得升詹事府右春坊右庶子。次日具折谢恩，蒙召见于勤政殿，天语垂问共四十余句。是日同升官者：李菡升都察院左副都御史，罗惇衍升通政司副使，及余共三人。余蒙祖父余泽，频叨非分之荣，此次升官，尤出意外，日夜恐惧修省，实无德足以当之。诸弟远隔数千里外，必须匡我之不逮，时时寄书规我之过，务使累世积德不自我一人而堕，庶几持盈保泰，得免速致颠危。诸弟能常进箴规，则弟即吾之良师益友也。而诸弟亦宜常存敬畏，勿谓家有人作官，则遂敢于侮人；勿谓已有文学，而遂敢于恃才傲人。常存此心，则是载福之道也。

今年新进士善书者甚多，而湖南尤甚。萧史楼既得状元，而周荇农寿昌去岁中南元，孙芝房鼎臣又取朝元，可谓极盛。现在同乡诸人讲求词章之学者固多，讲求性理之学者亦不少，将来省运必大盛。

予身体平安，惟应酬太繁，日不暇给，自三月进闱以来，至今已满两月，未得看书。内人身体极弱，而无病痛，医者云必须服大补剂乃可回元。现在所服之药与母亲大人十五年前所服之白术黑姜方略同，差有效验。儿女四人皆平顺，婢仆辈亦如常。去年寄家之银两，屡次写信求将分给戚族之数目详实告我，而至今无一字见示，殊不可解。以后务求四弟将帐目开出寄京，以释我之疑。又予所欲问家乡之事甚多，兹另开一单，烦弟逐条对是祷。兄国藩草。

道光二十五年五月二十九日

男国藩跪禀父母亲大人膝下：

五月初六日，男发第六号家信后，十七日接到诸弟四月二十二日在县所发信，欣悉九弟得取前列第三，余三弟皆取前二十名，欢慰之至。

诸弟前所付诗文到京，兹特请杨春皆改正付回。今年长进甚速，良可忻慰。向来六弟文笔最矫健，四弟笔颇笨滞，观其“为仁矣”一篇，则文笔大变，与六弟并称健者。九弟文笔清贵，近来更圆转如意。季弟诗笔亦秀雅。男再三审览，实堪怡悦。

男在京平安。十六七偶受暑，服药数帖，禁荤数日而愈，现已照常应酬。男妇服补剂已二十余帖，大有效验。医人云：“虚弱之症，能受补则易好。”孙男女及合室下人皆清吉。

长沙馆于五月十二日演戏题名，状元、南元、朝元三匾同日张挂，极为热闹，皆男总办，而人人乐从。头门对联云：“同科十进士，庆榜三名元。”可谓盛矣。

同县邓铁松在京患吐血病，甚为危症，大约不可挽回。同乡有危急事，多有就男商量者，男效祖大人之法，银钱则量力佽助，办事则竭力经营。

严丽生取九弟置前列，男理应写信谢他，因其平日官声不甚好，故不愿谢，不审大人意见何如？我家既为乡绅，万不可入署说公事，致为官长所鄙薄。即本家有事，情愿吃亏，万不可与人构讼，令官长疑为倚势凌人，伏乞慈鉴。男谨禀。

道光二十五年六月十九日

男国藩跪禀父母亲大人万福金安：

五月三十日发第七号家信，内有升官谢恩折及四弟、九弟、季弟诗文，不知到否？男于五月中旬出瘟疹，服药即效，已痊愈矣，而余热未尽。近日头上生癣，身上生热毒，每日服银花、甘草等药。医云内热未散，宜发出，不宜遏抑。身上之毒，至秋即可全好，头上之癣，亦不至蔓延。又云恐家中祖茔上有不洁处，虽不宜挑动，亦不可不打扫。男以皮肤之患不甚经意，仍读书应酬如故，饮食起居一切如故。男妇服附片、高丽参、熟地、白术等药已五十余日，饭量增加，尚未十分壮健，然行事起居亦复如常。孙男女四人并皆平安，家中仆婢皆好。

前有信言寄金年伯高丽参二两，此万不可少，望如数分送。去年所送戚族银，男至今未见全单。男年轻识浅，断不敢自作主张。然家中诸事，男亦愿闻其详，求大人谕四弟将全单开示为望。

诸弟考试，今年想必有所得。如得入学，但择亲属拜客，不必遍拜，亦不必请酒，盖恐亲族难于应酬也。

同县邓铁松之病略好，男拟帮钱送他回家，但不知能至家否？宝庆公车邹柳溪死，一切后事皆男经理。谢吉人、黄麓西皆分发江苏，周子佩、夏阶平皆分吏部主事。

曾受恬去年所借钱，不知已寄到否？若未到，须专人去取，万不可再缓。如心斋亦专差，则两家同去；如渠不专差，则我家独去。家中近日用度何如？男意有人做官，则待邻里不可不略松，而家用不可不守旧，不知是否？男国藩谨禀。

道光二十五年七月初一日

男国藩跪禀父母亲大人万福金安：

六月二十一日，男发第八号家信，不审到否？中言头上生癣，身上生热毒云云，近日请医细看，头上亦非癣也，皆热毒耳。用生地煮水常洗，或用熬浓汁法厚涂患处即愈。现在如法洗涂，大有效验。盖本因血热而起，适当郁蒸天气而发，生地凉血滋润，所以奏功。特此告知，望大人放心。寓中大小平安。陈岱云之妾于二十二日到京，其幼子寄在男处养者，渠已于二十四日接归自养。同乡各家并皆如旧。

李双圃先生象鹍由贵州藩台进京，奉旨以三品京堂候补。虽在渠为左迁，而湖南多一京官，亦自可喜。

今年考试，想四位老弟中必有入泮者，然世事正难逆料，万一皆不得售，则诸弟必牢骚抑郁、愤懑不平，此亦人之情也。如果郁忧，则问四弟、六弟、九弟三人中或有愿进京者，不妨来京一游，可以广耳目，豁心胸，可以叙兄弟之乐，亦男所甚望也。如诸弟不愿来，则不必强，恐其到京而急于思归也。如有一位入学者，则亦不必，恐家中既办印卷，又办途费，银钱艰窘也。如皆不进而诸弟又甚愿来，则望大人张罗途费，毋阻其愤发之志而遏其抑郁之气，幸甚。如季弟愿来，则须有一兄同来乃妥。

邓铁松病势日危，恐不复能回南。屡劝之勿服药，渠皆不听，今之病者皆药误之也。

去年大人教男写字不宜斜脚，男近日已力除此弊。自去年六月起，无论行楷大小字皆悬腕悬肘，是以力足而不精致，伏求大人教训。男谨禀。

道光二十五年七月十六日

男国藩跪禀父母亲大人万福金安：

六月二十一日发第八号家信，七月初二日发第九号信，想俱收到。十四日接到四弟在省发信，内有大人手谕，具悉一切，不胜欣慰。家乡一切近事及去年分赠之项，至是始昭然明白矣。

男在京平顺，惟身上热毒至今未好，其色白，约有大指头大一颗，通身约有七八十颗，鼻子两旁有而不成堆，余皆成堆，脱白皮痂，发里及颈上约二十余颗，两胁及胸腹约五十余，现以治癣之法治之，有效与否，尚不敢必。幸喜毫无他病，饮食起居如常，读书、写字、应酬亦如常。男妇服补剂渐好。孙儿读《尔雅》后读《诗经》，已至《凯风》，朔望行礼，颇无失仪。孙女及合寓皆平安。

荆七在陈宅，光景尚好。男想叫他回来，不好安置，他亦靦颜不愿回家。若男得主考、学政，或放外官，则一定叫他回来，带他上任。京官毫无出息，陈宅有小印结分，故荆七在陈宅比我家好些。男已将此意告荆七，乞家中并告渠兄弟也。

前次写升官信，未详职守。詹事府本是东宫辅导太子之官，因本朝另设有上书房教阿哥，故詹事府诸官毫无所事，不过如翰林院为储才养望之地而已。男居此职，仍日以读书为业。

汪觉庵师寿文准于八月折差付回。温甫弟生子不育，想不免伤感。然男三十始生子，六弟今年二十三耳，叔父母不必忧虑。四弟与常家对亲甚好。男拟寄挽联一付挽常老太姻母，亦在下次寄回。同乡诸家如旧，惟何子贞脚痛已久，恐仓猝难好，邓铁松病亦难好，余俱平安。男谨禀。

道光二十五年七月三十日

四位老弟足下：

七月十六发第十号家信，想已收到。二十九日折差到京，问之，系七月十一在省起行。维时诸弟正在省，想是府考将毕之时，岱云之弟及各家皆有信来京，而我弟无信来，何也？予自十四日接到澄侯六月二十三之信，不胜欣慰。日日望府考信到，乃折差至而竟无信，殊不可解。

予在京身体如常。前日之病，近来请医生姜姓名士冠细看，云是肺胃两家之热发于皮毛，现在自头上、颈上以至腹下，无处无之。其大者如钱，小者如豆，其色白，以蜜涂之，则转红紫色，爬破亦无水，不喜着衣盖被，盖燥象也。此外毫无所病，一切饮食起居、大小二便，并皆如常。据姜医云，须用清凉药使肺胃之热退尽，然后达于皮毛，不可求速效，两月内则可全好矣。言之甚为有理，余将守其说而不摇。

六弟之文，昨日始找出《乐道人之善》一首，其文甚有识见道理，准于下次折差带回。此外诸弟尚有文在京者否？若有，须写信来清出。汪觉庵师寿文今日始作就，付回查收。若有不妥处，即请觉庵师改正可也。

邓铁松病势不轻，于八月初五日起行回南。此人利心甚炽，余去年送大钱十千，今又送盘费十两，渠尚怏怏有觖望。王荆七自去年来不常至我家。昨日因奉父亲大人之命，故唤他来，许他凡我得外差或外官，即带他出京。他现欢天喜地，常来请安。然自此次惩戒之后，想亦不敢十分鸱张矣。

今年县前列第二名，是葛二一之子关一否？下次书来，乞示我。余俟续布。兄国藩手具。

道光二十五年八月二十一日

侄国藩谨启叔父母大人座下：

屡次家书，或呈祖父，或寄诸弟，想叔父大人皆赐观览，今年已寄十一次矣。而家中诸弟寄京信，侄每嫌其不详。平日在家时寄省无便，侄亦不怪。昨府考以六月十八到省，而折差七月初九进京，诸弟无信。八月初一折差进京，仅四弟一信，六弟、九弟、季弟皆无信。四弟信又太略，府考共考几场？每场是何题目？开点何人？前列何人？皆不写一句。院考题目、考古题目、道案首及进学何人，亦皆不写一句。去年考试亦如此。侄期望甚切，而毫不能得音信，真不可解。九弟前在京时，望家信亦甚切，而归去后亦懒于寄信，何也？

侄今年自五月来满身热毒，烦躁之至，加以应酬最繁，而每次家信必详细言之。现在身上热毒已服药四十余帖，尚未得好。据医者云，虽无大害，然必至十一月乃能去尽。幸饮食起居如恒。因家中客多，不甚清净，于昨十八日移寓吕祖阁庙内，离家不过半里，而在庙内起火食，无事从不归去。家中侄妇及侄孙、侄孙女三人皆平安如常。侄孙《诗经》已读至“定之方中”。同乡诸家，亦皆如旧。同年中祁宿藻放湖北黄州府知府。本家心斋仙逝，实为可哀。下次折差，必作书慰毅然宗伯。四弟、六弟不审已进京否？若未来，仍须发奋，不可牢骚废学。侄谨启。

道光二十五年九月十七日

侄国藩谨启叔父大人座下：

八月二十二日发十二号家信，想已收到。九月十五、十七连到两折差，又无来信，想四弟、六弟已经来京矣。若使未来，则在省还家时，必将书信寄京。

侄身上热毒，近日头面大减。请一陈姓医生，每早吃丸药一钱，又小有法术，已请来三次，每次给车马大钱一千二百文。自今年四月得此病，请医甚多，服药亦五十余剂，皆无效验。惟此人来，乃将面上治好，头上已好十分之六，身上尚未好。渠云不过一月即可痊愈。侄起居如常，应酬如故，读书亦如故，惟不做诗文，少写楷书而已。侄妇及侄孙儿女皆平安。

陈岱云现又有病，虽不似前年之甚，而其气甚馁，亦难骤然复元。湘乡邓铁松孝廉于八月初五出京，竟于十一日卒于献县道中。幸有江岷樵忠源同行，一切附身附棺，必诚必信。此人义侠之士，与侄极好。今年新化孝廉邹柳溪在京久病而死，一切皆江君料理，送其灵榇回南。今又扶铁松之病而送其死，真侠士也。扶两友之柩行数千里，亦极难矣！侄曾作邹君墓志铭，兹付两张回家。

今年七月忘付黄芽白菜子，八月底记出，已无及矣。请封之典，要十月十五始可颁恩诏，大约明年秋间始可寄回。

闻彭庆三爷令郎入学，此是我境后来之秀，不可不加意培植。望于家中贺礼之外，另封贲仪大钱一千，上书侄名，以示奖劝。余不具。侄谨启。

道光二十五年十月初一日

侄国藩谨启叔父母大人万福金安：

九月十八日发第十三号信，是呈叔父者，二十一日发十四号信，是寄九弟者，想俱收到。二十三日四弟、六弟到京，体气如常。

二十四日皇上御门，侄得升翰林院侍讲学士。每年御门不过四五次，在京各官出缺此时未经放人者，则候御门之日简放，以示“爵人于朝，与众共之”之意。侄三次升官，皆御门时特擢，天恩高厚，不知所报。

侄合室平安。身上疮癣尚未尽净，惟面上于半月内全好，故谢恩召见，不至陨越以贻羞，此尤大幸也。

前次写信回家，内有寄家毅然宗丈一封，言由长沙金年伯家寄去心斋之母奠仪三十金，此项本罗苏溪寄者，托侄转交，故侄兑与周辑瑞用，由周家递金家。顷闻四弟言，此项已作途费矣，则毅然伯家奠分必须家中赶紧办出付去，万不可失信。谢兴岐曾借去银三十两，若还来甚好，若未还，求家中另行办去。又黄麓西借侄银二十两，亦闻家中已收。

侄在京借银与人颇多，若侄不写信告家中者，则家中不必收取。盖在外与居乡不同，居乡者紧守银钱，自可致富；在外者有紧有松，有发有收，所谓大门无出，耳门亦无入，全仗名声好，乃扯得活。若名声不好，专靠自己收藏之银，则不过一年即用尽矣。以后外人借侄银者，仍使送还京中，家中不必收取。去年蔡朝士曾借侄钱三十千，侄已应允作文昌阁捐项，家中亦不必收取。盖侄言不信，则日后虽有求于人，人谁肯应哉？侄于银钱之间，但求四处活动，望堂上大人谅之。

又闻四弟、六弟言，父亲大人近来常到省城、县城，曾为蒋市街曾家说坟山事、长寿庵和尚说命案事，此虽积德之举，然亦是干预公事。侄现在京四品，外放即是臬司。凡乡绅管公事，地方官无不衔恨。无论有理无理，苟非己事，皆不宜与闻。地方官外面应酬，心实鄙薄。设或敢于侮慢，则侄靦然为官而不能免亲之受辱，其负疚当何如耶？以后无论何事，望劝父亲总不到县，总不管事，虽纳税正供，使人至县。伏求堂上大人鉴此苦心，侄时时挂念独此耳。侄谨启。

道光二十五年十月二十九日

男国藩跪禀父母亲大人万福金安：

十月初二，男发十五号家信。二十八日接到手谕第九号，系九月底在县城所发者。

男等在京平安。男身上疮毒至今未得全好，中间自九月中旬数日，即将面上痊愈，毫无痂痕，系陈医之力。故升官时召见无陨越之虞。十月下半月，又觉微有痕迹，头上仍有白皴皮，身上尚如九月之常。照前七八月则已去其大半矣，一切饮食起居，毫无患苦。四弟、六弟用功皆有定课，昨二十八始开课作文。孙男纪泽《郑风》已读毕，《古诗十九首》亦已读毕。男妇及三孙女皆平顺。

前信言宗毅然家银三十两，可将谢山益家一项去还。顷接山益信，云渠去江西时，嘱其子办苏布平元丝银四十两还我家，想送到矣。如已到，即望大人将银并男前信送毅然家。渠是纹银，我还元丝，必须加水，还他三十二两可也。萧辛五处鹿胶，准在今冬寄到。

初十皇太后七旬万寿，皇上率千官行礼。四位阿哥皆骑马而来，七阿哥仅八岁，亦骑马，雍容真龙种气象。十五日皇上颁恩诏于太和殿，十六日又生一阿哥。皇上于辛丑年六秩，壬寅年生八阿哥，乙巳又生九阿哥，圣躬老而弥康如此。

男得请封章，如今年可用玺，则明春可寄回；如明夏用玺，则秋间寄回。然既得诏旨，则虽诰轴未归，而恩已至矣。望祖父先换蓝顶，其四品补服，候男在京寄回，可与诰轴并付。湖南各家俱平安。余俟续具。男谨禀。

道光二十五年十一月二十日

男国藩跪禀父母亲大人万福金安：

十一月初一发十六号家信，内有覃恩条例单，不知收到否？男头上疮癣至今未愈，近日每天洗二次，夜洗药水，早洗开水，本无大毒，或可因勤洗而好。闻四弟言，家中连年生热毒者八人，并男共九人，恐祖坟有不洁净处，望时时打扫，但不可妄为动土，致惊幽灵。四弟、六弟及儿妇、孙男女等皆平安。

男近与同年会课作赋，每日看书如常，饮食起居如故。四弟课纪泽读，师徒皆有常程。六弟文章极好，拟明年纳监下场，但现无银，不知张罗得就否。

同乡唐镜海先生已告病，明春即将回南。所著《国朝学案》一书，系男约同人代为发刻，其刻价则系耦庚先生所出。前门内有义塾，每年延师八人，教贫户子弟三百余人，昨首事杜姓已死，男约同人接管其事，亦系集腋成裘，男花费亦无几。

纪泽虽从四弟读书，而李竹屋先生尚在男宅住，渠颇思南归，但未十分定计耳。

诰封二轴，今年不能用玺，明年乃可寄回。萧辛五七月处，已于十一月寄鹿胶一斤、阿胶半斤与他。家中若须鹿胶、阿胶，望付信来京，以便觅寄。男谨禀。

道光二十六年丙午正月初三日

男国藩跪禀父母亲大人万福金安：

乙巳十一月二十二日发家信十七号，其日同乡彭棣楼放广西思恩府知府。二十四日，陈岱云放江西吉安府知府。岱云年仅三十二岁，而以翰林出为太守，亦近来所仅见者，人皆代渠庆幸，而渠深以未得主考、学政为恨。且近日外官情形，动多掣肘，不如京官清贵安稳。能得外差，固为幸事，即不得差，亦可读书养望，不染尘埃。岱云虽以得郡为荣，仍以失去玉堂为悔，自放官后，摒挡月余，已于十二月二十八出京。

是夕渠有家书到京，男拆开。接大人十一月二十四所示手谕，内叔父及九弟、季弟各一信，彭茀庵表叔一信，具悉家中一切事。前信言莫管闲事，非恐大人出入衙门，盖以我邑书吏欺人肥己，党邪嫉正。设有公正之乡绅，取彼所鱼肉之善良而扶植之，取彼所朋比之狐鼠而锄抑之，则于彼大有不便，必且造作谣言，加我以不美之名，进谗于官，代我构不解之怨。而官亦阴庇彼辈，外虽以好言待我，实则暗笑之而深斥之，甚且当面嘲讽。且此门一开，则求者踵至，必将日不暇给，不如一切谢绝。今大人手示亦云杜门谢客，此男所深为庆幸者也。

男身体平安。热毒至今未好，涂药则稍愈，总不能断根。十二月十二，蒙恩充补日讲起居注官；二十二日又得充文渊阁直阁事。两次恭谢天恩，兹并将原折付回。讲官共十八人，满八缺，汉十缺，其职司则皇上所到之处，须轮四人侍立。直阁事四缺，不分满汉，其职司则皇上临御经筵之日，四人皆侍立而已。

四弟、六弟皆有进境。孙男读书已至《陈风》。男妇及孙女等皆好。

欧阳牧云有信来京，与男商请封及荐馆事。二事男俱不能应允，故作书婉转告之。外办江绸套料一件、丽参二两、鹿胶一斤，对联一付，为岳父庆祝之仪，恐省城寄家无便，故托彭棣楼带至衡阳学署。

朱尧阶每年赠谷四十石，受惠太多，恐难为报，今年必当辞却。小斗四十石不过值钱四十千，男每年可付此数到家，不可再受他谷，望家中力辞之。毅然家之银想已送矣，若未送，须秤元银三十二两，以渠来系纹银也。

男有挽联，托岱云交萧辛五转寄毅然家，想可无误。岱云归，男寄有冬菜十斤、阿胶二斤、笔四枝、墨四条、同门录十本；彭棣楼归，男寄有蓝顶二个、四品补服四付，俱交萧辛五家转寄，伏乞查收。男谨禀。

道光二十六年二月十六日

男国藩跪禀父母亲大人万福金安：

正月初三日发第一号家信。初七日彭棣楼太守出京，男寄补服四付、蓝顶二个，又寄欧阳沧溟先生江绸褂料一件、对联一付、高丽参二两、鹿胶一斤，又寄彭茀庵表叔鹿胶一斤。二月初寄第三号家信，想俱收到。

男等在京合室平安。男病尚未痊愈，二月初吃龙胆泻肝汤，甚为受累，始知病在肝虚，近来专服补肝之品，颇觉有效，以首乌为君，而加以蒺藜、山药、赤芍、兔丝诸味。男此时不求疮癣遽好，但求脏腑无病，身体如常，即为如天之福。今年虽不能得差，男亦毫无怨尤。

同乡张钟涟丁艰，男代为张罗一切，令之即日奔丧回里。黎樾乔于二月十四到京。

四弟近日读书专以求解为急，每日摘疑义二条来问，为男煮药求医及纪泽教读，皆四弟独任其劳。六弟近日文思大进，每月作四书文六首、经文三首，同人无不击节称赏。

请封之事，大约六月可以用玺，秋冬可以寄家。余详四弟书中。男谨禀。

道光二十六年三月二十五日

男国藩跪禀父母亲大人万福金安：

上次男写信略述癣病情形，有不去考差之意。近有一张姓医，包一个月治好，偶试一处，居然有验，现在赶紧医治，如果得好，男仍定去考差，若不愈，则不去考差。总之，考与不考，皆无关紧要。考而得之，不过多得钱耳。考而不得，与不考同，亦未必不可支持度日。每年考差三百余人，而得差者通共不过七十余人，故终身翰林屡次考差而不得者，亦常有也，如我邑邓笔山、罗九峰是已。男只求平安，伏望堂上大人勿以得差为望。

四弟已写信言男病，男恐大人不放心，故特书此纸。男谨禀。

道光二十六年四月十六日

子植、季洪两弟左右：

四月十四日接子植二月、三月两次手书，又接季洪信一片，子植何其详，季洪何其略也！今年以来，京中已发信七号，不审俱收到否？第六号、第七号予皆有禀呈堂上，言今年恐不考差。彼时身体虽平安，而癣疥之疾未愈，头上、面上、颈上并斑剥陆离，恐不便于陛见，故情愿不考差。恐堂上诸大人不放心，故特作白折楷信，以安慰老亲之念。

三月初，有直隶张姓医生，言最善治癣，贴膏药于癣上，三日一换，贴三次即可拔出脓水，贴七次即痊愈矣。初十日，令于左胁试贴一处，果有效验。二十日即令贴头面颈上，至四月八日而七次皆已贴毕，将膏药揭去，仅余红晕，向之厚皮顽癣，今已荡然平矣。十五六即贴遍身，计不过半月即可毕事，至五月初旬考差而通身已全好矣。现在仍写白折，一定赴试。虽得不得自有一定，断不敢妄想，而苟能赴考，亦可上慰高堂诸大人期望之心。

寓中大小安吉，惟温甫前月底偶感冒风寒，遂痛左膝，服药二三帖不效，请外科开一针而愈。澄弟去年习柳字，殊不足观。今年改习赵字，而参以李北海《云麾碑》之笔意，大为长进。温弟时文已才华横溢，长安诸友多称赏之。书法以命意太高，笔不足以赴其所见，故在温老自不称意，而人亦无由称之。故论文则温高于澄，澄难为兄；论书则澄高于温，温难为弟。子植书法驾涤、澄、温而上之，可爱之至，可爱之至！但不知家中旧有《和尚碑》徐浩书及《郭家庙碑》颜真卿书否？或能参以二帖之沉着，则直追古人不难矣。

狼兼毫四枝既不合用，可以二枝送莘田叔，以二枝送苐庵表叔。正月间曾在岱云处寄羊毫二枝，不知已收到否？至五月，钟子宾名音鸿，戊戌同年，放辰州府知府太守往湖南，又可再寄二枝。以后两弟需用之物，随时写信至京可也。

祖父大人嘱买四川漆，现在四川门生留京者仅二人敖册贤，陈世镳，皆极寒之士。由京至渠家有五千余里，由四川至湖南有四千余里，彼此路皆太远。此二人在京常半年不能得家信，即令彼能寄信至渠家，渠家亦万无便可附湖南。九弟须详禀祖父大人，不如在省以重价购顶上川漆为便。做直牌匾，祖父大人系貤封中宪大夫，父亲系诰封中宪大夫，祖母貤封恭人，母亲诰封恭人。京官加一级请封，侍讲学士是从四品，故堂上皆正四品也。蓝顶是暗蓝，余正月已寄回二顶矣。

书不宣尽，诸详澄、温书中。今日身上敷药，不及为楷，堂上诸大人两弟代为禀告可也。

道光二十六年五月十七日

男国藩跪禀父母亲大人万福金安：

四月十七日男发第八号家信，言男一定考差。五月初二日赴圆明园，初六日在正大光明殿考试，共二百七十人入场，湖南凡十二人。首题为“无为小人儒”，次题“任官惟贤才”一节，诗题“灵雨既零，得沾字”。男两文各七百字，全卷未错落一字，惟久病之后两眼朦胧，场中写前二开不甚得意，后五开略好。今年考差，好手甚多，男卷难于出色。兹命四弟誊头篇与诗一首寄回，伏乞大人赐观，知男在场中不敢潦草，则知男病后精神毫无伤损，可以放心；知男写卷不得意，则求大人不必悬望得差。堂上大人不以男病为忧，不以得差为望，则男心安恬矣。

男身上癣疾，经张医调治，已愈十之七矣。若从此渐渐好去，不过闰月可奏全效。寓中大小平安。男妇有梦熊之喜，大约八九月当生。四弟书法日日长进。冯树堂于五月十七到京，以后纪泽仍请树堂教，四弟可专心读书。六弟捐监，拟于本月内上兑，填写三代履历、里邻户长一切，男自斟酌，大人尽可放心。纪泽书已读至“浩浩昊天”，古诗已读半本，书皆熟。三孙女皆平安。

同乡各家皆如常，惟湘阴易问斋文濬丁艰。湖南在京小考入学者六人，皆系好手。黄正斋小京官六年报满，三月已升主事。杜兰溪四月升员外郎，今年亦与考差。

京师今年久旱，屡次求雨，尚未优渥，皇上焦思。未知南省年岁何如也？男谨禀。

道光二十六年闰五月十五日

男国藩跪禀父母亲大人万福金安：

五月十八日发第九号家信，内有考差诗文。男自考差后，癣疾日愈，现在头面已不甚显矣，身上自腰以上亦十去七八，自腿以下尚未治。万一放差，尽可面圣谢恩，但如此顽病而得渐好，已为非常之喜，不敢复设妄想矣。

六弟捐监，于五月二十八日具呈，闰月初兑银，二十一日可领照，六月初一日可至国子监考到，十五即可录科。仰承祖、父、叔父之余荫，六弟幸得成就功名，敬贺敬贺。

男身体平安，现服补气汤药，内有高丽参、焦术。男妇及孙男女四人并如常。自树堂来教书之后，四弟工课益勤。六弟近日文章虽无大进，亦未荒怠。余俟续呈。男谨禀。

道光二十六年七月初三日

男国藩跪禀父母亲大人万福金安：

闰五月二十六日，男发家信第十一号，想已收到。邹云陔出粤西差，男寄有高丽参半斤、鹿胶一斤、膏药三十个、眼药三包、张湘纹金顶一品，大约七月初可到省城，家中月半后可接到也。

六弟六月初一日在国子监考到，题“视其所以”，经题“闻善以相告也”二句，六弟取列一百三名。二十五日录科，题“齐之以礼”，诗题“荷珠，得珠字”，六弟亦取列百余名。两次皆二百余人入场。

男等身体皆平安，男妇及孙男女皆安泰。今年诰封轴数甚多，闻须八月始能办完发下。男于八月领到即恳湖南新学院带至长沙。男另办祖父母寿屏一架，华山石刻陈抟所书“寿”字一个，新刻诰封卷一百本，共四件，皆交新学院带回，转交陈岱云家。求父亲大人于九月二十六七赴省。邹云陔由广西归，过长沙不过十月初旬。渠有还男银八十两，面订交陈季牧手。父亲或面会云陔，或不去会他，即在陈宅接钱亦可。十月下旬新学院即可到省，渠有关防，父亲万不可去拜他，但在陈家接诰轴可也。若新学院与男素不相识，则男另觅妥便寄回，亦在十月底可到省，最迟亦不过十一月初旬。父亲接到，带归县城，寄放相好人家或店内，至二十六日令九弟下县去接。二十八日夜，九弟宿贺家坳等处。二十九日祖母大人八十大寿，用吹手执事接诰封数里，接至家，于门外向北置一香案，上竖圣旨牌位，将诰轴置于案上，祖父母率父母望北行三跪九叩首礼。

寿屏请萧史楼写。史楼现未得差，若八月不放学政，则渠必告假回籍，诰轴托渠带归亦可也。一切男自知裁酌。兹寄回黄芽白菜子一包，求查收。余俟续呈。男谨禀。

道光二十六年九月十九日

男国藩跪禀父母亲大人万福金安：

九月十七日接读第五、第六两号家信，喜堂上各老人安康，家事顺遂，无任欢慰。

男今年不得差，六弟乡试不售，想堂上大人不免内忧。然男则正以不得为喜。盖天下之理，满则招损，亢则有悔；日中则昃，月盈则亏，至当不易之理也。男毫无学识而官至学士，频邀非分之荣，祖父母、父母皆康强，可谓极盛矣。现在京官翰林中无重庆下者，惟我家独享难得之福。是以男栗栗恐惧，不敢求分外之荣，但求堂上大人眠食如常，阖家平安，即为至幸。万望祖父母、父母、叔父母无以男不得差、六弟不中为虑，则大慰矣。况男三次考差，两次已得；六弟初次下场，年纪尚轻，尤不必挂心也。

同县黄正斋，乡试当外帘差，出闱即患痰病，时明时昏，近日略愈。

男癣疾近日大好，头面全看不见，身上亦好了九分。十八生女，男妇极平安，惟体太弱，满月当大补养。在京一切，男自知谨慎。

八月二十三日，折差处发第十四号信，二十七日，周缦云处寄寿屏，发十五号信。九月十二日，善化郑七处寄诰封卷六十本，发第十六号信，均求查收。男谨禀。

道光二十六年十月十五日

男国藩跪禀父母亲大人万福金安：

九月十九日发第十七号信，十月初五日发十八号信，谅已收到。十二三四日内诰轴用宝，大约十八日可领到。同乡夏阶平吏部家泰丁内艰，二十日起程回南。男因渠是素服，不便托带诰轴，又恐其在道上拜客，或有耽搁。祖母大人于出月二十九大寿，若赶紧送回，尚可于寿辰迎接诰轴，故特命四弟束装出京，专送诰轴回家，与夏阶平同伴。计十一月十七八可到汉口，汉口到岳州不过三四天，岳州风顺则坐船，风不顺则雇轿，五天可到家。四弟到省即专人回家，以便家中办事，迎接诰命。

第凡事难以逆料，恐四弟道上或有风水阻隔，不能赶上祖母寿辰，亦未可知。家中做生日酒，且不必办接诰封事。若四弟能到，二十七日有信，二十八办鼓手香亭，二十九接封可也。若二十七无四弟到省之信，则二十九但办筹筵，明年正月初八接封可也。倘四弟不归而托别人，不特二十九赶不上，恐初八亦接不到。此男所以特命四弟送归之意耳。

四弟数千里来京，伊意不愿遽归。男与国子监祭酒车意园先生商议，令四弟在国子监报名，先交银数十两，即可给予顶戴。男因具呈为四弟报名，先缴银三十两，其余俟明年陆续缴纳。缴完之日，即可领照。男以此打发四弟，四弟亦欣然感谢，且言愿在家中帮堂上大人照料家事，不愿再应小考，男亦颇以为然。

男等在京身体平安，男妇生女后亦平善。六弟决计留京。九弟在江西有信来，甚好。陈岱云待之如胞弟，饮食教诲，极为可感，书法亦大有长进。然无故而依人，究似非宜，男写书与九弟，嘱其今年偕郭筠仙同伴回家，大约年底可到家。男在京一切用度，自有调停，家中不必挂心。男谨禀。

卷三 家书

目录

124 道光二十八年戊申正月二十一日
致澄侯 子植 季洪三弟
125 道光二十八年四月十四日 禀父母
126 道光二十八年五月初十日 禀父母
126 道光二十八年五月初十日
致澄侯 子植 季洪三弟
128 道光二十八年六月十七日
致澄侯 子植 季洪三弟
129 道光二十八年七月二十日 禀叔父母
130 道光二十八年九月十二日 禀叔父母
130 道光二十八年十一月十四日
致澄侯 子植 季洪三弟
131 道光二十八年十二月初十日
致澄侯 温甫 子植 季洪四弟
132 道光二十九年己酉正月初十日 致兄弟
134 道光二十九年二月初六日 禀父母
134 道光二十九年二月初六日
致澄侯 温甫 子植 季洪四弟
135 道光二十九年三月初一日
致澄侯 温甫 子植 季洪四弟
135 道光二十九年三月二十一日
致澄侯 温甫 子植 季洪四弟
138 道光二十九年四月十六日 禀父母
139 道光二十九年四月十六日
致澄侯 温甫 子植 季洪四弟

140 道光二十九年五月十五日

致澄侯 温甫 子植 季洪四弟

141 道光二十九年六月初一日

致澄侯 温甫 子植 季洪四弟

142 道光二十九年六月十四日

致澄侯 温甫 子植 季洪四弟

143 道光二十九年六月二十九日

致澄侯 温甫 子植 季洪四弟

143 道光二十九年七月十五日

致澄侯 温甫 子植 季洪四弟

144 道光二十九年九月二十一日

致澄侯 温甫 子植 季洪四弟

145 道光二十九年十月初四日

致澄侯 温甫 子植 季洪四弟

146 道光二十九年十一月初五日

致澄侯 温甫 子植 季洪四弟

147 道光二十九年十二月初三日

致澄侯 温甫 子植 季洪四弟

148 道光三十年庚戌正月初九日

致澄侯 温甫 子植 季洪四弟

149 道光三十年三月三十日 禀父母

道光二十七年正月十八日

孙男国藩跪禀祖父大人万福金安：

去年十二月十七发第二十二号信，并挽联一包、朱心泉诰命一轴，交徐玉山太守带交萧辛五处，想三月可到。又于二十日发第二十三号信交折弁，想二月可到。新正十五日，接到家中十一月十九日所发信，敬悉大人之病已愈大半，不知近日得痊愈否？孙去冬信言须参用化痰之药，不知可从否？

祖母已于十二月初十安葬，甚好甚好。但孙有略不放心者。孙幸蒙祖父福佑，忝居卿大夫之末，则祖母坟茔必须局面宏敞，其墓下拜扫之处须宽阔，其外须建立诰封牌坊，又其外须立神道碑。木斗冲规模隘小，离河太近，无立牌坊与神道碑之地，是以孙不甚放心。意欲从容另寻一地，以图改葬，不求富贵吉祥，但求无水蚁，无凶险，面前宏敞而已，不知大人以为何如？若可，则家中在近境四十里内从容寻地可也。余俟续具。孙谨禀。

道光二十七年正月十八日

男国藩跪禀父母亲大人礼次：

正月十五日接到父亲、叔父十一月二十所发手书，敬悉一切。但折弁于腊月二十八在长沙起程，不知四弟何以尚未到省？

祖母葬地，易敬臣之说甚是。男去冬已写信与朱尧阶，请渠寻地。兹又寄与敬臣，尧阶看妥之后，可请敬臣一看，以尧阶为主，而以敬臣为辅。尧阶看定后，若毫无疑义，不再请敬臣可也；若有疑义，则请渠二人商之男书先寄去，若请他时，四弟再写一信去。男有信禀祖父大人，不知祖父可允从否？若执意不听，则遵命不敢违拗，求大人相机而行。

大人念及京中恐无钱用，男在京事事省俭，偶值缺乏之时，尚有朋友可以通挪。去年家中收各项约共五百金，望收藏二百勿用，以备不时之需。丁、戊二年不考差，恐男无钱寄回。男在京用度自有打算，大人不必挂心。此间情形，四弟必能详言之。

家中办丧事情形，亦望四弟详告。共发孝衣几十件？飨祭几堂？远处来吊者几人？一一细载为幸。

男身体平安。一男四女，痘后俱好。男妇亦如常。

闻母亲想六弟回家，叔父信来，亦欲六弟随公车南旋。此事须由六弟自家作主，男不劝之归，亦不敢留。家中诸务浩繁，四弟可一人经理。九弟、季弟必须读书，万不可耽搁他。九弟、季弟亦万不可懒散自弃。去年江西之行，已不免为人所窃笑，以后切不可轻举妄动，只要天不管地不管，伏案用功而已。男在京时时想望者，只望诸弟中有一发愤自立之人，虽不得科名，亦是男的大帮手。万望家中勿以琐事耽搁九弟、季弟，亦望两弟鉴我苦心，结实用功也。

男之癣疾近又小发，但不似去春之甚耳。同乡各家如常。刘月槎已于十五日到京。余俟续呈。男谨禀。

道光二十七年二月十二日

澄侯、子植、季洪三弟左右：

二月十一日接到三弟正月初旬手书，具悉一切。澄侯以腊月二十三至岳州，余见罗芸皋已知之。后过湖又阻风，竟走七十余天始到，人事之难测如此，吾弟此后又添了阅历工夫矣。黎樾乔托带之件，当装车时，吾语弟曰："此物在大箱旁边，恐不妥。弟明日到店，须另安置善地。"不知弟犹记得我言否？出门人事事皆须细心，今既已弄坏，则亦不必过于着急。盖此事黎樾翁与弟当分任其咎，两人皆粗心，不得专责弟一人也。

祖父大人之病久不见效，兄细思之，恐有火，不宜服热药。盖祖父体赋素强，丁酉之春以服补药之故，竟成大病，后泽六爷以凉药治好。此次每日能吃三中碗饭，则火未甚衰，恐医者不察，徒见小便太数，则以为火衰所致，概以热药投之，亦足误事。兄不明医理，又难遥度，而回忆丁酉年之往事，又闻陶云汀先生为补药所误之说，特书告家中。望与名医细商，不知有可服凉药之理否？

兄自去年接祖母讣后，即日日思抽身南归，无如欲为归计，有三难焉：现在京寓欠帐五百多金，欲归则无钱还账，而来往途费亦须四百金，甚难措办，一难也；不带家眷而归，则恐我在家或有事留住，不能遽还京师，是两头牵扯，如带家眷，则途费更多，家中又无房屋，二难也；我一人回家，轻身快马，不过半年可以还京。第开缺之后，明年恐尚不能补缺，又须在京闲住一年，三难也。有此三难，是以踌躇不决，而梦寐之中，时时想念堂上老人。望诸弟将兄意详告祖父及父母，如堂上老人有望我回家之意，则弟书信与我，我概将家眷留在京师，我立即回家；如堂上老人全无望我归省之意，则我亦不敢轻举妄动。下次写信，务必详细书明堂上各位老人之意。

祖母之葬事既已办得坚固，则不必说及他事。日前所开山向吉凶之说，亦未可尽信。山向之说，地理也；祖父有命而子孙从之，天理也。祖父之意已坚，而为子孙者乃拂违其意而改卜他处，则祖父一怒，肝气必郁，病势必加，是已大逆天理，虽得吉地，犹将变凶，而况未必吉乎？自今以后不必再提改葬之说，或吉或凶，听天由命。即朱尧阶、易敬臣亦不必请他寻地尧阶二人如看得有妥地，亦不妨买。四弟在家帮父亲、叔父管家事，时时不离祖父左右。九弟、季弟则专心读书。只要事事不违天理，则地理之说，可置之不论不议矣。

吾身之癣，春间又发，特不如去岁之甚，面上、颈上则与弟出京时一样，未再发也。六弟近日颇发愤，早间亦能早起。纪泽《诗经》尚未读完，现系竹屋教，总多间断，将来必要请一最能专馆之人。

黎樾乔御史报满引见，回原衙门行走。黄正斋之长子于正月初间失去，至今尚未归来。邓星阶就正斋之馆，李希庵就杜兰溪之馆，系我所荐。同县刘九爷、罗、邹二人及新科三人皆已到京，住新馆。江岷樵住张相公庙，去我家甚近。郭筠仙尚未到。袁漱六于正月二十四到京，现在家眷住北半截胡同。周荇农尚未到。杨春皆于正月二日生一子。刘药云移寓虎坊桥，其病已全好。赵崧原之妻于正月仙逝。舒伯鲁二月出都。我家碾儿胡同房东将归，三四月必须搬家。黄秋农之银已付来，加利息十两，兄意欲退还他。

九弟、季弟读书，开口便有自画之意，见得年纪已大，功名无成，遂有懒惰之意，此万万不可。兄之乡试座师徐晓邨、许吉斋两先生，会试房师季仙九先生，皆系二十六七入泮，三十余岁中举，四十余岁入词林。诸弟但须日日用功，万不必作叹老嗟卑之想。譬如人欲之京师，一步不动而长吁短叹，但曰：京师之远，岂我所能到乎？则旁观者必笑之矣。吾愿吾弟步步前行，日日不止，自有到期，不必计算远近而徒长吁短叹也。望澄侯时时将此譬喻说与子植、季洪听之。千万千万！无怠无怠！

九弟信言诸妯娌不甚相能，尤望诸弟修身型妻，力变此风。若非诸弟痛责己躬，则内之气象必不改，而乖戾之致咎不远矣。望诸弟熟读《训俗遗规》、《教女遗规》，以责己躬，以教妻子。此事全赖澄弟为之表率，关系至大，千万千万，不胜嘱切之至！伏惟留心自反为幸。兄国藩手草。

道光二十七年三月初十日

男国藩跪禀父母亲大人膝下：

昨初九日巳刻接读大人示谕及诸弟信，藉悉一切。祖父大人之病已渐愈，不胜祷祝，想可由此而痊愈也。男前与朱家信言无时不思乡土，亦久宦之人所不免，故前次家信亦言之。今既承大人之命，男则一意服官，不敢违拗，不作是想矣。

昨初六派总裁房差，同乡惟黄恕皆一人单另列，初八日题目亦另列。男今年又不得差，则家中气运不致太宣泄，祖父大人之病必可以速愈，诸弟今年或亦可以入学，此盈虚自然之理也。

男癣病虽发，不甚狠，近用蒋医方朝夕治之。渠言此病不要紧，可以徐愈。治病既好，渠亦不要钱，两大人不必悬念。男妇及华男、孙男女身体俱好，均无庸挂虑。男等所望者，惟祖父大人病之速愈，暨两大人节劳，叔母目疾速愈，俾叔父宽怀耳。余容另禀。

道光二十七年三月初十日

澄侯四弟、子植九弟、季洪二弟左右：

二月十一接到第一、第二号来信，三月初十接到第三、四、五、六号来信，系正月十二、十八、二十二及二月朔日所发而一次收到，家中诸事琐屑毕知，不胜欢慰。

祖大人之病，竟以服沉香少愈，幸甚。然予终疑祖大人之体本好，因服补药太多，致火壅于上焦，不能下降，虽服沉香而愈，尚恐非切中肯綮之剂。要须服清导之品，降火滋阴为妙。予虽不知医理，窃疑必须如此，上次家书亦曾写及，不知曾与诸医商酌否？丁酉年祖大人之病，亦误服补剂，赖泽六爷投以凉药而效，此次何以总不请泽六爷一诊？泽六爷近年待我家甚好，即不请他诊病，亦须澄弟到他处常常来往，不可太疏，大小喜事宜常送礼。

尧阶既允为我觅妥地，如其觅得，即听渠买。买后或迁或否，仍由堂上大人作主，诸弟不必执见。

上次信言予思归甚切，属弟探堂上大人意思何如。顷奉父亲手书，责我甚切，兄自是谨遵父命，不敢作归计矣。

郭筠仙兄弟于二月二十到京。筠仙与其叔及江岷樵住张相公庙，去我家甚近。翊臣即住我家，树堂亦在我家入场。我家又添二人服侍李、郭二君，大约榜后退一人，只用一打杂人耳。筠仙自江西来，述岱云母子之意，欲我将第二女许配渠第二子，求婚之意甚诚。前年岱云在京，亦曾托曹西垣说及，予答以缓几年再议。今又托筠仙为媒，情与势皆不可却。岱云兄弟之为人与其居官治家之道，九弟在江西一一目击，烦九弟细告父母，并告祖父，求堂上大人吩咐，或对或否，以便回江西之信。予夫妻现无成见，对之意有六分，不对之意亦有四分，但求堂上大人主张。

九弟去年在江西，予前信稍有微词，不过恐人看轻耳。仔细思之，亦无妨碍，且莫之为而为者，九弟不必自悔艾也。

碾儿胡同之屋，房东四月要回京，予已看南横街圆通观东间壁房屋一所，大约三月尾可移寓。此房系汪醇卿之宅教习门生汪廷儒，比碾儿胡同狭一小半，取其不费力易搬，故暂移彼。若有好户，当再迁移。

黄秋农之银已付还，加利十两，仍退之。周子佩于三月三日喜事。正斋之子竟尚未归。黄茀卿、周韩臣闻皆将告假回籍，茀卿已定十七日起行。刘盛唐得疯疾，不能入闱，可悯之至。袁漱六到京数日，即下园子用功，其夫人生女仅三日即下船进京，可谓胆大。周荇农散馆，至今未到，其胆尤大。曾仪斋宗逵正月二十六在省起行，二月二十九日到京。凌笛舟正月二十八起行，亦二十九到京，可谓快极。而澄弟出京，偏延至七十余天始到，人事之无定如此。新举人复试题"人而无恒"二句，"赋得仓庚鸣，得鸣字"。四等十一人，各罚会试二科，湖南无之。

我身癣疾，春间略发，不甚为害。有人说方，将石灰澄清水用水调桐油搽之，则白皮立去，如前年搽铜绿膏。现二三日一搽，使之不起白皮，剃头后不过微露红影不甚红，虽召见亦无碍。除头顶外，他处皆不搽，以其仅能济一时，不能除根也。内人及子女皆平安。

今年分房，同乡仅恕皆，同年仅松泉与寄云大弟，未免太少。余虽不得差，一切自有张罗，家中不必挂心。今日予写信颇多，又系冯、李诸君出场之日，实无片刻暇，故予未作楷信禀堂上，乞弟为我说明。

澄弟理家事之闲，须时时看《五种遗规》，植弟、洪弟须发愤读书，不必管家事。兄国藩草。

道光二十七年六月十七日

孙国藩跪禀祖父大人万福金安：

六月十五日接家中第九号信，系四月初三日四弟在县城发者，知祖父身体康强，服刘二爷之药，旧恙已经痊愈，孙等不胜欣喜。前五月底，孙发第五号信，言大考蒙恩记名赏缎事，想家中已收到。

六月初二，孙荷蒙皇上破格天恩，升授内阁学士兼礼部侍郎衔，由从四品骤升二品，超越四级，迁擢不次，惶悚实深。初六日考试教习，孙又蒙天恩派为阅卷大臣，初六日入闱，初七日王大臣点名。士子入闱者，进士、举人共三百八十余名，贡生入闱者一百七十余名。初八早发题纸，十一日发榜，十三日复试，十四日复命。初三日谢恩及十四复命两次召见，奏对尚无愆误。教习取中额数共一百二十一名，湖南得取十一人，另有全单。

十七日冯树堂回南，孙寄回红顶二个、二品补服三付及他物，另有单。大约八月初旬可到省，存陈季牧家中。望大人于中秋前后专人至省来接，命九弟写信与季牧可也。

孙等身体平安，癣疾已将全好，头上竟看不见。孙妇及曾孙男女皆好。余俟续具。孙谨禀。

道光二十七年六月十七日

侄国藩敬禀叔父婶母大人万福金安：

新年两次禀安，未得另书敬告一切。侄以庸鄙无知，托祖宗之福荫，幸窃禄位，时时抚衷滋愧。兹于本月大考，复荷皇上天恩，越四级而超升，侄何德何能，堪此殊荣？常恐祖宗积累之福，自我一人享尽，大可惧也。望叔父作书教侄，幸甚。

金竺虔归，寄回银五十两。其四十两用法：六弟、九弟在省读书用二十六两，四弟、季弟学俸六两，买漆四两，欧阳太岳母奠金四两，前第三号信业已载明矣。后又有十两，若作家中用度则嫌其太少，添此无益，减此无损。侄意戚族中有最苦者，不得不些须顾送，求叔父将此十金换钱，分送最亲最苦之处。叔父于无意中送他，万不可说出自侄之意，使未得者有觖望，有怨言。二伯祖母处，或不送钱，按期送肉与油盐之类，随叔父斟酌行之可也。侄谨禀。

道光二十七年六月十八日

澄侯、子植、季洪三位老弟足下：

五月寄去一信，内有大考赋稿，想已收到。

六月二日蒙皇上天恩及祖父德泽，予得超升内阁学士，顾影扪心，实深惭悚。湖南三十七岁至二品者，本朝尚无一人，予之德薄才劣，何以堪此？近来中进士十年得阁学者，惟壬辰季仙九师、乙未张小浦及予三人，而予之才地，实不及彼二人远甚，以是尤深愧仄。

冯树堂就易念园馆，系予所荐，以书启兼教读，每年得百六十金。李竹屋出京后，已来信四封。在保定，讷制台赠以三十金，且留乾馆与他。在江苏，陆立夫先生亦荐乾俸馆与他，渠甚感激我。考教习余为总裁，而同乡寒士如蔡贞斋等皆不得取，余实抱愧。

寄回祖父、父亲袍褂二付，祖父系夹的，宜好好收拾，每月一看，数月一晒。百岁之后，即以此为敛服，以其为天恩所赐，其材料外间买不出也。父亲做棉的，则不妨长着，不必为深远之计，盖父亲年未六十，将来或更有君恩赐服，亦未可知。

祖母大人葬后，家中诸事顺遂。祖父之病已好，予之癣疾亦愈，且骤升至二品，则风水之好可知，万万不可改葬。若再改葬，则谓之不祥，且大不孝矣。然其地予究嫌其面前不甚宽敞，不便立牌坊，起诰封碑亭，又不便起享堂，立神道牌。予意欲仍求尧阶相一吉地，为祖父大人将来寿藏。弟可将此意禀告祖父，不知可见允否？盖诰封碑亭断不可不修，而祖母又断不可改葬，将来势不能合葬。乞禀告祖父，总以祖父之意为定。

前此问长女对袁家，次女对陈家，不知堂上之意如何？现在陈家信来，谓我家一定对，渠甚欢喜。余容后具。兄国藩草。

道光二十七年六月二十七日

男国藩跪禀父母亲大人礼次：

十八日发第八号信，言升官事，托萧辛五先生专人送回，计七月中旬可以到家。昨又接四弟六月初一日所发之信，藉悉一切。于祖父大人之病略不言及，惟言至刘家更补药方可以长服者，则病已尽除矣。游子闻之，不胜欣幸之至。

男升官后应酬较繁，用费较广，而俸入亦较多，可以应用，不至窘迫。昨派教习总裁，门生来见者多，共收贽敬二百余金，而南省同乡均未受，不在此数。

前陈岱云托郭筠仙说媒，欲男以二女儿配伊次子，男比写信告禀，求堂上决可否。昨四弟信来，言堂上皆许可，男将于秋间择期订盟。前信又言以大女儿许袁漱六之长子，是男等先与袁家说及。漱六尚有品学，其子亦聪明伶俐，与之结姻，谅无不可，亦求堂上大人示知。

藩男癣疾将近痊愈，尚略有形影，而日见日好。华男身体甚壮健。余大小男女俱平安，堂上不必挂念。余俟另禀。男百拜呈。

道光二十七年六月二十七日

澄侯、子植、季洪老弟足下：

自四月二十七日得大考谕旨以后，二十九日发家信，五月十八又发一信，二十九又发一信，六月十八又发一信，不审俱收到否？二十五日接到澄弟六月一日所发信，具悉一切，欣慰之至。

发卷所走各家，一半系余旧友，惟屡次扰人，心殊不安。我自从己亥年在外把戏，至今以为恨事。将来万一作外官，或督抚，或学政，从前施情于我者，或数百，或数千，皆钓饵也。渠若到任上来，不应则失之刻薄，应之则施一报十，尚不足以满其欲。故兄自庚子到京以来，于今八年，不肯轻受人惠。情愿人占我的便益，断不肯我占人的便益。将来若作外官，京城以内无责报于我者。澄弟在京年余，亦得略见其概矣。此次澄弟所受各家之情，成事不说，以后凡事不可占人半点便益，不可轻取人财，切记切记。

彭十九家姻事，兄意彭家发泄将尽，不能久于蕴蓄，此时以女对渠家，亦若从前之以蕙妹定王家也。目前非不华丽，而十年之外，局面亦必一变。澄弟一男二女，不知何以急急定婚若此？岂少缓须臾，即恐无亲家耶？贤弟行事，多躁少静，以后尚期三思。儿女姻缘前生注定，我不敢阻，亦不敢劝，但嘱贤弟少安无躁而已。

成忍斋府学教授系正七品，封赠一代，敕命二轴。朱心泉县学教谕系正八品，仅封本身，父母则无封。心翁之父母乃貤封也。家中现有《缙绅》，何不一翻阅？牧云一等，汪三入学，皆为可喜。啸山教习，容当托曹西垣一查。

京寓中大小平安。纪泽读书已至“宗族称孝焉”，大女儿读书已至“吾十有五”。前三月买驴子一头，顷赵炳堃又送一头。二品本应坐绿呢车，兄一切向来简朴，故仍坐蓝呢车。寓中用度比前较大，每年进项亦较多每年俸银三百两，饭银一百两。其他外间进项尚与从前相似。

同乡诸人皆如旧。李竹屋在苏寄信来，立夫先生许以乾馆。余不一一。兄国藩手草。

道光二十七年七月十八日

男国藩跪禀父母亲大人膝下：

十六夜接到六月初八日所发家信，欣悉一切。祖父大人病已什愈八九，尤为莫大之福。六月二十八日曾发一信，言升官事，想已收到。冯树堂六月十七日出京，寄回红顶、补服、袍褂、手钏、笔等物，计八月可以到家。贺礼耕七月初五日出京，寄回鹿胶、丽参等物，计凡九月可以到家。

四弟、九弟信来，言家中大小诸事皆大人躬亲之，未免过于劳苦。勤俭本持家之道，而人所处之地各不同，大人之身，上奉高堂，下荫儿孙，外为族党乡里所模范，千金之躯，诚宜珍重。且男忝窃卿贰，服役已兼数人，而大人以家务劳苦如是，男实不安于心。此后万望总持大纲，以细微事付之四弟。四弟固谨慎者，必能负荷，而大人与叔父大人惟日侍祖父大人前，相与娱乐，则万幸矣。

京寓大小平安，一切自知谨慎，堂上各位大人不必挂念。余容另禀。

道光二十七年七月十八日

四弟、九弟、季弟足下：

六月二十八日发第九号家信，想已收到。七月以来，京寓大小平安。癣疾虽头面微有痕迹，而于召见已绝无妨碍，从此不治，听之可也。

丁士元散馆。是诗中“皓月”误写“浩”字，胡家玉是赋中“先生”

误写“先王”。

李竹屋今年在我家教书三个月，临行送他俸金，渠坚不肯受。其人知情知义，予仅送他褂料、被面等物，竟未送银。渠出京后来信三次，予有信托立夫先生为渠荐馆。昨立夫先生信来，已请竹屋在署教读矣，可喜可慰。

耦庚先生革职，同乡莫不嗟叹。而渠屡次信来，绝不怪我，尤为可感可敬。

《岳阳楼记》大约明年总可寄到。家中《五种遗规》四弟须日日看，句句学之。我所望于四弟者，惟此而已。家中蒙祖父厚德余荫，我得忝列卿贰，若使兄弟妯娌不和睦，后辈子女无法则，则骄奢淫佚，立见消败，虽贵为宰相，何足取哉？我家祖父、父亲、叔父三位大人规矩极严，榜样极好，我辈踵而行之，极易为力。别家无好榜样者，亦须自立门户，自立规条，况我家祖父现样，岂可不遵行之而忍令堕落之乎？现在我不在家，一切望四弟作主。兄弟不和，四弟之罪也；妯娌不睦，四弟之罪也；后辈骄恣不法，四弟之罪也。我有三事奉劝四弟：一曰勤，二曰早起，三曰看《五种遗规》。四弟能信此三语，便是爱兄敬兄；若不信此三语，便是弁髦老兄。我家将来气象之衰兴，全系乎四弟一人之身。

六弟近来气性极和平，今年以来未曾动气，自是我家好气象。惟兄弟俱懒，我以有事而懒，六弟无事而亦懒，是我不甚满意处。若二人俱勤，则气象更兴旺矣。

吴、彭两寿文及小四书序、王待聘之父母家传，俱于八月付回，大约九月可到。袁漱六处，予意已定将长女许与他，六弟已当面与他说过几次矣，想堂上大人断无不允。予意即于近日订庚，望四弟禀告堂上。陈岱云处姻事，予意尚有迟疑，前日四弟信来，写堂上允诺欢喜之意，筠仙已经看见，比书信告岱云矣，将来亦必成定局，而予意尚有一二分迟疑。岱云丁艰，余拟送奠仪，多则五十，少则四十，别有对联之类，家中不必另致情也。余不尽言。兄国藩手草。

道光二十七年八月十八日

澄侯、子植、季洪三弟左右：

八月十六日折弁到京，系七月二十九日在省起行。维时植、洪二弟正在省城，不解何无一字寄京？闻学院二十六日始考古，则二十九日我邑尚未院试也。

京中大小平安。予之癣疾，七月底较六月稍差，然无碍召见之事，则亦听之而已。六弟在国子监考课，各堂官颇加青眼。上次蔡司业课古学经文一篇、经解一篇、赋一篇、诗一篇，六弟取第一，奖励甚重：帖一套、佳墨八条。内人近颇多病，不能健饭，现在服药，当不要紧也。纪泽读书，前四月间所请之湖北魏先生，渠八月中即回家。我家已于八月初七日换请一宋先生，常德府丙午举人，今年考取教习，系我门生。其人专严勤教，余有回人书札，亦交渠代写。纪泽现已读至“梁惠王章句下”，每日读书，颇能领会。

大女儿与袁家订姻，已于八月初六日写庚书过礼。郭筠仙为媒，即须出都，后年始能复来，故趁其在京时先行纳采。袁家过礼来：真金簪一、真金耳环一对、镀金手镯二、镀金戒指二、红绿湖绉各三丈、金花一对。我家回礼：袍料一套、靴一、帽一、朝珠一、补子一、扇插一、笔插一，又女婿见面仪六两。

陈家姻事，前接四弟信，知家中堂上大人甚欢喜。现在岱云丁艰，自不能定庚，只好待渠服满后。诸弟若与陈家昆仲见面时，亦不必道及姻事。岱云之丧事，余已送赙仪三十两，交郭筠仙带归，又有挽联一付。京官向例不送外官之银，予送三十两，则已为重矣。诸弟若到省，只须办香烛去行礼，不必再送情也。

同乡萧史楼、郭筠仙、孙鳌舟、徐寿衡并出京，在八月底起行。郭、孙走江南，徐走山西。邓辛阶尚在黄正斋家坐馆。蔡贞斋在袁漱六家。龙滋圃就一同乡任江南金山县者之馆，已出京矣。车锺毓亦就金山馆，金山县之幕中人才可谓极盛。

王荆七现来，要求再入我家，我家现在本用两个跟班，目前有一个要去，拟仍叫荆七来，但不知高僧能久持戒行否？文小南之尊翁亦于八月出京。黎月乔亦欲出京，大约在冬间矣。书不详尽，余俟续寄。兄国藩手草。

道光二十七年九月初十日

澄侯、子植、季洪足下：

九月重阳日接到家信三封，内父亲手谕二件，澄侯六月二十五在家发信一件，七月十五在省发信一件，十九又一件，八月十三又一件，子植七月十九发一件，八月十三又一件，季洪亦有七月十九一片。子植府试文章在此包内，题名录二纸。盖至是始识九弟案首入学之信。前八月折弁到京，乃七月二十八九在省起行者，计是时九弟府首喜信已发交提塘矣，而渠不带来，良可憾也。此外又有张湘纹、曾季甫、唐镜丈、首班臣、邓荻仙、欧阳沧溟丈各信，亦俱收到。我与温甫看一夜始完。两次喜信，使祖父大人病体大愈，此为人子孙者之大幸也。

呈请晋封，仍须覃恩之年。辛亥年是皇上七旬万寿，大约可以请晋封祖父母、父母，并可貤封叔父母，且可诰赠曾祖父母矣。然使身不加修，学不加进，而滥受天恩，徒觉愧悚。故兄自升官后，时时战兢惕惧。近来身体甚好，耳又微聋。甲三读书，先生极好，严而且勤，教书亦极得法。长女上《论》将读毕矣。温甫国子监应课已经补班。寓中眷口俱平顺。荆七现又收在我家，于门上跟班之外，多用一人，以充买办行走之用，即以荆七补缺，甚为胜任。渠亦如士会还朝，苏武返汉，欣幸之至，四弟可告知渠家也。

袁漱六因其幼女已死，现搬住湘潭馆。订庚之事，前已写信告堂上矣。陈家姻事，堂上大人既欣然允许，余岂复有不满意者？惟订庚须稍迟，或俟贷云起复，亦未可知，至姻事，则确有成言矣。

曾心斋曾借银八十与郭瑞田，渠现还百金交余，托转寄毅然先生。目前尚无妥便，一入他人手，又恐化为乌有，故不得不慎重。弟可先作书告毅然丈，说我所以慎重之故，亦总在今冬明春寄到也。

朱啸山托曹西垣查教习之期，西垣查得，言尚遥遥无期，弟亦可告啸山也。刘福桥先生要挂屏四张，现亦无便可寄，盖徐寿衡不回家，史楼、筠仙亦明年方可到省，故皆不敢寄。罗筠皋之银亦无便寄，弟可并告筠皋也。

沧溟丈以我言魏家讼事，回书颇有不豫之意。牧云无笔写字，弟可先将树堂带回之笔分三枝送他，待彭大生归，我再寄笔回。岳父寄贡卷至京，余拟送贺仪大钱二十千，亦交彭大生带回。柳衙叔仙逝，余拟备奠仪大钱八千，亦交彭大生带回。惟毅然先生及筠皋之项不敢交彭，恐其难担艰险。

九弟印卷费须出大钱百千，乃为不丰不啬，不被人讥议。或三股均送，或两学较多、门斗较少亦可。但须今年内送去，不可捱至明年。教官最为清苦，我辈仕宦之家，不可不有以体谅之也。家中今年想尚可支吾，至明年上半年，余必寄银至家应用。

陈岱云到省，四弟与郭三合办呢幛，甚是妥叶。余送渠奠分三十金，已交筠仙带去矣。别有挽联，现尚未寄。梅劭生求我作书与钟子宾，准在近日付去。唐画郊之信屡次未回，则实以懒惰之故。渠托我代求各翰林法书，澄侯不在京，而欲我为此等事，毋乃强人以难乎？收到邹芸陔所带各件，屡次写信道之，不知来信何以屡问？添梓坪各件，容当再寄物与它，四弟先为我道谢可也。

四弟以女许彭家，姻缘前定，断不可因我前言而稍生疑心。九弟入学，家中材料可以做衣，若再久收，恐被虫打。做数套衣，兄弟易衣而出最好。家中诸皮衣，年年须多买樟脑，好好收拾，否则必为虫伤矣。

同乡诸家如常。书不能尽，折弁在京仅一日，故多草率。兄国藩手具。

道光二十七年十月十五日

澄侯、沅甫、季洪三弟足下：

十月十二日接到九月初六澄弟在县学宪行台所发信，十五日又接二十三日在省城曾子庙所发信。其八月在省各信，已于前月收到，前次信已提及矣。惟九月一日托树堂代寄一信，今尚未到。

京寓大小平安。余之癣疾近日已全好，百分中不过一二分未复元，皆生首乌之功也。六弟近日体亦好。内人怀喜，大约明年正月分娩。甲三兄妹皆好，甲三读至“滕文公上”，大女读至“颜渊第十二”。

余蒙皇上天恩，得派武会试正总裁，又派武殿试读卷大臣。会试于十三日入闱，十七发榜，复命后始归。殿试三十日入内阁，初四发榜始归，共中额六十四人。殿试读卷，不过阅其默写《武经》。其弓矢技勇，皆皇上亲自阅看。初二日，皇上在紫光阁阅马步箭。初三日，皇上在景运门外箭亭内看弓刀石，读卷大臣及兵部堂官两日皆在御前侍班。湖南新进士谌琼林以石力不符罚停殿试一科。今年但有状元、榜眼而无探花，仰见皇上慎重科名之意。

同乡诸公并皆如常。黄恕皆喉痛，病势甚重。郑小山随大钦差至河南办赈济。近日河南大旱，山东盗贼蜂起，行旅为之不安。

十月九日父亲大人寿辰，余因家中有祖母之制，故未宴客，早晚皆仅一席。凌荻舟现就园子一馆，其回城内则寓余处。宋芗宾在余家教书，亦甚相得。余不尽书。兄国藩手草。

道光二十七年十二月初六日

男国藩跪禀父母亲大人万福金安：

十二月初五接到家中十一月初旬所发家信，具悉一切。男等在京身体平安。男癣疾已痊愈，六弟体气如常，纪泽兄妹五人皆好，男妇怀喜平安，不服药。同乡各家亦皆无恙。

陈本七先生来京，男自有处置之法，大人尽可放心。大约款待从厚，而打发从薄。男光景颇窘，渠来亦必自悔。

九弟信言母亲常睡不着，男妇亦患此病，用熟地、当归蒸母鸡食之，大有效验，九弟可常办与母亲吃。乡间鸡肉、猪肉最为养人，若常用黄芪、当归等类蒸之，略带药性而无药气，堂上五位老人食之，甚有益也。望诸弟时时留心办之。

老秧田背后三角丘是竹山湾至我家大路，男曾对四弟言及，要将路改于坎下，在檀山嘴那边架一小桥，由豆土排上横穿过来。其三角丘则多栽竹树，上接新塘坎大枫树，下接檀山嘴大藤，包裹甚为完紧，我家之气更聚。望堂上大人细思，如以为可，求叔父于明春栽竹种树；如不可，叔父写信示知为幸。

男等于二十日期服已满，敬谨祭告，二十九日又祭告一次。余俟续具。

道光二十八年戊申正月二十一日

澄侯、子植、季洪足下：

正月十一日发第一号家信，是日予极不得闲，又见温甫在外未归，心中懊恼，故仅写信与诸弟，未尝为书禀堂上大人，不知此书近已接到否？

温弟近定黄正斋家馆，每月俸银五两。温弟自去岁以来，时存牢骚抑郁之意。太史公所谓“居则忽忽若有所亡，出则不知其所往”者，温甫颇有此象，举业工夫大为抛荒，间或思一振奋，而兴致不能鼓舞。余深以为虑，每劝其痛着祖鞭，并心一往，温弟辄言思得一馆，使身有管束，庶心有维系。余思自为京官，光景尚不十分窘迫，焉有不能养一胞弟而必与寒士争馆地？向人求荐，实难启口，是以久不为之谋馆。

自去岁秋冬以来，闻温弟妇有疾。温弟羁留日久，牢落无耦。而叔父抱孙之念甚切，不能不思温弟南归。且余既官二品，明年顺天主考亦在可简放之列，恐温弟留京三年，又告回避。念此数者，欲劝温弟南旋，故上次信道及此层，欲诸弟细心斟酌。不料发信之后不过数日，温弟即定得黄正斋馆地。现在既已定馆，身有所管束，心亦有所系属，举业工夫又可渐渐整理，待今年下半年再看光景。如我或圣眷略好，有明年主考之望，则到四五月再与温弟商入南闱或入北闱行止。如我今年圣眷平常，或别有外放意外之事，则温弟仍留京师，一定观北闱，不必议南旋之说也。坐馆以羁束身心，自是最好事，然正斋家澄弟所深知者，万一不合，温弟亦难久坐。见可而留，知难而退，但不得罪东家，好去好来，即无不可耳。

余自去岁以来，日日想归省亲，所以不能者，一则京帐将近一千，归家途费又须数百，甚难措办；二则二品归籍，必须具折，折中难于措辞。私心所愿者，得一学差，三年任满，归家省亲，上也。若其不能，或明年得一外省主考，能办途费，后年必归，次也。若二者不能，只望六弟、九弟明年得中一人，后年得一京官，支持门面，余则归家告养，他日再定行止。如三者皆不得，则直待六年之后，至母亲七十之年，余誓具折告养，虽负债累万，归无储粟，亦断断不顾矣。然此实不得已之计，若能于前三者之中得其一者，则后年可见堂上各大人，乃如天之福也。不审祖宗默佑否？

现在寓中一切平安。癣疾上半身全好，惟腰下尚有纤痕。家门之福，可谓全盛，而余心归省之情，难以自慰。因偶书及，遂备陈之。毅然伯之项，去年已至余寓，今始觅便寄南。家中可将书封好，既行送去。余不详尽，诸惟心照。兄国藩手草。

道光二十八年四月十四日

男国藩跪禀父母亲大人礼安：

三月二十日，男发第五号家信，内言及长孙纪泽与桂阳州李家定亲之事，不审已收到否？

男等身体平安。次孙于二十四日满月，送礼者共十余家。是日未请客，陆续请酒酬谢。男妇生产之后，体气甚好，所雇乳母最为壮健。华男在黄正斋家馆，诸凡如恒。

祖父大人之病未知近日如何？两次折弁皆无来信，心甚焦急。兹寄回辽东人参五枝，重一两五钱，在京每两价银二十四两，至南中则大贵矣。大约高丽参宜用三钱者，用辽参则减为一钱，若用之太少，则亦不能见功。祖父年高气衰，服之想必有效。男前有信托江岷樵买全虎骨，不知已办到否？闻之医云，老年偏瘫之症，病右者，以虎骨之右半体熬胶医之；病左者，以虎骨之左半体熬胶医之，可奏奇效。此方虽好，不知祖父大人体气相宜否？当与刘三爷商之。若辽参则醇正温和，万无流弊。

次孙体气甚壮，郭雨三沛霖欲妻之以女。雨三，戊戌同年，癸卯大考二等第三，升右赞善。其兄用宾，壬辰翰林，现任山西蒲州府知府。其家教勤俭可风。其次女去年所生，长次孙一岁，与之结婚，男甚愿之，不审堂上大人以为何如？下次信来，伏祈示知。

又寄回再造丸二颗，系山东杜家所制者。杜家为天下第一有福之家，广积阴德。此药最为贵重，有人参、鹿茸、蕲蛇等药在内，服之一无流弊。杜氏原单附呈，求照方用之。

欧阳沧溟先生谋衡阳书院一席，男求季仙九先生写信与伍府尊，求家中即遣人送至岳家为要。同乡周华甫扬之、李梅生杭皆于三月仙逝，余俱如故。男等在京，一切自知谨慎，伏乞堂上大人放心。男谨禀。

道光二十八年五月初十日

男国藩跪禀父母亲大人礼安：

四月底接家中二月二十六所发书，五月初八又接三月二十九所发书，具悉一切。祖父大人病体未愈，不知可服虎骨胶否？

男在京身体如常。华男在黄家就馆，端节后仍于初八日上学。纪泽读《告子》至“鱼，我所欲也”，书尚熟。次孙体甚肥胖。四孙女俱平安。长孙女《论语》已读毕。冢妇亦好。其余眷口如常。

前叔父信言知广彭姓山内有地，有干田十亩。男思好地峰回气聚，其田必膏腴，其山必易生树木。盖气之所积，自然丰润。若硗田童山，气本不聚，鲜有佳城，如庙山宗祠各山之童涸，断无吉穴矣。大抵凡至一处，觉得气势团聚、山水环抱者，乃可以寻地，否则不免误认也。知广之地，不知何如？男因有干田十亩之说，故进此说。祖母葬后，家中尚属平安，其地或尚可用。如他处买地，不必专买丈尺。若附近田亩在三四百千内者，京中尽可寄回。京中欠账已过千金，然张罗尚为活动，从不窘迫，堂上大人尽可放心。余容续禀。男谨禀。

道光二十八年五月初十日

澄侯、子植、季洪三弟左右：

澄侯在广东前后共发信七封，至郴州、耒阳又发二信，三月十一到家以后又发二信，皆已收到。植、洪二弟今年所发三信，亦俱收到。澄弟在广东处置一切甚有道理。退念园、庄生各处程仪，尤为可取。其办朱家事，亦为谋甚忠，虽无济于事，而朱家必可无怨。《论语》曰：“言忠信，行笃敬，虽蛮貊之邦行矣。”吾弟出外，一切如此，吾何虑哉！贺八爷、冯树堂、梁俪裳三处，吾当写信去谢，澄弟亦宜各寄一书。即易念园处，渠既送有程仪，弟虽未受，亦当写一谢信寄去。其信即交易宅，由渠家书汇封可也。若易宅不便，即托岱云觅寄。

季洪考试不利，区区得失，无足介怀。补发之案有名，不去复试，甚为得体。今年院试若能得意，固为大幸；即使不遽获售，去年家中既隽一人，则今岁小挫，亦盈虚自然之理，不必抑郁。植弟书法甚佳，然向例未经过岁考者不合选拔，弟若去考拔，则同人必指而目之。及其不得，人不以为不合例而失，且以为写作不佳而黜。吾明知其不合例，何必受人一番指目乎？弟书问我去考与否，吾意以科考正场为断。若正场能取一等补廪，则考拔之时，已是廪生入场矣；若不能补廪，则附生考拔，殊可不必，徒招人妒忌也。

我县新官加赋，我家不必答言，任他加多少，我家依而行之。如有告官者，我家不必入场。凡大员之家，无半字涉公庭，乃为得体。为民除害之说，为所辖之属言之，非谓去本地方官也。

排山之事尚未查出，待下次折弁付回。欧阳之二十千及柳衙叔之钱，望澄弟先找一项垫出，待彭大生还来即行归款。彭山屺之业师任千总名占魁现在京引见，六月即可回到省。九弟及牧云所需之笔，及叔父所嘱之膏药、眼药，均托任君带回。曹西垣教习报满引见，以知县用，七月动身还家。母亲及叔父之衣并阿胶等项，均托西垣带回。

去年内赐衣料袍褂，皆可裁三件，后因我进闱考教习，家中叫裁缝做，渠裁之不得法，又窃去整料，遂仅裁祖父、父亲两套。本思另办好料为母亲制衣寄回，因母亲尚在制中，故未遽寄。叔父去年四十晋一，本思制衣寄祝，亦因在制，未遽寄也。兹准拟托西垣带回，大约九月可以到家。腊月服阕，即可着矣。

纪梁读书，每日百二十字，与泽儿正是一样，只要有恒，不必贪多。澄弟亦须常看《五种遗规》及《呻吟语》。洗尽浮华，朴实谙练，上承祖父，下型子弟，吾于澄实有厚望焉。兄国藩手草。

道光二十八年六月十七日

澄侯、子植、季洪三弟左右：

五月二十四发第八号家信，由任梅谱手寄去。高丽参二两，回生丸一颗，眼药数种，膏药四百余张，并白菜、大茄种，用大木匣盛好寄同，不知已收到否？六月十六日接到家信，系澄侯五月初七在县城所发，具悉一切。月内京寓大小平安。予癣疾上身已好，惟腿上未愈。六弟在家一月，诸事如常。内人及儿女辈皆好。郭雨三之大女许配黄茀卿之次子，系予作伐柯人，亦因其次女欲许余次子故，并将大女嫁湖南。此婚事似不可辞，不知堂上大人之意云何？

澄侯在县和八都官司，忠信见孚于众人，可喜之至。朱岚轩之事，弟虽二十分出力，尚未将银全数取回。渠若以钱来谢，吾弟宜斟酌行之，或受或不受，或辞多受少，总以不好利为主。此后近而乡党，远而县城省城，皆靠澄弟一人与人相酬酢。总之不贪财，不失信，不自是，有此三者，自然鬼服神钦，到处人皆敬重。此刻初出茅庐，尤宜慎之又慎。若三者有一，则不为人所与矣。

李东崖先生来信要达天听，予置之不论。其诰轴则杜兰溪即日可交李笔峰。刘东屏先生常屈身讼庭，究为不美，澄弟若见之，道予寄语，劝其“危行言孙，蠖屈存身”八字而已。

墓石之地，其田野颇为开爽若过墓石而至胡起三所居一带，尤宽敞，予喜其扩荡眼界，可即并田买之，要钱可写信寄来京。凡局面不开展、眼鼻攒集之地，予皆不喜，可以此意告尧阶也。

何子贞于六月十二丧妻，今年渠家已丧三人，家运可谓乖舛。

季弟考试万一不得，不必牢骚。盖予既忝侥幸，九弟去年已进，若今年又得，是极盛，则有盈满之惧，亦可畏也。

同乡诸家，一切如常。凌笛舟近已移居胡光伯家，不住我家矣。书不十一，余俟续具。兄国藩手草。

道光二十八年七月二十日

侄国藩谨禀叔父母大人礼安：

六月十七发第九号信，七月初三发第十号信，想次第收到。十七日接家信二件，内父亲一谕，四弟一书，九弟、季弟在省各一书，欧阳牧云一书，得悉一切。

祖父大人之病不得少减，日夜劳父亲、叔父辛苦服侍，而侄远离膝下，竟不得效丝毫之力，中夜思维，刻不能安。江岷樵有信来，言渠已买得虎骨，七月当亲送我家，以之熬膏，可医痿痹云云，不知果送来否？闻叔父去年起公屋，劳心劳力，备极经营，外面极堂皇，工作极坚固，费钱不过百千，而见者拟为三百千规模，焦劳太过，后至吐血，旋又以祖父复病，勤劬弥甚。而父亲亦于奉事祖父之余操理家政，刻不少休。侄窃伏思父亲、叔父二大人年寿日高，精力日迈，正宜保养神气，稍稍休息，家中琐细事务，可命四弟管理。至服侍祖父，凡劳心细察之事，则父亲、叔父躬任之；凡劳力粗重之事，则另添一雇工，一人不够，则雇二人雇工不要做他事，专在祖大人身边，其人要小心秀气。

侄近年以来精力日差，偶用心略甚，癣疾即发，夜坐略久，次日即昏倦。是以力加保养，不甚用功，以求无病无痛，上慰堂上之远怀。外间求作文、求写字者，求批改诗文者，往往历久而莫偿宿诺，是以时时抱疚，日日无心安神恬之时。前四弟在京，能为我料理一切琐事，六弟则毫不能管。故四弟归去之后，侄于外间之回信，家乡应留心之事，不免疏忽废弛。侄等近日身体平安，合室大小皆顺。六弟在京，侄苦劝其南归。一则免告回避，二则尽仰事俯畜之职，三则六弟两年未作文，必在家中父亲、叔父严责方可用功乡试。渠不肯归，侄亦无如之何。

叔父去年四十晋一，侄谨备袍套一付。叔母今年四十大寿，侄谨备棉外套一件，皆交曹西垣带回，服阕后即可着。母亲外褂并汉绿布夹袄，亦一同付回。

闻母亲近思用一丫环，此亦易办，在省城买不过三四十千。若有湖北逃荒者来乡，则更为便益。望叔父命四弟留心速买，以供母亲、叔母使令，其价侄即寄回。侄今年光景之窘较甚于往年，然东支西扯，尚可敷衍。若明年能得外差，或升侍郎，便可弥缝家中。今年季弟喜事，不知不窘迫否？侄于八月接到俸银，即当寄五十金回，即去年每岁百金之说也。在京一切张罗，侄自有调停，毫不费力，堂上大人不必挂念。侄谨禀。

道光二十八年九月十二日

侄国藩谨禀叔父母大人福安：

八月十六日发第十三号家信，不审已收到否？九月初十日接到四弟、九弟、季弟等信，系八月半在省城所发者，知祖大人之病又得稍减，九弟得补廪，不胜欣幸。

前劳辛垓廉访八月十一出京，侄寄去衣包一个，计衣十件，不知已收到否？侄有银数十两欲寄回家，久无妙便，十月间武冈张君经赞回长沙，拟托渠带回。闻叔父为圳上公屋加工修治，侄亦欲寄银数两，为叔父助犒赏匠人之资。罗六嘉秬所存银二十二两在侄处。右三项皆拟托张君带归。

前欧阳沧溟先生馆事，伍太尊已复书于季仙九先生。兹季师又回一信于伍处，托侄便寄，家中可送至欧阳家，嘱其即投伍府尊也。牧云又托查万崇轩先生选教官之迟早，兹已查出，写一红条，大约明冬可选。此二事，可嘱澄侯写信告知牧云。

侄等在京身体平安。西席宋湘宾九月十一出京，是日即聘庞君名际云，号省三，直隶人。

曹西垣初十挈眷出都，黎月乔十六出京。江岷樵于初八到京，严仙舫初十到京。余同乡俱如故。

常南陔先生欲以其幼女许配纪泽，托郭筠仙说媒。李家尚未说定，两家似皆可对，不知堂上大人之意若何？望示知。余容续具。侄谨禀。

道光二十八年十一月十四日

澄侯、子植、季洪三弟左右：

十月十九日温甫弟出京。二十日发第十五号家信，不知此时收到否？吾目疾尚未全好，此次尚不能写信呈堂上，故仍以书告诸弟。

前九月十八蒙皇上天恩，派稽察中书科事务。十月初二一信，因恐张楠皆到迟，故未写。二十日一信，因六弟出京，诸事仓皇，又忘写也。稽察中书科向系于阁学四人中钦派一人，只算差使，不算升官。其属员有中书六人，笔帖式八人。其所管之事为册封诰命。凡封亲王用金册，封郡王用银册，封贝勒、贝子以下用龙边笺册，封镇国公以下及文武五品以上官俱用诰命，六品以下俱用敕命，以上皆在中书科缮写。予于十八日奉旨派出，十九日具折谢恩。兹将原折寄回，系在园笔帖式所写，故字甚丑。

前六弟归时，予曾寄母亲零用银五两，内人寄岳母零用银二两。因思予在京多年，并未寄零钱与婶母使用，且四位弟妇买棉买麻，亦极窘迫。嗣后每年予所寄亲族银内，当添母亲、婶母零用钱各四千，四位弟妇零用钱各三千，每年共二十千。今年张楠皆处银到，澄弟即将各亲族处照单分送，又将婶母四千及四位弟妇各三千零用钱分送母亲今年已有银五两，不必再送。以后每年照今年为例。上半年春俸，予寄五六十两归，以为家中用度，其有不足，望家中设法张罗。下半年秋俸，予寄五六十两归，以为各亲族帮项及母亲、婶母、四位弟妇零用之项。去年所开之单，记共八十千。若添家中此项，则共百千矣。不知须银多少？乞澄弟告知。予之寄以今年为常规，家中所送亲族者，亦望于今年举行定例。惟孟学公之子孙赴考者，今年在省，不知曾送给否？若未送，望按名补送，以为买笔之需，至要至要。一切万祈照单施行。

予身体平安，家中大小皆如常。纪泽读书已读至“太甲上”。同乡孙鳌洲已到京，余并如故。昨日放定郡王载铨、季仙九先生至天津办盐务，又放耆英、朱凤标至山东办盐务。十一日刑部主事朱寿康系朱伯韩之胞弟、户部主事袁铨、广西提塘李鹏飞俱因在娼家饮酒，提督府锁拿交刑部治罪。十月宝中堂兴殁。昨耆英授大学士，琦善仍得协办。余容后具。国藩草。

道光二十八年十二月初十日

澄侯、温甫、子植、季洪四弟左右：

十一月十四发第十四号家信，不知收到否？十二月初九接到家中十月十二一信，十一月初一日一信，初十日一信，具悉一切。

家中改屋，有与我意见相同之处。我于前次信内曾将全屋画图寄归，想已收到。家中既已改妥，则不必依我之图矣。但三角丘之路，必须改于檀山嘴下，而于三角丘密种竹木，此我画图之要嘱，望诸弟禀告堂上，急急行之。家中改房，亦有不与我合意者，已成则不必再改。但六弟房改在炉子内，此系内外往来之屋，欲其通气，不欲其闷塞，余意以为必不可，不若以长横屋上半节间断作房为妥连间两隔，下半节作横屋客座，中间一节作过道，上半节作房。内茅房在石柱屋后，亦嫌太远，不如于季洪房外高坎打进去七八尺即旧茅房沟对过之坎，若打进丈余，则与上首栗树处同宽，既可起茅房、澡堂，而后边地面宽宏，家有喜事，碗盏菜货亦有地安置，不至局促，不知可否?

家中高丽参已完，明春得便即寄。彭十九之寿屏，亦准明春寄到。此间事务甚多，我又多病，是以迟迟。

澄弟办贼，甚快人心。然必使其亲房人等知我家是图地方安静，不是为一家逞势张威，庶人人畏我之威，而不恨我之太恶。贼既办后，不特面上不可露得意之声色，即心中亦必存一番哀矜的意思，诸弟人人当留心也。

征一表叔在我家教读，甚好。此次未写信请安，诸弟为我转达。同乡周荇农家之鲍石卿，前与六弟交游，近因在妓家饮酒，提督府捉交刑部，革去供事。而荇农、荻舟尚游荡不畏法，真可怪也。

余近日常有目疾，余俱康泰。内人及二儿四女皆平安。小儿甚胖大。西席庞公拟十一回家，正月半来，将请李笔峰代馆。宋芗宾在道上仆跌断腿，五十余天始抵樊城，大可悯也。余不一一。国藩手草。

道光二十九年己酉正月初十日

四位老弟足下：

去腊初十日发戊申第十八号家信，厥后二十六日接温弟在湖北所发信，正月初八日接诸弟腊月十五所发信，而温弟在河南托邹墨林转寄一信则至今未到。澄弟十一月十九所发一信亦至今未到也。

澄弟生子，庆贺庆贺。吾与澄弟去年报最，今年轮应温、植、洪三人报最矣。但植弟之妇闻已有吉语，恐政成当在温弟之前，植弟未免“疾行先长耳”。四位弟妇闻皆率母亲、叔母之教，能勤能俭，予闻之不胜欣喜。已办有材料，今春为四弟妇各制一衣，觅便即行寄回。

澄弟捐监执照，亦准于今年寄回。父亲名书呈祥，取“麟趾呈祥”之义也。前年温弟捐监，叔父名书呈材，取“天骥呈材”之义也。当时恐六弟尚须小试，故捐监填名略变，以为通融地步。而今温弟既一成不易，故用呈祥配呈材，暗寓“麟”字、“骥”字于中。将来即分两房，曰呈祥房，曰呈材房，亦免得直写父、叔官名耳。

李子山、曾希六族伯托我捐功名，其伙计陈体元亦托捐。我丁酉年在栗江煤垄，此二人待我不薄，若非煤垄之钱，则丁酉万不能进京。渠来托我，不能不应，拟今岁为之办就。其银钱嘱渠送至我家，有便将执照付至家中。渠银钱一到，即发执照与渠可也，即未收全，亦可发也。丁酉年办进京盘费，如朱文八、王燧三、燧六等皆分文不借，则曾、陈二人岂不可感也哉！现在乔心农晋芳放常德知府，二月出京。四弟监照与二人执照，大约可托渠带至湖南也。

去年年内各族戚之钱，不知如数散给否？若未给，望今春补给，免得我时时挂心。考试者十千及乞丐之十千，不审皆给否？务乞详以示我。

竹山湾找当价，不知比楚善叔一头原价何如？乞明告我。既买竹山湾，又买庙台上，银钱一空，似非所宜。以后望家中无买田，须略积钱，以备不时之需。

植弟诗才颇好，但须看古人专集一家乃有把握，万不可徒看选本。植弟则一无所看，故无把握也。季洪诗文难于进功，须用心习字，将来即学叔父之规模，亦有功于家庭。

纪泽儿自去腊庞先生归河间，请李笔峰来代馆，日加奖赞，悟性大进。一日忽作四言诗一篇，命题曰“舜征有苗篇”。余始不信，次日余与黄翥吾面试之，果能清顺。或者得祖父德荫，小有成就，亦未可知。兹命其誊出寄呈堂上，以博一笑。然记性不好，终不敢信其可造也。

兹寄回正月初一至初十日上谕及宫门钞，以后按月寄归。温弟所允萧辛五《缙绅》，当于乔心农处付渠。李竹屋思鹿胶、丽参，亦俟乔公始寄。此次余欲写信与竹屋，实无少暇矣。

予身体平安，家中大小如常，二儿肥胖。余不一一。兄国藩手草。

梁俪裳兄弟到京，盛称澄弟之才。且言广东骗客账以千万计，从无一人取回一文者，澄弟可谓破天荒也。

道光二十九年二月初六日

男国藩跪禀父母亲大人万福金安：

正月十一日男发第一号家信，并寄呈京报，想已收到。

二十二日，男蒙皇上天恩升授礼部侍郎。次日具折谢恩，蒙召对，诲谕谆切。二十五日午刻上任，属员共百余人，同县黄正斋亦在内。从前阁学虽兼部堂衔，实与部务毫不相干。今既为部堂，则事务较繁，每日须至署办事，八日一至圆明园奏事，谓之该班。间有急事，不待八日而即陈奏者，谓之加班。除衙门官事之外，又有应酬私事，日内甚忙冗，几于刻无暇晷，幸身体平安，合家大小如常。

纪泽读书已至“酒诰”，每日讲《纲鉴》一页，颇能记忆。次孙体甚肥胖。同乡诸人并皆如旧。余详与诸弟信中。男谨禀。

道光二十九年二月初六日

澄侯、温甫、子植、季洪四位老弟左右：

正月十日曾寄家信，甚为详备。二月初三接到澄弟十一月二十夜之信，领悉一切。

今年大京察，侍郎中休致者二人，德远村厚、冯吾园芝两先生也，余即补吾园先生之缺。向来三载考绩，外官谓之大计，京官谓之京察。京察分三项：一、二品大员及三品之副都御史，皇上皆能记忆，其人不必引见，御笔自下朱谕，以为彰瘅，此一项也。自宗人府丞以下，凡三、四、五品京堂，皆引见，有黜而无陟。前丙午在碾儿胡同时，间壁学士奎光，即引见休致者也，此一项也。自五品而下，如翰林、内阁、御史、六部，由各堂官考察，分别一、二、三等，一等则放府道，从前如劳辛阶、易念园，今年如陈竹伯，皆京察一等也，此一项也。

余自到礼部，比从前较忙冗，恨不得有人帮办寓中琐杂事。然以家中祖父之病，父、叔勤苦已极，诸弟万无来京之理。且如温弟在京，余方再三劝诱，令之南归，今岂肯再蹈覆辙，令之北来？

江岷樵以拣发之官浙江，补缺不知何时。余因温弟临别叮嘱之言，荐邓星阶偕岷往浙，岷樵既应允矣。适徐芸渠请星阶教书，星即就徐馆，言定秋间仍往浙依江，江亦应允。邹墨林自河南来京，意欲捐教，现寓圆通观，其为人实诚笃君子也。袁漱六新正初旬忽吐血数天，现已痊愈。黄正斋竟为本部司员，颇难为情。余一切循谦恭之道，欲破除藩篱，而黄总不免拘谨。

余现尚未换绿呢车，惟添一骡，盖八日一赴园，不能不养三牲口也。书不一一。兄国藩草。

道光二十九年三月初一日

澄侯、温甫、子植、季洪足下：

二月二十六发家信第三号，想可早到。兹乘乔心农先生常德太守之便，付去纹银六十三两零，共六大锭，外又一小锭，系内子寄其伯母，乞寄欧阳牧云转交。又邓星阶寄银六两，亦在此包内，并渠信专人送去。又高丽参一布包内，顶上者一两，共十四枝，专办与祖父大人用；次等者三两，共五枝；又次等者白参半斤，不计枝。今年所买参，皆择其佳者，较往年略贵，故不甚多。又鹿胶二斤，共一布包。又一品补服四付，共一布包。前年所寄补服，内有打籽者，系一品服。合此次所寄，共得五付。补服不分男女，向来相传鸟嘴有向内、向外之分，皆无稽之言也。一品顶带三枚，则置高丽参匣之内。望诸弟逐件清出，呈堂上大人。乔太守要由山西再转湖南，到长沙大约在闰四月底。此信不详他事，容下次再详也。国藩手草。

道光二十九年三月二十一日

澄侯、温甫、子植、季洪足下：

正月初十日发第一号家信，二月初八日发第二号家信，报升任礼部侍郎之喜，二十六日发第三号信，皆由折差带寄。三月初一日由常德太守乔心农处寄第四号信，计托带银七十两，高丽参十余两，鹿胶二斤，一品顶带三枚，补服五付等件。渠由山西迂道转至湖南，大约须五月端午前后乃可到长沙。

予尚有寄兰姊、蕙妹及四位弟妇江绸棉外褂各一件，仿照去年寄呈母亲、叔母之样。前乔心农太守行时不能多带，兹因陈竹伯新放广西左江道，可于四月出京，拟即托渠带回。澄弟《岳阳楼记》亦即托竹伯带回家中。

二月初四澄弟所发之信，三月十八接到。正月十六七之信，则至今未接到。据二月四日书云，前信着刘一送至省城，共二封，因欧阳家、邓星阶、曾厨子各有信云云，不知两次折弁何以未见带到？温弟在省时，曾发一书与我，到家后未见一书，想亦在正月一封之中。此书遗失，我心终耿耿也。

温弟在省所发书，因闻澄弟之计，而我不为揭破，一时气忿，故语多激切不平之词。予正月复温弟一书，将前后所闻温弟之行不得已禀告堂上，及澄弟、植弟不敢禀告而误用诡计之故，一概揭破。温弟骤看此书，未免恨我。然兄弟之间，一言欺诈，终不可久；尽行揭破，虽目前嫌其太直，而日久终能相谅。

现在澄弟来书，言温弟鼎力办事，甚至一夜不寐，又不辞劳，又耐得烦云云。我闻之欢喜之至，感激之至。温弟天分本高，若能改去荡佚一路，归入勤俭一边，则兄弟之幸也，合家之福也。我待温弟似乎近于严刻，然我自问此心，尚觉无愧。于兄弟者，盖有说焉：

大凡做官的人，往往厚于妻子而薄于兄弟，私肥于一家而刻薄于亲戚族党。予自三十岁以来，即以做官发财为可耻，以宦囊积金遗子孙为可羞可恨，故私心立誓，总不靠做官发财以遗后人，神明鉴临，予不食言。此时事奉高堂，每年仅寄些须，以为甘旨之佐。族戚中之穷者，亦即每年各分少许，以尽吾区区之意。盖即多寄家中，而堂上所食所衣，亦不能因而加丰，与其独肥一家，使戚族因怨我而并恨堂上，何如分润戚族，使戚族戴我堂上之德而更加一番钦敬乎？将来若作外官，禄入较丰，自誓除廉俸之外不取一钱。廉俸若日多，则周济亲戚族党者日广，断不畜积银钱为儿子衣食之需。盖儿子若贤，则不靠宦囊亦能自觅衣饭；儿子若不肖，则多积一钱，渠将多造一孽，后来淫佚作恶，必且大玷家声。故立定此志，决不肯以做官发财，决不肯留银钱与后人。若禄入较丰，除堂上甘旨之外，尽以周济亲戚族党之穷者，此我之素志也。

至于兄弟之际，吾亦惟爱之以德，不欲爱之以姑息。教之以勤俭，劝之以习劳守朴，爱兄弟以德也；丰衣美食，俯仰如意，爱兄弟以姑息也。姑息之爱，使兄弟惰肢体，长骄气，将来丧德亏行，是即我率兄弟以不孝也，吾不敢也。我仕宦十余年，现在京寓所有惟书籍、衣服二者。衣服则当差者必不可少，书籍则我生平嗜好在此，是以二物略多。将来我罢官归家，我夫妇所有之衣服，则与五兄弟拈阄均分。我所办之书籍，则存贮利见斋中，兄弟及后辈皆不得私取一本。除此二者，予断不别存一物以为宦囊，一丝一粟不以自私，此又我待兄弟之素志也。恐温弟不能深谅我之心，故将我终身大规模告与诸弟，惟诸弟体察而深思焉。

去年所寄亲戚各项，不知果照单分送否？杜兰溪为我买《皇清经解》，不知植弟已由省城搬至家中否？

京寓一切平安。纪泽《书经》读至“囧命”。二儿甚肥大。易南谷开复原官，来京引见。闻左青士亦开复矣。同乡官京中者，诸皆如常。余不一一。兄国藩手草。

再者，九弟生子大喜，敬贺敬贺。自丙午冬葬祖妣大人于木兜冲之后，我家已添三男丁，我则升阁学，升侍郎，九弟则进学补廪。其地之吉，已有明效可验。我平生最不信风水，而于朱子所云“山环水抱”、“藏风聚气”二语，则笃信之。木兜冲之地，予平日不以为然，而葬后乃吉祥如此，可见福人自葬福地，绝非可以人力参预其间。家中买地，若出重价，则断断可以不必；若数十千，则买一二处无碍。

宋湘宾去年回家，腊月始到。山西之馆既失，而湖北一带又一无所得。今年因常南陔之约重来湖北，而南陔已迁官陕西矣，命运之穷如此！去年曾有书寄温弟，兹亦付去，上二次忘付也。

李笔峰代馆一月，又在寓钞书一月，现在已搬出矣。毫无道理之人，究竟难于相处。庞省三在我家教书，光景甚好。邹墨林来京捐复教官，在圆通观住，日日来我家闲谈。长沙老馆，我今年大加修整，人人皆以为好。琐事兼述，诸惟心照。

道光二十九年四月十六日

男国藩跪禀父母亲大人万福金安：

四月十四日，接奉父亲三月初九日手谕，并叔父大人贺喜手示及四弟家书，敬悉祖父大人病体未好，且日加沉剧。父、叔率诸兄弟服侍已逾三年，无昼夜之闲，无须臾之懈，独男一人远离膝下，未得一日尽孙子之职，罪责甚深。闻华弟、荃弟文思大进，葆弟之文得华弟讲改，亦日驰千里。远人闻此，欢慰无极。

男近来身体不结实，稍一用心，即癣发于面，医者皆言心亏血热，故不能养肝，热极生风，阳气上干，故见于头面。男恐大发，则不能入见二月二十三谢恩蒙召见，三月十四值班蒙召见，三十又蒙召见，故不敢用心。谨守大人保养身体之训，隔日一至衙门办公事，余则在家，不妄出门。现在衙门诸事，男俱已熟悉。各司官于男皆甚佩服，上下水乳交融，同寅亦极协和。男虽终身在礼部衙门为国家办此照例之事，不苟不懈，尽就条理，亦所深愿也。

英夷在广东，今年复请入城。徐总督办理有方，外夷折服，竟不入城。从此永无夷祸，圣心嘉悦之至。四月十五日上谕甚嘉奖，兹付呈。李石梧前辈告病。陆立夫总制两江，亦极能胜任。术者每言皇上连年命运行劫财地，去冬始交脱，皇上亦每为臣工言之。今年气象果为昌泰，诚国家之福也。

儿妇及孙女辈皆好。长孙纪泽前因开蒙太早，教得太宽，顷读毕《书经》，请先生再将《诗经》点读一遍。夜间讲《纲鉴》，正史约已讲至“秦商鞅，开阡陌”。

李家亲事，男因桂阳州往来太不便，已在媒人唐鹤九处回信不对。常家亲事，男因其女系妾所生，且闻其嫡庶不甚和睦，又闻其世兄不甚守俭敦朴，亦不愿对。南陔先生今年来京时，男不与之提及此事，渠已知其不谐矣。纪泽儿之姻事屡次不就，男当年亦十五岁始定婚，则纪泽再缓一二年，亦无不可。求大人即在乡间选一耕读人家之女，或男在京自定，总以无富贵气习者为主。纪沄对郭雨三之女，虽未订盟，而彼此呼亲家，称姻弟，往来亲密，断不改移。二孙女对岱云之次子，亦不改移。谨此禀问，余详与诸弟书中。男谨禀。

道光二十九年四月十六日

澄侯、温甫、子植、季洪足下：

四月十四日接到己酉三月初九所发第四号来信，次日又接到二月二十三所发第三号来信，其二月初四所发第二号信则已于前次三月十八接到矣。惟正月十六七发第一号信，则至今未接到。京寓今年寄回之家书：正月初十发第一号折弁，二月初八日发第二号折弁，二十六发第三号折弁，三月初一日发第四号乔心农太守，大约五月初可到省；十九发第五号折弁，四月十四日发第六号由陈竹伯观察，大约五月底可到省。《岳阳楼记》竹伯走时尚未到手，是以未交渠。然一两月内不少妥便，亦必可寄到家也。

祖父大人之病日见日甚如此，为子孙者远隔数千里外，此心何能稍置？温弟去年若未归，此时在京，亦刻不能安矣。诸弟仰观父、叔纯孝之行，能人人竭力尽劳，服侍堂上，此我家第一吉祥事。我在京寓，食膏粱而衣锦绣，竟不能效半点孙子之职。妻子皆安坐享用，不能分母亲之劳。每一念及，不觉汗下。

吾细思凡天下官宦之家，多只一代享用便尽，其子孙始而骄佚，继而流荡，终而沟壑，能庆延一二代者鲜矣。商贾之家，勤俭者能延三四代；耕读之家，勤朴者能延五六代；孝友之家，则可以绵延十代八代。我今赖祖宗之积累，少年早达，深恐其以一身享用殆尽，故教诸弟及儿辈，但愿其为耕读孝友之家，不愿其为仕宦之家。诸弟读书不可不多，用功不可不勤，切不可时时为科第仕宦起见。若不能看透此层道理，则虽巍科显宦，终算不得祖父之贤肖，我家之功臣；若能看透此道理，则我钦佩之至。澄弟每以我升官得差，便谓我是肖子贤孙，殊不知此非贤肖也。如以此为贤肖，则李林甫、卢怀慎辈何尝不位极人臣，舄弈一时，讵得谓之贤肖哉？

予自问学浅识薄，谬膺高位，然所刻刻留心者，此时虽在宦海之中，却时作上岸之计。要令罢官家居之日，己身可以淡泊，妻子可以服劳，可以对祖父兄弟，可以对宗族乡党，如是而已。诸弟见我之立心制行与我所言有不符处，望时时切实箴规，至要至要。

鹿茸一药，我去腊甚想买就寄家，曾请漱六、岷樵两人买五六天，最后买得一架，定银九十两。而请人细看，尚云无力，其有力者必须百余金，到南中则直二百余金矣，然至少亦须四五两乃可奏效。今澄弟来书，言谭君送四五钱便有小效，则去年不买就急寄，余之罪可胜悔哉！近日拟赶买一架付归，以父、叔之孝行推之，祖父大人应可收药力之效。叔母之病，不知宜用何药？若南中难得者，望书信来京购买。

安良会极好。地方有盗贼，我家出力除之，正是我家此时应行之事。细毛虫之事，尚不过分，然必须到这田地方可动手。不然，则难免恃势欺压之名。既已惊动官长，故我特作书谢施梧冈，到家即封口送县可也。去年欧阳家之事，今亦作书谢伍仲常，送阳凌云，属其封口寄去可也。

澄弟寄俪裳书，无一字不合。蒋祝三信已交渠，兹有回信，家中可专人送至渠家，亦免得他父母悬望。予因身体不旺，生怕得病，万事废弛，抱疚之事甚多。本想诸弟一人来京帮我，因温、沅乡试在迩，澄又为家中必不可少之人，洪则年轻，一人不能来京。且祖大人未好，岂可一人再离膝下？只得俟明年再说。

希六之事，余必为之捐从九品。但恐秋间乃能上兑，乡试后南旋者乃可带照归耳。书不能详，俟续寄。国藩手草。

道光二十九年五月十五日

澄侯、温甫、子植、季洪足下：

四月十八日发家信第七号，想已收到。近一月余无折弁来，以新抚台尚未到任。五月十一接澄弟四月八日所发第五号信，并二十六日所发第六号信，而正月十七第一号至今未到，诚不可解。

京寓自四月以来，一切平安。癣疾经邹墨林开方做丸药，有附子、黄芪等补阳之药，愈见大好。面上、头上，生人全看不出矣。纪泽儿近作史论，略成章句。兹命其誊两首寄呈堂上一阅。次儿之名，音与叔父名相近，已改名纪鸿。体甚肥大，尚不能行，不能说话。四女皆好。闰四月初九日考差，题“士志于道”一章，经题“闰月则阖门左扉”，诗题“赋得‘岁丰仍节俭’，得仍字”。

澄弟《岳阳楼记》拟交广西主考带去，大约七月初旬可到长沙。澄弟若高兴入闱，中元前后到长沙，定可接到。然温、植二弟到省以后，恐家中无人伺候，澄弟即不入闱亦可。宜禀堂上，问宜如何耳。

去年冬底所寄各族戚家微资，今年家书总未提及，不知竟一一如数交去否？乞示知。余不详尽，俟下次续具。兄国藩手草。

道光二十九年六月初一日

澄侯、温甫、子植、季洪四位老弟足下：

五月十五日发家信第八号并京报一厚包，二十四日由广西主考孙蕖田太史锵鸣处发第九号信，并澄弟监照、户部照二纸，又今年主考车顺轨乡试文一篇，徐元勋会试文三篇，共为一包，不审何日可到？孙太史于五月二十八在京起程，大约七月中旬可过长沙，待渠过去后，家中可至岱云处接监照也。

京寓近日平安。癣疾服邹墨林丸药方，最为有效。内人腹泻七八天，亦服邹所开方而效。

昨日折弁到后，又未接信。澄弟近日写信极勤且详，而京中犹时有望眼欲穿之时。盖不住省城，则折弁之或迟或早，无由查问。正月十六第一号家信，至今尚未接到。予屡次以书告诸弟，又书告岱云，托其向提塘并萧辛五处确查。昨岱云回信，内夹有萧辛五回片，写明正月十六之信已于二十一日交提塘王二手收，又言四月十四日周副爷维新到京，此信已交京提塘云云。予接辛五来片，比遣人去京提塘问明，据答云周维新到京并无此信，若有，万无不送之理。且既系正月二十一交省提塘，则二月二十三有韩折弁到京，三月十八有张折弁到京，何以两人俱未带，而必待四月十四之周维新哉？今仍将辛五原片付回家中，望诸弟再到提塘细查，正月二十一辛五送到时，提塘曾挂收信号簿否？并问辛五兄，何以知二月之韩弁、三月之张弁俱未带此信，而直待周维新始带？且辛五片称四月十四信交京提塘门上收，系闻何人所言？何以至今杳然？一一查得水落石出，复示为要。予因正月十六之信至为详细，且分为两封，故十分认真。若实查不出，则求澄弟再细写一遍，并告邓星阶家、曾厨子家，道前信已失落也。

纪泽儿读书如常，兹又付呈论数首，皆先生未改一字者。纪鸿儿体甚肥胖，前闻排行已列丙一，不知乙字一排十人何以遽满？乞下次示知。得毋以乙字不佳，遂越而排丙乎？予意不必用甲乙丙丁为排，可别取四字，曰“甲科鼎盛”，则音节响亮，便于呼唤。诸弟如以为然，即可遍告诸再从兄弟。

山西巡抚王兆琛，钦差审明各款，现奉旨革职拿问。将来不知作何究竟？此公名声狼藉，得此番镌示，亦足寒贪吏之胆。

袁漱六病尚未全好。同乡各家如常。季仙九先生放山西巡抚，送我绿呢车，现尚未乘，拟待一二年后再换。凌荻舟、徐芸渠并考取军机，引见记名，黄正甫、张润农未记。余不悉具。兄国藩手草。

道光二十九年六月十四日

澄侯、温甫、子植、季洪四位老弟足下：

五月二十四发家书第九号，不知已收到否？六月初二日又发家书第十号交折弁，想已收到矣。昨十三日折弁又到两次，皆无来信，盼望之至。

六月以来，京师大雨极多，人多有病。寓中如予及内人、儿子皆略腹泻，幸数日即愈。闻江南大水，今年乡试必须改期，现尚未见奏明。

予今年考差，颇望得江西主考，冀家中亲属可就至江西一叙天伦之乐。昨田敬堂得放江西试差，而我私愿不遂。南望家山，远怀堂上，真不知仕宦之略有何味也！现在祖父大人之病数月不接音信，不知何处耽延？想澄弟必发有数次信矣。

山西巡抚王西舶兆琛，钦差大臣陈孚恩、福济审出各款，拟定发往新疆，皇上未允，严旨解交刑部，会同军机再行鞫审。兹将御史原参折子付回，足见仕宦者一不自慎，身败名裂。而去年梁星舫萼涵中丞果得蒙恩湔雪，褒其廉正，君子终乐得为君子也。

庞省三之兄来京乡试，住圆通观，自起火食。唐镜丈之世兄住黄茀卿家。余来乡试者，同乡无几。书不十一，统俟续布。兄国藩手草。

道光二十九年六月二十九日

澄侯、温甫、子植、季洪四位老弟足下：

六月初二日发家信第十号，十五发第十一号，二十日发第十二号，不知次第收到否？

恕皆于二十二日奉使陕西，今年湖南差运颇利。日内身体平安。内人自前腹泻后，至今尚服黄芪、丽参、附片之类，自此可保安泰。纪泽儿读书尚熟，《诗经》现读至“生民之什”，《古诗》读至左太冲《咏史》，《纲鉴》讲至汉高祖末年。所作史论，较前月所作意思略多，兹付回三首。次儿肥胖可爱。四女儿皆好。庞省三教书甚为得法。宋湘宾在湖北藩署光景颇好，昨有书来致意温弟。

长郡馆向来规模不好，人人不喜，今年我督工匠大改规模，人人拍案称奇。现在同乡人请我将湖广馆一改定规制，拟于八月兴工，想十月可毕役。

郭筠仙家水势不知如何？温甫在省见之，可问明告我。渠欠漱六五十金，近已偿去。若见筠仙、翊丞，可即告之，不另写信。岱云寄程正桀信亦已妥交，见岱云时即告之。寄庄心庠、张礼度信各一件，到日即送去。余不一一，俟下次续具。兄国藩手草。

道光二十九年七月十五日

澄侯、温甫、子植、季洪四位老弟足下：

七月十三日接到澄弟六月初七所发第九号家信，具悉一切。吾于六月共发四次信，不知俱收到否？今年陆费中丞丁忧，闰四月无折差到，故自四月十七发信后，直至五月中旬始再发信，宜家中悬望也。

祖父大人之病，日渐增加，远人闻之，实深忧惧。前六月二十日所付之鹿茸片，不知何日可到？亦未知可微有功否？予之癣病，多年沉痼，赖邹墨林举黄芪附片方，竟得痊愈。内人六月之病亦极沉重，幸墨林诊治，遂得化险为夷，变危为安。同乡找墨林看病者甚多，皆随手立效。墨林之弟岳屏四兄今年曾到京，寓圆通观，其医道甚好，现已归家。予此次以书附墨林家书内，求岳屏至我家诊治祖父大人，或者挽回万一，亦未可知。岳屏人最诚实而又精明，即周旋不到，必不见怪。家中只须打发轿夫大钱二千，不必别有所赠送。渠若不来，家中亦不必去请他。

乡间之谷贵至三千五百，此亘古未有者，小民何以聊生？吾自入官以来，即思为曾氏置一义田，以赡救孟学公以下贫民；为本境置义田，以赡救二十四都贫农。不料世道日苦，予之处境未裕。无论为京官者自治不暇，即使外放，或为学政，或为督抚，而如今年三江两湖之大水灾，几于鸿嗷半天下，为大官者，更何忍于廉俸之外多取半文乎？是义田之愿，恐终不能偿。然予之定计，苟仕宦所入，每年除供奉堂上甘旨外，或稍有盈余，吾断不肯买一亩田，积一文钱，必皆留为义田之用。此我之定计，望诸弟皆体谅之。

今年我在京用度较大，借账不少。八月当为希六及陈体元捐从九品，九月榜后可付照回，十月可到家。十一月可向渠两家索银，大约共须三百金。我付此项回家，此外不另附银也。率五在永丰有人争请，予闻之甚喜。特书手信与渠，亦望其忠信成立耳。

纪鸿已能行走，体甚壮实。同乡各家如常。同年毛寄云于六月二十八日丁内艰。陈伟堂相国于七月初二仙逝，病系中痰，不过片刻即殁。江南、浙江、湖北皆展于九月举行乡试。闻江南水灾尤甚，恐须再展至十月。各省大灾，皇上焦劳，臣子更宜忧惕之时，故一切外差，皆绝不萌妄想，望家中亦不必悬盼。书不详尽。兄国藩手草。

道光二十九年九月二十一日

澄侯、温甫、子植、季洪四位老弟足下：

九月十八日接到澄弟八月十七夜一书，植弟一书，具悉一切。

吾于八月十二发十五号家信，不审此时收到否？京寓大小平安。纪泽儿于八月十七八遘脾家积滞之疾，初时错服补剂，至二十九乃服石膏，九月初二服大黄，遂大见效，至重阳后痉愈，惟前阴微肿，日内调治，将就痉可，饮食起居，皆已复常。纪鸿儿体最结实，日日欢笑走跃。余皆安善。

二十五日宗室举人复试，二十七派阅卷大臣三人，十五日顺天举人复试，十七日派阅卷大臣六人，吾两次皆与焉。季世兄复试一等，赛司农尚阿之子、徐制军泽醇之子，皆一等也，同乡唐、翁二君皆一等，余不详载。

澄弟欲买鹿茸，且与谭、彭二家均分。此次廷芳宇至长沙，尚不能买，缘近日银钱甚窘，稍有可图，即行买就，今冬明春准可付回。

曾、陈二家之银，如必俟照到乃可取，则今冬周济亲族一项，可先向添梓坪借用，我此次先为书告东阳叔祖也。郭筠仙七月十六丁内艰，诸弟来信并未提及，何也？或省中尚未得知欤？书不十一。兄国藩手草。

道光二十九年十月初四日

澄侯、温甫、子植、季洪四位老弟足下：

八月十二日发第十五号家信，九月二十二日发第十六号家信，想次第收到。十月初二日接到澄弟八月二十六一书，具悉一切。是日又从岱云书内见南省题名录，三弟皆不与选，为之怅喟。

吾家累世积德，祖父及父、叔二人皆孝友仁厚，食其报者，宜不止我一人，此理之可信者。吾邑从前邓、罗诸家官阶较大，其昆季子孙皆无相继而起之人，此又事之不可必者。吾近于宦场，颇厌其繁俗而无补于国计民生。惟势之所处，求退不能。但愿得诸弟稍有进步，家中略有仰事之资，即思决志归养，以行吾素。今诸弟科第略迟，而吾在此间，公私万事丛集，无人帮照，每一思之，未尝不作茫无畔岸之想也。吾现已定计，于明年八月乞假归省，后年二月还京，专待家中回信详明见示。今年父亲六十大寿，吾竟不克在家叩祝，悚疚之至。

十月初四日，奉旨派作较射大臣。顺天武闱乡试，于初五六马箭，初七八步箭，初九十技勇，十一发榜，十二复命。此八日皆入武闱，不克回寓，父亲寿辰，并不能如往年办面席以宴客也。然予既定计明年还家庆寿，则今年在京即不称觞，犹与吾乡重逢一、不重晋十之例相合。

家中分赠亲族之钱，吾恐银到太迟，难于换钱，故前次为书寄德六七叔祖，并办百折裙送叔曾祖母。现在廷芳宇桂尚未起行，大约年底乃可到湖南。曾希六、陈体元二家必待照到乃送钱来，则我家今年窘矣。二家捐项，我在京共去京平足纹二百四十一两六钱，若合南中曹平，则当二百三十六两五钱。渠送钱若略少几千，我家不必与之争，盖丁酉之冬，非渠煤垄则万不能进京也。明年春间应寄家用之钱，乞暂以曾、陈捐项用之。我上半年只能寄鹿茸，下半年乃再寄银耳。

《皇清经解》一书，不知取回否？若未取回，可专人去取。盖此等书诸弟略一涉猎，即扩见识，不宜轻以赠人也。明年小考须送十千，大场又须送十千。此等钱家中有人分领，便是一家之祥瑞。但澄弟须于在省城时张罗此项付各考者，乃为及时。

京寓大小平安。纪泽儿已病两月，近日痊愈，今日已上书馆矣。纪鸿儿极结实，声音洪亮异常。仆婢辈皆守旧。同乡各家亦皆无恙。邹墨林尚住我家。张雨农之子闱艺甚佳而不得售，近又已作文数首，其勇往可畏，爱也。书不详尽，写此毕，即赴武闱，十二始归寓，余俟后报。国藩手草。

道光二十九年十一月初五日

澄侯、温甫、子植、季洪四弟左右：

十月初四日发第十七号家信，由折弁带交。十七日发十八号信，由廷芳宇桂明府带交。便寄曾希六、陈体元从九品执照各一纸，欧阳沧溟先生、陈开煦换执照并批回各二张，添梓坪叔庶曾祖母百折裙一条，曾、陈二人九品补服各一付，母亲大人耳帽一件以上共一包，膏药一千张，眼药各种，阿胶二斤，朝珠二挂，笔五枝，针底子六十个以上共一木匣，曾、陈二人各对一付，沧溟先生横幅篆字一付以上共一卷。计十二月中旬应可到省，存陈岱云宅，家中于小除夕前二日遣人至省走领可也。芳宇在汉口须见上司，恐难早到，然遇顺风，则腊月初亦可到，家中或着人早去亦可。

余于十月初五起至十一止在围较射，十七出榜。四围共中百六十四人，余围内分中五十二人。向例武举人、武进士复试，如有弓刀不符者，则原阅之王大臣每一名罚俸半年。今年仅张字围不符者三名，王大臣各罚俸一年半。余围幸无不符之人，不然，则罚俸年半，去银近五百金，在京官已视为切肤之痛矣。

寓中大小平安。纪泽儿体已全复，纪鸿儿甚壮实。邹墨林近由庙内移至我家住，拟明年再行南归。袁漱六由会馆移至虎坊桥，屋好而贱。贞斋榜后本拟南旋，因愤懑不甘，仍寓漱六处教读。刘镜清教习已传到，因丁艰而竟不能补，不知命途之舛何至于此！凌荻舟近病内伤，医者言其甚难奏效。黄恕皆在陕差旋，述其与陕抚殊为冰炭。江岷樵在浙署秀水县事，百姓感戴，编为歌谣。署内一贫如洗，藩台闻之，使人私借千金以为日食之资，其为上司器重如此。其办赈务，办保甲，无一不合于古。顷湖南报到，新宁被斋匪余孽煽乱，杀前令李公之阖家，署令万公亦被戕，焚掠无算，则岷樵之父母家属不知消息若何？可为酸鼻。余明日当飞报岷樵，令其即行言旋，以赴家难。

余近日忙乱如常，幸身体平安。惟八月家书曾言及明年假归省亲之事，至今未奉堂上手谕。而九月诸弟未中，想不无抑郁之怀，不知尚能自为排遣否？此二端时时挂念，望澄侯详写告我。祖父大人之病，不知日内如何？余归心箭急，实为此也。

母亲大人昨日生日，寓中早面五席，晚饭三席。母亲牙痛之疾，近来家信未尝提及，断根与否？望下次示知。书不十一，余俟续具。兄国藩手草。

道光二十九年十二月初三日

澄侯、温甫、子植、季洪四弟左右：

十一月十五日接到祖父大人讣音，中肠惨痛。自以游子在外，不克佐父母襄办大事，负罪婴疚，无可赎挽。比于十八日折差之便，先寄银百零五两，计元宝二锭，由陈岱云宅专足送至家中，不知刻已收到否？

国藩于十六日成服，十七日托军机大臣署礼部侍郎何大人汝霖代为面奏，请假两月，在家穿孝。自十七以后，每日吊客甚多。二十九日开吊，是早祭奠，因系祖妣冥寿之期，一并为文祭告。开吊之日，不收赙仪。讣帖刻“谨遵遗命，赙仪概不敢领”二语。共发讣帖五百余份。凡来者不送银钱，皆送祭幛、挽联之类，甚为体面。共收祭文八篇，祭幛七十五张，挽联二十七对，祭席十二桌，猪羊二付，其余香烛纸钱之类，不计其数。送礼物来者，用领谢帖，间有送银钱来者，用“奉遗命璧谢”帖。讣帖等印发者付回样子，与家中一看。

各处送祭幛来者，哈喇大呢甚多，亦有缎匹江绸者。余意欲将哈喇作马褂数十件，分寄家中族戚之尤亲者。盖南中老人考终，往往有分遗念之说，或分衣，或分银钱。重五伯祖曾以獾皮马褂一件与王高七作遗念衣，即其证也。

澄弟之信，劝我不可告假回家，所言非不是。余亦再四思维，恐难轻动。惟离家十年，想见堂上之心实为迫切。今祖父大事既已办过，则二亲似可迎养，然六旬以上之老人，四千有余之远道，宿聚之资既已不易，舟车之险尤为可畏，更不敢轻举妄动。烦诸弟细细商酌，禀知父母亲及叔父母，或告假归省，或迎养堂上，二者必居其一，国藩之心乃可少安。父母近来欲见国藩之意与不愿国藩假归之意孰缓孰急，望诸弟细细体察，详以告我。祷切望切！国藩手草。

道光三十年庚戌正月初九日

澄侯、温甫、子植、季洪四位老弟足下：

正月初六日接到家信三函：一系十一月初三所发，有父亲手谕，温弟代书者；一系十一月十八所发，有父亲手谕，植弟代书者；一系十二月初三澄弟在县城所发一书，甚为详明，使游子在外，巨细了然。

庙山上金叔不知为何事而可取腾七之数？若非道义可得者，则不可轻易受此。要做好人，第一要在此处下手。能令鬼服神钦，则自然识日进，气日刚；否则不觉堕入卑污一流，必有被人看不起之日，不可不慎。诸弟现处极好之时，家事有我一人担当，正好做个光明磊落、神钦鬼服之人。名声既出，信义既著，随便答言，无事不成，不必爱此小便宜也。

父亲两次手谕，皆不欲予乞假归家，而予之意，甚思日侍父母之侧，不得不为迎养之计。去冬家书曾以归省、迎养二事与诸弟相商，今父亲手示既不许归省，则迎养之计更不可缓。所难者，堂上有四位老人，若专迎父母而不迎叔父母，不特予心中不安，即父母心中亦必不安；若四位并迎，则叔母病未全好，远道跋涉尤艰。予意欲于今年八月初旬迎父亲、母亲、叔父三位老人来京，留叔母在家，诸弟妇细心伺候。明年正月元宵节后，即送叔父回南，我得与叔父相聚数月，则我之心安；父母得与叔父同行数千里到京，则父母之心安；叔母在家半年，专雇一人服侍，诸弟妇又细心奉养，则叔父亦可放心；叔父在家抑郁数十年，今出外潇洒半年，又得观京师之壮丽，又得与侄儿、侄妇、侄孙团聚，则叔父亦可快畅。在家坐轿至湘潭，澄侯先至潭雇定好船，伺候老人开船后，澄弟即可回家。船至汉口，予遣荆七在汉口迎接，由汉口坐三乘轿子到京，行李婢仆则用小车，甚为易办。求诸弟细商堂上老人，春间即赐回信，至要至要。

李泽显、李英灿进京，余必加意庇护。八斗冲地，望绘图与我看。诸弟自侍病至葬事，十分劳苦，我不克帮，心甚歉愧。

京师大小平安。皇太后大丧已于正月七日、二十七日满，脱去孝衣。初八日系祖父冥诞，我作文致祭，即于是日亦脱白孝，以后照常当差。心中万绪，不及尽书，统容续布。兄国藩手草。

道光三十年三月三十日

男国藩跪禀父母亲大人礼安：

潢男三月十五到京，十八日发安信一件，实系五号，误写作四号，四月内应可收到。

藩男十九日下园子，二十日卯刻恭送大行皇太后上西陵。西陵在易州，离京二百六十里，二十四下午到，二十五辰刻致祭。比日转身，赶走一百二十里。二十六日走一百四十里，申刻到家。一路清吉，而昼夜未免辛苦。二十八早复命。

数日内作奏折，拟初一早上。其折因前奏举行日讲，圣上已允，谕于百日后举行，兹折要将如何举行之法切实呈奏也。

二十九日申刻，接到大人二月二十一日手示，内六弟一信、九弟二十六之信并六弟与他之信一并付来，知堂上四位老人康健如常，合家平安。父母亲大人俯允来京，男等内外不胜欣喜。手谕云起程要待潢男秋冬两季归，明年二月潢男仍送两大人进京云云，男等敬谨从命。叔父一二年内既不肯来，男等亦不敢强。潢男归家，或九月，或十月，容再定妥。男等内外及两孙、孙女皆好，堂上老人不必悬念。余俟续禀。

卷四 家书

目录

咸丰元年辛亥三月初四日

温甫、沅甫、季洪三弟左右：

二月初二日接到第一、第二号家信，一系正月二十发，一系二月十二发，具悉一切。日内极挂念沅弟，得沅弟一红纸片，甚欣慰也。

澄弟已于二月二十六出京。诰轴须四月用宝，澄弟竟不能待，将来另托人带归。澄弟与安化张星垣奎、衡山陈谷堂焯墀二大令同行，至保定又约杨毓楠之弟同行。鹅毛筒眼药、贴毒膏药澄弟未带，将来托魏亚农黄生之胞侄也带归。梁同年献廷托请诰封之事，将来必为办妥，渠之银弟尽可收用。

京寓大小平安。癣疾微发，尚不为害。陈岱云之如夫人殁于安徽，顷接其信，甚为凄惋。同乡周辅亭得御史。常世兄、劳世兄两荫生皆内用，将来为光禄寺署正，可分印结，亦善地也。

兰姊多病，予颇忧虑，下次书来，尚乞详示。父大人命予家书中不必太琐琐，故不多及。国藩草。

咸丰元年三月十二日

澄、温、植、洪四弟左右：

三月初四发第三号家信，其后初九日予上一折言兵饷事，适于是日皇上以粤西事棘，恐现在彼中者不堪寄此重托，特放赛中堂前往。以予折所言甚是，但目前难以遽行，命将折封存军机处，待粤西事定后再行办理。

赛中堂清廉公正，名望素著，此行应可迅奏肤功。但湖南逼近粤西，兵差过境，恐州县不免藉此生端，不无一番蹂躏耳。

魏亚农以三月十三日出都，向予借银二十两。既系姻亲，又系黄生之侄，不能不借与渠。渠言到家后即行送交予家，未知果然否也？叔父前信要鹅毛管眼药并硇砂膏药，兹付回眼药百筒，膏药千张，交魏亚农带回，呈叔父收存，为时行方便之用。其折底亦付回查收。

澄弟在保定想有信交刘午峰处，昨刘有书寄子彦，而澄弟书未到，不解何故。已有信往保定去查矣。澄弟去后，吾极思念，偶自外归，辄至其房，早起辄寻其室，夜或遣人往呼，想弟在途路弥思我也。书不十一，余俟续具。兄国藩手草。

咸丰元年四月初三日

澄侯、温甫、子植、季洪四位老弟左右：

三月初四日此间发第三号家信交折弁，十二日发第四号信交魏亚农，又寄眼药鹅毛筒及硇砂膏药共一包，计可于五月收到。季洪三月初六所发第三号信，于四月初一日收到。

邓升六爷竟尔仙逝，可胜伤悼！如有可助恤之处，诸弟时时留心，此不特戚谊，亦父大人多年好友也。

乡里凶年赈助之说，予曾与澄弟言之。若逢荒歉之年，为我办二十石谷，专周济本境数庙贫乏之人。自澄弟出京之后，予又思得一法，如朱子社仓之制，若能仿而行之，则更为可久。朱子之制：先捐谷数十石或数百石贮一公仓内，青黄不接之月借贷与饥民，冬月取息二分收还每石加二斗，若遇小歉则蠲其息之半每石加一斗，大凶年则全蠲之借一石，还一石，但取耗谷三升而已。朱子此法行之福建，其后天下法之，后世效之，今各县所谓社仓谷者是也。其实名存实亡，每遇凶年，小民曾不得借贷颗粒，且并社仓而无之，仅有常平仓谷，前后任尚算交代，小民亦不得过而问焉。盖事经官吏，则良法美政，后皆归于子虚乌有。

国藩今欲取社仓之法而私行之我境。我家先捐谷二十石，附近各富家亦劝其量为捐谷。于夏月借与贫户，秋冬月取一分息收还每石加一斗，丰年不增，凶年不减。凡贫户来借者，须于四月初间告知。经管社仓之人经管量谷之多少，分布于各借户，令每人书券一纸，冬月还谷销券。如有不还者，同社皆理斥，议罚加倍。以后每年我家量力添捐几石，或有地方争讼，理曲者罚令量捐社谷少许。每年增加，不过十年，可积至数百石，则我境可无饥民矣。盖夏月谷价昂贵，秋冬价渐平落，数月之内，一转移之间，而贫民已大占便宜，受惠无量矣。吾乡昔年有食双谷者，此风近想未息。若行此法，则双谷之风可息。前与澄弟面商之，说我家每年备谷救地方贫户。细细思之，施之既不能及远，行之又不可以久，且其法止能济下贫乞食之家，而不能济中贫体面之家。不若社仓之法，既可以及于远，又可以贞于久，施者不甚伤惠，取者又不伤廉，即中贫体面之家亦可以大享其利。本家如任尊、楚善叔、宽五、厚一各家，亲戚如宝田、腾七、宫九、荆四各家，每年得借社仓之谷，或亦不无小补。澄弟务细细告之父大人、叔父大人，将此事于一二年内办成，实吾乡莫大之福也。

我家捐谷，即写曾呈祥、曾呈材双名，头一年捐二十石，以后每年或三石，或五石，或数十石。地方每年有乐捐者，或多或少不拘，但至少亦须从一石起。吾思此事甚熟，澄弟试与叔大人细思之，并禀父亲大人，果可急于施行否？近日即以回信告我。

京寓大小平安。保定所发家信，三月末始到。赛中堂于初九日出京赴广西。考差在四月十四。同乡林昆圃于三月中旬作古，予为之写知单，大约可得百金。熊秋佩丁外艰。余无他事。予前所寄折稿，澄弟可钞一份交彭筱房，并托转寄江岷樵；钞一份交刘霞仙，并托转寄郭筠仙。

赛中堂视师广西，带小钦差七十五人，京兵二百四十名，京炮八十八尊，抬枪四十杆，铅子万余斤，火药数千斤，沿途办差，实为不易。粤西之事，日以猖獗。李石梧与周天爵、向荣皆甚不和，未知何日始得廓清。圣主宵旰焦灼，廷臣亦多献策，而军事非亲临其地难以遥度。故予屡欲上折，而终不敢率尔也。余不一一。兄国藩手草。

咸丰元年五月十四日

澄侯、温甫、子植、季洪四位老弟足下：

四月初三日发第五号家信，厥后折差久不来，是以月余无家书。五月十二折弁来，接到家中四号信，乃四月一日所发者，具悉一切。

植弟大愈，此最可喜。京寓一切平安。癣疾又大愈，比去年六月更无形迹。去年六月之愈，已为五年来所未有，今又过之，或者从此日退，不复能为恶矣。皮毛之疾，究不甚足虑，久而弥可信也。

四月十四日考差题“乐民之乐者，民亦乐其乐”，经文题“必有忍，其乃有济，有容德乃大”，赋得“濂溪乐处，得焉字”。

二十六日余又进一谏疏，敬陈圣德三端，预防流弊，其言颇过激切，而圣量如海，尚能容纳，岂汉唐以下之英主所可及哉？余之意，盖以受恩深重，官至二品，不为不尊；堂上则诰封三代，儿子则荫任六品，不为不荣。若于此时再不尽忠直言，更待何时乃可建言？而皇上圣德之美，出于天亶自然，满廷臣工遂不敢以片言逆耳。将来恐一念骄矜，遂至恶直而好谀，则此日臣工不得辞其咎。是以趁此元年新政，即将此骄矜之机关说破，使圣心日就兢业而绝自是之萌，此余区区之本意也。现在人才不振，皆谨小而忽于大，人人皆习脂韦唯阿之风，欲以此疏稍挽风气，冀在廷皆趋于骨鲠，而遇事不敢退缩，此余区区之余意也。

折子初上之时，余意恐犯不测之威，业将得失祸福置之度外。不意圣慈含容，曲赐矜全。自是以后，余益当尽忠报国，不得复顾身家之私。然此后折奏虽多，亦断无有似此折之激直者。此折尚蒙优容，则以后奏折必不致或触圣怒可知。诸弟可将吾意细告堂上大人，毋以余奏折不慎，或以戆直干天威为虑也。

父亲每次家书，皆教我尽忠图报，不必系念家事。余敬体吾父之教训，是以公尔忘私，国尔忘家。计此后但略寄数百金偿家中旧债，即一心以国事为主，一切升官得差之念，毫不挂于意中。故昨五月初七大京堂考差，余即未往赴考。侍郎之得差不得差，原不关乎与考不与考。上年己酉科，侍郎考差而得者三人：瑞常、花沙纳、张芾是也。未考而得者亦三人：灵桂、福济、王广荫是也。今年侍郎考差者五人，不考者三人。是日题“以义制事以礼制心论”，诗题“楼观沧海日，得涛字”。五月初一放云贵差，十二放两广、福建三省，名见京报内，兹不另录。袁漱六考差颇为得意，诗亦工妥，应可一得，以救积困。

朱石翘明府初政甚好，自是我邑之福，余下次当写信与之。霞仙得县首，亦见其犹能拔取真士。刘继振既系水口近邻，又送钱至我家求请封典，义不可辞，但渠三十年四月选授训导，已在正月二十六恩诏之后，不知尚可办否，当再向吏部查明。如不可办，则当俟明年四月升祔恩诏乃可呈请；若并升祔之时，推恩不能及于外官，则当以钱退还。家中须于近日详告刘家，言目前不克呈请，须待明年六月乃有的信耳。

澄弟河南、汉口之信皆已接到，行路之难，乃至于此。自汉口以后，想一路载福星矣。刘午峰、张星垣、陈毅堂之银，皆可收，刘、陈尤宜受之，不受反似拘泥。然交际之道，与其失之滥，不若失之隘，吾弟能如此，乃吾之所欣慰者也。西垣四月二十九到京，住余宅内，大约八月可出都。

此次所寄折底，如欧阳家、汪家及诸亲族，不妨钞送共阅。见余忝窃高位，亦欲忠直图报，不敢唯阿取容，惧其玷辱宗族，辜负期望也。余不一一。兄国藩手草。

咸丰元年六月初一日

澄侯、温甫、子植、季洪四位老弟足下：

五月十四日发第六号家信，内有四月二十六日具奏一疏稿。余虽不能法古人之忠直，而皇上圣度优容，则实有非汉唐以下之君所能及者，已将感激图报之意于前书内详告诸弟矣。五月二十六日，又蒙皇上天恩，兼署刑部右侍郎，次日具折谢恩，即将余感戴之忱写出。兹将原折付归。

日内京寓大小平安。癣疾大好，较去年澄弟在此时更好三倍，头面毫无踪影，两腿虽未净尽，不复为患也。同乡周子佩之母病体不轻，下身不仁，恐成偏枯。徐寿蘅放四川主考。湖南放四川者向极吉利，嘉庆辛酉之杨刚亭先生，庚午之陶文毅，道光甲午之李文恭，乙未之罗苏溪，有成例矣。邝炉青、陈俊臣两人皆已来京，陈挈眷而邝则否，邝富而陈寒，所为似相反。然究以挈眷为是，邝一二年亦必悔之耳。林昆圃事，余为写知单，得百余金，合之开吊，共二百金，将来可以赡其七十四岁之老母也。漱六望差甚切，未知能如愿否？现在已放一半，而实录馆当差人员尚未放一人。唐镜海于十八日到京，二十三日召见，垂询一切，天颜有喜，极耆儒晚遇之荣。现已召见五次，将来尚可入对十余次。

罗山前有信来，词气温纯，似有道者之言，余已回信一次。顷又有信来，言纪泽未定婚，欲为贺耦庚先生之女作伐，年十二矣。余嫌其小一岁，且耦庚先生究系长辈，从前左季高与陶文毅为婚，余即讥其辈行不伦，余今不欲仍蹈其辙，拟敬为辞谢。现尚未作书复罗山，诸弟若在省见罗山兄，可将余两层意思先为道破，余它日仍当回书告知一切。余近思为纪泽定婚，其意颇急切。夏阶平处一说，本可相安，因其与黄子寿为亲家，余亦嫌辈行少屈，是以未就。黄茀卿有女年十三，近托袁漱六往求婚。茀卿言恐余升任总宪，渠须回避，不知渠是实意，抑系不愿成婚而托辞以谢也，故现未说定，弟可一一禀告堂上大人。又余意乡间若有孝友书香之家，不必问其贫富，亦可开亲，澄弟盍为我细细物色一遍？然余将同邑各家一想，亦未闻有真孝友人家也。

余至刑部，日日忙冗异常，迥不与礼部、工部、兵部相同，若长在此部，则不复能看书矣。湖南副主考乔鹤侪水部，颇称博雅，今年经策，必须讲究古茂。曹西垣办分发，本月可引见，七月可出京。朱石翘明府昨有信来，言澄弟四月底到县。此次折弁到京，石翘有信而澄弟无信，殊不可解。兹有书复朱，家中封好送去。诸惟心照，余俟续布。国藩手草。

咸丰元年七月初八日

澄侯、温甫、子植、季洪四位老弟足下：

七月初六日接澄弟四月二十六信，五月初一、初八、二十三各信，具悉一切。植弟、洪弟各信亦俱收到。洪弟之书已至，六月初二所发者亦到。澄弟回家，至此始算放心。

樊城河内泡沙如此可怖，闻之心悸。余戊戌年九月下旬在樊城河半夜忽遭大风，帆散缆断，濒于危殆，后亦许观音戏，至今犹有余惊。以后我家出行者，万不可再走樊城河，戒之，记之！敬告子孙可也。

彭山屺苦况如此，良为可怜。一月内外当更求一书以苏涸鲋，但不知有济否耳？此等人谋，亦须其人气运有以承之，如谢博泉之事即鲜实效。若使南翁在彼，当稍有起色。

凌荻舟之银，虽周小楼与荻舟之子私相授受，以欺紫嫂，而荻子又当受小楼之欺，终吞于周氏之腹而后已。余处现尚存凌银将二百金，拟今年当全寄去。澄弟既将此中消息与孙筱石道破，则此后一概交孙，万无一失。刘午峰曾言赙赠百金，不知今岁可收到否？予今年还凌银须二百，又须另筹二百五十金寄家，颇为枯窘。今年光景大不如去年，然后知澄弟福星来临，有益于人不浅也。其二百五十金，望澄弟在家中兑与捐职者及进京会试者，总在今冬明春归款，不致有误，但不可以更多耳。

父大人至县城两次，数日之经营，为我邑造无穷之福泽，上而邑长生感，下而百姓歌颂，此诚盛德之事。但乡民可与谋始，难与乐成，恐历时稍久，不能人人踊跃输将，亦未必奏效无滞。我家倡议，风示一邑，但期鼓舞风声，而不必总揽全局，庶可进可退，绰绰余裕耳。

朱明府之得民心，予已托人致书上游，属其久留我邑。若因办饷得手，而遂爱民勤政，除盗息讼，则我邑之受赐多矣。社仓之法，有借无还，今日风俗诚然如此。澄弟所见，良为洞悉时变之言，此事竟不可议举行矣。王介甫青苗之法，所以病民者，亦以其轻于借而艰于还也。

季弟书中言，每思留心于言行之差错，以时时儆惕。予观此语，欣慰之至。凡人一身，只有“迁善改过”四字可靠；凡人一家，只有“修德读书”四字可靠。此八字者，能尽一分，必有一分之庆；不尽一分，必有一分之殃。其或休咎相反，必其中有不诚，而所谓改过修德者，不足以质诸鬼神也。吾与诸弟勉之又勉，务求有为善之实，不使我家高曾祖父之积累自我兄弟而剥丧，此则予家之幸也。

予癣疾上身全好，自腰下略有未净，精神较前三年竟好得几分，亦为人子者仰慰亲心之一端。宅内大小上下俱平安。同乡周子佩丁忧，予送银八两，挽联一付。杜兰溪放山西差。漱六又不得差，颇难为情。写作俱佳，而不可恃如此。曹西垣请分发，将于月半之官皖中。李笔峰完娶之后，光景奇窘。同乡各家，大半拮据。纪泽近日诗论又稍长进。书不十一，顺候近佳，余俟续具。兄国藩手草。

咸丰元年八月十三日

澄侯、温甫、子植、季洪四位老弟足下：

七月初九日发家信第八号，想已收到。八月初十折差来京，接张湘纹书。计折弁当于七月二十外起行，诸弟正在省城而无家书，何也？诸弟发家书交提塘后，往往屡次不带，或一次带数封，折弁颇为可恶！诸弟须设法与提塘略一往还，当面谆托，或稍有济，否则每次望信，甚闷损人也。

京寓大小平安。前月内人病数日，近已痊愈。曹西垣于八月四日出京之官安徽，张书斋于十一日出京之官贵州。今冬本欲寄银到家，因前次澄弟书言公车来京，家中尽可兑银，是以予不另寄。除凹里田价外，尚须送亲族年例银五十金，亦宜早早筹划。共计若干，概向各处公车妥兑，免致年底掣肘。如无处可兑，即须闰八月寄信来京，以便另办，然不如兑之为便也。诰轴已经用宝，日内即可发下，九月即可到家。乡试题刻于京报上，诗题“得庨字”，系出高宗御制。是题诗中句云“即此供吟眺，奚烦事豁庨”，场中无人知之也。李子彦之文甚好。镜云文尚未见。宋湘宾教习已传到，昨日专人告知。

李石梧身后恩典甚厚，乃七月末翰林院撰祭文、碑文进呈，朱批竟加严饬，谓其夸奖过当，词藻太多，且贬其调度乖方，功过难掩，历任封疆，尤不足称云云，饬令翰林院另行改撰。其后复撰进呈，遂多贬词。功名之际，难得终始完全也。

耦庚先生家亲事，予颇思成就。一则以耦翁罢官，予亦内有愧心，思借此联为一家，以赎予隐微之愆；二则耦翁家教向好，贤而无子，或者其女子必贤，诸弟可为我细访罗罗山，下次信来详告。若女子果厚重，则儿子十七岁归家省祖父母、叔祖父母时，即可成喜事也。前托在乡间择婚，细思吾邑读书积德之家，如贺氏者亦实无之，诸弟暂不必昌言耳。余俟续布。兄国藩手草。

咸丰元年八月十九日

澄侯、温甫、子植、季洪四位老弟足下：

八月十四日发第九号信，至十七日接到家信第七、第八二号，欣悉一切。

左光八为吾乡巨盗，能除其根株，扫其巢穴，则我境长享其利，自是莫大阴功。第湖南会匪所在勾结，往往牵一发而全神皆动。现在制军程公特至湖南，即是奉旨查办此事，盖恐粤西匪徒穷窜，一入湖南境内，则楚之会匪因而窃发也。左光八一起，想尚非巨伙入会者流，然我境办之，不可过激而生变。现闻其请正绅保举，改行为良，且可捉贼自效，此自一好机会。万一不然，亦须相机图之，不可用力太猛，易发难收也。

公议粮饷一事，果出通邑之愿，则造福无量。至于帮钱垫官之亏空，则我家万不可出力。盖亏空万六千两，须大钱三万余千，每都几须派千吊。现在为此说者，不过数大绅士一时豪气，为此急公好义之言。将来各处分派，仍是巧者强者少出而讨好于官之前，拙者弱者多出而不免受人之勒。穷乡殷实小户，必有怨声载道者。且此风一开，则下次他官来此，既引师令之借钱办公为证，又引朱令之民帮垫亏为证，或亦分派民间出钱帮他，反觉无辞以谢。若相援为例，来一官帮一官，吾邑自此无安息之日。

凡行公事，须深谋远虑。此事若各绅有意，吾家不必拦阻；若吾家倡议，万万不可。且官之补缺皆有呆法，何缺出轮何班补，虽抚藩不能稍为变动。澄弟在外多年，岂此等亦未知耶？朱公若不轮到班，则虽帮垫亏空，通邑挽留，而格于成例，亦不可行；若已轮到班，则虽不垫亏空，亦自不能不补此缺。间有特为变通者，督抚专折奏请，亦不敢大违成例。季弟来书，若以朱公之实授与否，全视乎亏空之能垫与否，恐亦不尽然也。曾仪斋若系革职，则不复能穿补子，若系大计休致，则尚可穿。

季弟有志于道义身心之学，余阅其书，不胜欣喜。凡人无不可为圣贤，绝不系乎读书之多寡。吾弟诚有志于此，须熟读《小学》及《五种遗规》二书，此外各书能读固佳，不读亦初无所损。可以为天地之完人，可以为父母之肖子，不必因读书而后有所加于毫末也。匪但四六古诗可以不看，即古文为吾弟所愿学者，而不看亦自无妨。但守《小学》、《遗规》二书，行一句算一句，行十句算十句，贤于记诵词章之学万万矣。季弟又言愿尽孝道，惟亲命是听，此尤足补我之缺憾。我在京十余年，定省有阙，色笑远违，寸心之疚，无刻或释。若诸弟在家能婉愉孝养，视无形，听无声，则予能尽忠，弟能尽孝，岂非一门之祥瑞哉？愿诸弟坚持此志，日日勿忘，则兄之疚可以稍释，幸甚幸甚。书不十一，余俟续具。兄国藩手草。

咸丰元年闰八月十二日

澄侯、温甫、子植、季洪四位老弟左右：

八月二十日发家信第十号，想已收到。顷闰月初十日折弁来京，计其在省起行当在前月二十外，乃竟未接到家信，诸弟出闱后不惟不付文章，亦并不钞一题，寄一信，何耶？或者已发，而折弁未带，未可知也。

近来京寓平安，癣疾又微发。以兼署刑部，较为繁劳。儿女辈皆如常，足慰堂上老人之垂念。惟近来有两件事大不快意。一件国事，系黄河于丰县北岸决口，数十万生灵罹此凶灾。目前抚恤固非易事，将来堵筑，非帑金数百万不可。且漕船尚未回空，水道中梗，恐致贻误。一件家事，诰封已于八月用宝，我家各轴竟尚未用。吾意思急急寄回，以博父母大人、叔父母大人之一欢，乃竟未领得，心焉负疚。去年请封时，系由礼部行文吏部，彼时曾与澄弟谈及，以为六部毕竟声势相通，办事较易。岂知不另托人，不另给钱，则书办置之不议不论，遂将第一次用宝之期已误过矣。现在已另托夏阶平妥办，不知今岁尚用宝否？然父亲、叔父顶戴补服皆于服阕后即穿用一品服色，盖此以去年颁诏之日为定，不以接轴之日为定也。

顺天于初十日发榜，湖南中十一人，镜云中而子彦黜，一喜一惋。然子彦九月就婚蔚州，亦是大喜，小挫正无伤也。曹冶山镕于闰月初殁于老馆，实为可怜。近来此等事，棺木之费皆我任之，颇觉拮据不给。然使无人任之，又岂可听其客死无归？

耦庚先生之女，其德容言功，诸弟曾打听分明否？

兰姊、蕙妹二家不睦，将来不宜在一屋居住。即田地毗连，亦非所宜。予署刑部，大约十月可卸事，现在审办琦善一案，正为吃紧之时。予保养身体，自知慎重，诸弟禀知堂上大人，敬求放心。余俟续布。兄国藩手草。

咸丰元年九月初五日

澄侯、温甫、子植、季洪四弟足下：

日来京寓大小平安。癣疾又已微发，幸不为害，听之而已。湖南榜发，吾邑竟不中一人。沅弟书中言温弟之文典丽矞皇，亦尔被抑，不知我诸弟中将来科名究竟何如？以祖宗之积累及父亲、叔父之居心立行，则诸弟应可多食厥报。以诸弟之年华正盛，即稍迟一科，亦未遽为过时。特兄自近年以来事务日多，精神日耗，常常望诸弟有继起者，长住京城，为我助一臂之力。且望诸弟分此重任，予亦欲稍稍息肩。乃不得一售，使我中心无倚。

盖植弟今年一病，百事荒废，场中又患眼疾，自难见长。温弟天分本甲于诸弟，惟牢骚太多，性情太懒。前在京华不好看书，又不作文，予心即甚忧之。近闻还家以后，亦复牢骚如常，或数月不搦管为文。吾家之无人继起，诸弟犹可稍宽其责，温弟则实自弃，不得尽诿其咎于命运。吾尝见友朋中牢骚太甚者，其后必多抑塞，如吴枟台、凌荻舟之流，指不胜屈。盖无故而怨天，则天必不许；无故而尤人，则人必不服。感应之理，自然随之。温弟所处，乃读书中最顺之境，乃动则怨尤满腹，百不如意，实我之所不解。以后务宜力除此病，以吴枟台、凌荻舟为眼前之大戒。凡遇牢骚欲发之时，则反躬自思：吾果有何不足而蓄此不平之气？猛然内省，决然去之。不惟平心谦抑，可以早得科名，亦且养此和气，可以消减病患。万望温弟再三细想，勿以吾言为老生常谈，不值一哂也。

王晓林先生在江西为钦差，昨有旨命其署江西巡抚。余署刑部，恐须至明年乃能交卸。袁漱六昨又生一女，凡四女已殇其二，又丧其兄，又丧其弟，又一差不得，甚矣，穷翰林之难当也。黄麓西由江苏引见入京，迥非昔日初中进士时气象，居然有经济才。王衡臣于闰月初九引见，以知县用，后于月底搬寓下洼一庙中，竟于九月初二夜无故遽卒。先夕与同寓文任吾谈至二更，次早饭时，讶其不起，开门视之，则已死矣。死生之理，善人之报，竟不可解。

邑中劝捐弥补亏空之事，予前已有信言之，万不可勉强勒派。我县之亏，亏于官者半，亏于书吏者半，而民则无辜也。向来书吏之中饱，上则吃官，下则吃民。名为包征包解，其实当征之时，则以百姓为鱼肉而吞噬之；当解之时，则以官为雉媒而播弄之。官索钱粮于书吏之手，犹索食于虎狼之口，再四求之，而终不肯吐。所以积成巨亏，并非实欠在民，亦非官之侵蚀入己也。今年父亲大人议定粮饷之事，一破从前包征包解之陋风，实为官民两利，所不利者仅书吏耳。即见制台留朱公，亦造福一邑不小。诸弟皆宜极力助父大人办成此事。惟捐银弥亏，则不宜操之太急，须人人愿捐乃可，若稍有勒派，则义好之事反为厉民之举，将来或翻为书吏所藉口，必且串通劣绅，仍还包征包解之故智，万不可不预防也。

梁侍御处银二百，月内必送去。凌宅之二百，亦已兑去。公车来，兑五七十金，为送亲族之用，亦必不可缓。但京寓近极艰窘，此外不可再兑也。邑令既与我家商办公事，自不能不往还，然诸弟苟可得已，即不宜常常入署。陶、李二处，容当为书。本邑亦难保无假名请托者，澄弟宜预告之。书不详尽，余俟续具。兄国藩手草。

咸丰元年十月十二日

澄侯、温甫、子植、季洪四弟足下：

九月二十六日发家信第十三号，想已收到。十月初十日，接到家中闰月二十八所发信及九月初二、九月十四所发各件。十二夜又于陈伯符处接到父亲大人闰八月初七所发之信，系交罗罗山手转寄者。陈伯符者，贺耦庚先生之妻舅也，故罗山托其亲带来京。得此家书四件，一切皆详知矣。

纪泽聘贺家姻事，观闰八月父亲及澄弟信，已定于十月订盟；观九月十四澄弟一信，则又改于正月订盟。而此间却有一点挂碍，不得不详告家中者：京师女流之辈，凡儿女定亲，最讲究嫡出、庶出之分。内人闻贺家姻事，即托打听是否庶出，余以其无从细询，亦遂置之。昨初十日接家中正月订盟之音，十一日即内人亲至徐家打听，知贺女实系庶出，内人即甚不愿。予比晓以大义，以为嫡出、庶出何必区别，且父亲大人业已喜而应允，岂可复有他议？内人之意，以为为夫者先有嫌妻庶出之意，则为妻者更有跼蹐难安之情，日后曲折情事亦不可不早为虑及。求诸弟宛转禀明父母，尚须斟酌，暂缓订盟为要。陈伯符于十月十日到京，余因内人俗意甚坚，即于十二日夜请贺礼庚、陈伯符二人至寓中，告以实情，求伯符先以书告贺家，将女庚不必遽送，俟再商定。伯符已应允，明日即发书，十月底可到贺家。但兄前有书回家，言亲事求父亲大人作主。今父亲欢喜应允，而我乃以妇女俗见从而挠惑，甚为非礼。惟婚姻百年之事，必先求姑媳夫妇相安，故不能不以此层上渎。即罗山处，亦可将我此信钞送一阅，我初无别见也。夏阶平之女，内人见其容貌端庄，女工极精，甚思对之。又同乡陈奉曾一女，相貌极为富厚福泽，内人亦思对之。若贺家果不成，则此二处必有一成，明春亦可订盟，予注意尤在夏家也。京城及省城订盟，男家必办金簪、金环、玉镯之类，至少亦须花五十金。若父亲大人决意欲与贺家成亲，则此数者亦不可少。家中现无钱可办，须我在京中明年交公车带回，七月间诸弟乡试晋省之便再行订盟，亦不为晚。望澄弟下次信详以告我。

祖父佛会既于十月初办过，则父母叔父母四位大人现已即吉。余恐尚未除服，故昨父亲生日，外未宴客，仅内有女客二席。十一，我四十晋一，则并女客而无之。

朱石樵为官竟如此之好，实可佩服。至于铳砂伤其面尚勇往前进，真不愧为民父母。父亲大人竭力帮助，洵大有造于一邑。诸弟苟可出力，亦必尽心相扶。现在粤西未靖，万一吾楚盗贼有乘间窃发者，得此好官粗定章程，以后吾邑各乡自为团练，虽各县盗贼四起，而吾邑自可安然无恙，如秦之桃花源，岂不安乐？须将此意告邑之正经绅耆，自为守助。

牧云补廪，烦弟为我致意道喜。季弟往凹里教书，不带家眷最好。必须多有人在母亲前，乃为承欢之道。季洪十日一归省，亦尽孝之要也。而来书所云寡欲多男之理，亦未始不寓乎其中。甲五读书，总以背熟经书、常讲史鉴为要，每夜讲一刻足矣。季弟看书不必求多，亦不必求记，但每日有常，自有进境，万不可厌常喜新，此书未完，忽换彼书耳。兄国藩手草。

咸丰元年十二月二十二日

澄侯、温甫、子植、季洪四位老兄足下：

十二月十一日发家书十六号，中言纪泽儿姻事，求家中即行与贺家订盟，其应办各物，已于书中载明，并悔前此嫌是庶出之咎云云，想已接到。如尚未到，接得此信，即赶紧与贺家订盟可也。

诰封各轴已于今日领到，正月二十六恩诏四轴曾祖父母、祖父母、父母、叔父母，四月十三恩诏亦四轴，三月初三恩诏一轴本身妻室，凡九轴。八月初六用宝一次，我家诸轴因未曾托人，是以未办。曾于闰八月写信告知，深愧我办事之疏忽。后虽托夏阶平，犹未放心，又托江苏友人徐宗勉，渠系中书科中书，专办诰勅事宜。今日承徐君亲送来宅，极为妥当，一切写法行款俱极斟酌，比二十六年所领者不啻天渊之别，颇为欣慰。虽比八月用宝者迟五个月，而办法较精，且同年同乡中有八月领到者，或止一次，未能三次同领，或此番尚未用宝者亦颇有之。诸弟为我敬告父母大人、叔父母大人，恭贺大喜也。惟目前无出京之人，恐须明年会试后乃交公车带归。重大之件，不敢轻率。向使八月领到，亦止十二月陈泰阶一处可付与雨苍同行，此外无便。

余于十八日陈奏民间疾苦一疏，十九日奏银钱并用章程一疏，奉朱批交户部议奏，兹将两折付回。文任吾于十三日搬至我家，庞省三于二十四日放学。寓中一切如常，内外大小平安。今年腊底颇窘，须借一百金乃可过年，不然，恐被留住也。袁漱六亦被年留住。刘佩泉断弦，其苦不可名状，儿女大小五六人无人看视。黎越翁尚未到京，闻明年二月始到，未带家眷。涂心畬已到京，尚未来见我。公车中，惟龙皞臣及澧州馆到二人而已。

粤西事用银已及千万两，而尚无确耗。户部日见支绌，内库亦仅余六百万。时事多艰，无策以补救万一，实为可愧。明年拟告归，以避尸位素餐之咎，诸弟为我先告堂上可也。余不一一。国藩手草。

咸丰二年壬子正月初九日

澄侯、温甫、子植、季洪四位老弟足下：

正月初八接到十二月初旬父大人所发二信，皆系在县城发者，不胜忻慰。纪泽儿定婚之事，予于十二月连发二信，皆言十月十二所发之信言嫌贺女庶出之说系一时谬误，自知悔过，求诸弟为我敬告父亲大人，仍求作主，决意对成，以谐佳偶。不知此二书俱已到家否？细思贺家簪缨门第，恐闻有前一说，惧其女将来过门受气，或因此不愿对亦未可知。果尔，则澄弟设法往省城，坚托罗罗山、刘霞仙二君将内人性情细告贺家，务祈成此亲事，不致陷我于不孝之咎。

澄弟与朱尧阶成亲，余甚欢喜。我朋友最初之交，无过于尧阶者，盖今日姻缘，已定于二十年前矣。魏家亦我境第一诗书人家，魏栋尚未到京，容当照拂一切也。植弟买笔事，总在春间寄南，以备科考之用。若科考不在前三名，则不宜考优，无使学政笑我家太外行也。《关帝觉世经》刷五百张，须公车回南乃可付归，《阴骘文》、《感应篇》亦须公车南去乃可带。澄弟戒烟正与阿兄同年，予以壬寅年戒烟，三十二也，澄弟去年亦三十二也。戒酒似以不必，三两杯以养血未始不可，但不宜多耳。去年带回父大人之干尖子皮褂，不知已做成否？若未做，可即做成，用月白缎子为面。今年当更寄白风毛褂回家，敬送与叔父大人。若父、叔二大人同日出门，则各穿一件，若不同出门，则薄寒穿干尖子，盛寒穿白风毛。予官至二品，而堂上大人衣服之少如此，于孝道则未尽，而弥足以彰堂上居家之俭德矣。

京寓大小平安。癣疾未发。文任吾先生希范于正月六日上学。其人理学甚深，今年又得一贤师。植弟劝我教泽儿学八股，其言甚切至有理，但我意要《五经》读完始可动手。计明年即可完经书，做时文尚不过满十四岁，京师教子弟十四岁开笔者甚多。若三年成篇，十七岁即可作佳文。现在本系荫生，例不准赴小考。拟令照我之样，二十四岁始行乡试，实可学做八股者十年。若稍有聪明，岂有不通者哉？若十九、二十即行乡试，无论万万不中，即中得太早又有何味？我所以决计令其明秋始学八股，二十四始乡试也。九弟为我禀告父大人，实不为迟，不必挂虑。

予近来常思归家，今年秋间实思挈眷南旋，诸弟为我禀告堂上大人，春间即望一回信。九弟进京之说，暂不必急急。同乡诸家如故。余容后日续寄。兄国藩手草。

咸丰二年七月二十六日

字谕纪泽儿：

七月二十五日丑正二刻，予行抵安徽太湖县之小池驿，惨闻吾母大故。予德不修，无实学而有虚名，自知当有祸变，惧之久矣。不谓天不陨灭我身，而反灾及我母，回思吾平日隐慝大罪不可胜数，一闻此信，无地自容。小池驿去大江之滨尚有二百里，此两日内雇一小轿，仍走旱路，至湖北黄梅县临江之处，即行雇船。计由黄梅至武昌不过六七百里，由武昌至长沙不过千里，大约八月中秋后可望到家。一出家辄十四年，吾母音容不可再见，痛极痛极！不孝之罪，岂有稍减之处！兹念京寓眷口尚多，还家甚难，特寄信到京，料理一切，开列于后：

——我出京时，将一切家事面托毛寄云年伯，均蒙慨许。此时遭此大变，尔往叩求寄云年伯筹划一切，必能俯允。现在京寓银钱，分毫无出，家眷回南路费，人口太多，计须四五百金，求寄云年伯张罗。此外同乡如黎樾乔、黄恕皆老伯，同年如王静庵、袁午桥年伯，平日皆有肝胆，待我甚厚，或可求其凑办旅费。受人恩情，当为将来报答之地，不可多求人也。袁漱六姻伯处，只可求其出力帮办一切，不可令其张罗银钱，渠甚苦也。

——京寓所欠之账，惟西顺兴最多，此外如杨临川、王静庵、李玉泉、王吉云、陈仲鸾诸兄，皆多年未偿。可求寄云年伯及黎、黄、王、袁诸君内择其尤相熟者，前往为我展缓，我再有信致各处。外间若有奠金来者，我当概存寄云、午桥两处，有一两即以一两还债，有一钱即以一钱还债，若并无分文，只得待我起复后再还。

——家眷出京，行路最不易。樊城旱路既难，水路尤险。此外更无好路，不如仍走王家营为妥，只有十八日旱路。到清江即王家营也时，有郭雨三亲家在彼，到池州江边，有陈岱云亲家及树堂在彼，到汉口时，吾当托人照料。江路虽险，沿途有人照顾，或略好些。闻扬州有红船最稳，虽略贵，亦可雇。尔母最怕坐车，或雇一驮轿亦可，然驮轿最不好坐，尔母可先试之，如不能坐，则仍坐三套大车为妥于驮轿大车之外，另雇一空轿车备用，不可装行李。

——开吊散讣不可太滥。除同年、同乡、门生外，惟门簿上有来往者散之，此外不可散一份。其单请庞省三先生定。此系无途费不得已而为之，不可滥也，即不滥，我已愧恨极矣。

——外间亲友，不能不讣告寄信，然尤不可滥，大约不过二三十封。我到武昌时，当寄一单来，并寄信稿，此刻不可遽发信。

——铺店帐目，宜一一清楚，今年端节已全楚矣。此外只有松竹斋新账，可请省三先生往清，可少给他，不可全欠他。又有天元德皮货店，请寄云年伯往清，其新猞猁狲皮褂，即退还他，若已做成，即并缎面送赠寄云可也。万一无钱，皮局账亦暂展限，但累寄云年伯多矣。

——西顺兴账，自丁未年夏起，至辛亥年夏止，皆有折子。可将折子找出，请一明白人细算一遍如省三先生、湘宾先生及子彦皆可，究竟用他多少钱，专算本钱，不必兼算利钱。待本钱还清，然后再还利钱。我到武昌时，当写一信与萧沛之三兄，待我信到后，然后请寄云年伯去讲明可也。总须将本钱、利钱划为两段，乃不至轇轕不清。六月所借之捐贡银一百二十余金，须设法还他，乃足以服人。此事须与寄云年伯熟计。

——高松年有银百五十金，我经手借与曹西垣，每月利息京钱十千。今我家出京，高之利钱已无着落。渠系苦人，我当写信与西垣，嘱其赶紧寄京。目前求黎樾乔老伯代西垣清几个月利钱，至恳至恳。并请高与黎见面一次。

——木器等类，我出京时已面许全交与寄云，兹即一一交去，不可分散，概交寄云年伯。盖器本少，若分则更少矣，送渠一人，犹成人情耳。锡器瓷器，亦交与他。

——书籍我出京时一一点明，与尔舅父看过。其要紧者皆可带回。此外我所不带之书，惟《皇清经解》六十函算一大部，我出京时已与尔舅说明，即赠送与寄云年伯。又《会典》五十函算一大部，可借与寄云用。自此二部外，并无大部，亦无好板，可买打磨厂油箱，一一请书店伙计装好上贯铁钉封皮，交寄云转寄存一庙内，每月出赁钱可也。边袖石借《通典》一函，田敬堂借地图八幅，吴南屏借梅伯言诗册，俱往取出带回。

——大厅书架之后有油木箱三个，内皆法帖之类，其已裱好者可全带回，其未裱者带回亦可送人。家信及外来信，粘在本子上者，皆宜带回。地舆图三付，皆宜带回。又有十八省散图亦带回。字画、对联之类择好者带回，上下木轴均撤去，以便卷成一捆。其不好者、太宽者不必带，做一宽箱封锁，与书箱同寄一庙内。凡收拾书籍、字画之类，均请省三先生及子彦帮办，而牧云一一过目。其不带者，均用箱寄庙。

——我本思在江西归家，凡本家亲友皆以银钱赠送。今既毫无可赠，尔母归来，须略备接仪。但须轻巧不累赘者，如毡帽、挽袖之类，亦不可多费钱，如捞沙膏、眼药之属，亦宜带些，高丽参带半斤。

——纪泽宜做棉袍褂一付，靴帽各一，以便向祖父前叩头承欢。

——王雁汀先生寄书，有一单，我已点与子彦看。记得《乾隆二集》系王世兄取去，《五集》系王太史敦敏向刘世兄借去，余刘世兄取去者有一片，此外皆在架上，可送还他。

——苗仙麓寄卖之书，《声订声读表》共一种，《毛诗韵订》一种，《建首字读本》想到江西销售几部，今既不能，可将书架顶上三种各四十余部还他，交黎樾乔老伯转交。

——送家眷出京，求牧云总其事。如牧云已中举，亦求于复试后九月二十外起行，由王家营水路至汉口，或不还家，仍由汉口至京会试可也。下人中必须罗福、盛贵，若沈祥能来更好，否则李长子亦可。大约男仆须四人，女仆须三人。九月二十前后必须起程，不可再迟。一定由王家营走，我当写信托沿途亲友照料。

咸丰二年八月初八日 蕲水舟中书

字谕纪泽儿：

吾于七月二十五日在太湖县途次痛闻吾母大故，是日仍雇小轿行六十里，是夜未睡，写京中家信料理一切，命尔等眷口于开吊后赶紧出京。二十六夜发信交湖北抚台寄京，二十七发信交江西抚台寄京，两信是一样说话，而江西信更详，恐到得迟，故由两处发耳。惟仓猝哀痛之中，有未尽想到者，兹又想出数条，开示于后：

——他人欠我帐目，算来亦将近千金。惟同年鄢勖斋敏学，当时听其肤受之愬而借与百金，其实此人并不足惜寄云兄深知此事，今渠已参官，不复论已。此外凡有借我钱者，皆光景甚窘之人，此时我虽窘迫，亦不必向人索取，如袁亲家、黎樾翁、汤世兄、周荇农、邹云陔，此时皆甚不宽裕。至留京公车，如复生同年、吴镜云、李子彦、刘裕轩、曾爱堂诸人，尤为清苦异常，皆万不可向其索取，即送来亦可退还。盖我欠人之帐，既不能还清出京，人欠我之帐而欲其还，是不恕也。从前黎樾翁出京时亦极窘，而不肯索穷友之债，是可为法。至于胡光伯之八十两，刘仙石之二百千钱，渠差旋时自必还交袁亲家处，此时亦不必告知渠家也。外间有借我者，亦极窘，我亦不写信去问他。

——我于二十八、二十九在九江耽搁两日，江西省城公送来奠分银壹千两，余以三百两寄京还债，以西顺兴今年之代捐贡银及寄云兄代买皮货银之类，皆甚紧急，其银交湖北主考带进京，想到京时家眷已出京矣，即交寄云兄择其急者而还之。下剩七百金，以二百余金在省城还账，带四百余金至家办葬事。

——驮轿要雇即须二乘，尔母带纪鸿坐一乘，乳妈带六小姐、五小姐坐一乘。若止一乘，则道上与众车不同队，极孤冷也。此外雇空太平车一乘，备尔母道上换用，又雇空轿车一乘，备尔与诸妹弱小者坐，其余用三套头大车。我之主见，大略如此，若不妥当，仍请袁姻伯及毛、黎各老伯斟酌，不必以我言为定准。

——李子彦无论中否，皆须出京，可请其与我家眷同行几天。行至雄县，渠分路至保定去，亦不甚绕也。到清江浦雇船，可请郭雨三姻伯雇，或雇湖广划子二只亦可，或至扬州换雇红船，或雇湘乡钓钩子亦可。沿途须发家信，至清江浦托郭姻伯寄信，至扬州托刘星房老伯寄信，至池州托陈姻伯，至九江亦可求九江知府寄，至湖北托常太姻伯寄，以慰家中悬望。信面写法另附一条。

——小儿女等须多做几件棉衣，道上十月固冷，船上尤寒也。

——御书诗匾及戴醇士、刘菽云所写匾，俱可请裱匠启下，卷起带回。王孝凤借去天图，其底本系郭筠仙送我的，暂存孝凤处，将来请交筠仙。

——我船一路阻风，行十一日，尚止走得三百余里，极为焦灼。幸冯树堂由池州回家，来至船上与我作伴，可一同到省，堪慰孤寂，京中可以放心。

——江西送奠仪千金外，有门包百金。丁贵、孙福等七人已分去六十金，尚存四十金，将来罗福、盛贵、沈祥等到家，每人可分八九两。渠等在京要支钱，亦可支与他，渠等皆极苦也。

——我在九江时，知府陈景曾、知县李福甲午同年皆待我极好。家眷过九江时，我已托他照应，但讨快不讨关讨关，免关钱也；讨快，但求快快放行，不免关税也。尔等过时，渠若照应，但可讨快，不可代船户讨免关。

——船上最怕盗贼。我在九江时，德化县派一差人护送，每夜安船后，差人唤塘兵打更，究竟好些。家眷过池州时，可求陈姻伯饬县派一差人护送，沿途写一“溜信”，一径护送到湖南，或略好些。若陈姻伯因系亲戚避嫌不肯，则仍至九江求德化县派差护送。每过一县换一差，不过赏大钱二百文。

——各处发讣信，现在病不知日，没不知时，不能写信稿，只好到家后再说。

咸丰二年八月十二夜 在武昌城内发家信

余于初八日在舟中写就家信，十一早始到黄州，因阻风太久，遂雇一小轿起旱。十二日未刻到湖北省城，晤常南陔先生之世兄，始知湖南消息。长沙被围危急，道路梗阻，行旅不通，不胜悲痛，焦灼之至。现在武昌小住，家眷此时万不可出京，且待明年春间再说。开吊之后，另搬一小房子住，予陆续设法寄银进京用。匆匆草此，俟一二日内续寄。

咸丰二年八月十三夜 在湖北省城写，谕纪泽

十三日在湖北省城住一天，左思右想，只得仍回家见吾父为是。拟

十四日起行，由岳州、湘阴绕道出沅江、益阳以至湘乡，约须半月。沿途自知慎重。如果遇贼，即仍回湖北省城，陆续有家信寄京，不必挂念。

家眷既不出京，止将书检存箱内，搬一房子，余物概不必动。予行李皆存常大人署中，留荆七、孙福看守。自带丁、韩二人回南，常又差四人护送，可以放心，涤生字。

咸丰二年八月二十六日

字谕纪泽儿：

予于八月十四日在湖北起行，十八至岳州，由湘阴、宁乡绕道，于二十三日到家，在腰里新屋痛哭吾母。二十五日至白杨坪老屋，敬谒吾祖星冈公坟墓。家中老少平安，地方亦安静。合境团练武艺颇好，土匪可以无虞。吾奉父亲大人之命，于九月十三日暂厝吾母于腰里屋后，俟将来寻得吉地，再行迁葬。

家眷在京，暂时不必出京，俟长沙事平再有信来。王吉云同年在湖北主考回京，予交三百二十金托渠带京，想近日可到。予将发各处讣信，刻尚无暇，待九月再寄。京中寄信回，交湖北常大人处最妥。岳父、岳母俱于二十五日来我家，身体甚好，尔可告知尔母，余不尽。涤生手示。

咸丰二年九月十八日

字谕纪泽儿：

予自在太湖县闻讣后，于二十六日书家信一号，托陈岱云交安徽提塘寄京，二十七日发二号家信，托常南陔交湖北提塘寄京，二十八日发三号，交丁松亭转交江西提塘寄京。此三次信，皆命家眷赶紧出京之说也。八月十三日，在湖北发家信第四号，十四日发第五号，二十六日到家后发家信第六号。此三次信皆言长沙被围，家眷不必出京之说也。不知皆已收到否？

予于二十三日到家，家中一切清吉，父亲大人及叔父母以下皆平安。予癣疾自到家后日见痊愈。地方团练人人皆习武艺，土匪决可无虞。粤匪之氛虽恶，我境僻处万山之中，不当孔道，亦断不受其蹂躏。现奉父亲大人之命，于九月十三日权厝先妣于下腰里屋后山内，俟明年寻有吉地再行改葬。所有出殡之事，一切皆从俭约。

丁贵自二十七日已打发他去了，我在家并未带一仆人，盖居乡即全守乡间旧样子，不参半点官宦气习。丁贵自回益阳，至渠家住数日，仍回湖北为我搬取行李回家，与荆七二人同归。孙福系山东人，至湖南声音不通，即命渠由湖北回京，给渠盘川十六两，想渠今冬可到京也。

尔奉尔母及诸弟妹在京，一切皆宜谨慎。目前不必出京，待长沙贼退后，予有信来，再行收拾出京。兹寄去信稿一件，各省应发信单一件。尔可将信稿求袁姻伯或庞师照写一纸发刻。其各省应发信，仍求袁、毛、黎、黄、王、袁诸位妥为寄去。予到家后，诸务丛集，各处不及再写信，前在湖北所发各处信，想已到矣。

十三日申刻，母亲大人发引，戌刻下肂。十九日筑坟可毕。

现在地方安静。闻长沙屡获胜仗，想近日即可解围。尔等回家，为期亦近。罗劭农芸皋之弟至我家，求我家在京中略为分润渠兄。我家若有钱，或十两，或八两，可略分与芸皋用，不然，恐同县留京诸人有断炊之患也。书不能尽，余俟续示。

咸丰二年十一月十四日

牧云仁兄大人阁下：

屡接手书，舍间一切皆蒙经理，感极感极！

弟自八月二十三到家后，已发信三次。十月初十一次，交常南陔家。闻南陔先生家中十八始遣人到湖北，是时适值长沙贼匪窜往宁乡、益阳一带，不知此信果到京否？

自十月以来，弟家大小平安。十一月初一未刻，四舍弟生一子，排行科九，母子均极平安。初二起佛会，初四夜散。初七日弟至尊府，岳父在衡州未归，岳母康健，嫂夫人身体如常，其余大小均吉。弟家请魏荫亭教书，即召亭之弟，四舍弟之亲家也。学生共三人：舍侄甲五，胞姊之子临三，胞妹之子昆八，十月十七上馆。荫亭极善教书，弟生平所见教读者，殆无其敌。自黎明初醒，以至夜深将睡，殆无须臾不与学生讲解。一月之中，学生进功真可谓一日千里。

弟于京中一切，不甚挂念。所最挂念者，惟念纪泽儿年少，恐其学坏。敬求老兄大人时时教诲，时时防闲，总须多解多讲，令其神不外散，乃为有益，千万千万。又须令其习字，可拜李寿廷为师，每日习大字二百，亦是要事。京中用钱，须格外省俭。王吉云进京，带银三百，又存银二百在南陔先生处，留为寄京之用，此外则更无分毫可寄。

现在贼匪盘踞岳州，恐湖北亦属可虞。不知明年正月家眷可回南否。弟意正月节后，家眷由通州上船，二月可至扬州，万一湖北不靖，则由苏州小河转至浙江，由江西水路到家。不过中间盘堤二次，虽为日甚久，而一则免大江之险，一则无盗贼之警，似尚可行，求老兄更与诸友熟计之。

弟身体平安，癣疾请刘医诊治，云须食淡二七，不吃盐茶酒醋。昨十月二十三起已淡七日，此次十一月初八日起又淡七日，虽未痊愈，而夜间能熟睡。兄八月二十三在张抚台家所寄之信，十月二十七接到。此次不另写家书，诸惟心照。

咸丰二年十二月十五日

牧云仁兄大人左右：

十一月十八发家信一件，交湖南抚台转寄。十二月初七发家信一件，交益阳县李筱泉明府，托其由常德交云贵折差转寄。其弟李少荃编修不知何时可到京中？十月十二所发之信，已于十二月初六接到矣。九月之信，至今未到。弟身体极好，面色红润发胖，在京十余年，无此气象。合家大小平安。尊府人人清吉。

十二月十三日申刻，湖南巡抚专差送到咨文，十一月二十九奉旨，命弟在本省帮同办理团练乡民搜查土匪诸事务。弟闻讣到家仅满四月，葬母之事草草权厝，尚思寻地改葬，家中诸事尚未料理。此时若遽出而办理官事，则不孝之罪滋大。且所办之事，亦难寻头绪。若其认真督办，必须遍走各县号召绅耆，劝其捐赀集事，恐为益仅十之二，至扰累者十之八。若不甚认真，不过安坐省城，使军需局内多一项供应，各官多一处应酬而已。再四思维，实无裨于国事，是以具折陈情，恳乞终制。兹将折稿寄京，相好中如袁、毛、黎、黄、王、袁、庞诸君，尽可令其一阅。此外，如邵蕙西、李少荃、王雁汀、吕鹤田，有欲阅者，亦可一阅。盖欲使知交中谅我寸心，不必登诸荐牍，令我出而办事，陷于不孝也。

弟自奉旨后，始知汉阳失守。乡间音问难通，即县城亦无确信。眷口在京或归或否，惟兄与内人裁度。或由浙江、江西一路，或由樊城一路，或竟作久住之计，全不作归家之想，均由兄为主。弟僻处乡间，消息不明，不遥决也。

纪泽儿身体不健，宜时时行动，或坐车至圆明园一二次亦可。无事总宜读书习字，余不一一。

咸丰二年十二月二十五日

牧云仁兄大人足下：

前信写就，正拟专人送至省城，请张抚台代为发折。十五夜接张抚台来信二件，知武昌失守，不胜骇叹。郭筠仙亦于十五夜来我家，劝我到省帮办团练等事。弟以湖北失守，关系甚大，又恐长沙人心惶惧，理宜出而保护桑梓。即于十七日由家起行，二十一日抵省。先以稽查城内土匪奸细为要务，其次则勤于操练。江岷樵所带之壮勇二千，甚为可恃，即留于长沙防守。弟又招湘乡壮勇千名，亦颇有纪律，若日日操练，可期得力。现在大股业已顺长江而下，只怕分股回窜，不得不严为防备。幸张抚台至明决，勇于任事，乡绅亦多信吾之言，或可办理得宜，京中全家不必挂心。

湖北既失守，则道途必多盗贼，家眷不宜出京。望兄辛苦照料一切，不胜感激。若冯树堂来京，一切与之商议，必甚妥叶。书不能详，诸惟心照。

咸丰三年癸丑正月十二日

牧云仁兄大人阁下：

十二月二十八发家信一件。其时弟以奉旨来长沙，具折陈奏，将折稿封存家信中，不知到否？

正月以来，弟在省身体平安。九弟于初九到省，知舍间自严亲以下并安好。又接岳父大人手示，知尊府一切平安。正月二日，予写一信，交湘乡公车刘月槎、贺石农带京，信中言会试后家眷与公车一同回南。近日仔细思之，恐仍以不出京为妥。盖道途多梗，即不遇粤寇，犹恐土匪所在窃发，终不放心，不如待其稍定，再看机会。

正月初三日，粤匪自武昌下窜，水陆两路并发，不识直扑安徽乎？抑入江西乎？现尚未得确耗。南陔先生闻于城门尽节，其夫人及大世兄并大孙女并于初七殉难，其二世兄与二少奶奶并各孙男女等皆为贼所掠，幸不甚凌辱。昨初三日逆贼下窜之时，闻将城中男女一概裹胁，驱之上船，投江自尽者不可胜数，恐常氏遂无遗类矣，惨哉！

正月十一日，湖南张中丞至湖北履总督任，收复省城，江岷樵与之同往。弟再三托岷樵，嘱其收常氏之遗骸，求常氏之孤孽，不知可得一二否。常氏有一家人由湖北贼中逃难回者，弟亦遣之同往，不知常氏何辜，遭此奇祸，殊不可解。

弟在省办事，以查办土匪为第一要务，以各县之正人办各县之匪徒，总在访求公正绅耆尽下手工夫，其次则操练兵勇。三年之艾，亦须及时收蓄，以为七年治病地步。四、九舍弟及刘霞仙、郭筠仙俱在长沙，与弟同居作伴，甚不寂寞。癣疾十愈其八，自在京以来，未尝如此大好，此近日第一欣幸之事。

纪泽读书，求兄勤勤讲解，务使怡然以悦，乃为至善。书不详尽，诸惟心照。顺请日安。

咸丰三年十月初四日

男国藩跪禀父亲大人万福金安：

屡次接到二十三日、二十八日、二十九日、初二日手谕，敬悉一切。

男前所以招勇往江南杀贼者，以江岷樵麾下人少，必须万人一气，诸将一心，而后渠可以指挥如意，所向无前。故八月三十日寄书与岷樵，言陆续训练，交渠统带，此男练勇往江南之说也。王璞山因闻七月二十四日江西之役谢、易四人殉难，乡勇八十人阵亡，因大发义愤，欲招湘勇二千前往两江杀贼，为易、谢诸人报仇，此璞山之意也。男系为大局起见，璞山系为复仇起见；男兼招宝庆、湘乡及各州县之勇，璞山则专招湘乡一县之勇；男系添六千人，合在江西之宝勇、湘勇足成万人，概归岷樵统带，璞山则招二千人，由渠统带。男与璞山大指虽同，中间亦有参差不合之处。恐家书及传言但云招勇往江南，其中细微分合之故，未能尽陈于大人之前也。

自九月以来，闻岷樵本县之勇皆溃散回楚，而男之初计为之一变。闻贼匪退出江西，回窜上游，攻破田镇，逼近湖北，而男之计又一变。而璞山则自前次招勇报仇之说通禀抚藩各宪，上宪皆嘉其志而壮其才。昨璞山往省，抚藩命其急招勇三千赴省救援。闻近日在涟滨开局，大招壮勇，即日晋省。器械未齐，训练未精，此则不特非男之意，亦并非璞山之初志也。事势之推移有不自知而出于此，若非人力所能自主耳。

季弟之归，乃弟之意，男不敢强留。昨奉大人手示，严切责以大义，不特弟不敢言归，男亦何敢稍存私见，使胞弟迹近规避，导诸勇以退缩之路。现今季弟仍认△△△简体版编者注：此处原书缺字，现并无新发现资料补充，暂缺之不可为，且见专用本地人之有时而不可恃也。男现在专思办水战之法，拟簰与船并用。湘潭驻扎，男与树堂亦尝熟思之。办船等事，宜离贼踪略远，恐未曾办成之际，遽尔蜂拥而来，则前功尽弃。

朱石翁已至湖北，刻难遽回。余湘勇留江西吴城者，男已专人去调矣。江岷樵闻亦已到湖北省城。谨此奉闻。男办理一切，自知谨慎，求大人不必挂心。

咸丰四年甲寅三月二十五日

男国藩跪禀父亲大人万福金安：

二十二日接到十九日慈谕，训诫军中要务数条，谨一一禀复：

——营中吃饭宜早，此一定不易之理。本朝圣圣相承，神明寿考，即系早起能振刷精神之故。即现在粤匪暴乱，为神人所共怒，而其行军亦系四更吃饭，五更起行。男营中起太晏，吃饭太晏，是一大坏事。营规振刷不起，即是此咎。自接慈谕后，男每日于放明炮时起来，黎明看各营操演，而吃饭仍晏，实难骤改。当徐徐改作天明吃饭，未知能做得到否。

——扎营一事，男每苦口教各营官，又下札教之，言筑墙须八尺高，三尺厚，壕沟须八尺宽，六尺深，墙内有内濠一道，墙外有外濠二道或三道，濠内须密钉竹签云云，各营官总不能遵行。季弟于此等事尤不肯认真。男亦太宽，故各营不甚听话。岳州之溃败，即系因未能扎营之故，嗣后当严戒各营也。

——调军出战，不可太散，慈谕所诫极为详明。昨在岳州，胡林翼已先至平江，通城屡禀来岳请兵救援，是以于初五日遣塔、周继往。其岳州城内王璞山有勇二千四百，朱石樵有六百，男三营有一千七百，以为可保无虞矣，不谓璞山至羊楼司一败，而初十开仗，仅男三营与朱石樵之六百人，合共不满二千人，而贼至三万之多，是以致败。此后不敢分散，然即合为一气，而我军仅五千人，贼尚多至六七倍，拟添募陆勇万人，乃足以供分布耳。

——破贼阵法，平日男训诫极多，兼画图训诸营官。二月十三日男亲画贼之莲花抄尾阵，寄交璞山，璞山并不回信；寄交季弟，季弟回信，言贼了无伎俩，无所谓抄尾阵；寄交杨名声、邹寿璋等，回信言当留心。慈训言当用常山蛇阵法，必须极熟极精之兵勇乃能如此。昨日岳州之败，贼并未用抄尾法，交手不过一个时辰，即纷纷奔退。若使贼用抄尾法，则我兵更胆怯矣。若兵勇无胆无艺，任凭好阵法他也不管，临阵总是奔回，实可痛恨。

——拿获形迹可疑之人，以后必严办之，断不姑息。

以上各条，谨一一禀复，再求慈训。男谨禀。

咸丰四年三月二十五日

澄、温、植三弟左右：

澄弟有病，即可不必来此。此间诸事杂乱，澄弟虽来，亦难收拾，不如在家料理一切也。长夫来此者至六十名之多，澄弟于此等处不知节省，亦疏略也。兹一概遣归，仅留十三名在此。如不好，尚须再遣回。

昨夜褚太守带三营水师至靖江剿贼，不知能得手否？塔、周大胜仗归来，余赏银千两、功牌百张、猪十口、酒五百斤，颇觉鼓舞。现惟邓湘一营难于收辑耳。余不一一。

咸丰四年四月初四日

澄、温、沅三位老弟足下：

初四日午刻安五等来，接到家信，具悉一切。父大人声色不动，毫无惊怖，实我辈所万不能及。

贼于二十七早辰刻破湘潭，即刻分股窜至朱亭、渌口、株洲一带，掳大河及一宿河之船，又分股窜至湘乡掳涟江之船。二十八早塔副将在潭大获胜仗，踏破贼营三座，烧毁木城一座，杀贼至六百余人。是夜贼又筑营垒，塔副将与大战二次，初次烧贼营二座，杀贼七百人，二次真长发老贼拼命出战，塔将又大胜，杀贼千余人。初一、初二日皆大战，官兵大捷。五仗共杀贼至四千人。三日连破贼营三次，至第四日，贼不敢筑营矣。凡自贼中逃出者，皆言自广西起事以来，官兵从无此非常之胜。褚太守、彭玉麟、杨载福、邹世琦至湘潭水战，自初一日黎明起至初三止，烧毁贼船至七百余号之多，亦为近来所仅见。现在湘潭贼势甚为穷蹙，若能破城剿灭此股，则靖江以下之贼，朱亭以上之贼，皆为易办。湘潭大战之时，贼调回湘乡一枝兵，我县得以无恙，我家得以安全，皆塔副将之功也。

所可恨者，吾于初二日带水师五营、陆勇八百至靖江攻剿贼巢，申刻开仗，仅半顿饭久，陆勇奔溃，水勇亦纷纷奔窜，二千余人竟至全数溃散，弃船炮而不顾，深可痛恨！惟钓钩子未出队者，略存子药炮位，而各水手亦纷纷尽散，红船之水手仅存三人，余船竟无一水手，实为第一可怪之事。刻下兄已移寓妙高峰，留数百陆勇护卫。如使湘潭一股竟就扑灭净尽，则天下事大有可为；若湘潭贼不遽灭，则贼集日众，湖南大局竟多棘手之处。尽人事以听天，吾惟日日谨慎而已。余俟续布。

咸丰四年四月十四日

澄侯、温甫、子植、季洪四位老弟左右：

十四日刘一、名四来，安五来，先后接到父大人手谕及洪弟信，具悉一切。

靖江之贼现已全数开去，窜奔下游，湘阴及洞庭皆已无贼，直至岳州以下矣。新墙一带土匪皆已扑灭，惟通城、崇阳之贼尚未剿净，时时有窥伺平江之意。湘潭之贼，在一宿河以上被烧上岸者，窜至醴陵、萍乡、万载一带，闻又裹胁多人，不知其尽窜江西，抑仍回湖南浏、平一带。如其回来，亦易剿也。安化土匪现尚未剿尽，想日内可平定。

吾于三月十八发岳州战败请交部治罪一折，于四月初十日奉到朱批"另有旨"。又夹片奏初五日邹国螭被火烧伤、初七大风坏船一案，奉朱批"何事机不顺若是，另有旨"。又夹片奏探听贼情各条，奉朱批"览，其片已存留军机处矣"。又有廷寄一道，谕旨一道，兹钞录付回。十二日会同抚台、提台奏湘潭、宁乡、靖江各处胜仗败仗一折，兹钞付回，其折系左季高所为。又单衔奏靖江战败请交部从重治罪一折，又奏调各员一片，均于十二日发六百里递去，兹钞录寄家，呈父、叔大人一阅。兄不善用兵，屡失事机，实无以对圣主，幸湘潭大胜，保全桑梓，此心犹觉稍安。现拟修整船只，添招练勇，待广西勇到，广东兵到，再作出师之计。而饷项已空，无从设法，艰难之状，不知所终。人心之坏，又处处使人寒心。吾惟尽一分心，作一日事，至于成败，则不能复计较矣。

魏荫亭近回馆否？澄弟须力求其来。吾家子侄半耕半读，以守先人之旧，慎无存半点官气。不许坐轿，不许唤人取水添茶等事。其拾柴收粪等事须一一为之，插田莳禾等事亦时时学之，庶渐渐务本而不习于淫佚矣。至要至要，千嘱万嘱。

咸丰四年四月十六日 *夜书于长沙妙高峰*

澄、温、子植、季洪四弟足下：

昨寄去一函，谅已收到。十五日接父大人手谕，敬知一切。

兄每日黎明看操，现已阅看四日，专看戈什哈及亲兵二种。然有所表率，他营亦将兴起。父大人命招湘乡之原水手，赶紧前赴鄂省下游。此时所患者，水手易添，船只难办。不特衡州新造之船难以遽就，即在省之船经屡次风波、屡次战阵后，亦多有损坏者，修整难以遽毕。且广西水勇、广东水兵皆于五月可到，不得不少为等候，整顿成军，稍有把握，然后扬帆东下。

予近来因肝气太燥，动与人多所不合，所以办事多不能成。澄弟近日肝气尤旺，不能为我解事，反为我添许多唇舌争端。军中多一人不见其益，家中少一人则见其损。澄侯及诸弟以后尽可不来营，但在家中教训后辈，半耕半读，未明而起，同习劳苦，不习骄佚，则所以保家门而免劫数者，可以人力主之，望诸弟慎之又慎也。

咸丰四年四月二十日

澄、温、植、洪老弟左右：

十七、十九接父大人十三、十五手谕及澄弟两函，具悉一切。兹分列各条于后，祈诸弟禀知父大人，兼禀叔父大人：

——水勇自二十四五日成章诏营内逃去百余人，胡维峰营内逃去数十人。二十七日何南青营内逃去一哨，将战船炮位弃之东阳港，尽抢船中之钱米帆布等件以行。二十八日各营逃至三四百人之多，不待初二靖江战败，而后有此一溃也。其在湘潭打胜仗之五营，亦但知抢分贼赃，全不回省，即行逃回县城。甚至将战船送入湘乡河内，各勇登岸逃归，听战船漂流河中，丢失货物。彭雪琴发功牌与水手，水手见忽有顶戴，遂自言并册上姓名全是假的，应募之时乱捏姓名，以备将来稍不整齐，不能执册以相索云云。鄙意欲预为逃走之地，先设捏名之计。湘勇之丧心昧良，已可概见。若将已散者复行招回，则断难得力。衡、永之水勇不过五月可到，亦不甚迟迟也。

——广东水师总兵陈大人带广东兵一百，洋炮一百，已于四月初六日到郴，月内可到省。广西水勇亦五月可到。衡州造新船，省城整旧船，皆五月可齐，不至延到七月始行也。

——澄弟自到省帮办以来，千辛万苦，巨细必亲。在衡数月，尤为竭力尽心，衡郡诸绅佩服，以为从来所未有。昨日有郑桂森上条陈，言见澄侯先生在湘阴时景象，渠在船上，不觉感激泣下云云。澄弟之才力诚心，实为人所难学。惟近日公道不明，外间悠悠之口，亦有好造谣言讥澄弟之短者。而澄弟见我诸事不顺，为人欺侮，愈加愤激，肝火上炎，不免时时恼怒，盛气向人。人但见澄弟之盛气，而不知实有激之逼之使然者也。人以盛气凌物诮澄，澄以盛气伤肝致病。予恐其因抑郁而成内伤，又恐其因气盛而招怨声。故澄归之后，即听其在家养息，不催其仍来营中。盖亦见家中之事，非澄不能提新宅之纲；乡间之事，非澄不能代大人之劳也。并无纤介有不足于澄弟之处，澄弟当深知之，必须向大人膝下详禀之。

——王璞山之骄蹇致败，贻误大局，凡有识者皆知之。昨在家招数百乡勇，在石潭杀残贼三十人，遂报假胜仗，言杀贼数百人，予深恶之。予与中丞、提军三人会衔具奏一折，系左季高所作，予先本将折稿看过。后渠又添出几段，竟将璞山之假胜仗添入。发折后始送稿来画，已无可如何，只得隐忍画之。朱石樵在岳州战败逃回，在宁乡战败，逃奔数次。昨到省城，仍令其署宝庆府事，已于十八日去上任矣。是非之颠倒如此，予在省日日恼郁，诸事皆不顺手，只得委曲徐图。昨当面将朱石樵责备，渠亦无辞以对，然官场中多不以我为然。将来事无一成，辜负皇上委任之意，惟有自愧自恨而已，岂能怨人乎？怨人又岂有益乎？大抵世之乱也，必先由于是非不明，白黑不分。诸弟必欲一一强为区别，则愈求分明，愈致混淆，必将怄气到底。愿诸弟学为和平，学为糊涂。璞山之事，从今以后，不特不可出诸口，而且不可存诸心。

——我二十四都之长夫不耐劳苦，好穿长衣鞋袜，不敢远行，时刻思归。予拟在此另雇长夫。其本境长夫止留三四人在此，以便送信归家。

——率五病故，我绝不知信息。季弟何以并不告我？前澄弟信中有半句，我始骇然。昨葛十一来，乃实知之。刻下已搬柩还乡否？若尚在省，急须写信来，我当设法送归也。其如何病，如何殁，季弟当详告我。

以上数条，望诸弟细心体贴。缕禀堂上大人为要。

咸丰四年四月二十一日

澄、温、沅、洪四弟左右：

屡日发家信数次，想已收到。

实收换部照，须造清册一本，大非易事。现命孙阆青经理此事，恐非二十日不能了，纵不能如请咨部功牌册之精妙，亦不宜太草率也。三月二十二日所发一折，顷于四月二十日接奉朱批并廷寄，兹照钞送回，呈堂上大人一阅。

广东水师兵已于二十一日到一百矣，洋炮亦到百尊。广西水勇尚未到。衡州所造新船，闻甚不合用，顷有信与萧可兄，令其略改也。荫亭兄到馆，请其催将侯兄速来，并告贵州徐河清、韩超、张礼度并皆奏调来楚，均五月可到也。余不一一。

咸丰四年五月初一日

澄、沅、洪三弟左右：

三十日奉到父大人手谕及三弟信件，具悉一切。

长夫俱留在此，吃上头饭，每日给钱百文，实无一事可劳其筋力，故不能不略减也。沅弟言我仁爱有余，威猛不足，澄弟在此时亦常说及，近日友人爱我者人人说及。无奈性已生定，竟不能威猛。所以不能威猛，由于不能精明，事事被人欺侮，故人得而玩易之也。

甲三之论、甲五之小讲，已加批付回。科一、科三、科四之字俱好。科一请安禀，其字画粗大，颇有乃父之风。

季弟在益阳所领钱文，绅士文任吾等已料理清楚。在湘阴时即在兄处领得实收，兄到岳州忘告季弟耳。

四月初一日与中丞会衔奏请调贵州、广东兵，兹于二十六日奉到寄谕。钞录付回。余不一一。

咸丰四年五月初四日

澄、温、季三位左右：

初二日接奉寄谕，兄两次请罪，尚止革职，不加严谴。鲍提军革职，即以塔副将署提军任。圣鉴之公明，天恩之高厚，实令人感激无地。兹钞录付回。

江采七于三月自庐州回，初三到省，千辛万苦，或三日而仅得两饭，或数夜而不得一眠，乱世行路之难，真奇难也。在湖北时得见魏召亭，光景甚窘。曾与采五言及，万一城破，当由大东门避去。湖北官弁兵勇久无饷银，真不堪设想也。召亭家书一件付去。

兄身体甚好，树堂、筠仙皆来此过节。专待衡州船到，广西勇到，即配齐东下。塔智亭于初八日先带陆勇三千余人至岳州去。余不一一。

咸丰四年五月初九日

澄、温、沅、季老弟左右：

初九日芝三到省，接奉父大人手谕及澄、季、芝生各信，具悉一切。予于初八日具折谢恩，并夹片二件，兹一并钞录付回。凡谕旨、章奏等件付至家中者，务宜好为藏弆。我兄弟五人，无一人肯整齐收拾者，亦不是勤俭人家气象。以后宜收拾完整，可珍之物固应爱惜，即寻常器件亦当汇集品分，有条有理。竹头木屑，皆为有用，则随处皆取携不穷也。温弟在此住旬余，心平气和，论事有识，以后可保家中兄弟无纷争之事，予在外大可放心。

李筱泉之家眷意欲寄居湘乡，一则省城虽防守甚严，而时时有寇至之虑；一则寓公馆比之居乡其奢俭相去甚远。渠托江采五在中沙等处，又托予在二十三、四都等处寻觅住居。澄弟等为之留心，或在离我家二三十里之区择一善地，以省俭为主，渠光景甚窘也。予再三辞之，言我家尚难自保，且迁徙而远避，又焉能庇及他人？渠意总欲居乡，缓急尚可藏匿山穴；至土匪抢劫，渠本无可抢云云。予不能再辞，澄弟可一为照拂之。鲍提军于初八日出省至辰州住，塔智亭初十拟至岳州。余不一一，即请近佳。

咸丰四年五月二十日

男国藩跪禀父亲大人万福金安：

二十日申刻唐四到，奉到手谕，敬悉一切。家中大小平安，乡间田禾畅茂，甚为忻慰。

贼匪于初六日复窜入岳州城内，约有二三千人，岳阳城下及南津港船约有数百号。初八九分船窜至西湖，扰安乡县。十三日龙阳失守。东而益阳，西而常德，并皆戒严。此间调李相堂都司带楚勇一千、胡咏芝带黔勇六百前往，又调周凤山带道州勇一千一百，想二十三四可先后到常。又赵璞山带新宁勇一千由宝庆往常德，又有贵州兵一千亦至常德，想可保全。塔智亭于十二日起程至岳，现尚未到。

男在省修理战船，已有八分工程。衡州新船及广西水勇均于本月可到。出月初，即可令水师至西湖剿贼。十八日，城墙上之兵一二千人闹至中丞署内，因每银一两折放钱二千文，系奉户部咨而兵不肯从，斫柱毁轿，闹至三堂，实属可虑。二十日，吴坤修之火器所起火，火药烧去数千斤，其余火器全烧，伤人数十，现尚未查清。此事关系最要紧，男之心绪不能顺适，然必认真办理，断不因此而稍形懈弛。

大人此次下县，系因公事绅士之请，以后总求不履县城，男心尤安。尤望不必来省，军务倥偬之际，免使省中大府多出一番应酬。男亦惟尽心办理一切，不以牵裾依恋转增大人慈爱感喟之怀，伏乞大人垂鉴。余容续禀。

咸丰四年六月初二日

澄侯、温甫、子植、季洪老弟足下：

父大人自县还家后，又接一信，知合家清吉，甚慰甚慰。

此间发探卒数十人至常德、龙阳探听，均言常德已于十六日失守。省局及各处探信众口一词，而桃源二十三日尚有请兵禀帖来省。桃源去常六十里，不应郡城失陷一无所闻，大约常德此时尚未失守。现已遣周凤山带道州新田勇一千六百前往，李辅朝带楚勇一千、胡咏芝带黔勇六百、新宁赵令带楚勇千人驰往，合之贵州兵一千，并常德本城二千，共六七千之多，兵力实不为单。惟中隔河水四渡，不知各兵能过至常否？

澧州西接荆州之贼，南接常德之贼，而蒋家之富久为贼所垂涎，实属可危。塔提军于二十二日在新墙打一胜仗，夺获贼船四十七只，夺得木城一座。现驻新墙之北，离岳州尚五十里。通城之贼，与江老四之楚勇相持月余。林秀三因声名不好，撤回省城。自通城、平江之官绅庶民及省城之官员，无不说秀三坏话者。毁誉之至，如飘风然，蓬蓬然起于北海，蓬蓬然入于南海，而不知其所自，人力固莫能挽回也。

水师战船，省河所修葺及衡城所新造者，皆精坚可爱，比去年者好得三倍。拟于初十间令褚、夏、杨、彭起行赴常德剿办，是为头帮；余待广西水勇到一同起行，为二帮；陈镇台七月初起行，为三帮。现在发往各处者兵勇共二万人，饷项十分支绌，幸广东解银十二万，近日可到，略有生机。罗罗山初三可到省。芝生之信，罗山一到即交，当可速耳。

儿侄辈总须教之读书，凡事当有收拾。宜令勤慎，无作欠伸懒漫样子，至要至要。吾兄弟中惟澄弟较勤，吾近日亦勉为勤敬。即令世运艰屯，而一家之中勤则兴，懒则败，一定之理，愿吾弟及儿侄等听之省之。付回参茸丸一坛，即颜翼臣、王仲山所作者。父大人能服更好，若不相宜，叔父及家中相宜者服之可也。

咸丰四年六月初四日

澄、温、沅、季四弟足下：

昨发一信后，罗山即于初三日到省。是日二更得信，周凤山、李辅朝之勇于二十九在龙阳得三胜仗，二十九日夜终宵鏖战，不得休息。初一早一战即已败溃。盖扎营城外沙洲之上，是夜涨水侵入营盘。初一早，营内水深尺余，贼船三面环攻，共二千余号之多。此时逃出营外，途中无船可渡。淹毙至二三百人，军器全失。周、李皆健将，此番大挫，尤焦灼也。

家中长夫，春二、维五、芝三、明四等皆不愿远出，兹皆令其回里。其工钱每月三十日，并未扣一日耳。余不一一。

咸丰四年六月初六日

澄、温、沅、季老弟足下：

昨寄一信，言周凤山、李相堂龙阳之败。后接来禀，知周营千一百人中实伤毙四十人，李营千人中实毙十九人，尚不为大挫。胡咏芝初四由安化至桃源，一路剿贼，周、李即可同去。广西水勇，李太守带来，今日到省，若配齐船只，尚须十余日乃可行也。余不一一。

咸丰四年六月十二日

澄、温、沅、季四位老弟左右：

刘一至，接到父大人手谕并诸弟各信，欣悉乡里人和年丰，犹是盛世景象。

周凤山初一早在沅江城外打败仗，次日退至益阳，初三停住一天，初四仍出征，由安化、桃源一路至常德剿贼。凤山之勇打仗并未多伤，仅伤十余人，水淹死者又近二十人，其余陆续回营，隔日即能整队出征，真可爱！真可敬！

常德、澧州并于十六日失守，现在均已贼退。初三、四、五贼船由西湖回至东边，约以千余计，不知系占据岳州，抑系径赴下游湖北，现未探确。

初十日奏折奉批回。谢恩折批云“知道了”，请专折奏事片批云“著准汝单衔奏事”，请塔军门出境剿贼片批云“另有旨”，其寄谕钞回。圣上此次并不十分催促，尤深感激。

省城新铸大钱，甚为可观，兹付当百者五十文，当五十者五十文，乞查收。并寄七千五百文，收据为凭。余不一一。

咸丰四年六月十八日

澄、温、沅、季老弟左右：

湖北青抚台于今日入省城。所带兵勇均不准其入城，在城外二十里扎营，大约不过五六千人。其所称难民数万在后随来者，亦未可信。此间供应数日，即给与途费，令其至荆州另立省城，此实未有之变局也。

邹心田处已有札至县撤委。前胡维峰言邹心田可劝捐，予不知其即至堂之兄也，昨接父大人手谕始知之，故即札县撤之。胡维峰近不妥当，亦必屏斥之。予去年办清泉宁征羲、宁宏才一案，其卷已送回家中，请澄弟查出，即日付来为要。

湖北失守，李鹤人之父想已殉难。鹤人方寸已乱，此刻无心办事，日内尚不能起行，至七月初旬乃可长征耳。余不一一。

诸弟在家教子侄，总须有勤敬二字。无论治世乱世，凡一家之中，能勤能敬，未有不兴者；不勤不敬，未有不败者。至切至切！予深悔往日未能实行此二字也，千万叮嘱。澄弟向来本勤，但敬不足耳，阅历之后，应知此二字之不可须臾离也。

咸丰四年六月二十三日

澄、温、沅、季四位老弟左右：

二十二日彭四到，接父大人手谕及诸弟来信，欣悉一切。

二十日折差归，阅京报，袁漱六于五月十三日引见得御史，十五日特旨放江苏苏州府遗缺知府。渠写信回，要其家专人至京，渠有多少事要交代。兄因各捐生事，亦欲造册专人至京，如袁家人去，即与之同行也。余前奏捐事，部议已准，兹钞付回。

广西水勇于十八日杀死祁阳勇七人，日内严查逞凶下手之犯，必须按律严办。

湖北青抚台带来之兵勇，大约二万金乃可了事。饥困之后甚安静，不闹事也。

余拟于七月初六起行，甲三、甲五二人可令其来省送我。盖少年之人，使之得见水陆军旅之事，亦足以长见识；且子侄送我，亦至理之不可少者也。书不十一，余俟续布。

咸丰四年七月二十一日

澄侯、温甫、子植、季洪四位老弟左右：

自十六日水师大败，十八日陆营获胜，吾两寄家书，想已收到。

十九、二十皆平安。二十一日陆军开仗，辰勇深入，误中贼伏，诸殿元阵亡，带新化勇之刘国庆亦阵亡，辰勇、新化勇、宝勇相继奔溃，塔军门坐马扎子镇住，独不奔回，身旁仅数十人。杨名声带宜章勇前往救援，喝令各营倒回，仍前进杀贼，始得保全。智亭又追贼数里，杀毙数十名。我军伤亡者亦仅数十人。下半天，水师至陈陵矶开仗，去三板艇二十余只，二更尚未归营，不知胜负若何。下游贼势浩大，合武昌、汉口之贼尽锐上犯。水师太单，恐难得力。吾惟静镇谨守，以固军心而作士气。

初六、十四胜仗一折，十六、十八胜败互报一折，兹专人送归，呈父、叔大人一阅。

家中兄弟子侄，总宜以勤敬二字为法。一家能勤能敬，虽乱世亦有兴旺气象；一身能勤能敬，虽愚人亦有贤智风味。吾生平于此二字少工夫，今谆谆以训吾昆弟子侄，务宜刻刻遵守，至要至要。家中若送信来，子侄辈亦可写禀来岳，并将此二字细细领会，层层写出，使我放心也。余俟续布。

水师顷已于三更回营，完好无恙。辰勇闻止伤十余人，阵亡者系一刘千总，带道标勇者，非刘国庆也。

咸丰四年七月二十七日

澄侯、温甫、子植、季洪四弟足下：

安五至，接到家书，具悉一切。

自十八日一战后，二十一日陆路开仗，小有挫衅，诸殿元阵亡，千总刘士宜阵亡，余兵勇伤亡二十余人，贼亦歼毙数十人。二十六日，贼从湖北颁集悍贼二万人，由临湘陆路前来，意欲扑塔、周、罗山等之营盘。陆路既得，水军自然失势，拼死攻扑，满山满坑无非黄旗红巾，比三月初十人数更多。幸罗山之湘勇得力，将头起杀退。以后如周凤山之营、杨名声之营亦俱奋勇，杀贼共七八百名。此股贼来甚多，必有屡次血战，东南大局，在此数日内可定。如天之福，陆路得获大胜，水路亦可渐次壮盛也。带水师者，有战阵之险，有风波之苦，又有偷营放火之虑，时时提防，殊不放心，幸精神尚好，照料能周耳。

霞仙定于本月内还家，渠在省实不肯来，兄强之使来。兵凶战危之地，无人不趋而避之，平日至交如冯树堂、郭筠仙等尚不肯来，则其他更何论焉！现除李次青外，诸事皆兄一人经理，无人肯相助者，想诸弟亦深知之也。甄甫先生去年在湖北时，身旁仅一旧仆，官亲、幕友、家丁、书差、戈什哈一概走尽，此亦无足怪之事。兄现在局势犹是有为之秋，不致如甄师处之萧条已甚。然以此为乐地，而谓人人肯欣然相从，则大不然也。

兄身体如常，癣疾不作，乞告禀父、叔大人千万放心。

咸丰四年闰七月初二日

澄、温、植、洪四弟足下：

初一日胡二、春二、维五至，接父大人及诸弟手书，具悉一切。自二十六日陆路大获胜仗之后，二十八日陆路又大胜，二十九日水路大胜。贼自湖北汉、黄以下，尽纠其精锐来岳，以与我军相抗。二十八日鏖战至五个时辰之久，塔军门匹马冲突，忽东忽西，全军士卒无一人不俯首咋舌，称为神勇。二十九日辰刻接仗，塔公打中路，罗山打西路，周凤山打东路。罗山之湘勇，此次最为出力。贼分五六千人专扑罗山一路，湘勇竟能以少胜多。我军猛杀，则贼退，败退不过二里，辄回戈相向，大杀一回。如是者三退三进，湘勇竟能抵住，不忙不乱，至第三次追去，贼亦不敢回顾矣。周凤山之勇，杨名声之勇，皆极勇敢向前，一可当十。是日自辰至申，杀贼共计五百余人，贼自败奔，跌崖坠涧死者，其数尚多。

水师于未刻至陈陵矶，适有贼船上来，开炮轰击，贼舟奔退，乘势追下至擂鼓台，烧贼船约二十余号，夺获贼船约七十余号，杀毙、溺毙之贼约千余人。盖是日凶悍之贼皆已上岸，每船仅留二三贼在船，余皆被掳之水手，一见官兵开炮轰击，贼与水手纷纷扑水自溺，故我军愈得势也。

三十、初一日水师皆出队击贼。三十日未甚交锋，初一日李鹤人一营在前攻剿，击断陈镇军之旧拖罟船头桅，毙贼十余人。

陆营经二十六、二十八、九日三次血战之后，二日内未开仗。现在陆营有六七分可靠，水营有四五分可靠。拟再备舢板数十号，小渔划一百号，出队开仗时散布满河，抛掷火球，以乱贼阵，或更有济。余不一一，即乞禀告父、叔大人堂上为要。千万放心。

自十六日水师大挫之后，至二十九日获一胜仗，人心始克大定。不料初一日酉刻，广西勇收队回来，在刘公矶一带开炮，讹传为贼船上来，岳城百姓纷纷逃奔，扶老携幼，号泣于道。南津港各船，皆挂帆开逃，严禁之而不能止。军心总不坚定，颇可虞也。现在力求镇定，总以不出队、不开仗为主。

咸丰四年闰七月初三日

澄、温、沅、洪老弟左右：

初二日遣刘四、王晚送信回家。是日申刻得信，智亭于巳刻传令直扑贼营，行至近贼营盘，天大风雨，贼点大炮不燃，放火球亦不燃。我军勇气百倍，虽数万竹签布地，数重深沟高墙，竟能一直扑入。一营既破，各营胆寒，不过一时之久，竟将贼营十三座全行踏破。数万之贼，狂奔大溃，满山遍谷。我军穷追，愈追愈力。有直追至陈陵矶江边，逼贼下水者不下千人，有追至半途而返收取贼物者，大约抢到骡马六七百匹，大炮数十位，抬枪数百枝，鸟枪刀矛以千件计，旗帜亦以千计。自有此贼以来，未有如此剿洗痛快者也。

兄申刻得信，又派水师前往追剿。行至陈陵矶即已天黑，因驻扎焉。派三板往下追十余里，贼舟已全数下窜。今日黎明，各船当进追。待其追贼归来，水营当进扎陈陵矶下擂鼓台一带，以与陆营相近，联络一气。余俟续布。

咸丰四年闰七月初九日

澄侯、温甫、子植、季洪足下：

自初二日陆路连踏贼营十三座，夺获马骡七八百匹、军械二千余件。是夜水师进追四十里，贼舟舍命奔逃。初三日又追百余里，贼弃舟登岸者甚多。初四日追至六溪口，追得贼船十余号，开炮轰击，贼仅放数炮抵拒，旋即登岸逃走。我军入口内之湖搜剿，搜得贼船百数十号，一见我军开炮围攻，即纷纷弃舟而去。军士争欲抢船，杨载福下令止许焚烧，不许抢夺，遂将百余船一炬焚之。是夜，将士搜湖三十里，通宵未睡。次早仍回新堤、螺山驻扎。以小划探至金口，皆无贼船。

自金口至武昌六十里，不知贼船尚存若干。此番若能乘胜直追下去，武汉竟易收复。可惜我水师尚须添募，船炮亦未齐全，陆路之兵尚无粮台随行，不能遽进。连日北风甚大，亦难东下，风稍息，余即进扎螺山也。兹遣人回送一信，即日移营前进，求堂上大人放心。余不一一。

咸丰四年闰七月十四日

澄、温、沅、洪四弟左右：

兄于初十日开船，十一日巳刻至螺山，去岳州八十里。杨载福、萧捷三两营已下驻扎新堤，去螺山又四十五里。

杨、萧于十一夜入倒口黄介湖内搜剿余贼，贼仅开十余炮，即纷纷登岸逃走。各哨官谨遵我不许抢货之令，将六十余号空船一概焚烧。岸上百姓焚香于辫顶，跪岸上欢迎，呼各勇为青天大人。各勇每见一人即得如此称呼，高兴之至。倒口湖内既已搜剿，其下六溪口亦经搜剿，京口以上已无贼踪。自京口六十里至武昌，尚未探明。

大抵贼于水战一事极为无能。渠所用者民船，每放一炮，全身震破；所掳水手，皆不愿在贼中久住；又以所掳之百姓，令其勉强打桨，勉强扶舵，皆非其所素习。即两次得我之船，得我之炮，皆我兵勇自先上岸，情愿将船炮丢弃与他，是以大败。若使我兵勇自顾其船，不将船炮送他，渠亦断不能拢来追我。此屡次打仗，众勇所亲见而熟知者。渠得我之战船洋炮，并不作水战之用。以洋炮搬于岸上扎营，而战船或凿沉江心，或自焚以逃，亦未收战船之用。惟贼中所擅长制胜者，在渔划百余号，每战四出围绕，迷目惊心。此次余亦办得小渔划百二十号，行走如飞。以后我军见贼小划，或不致惊慌耳。

衡州捐项究竟何如？便中可一打听。永丰大布厚而不贵，吾意欲办好帐房五百架，宽大结实，以为军士寒天之用。澄弟若可承办此事，望与尧阶细商，即在本邑捐项内支用。余不一一。望敬禀父亲大人、叔父大人，军中匆忙，不及楷禀也。

诸子侄辈于勤敬二字略有长进否？若尽与此二字相反，其家未有不落者；若个个勤而且敬，其家未有不兴者，无论世乱与世治也。诸弟须时时留心，为子侄作榜样。

凡我屡次所寄奏折、谕旨，家中须好为收藏，不可抛散。或作一匣收之，敬谨弃藏。

咸丰四年闰七月二十七日

澄侯、温甫、子植、季洪四位老弟左右：

日来北风甚劲，省城各船不能来营。吾自十六挫失之后，陆续添募水勇。募小划子共百三十号，每号多者六七人，少者三四人，通共小划子载水师千余人，已到七十余号。此外添募之勇仍用快蟹、长龙、三板等船，但恨无好炮配之。

水师前营李孟群、左营秦国禄、清江营俞晟各战船皆已驻扎金口，去武昌仅六十里。右营尚在嘉鱼，去金口百五十里。后营、定湘营尚随余在新堤，去嘉鱼九十里。通共水师大营八营，小营五营。若在广西借得洋炮急至，则振兴气象，较自省起程时尚远胜之，但恐炮难遽至耳。

陆兵大队驻扎羊楼司。罗山于十八日在长安驿打一胜仗。二十三日在羊楼洞打胜仗，破一贼卡。二十四日在佛岭打胜仗，破一贼卡。二十六日在羊楼洞打大胜仗。四次共杀贼七八百人，而我军仅一人受伤。湘勇之善战，超出各营之上，而罗山以书生而善用兵若此，良可敬也。智亭剿灭崇、通股匪后，即直下收复武汉。水师亦待陆军同进。而水勇皆跃跃欲战，暗笑主将之不进为极怯也。

二十一至二十九四次胜仗折已批回，兹钞回呈堂上大人一阅，求诸弟禀明。余不一一。

咸丰四年八月十一日

澄侯、温甫、子植、季洪四弟足下：

久未遣人回家，家中自唐二、维五等到后亦无信来，想平安也。

余二十九日自新堤移营，八月初一日至嘉鱼县。初五日自坐小舟至牌洲看阅地势，初七日即将大营移驻牌洲，水师前营、左营、中营自又七月二十三日驻扎金口。二十七日贼匪水陆上犯，我陆军未到，水军两路堵之，抢贼船二只，杀贼数十人，得一胜仗。罗山于十八、二十三、二十四、二十六等日得四胜仗。初四发折俱详叙之，兹付回。

初三日接上谕廷寄，余得赏三品顶戴，现具折谢恩，寄谕并折寄回。余居母丧，并未在家守制，清夜自思，跼蹐不安。若仗皇上天威，江面渐次肃清，即当奏明回籍，事父祭母，稍尽人子之心。诸弟及儿侄辈务宜体我寸心，于父亲饮食起居十分检点，无稍疏忽；于母亲祭品礼仪必洁必诚；于叔父处敬爱兼至，无稍隔阂。兄弟姒娣，总不可有半点不和之气。凡一家之中，勤敬二字能守得几分，未有不兴；若全无一分，未有不败。和字能守得几分，未有不兴；不和未有不败者。诸弟试在乡间将此三字于族戚人家历历验之，必以吾言为不谬也。诸弟不好收拾洁净，比我尤甚，此是败家气象。嗣后务宜细心收拾，即一纸一缕，竹头木屑，皆宜捡拾伶俐，以为儿侄之榜样。一代疏懒，二代淫佚，则必有昼睡夜坐、吸食鸦片之渐矣。四弟、九弟较勤，六弟、季弟较懒，以后勤者愈勤，懒者痛改，莫使子侄学得怠惰样子，至要至要。子侄除读书外，教之扫屋、抹桌凳、收粪、锄草，是极好之事，切不可以为损架子而不为也。

咸丰四年九月十三日

澄、温、沅、季四位老弟左右：

二十五日着胡二等送家信，报收复武汉之喜。二十七日具折奏捷。初一日制台杨慰农霈到鄂相会，是日又奏二十四夜焚襄河贼舟之捷。初七日奏三路进兵之折。其日酉刻，杨载福、彭玉麟等率水师六十余船前往下游剿贼。初九日，前次谢恩折奉朱批回鄂。初十日彭四、刘四等来营，进攻武汉三路进剿之折奉朱批到鄂。十一日，武汉克复之折奉朱批、廷寄、谕旨等件，兄署湖北巡抚，并赏戴花翎。兄意母丧未除，断不敢受官职。若一经受职，则二年来之苦心孤诣，似全为博取高官美职，何以对吾母于地下？何以对宗族乡党？方寸之地，何以自安？是以决计具折辞谢，想诸弟亦必以为然也。

功名之地，自古难居。兄以在籍之官，募勇造船，成此一悉事业，名震一时。人之好名，谁不如我？我有美名，则人必有受不美之名者，相形之际，盖难为情。兄惟谨慎谦虚，时时省惕而已。若仗圣主之威福，能速将江面肃清，荡平此贼，兄决意奏请回籍，事奉吾父，改葬吾母。久或三年，暂或一年，亦足稍慰区区之心，但未知圣意果能俯从否？

诸弟在家，总宜教子侄守勤敬。吾在外既有权势，则家中子侄最易流于骄，流于佚，二字皆败家之道也。万望诸弟刻刻留心，勿使后辈近于此二字，至要至要。

罗罗山于十二日拔营，智亭于十三日拔营，予十五六亦拔营东下也。余不一一。乞禀告父亲大人、叔父大人万福金安。

寄骆中丞信，节钞一段

二十一日罗山由金口移营至河泊山，水师出队接应，恐贼因我营垒未成而遽来扑也。水师与花园江边贼营对敌，各哨官中有勇敢者冲过贼营，直下鹦鹉洲、汉阳、鲇鱼套等处。贼见水师已出其下，立时慌乱，而罗老及确湖、义渠各营竟不扎营，直扑贼垒。贼恐水师抄后，陆军攻前，相率奔溃。罗老、义、确及李光荣之川勇三路冲入，将贼营三座踢平。烧毁其墙三重，高皆盈丈。又壕三层，引江水入壕内通青林湖，竹签密布十丈，用钓桥出入。彼自奔溃，并此而不能守。军事纯视气之盛衰，不尽关人力也。

水师自巳刻开仗，至二更始行收队，烧贼船约三百余号，夺获亦近百号。自沌口起下至鹦鹉洲，东至鲇鱼套，烧毁略尽，套内尚未烧净。西岸沌口之下盐关贼营四五座亦被魁、杨荆奚蹋破烧毁。

盖贼之所以坚垒于两岸者，皆重重置炮以击我之水军。忽见水军冲出营垒之下，顿失所恃，遂相顾惊奔。而水军由江中轰岸营，子如雨下，故东岸罗老、义、确之军能破贼营，西岸魁、杨之军亦破贼营，各夺炮百余座，马数百匹。

二十二日水师清晨出队，接攻鲇鱼套之船，鏖战约一时之久。各营奋勇，哨官遂弃而之他。竟攻汉口，直下塘角，并追剿青山以下，从下游雷轰而上，纵火焚舟，适北风甚劲，贼船不能下窜，塘角、汉口、鲇鱼套等处同时延烧，火光烛天，比二十一日所焚之船数尚倍之，夺获贼船约二百余号。杨载福等自青山归来，又入襄河烧船十余里。其未烧尽者，仅鲇鱼套口内数十号，襄河口内若干号而已。

是日罗罗山等进蹋鲇鱼套贼营六座，直达武昌城根。魁、杨荆兵亦蹋尽西岸贼营，直抵汉阳城根。二十三日未明，两城贼众皆逃，仅留数十人点放虚炮。我军辰刻入城，两岸同时克复。贼之衣被钱物一概未收，徒手翦发，鼠窜狂奔。从东门逃出者，至洪山一带遇塔兵，杀二千人。自军兴以来，未有如此痛快者也。

咸丰四年十月二十二日

澄侯、温甫、子植、季洪四位老弟左右：

胡二等于初一日到营，接奉父大人手谕及诸弟信，具悉一切。

兄于二十日自汉口起行，二十一日至黄州，二十二日至堵城，以羊一豕一，为文祭吴甄甫师。二十三日过江至武昌县。二十四日在巴河晤郭雨三之弟，知其兄观亭在山西，因属邑失守革职，雨三现署两淮盐运使。二十九日至蕲州，是日水师大战获胜。初一、初四、初五陆军在田家镇之对岸半壁山大战获胜。初九、初十水师在蕲州开仗小胜。十三日水师大破田家镇贼防，烧贼船四千余号。自有此军以来，陆路杀贼之多，无有过于初四之战；水路烧船之多，无有过于十三之役。现在前帮已至九江，吾尚驻田家镇，离九江百五十里。陆路之贼均在广济、黄梅一带，塔、罗于二十三日起行往剿。一切军事之详，均具奏报之中。兹并钞录寄回，祈敬呈父大人、叔父大人一览。

刘一、良五于二十日至田家镇，得悉家中老幼均吉，甚慰甚慰。魏荫亭先生既来军中，父大人命九弟教子侄读书，而九弟书来，坚执不肯，欲予另请明师。余意中实乏明师可以聘请，日内与霞、次及幕中诸君子熟商，近处惟罗研生兄是我心中佩仰之人。其学问具有本原，于《说文》、音学、舆地尤其所长，而诗、古文辞及行楷书法亦皆讲求有年。吾乡通经学古之士，以邹叔绩为最，而研生次之。其世兄现在余幕中，故请其写家信，聘研生至吾乡教读。研兄之继配陈氏，与耦庚先生为联襟，渠又明于风水之说，并可在吾乡选择吉地，但不知其果肯来否？渠现馆徐方伯处，未知能辞彼就此否？若果能来，足开吾邑小学之风，于温甫、子植亦不无裨益。若研兄不能来，则吾心中别无人。植弟坚不肯教，则乞诸弟为访择一师而延聘焉为要。甲三、甲五可同一师，不可分开。科一、科三、科四亦可同师。余不一一，诸俟续布。

咸丰四年十一月初七日 书于武穴舟中

澄侯、温甫、子植、季洪四位老弟足下：

二十五日遣春二、维五归家，曾寄一函并谕旨、奏折二册。

二十六日水师在九江开仗获胜。陆路塔、罗之军在江北蕲州之莲花桥大获胜仗，杀贼千余人，二十八日克复广济县城。初一日在大河埔大获胜仗，初四日在黄梅城外大获胜仗，初五日克复黄梅县城。该匪数万现屯踞江岸之小池口，与九江府城相对。塔、罗之军即日追至江岸，即可水陆夹击，能将北岸扫除，然后可渡江以剿九江府城之贼。自至九江后，即可专夫由武宁以达平江、长沙。

兹因魏荫亭亲家还乡之便，付去银一百两，为家中卒岁之资，以三分计之。新屋人多，取其二以供用；老屋人少，取其一以供用。外五十两一封，以送亲族各家，即往年在京寄回之旧例也。以后我家光景略好，此项断不可缺，家中却不可过于宽裕。处此乱世，愈穷愈好。

我现在军中声名极好，所过之处，百姓爆竹焚香跪迎，送钱米猪羊来犒军者络绎不绝。以祖宗累世之厚德，使我一人食此隆报，享此荣名，寸心兢兢，且愧且慎。现在但愿官阶不再进，虚名不再张，常葆此以无咎，即是持身守家之道。至军事之成败利钝，此关乎国家之福，吾惟力尽人事，不敢存丝毫侥幸之心。诸弟禀告堂上大人，不必悬念。

冯树堂前有信来，要功牌一百张，兹亦交荫亭带归，望澄弟专差送至宝庆，妥交树堂为要。衡州所捐之部照，已交朱峻明带去。外带照千张交郭筠仙，从原奏之所指也。朱于初二日起行，江隆三亦同归，给渠钱已四十千，今年送亲族者，不必送隆三可也。余不一一。

咸丰四年十一月二十三日 书于九江舟次

澄侯、温甫、子植、季洪四位老弟足下：

十月二十五专人送信回家，魏荫亭归，又送一函，想先后收到。十一月二十一日，范知宝来九江，接澄弟信，具悉一切。

部监各照已交朱峻明带归矣。树堂要功牌百张，又交荫亭带归。予送朱峻明途费二十金，渠本解船来，故受之。送荫亭二十金，渠竟不受，俟有便当再寄渠。江隆三表弟来营，予念母亲之侄仅渠有子，送钱四十千，渠买盐花带归，不知已到家否？荫亭归，予寄百五十金还家，以五十周济亲族，此百金恐尚不敷家用。军中银钱，予不敢妄取丝毫也。

名者，造物所珍重爱惜，不轻以予人者。予德薄能鲜，而享天下之大名，虽由高、曾、祖、父累世积德所致，而自问总觉不称，故不敢稍涉骄奢。家中自父亲、叔父奉养宜隆外，凡诸弟及吾妻吾子吾侄吾诸女侄女辈，概愿俭于自奉，不可倚势骄人。古人谓无实而享大名者，必有奇祸。吾常常以此儆惧，故不能不详告贤弟，尤望贤弟时时教戒吾子吾侄也。

塔、罗自田家镇渡至江北后五获胜仗，九江对岸之贼遂下窜安徽境。予现泊九江河下，塔、罗渡江攻城。罗于二十一日与贼接仗，杀贼二三百，而我军亦伤亡四十余人。此在近数月内即是小有挫失，而气则未稍损也。

水师已下泊湖口，去我舟已隔六十里。二十夜，贼自江西小河内放火船百余号，实以干柴、桐油、松脂、火药，自上游乘风放下，惊我水营。两岸各千余人呐喊，放火箭、火球。其战船放炮，即随火船冲出，欲乱我阵。幸我军镇定，毫不忙乱，反用小船梭穿于火船之中，攻入贼营，烧贼船十余号，抢贼划数十号。摇撼不动，是亦可喜之事。

予身体平安，癣疾近又大愈，胡须日长且多。军中将士俱平安。余不一一，即候近佳，并恳禀告父亲大人、叔父大人福安。

咸丰四年十一月二十七日

前信已封，而春二、维五于二十五日到营，接奉父大人手谕及诸弟信件，敬悉一切。

曾祖生以本境练团派费之事，而必求救于百里之外，以图免出费赀，其居心不甚良善。刘东屏先生接得父大人手书，此等小事，何难一笑释之，而必辗转辩论，拂大人之意？在寻常人尚不能无介介于中，况大人兼三达尊而又重以世交？言不见信，焉能不介怀耶？望诸弟曲慰大人之意，大度含容，以颐天和，庶使游子在外，得以安心治事。所有来往信件，谨遵父大人谕，即行寄还。

吾自服官及近年办理军务，中心常多郁屈不平之端，每效母亲大人指腹示儿女曰“此中蓄积多少闲气，无处发泄”。其往年诸事不及尽知，今年二月在省城河下，凡我所带之兵勇、仆从人等，每次上城，必遭毒骂痛打，此四弟、季弟所亲见者。谤怨沸腾，万口嘲讥，此四弟、季弟所亲闻者。自四月以后，两弟不在此，景况更有令人难堪者，吾惟忍辱包羞，屈心抑志，以求军事之万有一济。现虽屡获大胜，而愈办愈难，动辄招尤。倘赖圣主如天之福，歼灭此贼，吾实不愿久居官场，自取烦恼。四弟自去冬以来，亦屡遭求全之毁，蜚来之谤，几于身无完肤。想宦途风味，亦深知之而深畏之矣。而温弟、季弟来书，常以保举一事疑我之有吝于四弟者，是亦不谅兄之苦衷也。

甲三从师一事，吾接九弟信，辞气甚坚，即请研生兄，以书聘之。今尚未接回信，然业令其世兄两次以家信催之，断不可更有变局。学堂以古老坪为妥，研兄居马坨铺乡中，亦山林寒苦之士，决无官场习气，仅可放心。至甲三读书，天分本低，若再以全力学八股、试帖，则他项学业必全荒废，吾决计不令其学作八股也。

曾兆安、欧阳钰皆已保举教官，日内想可奉旨。

卷五 家书

目录

咸丰五年正月初二日

澄侯、温甫、子植、季洪四位老弟足下：

久未专使回家，想家中极为悬念。王芝三等到营，得悉家中大人福安，合室平善，甚慰甚慰。

此军自破田镇后，满拟九江不日可下。不料逆贼坚守，屡攻不克。分罗山湘营至湖口，先攻梅家洲坚垒，亦不能克。而士卒力战于枪炮雨下之中，死伤甚众，盖陆路锐师，倏变为钝兵矣。水师自至湖口屡获大胜，苦战经月，伤亡亦复不少。腊月十二日，水师一百余号轻便之船，精锐之卒，冲入湖口小河内，该逆顿将水卡堵塞，在内河者不能复出，在外之老营船只多笨重难行。该逆遂将小划乘夜放火，烧去战船、民船四五十号之多。二十五日又被小划偷袭，烧去抢去各船至二三十号之多。以极盛之水师，一旦以百余号好船陷入内河，而外江水师遂觉无以自立。两次大挫，而兄之座船被失。一军耳目所在，遂觉人人惶愕，各船纷纷上驶。自九江以上之隆坪、武穴、田家镇，直至蕲州，处处皆有战船，且有弃船而逃者。粮台各所之船，水手尽行逃窜。此等情景，殊难为怀。现率残败之水师驻扎九江城外官牌夹，兄住罗山陆营之内，不知果能力与此贼相持否？

兄于二十五日蒙恩赏穿黄马褂，并颁赐狐皮黄马褂一件，四喜扳指一个，白玉巴图鲁翎管一个，小刀一把，火镰一个。二十六夜蒙恩赏福字一幅，大小荷包三对，又有奶饼、果食等件颁到军营。二十五夜之变，将扳指、翎管、小刀、火镰失去。兹遣人送回黄马褂一件，福字一幅，荷包三对。兄船上所失书籍、地图、上谕、奏章及家书等件，甚为可悚。而二年以来文案信件如山，部照、实收、功牌、账目一并失去，尤为可惜。莘田叔解战船来，离大营止少一二日，竟不能到。军家胜败本属无常，而年余辛苦难补涓埃，未免心结。二十九日罗山率湘勇渡江剿小池口之贼，又见挫败，士气愈损。现惟力加整顿，挽回元气，不审能如意否。兹遣长夫自江西送信回家，当无梗阻。书不千一，诸惟心照。即祈代禀堂上大人，不必挂念。

咸丰五年正月十八日 书于江西省城

澄侯、温甫、子植、季洪老弟足下：

初二日遣人送信回家，想节后可到。

初四日大风击坏战船三十余号。水师自十二日百余轻便之舟、二千精锐之卒陷入内湖，外江老营两次被贼用小划烧袭，业已不能自立，终日惶惶，如坐针毡。又复遭此大风，遂全数开赴上游武汉等处，桅折楫摧，多不堪战，不知回至上游，果尚足以御贼否？兄因小舟陷入江西内河者，皆向来能战之船，不甘遽弃无用之地，必须亲至江西整顿。即于十二日自九江起行，十六日至江西省城，官绅相待甚好。在内之百余船尚皆完好，再加大船数十号，另成一军，即足自立。

罗山所带湘勇，自二十九日挫败后，现在淘汰整顿，认真操练。塔公所带之兵勇，亦日日操练。将来兄在江西另成之水军，由湖口打出，与塔、罗相依护。其外江新回武汉之水师，如果能重整劲旅，则两路会合攻击。如不能重整劲旅，则我专治内河之水师，亦自能独立不惧。江西物力尚厚，供我水陆两军口粮，大约足支八个月。

兄身体甚好，惟左腰有寒气作痛，癣疾亦尚未愈，想皆不久可痊。家中长夫相住甚近，军中危地，恐小有差失，反为不妙，且送信行走极缓，在营又无事可干，兹尽遣回家。以后若有家信，即用湘乡县官封发至江西南昌府署中，可以必到，兼可速到，不似长夫专送之迟延也，慎勿再令长夫来营。兵凶战危，我境之人俱未历过险难。莘田叔此次行二千里，竟不得见我之面，受尽千惊万苦，实实可悯。嗣后族戚有愿到营者，切劝不必前来，至要至要。书不百一，诸惟心知，其不详者，长夫自能面述耳。

咸丰五年二月二十九日 书于江西省城

澄侯、温甫、子植、季洪老弟足下：

二十一日春二、维五到，接一信。二十六日唐萍洲官封，递到家书一件。二十九日王在十、良五到，接一信。此两次专夫走信均极快，每人赏钱一千。

自到江西办理水师，一切尚为顺平。船只三月初可尽完，惟快蟹未毕，目下本不须此。二十七日具折分两路用兵，兹钞稿寄回。已调罗山来江省，欲令前往饶州剿贼，不料二十九日得湖北失守之信。诸将士苦战经年，一旦前功尽弃，可惜可憾！贼既占湖北，自必窥伺湖南，兄与塔公一军，恐不能不回救桑梓。而回救之法，人少则无济于事，人多则口粮无出，且全军回救，而战船之在江西鄱湖以内者，又复无人统领，殊不放心。日内定计，发折后再专信回。

腾七、起三、有六、怀三来江西投效，即日遣之回家。每人送银四两，腾七加二两。魏荫亭、阳凌云亦来江，亦将速遣回。

纪泽儿读书记性不好，悟性较佳。若令其句句读熟，或责其不可再生，则愈读愈蠢，将来仍不能读完经书。请子植弟将泽儿未读之经，每日点五六百字教一遍，解一遍，令其读十遍，不必能背诵，不必常温习。待其草草点完之后，将来看经解，亦可求熟。若蛮读蛮记蛮温，断不能久熟，徒耗日工而已。诸弟必以兄言为不然。吾阅历甚多，问之朋友，皆以为然。儿侄辈写字亦要紧，须令其多临帖，行草字亦自有益，不必禁之。兄癣疾未好，余俱平安。即问近好。

咸丰五年三月二十日 江西省河七里港舟中书

澄侯、温甫、子植、季洪四弟足下：

久未接家信，想堂上大人安康，家中老幼清吉，为慰。

自北省再陷，兄处一军，反在下游进退两难。在内湖之水师，兄在江西驻扎两月，造船添勇，已有头绪。现在船近二百号，勇逾三千人，认真操练，可成劲旅。兄于十三日出省登舟。郭筠仙于十六日到营，曾莘田、易敬臣兄弟于十五日到营，罗芸皋于初旬到营。事机不顺而来者偏众，可见乡间穷苦也。阳凌云初间归去，余送途费八两。魏荫亭尚未归。塔军门尚扎九江。罗山于初十日进剿广信、饶州之贼。李次青忽然高兴带勇，于十一日起行赴南康府，实非其所长也。

余办内湖水师，即以鄱阳湖为巢穴，间或出江剿贼，亦不过以三分之一与贼鏖战。剿上游，则在九江、武穴、田镇等处游弋，不出湖口二百里之内，利则久战，不利则退回鄱湖巢穴之内；剿下游，则在彭泽、望江、安庆等处游弋，亦不出湖口二百里之内，利则久战，不利则亦退鄱湖巢穴之内。如此办理，则上游武汉之贼与下游金陵之贼中间江路被我兵梗阻一段，其势不能常通，亦足以制贼之命。特上游金口等处，我军战船无人统领，常不放心耳。

近日吾乡人心慌乱否？去年迁避，终非善策。如贼窜上游岳、常等处，谣言四起，总以安居不迁为是。季洪弟尽可不必教书，宜在家中读书。沅弟要方望溪、姚姬传文集，霞仙已代为买得，可用心细看，能阅过一遍，通加圈点，自不患不长进也。

纪泽儿记性极平常，不必力求背诵，但宜常看生书，讲解数遍，自然有益。八股文、试帖诗皆非今日之急务，尽可不看不作。史鉴略熟，宜因而加功，看朱子《纲目》一遍为要。纪鸿儿亦不必读八股文，徒费时日，实无益也。修身齐家之道，无过陈文恭公《五种遗规》一书，诸弟与儿侄辈皆宜常常阅看。

吾夏季衣服有在家者，可交人即日送营。特袍褂不宜带来，余皆可送也。诸不一一，惟祈心照。

咸丰五年三月二十六日

澄、温、沅、洪四弟足下：

二十五日，春二、维五来营，接家书数件，具悉一切。

乘败仗之时，兵勇抢劫粮台，此近年最坏风气。向帅营中屡屡见之，而皆未惩办。兄奏明将万瑞书即行正法，奉严旨饬骆中丞即行正法。闻骆中丞不欲杀之，将附片奏请开释。近日意见不合，办事之难如此。

吾癣疾大发，幸精神尚足支持。罗山在广信府大获胜仗，杀贼三四千。塔军门在九江平安。

纪泽儿读书记性平常，读书不必求熟，且将《左传》、《礼记》于今秋点毕，以后听儿之自读自思。成败勤惰，儿当自省而图自立焉。吾与诸弟惟思以身垂范教子侄，不在诲言之谆谆也。即候近祺。

咸丰五年四月初八日

澄侯、温甫、子植、季洪足下：

凌问樵来，接澄弟信，知勇劫粮台事办有头绪，澄弟已归去，甚慰甚慰。当此乱世，黑白颠倒，办事万难。贤弟宜藏深山，不宜轻出门一步。澄弟去年三月在省河告归之时，毅然决绝，吾意其戢影家园，足迹不履城市。此次一出，实不可解。以后务须隐遁，无论外间何事，一概不可与闻，即家中偶遇横逆之来，亦当再三隐忍，勿与计较。吾近来在外，于忍气二字加倍用功。若仗皇上天威，此事稍有了息之期，吾必杜门养疾，不愿闻官事也。

癣疾近日大发，懒于治事。自二十七日至吴城镇，迄今已满十日。罗山于二十一日克复弋阳，二十三日克复兴安，二十六日两获大胜，克复广信府城。智亭军门尚扎九江。水师前队扎南康府，李次青率陆勇护之，后队扎吴城，均尚安吉，家中不必挂念。莘田在营甚为安雅，拟留二三月遣归。魏荫亭近日即当告归。余不一一，即候近好。

付去谕旨一本，奏章一本，幸好为收存。向来寄回家中之奏稿，不知收置一处否？以后望作箱存之为要。诸惟心照。

咸丰五年四月二十日 书于南康城外水营

澄、温、沅、季四位贤弟左右：

十六日在南康府，接父亲手谕及澄、沅两弟、纪泽儿之信，系刘一送来，二十日接澄弟一信，系林福秀由县送来，具悉一切。

余于十三日自吴城进扎南康，水师右营、后营、向导营于十三日进扎青山。十九日，贼带炮船五六十号、小划船五六十号前来扑营，鏖战二时，未分胜负。该匪以小划二十余号又自山后攒出，袭我老营。老营战船业已全数出队，仅坐船水手数人及所雇民船水手，皆逃上岸。各战船哨官见坐船已失，遂尔慌乱，以致败挫。幸战舟炮位毫无损伤，犹为不幸中之大幸。且左营、定湘营尚在南康，中营尚在吴城，是日未与其事，士气依然振作。现在六营三千人同泊南康，与陆勇平江营三千人相依护，或可速振军威。

现在余所统之陆军，塔公带五千人在九江，罗山带三千五百人在广信一带，次青带平江三千人在南康，业已成为三枝，人数亦极不少。赵玉班带五百湘勇来此，若独成一枝，则不足以自立；若依附塔军，依附罗军，则去我仍隔数百里之远；若依附平江营，则气类不合，且近日口粮实难接济，玉班之勇可不必来。玉班一人独来，则营中需才孔亟，必有以位置之也。

蒋益澧之事，唐公如此办理甚好。密传其家人，详明开导，勒令缴出银两，足以允服人心，面面俱圆，请莘翁即行速办，但使探骊得珠，即轻轻着笔，亦可以办到矣。

此间自水师小挫后，急须多办小划以胜之，但乏能管带小划之人。若有实能带小划者，打仗时并不靠他冲阵，只要开仗之时在江边攒出攒入，眩贼之眼，助我之势，即属大有裨益。吾弟若见有此等人，或赵玉班能荐此等人，即可招募善驾小划之水手一百余人来营。冯玉珂所缴水勇之抢银，及各银应缴者，可酌用为途费也。

余在营平安，惟癣疾未愈，精神不足，诸事未能一一照管。小心谨慎，冀尽人事以听天命。诸不详尽，统俟续布。

顷与魏荫亭谈及招小划水勇一事，渠可回家与萧可卿商办。大约每划五人，五划立一哨官，每百人四哨官，十余哨即立一营官。此不难于招勇，而难于选求哨官、营官。澄弟若见有可当哨官者，或令其来营，或荐与荫亭。勇则不必招，听萧、魏办理可也。

咸丰五年四月二十五日

澄、温、沅、季四弟左右：

二十二日齐三、昴十到营，奉到父亲大人手谕并沅弟一信，二十三日接澄弟在县官封一信，乃三月二十五日所发，比齐三等之信迟十六日。

水师自十九日小挫，日内未开仗。闻都昌有贼船，派船二十号前往搜剿。二十二日烧船八十余号，二十三日烧三十余号，皆贼所掳之民舟也。李次青所带之平江陆勇，现扎南康，护卫水师。魏荫亭回衡招小划水勇，请萧可卿同办。

吾乡有三眼铳，亦有单眼铳，响振山谷。吾意单眼铳若装子弹于内，尽可打贼。乡间用木削铳尖，往往打得四五十丈远。请澄弟在吾乡打单眼铳数竿，用梗木为把，试装铜扣、小石之类于内，是否可打半里远？如其合用，即可多打数十竿或百竿，交魏荫亭之水勇带来，其钱由兄营寄回。

兄近日身体尚好，惟火气甚旺，癣疾未愈。莘田在营，安静谨慎。冯玉珂亦稳实也。余不一一，容俟续具。

蒋芗泉之事，唐莘翁迫于邑绅之言，不能不办，但须轻妙，不着痕迹。若过于着迹，必至大伤体面，将来使带勇者人人有自危之心，即罗山、迪庵亦觉为之不怡，非所宜也。

前年在衡州时，与季弟定陆营薪水单：五百人一营者，每月营官、帮办薪水二百六十两。章程本过于丰厚，故营官周凤山家已成素封，其余积赀置产者甚多。若专办蒋家，则未免厚于外人而薄于邑人，故兄日内于此事极踌躇也。大营事件甚多，凡关涉本邑者，诸弟总以不管为妥。军事愈办愈难，有非一言所能尽者，诸惟心照。

咸丰五年五月二十六日

澄、温、沅、季四位老弟足下：

二十五日春二、维五到营，接奉父亲大人手谕并澄、沅来信、纪泽儿禀函，具悉一切。

此间自四月十九小挫之后，五月十三各营在青山与该逆大战一次，幸获全胜。该逆水战之法尽仿我军之所为，船之大小长短，桨之疏密，炮之远近，皆与我军相等。其不如我军处，在群子不能及远，故我军仅伤数人，而该逆伤亡三百余人。其更胜于我处，在每桨以两人摧送，故船行更快。

罗山克复广信后，本可即由饶州、都昌来湖口会剿，因浙江抚台札令赴徽州会剿，故停驻景德镇，未能来湖口。顷又因义宁州失守，江西抚台调之回保省城，更不能来南康、湖口等处。事机不顺，处处牵制，非尽由人力作主也。

永丰十六里团练新集之众，以之壮声威则可，以之打仗则恐不可，澄弟宜认真审察一番。小划子营，如有营官、哨官之才，望即告知荫亭，招之以出。沅弟荐曾和六，其人本有才，但兵凶战危，渠身家丰厚，未必愿冒险从戎。若慷慨投笔则可，余以札调则不宜也。朱楚成之才，不过能带一舢板耳。闻父亲所办单眼铳甚为合用，但引眼宜略大，用引线两三根更为可靠。

沅弟买得方、姚集，近已阅否？体气多病，得名人文集静心读之，亦自足以养病。凡读书有难解者，不必遽求甚解。有一字不能记者，不必苦求强记，只须从容涵泳，今日看几篇，明日看几篇，久久自然有益。但于已阅过者，自作暗号，略批几字，否则历久忘其为已阅未阅矣。筠仙来江西时，余作会合诗一首，一时和者数十人，兹命书办钞一本寄家一阅。

癣疾近已大愈，惟今年酷暑异常，将士甚苦。余不一一，即问近好。

咸丰五年六月十六日

澄侯、温甫、子植、季洪四位老弟足下：

春二、维五来营，接奉父亲大人手谕并诸弟信函，敬悉一切。

此间自五月十三日水战获胜后，三十日该逆七十余舟上犯至青山一带，我军出队迎敌，又获胜仗，夺回予去年所坐之拖罟船外，又夺贼战船五只，军心为之一振。六月初七日、初九夜两次风暴，营中坏船十余号，应修整者二十余号。

十三日派人至南康对岸之徐家埠，水陆搜剿。其地去湖口县七十里，贼匪督率土匪在该处收粮，诛求无度，民不聊生，因派水陆六百人前往搜剿。真贼十余率土匪三百人与我军接仗，仅放两排枪，该匪即败窜。追奔十余里，焚贼馆十余所，焚辎重船百余只，击毙十余人，生擒七人，十四日收队回南康。十五日水师至湖口探看贼营情形，该匪坚匿不出，迨我军疲乏将归，逆船突出大战。我军未约定开仗，人心忙乱，遂致挫败，被该匪围去长龙船一号，舢板船二号，三船共阵亡五十余人，受伤二十余人，军士之气为之一减。

今年内湖水师共开四仗，两胜两败。湖口一关，竟难遽行打出，不胜焦灼。塔军门在九江十三日打一胜仗，杀贼三百余人，亦无益于大局也。

自义宁州失守，不特江西省城戒严，而湖南亦有东顾之忧，盖义宁与平江、浏阳接壤，贼思向此路窥伺长沙。罗山现回江西省，拟即日进攻义宁，以绝两省腹心之患。若能急急克复，则桑梓有安枕之日，否则三面受敌，湖南亦万难支持。大乱之弭，岂尽由人力？亦苍苍者有以主之耳！

予癣疾未愈，用心尤甚，夜不成寐，常恐耿耿微忱，终无补于国事。然办一日事，尽一日心，不敢片刻疏懈也。陈竹伯中丞办理军务不惬人心，与予诸事亦多龃龉。凡共事和衷，最不易易。澄弟近日尚在外办公事否？宜以予为戒，步门不出，谢绝一切。予食禄已久，不能不以国家之忧为忧，诸弟则尽可理乱不闻也。子侄辈总宜教之以勤，勤则百弊皆除，望贤弟留心。即问四位老弟近好。

咸丰五年七月初八日

澄侯、温甫、子植、季洪四位老弟左右：

刘朝相来营，得植弟手书，具审一切。

内湖水师自六月十五日开仗后，至今平安。本拟令李次青带平江勇渡鄱湖之东，与水师会攻湖口，奈自六月底至今，十日大风，不克东渡。初四日风力稍息，平勇登舟。甫经解缆，狂飙大作，旋即折回，弁勇衣被帐篷寸缕皆湿。天意茫茫，正未可知，不知湖口之贼运数不宜遽灭乎？抑此勇渡湖宜致败挫，故特阻其行以保全此军乎？现拟俟月半后请塔军渡湖会剿。

罗山进攻义宁，闻初四日可至界上，初五六日当可开仗。湖南三面用兵，骆中丞请罗山带兵回湘，业经入奏。如义宁能攻破，恐罗山须回湖南保全桑梓，则此间又少一枝劲旅矣。内湖水师船炮俱精，特少得力营官，现调彭雪琴来江，当有起色。

盐务充饷是一大好事，惟浙中官、商多思专利。邵位西来江会议，已有头绪，不知渠回浙后，彼中在事人能允行否？舍此一筹，则饷源已竭，实有坐困之势。

东安土匪，不知近日何如？若不犯邵阳界，则吾邑尚可不至震惊。带兵之事，千难万难。澄弟带勇至衡阳，温弟带勇至新桥，幸托平安，嗣后总以不带勇为妙。吾阅历二年，知此中构怨之事、造孽之端，不一而足，恨不得与诸弟当面一一缕述之也。诸弟在家侍奉父亲，和睦族党，尽其力之所能为，至于练团带勇却不宜。澄弟在外已久，谅知吾言之具有苦衷也。

宽二弟去年下世，未寄奠分，至今歉然于心。兹付回银二十两为宽二奠金，望送交任尊叔夫妇手收。植弟前信言身体不健，吾谓读书不求强记，此亦养身之道。凡求强记者，尚有好名之心横亘于方寸，故愈不能记；若全无名心，记亦可，不记亦可，此心宽然无累，反觉安舒，或反能记一二处亦未可知。此予阅历语也，植弟试一体验行之。余不一一，即问近好。

咸丰五年八月十三日

澄侯、温甫、子植、季洪四弟左右：

胡二等来大营，接奉父亲大人、叔父大人手谕及诸弟各书，具悉一切。此次予已月余未寄家信。

七月十八夜忽报塔军门大病，至三更而凶问至。予十九往九江陆营料理一切，派周凤山统领浔城陆军。至二十三日湖口水陆开仗，萧捷三阵亡。二十五日，予又从九江回至青山水营。连日大北风，不能办一事。二十九日，罗山兄由义宁州单骑行六百里至南康，面议大局。予初一日又回南康。李次青自七月十四渡湖攻剿湖口，十八、二十一、二十三连获胜仗，现已入奏。初四、初八又获胜仗。而水师初八日开仗小挫，失去炮船二十一号，小划二号。次早初九未明，贼船大队前来扑营，我军极力堵御，轰击二时，该匪败退。今年内湖水师分为两帮，前帮四营，后帮五营，各船百号，初八之胜，初九之败，皆后帮之事，前帮未曾与闻。故水营虽小挫，尚足以自立。

罗山一军，定计由崇、通以进剿武汉。骆中丞奏调罗军回剿湖南境内，予令其扫荡崇、通一带，则巴陵、平江皆安，即所以固湘省北门之锁钥也。由崇、通以捣武汉，则有裨于大局，不仅保全桑梓，年内仍可来南康、湖口与余军会合。余在南康已过五月，不能打出湖口，仅能保全江西，无能补益全局，焦灼难名。癣疾日甚，身无完肤，夜不成寐，惟日服滋阴之剂，以冀平善。

九弟信来，言纪泽姻事。泽儿年尚轻，姻事概由父亲大人作主，或早办，或迟办，或丰或俭，均请父亲经理，内子不得自主也。至入赘之说，则断不可。我乡向无此例。今冬明年读书，亦由父亲大人作主，诸弟为我择师可也。余在军中，诸事冗杂，多不能理，家事尤不克兼顾。罗研生将来军中，不能教书耳。即问近好。

咸丰五年八月二十七日 书于南康军中

澄侯、温甫、子植、季洪老弟足下：

十四日良五、彭四回家，寄去一信，谅已收到。

嗣罗山于十六日回剿武汉，霞仙亦即同去。近接武昌信息，知李鹤人于八月初二日败挫，金口陆营被贼踹毁。胡润芝中丞于初八日被贼踹破奓山陆营，南北两岸陆军皆溃，势已万不可支。幸水师尚足自立，杨、彭屯扎沌口。计罗山一军可于九月初旬抵鄂，或者尚有转机。即鄂事难遽旋转，而罗与杨、彭水陆依护，防御于岳鄂之间，亦必可固湘省北路之藩篱也。内湖水师，自初八日以后迄未开仗，日日操演。次青尚扎湖口，周凤山尚扎九江，俱属安谧。

葛十一于初八日在湖口阵亡，现在寻购尸首，尚未觅得，已奏请照千总例赐恤。将来若购得尸骸，当为之送柩回里，如不可觅，亦必醵金寄恤其家。此君今年大病数月，甫经痊愈，尚未复元，即行出队开仗。人劝之勿出，坚不肯听，卒以力战捐躯，良可伤悯，可先告知其家也。去年腊月二十五夜之役，盐印官潘兆奎与文生葛荣册同坐一船，均报阵亡，已入奏请恤矣。顷潘兆奎竟回江西，云是夜遇渔舟捞救得生，则葛元五或尚未死，亦未可知。不知其家中有音耗否？

癣疾稍愈，今年七、八两月最甚。诸事废弛，余俟续布，顺问近好。

甲三、甲五等兄弟，总以习劳苦为第一要义。生当乱世，居家之道，不可有余财，多财则终为患害。又不可过于安逸偷惰，如由新宅至老宅，必宜常常走路，不可坐轿骑马。又常常登山，亦可以练习筋骸。仕宦之家，不蓄积银钱，使子弟自觉一无可恃，一日不勤则将有饥寒之患，则子弟渐渐勤劳，知谋所以自立矣。

再，父亲大人于初九日大寿，此信到日，恐已在十二以后。余二十年来仅在家拜寿一次。游子远离，日月如梭，喜惧之怀，寸心惴惴。又十一月初三日为母亲大人七旬晋一冥寿，欲设为道场，殊非儒者事亲之道；欲开筵觞客，又乏哀痛未忘之意。兹幸沅弟得进一阶，母亲必含笑于九原。优贡匾额，可于初三日悬挂。祭礼须极丰腆，以祭余宴客可也。

昨接上谕，补兵部右侍郎缺。二十九年八月曾署理一次，日内当具折谢恩。

澄侯弟在县何日归家？办理外事，实不易易，徒讨烦恼。诸弟在家，吾意以不干预县府公事为妥，望细心察之。即问近好。

咸丰五年九月三十日 书于屏风水营

澄侯、温甫、子植、季洪四位老弟足下：

二十六日王如一、朱梁七至营，接九月初二日家书，二十九日刘一、彭四至营，又接十六日家书，具悉一切。

沅弟优贡喜信，此间二十三日彭山屺接家书，即已闻之。二十七日得左季高书，始知其实，二十九日得家书乃详也。沅弟在省，寄书来江西大营甚便，何以未一字报平安耶？十月初当可回家为父亲叩祝大寿。各省优贡朝考，向例在明年五月，沅弟可于明年春间进京。若由浙江一途，可便道由江西至大营，兄弟聚会。吾有书数十箱在京，无人照管，沅弟此去可经理一番。

自七月以来，吾得闻家中事有数件可为欣慰者：温弟妻妾皆有梦熊之兆，足慰祖父母于九原，一也；家中妇女大小皆纺纱织布，闻已成六七机，诸子侄读书尚不懒惰，内外各有职业，二也；阖境丰收，远近无警，此间兵事平顺，足安堂上老人之心，三也。今又闻沅弟喜音，意吾家高曾以来积泽甚长，后人食报，更当绵绵不尽。吾兄弟年富力强，尤宜时时内省，处处反躬自责，勤俭忠厚，以承先而启后，互相勉励可也。

内湖水师久未开仗，日日操练，夜夜防守，颇为认真。周凤山统领九江陆军亦尚平安。李次青带平江勇三千在苏官渡，去湖口县十里，颇得该处士民之欢心。茶陵州土匪间窜扰江西之莲花厅永新县境内，吉安人心震动。顷已调平江勇六百五十人前往剿办，又派水师千人往吉防堵河道，或可保全。

余癣疾迄未大愈，幸精神尚可支持。王如一等来，二十四日始到。余怒其太迟，令其即归，发途费九百六十文，家中不必加补，以为懒漫者戒。宽十在营住一个月，打发银六两，途费四千。罗山于十四日克复崇阳后，尚无信来。罗研生兄于今日到营。纪泽、纪梁登九峰山诗，文气俱顺，且无猥琐之气，将来或皆可冀有成立也。余不一一。

咸丰五年十月十四日 书于南康府屏风水营

澄侯、温甫、子植、季洪四位老弟左右：

十月十三县城专人来营，接到父亲大人手谕，同日成章鉴来，又接植弟十五、十八日二函，具悉一切。张德坚处寄书，至今尚未到。温弟得生一女，母子平安，甚慰甚慰。闻其侧室亦有梦熊之兆，想当再索得男也。

唐莘洲父台恺恻慈祥，吾邑士民爱戴。此际去任，自必攀辕挽留。留好官非干预公事可比，余之信所能止者，沅弟之信亦能止之，第不可早发，徒生疑窦耳。

澄弟带勇至株洲、朱亭等处，此间亦有此信。兹得沅弟信，知系康斗山、刘仙桥二人，澄弟实未管带，甚好甚好。带勇之事，千难万难，任劳任怨，受苦受惊，一经出头，则一二三年不能离此苦恼。若似季弟吃苦数月便尔脱身，又不免为有识者所笑。余食禄有年，受国厚恩，自当尽心竭力办理军务，一息尚存，此志不懈。诸弟则当伏处山林，勤俭耕读，奉亲教子，切不宜干涉军政，恐无益于世，徒损于家，至嘱至嘱。

罗山分军在濠头堡失利，彭三元、李杏春殉难。有此一挫，武汉恐不能即复。浔阳周凤山一军、湖口李次青一军及水军平安如故。茶陵贼匪窜至江西，安福、永新失守，吉安府城戒严。在次青处调平江勇千三百人往援，周臬台亦带千余人往剿，不知能迅速扑灭否？

余癣疾日痊，营务平善，无劳挂虑。诸弟为我禀告父亲大人、叔父大人，千万放心。不一一具。

咸丰五年十月十九日 书于屏风水次

澄侯、温甫、子植、季洪老弟足下：

十月初一日宽十等归，寄一函，县城专差来，又寄一家信，想均收到。

营中日内如常。周凤山九江陆军三千余人尚属整顿。次青在湖口，因分去千三百人往剿吉安，刻拟添募五百人，以厚兵力。吉安之事，闻周臬台带千人已至，或足以资剿办。罗山在羊楼峒，二十六获胜后，尚无嗣音。

兹因春二患病，维五送之还家，复寄数行，以慰堂上老人悬念。罗山在岳、鄂间军气单弱，余甚不放心家中，上而衡、郴，下而岳、平，均多可虞，望多送信几次来大营也。

咸丰五年十一月初四日 书于南康府水营

澄侯、温甫、子植、季洪四位老弟左右：

十月二十八日在十等到营，接奉父亲大人手谕、纪泽儿禀件及儿侄外甥等寿诗，具悉一切。

澄弟在朱亭带勇，十八九可以撤营，欣慰之至。兵凶战危，一经带勇，则畏缩趋避之念决不可存。兵端未息，恐非二三年所能扫除净尽。与其从事之后，而进退不得自由，不如早自审度，量而后入，想诸弟亦必细心筹维也。

南康水师，二十八日开仗一次，失长龙船一号。九江陆军相持如故。李次青在湖口亦未开仗。黄莘农先生今年为我军办理捐输，已解银六十余万两，未收者尚有二十余万。水陆兵勇自入江西境内，已用口粮百余万。此项捐款，实为大宗。目下捐款将次用毕，莘翁又接办盐务。盐务之可以筹饷者有二端：一则四月间奏请浙盐三万引，现在陆续运行，大约除成本外，可获净利十万两；一则于江西饶州、吴城、万安、新城四处设卡，私盐过境，酌抽税课，大约每月亦可得银万余两。若此两举刻期办齐，则明年军饷竟可无虑，黄司寇之为功于我军者大矣。浙江盐务，先须成本十余万，现请郭筠仙往浙一行，张罗本钱，虽未必有济，姑试图之。

罗山自入湖北境内克复崇、通后，忽有濠头堡之挫，旋于二十六日、初三日两获大胜，军威大振。伪北王、伪翼王俱上犯岳、鄂之交，楚事孔棘。乃十月初二早，庐州克复，杀贼近万，官兵即日可捣安庆。上游之贼均须回救安省，韦、石二逆或俱退回下游，两湖之事近日必可渐松。此吾省之福，而亦国家之厚泽，冥冥中巧为布置，使悍贼不得逞志于两湖也。

兄身体如常，癣疾未愈。昨日系先妣七旬晋一冥寿，军中不得备礼以祭，负罪滋深。莘翁自省来营商议盐事，军中亦无盛馔款之，故未将冥寿之期告之也。余不一一。

咸丰五年十二月初一日 书于南康舟中

澄侯、温甫、子植、季洪四位老弟左右：

安五、蒋一来，接到父亲大人手谕及各书函，欣悉温弟生子之喜，至慰至慰。我祖父母生平无缺憾之事，惟叔父一房后嗣未盛，九泉尚未满意。今叔父得抱长孙，我祖父母必含笑于地下，此实一门之庆。而叔父近年于吉公祠造屋办祭极勤极敬，今年又新造两头横屋，刚值落成之际，得此大喜，又足见我元吉太高祖庇佑后嗣，呼吸可通，洋洋如在也。

安五等途次遇贼，迂折数日始归正道。彭雪琴亦于袁州遇警，抛弃行李，与安五等同步行数百里，千辛万苦，现尚未到大营。

江省于十一月初十日临江失守，十一日瑞州失守。两府同陷，人心惶恐。不得已，调九江周凤山全军前往剿办，暂解浔城之围。吾率水军及湖口、青山两处陆军尚驻南康，安稳如常。

吾今年本拟付银百两回家，以三十两奉父亲大人甘旨之需，以二十两为叔父大人含饴之需，以五十两供往年资送亲族之旧例。此时瑞、临有贼，道途梗阻，不能令长夫带银还家。昨接冯树堂信，言渠将宝庆捐功牌之银送二百两与子植，为进京川资，不审已收到否？如已收到，即请子植先代出百金，明年来大营如数给还，或有所增加亦未可知。如未收到，请澄侯代为挪借百金，即付还归款也。资送亲族之项，比往年略有增改，兹别开一单，祈酌之。

咸丰六年正月十八日 自江西南康府水营发

澄侯、温甫、子植、季洪四位老弟左右：

去年腊月初二遣胡二、佑七送家信，中途遇贼，抢去银两等件，仍回南康大营。嗣后未专人回家，想父亲、叔父及家中老幼悬望之至。以瑞、临尚未克复，长夫视为畏途，故迟迟也。

自周凤山至江西省城，人心为之安定。十二月初四日大战樟树镇，杀贼千余，军威颇振。其时即应留贼之浮桥，星夜修造，次日渡河攻剿，临江必可得手。周凤山不敢渡河，而移剿上游六十里之新淦，失此机会。于是省城各大吏，有请其移兵救援吉安以解重围者，有欲其上剿峡江者，有求其留守新淦者，迁延商榷，遂逾二旬。周凤山以水师孤扎樟镇，恐致疏虞，派辰勇、常勇八百人至樟树护卫水师。正月初二贼匪渡河来扑，辰、常二勇人少败挫，伤亡二百余人，幸初三日大战获胜，军威复振。盖贼匪于初二日得胜后，即上窜新淦，扑周凤山之营。而周凤山于初二日闻败后，亦速回樟树，为辰、常二勇之援，中途遇于瓦山，大战杀贼千余，夺马七十余匹，军械锅帐无算。初七日，彭雪琴水师又获胜仗，拆贼浮桥，夺贼新舟。水陆两军目下仍紧扼樟镇，江西省城可保无虞。

至南康、青山、湖口水陆各营，自腊月初三青山战胜后，未经开仗。

李次青带平江勇驻湖口，训练不懈，日有起色。惟望罗山在湖北克复武汉，周、彭在樟镇克复临、瑞，大局方有转机耳。

余身体如常，癣疾十愈六七。高云亭于去年十月初二三来营诊视癣疾，但云可治，并未开方。去后寄二方来，云须服一百帖，今已服六十帖，大有效验，不知果可断根否？兹将二方钞回一览。此间并湖北军情有寄罗山观察一函，亦钞回一览。兹专人由义宁、平江、长沙回家，不知可无梗阻否？年终奉圣恩赐福字一方、大小荷包三对、食物各件，于正月十六日接到。兹将军机处原咨钞回，其赐件暂不敢寄，俟道途肃清，再行专送。去腊初旬之函，兹一并附呈。余不一一，即问近好。

咸丰六年二月初八日 书于南康

澄侯、温甫、子植、季洪四位老弟左右：

正月十九日发去家信，交王发六、刘照一送回，又派戈什哈萧玉振同送，想日内可到。正月三十日、二月一日连接澄侯在长沙所发四信，具悉一切。唐四、景三等正月所送之信，至今尚未到营。

江西军事，日败坏而不可收拾。周凤山腊月四日攻克樟树，不能乘势进取临江，失此机会。后在新淦迁延十余日，正月五日复回樟镇，因浮桥难成，未遽渡剿临江。吉安府城已于二十五日失守矣。周臬司、陈太守等坚守六十余日，而外援不至。城破之日，杀戮甚惨。伪翼王石达开自临江至吉安督战，既破吉郡，自回临江，而遣他贼分攻赣州，以通粤东之路。如使赣郡有失，则江西之西南五府尽为贼有。北路之九、南、饶本系屡经残破之区，九江早为贼据，仅存东路数府耳。

罗山观察久攻武昌，亦不得手。现经飞函调其回江救援，但道途多梗，不知文报可达否？刘印渠一军，闻湘省将筹两月口粮，计二月初启行，不知袁州等处果能得手否？

余在南康身体平安，癣疾已好十之七。青山陆军正月十八日攻九江城一次，杀贼百余人。水师于二十九日打败仗一次，失去战舟六号。湖口陆军于初一日打胜仗一次，杀贼七八十人。省城官绅请余晋省，就近调度。余以南康水陆不放心，尚未定也。

纪泽儿定三月二十一日成婚，七日即回湘乡，尚不为久。诸事总须节省，新妇入门之日，请客亦不宜多。何者宜丰，何者宜俭，总求父亲大人定酌之。

纪泽儿授室太早，经书尚未读毕。上溯江太夫人来嫔之年，吾父亦系十八岁，然常就外傅读书，未久耽搁。纪泽上绳祖武，亦宜速就外傅，慎无虚度光阴。闻贺夫人博通经史，深明礼法。纪泽至岳家，须缄默寡言，循循规矩。其应行仪节，宜详问谙习，无临时忙乱，为岳母所鄙笑。少庚处以兄礼事之，此外若见各家同辈，宜格外谦谨，如见尊长之礼。

新妇始至吾家，教以勤俭。纺绩以事缝纫，下厨以议酒食。此二者，妇职之最要者也。孝敬以奉长上，温和以待同辈。此二者，妇道之最要者也。但须教之以渐，渠系富贵子女，未习劳苦，由渐而习，则日变月化而迁善不知。若改之太骤，则难期有恒。凡此祈诸弟一一告之。

江西各属告警，西路糜烂。子植若北上，宜走樊城，不宜走浙江；或暂不北上亦可。优贡例在礼部考试，随时皆可补考，余昔在礼部阅卷数次，熟知之也。

咸丰六年四月初八日

温六老板左右：

三月二十八日，有小伙计自鄂来江，乃初九日起程者。接润之老板信三条，知雄九老板噩耗。吾邑伟人，吾店首功，何堪闻此！迪安老板新开上湘宝行，不知各伙计肯听话否？若其东来，一则恐无盘缠，二则恐润老板太单薄，小店生意萧条。次青伙计在抚州卖买较旺，梧冈伙计亦在彼帮助，邓老八、林秀三亦在彼合伙也。雪琴河里生意尚好，浙闽均有些伙计要来，尚未入境。黄虎臣老板昨往瑞州去做生意，欲与印渠老行通气，不知可得手否？

余身体平安，癣疾痊愈。在省城与秋山宝店相得，特本钱太少，伙计又不得力，恐将来火食为难耳。余不一一。澄四老板三月十九发一信来，已收到矣。开益号手具。

润公老板、迪安老板、义渠宝号、吴竹宝店均此。来伙计二人，照给白货。初七日到小店，初九日行。

咸丰六年七月二十七日

澄侯、沅甫、季洪三位老弟左右：

七月十六夜，温甫弟自瑞州坐战船至省，兄弟相会，得悉阖家老幼平安。十九日韩升至，接澄弟书，备悉一切，欣慰无似。

此间军事，李次青在抚州大小三十余战，小挫二三次，余俱获胜，虽未克复府城，而东路十余州县赖以保全。饶州经毕金科于六月二十二日大战攻克，月内尚属安谧。彭雪琴吴城水师平安，贼舟亦未上犯。瑞州自温甫与吴、普、刘诸军到后，江西省城又发兵四千人前往迎接，十五日已相会合。十七日贼来扑营，省兵几不能支，幸楚军救援，转败为胜。二十三日吴竹庄率彪勇千人并省兵八百人回剿新昌县。瑞州贼势浩大，守备完密，尚难遽破也。

温弟之病系伤暑熟，在营误服大黄太多，几至阳陷于阴。现服补阳之剂，日就痊可，二日内能食能眠。若再服补药数帖，即可复元矣。余身体平安，癣疾自腿以上皆未发。江西年谷丰稔，足以告慰。顺候近好。

咸丰六年八月十八日

澄侯、沅甫、季洪老弟足下：

七月之季，遣刘一、安五回家，寄呈家书，想已到达。温弟之病，日见痊愈。因盛暑行军，过于劳苦，又误服大黄太多，故到省后以温补而始奏效，再调养半月，即可复元，仍回瑞州也。

瑞郡官军屡获大胜，军威日振，贼势日蹙。惟闻伪翼王石达开新自鄂中东下，为李迪庵所败，或当来援瑞州，不免大战数场。果能擒此巨憝献俘北阙，则江省全局立转破竹之势，易于着手耳。

七月下旬，有永丰败匪勾结江闽交界之边钱会匪，连陷南丰、新城、泸溪、贵豁、弋阳等县，河口一镇、广信府城十分危急。幸浙江防兵之在玉山者逾境来援，信郡尚保无恙。一波特起，全省震荡。现抽拨次青抚州军中四千人往剿河口，未审能迅速扑灭否？闽兵尚在建昌，兵多贼少，克复久稽。粤兵在赣得保要郡，差强人意。毕金科在饶州，彭雪琴在吴城，均尚平安。

前三月间，澄弟在长沙兑李仲云家银二百两，刻下营中实无银可拨，只得仍在家中筹还。前年所买衡阳王家洲之田可仍卖出，以田价偿李家之债可也。余身体平安，癣疾略发，尚不甚为害。

咸丰六年九月初十日

澄侯、沅甫、季洪三弟左右：

九月初二刘一来江西，奉父亲大人、叔父大人手谕，敬悉家中平安。而澄弟在永丰，沅弟在省，季弟居稍远，均无安信，纪泽儿亦未写信，殊不可解。自瑞、临道梗，不通音问者已八阅月。此次刘一等回家，纪泽应惊喜异常，写详禀以告家中之琐事，以安余之心，即今年新婚一节，亦应将喜事之首尾、新妇之贤否缕晰禀告，何竟无一字上陈耶？嗣后每次长夫来营，纪泽必写详禀一封，细述家中及亲邻之琐事，并陈己身及诸弟之学业，每次以一千字为率，即以此当问视之子职可也。温甫病已痊愈，眠食均皆复旧，惟脚力略软，是以尚留省城再为调养。

余于初三日自省起程，初五日至瑞州。见刘峙衡营务整肃，治全军如治一家，每日皆饭毕始近黎明，深堪佩服。普承尧宝勇营亦队伍整齐。吴竹庄彪勇现已分出进省，另剿东路广信之贼。省兵五营在瑞者，亦尚有规矩。余驻瑞数日，即行回省，令温弟来瑞也。

沅弟在长沙招勇，不知系代南坡兄办就后即交他人管带，抑系亲自统辖？与周凤山并为一军乎，抑各树一帜乎？此间有凤、新、虎三营七百人，周凤山之旧部也。益以渠在长沙所招之千五百人，王吉昌投效之八百人，已足自成一军，皆永州道、新、宁、江四属之人。即不收王吉昌之勇，亦尚有伍化蛟等营可以合并。沅弟所招之湘勇，似不必与周合。如来瑞州，则与峙衡合可也，与宝勇合亦可也；如来吉安，则须另觅一军合之。沅弟与黄南兄、夏憩兄熟商后，望专人飞速寄信来江。余俟续布。

咸丰六年九月初十日

澄侯四弟左右：

顷接来缄，又得所寄吉安一缄，具悉一切。朱太守来我县，王、刘、蒋、唐往陪，而弟不往，宜其见怪。嗣后弟于县城、省城均不宜多去。处兹大乱未平之际，惟当藏身匿迹，不可稍露圭角于外，至要至要！吾年来饱阅世态，实畏宦途风波之险，常思及早抽身，以免咎戾。家中一切，有关系衙门者，以不与闻为妙。

咸丰六年九月十七日

沅甫九弟足下：

十七日李观察处递到家信，系沅甫弟在省城所发者。黄南兄劝捐募勇，规复吉安，此豪杰之举也。南路又出此一枝劲兵，则贼势万不能支。

金田老贼，癸、甲两年北犯者，既已只轮不返；而曾天养、罗大纲之流，亦频遭诛殛；现存悍贼惟石达开、韦俊、陈玉成数人奔命于各处，实有日就衰落之势。所患江西民风柔弱，见各属并陷，遂靡然以为天倾地坼，不复作反正之想，不待其迫胁以从，而甘心蓄发助战，希图充当军师、旅帅，以讹索其乡人，掳掠郡县村镇，以各肥其私囊。是以每战动盈数万人，我军为之震骇。若果能数道出师，擒斩以千万计，始则江西从逆之民有悔心，继则广东新附之贼生疑贰，而江西之局势必转，粤贼之衰象亦愈见矣。

南兄能于吉安一路出师，合瑞、袁已列为三路，是此间官绅士民所祷祀以求者也，即日当先行具奏。沅弟能随南翁以出料理戎事，亦足增长识力。南翁能以赤手空拳干大事而不甚着声色，弟当留心仿而效之。夏憩兄前亦欲办援江之师，不知可与南兄同办一路否？渠系簪缨巨室，民望所归，又奉特旨援江，自不能不速图集事。惟与南兄共办一枝，则众擎易举；若另筹一路，则独力难成。沅弟若见憩翁，或先将鄙意道及，余续有信奉达也。

周凤山现在省城，余飞札调之来江。盖欲令渠统一军，峙衡统一军，一扎老营，一作游兵。不知渠已接札否？望沅弟催之速来。其现在袁州之伍化蛟、黄三清，本系渠部曲，可令渠带来也。

咸丰六年十月初二日 江西省城寄

沅甫九弟左右：

二十七日胡二等来营，接手书，具悉一切。

兄十七日在瑞州发去之函，胪列弟与周梧冈来瑞赴吉之利害，不敢专，辄请左季兄、夏憩兄、黄南兄为我断决。而弟之行止，则断以与温并军而毫无疑义。此际想早收到。

十九日兄自瑞返省，闻次青十七日之失。缘次青初二日分兵攻剿近县，初四日克复宜黄，初九日克复崇仁，又分数百人出防许湾，前后共拨出四千有余，老营单薄，遂致疏失。此时广信须派重兵防守，丰城、进贤等县亦宜屯驻一旅，以为近省藩篱。此间兵勇不敷分布，意欲调周梧冈一军，与弟办夏、黄之师同来章门。又以饷需无出，不敢多招食客，以重主人之慼。是以梧冈一军，或赴吉安，或赴袁州，仍听骆中丞之调度。其弟岐山自抚州败后，亦饬其带凤字营暂回湖南，归并梧冈大队。

惟弟所部之千五百人者，兄意决望其仍来瑞州，与温并营。盖峙衡治军整肃，实超流辈。弟若与之同处一二月，观摩砥砺，弟与温合之二千人决可望成劲旅。而憩兄、南兄与我投契夙深，又为此间官绅之所属望，一至章门，则嘘枯振萎，气象一新，使我眉间忽忽有生气。望弟商之季兄、憩兄、南兄，即率此千五百人速来瑞州。兄得与憩、南两君熟商一切，大局或有转机。温弟亦得更番归省，公私实为两利。如众议必欲为吉安之行，亦望先来瑞州小驻半月，然后自袁入吉，亦不过少迟月余。此间诸务有不能不面谈者，而弟与憩、南二公新军势亦有不能与梧合，仅可与温、峙、湘、宝合者。此中气机，弟与季翁自必熟知之也。兹专人送长沙信，另有信送新堤胡莲舫处。

咸丰六年十月初二日

字谕纪泽儿：

胡二等来，接尔安禀，字画尚未长进。尔今年十八岁，齿已渐长，而学业未见其益。陈岱云姻伯之子号杏生者，今年入学，学院批其诗冠通场。渠系戊戌二月所生，比尔仅长一岁，以其无父无母，家渐清贫，遂尔勤苦好学，少年成名。尔幸托祖、父余荫，衣食丰适，宽然无虑，遂尔酣豢佚乐，不复以读书立身为事。古人云劳则善心生，佚则淫心生。孟子云生于忧患，死于安乐。吾虑尔之过于佚也。

新妇初来，宜教之入厨作羹，勤于纺绩，不宜因其为富贵子女不事操作。大、二、三诸女已能做大鞋否？三姑一嫂每年做鞋一双寄余，各表孝敬之忱，各争针黹之工。所织之布，做成衣袜寄来，余亦得察闺门以内之勤惰也。

余在军中不废学问，读书写字未甚间断，惜年老眼蒙，无甚长进。尔今未弱冠，一刻千金，切不可浪掷光阴。四年所买衡阳之田，可觅人售出，以银寄营，为归还李家款。父母存，不有私财。士庶人且然，况余身为卿大夫乎？

余癣疾复发，不似去秋之甚。李次青十七日在抚州败挫，已详寄沅甫函中。现在崇仁加意整顿，三十日获一胜仗。口粮缺乏，时有决裂之虞，深用焦灼。

尔每次安禀详陈一切，不可草率。祖父大人之起居，阖家之琐事，学堂之工课，均须详载。切切此谕。

咸丰六年十月初三日

澄侯四弟左右：

胡二等来，知弟不在家，出看本县团练。吾兄弟五人，温、沅皆出外带勇，季居三十里外，弟又常常他出，遂无一人侍奉父亲膝下，温亦不克遽归侍奉叔父，实于《论语》“远游”、“喜惧”二章之训相违。余现令九弟速来瑞州与温并军，庶二人可以更番归省。澄弟宜时常在家，以尽温清之职，不宜干预外事，至嘱至嘱。

李次青自抚州退保崇仁，尚属安静。惟败勇之自抚回省者，日内在中丞署中闹请口粮，与三年又一村之局相似，实为可虑。

明年延师，父大人意欲请曾香海，甚好甚好。此君品学兼优，吾所素佩，弟可专人作书聘请。稍迟旬日，吾再手缄请之。其馆金丰俭，则父大人酌定，吾自营寄归可也。

咸丰六年十月初六日

沅甫九弟左右：

十月五日接来缄并季公、筠公信，具悉一切。

攻吉攻瑞，二者俱无把握。瑞则纵筑长围，环攻数月，仍不能下，亦属意中之事；吉则初锐后顿，仍蹈袁、瑞之辙。守吉安者为周亚春，绰号豆皮春，贼中颇有名迹。必谓我师能一至而举之，余则未敢深信。惟此军初起，劝捐皆以援吉为名，湘省官绅皆以援吉为念，势之所在，余何能违众而独成其说？纵余欲违众，弟与梧冈之三千人者，岂敢违上而自定所向，无口粮而直赴瑞州乎？弟可从憩、南两兄，一听骆中丞、左季兄之命，敕东则东，敕西则西。其周梧冈一军，刻有禀来，余亦批其听候南抚院调度。周岐山败挫之营，余亦饬其回湘，归并梧冈一军同赴吉安，以符湘省官绅之初议，而开江西上游之生面。

至沅弟之所处，则当自为审度。辱南翁青睐，代为整理营务，送至吉安，无论战之胜败，城之克否，即可敬谢速行。或来章门与余相见，或归里门侍奉老亲，无为仆仆久淹于外也。此事登场甚易，收身甚难，锋镝至危，家庭至乐，何必与兵事为缘？李次青上年发愤带勇，历尽千辛万苦，昨日抚州一败，身辱名裂。不特官绅啧有烦言，即其本邑平江之勇亦怨詈交加。兵犹火也，易于见过，难于见功。弟之才能不逮次青，而所处之位，尚不如次青得行其志，若屯兵吉安城下，久不自决，以小战小胜为功，以劝捐办团为能，内乖眷令之义，外成骑虎之势，私情公谊，两无所取。弟之自计不可不审，与憩兄、南兄约不可不明也。

日内平江等勇因口粮久缺拥闹衙署，兄情绪瞀乱，不克详陈。季翁、筠公两处并不克作答，弟可婉告颠末，或即将此信一呈，亦足以稍见余之郁郁。余俟续布，不尽不尽。

咸丰六年十月初九日

沅甫九弟左右：

初六日复去一缄，言弟与夏、黄、周军并赴吉安，刻计尚未达也。

初八日接来书，因次青抚州之挫，请拨周军先至瑞州，中丞、季兄慨然允许，周协当以初二日成行，斯诚不失救焚拯溺迫切之忱。第余初六日业许援吉之行，初七日令周岐山还湘归并凤营，亦以赴吉告之，不得因弟一信、骆公一咨而遽变成说也。且夏、黄可为我分忧而筹饷，温、沅可与峙观摩而奋兴，弟与夏、黄不来而周军独来，难合瑞城之围，徒增筹饷之虑，殊非余本意也。兹以书达季高，悉遵渠之初指，送各批与梧冈，令其同赴吉安。如梧已行到浏、万，可寄书令其折回醴陵小驻，以待弟至而同行也。

周岐山自抚州败后回湘，军无锅帐，弟可商之季翁筹给之。到吉后，约以半月为率，即速掣出作游兵驰剿各处，不可久顿城下。若事机顺手，兄弟年内相见则幸耳。

咸丰六年十月十三日

沅甫九弟左右：

初十日复缄并周梧冈批禀，亮得速达。十二日接初三来缄，藉悉近状。

黄、夏与周同赴吉安，既尽于昨书所云。十一日附片奏请此军颁发执照二千张，俾黄、夏劝捐稍得应手，兹趁来卒带往。

至札饬裕时兄接收捐款专济此军一节，黄、夏若果来瑞州，非中丞与季公初意，亦即非司道、时、石诸公佥同之议，强人以曲从吾说，不得不设法将捐项罗归此军。今既全数赴吉，则季公当能主持其事，捐款自为此军支用，不必更由余处下札，又多一重斧凿痕也。至入吉以后，或速行掣动，或久顿城下，亦难预决。惟沅甫则以半月为率，急来瑞州，俾温甫得以更替归省。此则家庭要事，弟当与南翁、憩翁坚确订约者耳。

咸丰六年十一月初五日

字谕纪泽儿：

接尔安禀，字画略长进，近日看《汉书》。余生平好读《史记》、《汉书》、《庄子》、《韩文》四书，尔能看《汉书》，是余所欣慰之一端也。

看《汉书》有两种难处：必先通于小学、训诂之书，而后能识其假借奇字；必先习于古文辞章之学，而后能读其奇篇奥句。尔于小学、古文两者皆未曾入门，则《汉书》中不能识之字、不能解之句多矣。欲通小学，须略看段氏《说文》、《经籍纂诂》二书。王怀祖名念孙，高邮州人先生有《读书杂志》，中于《汉书》之训诂极为精博，为魏晋以来释《汉书》者所不能及。欲明古文，须略看《文选》及姚姬传之《古文辞类纂》二书。班孟坚最好文章，故于贾谊、董仲舒、司马相如、东方朔、司马迁、扬雄、刘向、匡衡、谷永诸传皆全录其著作；即不以文章名家者，如贾山、邹阳等四人传，严助、朱买臣等九人传，赵充国屯田之奏、韦元成议礼之疏，以及贡禹之章、陈汤之奏狱，皆以好文之故，悉载巨篇。如贾生之文，既著于本传，复载于《陈涉传》、《食货志》等篇；子云之文，既著于本传，复载于《匈奴传》、《王贡传》等篇；极之《充国赞》、《酒箴》，亦皆录入各传。盖孟坚于典雅瑰玮之文，无一字不甄采。尔将《十二帝纪》阅毕后，且先读列传。凡文之为昭明暨姚氏所选者，则细心读之；即不为二家所选，则另行标识之。若小学、古文二端略得途径，其于读《汉书》之道思过半矣。

世家子弟，最易犯一奢字、傲字。不必锦衣玉食而后谓之奢也，但使皮袍呢褂俯拾即是，舆马仆从习惯为常，此即日趋于奢矣。见乡人则嗤其朴陋，见雇工则颐指气使，此即日习于傲矣。《书》称"世禄之家，鲜克由礼"，《传》称"骄奢淫佚，宠禄过也"。京师子弟之坏，未有不由于骄奢二字者，尔与诸弟其戒之。至嘱至嘱。

咸丰六年十一月初七日

沅甫九弟左右：

初六日俊四等至，接二十八夜来缄，具悉二十五日业经拔营，军容整肃，至以为慰。

吉安殷富甲于江西，又得诸绅倾城输助，军饷自可充裕。周梧冈一军同行，如有银钱，宜分多润寡，无令己肥而人独瘠。梧冈阇于大局，不能受风浪，若扎营放哨，巡更发探，打仗分枝，究系宿将，不可多得。主事匡汝谐在吉安招勇起团，冀图袭攻郡城。闻湖南援吉之师将别出一枝，起而相应。若与弟军会合，宜善待之。

袁州既克，刘、萧等军当可进攻临江，六弟与普、刘在瑞声威亦可日振。弟与夏、黄诸兄到吉安时，或宜速行抽动，或宜久顿不移，亦当相机办理。若周军与桂、茶诸军足以自立，弟率湘人雕剿来江，兄弟年内相见，则余之所欣慰者也。军事变幻无常，每当危疑震撼之际，愈当澄心定虑，不可发之太骤，至要至嘱。

咸丰六年十一月初七日

澄侯四弟左右：

初六日俊四等来营，奉到父大人谕帖并各信件，得悉一切。

弟在各乡看团阅操，日内计已归家。家中无人，田园荒芜，堂上定省多阙，弟以后总不宜常常出门，至嘱至嘱。罗家姻事，暂可缓议。近世人家，一入宦途，即习于骄奢，吾深以为戒。三女许字，意欲择一俭朴耕读之家，不必定富室名门也。杨子春之弟四人捐官者，吾于二月二十一日具奏，闻部中已议准，部照概交南抚。子春曾有函寄雪芹，似已领到执照者，请查明再行布闻。

长夫在大营，不善抬轿。余每月出门不过五六次，每出则摇摆战栗，不合脚步。兹仅留刘一、胡二、盛四及新到之俊四、声六在此，余俱遣之归籍。以后即雇江西本地轿夫，家中不必添派人来也。

此间军务，建昌府之闽兵昨又败挫，而袁州克复，大局已转，尽可放心。十月内，饷项亦略宽裕矣。

咸丰六年十一月十四日

沅甫九弟左右：

昨信寄去实收二百张，想即收到。军行何日抵吉？至以为念。此间有游击马占魁，曾任龙泉营都司，兹回吉安府寻其眷属。其人朴诚可悯，又新有足疾，贫不能自存，弟可优视而扶植之。

吉安膏腴之区，即不遽克复，若扎一老营，除供给本军外，尚可兼解银以润省城。此间众论以为弟军到吉安，宜驻扎不动，不宜遽作抽掣他往之计，恐失民心而涸利源也。望弟熟思而审度之。扎营不可离城太近，宁先远而渐移向近，不可先近而后退向远，至嘱至嘱。如弟果扎驻吉安，余可赴吉犒师一次，与弟会合，且与黄、夏、周一叙也。

咸丰六年十一月二十九日

澄侯四弟左右：

二十八日，由瑞州营递到父大人手谕并弟与泽儿等信，具悉一切。

六弟在瑞州办理一应事宜尚属妥善，识见本好，气质近亦和平。九弟治军严明，名望极振。吾得两弟为帮手，大局或有转机。次青在贵溪尚平安，惟久缺口粮，又败挫之后，至今尚未克整顿完好。雪琴在吴城名声尚好，惟水浅不宜舟战，时时可虑。

余身体平安，癣疾虽发，较之往在京师则已大减。幕府乏好帮手，凡奏折、书信、批禀均须亲手为之，以是未免有延阁耳。余性喜读书，每日仍看数十页，亦不免抛荒军务，然非此则更无以自怡也。

纪泽看《汉书》，须以勤敏行之。每日至少亦须看二十页，不必惑于在精不在多之说。今日看半页，明日数页，又明日耽搁间断，或数年而不能毕一部。如煮饭然，歇火则冷，小火则不熟，须用大柴大火乃易成也。甲五经书已读毕否？须速点速读，不必一一求熟，恐因求熟之一字，而终身未能读完经书。吾乡子弟，未读完经书者甚多，此后当力戒之。诸外甥如未读完经书，当速补之，至嘱至嘱。

咸丰六年十一月二十九日

再，余往年在京曾寄银回家，每年或百金、或二百金不等。一以奉堂上之甘旨，一以济族戚之穷乏。自行军以来，仅甲寅冬寄百五十金。今年三月，澄弟在省城李家兑用二百金，此际实不能再寄。盖凡带勇之人，皆不免稍肥私橐。余不能禁人之不苟取，但求我身不苟取，以此风示僚属，即以此仰答圣主。今年江西艰困异常，省中官员有穷窘而不能自存者，即抚藩各衙门亦不能寄银赡家，余何敢妄取丝毫？兹寄银三十两，以二十两奉父亲大人甘旨之需，以十两奉叔父大人含饴之佐，此外家用及亲族常例概不能寄。

澄弟与我自湘潭一别之后，已若漠然不复相关。而前年买衡阳之田，今年兑李家之银，余皆不以为然。以后尽可不必代管，千万千万！

咸丰六年十二月二十七日

沅甫九弟左右：

二十三日在九江接弟初八日一缄，二十六日在隘口途次又接弟十三日一缄，具悉一切。

改民船为战船，是贼匪向来惯技。自前年水师舢板出，遂远胜贼改之船。弟营若距水次太远，似不必兼习炮船，恐用之不熟，或反资敌也。

十一日击太和援贼，尚为得手。与此贼战，有两难御者：一则以多人张虚声，红衣黄旗漫山弥谷，动辄二万三四万不等，季洪岳州之败，梧冈樟树之挫，皆为人多所震眩也；一则以久战伺暇隙，我进则彼退，我退则彼又进，顽钝诡诈，揉来揉去，若生手遇之，或有破绽可伺，则彼必乘隙而入，次青在抚州诸战是也。二者皆难于拒御。所幸多则不悍，悍则不多。盖贼多则中有裹胁之人，彼亦有生手，彼亦有破绽，吾转得乘隙而入矣。

告示及实收，新岁再当续寄。季高信甚明晰，以后得渠信，弟即遵而行之，自鲜疏失。余于十九日抵九江，二十五六自九江回吴城，二十八九可抵省城。迪庵之陆师更胜于甲寅塔、罗合军之时，厚庵水军亦超出昔年远甚，而皆能不矜不伐，可敬爱也。袁州往返千余里，吾即不请父大人远出。若江西军事得手，明年或可奏明归觐乎？余不一一。顺贺岁禧。

咸丰六年十二月二十七日

再，梧冈于军中小事尚能办理妥叶，遇有大事则无识无胆。设有探报称东路有贼数千，西路来贼数千，南北两路各数万，风声鹤唳，大波特起，则梧冈摇惑无主，必须吾弟作主也。到吉安后专为自守之计，不为攻城之计，打数大仗后则军心、民心大定，此军乃可特立也。

弟若久驻吉安，余于正月初旬即至吉安犒师，并拟请父亲大人来袁州一行。父子相离四年，或得借此一见，则弟军在吉安不遽掣动，亦一好事也。于公则吉安有一枝劲旅，筹饷较易；于私则兄或借此以谒父亲，不知弟意以为然否？如以为然，则请在彼深沟高垒，为坚不可拔之计。先为不可胜，然后伺间抵隙，以待敌之可胜。无好小利，无求速效。至要至嘱。

咸丰七年丁巳正月十五日

沅甫九弟左右：

元旦接去腊二十五日来函，初九日又接除夕一函，均已阅悉。“待贼远出，庶可邀截”一节，“痛加剿洗”及“但求固守营垒，以俟各军之至”等语，均系吾弟近日阅历有得之言，吾亦于禀中批示矣。水师办成，先烧江中贼船，自是绝接济之一法。第恐哨勇未能老练，或以利器资敌，慎之慎之！钱漕一禀，批语宜干净斩截。此事究应由地方官以全力主持，乃为切实。不然，恐吾批愈结实，而人愈疑贰。此等处颇费斟酌，望吾南公壹志径行，不恤其他。

余拟日内赴瑞州军营。吉安之行，必须至瑞后乃能定议。

咸丰七年正月十八日

澄侯四弟左右：

十五日安七等来，接父亲大人手谕及弟与纪泽儿各信，具悉一切。弟之子配王梅谷之女，龙神订庚，贺贺。尧阶、芝生、荫亭、梅谷，凡为吾家之先生者，即为吾弟之亲家，古人言亲师取友，吾弟可谓善于亲师矣。

余去年有一信，言第三女许罗山之次子，敬请父大人主其事。顷接回信，知家中已有信与罗宅矣。惟余去冬至九江晤李迪庵，知罗山生前曾与订姻，以李女配罗子，业已当面说定，虽未过庚书，而迪庵此时断不肯食言。余闻迪庵之言，比即详述一切，因订定罗子决配李女，而余为之媒。余之第三女即另行择婿，望弟详禀父大人，可将此事中辍，纵已过女庚，亦可取还。缘罗子系恩赐举人，恐人疑为佳婿而争之也。至要至要。

余于腊月二十八日自九江回省。正月十二日接到内赏福字、荷包及食物等件。十七日自省城起行，十八日至奉新县。因吴竹庄于正月初五日克复此城，特来犒师也。二十日可至瑞州会晤六弟。兹专人送福字、荷包、食物至家，祈查收，敬谨尊藏。又寄回《日知录》一册二十四本，与儿子纪泽阅看。纪泽前有信言家中无段氏《说文》。余记家有《皇清经解》，其中即有段《说文》一种，尽可取阅，又有《经传释词》一种，亦小学之要也。纪泽若至省城，不宜久住，过石潭时，不宜至罗家去。余不一一。

咸丰七年正月二十二日

沅甫九弟左右：

十八日乌山途次接弟十一日所发一缄，具悉一切。

兄于十七日卯刻出省，十八日至奉新，绅耆款留二日。二十一日率吴竹庄之彪营等四千人同来瑞州，拟于东北隅扎一大营，则四面合围，接济可断，声息不通，或易得手。近日省中因探报抚州之贼意图内犯，人心颇涉惊惶。而饶州毕都司一军，因毕将初二日在景德镇败挫不知下落，其老营纷纷溃散，饶防自慓，岌岌可虞。福将军于腊月三十日至广信，十三日坐舟赴省，月内应可抵章门。

围城之法，扎营不宜太近，一则开仗之势太蹙，一则军事尚隐尚诡，不宜使敌人丝毫毕知也。

余所刻实收，日内另专人送南翁处。南翁事以后省垣不至掣肘也。

咸丰七年正月二十六日

沅甫九弟左右：

二十四日专人至，接来件，知接战获胜。水师虽未甚如意，然已夺船数号，亦尚可用。水师自近日以来法制大备，然其要全在得人。若不得好哨好勇，往往以利器资寇。弟处以全副精神注陆路，以后不必兼筹水师可也。

用绅士不比用官，彼本无任事之责，又有避嫌之念，谁肯挺身出力以急公者？贵在奖之以好言，优之以廪给，见一善者则痛誉之，见一不善者则浑藏而不露一字，久久善者劝，而不善者亦潜移而默转矣。吾弟初出办事，而遂扬绅士之短，且以周梧冈之阅历精明为可佩，是大失用绅士之道也，戒之慎之。

余近发目疾，不能作字，率布数行，惟心照。

咸丰七年二月初三日

沅甫九弟左右：

初一日接二十六夜一缄，藉悉二十五日梧军小挫，二十六日各军大胜，至以为慰。计二十七八至初旬，援贼、城贼尚有数次大战。数大战后，我军营盘始稳，根基初固，从此以后，方可期贼势之渐就衰落，方可断接济文报，而冀就克复也。

瑞州日内开挖长濠，南城峙衡二十五日兴工，北城诸营二十七日兴工，竹庄在东北尚未兴工。余日内赴省一会福将军，耽搁一日，即仍回瑞。此间初合长围，暂不克抽拨数营往吉也。玉班兄即日当有信奉谢，弟先为我致意。不一一。

咸丰七年九月二十二日

沅甫九弟左右：

十二日申刻代一自县归，接弟手书，具审一切。

十三日未刻文辅卿来家，病势甚重，自醴陵带一医生偕行，似是瘟疫之症。两耳已聋，昏迷不醒，间作谵语，皆惦记营中。余将弟已赴营、省城可筹半饷等事告之四五次，渠已醒悟，且有喜色。因嘱其“静心养病，不必挂念营务，余代为函告南省、江省”等语，渠亦即放心。十四日由我家雇夫送之还家矣。若调理得宜，半月当可痊愈，复元则尚不易易。

陈伯符十二来我家，渠因负咎在身，不敢出外酬应，欲来乡为避地计。黄子春官声极好，听讼勤明，人皆畏之。

弟到省之期，计在十二日。余日内甚望弟信，不知金八、佑九何以无一人归来？岂因饷事未定，不遽遣使归欤？弟性褊激似余，恐怫郁或生肝疾，幸息心忍耐为要。兹乘便寄一缄托黄宅转递，弟接到后，专人送去一次，以慰悬悬。

家中大小平安，诸小儿读书，余自能一一检点，弟不必挂心。

咸丰七年十月初四日

沅甫九弟左右：

二十二夜灯后右九、金八归，接弟十五夜所发之信，知十六日已赴吉安。屈指计弟二十四日的可抵营，二十五六当专人归来，今日尚未到家，望眼又复悬悬。

吉字中营尚易整顿否？古之成大事者，规模远大与综理密微，二者缺一不可。弟之综理密微，精力较胜于我。军中器械，其略精者，宜另立一簿，亲自记注，择人而授之。古人以铠仗鲜明为威敌之要务，恒以取胜。刘峙衡于火器亦勤于修整，刀矛则全不讲究。余曾派褚景昌赴河南采买白蜡杆子，又办腰刀分赏各将弁，人颇爱重。弟试留心此事，亦综理之一端也。至规模宜大，弟亦讲求及之。但讲阔大者，最易混入散漫一路，遇事颟顸，毫无条理，虽大亦奚足贵？等差不紊，行之可久。斯则器局宏大，无有流弊者耳。顷胡润芝中丞来书赞弟，有曰“才大器大”四字，余甚爱之。才根于器，良为知言。

湖口贼舟于九月八日焚夺净尽，湖口、梅家洲皆于初九日攻克。三年积愤，一朝雪耻，雪琴从此重游浩荡之宇。惟次青尚在坎窞之中，弟便中可与通音问也。润翁信来，仍欲奏请余出东征。余顷复信，具陈其不宜，不知可止住否？彭中堂复信一缄，由弟处寄至文方伯署，请其转递至京。或弟有书呈藩署，末添一笔亦可。李迪庵近有请假回籍省亲之意，但未接渠手信。渠之带勇，实有不可及处，弟宜常与通信，殷殷请益。

弟在营须保养身体，肝郁最易伤人，余生平受累以此，宜和易以调之也。

咸丰七年十月初十日

沅甫九弟左右：

十月初七日接弟二十八日所发家信，具悉一切。所得饷银，计可发两月口食。细问得二、金三等，言阖营弁勇夫役，皆欢声雷动。似此气象尚好，或者此出事机顺手。余与合家大小均为欣慰。

家中内外平安。胡中丞信来，已于九月二十六日专折奏请余赴九江，总统杨、彭、二李之师。余重九所发之折，至今未奉朱批。

弟此刻到营，宜专意整顿营务，毋求近功速效。弟信中以各郡往事推度，尚有欲速之念。此时自治毫无把握，遽求成效，则气浮而乏，内心不可不察。进兵须由自己作主，不可因他人之言而受其牵制，非特进兵为然，即寻常出队开仗亦不可受人牵制。应战时，虽他营不愿而我营亦必接战；不应战时，虽他营催促我亦且持重不进。若彼此皆牵率出队，视用兵为应酬之文，则不复能出奇制胜矣。五年吴城水师，六年抚州、瑞州陆军，皆有牵率出队之弊，无一人肯坚持定见，余屡诫而不改。弟识解高出辈流，当知此事之关系最重也。

宝勇本属劲旅，普副将所统太多，于大事恐无主张，宜细察之。黄南坡太守有功于湖南，有功于水师，今被劾之后继以疾病，弟宜维持保护，不可遽以饷事烦之。逸斋知人之明，特具只眼，豪侠之骨，莹澈之识，于弟必相契合。但军事以得之阅历者为贵，如其能来，亦不宜遽主战事。各处写信自不可少，辞气须不亢不卑，平稳惬适。余生平以懒于写信开罪于人，故愿弟稍变途辙。在长沙时，官场中待弟之意态，士绅中夺情之议论，下次信回，望略书一二，以备乡校之采。

吉安在宋、明两朝名贤接踵，如欧阳永叔、文信国、罗一峰、整庵诸公，若有乡绅以遗集见赠者，或近处可以购觅，望付数种寄家。余俟续布。

咸丰七年十月十五日

沅甫九弟左右：

前信言牵率出队之弊，关系至重。凡与贼相持日久，最戒浪战。兵勇以浪战而玩，玩则疲；贼匪以浪战而猾，猾则巧。以我之疲，敌贼之巧，终不免有受害之一日。故余昔在营中诫诸将曰："宁可数月不开一仗，不可开仗而毫无安排算计。"此刻吉安营头太多，余故再三谆嘱。

重九所发之折，十二日奉到朱批，兹钞付一览。圣意虽许暂守礼庐，而仍不免有后命。进退之际，权衡实难也。

咸丰七年十月十六日

沅甫九弟左右：

在吉安扎营不宜离城太近。盖地太逼，则贼匪偷营难于防范，奸细混入难于查察；节太短，则我军出队难于取势，各营同战难于分股。一经扎近之后，再行退远，则少馁士气，不如先远之为愈也。

牵率出队之弊，所以难于变革者，盖此营出队之时未经知会彼营，一遇贼匪接仗，或小有差挫，即用令箭飞请彼营前来接应。来则感其相援，不来则怨其不救。甚或并未差挫，并未接仗，亦以令箭报马预请他营速来接应，习惯为常，视为固然。既恐惹人之怨憾，又虑他日之报复，于是不敢不去，不忍不去。夫战阵呼吸之际，其几甚微，若尽听他营之令箭牵率出队，一遇大敌，必致误事。弟思力革此弊，必须与各营委曲说明，三令五申。又必多发哨探，细侦贼情，耳目较各营为确，则人渐信从，而前弊可除矣。

咸丰七年十月二十七日

沅甫九弟左右：

二十三夜彭一归，接弟十五书，具悉一切。

吉安此时兵势颇盛。军营虽以人多为贵，而有时亦有人多为累。凡军气宜聚不宜散，宜忧危不宜悦豫。人多则悦豫，而气渐散矣。营虽多而可恃者惟在一二营；人虽多而可恃者惟在一二人。如木然，根好、株好而后枝叶有所托；如屋然，柱好、梁好而后椽瓦有所丽。今吉安各营，以余意揆之，自应以吉中营及老湘胡、朱等营为根株，为柱梁，此外如长和，如湘后，如三宝，虽素称劲旅，不能不侪之于枝叶、椽瓦之列。遇小敌时，则枝叶之茂，椽瓦之美，尽可了事；遇大敌时，全靠根株培得稳，柱梁立得固，断不可徒靠人数之多，气势之盛。倘使根株不稳，柱梁不固，则一枝折而众叶随之，一瓦落而众椽随之，败如山崩，溃如河决，人多而反以为累矣。史册所载战事，以人多而为害者不可胜数。近日如抚州万余人卒致败溃，次青本营不足以为根株、为梁柱也；瑞州万余人卒收成功，峙衡一营足以为根株、为梁柱也。弟对众营立论，虽不必过于轩轾，而心中不可无一定之权衡。

来书言弁目太少，此系极要关键。凡将才有四大端：一曰知人善任，二曰善觇敌情，三曰临阵胆识峙有胆，迪、厚有胆有识，四曰营务整齐。吾所见诸将，于三者略得梗概，至于善觇敌情，则绝无其人。古之觇敌者，不特知贼首之性情伎俩，而并知某贼与某贼不和，某贼与伪主不协。今则不见此等好手矣。贤弟当于此四大端下工夫，而即以此四大端察同僚及麾下之人才。第一、第二端，不可求之于弁目散勇中；第三、第四端，则末弁中亦未始无材也。

家中大小平安。胡润之中丞奏请余率水师东下，二十七日送寄谕来家，兹钞寄弟营一阅。余俟续布。

咸丰七年十一月初五日

沅甫九弟左右：

十一月初二日，春二、甲四归，接二十四夜来书，具悉一切。弟营中事机尚顺，家中大小欣慰。

帅逸斋之叔号小舟者，于初二日来，携有张六琴太守书缄，具告逸斋死事之惨。余具奠金五十两交小舟，为渠赴江西之旅资。又作书寄雪琴，嘱其备战船至广信，迎护逸斋之眷口由浙来江；又备舟至省城，迎护逸斋与其侄之灵柩，于南康会齐，同出湖口。由湖口段窑至黄梅帅宅，不过数十里耳。前此仙舟先生墓门被贼掘毁，余曾寄书润之中丞、莲舫员外，筹银三四百两为修葺之资。此次小舟归里，可一并妥为安厝。少有余资，即以赡济逸斋之眷口，然亦极薄，难以自存矣。

东乡败挫之后，李镇军、周副将均退守武阳渡。闻耆中丞缄致长沙，请夏憩亭募勇数千赴江应援，不知确否？自洪、杨内乱以来，贼中大纲紊乱。石达开下顾金陵，上顾安庆，未必能再至江西。即使果来赴援，亦不过多裹乌合之卒，悍贼实已无几。我军但稍能立脚，不特吉安力能胜之，即临江萧军亦自可胜之也。

胡蔚之将以初十日回省，家中以后不请书启朋友。韩升告假回家。余文案尚繁，不可无一人料理，望弟饬王福于腊月初回家交代后，即令韩升回省度岁。韩于正初赴吉营，计弟处有四十日无人经管文案，即交彭椿年一手料理，决无疏失。韩升与王福二人皆精细勤敏，无所轩轾。凌荫庭于日内赴雪琴处，若弟处再须好手，亦可令凌赴吉也。

咸丰七年十一月二十五日

沅甫九弟左右：

二十四日王得一归，接十六日信，具悉一切。以后有信，仍以专人送归为妥，只须一人，不必两人，择捷足如曾正七之类，更可迅速。

汪先生即邓汪琼，号瀛皆于初七日专人来订今冬上学，因迎其十五入馆。甲三于十八开课，二十三第二课，改文甚细心。甲五眼睛近日已好十分之七八，右目能认寸大字，左目则能读小注。每日静坐二次，以助药力之不及。邓先生向来亦多病，得力于静坐者深也。

弟所寄各件，代普将请饷，代黄太守上禀，均系顾全大局，即使上官未必批准，亦不失缓急相顾之道。请奖一禀，尚欠妥叶。湘后营一军，不知从何处筹饷？即宝营亦自难支持。弟辞总理之任，极是极是。带勇本系难事，弟但当约旨卑思，无好大，无欲速。管辖现有之二千人，宁可减少，不可加多。口粮业得一半，此外有可设法更好，即涓滴难求，亦自不至于脱巾溃散。但宜极力整顿，不必常以欠饷为虑也。

打仗之道，在围城之外，节太短，势太促，无埋伏，无变化，只有队伍整齐，站得坚稳而已。欲灵机应变，出奇制胜，必须离城甚远，乃可随时制宜。凡平原旷野开仗，与深山穷谷开仗，其道迥别。去吉城四十里，凡援贼可来之路，须令哨长、队长轮流前往该处看明地势，小径小溪，一丘一洼，细细看明，各令详述于弟之前，或令绘图呈上。万一有出队迎战之时，则各哨队皆已了然于心。古人忧“学之不讲”，又曰“明辨之”，余以为训练兵勇，亦须常讲常辨也。家中四宅平安，不必挂念。

咸丰七年十二月初六日

沅甫九弟左右：

初四日午刻萧大满、刘得二归，接二十八日来信，藉悉一切。吉水击退大股援贼，三曲滩对岸之贼空壁宵遁，看来吉安之事尚易得手。

王大诚所借先大夫钱百千，收租十石者十余年，收六石九斗者又已二十年，实属子过于母。澄弟与余商，王氏父子太苦，宜焚券而蠲免之。初三日请大诚父子祖孙来，涂券发还。

日内作报销大概规模折一件、片三件，交江西耆公代为附奏。兹由萧大满等手带至吉安，弟派妥人即日送江西省城，限五日送到。耆、龙、李三处并有信，接复信专丁送家可也。

左季高待弟极关切，弟即宜以真心相向，不可常怀智术以相迎距。凡人以伪来，我以诚往，久之，则伪者亦共趋于诚矣。

李迪庵新放浙中方伯，此亦军兴以来一仅见之事。渠用兵得一暇字诀，不特其平日从容整理，即其临阵，亦回翔审慎，定静安虑。弟理繁之才胜于迪庵，惟临敌恐不能如其镇静。至于与官场交接，吾兄弟患在略识世态而又怀一肚皮不合时宜，既不能硬，又不能软，所以到处寡合。迪庵妙在全不识世态，其腹中虽也怀些不合时宜，却一味浑含，永不发露。我兄弟则时时发露，终非载福之道。雪琴与我兄弟最相似，亦所如寡合也。弟当以我为戒，一味浑厚，绝不发露，将来养得纯熟，身体也健旺，子孙也受用，无惯习机械变诈，恐愈久而愈薄耳。李云麟尚在吉安营否？其上我书，才识实超流辈，亦不免失之高亢，其弊与我略同。

长沙官场，弟亦通信否？此等酬应自不可少，当力矫我之失而另立途辙。余生平制行有似萧望之、盖宽饶一流人，常恐终蹈祸机，故教弟辈制行早蹈中和一路，勿效我之褊激也。黄子春丁外艰，大约年内回省，新任又不知何人。吾邑县运，如王、刘之没，可谓不振；迪庵之简放，可谓极盛。若能得一贤令尹来，则受福多矣。

余身体平安，近日心血积亏，略似怔忡之象。上下四宅小大安好，诸儿读书如常，无劳远注。

咸丰七年十二月十四日

沅甫九弟左右：

十二日正七、有十归，接弟信，备悉一切。定湘营既至三曲滩，其营官成章鉴亦武弁中之不可多得者，弟可与之款接。

来书谓意趣不在此，则兴会索然，此却大不可。凡人作一事，便须全副精神注在此一事，首尾不懈，不可见异思迁，做这样想那样，坐这山望那山。人而无恒，终身一无所成。我生平坐犯无恒的弊病，实在受害不小。当翰林时，应留心诗字，则好涉猎他书，以纷其志；读性理书时，则杂以诗文各集，以歧其趋；在六部时，又不甚实力讲求公事；在外带兵，又不能竭力专治军事，或读书写字以乱其志意。坐是垂老而百无一成。即水军一事，亦掘井九仞而不及泉。弟当以为鉴戒。现在带勇，即埋头尽力以求带勇之法，早夜孳孳，日所思，夜所梦，舍带勇以外则一概不管。不可又想读书，又想中举，又想作州县，纷纷扰扰，千头万绪，将来又蹈我之覆辙，百无一成，悔之晚矣。

带勇之法，以体察人才为第一，整顿营规、讲求战守次之。《得胜歌》中各条，一一皆宜详求。至于口粮一事，不宜过于忧虑，不可时常发禀。弟营既得楚局每月六千，又得江局每月二三千，便是极好境遇。李希庵十二来家，言迪庵意欲帮弟饷万金。又余有浙盐盈余万五千两在江省，昨盐局专丁前来禀询，余嘱其解交藩库充饷。将来此款或可酌解弟营，但弟不宜指请耳。饷项既不劳心，全副精神请求前者数事，行有余力则联络各营，款接绅士。身体虽弱，却不宜过于爱惜。精神愈用则愈出，阳气愈提则愈盛。每日作事愈多，则夜间临睡愈快活。若存一爱惜精神的意思，将前将却，奄奄无气，决难成事。凡此皆因弟兴会索然之言而切戒之者也。弟宜以李迪庵为法，不慌不忙，盈科后进，到八九个月后，必有一番回甘滋味出来。余生平坐无恒，流弊极大，今老矣，不能不诫教吾弟吾子。

邓先生品学极好，甲三八股文有长进，亦山先生亦请邓改文。亦山教书严肃，学生甚为畏惮。吾家戏言戏动积习，明年当与两先生尽改之。

下游镇江、瓜洲同日克复，金陵指日可克。厚庵放闽中提督，已赴金陵会剿，准其专折奏事。九江亦即日可复。大约军事在吉安、抚、建等府结局，贤弟勉之。吾为其始，弟善其终，实有厚望。若稍参以客气，将以斁志，则不能为我增气也。营中哨队诸人，气尚完固否？下次祈书及。

咸丰七年十二月二十一日

沅甫九弟左右：

十九日亮一等归，接展来函，具悉一切。临江克复，从此吉安当易为力，弟黾勉为之，大约明春可复吉郡，明夏可克抚、建。凡兄所未了之事，弟能为我了之，则余之愧憾可稍减矣。

余前在江西，所以郁郁不得意者：第一不能干预民事，有剥民之权，无泽民之位，满腹诚心，无处施展；第二不能接见官员，凡省中文武官僚，晋接有稽，语言有察；第三不能联络绅士，凡绅士与我营款惬，则或因而获咎。坐是数者，方寸郁郁，无以自伸。然此只坐不应驻扎省垣，故生出许多烦恼耳。弟今不驻省城，除接见官员一事无庸议外，至爱民、联绅二端，皆可实心求之。现在饷项颇充，凡抽厘劝捐，决计停之。兵勇扰民，严行禁之，则吾夙昔爱民之诚心，弟可为我宣达一二。

吾在江西，各绅士为我劝捐八九十万，未能为江西除贼安民。今年丁忧奔丧太快，若恝然弃去，置绅士于不顾者，此余之所悔也若少迟数日，与诸绅往复书问乃妥。弟当为余弥缝此阙。每与绅士书札往还，或接见畅谈，具言江绅待家兄甚厚，家兄抱愧甚深等语。就中如刘仰素、甘子大二人，余尤对之有愧。刘系余请之带水师，三年辛苦，战功日著，渠不负吾之知，而余不克始终与共患难。甘系余请之管粮台，委曲成全，劳怨兼任。而余以丁忧遽归，未能为渠料理前程。此二人皆余所惭对，弟为我救正而补苴之。

余在外数年，吃亏受气实亦不少，他无所惭，独惭对江西绅士。此日内省躬责己之一端耳。弟此次在营境遇颇好，不可再有牢骚之气，心平志和，以迓天休，至嘱至嘱。

承寄回银二百两收到。今冬收外间银数百，而家用犹不甚充裕，然后知往岁余之不寄银回家，不孝之罪上通于天矣。

四宅大小平安。余日内心绪少佳。夜不成寐，盖由心血积亏、水不养肝之故。春来当好为调理。

咸丰八年戊午正月初四日

沅甫九弟左右：

十二月二十八日接弟二十一日手书，欣悉一切。

临江已复，吉安之克实意中事。克吉之后，弟或带中营围攻抚州，听候江抚调度；或率师随迪庵北剿皖省，均无不可。届时再行相机商酌。此事我为其始，弟善其终，补我之阙，成父之志，是在贤弟竭力而行之，无为遽怀归志也。

弟书自谓是笃实一路人。我自信亦笃实人，只为阅历世途，饱更事变，略参些机权作用，把自家学坏了。实则作用万不如人，徒惹人笑，教人怀憾，何益之有？近月忧居猛省，一味向平实处用心，将自家笃实的本质，还我真面，复我固有。贤弟此刻在外，亦急须将笃实复还，万不可走入机巧一路，日趋日下也。纵人以巧诈来，我仍以浑含应之，以诚愚应之，久之，则人之意也消。若钩心斗角，相迎相距，则报复无已时耳。

至于强毅之气，决不可无，然强毅与刚愎有别。古语云：自胜之谓强。曰强制，曰强恕，曰强为善，皆自胜之义也。如不惯早起，而强之未明即起；不惯庄敬，而强之坐尸立斋；不惯劳苦，而强之与士卒同甘苦，强之勤劳不倦，是即强也。不惯有恒，而强之贞恒，即毅也。舍此而求以客气胜人，是刚愎而已矣。二者相似，而其流相去霄壤，不可不察，不可不谨。

李云麟气强识高，诚为伟器，微嫌辩论过易。弟可令其即日来家，与兄畅叙一切。

兄身体如常，惟中怀郁郁，恒不甚舒畅，夜间多不甚寐，拟请刘镜湖三爷来此一为诊视。闻弟到营后，体气大好，极慰极慰。

刘詹严先生绎得一见否？为我极道歉忱。黄莘翁之家属近状何如？苟有可为力之处，弟为我多方照拂之。渠为劝捐之事怄气不少，吃亏颇多也。母亲之坟，今年当觅一善地改葬，惟兄脚力太弱，而地师又无一可信者，难以下手耳。余不一一。

再，带勇总以能打仗为第一义。现在久顿坚城之下，无仗可打，亦是闷事。如可移扎水东，当有一二大仗开。第弟营之勇锐气有余，沉毅不足，气浮而不敛，兵家之所忌也，尚祈细察。偶作一对联箴弟云：

打仗不慌不忙，先求稳当，次求变化；

办事无声无臭，既要精到，又要简捷。

贤弟若能行此数语，则为阿兄争气多矣。

咸丰八年正月十一日

沅甫九弟左右：

初七、初八连接弟两信，具悉一切。亮一去时，信中记封有报销折稿，来信未经提及，或未得见耶？二十六早地孔轰倒城垣数丈，而未克成功，此亦如人之生死早迟，时刻自有一定，不可强也。

总理既已接札，则凡承上起下之公文，自不得不照申照行，切不可似我疏懒，置之不理也。余生平之失在志大而才疏，有实心而乏实力，坐是百无一成。李云麟之长短亦颇与我相似，如将赴湖北，可先至余家一叙再往。润公近颇综核名实，恐亦未必投洽无间也。

近日身体略好，惟回思历年在外办事，愆咎甚多，内省增疚。饮食起居，一切如常，无劳廑虑。今年若能为母亲大人另觅一善地，教子侄略有长进，则此中豁然畅适矣。弟年纪较轻，精力略胜于我，此际正宜提起全力，早夜整刷。昔贤谓宜用猛火煮、漫火温，弟今正用猛火之时也。

李次青之才实不可及，吾在外数年，独觉惭对此人。弟可与之常通书信，一则少表余之歉忱，一则凡事可以请益。

余京中书籍，承漱六专人取出带至江苏松江府署中，此后或易搬回。书虽不可不看，弟此时以营务为重，则不宜常看书。凡人为一事，以专而精，以纷而散。荀子称"耳不两听而聪，目不两视而明"，庄子称"用志不纷，乃凝于神"，皆至言也。

咸丰八年正月十四日

沅甫九弟左右：

十二日安五来营，寄第二号家信，亮已收到。

治军总须脚踏实地，克勤小物，乃可日起而有功。凡与人晋接周旋，若无真意，则不足以感人；然徒有真意而无文饰以将之，则真意亦无所托之以出，《礼》所称无文不行也。余生平不讲文饰，到处行不动，近来大悟前非。弟在外办事，宜随时斟酌也。

闻我水师粮台银两尚有盈余，弟营此时不缺银用，不必解往。若绅民中实在流离困苦者，亦可随便周济。兄往日在营艰窘异常，初不能放手作一事，至今追憾。弟若有宜周济之处，水师粮台尚可解银二千前往。应酬亦须放手办，在绅士百姓身上，尤宜放手也。

咸丰八年正月十九日

沅甫九弟左右：

正月十七日蒋一等归，接十一日信，藉悉一切。次青处回信及密件，弟办理甚好。

民宜爱而刁民不必爱，绅宜敬而劣绅不必敬。弟在外能如此调理分明，则凡兄之缺憾，弟可一一为我弥缝而匡救之矣。昨信言无本不立，无文不行。大抵与兵勇及百姓交际，只要此心真实爱之，即可见亮于下。余之所以颇得民心、勇心者，此也。与官员及绅士交际，则心虽有等差，而外之仪文不可不稍隆，余之所以不获于官场者，此也。去年与弟握别之时，谆谆嘱弟以效我之长，戒我之短。数月以来，观弟一切施行，果能体此二语，欣慰之至。惟作事贵于有恒，精力难于持久，必须日新又新，慎而加慎，庶几常葆令名，益崇德业。

咸丰八年正月二十九日

沅甫九弟左右：

二十七日接弟信，并《二十二史》七十二套，此书十七史系汲古阁本，《宋》、《辽》、《金》、《元》系宏简录，《明史》系殿本，较之兄丙申年所购者多《明史》一种，余略相类，在吾乡极为难得矣。吾后在京亦未另买有全史，仅添买《辽》、《金》、《元》、《明》四史及《史》、《汉》各佳本而已，《宋史》至今未办，盖缺典也。

吉贼决志不窜，将来必与浔贼同一办法，想非夏末秋初不能得手。弟当坚耐以待之。迪庵去岁在浔，于开濠守逻之外，间以读书习字。弟处所掘长濠，如果十分可靠，将来亦有闲隙可以偷看书籍，目前则须极力讲求濠工、巡逻也。

周济受害绅民，非泛爱博施之谓，但偶遇一家之中杀害数口者、流转迁徙归来无食者、房屋被焚栖止靡定者，或与之数十金以周其急。先星冈公云“济人须济急时无”，又云“随缘布施，专以目之所触为主”，即孟子所称“是乃仁术也”。乃目无所触，而泛求被害之家而济之，与造册发赈一例，则带兵者专行沽名之事，必为地方官所讥，且有挂一漏万之虑。弟之所见，深为切中事理。余系因昔年湖口绅士受害之惨，无力济之，故推而及于吉安，非欲弟无故而为沽名之举也。

咸丰八年二月初二日

沅甫九弟左右：

二十九日刘福一来营，寄第六号信，想已接到。

日内家中大小平安。父大人初四日周年忌辰，祭礼全依朱子家礼，早起至坟山泣奠，日中在家恭祭也。

吴贯槎齐源由桂东来此住二日。外间言萧浚川在樟树小败，究竟情形若何？下次可便述一二。

弟昨信劝我不必引前事以自艾。余在外立志以爱民为主，在江西捐银不少，不克立功，凡关系民事者一概不得与闻。又性素拙直，不善联络地方官，所在龃龉。坐是中怀抑塞，亦常有自艾之意。春来间服补剂，医者以为水不养肝之所致。待刘镜湖来，加意调理，或可就痊。余自知谨慎，尽可放心。

咸丰八年二月十四日

沅甫九弟左右：

春二等归，接弟手函，敬悉一切。

吉安贼势虽蹙，而水东无路可窜，自不能不死守城穷。即迟至五六月始行克复，亦属意中之事。弟当坚意忍耐，不可欲速烦闷。濠沟既成，总宜细心巡守，使之无粒米勺水之接济，无蚍蜉蚁子之文报，则十日内外即已迫不可忍。欲得巡逻严密，须自弟营为始。弟既有总理名目，又夙为人望所属，弟行则众营随之以行，止则众营随之以止，勤则皆勤，怠则皆怠，观瞻之所在也。僧王每夜于五更自出巡濠，天明方归，此近人所传颂者。

家中日内大小平安。十一日，六弟除降服，十三日王壬秋、罗伯宜来，而李秉苑及营中各弁亦来数人。尧阶于初三日来，十四始归。李雨苍至霞仙处，顷亦归矣。

咸丰八年二月十七日

沅甫九弟左右：

十四日接弟初七夜信，得知一切。

贵溪紧急之说确否？近日消息何如？次青非常之才，带勇虽非所长，然亦有百折不回之气。其在兄处，尤为肝胆照人，始终可感。兄在外数年，独惭无以对渠。去腊遣韩升至李家，省视其家，略送仪物，又与次青约成婚姻，以申永好。目下两家儿女无相当者，将来渠或三索得男，弟之次女、三女可与订婚，兄信已许之矣。在吉安，望常常与之通信，专人往返，想十余日可归也。但得次青生还与兄相见，则同甘苦患难诸人中，尚不至留莫大之愧歉耳。

昔耿恭简公谓居官以耐烦为第一要义，带勇亦然。兄之短处在此，屡次谆教弟亦在此。二十七日来书有云“仰鼻息于傀儡膻腥之辈，又岂吾心之所乐”，此已露出不耐烦之端倪，将来恐不免于龃龉。去岁握别时，曾以惩余之短相箴，乞无忘也。

李雨苍于十七日起行赴鄂。渠长处在精力坚强，聪明过人，短处即在举止轻佻，言语伤易，恐润公亦未能十分垂青。温甫弟于二十一日起程，大约三月半可至吉安也。

咸丰八年三月初六日

沅甫九弟左右：

初三日刘福一等归，接来信，藉悉一切。

城贼围困已久，计不久亦可攻克。惟严断文报是第一要义，弟当以身先之。家中四宅平安。余身体不适，初二日住白玉堂，夜不成寐。温弟何日至吉安？

古来言凶德致败者约有二端：曰长傲，曰多言。丹朱之不肖，曰傲，曰嚣讼，即多言也。历观名公巨卿，多以此二端败家丧身。余生平颇病执拗，德之傲也；不甚多言，而笔下亦略近乎嚣讼。静中默省愆尤，我之处处获戾，其源不外此二者。温弟性格略与我相似，而发言尤为尖刻。凡傲之凌物，不必定以言语加人，有以神气凌之者矣，有以面色凌之者矣。温弟之神气，稍有英发之姿，面色间有蛮狠之象，最易凌人。凡中心不可有所恃，心有所恃则达于面貌。以门地言，我之物望大减，方且恐为子弟之累；以才识言，近今军中炼出人才颇多，弟等亦无过人之处，皆不可恃。只宜抑然自下，一味言忠信，行笃敬，庶几可以遮护旧失，整顿新气，否则人皆厌薄之矣。沅弟持躬涉世，差为妥叶。温弟则谈笑讥讽，要强充老手，犹不免有旧习，不可不猛省，不可不痛改。余在军多年，岂无一节可取？只因傲之一字，百无一成，故谆谆教诸弟以为戒也。

咸丰八年三月十三日

沅甫九弟左右：

初十日接初三日来书，具悉一切。

余在白玉堂居五日，初七日仍回新宅，身体总未全好。回思往事，处处感怀。而于湖口一关未得攻破，心以为憾！虽经杨、彭、二李攻破，而未得目见，亦常觉梦魂索绕于其间。此外错误之事，触端悔悟，恒少泰宇，每憾不得与弟同聚，畅叙衷曲也。服药亦不甚得法，心血耗亏，骤难奏效。

姚秋浦索讨贼檄文，家中竟无稿本。在外数年，一事无成，每念昔年鸿爪，便若赧然无以自安者。有始无终，内省多疚。

湖口水师刘副将国斌来乡，道旧叙故，略开怀抱。闻雪琴时时系念，尤为笃挚。次青眷口至章门寻视，余闻之尤用愧切。使次青去乡从军者，皆因不才而出也。若得东路大定，次青归来，握手痛谈，此心庶几少释耳。弟在吉，宜以书常致次青。余前有信求润公保之，闻润公近解万金至贵溪，奏派次青防浙一路，张皇而提挈之，次青于是乎增辉光矣。

咸丰八年三月二十四日

沅甫九弟左右：

二十日胡二等归，接弟十三夜书，具悉一切。所论兄之善处虽未克当，然亦足以自怡。兄之郁郁不自得者，以生平行事有初鲜终，此次又草草去职，致失物望，不无内疚。

长傲、多言二弊，历观前世卿大夫兴衰，及近日官场所以致祸福之由，未尝不视此二者为枢机，故愿与诸弟共相鉴诫。第能惩此二者，而不能勤奋以图自立，则仍无以兴家而立业。故又在乎振刷精神，力求有恒，以改我之旧辙，而振家之丕基。弟在外数月，声望颇隆，总须始终如一，毋怠毋荒，庶几于弟为初旭之升，而于兄亦代为桑榆之补。至嘱至嘱。

次青奏赴浙江，令人阅之气旺。以次青之坚忍，固宜有出头之一日，而咏公亦可谓天下之快人快事矣。

弟劝我与左季高通书问，此次暂未暇作，准于下次寄弟处转递。此亦兄长傲一端，弟既有言，不敢遂非也。

咸丰八年三月三十日

沅甫九弟左右：

春二、安五归，接手书，知营中一切平善，至为欣慰。

次青二月以后无信寄我，其眷属至江西，不知果得一面否？接到弟寄胡中丞奏伊入浙之稿，未知果否成行？顷得耆中丞十三日书言，浙省江山、兰溪两县失守，调次青前往会剿。是次青近日声光，亦渐渐脍炙人口。广信、衢州两府不失，似浙中终可无虑，未审近事究复如何？广东探报，言逆夷有船至上海，亦恐其为金陵余孽所攀援。若无此等意外波折，则洪、杨股匪不患今岁不平耳。

九江竟尚未克，林启荣之坚忍实不可及。闻麻城防兵于三月十日小挫一次，未知确否？弟于次青、迪、厚、雪琴等处须多通音问，俾余亦略有见闻也。

兄病体已愈十之七八，日内并未服药，夜间亦能熟睡。至子丑以后则醒，是中年后人常态，不足异也。湘阴吴贞阶司马于二十六日来乡，是厚庵嘱其来一省视，次日归去。

余所奏报销大概规模一折，奉朱批“该部议奏”。户部于二月初九日复奏，言“曾国藩所拟尚属妥协”云云。至将来需用部费，不下数万。闻杨、彭在华阳镇抽厘，每月可得二万，系雪琴督同凌荫庭、刘国斌等经纪其事，其银归水营杨、彭两大股分用。余偶言可从此项下设法筹出部费，贞阶力赞其议，想杨、彭亦必允从。此款有着，则余心又少一牵挂。

温弟丰神较峻，与兄之伉直简憺虽微有不同，而其难于谐世，则殊途而同归，余常用为虑。大抵胸多抑郁，怨天尤人，不特不可以涉世，亦非所以养德；不特无以养德，亦非所以保身。中年以后，则肝肾交受其病。盖郁而不畅则伤木，心火上烁则伤水，余今日之目疾及夜不成寐，其由来不外乎此。故于两弟时时以平和二字相勖，幸勿视为老生常谈，至要至嘱。

亲族往弟营者人数不少，广厦万间，本弟素志。第善觇国者，睹贤哲在位，则卜其将兴；见冗员浮杂，则知其将替。善觇军者亦然。似宜略为分别，其极无用者，或厚给途费遣之归里，或酌赁民房令住营外，不使军中有惰漫喧杂之象，庶为得宜。至屯兵城下为日太久，恐军气渐懈，如雨后已弛之弓，三日已腐之馔，而主者晏然，不知其不可用，此宜深察者也。附近百姓果有骚扰情事否？此亦宜深察者也。

卷六 家书

目录

咸丰八年四月初九日

沅甫九弟左右：

四月初五日得一等归，接弟信，得悉一切。

兄回忆往事，时形悔艾，想六弟必备述之。弟所劝譬之语，深中机要，“素位而行”一章，比亦常以自警。只以阴分素亏，血不养肝，即一无所思，已觉心慌肠空，如极饿思食之状。再加以憧扰之思，益觉心无主宰，怔悸不安。

今年有得意之事两端：一则弟在吉安声名极好，两省大府及各营员弁、江省绅民交口称颂，不绝于吾之耳；各处寄弟书及弟与各处禀牍信缄俱详实妥善，犁然有当，不绝于吾之目。一则家中所请邓、葛二师品学俱优，勤严并著。邓师终日端坐，有威可畏，文有根柢而又曲合时趋，讲书极明正义而又易于听受。葛师志趣方正，学规谨严，小儿等畏之如神明。此二者，皆余所深慰。虽愁闷之际，足以自宽解者也。第声闻之美，可恃而不可恃。兄昔在京中颇著清望，近在军营亦获虚誉。善始者不必善终，行百里者半九十里。誉望一损，远近滋疑。弟目下名望正隆，务宜力持不懈，亦始有卒。

治军之道，总以能战为第一义。倘围攻半岁，一旦被贼冲突，不克抵御，或致小挫，则令望隳于一朝。故探骊之法，以善战为得珠，能爱民为第二义，能和协上下官绅为第三义。愿吾弟兢兢业业，日慎一日，到底不懈，则不特为兄补救前非，亦可为吾父增光于泉壤矣。精神愈用而愈出，不可因身体素弱过于保惜；智慧愈苦而愈明，不可因境遇偶拂遽尔摧沮。

此次军务，如杨、彭、二李、次青辈，皆系磨炼出来，即润翁、罗翁，亦大有长进，几于一日千里。独余素有微抱，此次殊乏长进。弟当趁此增番识见，力求长进也。

求人自辅，时时不可忘此意。人才至难，往时在余幕府者，余亦平等相看，不甚钦敬，洎今思之，何可多得？弟常以求才为急，其阘冗者，虽至亲密友，不宜久留，恐贤者不愿共事一方也。

余自四月来，眠兴较好。近读杜佑《通典》，每日二卷，薄者三卷。惟目力极劣，余尚足支持。

再，迪庵嘱六弟不必进京，厚意可感！弟于迪、厚、润、雪、次青五处，宜常通问。恽廉访处，弟亦可寄信数次，为释前怨。《欧阳文忠集》吉安若能觅得，望先寄回。

咸丰八年四月十七日

沅甫九弟左右：

十四日胡二等归，接弟初七夜信，具悉一切。

初五日城贼猛扑，凭濠对击，坚忍不出，最为合法。凡扑人之墙，扑人之濠，扑者，客也，应者，主也。我若越濠而应之，则是反主为客，所谓致于人者也。我不越濠，则我常为主，所谓致人而不致于人也。稳守稳打，彼自意兴索然。峙衡好越濠击贼，吾常不以为然。凡此等处，悉心推求，皆有一定之理。迪庵善战，其得诀在“不轻进、不轻退”六字，弟以类求之可也。

夷船至上海、天津，亦系恫喝之常态。彼所长者，船炮也；其所短者，路极远，人极少。若办理得宜，终不足患。

报销奏稿及户部复奏，即日当缄致诸公。依弟来书之意，将来开局时，拟即在湖口水次盖银钱所。张小山、魏召亭、李复生诸公多年亲依该所，现存银万余两，即可为开局诸公用费及部中使费。六君子不必皆到此局，但得伯符、小泉二人入场即可了办。若六弟在浔较久，则可至局中照护周旋；若六弟不在浔阳，则弟克吉后回家一行，仍须往该局为我照护周旋也。至户部承书说定费赀，目下筠仙在京似可料理，将来胡莲舫进京亦可帮助。

筠仙顷有书来，言弟名远震京师。盛名之下，其实难副，弟须慎之又慎。兹将原书钞送一阅。

家中四宅小大平安。兄夜来渐能成寐。先大父、先太夫人尚未有祭祀之费，温弟临行捐银百两，余以刘国斌之赠亦捐银百两，弟可设法捐赀否？四弟、季弟则以弟昨寄之银内提百金为二人捐款，合当业二处，每年可得谷六七十石，起祠堂，树墓表，尚属易办。

我精力日衰，心好古文，颇知其意而不能多作。日内思为三代考妣作三墓表，虑不克工，亦尚惮于动手也。先考妣祠宇若不能另起，或另买二宅作住屋，即以腰里新屋为祠亦无不可。其天家赐物及宗器、祭器等概藏于祠堂，庶有所归宿，将来京中运回之书籍及家中先后置书亦贮于此祠。吾生平坐不善收拾，为咎甚巨，所得诸物随手散去，至今追悔不已。趁此收拾，亦尚有可为。弟收拾佳物较善于诸昆，从此益当细心检点，凡有用之物不宜抛散也。

咸丰八年四月二十三日

沅甫九弟左右：

二十一日接手书，知九江克复，喜慰无量。迪庵专人来报，十八夜始到。润芝中丞递报二十日到。屠戮净尽，三省官绅士民同为称快，从此抚、建、吉安贼胆愈寒。吉贼颇悍，常有出濠死斗、攻扑营盘之意，宜时时防备。弟之职分，以战守为第一义，爱民次之，联络上下官绅及各营弁勇又次之。已屡言之矣，务望持之以恒，始终如一为要。

前书言先大夫竹亭公祠宇公费，不知弟意以为然否？如此举有成，则此后凡有书籍、法帖、钟鼎、彝器，皆可存置祠中。先世之积累稍立基业，吾兄弟之什物有所归宿。即如弟寄回之《二十三史》、许仙屏《书谱》，皆可收存，为之目录。若家运隆盛，将来收积之物，兄弟子姓继继承承，尚当不替也。

咸丰八年五月初五日

沅甫九弟左右：

五月二日接四月二十三寄信，藉悉一切。

城贼于十七早、二十日、二十二夜均来扑我濠，如飞蛾之扑烛，多扑几次，受创愈甚，成功愈易。惟日夜巡守，刻不可懈，若攻围日久而仍令其逃窜，则咎责匪轻。弟既有统领之名，自须认真查察，比他人尤为辛苦，乃足以资董率。九江克复，闻抚州亦已收复，建昌想亦于日内可复。吉贼无路可走，收功当在秋间，较各处独为迟滞。弟不必慌忙，但当稳围稳守，虽迟至冬间克复亦可，只求不使一名漏网耳。若似瑞、临之有贼外窜，或似武昌之半夜潜窜，则虽速亦为人所诟病。如九江之斩刈殆尽，则虽迟亦无后患。愿弟忍耐谨慎，勉卒此功，至要至要。

余病体渐好，尚未痊愈，夜间总不许酣睡。心中纠缠，时忆往事，愧悔憧扰，不能摆脱。四月底作先大夫祭费记一首，兹送交贤弟一阅，不知尚可用否？此事温弟极为认真，望弟另誊一本寄温弟阅看，此本仍便中寄回。盖家中钞手太少，别无副本也。

弟在营所寄银回，先后均照数收到。其随处留心，数目多寡，斟酌妥善。余在外未付银至家，实因初出之时，默立此誓；又于发州县信中以“不要钱、不怕死”六字自明，不欲自欺其志，而令老父在家受尽窘迫，百计经营，至今以为深痛。弟之取与，与塔、罗、杨、彭、二李诸公相仿，有其不及，无或过也，尽可如此办理，不必多疑。顷与叔父各捐银五十两，积为星冈公，余又捐二十两于辅臣公，三十两于竟希公矣。若弟能于竟公、星公、竹公三世各捐少许，使修立三代祠堂，即于三年内可以兴工，是弟有功于先人，可以盖阿兄之愆矣。修祠或即用腰里新宅，或于利见斋另修，或另买田地，弟意如何，便中复示。公费则各立经管，祠堂则三代共之，此余之意也。

初二日接温弟信，系在湖北抚署所发。九江一案，杨、李皆赏黄马褂，官、胡皆加太子少保。想弟处亦已闻之。温弟至黄安与迪庵相会后，或留营，或进京，尚未可知。

弟素体弱，比来天热，尚耐劳否？至念至念。羞饵滋补较善于药，良方甚多，胜于专服水药也。

咸丰八年五月初六日

沅弟左右：

昨信书就未发，初五夜玉六等归，又接弟信，报抚州之复。它郡易而吉州难，余固恐弟之焦灼也。一经焦躁，则心绪少佳，办事不能妥善。余前年所以废弛，亦以焦躁故尔。总宜平心静气，稳稳办去。

余前言弟之职以能战为第一义，爱民第二，联络各营将士、各省官绅为第三。今此天暑困人，弟体素弱，如不能兼顾，则将联络一层稍为放松，即第二层亦可不必认真，惟能战一层，则刻不可懈。目下濠沟究有几道？其不甚可靠者尚有几段？下次详细见告。九江修濠六道，宽深各二丈，吉安可仿为之否？

弟保同知花翎，甚好甚好。将来克复府城，自可保升太守。吾不以弟得升阶为喜，喜弟之吏才更优于将才，将来或可勉作循吏，切实做几件施泽于民之事，门户之光也，阿兄之幸也。

咸丰八年五月十六日

沅甫九弟左右：

十三日安五等归，接手书，藉悉一切。抚、建各府克复，惟吉安较迟，弟意自不能无介介。然四方围逼，成功亦当在六、七两月耳。

澄侯弟往永丰一带吊各家之丧，均要余作挽联。余挽贺映南之夫人云：

柳絮因风，阃内先芬堪继武姓谢；

麻衣如雪，阶前后嗣总能文。

挽胡信贤之母云：

元女太姬，祖德溯二千余载；

周姜京室，帝梦同九十三龄胡母九十三岁。

近来精力日减，惟此事尚觉如常。澄弟谓此亦可卜其未遽衰也。

袁漱六之戚郑南乔自松江来，还往年借项二百五十两，具述漱六近状，官声极好，宪眷极渥，学问与书法并大进，江南人仰望甚至，以慰以愧。

余昔在军营不妄保举，不乱用钱，是以人心不附。仙屏在营，弟须优保之，借此以汲引人才。余未能超保次青，使之沉沦下位，至今以为大愧大憾之事。仙屏无论在京在外，皆当有所表见。成章鉴是上等好武官，亦宜优保。

弟之公牍信启，俱大长进。吴子序现在何处？查明见复，并详问其近况。

余身体尚好，惟出汗甚多，三年前虽酷暑而不出汗，今胸口汗珠累累，而肺气日弱，常用惕然。甲三体亦弱甚，医者劝服补剂，余未敢率尔也。弟近日身体健否？

再者，人生适意之时，不可多得。弟现在上下交誉，军民咸服，颇称适意，不可错过时会，当尽心竭力，做成一个局面。圣门教人不外敬恕二字，天德王道，彻始彻终，性功事功，俱可包括。余生平于敬字无工夫，是以五十而无所成。至于恕字，在京时亦曾讲求及之。近岁在外，恶人以白眼藐视京官，又因本性倔强，渐近于愎，不知不觉做出许多不恕之事，说出许多不恕之话，至今愧耻无已。弟于恕字颇有工夫，天质胜于阿兄一筹。至于敬字则亦未尝用力，宜从此日致其功，于《论语》之九思，《玉藻》之九容，勉强行之。临之以庄，则下自加敬。习惯自然，久久遂成德器，庶不至徒做一场话说，四十五十而无闻也。

咸丰八年五月三十日

沅甫九弟左右：

正七归，接一信。启五等归，又接一信。正七以疟，故不能遽回营。启五求于尝新后始去，兹另遣人送信至营，以慰远廑。

三代祠堂或分或合，或在新宅，或另立规模，统俟弟复吉后归家料理。造祠之法，亦听弟与诸弟为之，落成后，我作一碑而已。余意欲王父母、父母改葬后，将神道碑立毕，然后或出或处，乃可惟余所欲。

目下在家，意绪极不佳。回思往事，无一不惭愧，无不一褊浅。幸弟去秋一出，而江西、湖南物望颇隆，家声将自弟振之，兹可欣慰。“靡不有初，鲜克有终”，望弟慎之又慎，总以克终为贵。

家中四宅大小平安。二十三四大水，县城、永丰受害颇甚，我境幸平安无恙。

弟寄归之书皆善本，林氏《续选古文雅正》，虽向不知名，亦通才也。如有《大学衍义》、《衍义补》二书可买者，望买之。学问之道，能读经史者为根柢，如两《通》杜氏《通典》，马氏《通考》两《衍义》及本朝《两通》徐乾学《读礼通考》、秦蕙田《五礼通考》，皆萃《六经》诸史之精，该内圣外王之要。若能熟此六书，或熟其一二，即为有本有末之学。家中现有四《通》而无两《衍义》，祈弟留心。弟目下在营不可看书，致荒废正务。天气炎热，精神有限，宜全用于营事中也。余近作《宾兴堂记》，钞稿寄阅。久荒笔墨，但有间架，全无精意，愧甚愧甚。

咸丰八年六月初四日

沅甫九弟左右：

初一日专人至吉营送信。初二夜接弟来信，论敬字义甚详，兼及省中奏请援浙事，劝余起复。是日未刻，郭意城来家，述此事骆中丞业出奏矣。初三日接奉廷寄，饬即赴浙办理军务，与骆奏适相符合。骆奏二十五日发，寄谕二十一日自京发也。

圣恩高厚，令臣下得守年余之丧，又令起复，以免避事之责，感激之忱，匪言可喻。兹定于初七日起程，至县停一日，至省停二三日。恐驿路迂远，拟由平江、义宁以至吴城。其张运兰、萧启江诸军，约至河口会齐。将来克复吉安以后，弟所带吉字营，即由吉东行至常山等处相会。先大夫少时在南岳烧香，抽得一签云：“双珠齐入手，光彩耀杭州。”先大夫尝语余云：“吾诸子当有二人官浙。”今吾与弟赴浙剿贼，或已兆于五十年以前乎？

此次之出，约旨卑思，脚踏实地，但求精而不求阔。目前张、萧二军及弟与次青四军已不下万人，又拟抬船过常、玉二山，略带水师千余人，足敷剿办。此外在江各军，有饷则再添，无饷则不添，望弟为我斟酌商办。办文案者，彭椿年最为好手。现请意城送我至吴城，或至玉山，公牍私函意城均可料理。请仙屏即日回奉新，至吴城与我相会。其彭椿年、王福二人，弟随留一人，酌派一人来兄处当差，亦至吴城相会。余若出大道，则由武昌下湖口以至河口；若出捷径，则由义宁、吴城以至河口。许、彭等至吴城，声息自易通也。应办事宜及往年不合之处应行改弦者，弟一一熟思，详书告我。

咸丰八年六月十六日

沅甫九弟左右：

六月十四日接弟初二日信，十六日又接初八日信，藉悉一切。所有应复事件，分布如左：

——余十二日到省，拜客会客，几无暇晷。定于十九日起行，坐船至湖北，停住三五日，至湖口住三五日，然后至河口会齐诸军，始行入浙。

——定调之军，张凯章、朱南桂、胡兼善、萧浚川，此谕旨所派，骆奏所指者也。浚川久劳于外，疲病日甚，有亲未葬，兹已奏明，准假两月，令其回籍。其军派人暂行摄领，带至河口，俟余至河口。或先带入浙，或待萧假旋再行带赴浙中，均无不可。自此二军之外，又调吴翔冈之千二百人，又至李迪庵处拔调一千人，马队百人。浚川现统四千人，拟令汰选，仅留二千人，合之张、朱、胡、吴、李，已八千矣皆精兵。再加次青一军，则逾万矣。吉安克后，再加弟军及刘腾鹤军，则万五千矣。嫌其太多，尚须选汰。水师但调舢板六十号过玉山，至多不满千人。水陆合计，与弟条陈之数相符。

——吉安不能遽克，弟与兄不能即日相会，未得面叙一切，深为怅怅。若六月克复，则请弟坐船来吴城，先与兄相会一次，然后回家一行，在家小住月余，再至浙中提调一切。若不速克，则常常通信，总以雪琴水师为枢纽。

——起程日期一折于十七日自省拜发，折稿附寄一阅。骆中丞前奏请起复赴浙之折于十五日奉到朱批，嘉其符合圣意，不分畛域，谕旨褒赞，兹亦钞阅。

——营务处已派王人瑞太守，左公及霞老意也。凡属湘勇，人瑞均可联络。侦探所名目，则照弟之条陈，不复立矣。提调亦难其人，俟弟到营时任之。其稽查各员，颇难得此公明之选，弟可于吉安留心访之。

——派来之人，朱、萧、李、杨尚未到省，余五戈什哈皆于十六日到长沙。此后弟有信可派人径送湖口，兄至湖口大约在七月中也。

咸丰八年六月二十三日 新堤舟中

沅甫九弟左右：

十七日接弟一缄，知弟小有不适，比已痊愈否？至念至念。

余十九日自长沙启行，夜宿青油望，二十夜宿土星港，二十一宿岳州，二十二宿新堤，阻风半日。南风太久，恐北风亦难遽止也。

弟封还余寄耆公一书，而另以一书附去，所论皆正大之至。弟能如是见理真确，兄复何患哉？惟吴某曾以一缄分诉于余，余许为之关白，复书去仅二日，而自背其说，亦有未安，当更详之耳。弟前后两信所言皆极当，特余精力甚倦，不克力行，日日望弟来助我也。

咸丰八年六月二十七日 武昌抚署

沅甫九弟左右：

在岳州曾寄一缄，不知到否？余于二十二日到新堤，二十四至武昌，寓胡中丞署内，商议一切。应酬数日，初一日可赴下游。

李迪庵十九日自武昌赴麻城，二十五日拔营，自蕲水前进，已约其在巴河等候会晤。巴河在黄州下四十里，去鄂垣二百二十里也。浙中之贼，次青六月初八寄胡中丞缄言衢州解围，江山、常山并已收复，不知其尽窜闽中，抑系分扰浙东？看来浙事亦易了耳。

余身体平安。到湖口时大约在七月初八九。自家起行至岳，皆值酷暑，近数日稍凉，略觉健爽。从此新秋益凉，或可日就安泰。弟七月上旬有信，可专人送至吴城、饶州等处。

咸丰八年七月初七日 兰溪发

沅甫九弟左右：

二十七日在武昌发第二十五号信，不知何日可达？兄此出，立有日记簿，记每日事件，兹钞付一览，可得其详。此后凡寄家书，皆以此法行之，庶逐一悉告，不至遗漏。

余于初二日至巴河晤温弟，初四日晤迪庵，初六日晤希庵，彭雪琴、唐义渠皆自下游来迎，可谓胜会。厚庵于六月十一日下攻芜湖，二十七日仍收队回至安庆，余至湖口或可一见。余与温弟、迪、希、雪、霞诸公商酌一切，皆已就绪。惟温、希及胡中丞之意，欲予于营盘附近另觅一县城驻扎，迪、霞之意欲即于营盘内驻扎，二者尚无定见。

报起程日期一折，初五日在巴河奉到朱批："汝此次奉命即行，足征关心大局，忠勇可尚。俟到营日，将如何布置进剿机宜，由驿具奏可也。钦此。"圣恩奖借，报称维艰，精力日亏，恐不堪事。只望吉安克复，弟早来浙中相助，则兄诸事得以整理矣。古来围城亦有三五年不破者，吉贼无路可窜，势不能不尽力死守。望弟勿过于焦急，总宜静心忍耐，至要至要。

咸丰八年七月十四日 湖口水营

沅甫九弟左右：

久未接弟安报，不知近状何如？余在兰溪发一信，由湖北寄左季翁转致，不知得到否也？初九日与迪、希别，十一日至九江一祭塔公祠，十二日至湖口。厚庵近日体气稍逊。雪琴则神采奕奕，在湖口新修水师昭忠祠，土木之工，一一皆亲手经营，嘱余奏明。迪庵在九江修塔公祠，亦嘱予一奏。予拟会杨、李衔奏之。迪庵又欲于湘乡立忠义祠，亦将一会奏也。

胡中丞之太夫人姓汤于十一日辰刻仙逝。水陆数万人皆仗胡公以生以成，一旦失所依倚，关系甚重。余拟送幛一、联一、银二百，皆书余与温、沅名。玉班兄丁艰，弟如何致情？望速示。

再，兄于近日受暑，夜间又或受风露，体中小有不适，请焦听堂诊治，服药两帖，已愈矣。闻弟病疟，不知痊愈否？罗逢元言尚未愈，韩升之兄言服成章鉴之方，已十愈八九。澄侯信言十六日全好，则尚未悉后小有反复也。七月以来，不审全复元否？体气素弱，不宜多服克伐之剂，而有病在身，又不宜服补剂，殊为惦念。吉安克复尚无把握，千万不可焦急。日慎一日，以求其事之济。一怀焦愤之念，则恐无成耳。千万忍耐，千万忍耐。“久而敬之”四字，不特处朋友为然，即凡事亦莫不然。至嘱。

咸丰八年七月二十一日 江西省河下

澄、季两弟左右：

兄于十二日到湖口曾发一信，不知何时可到？胡蔚之奉江西耆中丞之命接我晋省，余因于二十日自湖口开船入省，杨厚庵送至南康，彭雪琴径送至省，诸君子用情之厚，罕有伦比。浙中之贼，闻已全省肃清，余到江与耆中丞商定，大约由河口入闽。

家中种蔬一事，千万不可怠忽。屋门首塘养鱼，亦有一种生机。养猪亦内政之要者。下首台上新竹，过伏天后有枯者否？此四事者，可以觇人家兴衰气象，望时时与朱见四兄熟商。见四在我家，每年可送束脩钱十六千。余在家时曾面许以如延师课读之例，但未言明数目耳。季弟生意颇好，然此后不宜再做，不宜多做，仍以看书为上。余在湖口病卧三日，近已痊愈，尚微咳嗽。癣疾久未愈，心血亦亏，甚颇焦急也。久不接九弟之信，极为悬系。见其初九日与雪琴一信，言病后元气未复，想必已全痊矣。

咸丰八年七月二十八日 瑞洪舟次

沅甫九弟左右：

在湖口专丁送去一函，至南昌由驿递发去一函，均接到否？不接我弟家信已四十日，焦灼之至。未审弟病已痊愈否？

余于二十四日出省城登舟，二十五日开船，二十六午刻至瑞洪。闻吴国佐二十七八可至南昌，故在此少为等候。兹因谢兴六赴吉安之便，再寄一函，询问近状。如吉安尚无克复之耗，千万不必焦急。达生编六字诀，有时可施之行军者，戏书以佐吾弟之莞尔。余向来虽处顺境，寸心每多沉闷郁抑，在军中尤甚。此次专求怡悦，不复稍存郁损之怀，《晋》初爻所谓“裕无咎”者也。望吾弟亦从裕字上打叠此心，安安稳稳。顺问近好！

咸丰八年八月初四日

沅甫九弟左右：

八月一日罗逢元专丁归，接弟二十四日信，知弟病渐痊愈复元。自长沙开船后，四十一日不接弟手书，至是始一快慰。而弟信中所云先一日曾专人送信来兄处者，则至今尚未到，不知何以耽搁若是？

余二十五日自江西开船，二十六至瑞洪，二十八日就谢弁之便寄信与弟。八月初二日至安仁，初四日至贵溪，王人瑞、张凯章及萧浚川之弟萧启源均在此相候。初六七可至河口，沈幼丹、李次青皆良觌不远矣。闽省浦城之贼于七月上旬、中旬出犯江西，围广丰、玉山两城，次青以一军分守两县，各力战五六日夜，逆贼大创，解围以去。现在广信一带，次青勋名大著，民望亦孚。浙抚晏公于全浙肃清案内保举次青以道员记名，遇有江西道员缺出，请旨简放。将来玉山守城案内，余亦当优保之。苦尽甘回，次青今日得蔗境矣。

玉山之贼窜至德兴、婺源一带，将归并于皖南芜湖。余至河口，拟留萧军守河口，而自率张、王、朱品隆、吴国佐进剿闽之崇安。贼势日乱，或尚易于得手。

咸丰八年八月初六日

沅甫九弟左右：

接弟信，知体气尚未痊愈。弟素体弱，大黄攻伐之品，非弟所能堪，而误服之后，此复元较难。吉安克后，病当全去。元神尚亏，可至家中将养一月，仍来兄处帮办一切。或带勇，或不带，或多带，或少带，均听弟之自便，但不可不来帮我。我近来精神日减。此次之出，恶我者拭目以观其后效，好我者关心而虑其失坠。意城在此帮助，颇称水乳，手笔亦能曲达人意。特约定至玉山后即当别去，专望弟来照料一切。外和军旅，内检琐务，大小人才，悉心体察，庶可补余之短。弟决不可怀一不来之见也。

胡润之中丞太夫人处，余作挽联云：

武昌居天下上游，看郎君新整乾坤，纵横扫荡三千里；

陶母为女中人杰，痛仙驭永辞江汉，感激悲歌百万家。

胡家联句必多，此对可望前五名否？成章鉴极好，阿兄又当自诩眼力之不谬。

咸丰八年八月十四日 河口

沅甫九弟左右：

十三日在河口接弟专差初一日所发一信，藉悉一切。

弟久病之后尚未复元，吉安克复之日，决计撤勇归田。在外太久，身体积弱。弟于军旅之事十分认真，而应酬诸务又复丝丝入扣，彷徨周浃，宜其神以过劳而致敝，心以过虑而多汗，久病不痊，实职是故。余亦以用心太过，积年衰耗，又兼肝气郁抑，目光昏花。近得次青、意城、仙屏三人相助为理，凡公牍信函，我心中所欲达，三人笔下皆能达之，稍觉舒畅。然意城有送至玉山即归之约，日内已萌归志，次青亦思归家觐母一次，吾与仙屏两人不克一一了办。弟克城后还家住两月，迅即来营帮办一切，替出次青得以归觐，则兄处之事，尚可判决如流耳。

余于十二日具奏遵旨援闽一折，言即日由分水关直捣崇安。是日申刻，闻闽贼回窜江西，楚勇败挫，泸溪、金谿、新城三县失守。十三早，凯章禀请回剿金谿，即时批准。十四早，凯军行矣。十五日，余亦当回驻弋阳，以便调度。余以援浙而来，改而援闽，今又改而剿办江西之贼，天下事固无定也。

胡恕堂新简浙江巡抚。晏中丞于全浙萧清之后，忽得来京另候简用之命，不审何故？王人瑞现办营务处，勤勤恳恳，颇惬众心，次、意二公均极称之，或可相与有成。竹庄事在章门并未与闻，以众论所不与，而弟与温老皆极不义之，未敢违人而行臆私耳。

再，次青一军欠饷二十万，断难弥补。次青乃设一法，捐十万两请增广平江县文武学额各十名，又捐五万两请增广岳州府文武学额各五名。盖咸丰三年新例，捐银万两者，除各该捐生家给予应得议叙外，其本县准加文武学额各一名。去年今春湖南办捐输加额一案，长、善、阴、浏、潭、醴六属各加学额十名捐银至十万以上者，加额亦以十名为止，湘乡加三名，平江加一名，盖湘乡仅捐三万，平江仅捐一万，为数甚少也。次青以此项应得之口粮银出捐，加县学十名，府学五名，真可俎豆泮宫，流芳百世。各勇闻可刊碑泐名于学宫，亦皆欣然乐从。此事若成，诚为美举。前此咸丰三年，平江以团防出力，加文武学额各三名，系次青所办。五年，湘乡援平江之例，亦加额三名。弟营现在欠饷若干？若欠至七八万以上，则与各哨弁勇熟商，令其捐出。捐得七万，可增文武学额各七名，合之今春新增之三名，亦为十名，与长、善、阴、浏、潭、醴六邑相等。合之五年特奏增额之三名，则共为十三名矣。弟若办成此事，亦可俎豆泮宫，流芳无既。若弟营不能捐出许多，则或倡捐二三万，余再劝迪、希、濬、凯、玉班诸君子各捐若干万两，凑成七万之数，亦可办成此事，不让次青专美于平江也。

咸丰八年八月十七日 弋阳泐

沅甫九弟左右：

八月十四日寄信，末言李次青捐饷增广学额一事，兹特将禀稿专人送吉。细思吾弟若撤散各勇，则必给予现银。以欠饷报捐，必非撤勇之所愿，而此事又在当办之列。现在长、善、阴、浏、潭、醴六邑皆已增至十名，湘乡捐银不如六邑之多，此后自不能补捐。平江以勇丁欠饷而增府县学额至十五名，湘乡何不仿行之？必须贤弟仍带勇不撤，多则一年，少则半载，此事必成无疑。

弟之不愿带勇者，以久病体弱也。吾之不强弟以多带全部勇来者，一则恐弟独统一部，另扎一营盘，不克在幕内帮办一切；一则恐饷项不继，愈久愈难也。近来因学额一事，反复细思，若不趁此军务未竣、皇恩浩荡之时协力办成，将来即捐银十万、二十万，欲求增一名学额，恐不可得。湘乡近年带勇剿贼，立功各省，极美极盛，而广额反不如长、善、阴、浏、潭、醴、平江之多，不可谓非阙典。

弟病后虽体弱，然回家养息两月，尽可复元。一张一弛，精神自可提振得起。吉安克后，或先送五百人来，或先送千人来。其余各勇，或令休息两月，将来随弟同出，或竟行撤散，均听弟自行裁酌。总之，弟宜速到，为阿兄计，并为学额计也。饷项本极艰窘，然只好放开手，使开胆，不复瞻前顾后，畏首畏尾。吾弟以为何如？

咸丰八年八月二十二夜 弋阳

沅甫九弟左右：

二十二日未刻捷书至，知吉安于中秋夜克复，欣慰之至。自弟从军以来，变故百出，危疑困乏，极难下手。弟内治军旅，外和官绅，应酬周密，条理精严，卒能致此成功。余在江西数年，寸功未就，得弟隐忍成业，增我光华不少。

余至弋阳已发两信。张凯章十八日至安仁，十九日大战获胜，克复安仁县城，杀老长毛悍贼四千余，入闽之贼当以此枝为最凶。二十日凯章收队，吴翔冈追至万年，与贼接仗，先胜后挫，刘隐霞殉难，帮办死者三人李雨苍尚无下落。景德镇现尚有贼，我军为所牵制，目下尚难入闽。看来弟归不可久住，宜速来帮我也。

咸丰八年八月二十二日 弋阳行营

澄侯、季洪两弟左右：

接两弟信，具悉家中四宅平安，不胜忻慰。

余于八月初八日至河口，本拟即日入闽，由铅山进捣崇安，十二日已拜折矣。其折稿寄吉安转寄至家。因闽贼出窜江西，连破泸溪、金谿、安仁三县，不得已派张凯章回剿，十八日抵安仁，十九日大战获胜，克复县城，杀贼约四千余，追至万年、乐平等县，尚未收队。待张军归来，余即率以入闽也。

家中养鱼、养猪、种竹、种蔬四事，皆不可忽。一则上接祖父以来相承之家风，二则望其外有一种生气，登其庭有一种旺气，虽多花几个钱，多请几个工，但用在此四事上，总是无妨。澄弟在家无事，每日可仍临帖一百字，将浮躁处大加收敛。心以收敛而细，气以收敛而静。于字也有益，于身于家皆有益。明年请师，仍请邓寅皆先生。人品学问，皆为吾邑第一流人，若在我家教得十年，则子侄皆有成矣。

后辈子侄总宜教之以礼，出门宜常走路，不可动用舆马，长其骄惰之气。一次姑息，二次、三次姑息，以后骄惯则难改，不可不慎。

咸丰八年八月二十七日 弋阳将拔营时发

沅甫九弟左右：

吴翔冈万年之挫，查明实亡二十八人。帮办刘隐霞之死，老湘勇人人痛之。余挽以联句云：

五载共兵戈，地下知心王壮武；

万年歆俎豆，沙场归骨马文渊。

此外军械失者甚少，翔冈二十五日收队，二十六日来弋阳一见。余即于二十七日拔营，张、吴二十七日自贵溪拔营，约二十九、三十日至陈坊取齐，由云际关入闽也。

闻吉安窜贼攻陷宜、崇二邑，余军行至陈坊时再行察看。如建昌危急，或分兵往剿，亦未可知。然余职办闽省军务，未敢再迟也。

张、萧各军病者甚多，半系疟疫。许仙屏亦病，现留弋阳，不能从行。次青、意城皆有假归之意，余强留之。实则意城本约至玉山归去，不愿入浙闽，乃其初议。次青五年未归，思母极切，亦至情耳。弟若可速归速出，则望于十一月中旬到营，以便放次青归去过年；若目下不克速归，到家后不克速出，则请即日来营一次，小住二十日，俾次青得于九月归省亦好。两者在弟酌之。弟与次、意三人者有两人在余营，则余案无留牍矣。若仅一人在余营仙屏长于书启，公牍少逊，则必以彭椿年辅之，尚可不至废事。

咸丰八年八月二十九夜 双港行营

沅甫九弟左右：

二十七日在弋阳发一信，不知何日可到？

是日拔营仅行五里。二十八日行四十五里，双港驻扎。凯章自贵溪来会，语及闽中股匪复有二万余窜至新城，恐其与宜、崇贼合，窥伺抚、建，急欲赴援建昌、新城。营中如次青、人瑞、意城皆力主此议。吴翔冈尚在贵溪，亦主此说，朱品隆等从而和之。余以初奏入分水关，次奏入云际关，不愿屡迁其说。因众意所趋，勉强从之。惟可与弟会晤，是极幸事。望弟即日驰至建昌一会，细商一切。

咸丰八年九月二十八日 建昌行营

澄侯、季洪两弟左右：

九月十三日发折，奏明改道建昌之故。张凯章于二十四日拔营，由新城之杉关入闽。萧浚川于二十七八拔营，由广昌境内入闽。营中勇夫病者极多。张军之不能从行、留建昌养病者，至八百人之多，萧军亦复不少。吴翔冈所带千三百人，病者至四百人。建昌知府、知县皆病，委员中病者亦层见迭出。余身体尚幸平安。癣疾近日略愈。

九弟于二十六日到建，兄弟相聚极欢。克复吉安案内，湖南保九弟即选府加道衔。九弟若服阕入仕，将来必能作一好官也。

新学政单徐寿蘅放福建，郑小珊放山东，筠仙不与，恐其不乐久居京师。

金陵大营去冬即有克复之望，今年六七月间，贼势尤极穷蹙。八月间，逆匪忽破浦口，德钦差营盘失陷，又破江浦、天长、仪征三县。扬州被围，并有失守之说。南京之贼接济已通，气势复旺。天下事诚有非意料所及者，澄弟当自诩先见之明也。

再，正封函间，接澄弟九月十二日来信，兹亦分条复告如左：

——蔬菜茂盛，此是一家生意。细塘上之横墙，不筑尽可，下首须雄过上首，此吾弟之老主意，兄亦颇主此说。且有菜无淤，亦是罔济。

——湘乡捐建忠义祠，所奉谕旨前已寄归。迪庵捐银二千两已付归，交朱铁桥手。余捐银千两，拟于九弟归时寄银五百，明年再寄五百，俟择能手修理也。

——余意欲为竹亭公立祠置产，思在大坪等处，取其在老屋上下适中之区。将来即以此作祭产，实获我心。屋前屋后总须多种竹树，以期气象葱郁。

——余去年在家，见家中日用甚繁，因忆先大夫往年支持之苦，自悔不明事理，深亏孝道。今先人弃养，余岂可遽改前辙？余昔官京师，每年寄银一百五十两至家，有增无减，此后拟常循此规。明知家用浩繁，所短尚巨，求老弟格外节省。现虽未分家，而吃药、买布及在县在省托买之货物，必须各房私自还钱，庶几可少息争尚奢华之风。

——纪泽照常读书，不作悻悻之态，余亦欣慰。闻右九言，纪梁右眼亦愈矣。子侄辈须以敬恕二字常常教之，敬则无骄气，无怠惰之气；恕则不肯损人利己，存心渐趋于厚。

咸丰八年十月初三日

澄侯、季洪两弟左右：

张凯章二十四日拔营后，中途各勇夫患病者极多，在资福桥小住调养，日内尚未入闽。闽中贼势亦渐松矣。北路洋口之贼已被周天培击破，仅存顺昌股匪，数不满万。南路汀州之贼亦极散漫，所虑零匪不成大股，此剿彼窜，难于奏功耳。

江北贼势复炽，张军门自金陵带兵渡江，于九月十六日克复扬州，大局尚可保全。天津夷务，闻和局已定，出银六百万与该夷作军资，见诸闽督来咨。余条尚未尽悉，想广州亦将退出矣。

余身体平安。自九弟来此，日增快畅。营中疾病尚多，冬令气敛，当渐愈耳。

咸丰八年十月十五日

沅甫九弟左右：

十二日解缆，闻可行六十里，甚慰。至许湾后，当更顺畅矣。余十二日游麻源，较麻姑山稍胜。日内当发一折报近日军情，声明暂驻建昌，不遽东也。温弟处复信十四日始行。

江北六合、江南溧水均于九月十八日失守。沈幼丹信言金陵大营退扎白兔、镇江一带。顷接何制军十月初三咨，无和帅移营之说，想不确也。黄东山太守十三日病故，余拟饬各处凑赙千金，以五百办后事及归榇贵州之资，以五百周其妻子。应俟新太守到，呼应乃灵耳。

乾隆五十五年殿刻仿宋岳珂本《相台五经》极为可爱，近程春海仿刻于贵州，不知庄木生有此书否？

咸丰八年十一月十二日

澄侯、沅甫、季洪老弟左右：

二十五日闻三河败挫之信，专安七、玉四送信回家。三十日就县局回勇之便，又寄一信。初五日又专吉字营勇，送九弟湖口所发之信，其时尚幸温弟当无恙也。兹又阅八日，而竟无确信，吾温弟其果殉节矣，呜呼恸哉！

温弟少时性情高傲，未就温和，故吾以“温甫”字之。六年，在瑞州相见，则喜其性格之大变，相亲相友，欢欣和畅。去年在家，因小事而生嫌衅，实吾度量不闳，辞气不平，有以致之，实有愧于为长兄之道。千愧万悔，夫复何言！自去冬今春以来，吾喜温弟之言论风旨，洞达时势，综括机要。出门以后，至兰溪相见，相亲相友，和畅如在江西瑞州之时。八九月后屡次来信，亦皆和平稳惬，无躁无矜。方意渠与迪庵相处，所依得人，必得名位俱进，不料遘祸如是之惨！迪庵一军，所向无前，立于不败之地。不特余以为然，即数省官绅军民，人人皆以为然。此次大变，迪庵与温弟皆不得收葬遗骨，伤心曷极！

现在官制军、骆中丞皆奏请余军驰赴江北，计十五六及月杪可先后奉旨。如命余赴皖楚之交，余留萧浚川一军防剿江闽，自率张、吴、朱、唐及吉字中营赴皖，必求攻破三河贼垒，收寻温弟遗骸，然后有以对吾亲于地下。若谕旨令余留办闽贼，则三河地方不知何年方有兵去，尤为痛悼！

九弟久无信来，想竟回家矣。想过蕲、黄等处，闻温弟确耗，不审如何哀痛？何无一字寄我？自九江至长沙，水路二千余里，溜急而风亦难顺，不知途次若何愁闷？如能迅速到家，亦是快慰之一端。

去年我兄弟意见不和，今遭温弟之大变，和气致祥，乖气致戾，果有明征。嗣后我兄弟当以去年为戒，力求和睦。第一要安慰叔父暨六弟妇嫡、庶二人之心。命纪泽、纪梁、纪鸿、纪渠、纪瑞等轮流到老屋久住，五十、大妹、二妹等亦轮流常去。并请亦山先生常住白玉堂，安慰渠姊之心。二要改葬二亲之坟。如温弟之变果与二坟相关，则改葬可以禳凶而迪吉；若温弟事不与二坟相关，亦宜改葬，以符温弟生平之议论，以慰渠九泉之孝思。三要勤俭。吾家后辈子女，皆趋于逸欲奢华，享福太早，将来恐难到老。嗣后诸男在家勤洒扫，出门莫坐轿；诸女学洗衣，学煮菜烧茶。少劳而老逸犹可，少甘而老苦则难矣。至于家中用度，断不可不分。凡吃药、染布及在省在县托买货物，若不分开，则彼此以多为贵，以奢为尚，漫无节制，此败家之气象也。千万求澄弟分别用度，力求节省。吾断不于分开后私寄银钱，凡寄一钱，皆由澄弟手经过耳。

温弟殉难事，吾当另奏一折。九弟在湖北若得悉温弟初十日详细情形，望飞速告我，以便入奏。若希庵有详信来，吾即先奏亦可。纪寿侄目清眉耸，忠义之后，当有出息，全家皆宜另目看之。至嘱至嘱。

咸丰八年十一月二十三日

澄侯、沅甫、季洪老弟左右：

十七日接澄弟初二日信，十八日接澄弟初五日信，敬悉一切。三河败挫之信，初五日家中尚无确耗，且县城之内毫无所闻，亦极奇矣。

九弟于二十二日在湖口发信，至今未再接信，实深悬系。幸接希庵信，言九弟至汉口后有书与渠，且专人至桐城、三河访寻下落，余始知沅甫弟安抵汉口，而久无来信，则不解何故。岂余近日别有过失，沅弟心不以为然耶？当此初闻三河凶报、手足急难之际，即有微失，亦当将皖中各事详细示我。

今年四月，刘昌储在我家请乩。乩初到，即判曰：赋得偃武修文，得闲字字谜败字。余方讶败字不知何指。乩判曰："为九江言之也，不可喜也。"予又讶九江初克，气机正盛，不知何所为而云，然乩又判曰："为天下，即为曾宅言之。"由今观之，三河之挫，六弟之变，正与"不可喜也"四字相应。岂非数皆前定耶？

然祸福由天主之，善恶由人主之。由天主者无可如何，只得听之；由人主者，尽得一分算一分，撑得一日算一日。吾兄弟断不可不洗心涤虑，以求力挽家运。

第一，贵兄弟和睦。去年兄弟不和，以致今冬三河之变。嗣后兄弟当以去年为戒。凡吾有过失，澄、沅、洪三弟各进箴规之言，予必力为惩改；三弟有过，亦当互相箴规而惩改之。

第二，贵体孝道。推祖父母之爱以爱叔父，推父母之爱以爱温弟之妻妾儿女及兰、蕙二家。又父母坟域必须改葬，请沅弟作主，澄弟不可过执。

第三，要实行勤俭二字。内间妯娌不可多写铺帐，后辈诸儿须走路，不可坐轿骑马，诸女莫太懒，宜学烧茶煮菜。书、蔬、鱼、猪，一家之生气；少睡多做，一人之生气。勤者生动之气，俭者收敛之气。有此二字，家运断无不兴之理。余去年在家，未将此二字切实做工夫，至今愧憾，是以谆谆言之。

咸丰八年十二月初三日

澄侯、沅甫、季洪三弟左右：

初一日接澄弟信，知玉四等于初十日到家，尚未接六弟确耗也。沅弟初九日在长沙所发之信，二十五日接到，甚慰甚慰。此次江行之速，为从来所未有。在汉中所发之信，至今尚未接到。

沅弟抵家后，不得温甫实信，不知何如忧伤？吾派人至江北，至今未归。沅弟所派六人至三河、桐城访查者，想亦无真实下落也，已矣，尚何言哉！吾去年在家以小事争竞，所言皆锱铢细故，洎今思之，不值一笑。

负我温弟，即愧对我祖我父，悔憾何极！当竭力作文数首，以赎余愆，求沅弟写石刻碑。沅弟字有秀骨，宜日日临帖作大楷。凡予文概请沅弟写之，组田刻之，亦足少摅我心中抑郁愧悔之怀。

予近日体尚平安。张凯章于初二日拔营赴景德镇，吴翔冈初四日起行。吾于新正亦当移营进扎鄱阳、彭泽等处，与水师相联络，即可为江北之声援。萧军现赴南赣，贼踪已远，大约回广东矣。如江闽一律肃清，明岁并带萧军至九江两岸也。

付回银壹百两，寄送亲戚本家，另开一单，不知当否？

咸丰八年十二月十三日

澄侯、沅甫、季洪三位老弟左右：

温弟之事，家中不知如何举动？至今犹无手信，尚忍言哉？昨希庵接霍山王令信，言迪庵及筱石遗骸业经寻得，兹钞付归。不知我温弟尚能返葬首邱否？吾往年在外，与官场中落落不合，几至到处荆榛，此次改弦易辙，稍觉相安。去年在家，兄弟为小事争竞，今日温弟永不得相见矣。回首前非，悔之何及！

洪弟明年出外，尚须再三筹维。若运气不来，徒然怄气。帮人则委曲从人，尚未必果能相合；独立则劳心苦力，尚未必果能自立。如真能受委曲，能吃辛苦，则家庭亦未始不可处也，望与沅弟酌之。

再，此次寄银百两与刘峙衡之嗣子。我去年丁艰时，峙衡穿青布衣冠来代我治事，至今感之，故以此将意。或专使送去，或交纪泽正月带去，祈酌之。葛培因昨归于玉山解围案内保举主簿，兹将饬知付回，望专人送去。并望写一信，言明年不可再来投效，来则决不再收，须切实言之，使通境皆闻也。古人言，今日之恩窦即异日之怨门，其理深矣。

咸丰八年十二月十六日

澄侯、沅甫、季洪老弟左右：

十五日接澄、沅冬月二十九、三十两函，得悉叔父大人于二十七日患病，有似中风之象。

吾家自道光元年即处顺境，历三十余年，均极平安。自咸丰年来，每遇得意之时，即有失意之事相随而至。壬子科，余典试江西，请假归省，即闻先太夫人之讣。甲寅冬，余克武汉田家镇，声名鼎盛，腊月二十五甫奉黄马褂之赏，是夜即大败，衣服文卷荡然无存。六年之冬七年之春，兄弟三人督师于外，瑞州合围之时，气象甚好，旋即遭先大夫之丧。今年九弟克复吉安，誉望极隆，十月初七接到知府道衔谕旨，初十即有温弟三河之变。此四事者，皆吉凶同域，忧喜并时，殊不可解。现在家中尚未妄动，妥慎之至。余在此则不免皇皇。所寄各处之信，皆言温弟业经殉节矣，究欠妥慎，幸尚未入奏。将来拟俟湖北奏报后，再行具疏也。家中亦俟奏报到日乃有举动，诸弟老成之见，贤于我矣。

叔父大人之病，不知近状何如？兹专发六归，送鹿茸一架，即沅弟前此送我者。此物补精血远胜他药，或者有济。

迪公、筱石之尸，业经收觅，而六弟无之，尚有一线生理。若其同尽，则六弟遗骸必去迪不远也。沅弟信言家庭不可说利害话，此言精当之至，足抵万金。余生平在家在外，行事尚不十分悖谬，惟说些利害话，至今悔憾无极。

咸丰八年十二月二十日

澄侯、沅甫、季洪老弟阁下：

十五日接叔父患病之信，十六日专王发六送鹿茸回家，限年内赶到。十七早接澄弟二信、沅弟一信，叔父病势已愈，大幸大幸！温弟之事日内计已说破，不知叔父与温弟妇能少节哀否？温弟妇治家最贤，而赋命最苦，不知天理何以全不可凭？

十八夜接希庵信，知沅弟所派六弁已回，皆未寻得，而迪庵遗骨于初一日已搬至霍山县。同一殉节，而又有幸不幸若此。余又专五人去寻，中有二人系贼中逃出者，言必可至三河故垒。其三人则杨名声、杨镇南、张吟也。能寻得遗蜕，尚是不幸中之一幸，否则吾何面目见祖考妣及考妣于地下哉？

咸丰九年己未元旦

澄侯、沅甫、季洪三弟左右：

十二月二十三日，接澄、沅初十、十一日信，除夕又接十六日信，敬悉叔父大人体气渐好，不至成中痰之症，如天之福，至幸至幸！两弟函中所言各事，兹分条列复如左：

——先考妣改葬事决不可缓。余二年、七年在家主持葬事，办理草草，去冬今春又未能设法改葬，为人子者第一大端问心有疚，何以为人？何以为子？总求沅弟为主，速行改葬，澄弟、洪弟帮同料理，为我补过，至要至祷！

——张凯章于十八日至景德镇附近地方，十九日分两路进。王钤峰、吴走西路，凯章走东路。王、吴挫败，义营亡百人，吉左营九人，副湘营三十七人，营务处十二人，在行仗则已为大伤，幸凯章全军未与其事。现尚扎崖角岭，去景德镇二十余里，势颇岌岌。兹札调朱南桂、朱惟堂飞速来军，望即专人送去。又，王人树一信亦送去。筱岑信弟阅后封寄。

——季弟决计出外，不知果向何处？今日办事之人，惟胡润芝、左季高可与共事。此外皆若明若昧，时信时疑，非季弟所能俯仰迁就也。沅弟宜再三开导，令季弟择人而事，不可草草。或沅、季同来吾营，商定后再赴他处亦可。

——沅弟所画屋样，余已批出。若作三代祠堂，则规模不妨闳大；若另起祠堂于雷家湾，而此仅作住屋，则不宜太宏丽。盖吾邑带勇诸公，置田起屋者甚少。峙衡家起屋，亦乡间结构耳。我家若太修造壮丽，则沅弟必为众人所指摘，且乱世而居华屋广厦，尤非所宜。望沅弟慎之慎之，再四思之。祠堂样子，余亦画一个付回，以备采择。

咸丰九年正月初八日

澄侯、沅甫、季洪三弟左右：

正月初七日接沅弟腊月二十日信，敬悉叔父大人病体大愈，远怀少慰。除夕、元旦两日不知温弟妇伤痛奚似！此间派杨名声、杨镇南等至舒城一带访寻，日内尚无确耗。接胡中丞三四信，似于温弟事极关切，可感可感！杨弁等去，吾亦告之，苟有可图，费二三千金不惜也。

吉中营事，吾未细查，派四川曾佑卿太守在营看操，意在为沅弟分劳。然合营望沅甚切，正不能不早来。来此从容调停，再谋蝉蜕可耳。

再，凯章于二十七日大获胜仗，杀贼近千，景德镇一军当可站住。惟贼多而狡，垒密而坚，恐刻下难遽克复。吴翔冈败后禀告病请撤，吾已批准撤之，派凌荫庭前往接统。翔不服凯章，钤峰亦与凯龃龉，并讥其不应用“统领老湘营全军”关防，凯已换刻。吾爱惜凯章，不得不撤翔也。

咸丰九年正月十三日

澄侯、沅甫、季洪老弟左右：

初十日接胡中丞信，迪庵及温弟已奉旨优恤。迪公饰终之典至隆极渥，其灵柩二十五日到湖北，二十六日宣读恩旨，二十九日请官中堂题主，正月初三日起行还湘，备极哀荣。温弟与之同一殉难，而遗骨莫收，气象迥别。予于十一日具折奏温弟殉节事，盖至是更无生还之望矣，恸哉！家中此刻已宣布否？若尚未宣布，则请更秘一月，待二月间杨镇南等归来，我折亦奉批转来。如实寻不得，则招魂具衣冠以葬。余上无以对祖考妣及考妣，下无以对侄儿女。自古皆有死，死节尤为忠义之门，弈世有光，本无所憾，特以骸骨未收，不能不抱憾终古。

沅弟近日出外看地否？温弟之事，虽未必由于坟墓风水，而八斗冲屋后及周璧冲三处皆不可用。子孙之心，实不能安。千万设法，不求好地，但求平妥。洪夏之地，余心不甚愿：一则嫌其经过之处山岭太多；一则既经争讼，恐非吉壤。地者，鬼神造化之所秘惜，不轻予人者也。人力所能谋，只能求免水、蚁、凶煞三事，断不能求富贵利达。明此理，绝此念，然后能寻平稳之地；不明此理，不绝此念，则并平稳者亦不可得。沅弟之明，亮能了悟。余在建尚平安，惟心绪郁悒，不能开怀，殊褊浅耳！

咸丰九年正月二十三日 建昌军中

澄侯、沅甫、季洪老弟左右：

正月十三日发第三号信并折稿及温弟优恤之旨。十八日王林三等来，得知家中四宅平安，甚慰。

此间军事，去腊十九日吴翔冈之挫，亡百六十人。二十七日凯章之胜，亦亡九十人。正月十一日凯章又小挫一次，其第五旗扎牛角岭，距凯章老营十八里之远，十二早被贼攻陷。余因五旗去凯太远，除夕曾有信止之。凯复书言旗长可恃，未移也。五旗被陷之后，又换三旗扎该处，余甚为悬悬，又函止之。凯军现处孤危之际，不得不思所以济之振之。已派彭山屺回湘调兵六百名，派余星焕回湘招勇千名，与喻吉三同带之。又令朱品隆添勇二百名，函告王人树添勇三百名，又令张岳龄招平江勇千二百名，共添三千余人。向耆中丞索取饷项，能得与否，尚未可知，然不能不放手一办也。待兵勇到时，先派在建老营赴凯章处助剿。将来须另派统领，另打一枝，与萧、张分为三路，庶足以张犄角之势。此间各营望沅弟如望岁，吉字中营尤如婴儿之望慈母。吾前欲派吉中营偕朱、唐去攻景镇，莘田及各帮带皆以沅弟未来，不敢作主。余近日心绪郁郁，望沅弟来此，叙手足之情，并商定大局。

九弟于二月间来营，一面为我画定全局，一面将吉字中营安个实在着落，住数月后再行回家。温弟遗蜕若竟寻不得，则沅弟于江北宿松等处招魂而归，具衣冠而葬。将来改葬先考妣时，即将温弟衣冠祔葬于二亲之旁。若鬼神呵护，温弟忠骸一旦寻得，则九弟即迎温弟灵柩以归，是亦不幸中之一大幸。先考妣改葬时，附寻吉地以葬温弟，亦可少慰叔父及温弟妇之心。若九弟久不来营，吉中营全无着落，家中不能寻地，温弟招魂葬衣冠等事早也不好，迟也不好，沅弟心悬数处，均不妥善。是否应于二月来营，数月再归，望沅弟与叔父、澄、季熟商妥办。余此次函催郭意城、王人树、王枚村来营，皆言沅弟于二月来营，沅弟若有信与意、树诸公，可邀其同行也。

再，吾近写有手卷一大卷。首，篆字五个；次，大楷四十八个；后，小行书二千余。中间空一节，命纪泽觅此三十二人之遗像，绘之于篆字之后，大楷之前。查武梁祠画像内有文、周、孔、孟诸像，外间间有藏本，翁覃溪《两汉金石记》曾刻之，王兰泉《金石萃编》亦刻之，此外如名臣像亦间有之。纪泽觅得像底，则双钩摹于卷内，不必着色也。或嫌此卷太大，则另办一卷画像。此卷即先付长沙装潢，楠木匣藏之，将来求沅弟精钩刻石。其像有不可尽得者，略刻数像可也。吾生平读书，百无一成，而于古人为学之津途，实已窥见其大，故以此略示端绪。手此，再告澄、沅、季三弟，并谕纪泽儿知之。

咸丰九年正月二十八日

澄侯、沅甫、季洪三弟左右：

二十七日亥刻，接胡润公专丁来信，知温甫弟忠骸业经寻获，是犹不幸中之一幸。惟先轸丧元，又幸中之一大不幸。计胡中丞亦必有专信另达舍间，沅弟此时自不便遽出，应觅地两所，一面改葬先考妣，一面安厝温弟。润公待我家甚厚，温弟灵榇归舟，想必妥为照料。吾即派杨名声等三弁送湘乡也。墓志铭作就，再行专丁送归。

咸丰九年二月大祥前一日

澄侯、沅甫、季洪三弟左右：

玉四等来，叔父大人病势稍加，得十三日优恤之旨，不知何如？顷又接十九日来函，知叔父病已略愈，欣慰欣慰。然温弟灵柩到家之时，我家祖宗有灵，能保得叔父不添病，六弟妇不过激烈，犹为不幸中之一幸耳。

此间兵事，凯章在景镇相持如故，所添调之平江三营、宝勇一营均已到防，或可稳扎。浚川在南康之新城墟打一大胜仗，夺伪印四十三颗，伪旗五百余面，皆解至建昌，甚为快慰。惟石达开尚在南安一带，悍贼亦多，不知究能扫荡否？吉中营以后常不离余左右，沅弟尽可放心。

起屋起祠堂，沅弟言外间訾议，沅自任之。余则谓外间之訾议不足畏，而乱世之兵燹不可不虑。如江西近岁，凡富贵大屋无一不焚，可为殷鉴。吾乡僻陋，眼界甚浅，稍有修造，已骇听闻，若太闳丽，则传播尤远。苟为一方首屈一指，则乱世恐难幸免。望弟再斟酌，于丰俭之间妥善行之。改葬先人之事，须将求富求贵之念消除净尽，但求免水、蚁以安先灵，免凶煞以安后嗣而已；若存一丝求富求贵之念，必为造物鬼神所忌。以吾所见所闻，凡已发之家，未有续寻得大地者。沅弟主持此事，务望将此意拿得稳，把得定。至要至要！

纪泽姻事，以古礼言之，则大祥后可以成婚再期为大祥；以吾乡旧俗言之，则除灵道场后可以成婚。吾因近日贼势尚旺，时事难测，颇有早办之意。纪泽前两禀请心壶钞奏折，尽可行之，吾每月送修金二两。应钞之奏，不知家中有底稿否？钞一篇，可寄目录来一查，注明月日。纪泽之字，较之七年二三月间远不能逮。大约握笔宜高，能握至管顶者为上，握至管顶之下寸许者次之，握至毫以上寸许者亦尚可习。若握近毫根，则虽写好字，亦不久必退，且断不能写好事。吾验之于己身，验之于朋友，皆历历可征。纪泽以后宜握管略高，纵低亦须隔毫根寸余，又须用油纸摹帖，较之临帖胜十倍。

沅弟之字不可抛荒，如温弟哀辞、墓志及王考妣、考妣神道碑之类，余作就后，均须沅弟认真书写。《宾兴堂记》首段未惬，待日内改就，亦须沅弟写之。沅弟虽忧危忙乱之中，不可废习字工夫。亲戚中虽有漱六、筠仙善书，余因家中碑版，不拟倩外人书也。

咸丰九年二月十三日 清水铺营次

澄侯、沅甫、季洪三位老弟左右：

张凯章一军二十八日小挫，阵亡二百六十余人。平江营之新到者亦阵亡二十余人。正焦灼之至，幸婺源于二月一日克复，贼窜往祁门一带。浮梁于初四日克复。浮梁去景德镇三十里，婺源去镇百余里，三处之贼，本系互相犄角，互相联络。今婺源既克，镇贼之后路稍空，声势稍孤。浮梁既克，则贼不敢绕出乐平，抄凯章之后。初五日刘养素又打一胜仗，夺贼战舟五号、民船百余，夺贼垒十余座，西路之军威一振，凯章在东路或亦无恐。初三日萧浚川一军克复南安府城。南路贼势似稍散漫，或者易于剿办，全数逃出广东亦未可知。余前因景德镇官军危急，恐贼锋内犯，先及抚州，定计移驻抚州，拟初十日拔营，因雨不果。十二日冒雨拔营，仅行十五里，驻扎清水铺，泥深没骭，小住一日。

正月十一日所奏通筹全局、温弟殉节等折，今尚未接批谕。温弟忠骸于三十日到黄州，胡中丞致祭尽礼，派都司姚敏忠送回湘中，计二月二十外可到。记得出门甫满一年，今日归骨而不归元，可胜惨痛！七年，兄弟争辩不休，今日回思，皆芝麻细故，可胜悔憾！罗椒生之祖在四川阵亡，亦系归骨而不归元。厥后卜葬得吉壤，葬十余年而产椒生，二十余年而椒生之父举于乡，三十年而椒生以甲午举乡试，乙未入词馆。温甫生前郁抑不伸，或者身后能享罗家之报乎？杨镇南自三河归，余即作墓志付回。温弟照道员例优恤，昨初九日已具折谢恩，数日内再钞稿寄家。

李迪庵之丧，余送奠金二千两，挽联一付，句云：

八月妖星，半壁东南摧上将；

九重温诏，再生申甫佐中兴。

盖去年彗星，人以为迪庵应之也。

正封函间，接奉正月十一日各折批。谕温弟一折，奉旨赏给叔父从二品封典，盖未知前此已受从一品、正一品两次封典也。若前此未经貤封，则此次恩亦渥矣。惟受侄之封与受子之封，覃恩普遍之封与谕旨特颁之封究有不同，即日当具折谢恩，并声明“诰轴则拜此次之新纶，以彰君恩之稠迭；顶戴则仍二年之旧典，以明宠贶之久增”云云。庶叔父先受侄封，后受子封，二者并行不悖。

余于正月具折之时，本拟为温弟乞恩赐谥，因恐交部议驳，反为不美，遂未奏请。此次又与次青、仙屏再三商酌，次青之意，谓皇上以同知而予二品封，已属非常之恩，请谥之举，不若留以有待将来如有战功，皇上或加恩国藩之身，则一面自己辞谢，一面乞恩为温甫请谥云云。次青此说，甚有见解。特不知将来有机可乘否？又作折甚难着笔，亦恐江、楚各省识者见哂也。

咸丰九年二月二十三夜

澄侯、沅甫、季洪老弟左右：

曾恒五等来，接家信，应复之事，分列于后：

——夏家之地既经买得，可即于三月改葬。贼氛方盛，人事之变不可知，早改一日，即早放一日之心。沅弟来营一次，能否如期告归，尚未可必。且周璧冲之有凶煞，众议佥同。自温弟遭难后，余常以七年择地不慎为悔，故此时求改葬之意尤形迫切。

——沅弟晋省迎接温弟忠榇，计日内已在省接到矣。温弟读书颇有识，而生前于科名之途太蹇，死后又有阙憾。余拟作哀辞、墓志、家传等文，沅弟亦宜作文以摅其意，将来汇刻一本，俾纪寿长大有所考核。文成后寄来营中，一为订定。

——南安之贼窜入湖南，连陷桂阳、宜章、兴宁三县，吾乡必大震动。现派萧浚川速赴吉安，如贼犯茶陵、安仁等处，即由吉安横出截剿。浚川稳而且悍，或者足资防御。

——起祠宇之事，本系要务不可缓者，刻下湖南贼氛正盛，我家为人所瞻仰，举动不可不慎，目下不宜兴工。

——纪泽禀中问看书之法。《经义述闻》博洽精深，非初学所能看，目下不必看也。看注疏时有不能解者，偶一翻查则可耳。做赋亦可不必。

咸丰九年三月初三日

澄侯、沅甫、季洪三弟左右：

自接沅弟十七日在省一信，至今七日未接长沙嗣音，不知耒阳、常宁、安仁、衡州近状何如？至为悬系。团练之法，余向不以为然，而我邑此次却须有团练以壮声威。望澄弟尽心为之，无以我言为典要。

此间新招三千余人，余星焕等长宁勇千人于初一日到营，张子衡之平江勇千三百人已将到齐矣。凌荫庭之接带义营千人俱扎贵溪，俟练妥后，即日亦当来老营。惟彭山屺之兵未到。到齐时，老营共七千余人，将卒皆跃跃欲试，气象颇好，似堪一战，惜无好统领临阵指麾之耳。

湘勇之在江者，多有回援湖南之意。吾令浚川由吉安回茶陵，已去二札一批，至今尚未回信。又派吴翔冈回援，翔冈之营虽交凌荫庭，尚留四百人，合新招之三百人，亦差足成军。王钤峰、张凯章禀请回援，此时景镇未克，碍难撤退。二十四日镇贼扑凯章所辖之祥字营，一击即退。凯军近日已稳，但难期克复耳。

我日记中郁闷之怀虽不能免，然癣疾已愈十分之八九，办事精神亦较六年略好。往年心中愧悔之事，与官场不和之事，近亦次第消融而弥缝之。惟七年在家度量太小，说话太鄙，至今悔之。此外方寸尚泰然也。

咸丰九年三月初八日 申刻

澄侯、沅甫、季洪老弟左右：

接沅弟二十四日在县城所发之信，贼不直趋衡州，俾我得以从容设备。若谢泰平水师至耒河口，王人树陆军入衡城要郡固守，则各处皆易布置。甚慰甚慰。

今日接奉谕旨，温弟之子纪寿交吏部带领引见，将来无论何项恩典，皆系至荣，温弟九原之下亦可少慰。兹专人送回，以安叔父与温弟妇之心。

此间诸事平善，刘杰人腾鹤于二十八日在建德之云风岭阵亡。渠奉札守彭泽，而自请进剿建德，不自量力。其麾下阵亡者至五百余人，此后不能成军矣。普钦堂独当湖口、彭泽，恐难胜任。如有疏虞，则养素在饶州可危，雪琴在湖口亦可危也。

今年军事，沅弟缄言“稳扎稳打，机动则发”，良为至论。然机字殊不易审，稳字尤不易到。余当一一奉为箴言，与澄弟之缄常常省玩耳。

咸丰九年三月十三日

澄、沅、季三位老弟左右：

温弟忠榇初三自黄州开行，尚未到省，殊深系念。纪寿侄既奉恩旨交吏部带领引见，其叔父大人诰封，仍当咨部恭领诰轴。盖第二次谕旨中有

“著再加恩”字样，再字即承前次诰封之旨言之也。请谥一节，不敢再渎。

澄弟信中变格谶语之说，兄早虑及之。七年闰五月十七初得谕旨时，正在白玉堂拆阅，叔父欲将此四字悬匾槽门，余不甚愿，亦未免中有所忌。然此等大事，冥冥中有主之者，皆已安排早定。若兄则久已自命，与其偷生而丛疑谤，又不如得所而泯悔憾耳。

沅弟问克复景镇作何调遣？目下镇贼狡悍，似难遽克，既克之后，如湖南渐安，萧军复来，则当全力以规皖南；如湖南尚危，萧军留湘，则且休兵以驻湖、彭。是否有当，俟沅弟来营面商尚不为迟。

纪泽儿问地图六分，可否送一分与文辅卿？此图刻板在新化，尚属易购，可分一与文也。所论怀祖先生父子解经，什九着意于假借字。本朝诸儒，其秘要多在此，不独王氏为然。所问各书，《易林》长沙蒋氏曾刻过，《汉魏丛书》亦有之，《逸周书》杭州庐抱经丛书有之，《唐石经》陕西碑洞有之，唐开元元年刻，字类欧帖，可托人刷买，郑南侨现官陕西，亦可托也。

咸丰九年三月二十三日 抚州军中

澄侯、沅甫、季洪三弟左右：

温弟灵榇于初十到县，十五可到家，至以为慰。又幸叔父能亲笔写字，得纪寿引见恩旨后，必可日就康强，尤为家庭之福。

凯军在景德镇相持如故。十三日打一小胜仗，十六日二更，贼放火伪遁以诱我，我军亦未受其害。老营气象如常。湖南每月协饷三万，因有事停解。予以萧军之二万五千余请其发给，亦差足相当。吉营望沅弟甚切，四月能来为妙。澄弟身常劳苦，心常安逸，最善最善。予近日事亦平顺，以心血太亏，故多忧疑，恒用自警。沅弟劝我规模宜阔，我可勉而几也。其谓处事宜决断，则尚有未能。用情之厚薄，惟李家赙仪略厚，以渠以厘金济我军已二万余，不可无以酬之。此外皆循旧规耳。

再，芝生前有信，请用大字书格言，兹写挂屏四张寄之，虽非格言，亦聊以答其殷殷之意。芝生、罢山皆亲戚中之极可敬爱者。沅弟在家，所以润泽族戚朋友者，皆得其当。若能于族戚之读书者更加一番奖劝，暗暗转移风气，人人讲究品学，则我家之子弟随在观感，不期进而自进，沅弟于此等处曾加体验否？

咸丰九年四月二十三日

澄侯、沅甫、季洪三位老弟左右：

日来上游信息何如？闻东安之贼窜至新宁，江、刘两家被害否？沅弟果起行否？

景德镇久未开仗。凯章与钤峰洎难和协。所派屈见田带平江老中营于初八日到湖口，与雪琴至交。水陆得渠二人，湖口应可保全矣。下游张国樑在江北浦口小挫一次，胜帅定远大营亦屡次挫败。各处军事皆不甚得手，幸雨泽沾足，天心尚顺，当有转机。

家中一切，自沅弟去冬归去，规模大备。惟书、蔬、鱼、猪及扫屋、种竹等事，系祖父以来相传家法，无论世界之兴衰，此数事不可不尽心。朱见四先生向来能早起，又好洁有恒，此数事应可认真经理。

余此次再出，已满十月。论寸心之沉毅愤发，志在平贼，尚不如前次之坚。至于应酬周到，有信必复，公牍必于本日办毕，则远胜于前。惟精神日衰，虽服参茸丸亦无大效。昨胡中丞又专使赠送丸药，服之亦无起色。目光昏花作疼，难于久视。因念我兄弟体气皆弱，澄弟、季弟二人近年劳苦尤甚，趁此年力未衰，不可不早用补药扶持。季弟过于劳苦，尤须节之。沅弟想已启行矣。

咸丰九年五月初三日

澄侯、季洪两弟左右：

沅弟到营，详询家中一切，多所慰喜。日内未得南中军报，不知宝庆等处近状何似？

此间诸事如恒，吉字中营、朱、唐两营与新添之三营操演颇勤，队伍颇整，端节后即令其全赴景德镇会剿。沅弟率之以行，初九、十一或可启行。湘后营刘杰人在彭泽败后，其营现来抚州，留在身边护卫。普承尧在建德大败，其勇多溃走九江。渠暂守彭泽，恐亦不能久驻耳。

予身体平安，而怕热异常，出汗甚多。眼蒙如故，不增不减。癣疾较春间稍甚，比之往年则大好矣。

咸丰九年五月初六日

澄侯四弟左右：

今年以来，贤弟实太劳苦，较之我在军营殆过十倍，万望加意保养。祁阳之贼或可不窜湘乡，万一窜入，亦系定数，予已不复悬系。

予自去年六月再出，无不批之禀，无不复之信。往年之嫌隙尤悔，业已消去十分之七八。惟办理军务，仍不能十分尽职，盖精神不足也。贤弟闻我在外近日尚有错处，不妨写信告我。予派委员伍华翰在衡州坐探，每三日送信一次。家中若有军情报营，可寄衡州交伍转送也。

咸丰九年五月十三日

澄侯四弟左右：

贼集宝庆，官兵将近三万人，应足御之，若竟无一匪窜入湘乡境，上也。即有阑入邑界者，团练堵于前，赵、周、王诸军追于后，或可无碍。

此间朱、唐两营，喻吉三、凌荫庭两新营，均于初九日拔赴景德镇，吉中营、岳字新营，十一日拔营前进。初九早，九弟在余公馆行释服礼。三献礼毕，除服即吉，天甫黎明，尚属整齐。十一早，九弟起行赴景德镇。十二、三皆大雨，路上甚辛苦也。

下游情形，江北浦口、六合等处，前甚危急，近已获胜仗，军情尚安。胜克斋于四月十二日在天长败挫，其定远老营尚无恙。

余日内精神困倦，血不养肝。幸刘星房来营，日与畅谈，略觉爽快。星翁老年失明，殊可悯念，幸其子慈民孝廉博学不倦，克家继起，尚足自娱。弟以公事常不在家，所有书、蔬、鱼、猪及应扫之屋、栽植之竹，须请建四兄勤勤经理，庶不改祖父以来之旧家风也。至嘱至嘱。

咸丰九年五月二十四早

澄侯四弟左右：

萧浚川又至宝庆，大局当不足虑。贼至十万之多，每日需食米千石，需子药数千斤。渠全无来源，粮米掳尽，断无不走之理，可不须大胜仗也。沅弟启行后，日日大雨，甚为辛苦。

余右目红疼，不能写小字。前因贤弟夫妇四十寿辰，思写红纸屏一付寄贺，即将平日所称祖父之“勤俭孝友，书蔬鱼猪”等语述写一遍，以为寿序也可，以为格言也可。因目疾尚未及办，待下次再寄也。叔父处，前年以大事未办寿屏。明年叔母五十晋一，拟请澂六、筠仙为之。弟意以为何如？在界岭等处，弟亦太辛苦，须当常服补药，保养身体，孝之大端也。

咸丰九年六月初四日

澄侯四弟左右：

贺常四到营，接弟信，言早起太晏，诚所不免。吾去年住营盘，各营皆畏慎早起。自腊月二十七移寓公馆，至抚州亦住公馆，早间稍晏，各营皆随而渐晏。未有主帅晏而将弁能早者也。犹之一家之中，未有家长晏而子弟能早者也。

沅弟在景镇，办事甚为稳靠，可爱之至。惟据称悍贼甚多，一时恐难克复。官兵有劲旅万余，决可无碍。季弟在湖北已来一信，胡咏帅待之甚厚，家中尽可放心。

家中读书事，弟亦宜常常留心。如甲五、科三等皆须读书，不失大家子弟风范，不可太疏忽也。

正封缄间，接奉寄谕，饬令赴蜀剿贼。此时欲去，则景镇之官兵实难遽行抽调，欲不去，则四川亦系要地。尚未定计复奏，兹先将廷寄付回一阅。

咸丰九年六月初六日

沅甫九弟左右：

接弟一缄，知贼出大队前来搦战，我军坚坐不动，反客为主，最为得势。朱、唐、张、喻、凌五营，究以何营最善战？何营靠得住？湘后营鸟枪极外行，日内方勤操也。

初四夜接奉廷谕，钞送一阅。此时甚难为计，欲即溯江为夔府之行，则弟与凯所部之万人自须全数带去。而景镇一松，抚、建必陷，临、江、瑞、袁在在可虞，是未救无事之蜀省，失初定之江西。欲不为夔府之行，则川、陕两省尚称完善。保川即所以保陕，早一着即占一分之便宜，大局亦何可不顾？特此专使，与弟熟商。

咸丰九年六月十八日

澄侯四弟左右：

宝庆久被长围所困，心殊悬悬。景德镇于十四夜克复，十五日派队跟追。闻浮梁贼尚未退，不知该逆别有诡计否？沅弟追贼约三日，回营后即谋来抚，将归里，为改葬事也。

前奉防蜀之旨，顷已复奏，言兵力太单，难以入蜀，且景镇未克，不可遽行抽动等因，已于十八日拜发，其时不知景镇之即复也。目下之计，大约带兵由长江上溯至荆州、宜昌等处，防贼占荆、宜，则两湖俱难措手。若谕旨必令赴蜀，则须添至二万余人，太少无益也。

咸丰九年六月三十日

澄侯四弟左右：

接弟信，惊悉鼎二侄殇逝，不胜悼惜！三年之内，家中多故，殊难为怀。弟目下总理团务，辛劳之际，尚须宽心，加意保重。

张凯章一军回援，在景镇拔营，计七月底始可还湘。九弟归家办改葬事，亦七月可到。吾拟于七月七日起程由湖北至宜昌。季弟已由湖口经过，将来抚州，日内尚未到，颇不放心。

咸丰九年七月二十三日 湖口发

澄侯四弟左右：

予于十六日自江省开船，十七日抵吴城，十九日至湖口。季弟与予同至湖口，二十日先挂帆上黄州矣。雪琴留予在湖口久住。予因所调之湘后营尚在抚州未来，不得不在此少候。又朱、唐等营自景镇调至九江者，皆伤暑多病，亦不得不少为休息。而予亦抱微恙，呕吐，两日不能食，拟奏明耽搁十日。

兹专人回家，寄银二百两，以一百为纪泽儿婚事之用，以一百为五十侄女嫁事之用。仕宦之家，凡办喜事，财物不可太丰，礼仪不可太简。澄弟用财丰俭得宜，所患者，礼仪过于简率耳，宜更酌之。

咸丰九年八月初五日 九江舟次

澄、沅两弟左右：

宝庆解围，团勇当撤。贼窜祁、衡，吾邑遂可弛防。

予在湖口住十日，八月初一日至浔阳。耽搁二日，因阻风，不克成行。好在上游无事，贼不入蜀，余行虽迟滞，尚不误事。日内守风此间，可游览庐山近处胜景。朱品隆等各营，已由陆路先至黄州。季弟奉胡中丞札，募勇千人，闻初四日自黄州起行归湘。吉字中营之饷，到黄州再派人起解；如已开船北来，则不远解亦可。

先考妣改葬之期已近，果办得到否？须略置墓田，令守墓者耕之。凡墓下立双石柱，方柱圆首。柱高而远不刻字者，谓之华表，柱矮而刻字者，谓之阙。四柱平立，上有横石二条，谓之坊。凡神道碑，有上覆以亭者；有左右及后面皆以砖石贴砌，上盖圆筒瓦者；有露立全无覆盖者。三者随弟斟酌。要之上用螭首，下用龟趺，则一定之式，不可改易。公卿大夫之家有隆礼者，于墓门之南立墓表碑，又于极南远处立神道碑，稍简者仅立一碑。二者听弟斟酌。要之宜立于墓门之外，江西立于坟堆之趾，湖南立于罗匡之头，皆非古法，不可学也。至筑坟结顶，上年周璧冲结顶最合古法，今京师王公贝勒及品官之家，坟茔多用此式，勿以其为吾乡所创见骇闻而不用也。吾之所见如此，望弟细心详酌。

吾于祖父坟墓祠庙皆未尽心，实怀隐疚。今沅弟能力办之，澄弟能玉成之，为先人之功臣，即为余弥此阙憾，且慰且感。余此次在外，专了从前未了之事，而弥缝过失亦十得七八耳。

咸丰九年八月十二日 黄州

澄侯、沅甫两弟左右：

叔父病体大愈，是第一庆慰事。澄弟办团，为一邑所服，善起善结，亦极慰也。

余自九江开船，逆风逆水，每日行七八十里。十一日至黄州，胡中丞约为十日之留。官帅奏留余一军共征皖省，大约十七八可奉谕旨。贼踪既不入蜀，余自不必遽赴荆、宜，在此少停，恭俟后命。除萧、张二军队，带来共万人，每月需饷六万，拟概求之湖北，胡中丞亦已允许。江西协款三万，仍以供萧、张二人之半耳。九弟营中，六月份半饷即日起解，七月份少迟亦解。每队多夫一名，或裁与否，应俟到营面定。

沅老近来所办之事无不惬当。银钱一事，取与均宜谨慎斟酌。闻林文忠三子分家，各得六千串每柱田宅价在内，公存银一万为祀田，刻集之费在外，督抚二十年，真不可及。

咸丰九年八月二十二日

澄侯、沅甫、季洪三弟左右：

接沅弟初十日信，到家后办理改葬大事，启土下肂，俱得吉期，欣慰无量。余在家疚心之事，此为最大。盖先妣卜葬之时，犹以长沙有警，不得不仓猝将事；至七年二月，大事则尽可从容料理，不必汲汲以图。自葬之后，吾之心神常觉不安，知我先人之体魄，亦当有所不安。此次改葬之后，我兄弟在外者勤慎谦和，努力王事；在家者内外大小，雍睦习劳，庶可保持家运蒸蒸日上乎？沅弟办理此事，为功甚大。我父母亦当含笑于九原也。

余至黄州，赴鄂，途多逆风，五日尚未抵省。官帅奏蜀中无事，请以吾军会剿皖省，已奉俞允。吾在鄂应酬数日，仍赴下游。或驻北岸之黄梅，或驻南岸之九江、湖口，现尚未定。吾兄弟数人虽共事一方，然皖中为地极大，贼数极多，事势极难，各有所图，不必相妨碍，不必嫌疑。季弟既受胡中丞之知，即竭力图功，不必瞻顾。九弟六月半饷已解去，七月饷亦即解，恐当于中途接到。此次既出，今冬似不宜归去。身既在官，则众人观瞻所系，去来不可太轻。

澄弟此次办团，名望极好，甚慰甚慰。家中有当应酬周到之处，望澄弟随时告知，至嘱。

咸丰九年八月二十九日 武昌

澄侯四弟左右：

袁漱六亲家之胞弟袁铁庵自松江归来，将我京中书籍概行带送湘乡，实为可感。前由京搬至松江，此次由松搬至湘乡，共万余里，吃尽辛苦。到我家时，望加意款待，至要至要！其书交纪泽细心清厘。此外尚有存松之书，并营中之书，将来开单再清也。

咸丰九年十月初四日 巴河军次

澄侯四弟左右：

沅弟到营，得闻家事之详，近日婚嫁两事皆已完毕，可少休息。

吾于二十八日自黄州归，接奉寄谕，以湖北大举征皖，恐其驱贼北窜。吾细察湘勇柔脆，实难北征。一渡淮水，共食麦面，天气苦寒，必非湘人所能耐。拟于日内复奏，陈明楚军所以不能北行之故。湖南樊镇一案，骆中丞奏明湖南历次保举，一秉至公，并将全案卷宗封送军机处。皇上严旨诘责，有“属员怂恿，劣幕要挟”等语，并将原奏及全案发交湖北，原封未动。从此湖南局面，不能无小变矣。

余身体平安，惟目疾久不痊愈，精神意兴日臻老态。所差堪自信者，看书看稿犹能精细深入，每日黎明即起，不敢隳祖父之家风，足以告慰。

咸丰九年十月十八日

澄侯四弟左右：

泽儿及侄女两场喜事，办理尽善，慰谢慰谢。

我祖星冈公，第一有功于祖宗及后嗣，有功于房族及乡党者，在讲求礼仪，讲求庆吊。我父守之勿失，叔父于祭礼亦甚诚敬。贤弟若能于礼字详求，则可为先人之令子；若于族戚庆吊时时留心，则更可仪型一方矣。余于军中之钱不愿寄回，而后辈婚嫁及亲族事之最要者，则当略寄。南五舅父处，余必寄贺信，并寄薄礼。其他有应点缀之处，望弟付信来告。

家中用度日趋于奢，实为可怕，兄并无私意见也。男婚女嫁，以似以续，阖家之庆，还为弟贺焉。

咸丰九年十一月初三日

澄侯、沅甫两弟左右：

自余于巴河拔营，沅甫于次日登舟。计此信到家，沅弟亦抵里门矣。余拔营后长行七日，十一月初三日至黄梅，驻扎城外，距太湖百二十里。

太湖贼约三四千，被我兵万五千人四面环围，城贼极为穷蹙。所虑者，四眼狗率党来援，或有变动，否则太湖年内可克。余暂驻梅邑，细察地势，再行前进。

日内癣疾大作，目亦极蒙，幸精神如常，每日竭力支撑，不甚懈怠。

河南捻匪日以猖獗，皖南宁国屡次败挫，六合大营被四眼狗攻陷，扬州近又被围，气机殊未转耳。

咸丰九年十一月十四日 宿松营次

澄侯、沅甫两弟左右：

余于十三日拔营至宿松。一入皖境，百姓望若云雨，爆竹欢迎，不知兵力果足以庇之否？十月十七日会奏一折，圣意不以为然，朱批驳斥。保举一单，武职全准，文职交部核议，将来必有驳者，如黄南坡、石芸斋、何廉昉等均属可虞。即李筱泉久未得保，亦不知可允准否？向来从未交部，此次将文武官阶分类，遂尔歧视，想别有所因也。若部文速来，于其驳诘者仍当再请，但恐迟耳。

沅弟带回之银，请以二百为温弟祭田之助，五百为湘乡忠义祠捐项。凡家中应酬之需，如有应在十两以上者，可写信由营中寄送，少者则家中自送。

余今年癣疾大发，与道光二十六年相仿佛，目疾亦日以增甚，老境大臻。在外往年未了之事，现渐次清厘，略有归宿。李筱泉所办报销，今冬可毕。

咸丰九年十一月二十四日

澄侯、沅甫两弟左右：

接沅弟岳阳楼下一缄，藉悉一切。叔父大人肝火甚旺，不知沅弟归后，劝之少解否？

下游四眼狗闻将以本月之杪来援太湖，多、鲍各军颇形惊慌，须派五六千人往太湖助之，但系打行仗，老营仍扎宿松不动耳。

付去银五十两，送霞仙家赙仪。以后应致情之处，请澄侯斟酌一数目更好。

科三之字大有长进，甚慰甚慰。第不知甲五近尚读书否？泽儿问横笔磔法，如右手掷石以投人，若向左边平掷则不得势，若向右边往上掷，则与捺末之磔相似，横末之磔亦犹是也。《化度寺碑》磔法最明，家中无之；《张猛龙碑》、《同州圣教》磔法亦明，可细阅。沅弟于字用功最深，曾留心磔法否？

咸丰九年十二月二十四日

澄侯、沅甫两弟左右：

十五日接弟信，知沅弟初一日移新宅，贺贺。吾弟以孝友之本，立宏大之规，气魄远胜阿兄。或者祖父之泽，得吾弟而门乃大乎？

日内警报频闻，援贼四眼狗纠合捻匪宫瞎子带五六万人来援，鲍超扎小池驿御之，已在太湖之前四十里。蒋之纯扎龙家凉亭，多都护扎新仓，相去各十里内外。二十二日开仗，我军先获大胜，穷追二十余里，因遇伏而小挫。太湖城外留唐义渠一军三千四百人，太形单薄。余派前帮十营六千人前往助扎，派朱云岩、李申夫统领，不知前敌多、鲍等军果站得住否？余在宿松，身边仅四千三百人，除吉中、吉左之外，均不甚可恃，心殊焦灼。萧浚川奉旨调赴黔蜀，希庵亦以母病不来，统将乏人，不知所以为计。

余癣疾大发，为十余年所仅见，夜不成寐，幸温书未甚间断耳。

咸丰十年庚申正月初四日

澄侯、沅甫两弟左右：

除夕接两弟家书并纪泽儿一禀，欣悉家中四宅平安，惟叔父病未痊愈，至以为念。

沅弟移居后，新屋气象闻尚宏敞，不知居之俱适意否？凡屋有取直光者，有取斜光者，有取反光者。闻新屋极高而天井不甚阔，则所取皆直光矣。未、申以后，内室尚不黑暗否？装修及制器殊不易易，颇有头绪否？余在此望沅弟来甚切，而恐弟应办之事皆未办妥，不敢遽催。

前敌多、鲍、蒋三军自腊月二十二大战后，贼于二十四、六等日包围鲍营，二十七日遂长围鲍营，层层包裹，霆左营四面皆合，水米文报不通。幸定心坚守几日，二十九日贼解围，少退五里以外。除日多都护另派精选前营扎于霆左营之垒，而令霆左弁勇暂入鲍之中军休息数日，从此前敌应稍安稳。

余自去冬以来癣疾大发，目蒙异常，而应办之事未甚间断。新年军事紧急，少为将息，除公事外，不敢多作一事也。纪泽儿所论八分不合古义。至欲来营省觐，余亦思一见，沅弟来时可带纪泽来展谒一次，住营一月，专人送归。

咸丰十年正月十四日

澄侯、沅甫两弟左右：

得沅弟及纪泽信，欣闻叔父大人身体平安，从此当日臻康胜矣。

余于除夕、元旦添派护军、长胜军及湖口调来之平江营赴太湖城外，抽出唐义渠之训营赴前敌小池驿等处。初六日甫到，一面修垒，一面出队打仗，破贼垒二座，少顷败回。训营新垒三座被贼攻陷，军械帐篷全失。由是贼氛愈炽，日夜围攻鲍营。鲍部三千五百人，伤亡千余，只能守墙，不能出打。每遇贼偶松一隅时，即出队挑水运柴，少顷复来合围。军士不眠者多，不食者亦常有之。十一日，胡中丞所派之金逸亭、余会亭军从潜山山内打出，攻贼之背，大获胜仗，杀贼三千。是夜，小池驿之贼分一半去御金军，从此鲍军庆再生矣。方围鲍极急时，余派宿松吉中二营、吉左营、太湖之湘前强中营、湘后二营去新仓、小池等处助打行仗，以救鲍军。十三早甫经成行，后即闻金、余捷音，计大局应可安稳耳。

胡帅与我相距二百六十里，每日通信一二次不等，除初派鲍军扎小池，余意见不合力争数次外，其余事事相合。季弟在太湖，亦日日通信。癣疾比去冬略好，惟目光昣昏，日甚一日。筠仙出使山东，竟被参劾，闻部议降级留任，今春必南旋矣。

咸丰十年正月二十八日

澄侯、沅甫两弟左右：

多都护于二十五日出队诱贼，业已破贼二垒。贼以大队猛扑，多部败退，贼追十里。唐、蒋各部齐出接应，鲍亦猛进，多亦回杀，贼遂大败，凶悍者伤亡二三千人。二十六日，我军乘胜进攻，五军出满队，凡万八千人，排列而进，破贼垒六十余座。垒内火药甚多，草棚甚密，火球所着，登时轰发，狂风旋转，巨火烛天。山谷之间，人马仓猝难逃，多被烧死。牲粮衣物，一炬焦土。杀贼亦实有三四千人，仅有三垒未破。四眼狗于是夜逃去，三垒亦逃，太湖县之贼亦逃，即将城池克复。此次大捷，实足寒逆胆而快人心。沅弟虽不在营，而中军、义字两营连破贼垒，亦极有功。季弟在太湖克复一城，志亦少纾。特此飞告，俾沅弟放心。目下不必遽思回营，一则叔父病尚未痊，老宅之事须沅妥为料理；一则九弟妇体气不旺，新第之事亦须粗立纪纲。待四月初来营可也。

咸丰十年二月初八日

澄侯、沅甫两弟左右：

接来信，痛悉叔父大人于十九日戌刻弃世，哀痛曷极！自八年十一月闻温弟之耗，叔父即说话不圆，已虞其以忧伤生。叔父生平，外面虽处顺境，而暗中却极郁抑，思之伤心。

此次一切从丰，两弟自有权衡，丧礼以哀为主，丧次以肃静为主，余于闻讣之第二日进公馆设位成服，拟素食七日，素服十四日，仍行撤灵入营。季弟拟请假回籍，余嘱其来宿松灵前行礼。

沅弟言新第不敢再求惬意，自是知足之言。但湿气一层不可不详察。若湿气太重，人或受之，则易伤脾。凡屋高而天井小者，风难入，日亦难入，必须设法祛散湿气，乃不生病，至嘱至嘱。

咸丰十年二月二十四日

澄侯、沅甫两弟左右：

季弟之恒字二营，吾与润公皆不欲其来太湖，弟于正月六日勉强自来，幸遇机缘，太湖克复，同奏肤功。兹湘恒营同围安庆，余亦不甚放心，而季弟自觉甚有把握，故遂令之同行。既已立营，则不能不望其少立功绩也。

自克复潜、太二邑，袁午帅克复凤阳，翁中丞大破炉桥，皖北军事大有起色。不料皖南徽、宁二府连陷六州县，浙江亦失去三县，杭省及湖州府危急之至。罗中丞奏请余率楚军往援，即使奉旨允准，亦缓不济急矣。金陵大营正在十分得手之际，而南则有浙江之变，北则清江浦失守，一波未平，一波复起，殊深焦灼。

余前思办冷金笺对赠澄弟云：

俭以养廉，誉洽乡党；

直而能忍，庆流子孙。

赠沅弟云：

入孝出忠，光大门第；

亲师取友，教育后昆。

余在公馆设灵穿孝十四日，于二十日撤位脱素服，仍回营盘。

起先大夫祠堂，如牌坊，如诰封亭，皆须就地势为之。余意诰封亭系乡间俗样，尽可不必；牌坊则系官样，余前日所画槽门样子，即与牌坊相近。京城凡大庙中间有照壁，两头皆有木牌坊，南中文庙及贡院之“天开文运”，亦用木牌坊。先大夫庙之槽门，即用木牌坊式可也。但各处木牌坊上不盖瓦，下不装板，此既作庙头门，则上当盖瓦，下当装板。总而言之，一正两横，一牌坊槽门而已。至各处起屋之法，皆先立柱起架子，待上瓦屋盖毕之后，乃砌砖墙。各柱嵌于砖墙之中，屋之稳不稳全在架子，不与砖墙相涉。先大夫庙若用此法，则须大柱子十八根前墙内六根，后墙内六根，中间承栌者四根，两头墙内顶屋脊者各一根，而庙外四面落檐之廊柱尚不在此十八根之内。如此则须料甚多，我乡恐办不出，且恐木匠不能做。若用吾乡旧法，概以砖墙为主，不用架子，则省料极多，而木匠亦易。望两弟悉心裁酌。修昭忠祠及东皋书院祠之正栋，亦不外先大夫庙式，五扛间而四面落檐，即极大方矣。所争者亦在全用架子与否耳。应否由予下札，俟弟到营后再行面商。

咸丰十年三月十九日

澄侯、沅甫两弟左右：

自初十日闻浙江被围之信，十三日闻失守之信，寸心焦灼，全军为之惊扰。一则恐有援浙之行，二则大局一坏，一木难支，所谓一马之奔，无一毛而不动，一舟之覆，无一物而不沉也。兹幸于十八日接张筱浦先生来信，杭城于三月三日克复，欣慰无极。特专人驰告家中，亦以慰陈作梅将母之怀。前有信嘱沅弟来营，或酌募一二营带来，兹浙事既已平定，即不必添营。沅弟信中意于今冬谋为蝉蜕之计，尤可不必再行添募。盖凡勇皆服原募之人，不甚服接带之人，多一营头，则蝉蜕时多一番纠结也。

咸丰十年三月二十四日

澄侯、沅甫两弟左右：

接家信，知叔父大人已于三月二日安厝马公塘。两弟于家中两代老人养病送死之事，备极诚敬，将来必食报于子孙。闻马公塘山势平衍，可决其无水蚁凶灾，尤以为慰。

澄弟服补剂而大愈，甚幸甚幸。吾生平颇讲求惜福二字之义，近来补药不断，且菜蔬亦较奢，自愧享用太过，然亦体气太弱，不得不尔。胡润帅、李希庵常服辽参，则其享受更有过于予者。家中后辈子弟体弱，学射最足保养，起早尤千金妙方，长寿金丹也。

咸丰十年闰三月初四日

澄侯、沅甫两弟左右：

澄弟移寓新居，光彩焕发，有旺相气，至慰至慰。沅弟祭叔父文斐亹可诵，四字句本不易作，沅弟深于情者，故句法虽弱而韵尚长。

浙江克复，人心大定。太湖各营于二十四五日拔营，宿松四营于二十六日拔营，均至石牌取齐，进围安庆。朱惟堂一营初二日至江边，距宿松仅七十里。营中一切平安，予身体亦好。惟饷项暂亏，若四川不速平，日亏一日，必穷窘耳。

澄弟之病日好，大慰大慰。此后总以戒酒为第一义。起早亦养身之法，且系保家之道。从来起早之人，无不寿高者。吾近有二事效法祖父，一曰起早，二曰勤洗脚，似于身体大有裨益。望澄弟于戒酒之外，添此二事，至嘱至嘱。

咸丰十年闰三月十四日

澄侯、沅甫两弟左右：

沅弟既与作梅兄意见相合，则家中寻地可留梅公多住一二月，以必得为期。改葬本非好事，然既已屡改，则必求惬意而后止。予非欲求地以徼富贵者，惟作梅以三千里外至吾乡，千难万难，不可错过。

澄弟所跋对联，甚为妥叶。服补药虽多，仍当常常静坐，不可日日外出。一则保养身体，二则教训子侄，至嘱至嘱。

此间至今未得进兵，实为迟滞。希庵至多公处，与之畅谈，针芥契合，相得益彰，大约数日后即可移营进逼桐城、怀宁矣。浙江克复后，皖南又大震动。河南捻匪上窜，陕西及樊城戒严。四眼狗近赴全椒，思解金陵之围。

予身体平安。癣疾皆在腿以下，本是空闲地方，任其骚扰可也。

咸丰十年闰三月二十九日

澄侯四弟左右：

二十七日接弟信，欣悉各宅平安。沅弟是日申刻到，又得详问一切，敬知叔父临终毫无抑郁之情，至为慰念。

予与沅弟论治家之道，一切以星冈公为法，大约有八字诀。其四字即上年所称“书、蔬、鱼、猪”也；又四字则曰“早、扫、考、宝”。早者，起早也；扫者，扫屋也；考者，祖先祭祀，敬奉显考、王考、曾祖考，言考而妣可该也；宝者，亲族邻里，时时周旋，贺喜吊丧，问疾济急，星冈公常曰：“人待人，无价之宝也。”星冈公生平于此数端最为认真，故余戏述为八字诀曰“书、蔬、鱼、猪，早、扫、考、宝”也。此言虽涉谐谑，而拟即写屏上，以祝贤弟夫妇寿辰，使后世子孙知吾兄弟家教，亦知吾兄弟风趣也。弟以为然否？

咸丰十年四月初四日

澄弟左右：

沅弟于初三日由宿松赴集贤关。予身体平安。皖北军务，亦尚如故。惟江南大营于闰三月十六日全军溃败，和春、张国樑两帅移保镇江，苏州、常州两处大为震动。浙江新复，亦恐无以自立，此又近数年之一大变局也。若江浙不保，则江西亦难久安，而皖北亦将应接不暇，殊为可虞。

九弟欲予下札请同邑绅士修昭忠祠及东皋书院，兹办十一札，请弟分送为要。

咸丰十年四月十四日

澄侯四弟左右：

金陵大营于闰月十六日溃退镇江，旋复退守丹阳。二十九日丹阳失守，和春、何桂清均由常州退至苏城外之浒关，张国樑不知下落。苏州危如垒卵，杭州亦恐再失，大局决裂，殊不可问。

余此次出外两年，于往年未了之事，概行清妥，寸心无甚愧悔，可东可西，可生可死，襟怀甚觉坦然，吾弟尽可放心。前述祖父之德，以"书、蔬、鱼、猪，早、扫、考、宝"八字教弟，若不能尽行，但能行一早字，则家中子弟有所取法，是厚望也。

咸丰十年四月二十四日

澄侯四弟左右：

前寄一缄，想已入览。近日江浙军事大变，金陵大营溃败，退守镇江，旋退保丹阳。二十九日丹阳失守，张国樑阵亡。四月初五日和雨亭将军、何根云制军退至苏州。初十日无锡失守，十三日苏州失守。目下浙江危急之至。孤城新复，无兵无饷，又无军火器械，贼若再至，亦难固守。东南大局一旦瓦裂，皖北各军必有分投江浙之命，非胡润帅移督两江，即余往视师苏州。二者苟有其一，则目下三路进兵之局不能不变。抽兵以援江浙，又恐顾此而失彼。贼若得志于江浙，则江西之患亦近在眉睫。吾意劝湖南将能办之兵力出至江西，助防江西之北界，免致江西糜烂后湖南专防东界，则劳费多而无及矣，不知以吾言为然否？左季高在余营住二十余日，昨已归去。渠尚肯顾大局。沅弟、季弟新围安庆，正得机得势之际，不肯舍此而它适。余则听天由命，或皖北，或江南，无所不可。死生早已置之度外，但求临死之际，寸心无所悔憾，斯为大幸。

家中之事，望贤弟力为主持，切不可日趋于奢华。子弟不可学大家口吻，动辄笑人之鄙陋，笑人之寒村，日习于骄纵而不自知，至戒至嘱！予本思将“书、蔬、鱼、猪、早、扫、考、宝”八字作一寿屏，为贤弟夫妇贺生，日内匆匆，尚未作就。予目疾近日略好。有言早洗面水泡洗二刻即效，比试行之。诸请放心。

咸丰十年四月二十九日

澄侯四弟左右：

予以二十八日奉署理两江总督之命，以精力极疲之际，肩艰大难胜之任，深恐竭蹶，贻笑大方。然时事如此，惟有勉力做去，成败祸福不敢计也。兹将廷谕钞寄，其应如何办法，再行详报。

余欲纪泽来营，若走水路，则由岳州、湖北以至九江、湖口。若走陆路，则由萍乡、万载、新昌、奉新以至吴城亦可，由平江、义宁以至吴城亦可。纪泽或于近日至长沙，接我续信，再行东来省觐可也。

咸丰十年五月初四日

澄侯四弟左右：

予拟于十五日起行带兵渡江，驻扎徽州、池州二府境内。其九弟所带之万人，现扎安庆城外者，仍不撤动。盖以公事言之，予虽驻军南岸，仍当以北岸为根本。有胡中丞在北岸主持一切，又有多礼堂、李希庵及沅弟三支大军，则北岸稳，湖北稳，袁、翁之军亦稳，余在南岸亦可倚北为声援也。以私事言之，余为地方官，若仅带一胞弟在身边，则好事未必见九弟之功，坏事必专指九弟之过，嫌疑之际，不可不慎。余定带鲍镇超之霆字营六千人、朱品隆二千人及现在宿松之马步二千人，合万人先行。余俱在湖南陆续调集招募，足成三万之数。左季高现奉旨以四品京堂候补襄办余处军务，所有应在湖南招勇等事，即咨请季翁在湘料理。

近日得浙江王中丞信，苏州之贼尚未至浙境。浙江省城有杭州将军瑞、署钦差大臣张及中丞三人，应可保全。但使保得浙江，保得江西，则此后尚可挽回全局。

纪泽儿若来省觐，则由长沙，或坐战船，或坐民船，直下湖北以至湖口、东流，余扎营当在东流附近地方。长江之险，夏月风涛无定，每遇极热之时，须防暴风之至，下晚湾泊宜早。来营住一月，即令其速归也。望弟谕泽儿沿途谨慎，不必求快。

咸丰十年五月十四日

澄弟左右：

五月四日接弟缄，“书、蔬、鱼、猪，早、扫、考、宝”横写八字，下用小字注出，此法最好，余必遵办，其次序则改为“考、宝、早、扫，书、蔬、鱼、猪”。目下因拔营南渡，诸务丛集，实有未能。

苏州之贼已破嘉兴，淳安之贼已至绩溪，杭州、徽州十分危急，江西亦可危之至。余赴江南，先驻徽郡之祁门，内顾江西之饶州，催张凯章速来饶州会合。又札王梅村募三千人进驻抚州，保江西即所以保湖南也。札王人树仍来办营务处。不知七月均可赶到否？若此次能保全江西、两湖，则将来仍可克复苏、常，大局安危，所争只在六、七、八、九数月。

泽儿不知已起行来营否？弟为余照料家事，总以俭字为主。情意宜厚，用度宜俭，此居家居乡之要诀也。

卷七 家书

目录

咸丰十年六月初十日

沅、季弟左右：

出队以护百姓收获甚好，与吉安散耕牛籽种用意相似。吾辈不幸生当乱世，又不幸而带兵，日以杀人为事，可为寒心，惟时时存一爱民之念，庶几留心田以饭子孙耳。杨镇南之哨官杨光宗，头发横而盘，吾早虑其不驯。杨镇南不善看人，又不善断事。弟若看有不妥叶之意，即饬令仍回兄处，兄另拨一营与弟换可耳。

吾于初十日至历口，十一日拟行六十里赶至祁门县。十二日先太夫人忌辰，不欲纷纷迎接应酬也。宁国府一军紧急之至，吾不能拨兵往援，而拟少济之以饷，亦地主之道耳。

咸丰十年六月十九日

沅弟左右：

十八日专丁到，接十五信，得知一切。应复之件，条列具左：

——陈米千余石，如不可吃，不必强各营领之。凡粮台事件，弟皆自行当家，不必一一请示。或有疑议，就近与希庵商之。渠阅历颇久，思力沉着，与弟可互相切磋，互相资益也。

——杨光宗业已斥革递解，此后应稍安静。马兵既难得力，可饬令杨镇南招募马勇。其兵丁每出十缺即马缺，即饬令仍回殷开山营盘。余于办马队不惜重本，志在办成一事。若操练半年仍不得力，则浪费过甚，不如趁早改兵为勇，陆续更换。

——雪琴厘金之事，概仍八九等年之旧，丝毫不改，断不至掣雪之肘。牙厘既由我处作主辅，亦不致难为雪也。

末一条，概以大度容之，不另复矣。

咸丰十年六月二十二日

沅弟左右：

希、厚、雪三人皆主土城合围之说，自应及时兴办。正东自车径渡至韦家店，地势辽阔，系用众用马之地。弟处兵力本单，老营、劲营尤少，兄不甚放心。然此时桐城有兵，枞阳有兵，青草塥有兵，若不趁此合围，则天下更无可办之事矣。鲍兵不甚可恃，然不能不冒险一办。办成之后，则不险矣。土功太大太难，恐勇尚有不敷，可商之莫善征，雇用民夫。其始略用霸道，其后日日给价，民间亦必悦服。多用银数千两，兄必办解不惜也。盛暑兴工，宜以早夜为之，午、未、申三时均宜停止。黄南坡筹饷事已发札矣，兹将意城所拟札稿寄阅。

东流周万倬一营，不须兄札，或厚庵札，或弟札，朝发则夕至矣。曾得胜宝右营在建德普钦堂处，防池州张家滩一路之贼。吾饬曾营扎建城东，以当头敌，目下实难抽调，当另设法。

咸丰十年六月二十七日

季弟左右：

顷接沅弟信，知弟接行知，以训导加国子监学正衔，不胜欣慰。官阶初晋，虽不足为吾季荣，惟弟此次出山，行事则不激不随，处位则可高可卑，上下大小，无人不翕然悦服。因而凡事皆不拂意，而官阶亦由之而晋，或者前数年抑塞之气，至是将畅然大舒乎？《易》曰：天之所助者，顺也；人之所助者，信也。我弟若常常履信思顺如此，名位岂可限量？

吾湖南近日风气蒸蒸日上，凡在行间，人人讲求将略，讲求品行，并讲求学术。弟与沅弟既在行间，望以讲求将略为第一义，点名看操等粗浅之事必躬亲之，练胆料敌等精微之事必苦思之。品、学二者，亦宜以余力自励。目前能做到湖南出色之人，后世即推为天下罕见之人矣。大哥岂不欣然哉！

沅弟以陈米发民挑濠，极好极好！此等事弟等尽可作主，兄不吝也。

咸丰十年六月二十八日

沅、季弟左右：

探报阅悉。此路并无步拨，即由东流、建德驿夫送祁。建德令已死，代理者新到，故文递迟延。弟以后要事须专勇送来，三日可到，或逢三、八专人来一次，每月六次，其不要紧者又由驿发来，则兄弟之消息尤常通矣。

文辅卿办厘金甚好。现在江西厘务经手者，皆不免官气太重，此外则不知谁何之人，如辅卿者能多得几人，则厘务必有起色。吾批二李详文云“须冗员少而能事者多，入款多而坐支者少”；又批云“力除官气，严裁浮费”。弟须嘱辅卿二语：“无官气，有条理。”守此行之，虽至封疆，不可改也。有似辅卿其人者，弟多荐几人更好。甲三启行时，温弟妇甚好，此后来之变态也。

咸丰十年七月初三日

沅、季弟左右：

专丁到，接二十八夜缄，具悉一切。

东流在江边，周万倬一营驻焉，向归厚庵调遣。建德在山内，去江五十里，普钦堂全军驻焉，向归江西调遣。曾得胜者，普部九营中之一营也。池州贼来东流，则畏水师；若至建德，并不与水师相干。全调普军则可，专调曾营则不可。弟屡指调该营，似不甚当于事理。兄目下实无以应弟之请，亮之。

长濠用民夫，断非陈米千石所可了，必须费银数千。此等大处，兄却不肯吝惜。有人言莫善征声名狼藉，既酷且贪，弟细细查明。凡养民以为民，设官亦为民也。官不爱民，余所痛憾。

宁国尚未解围，闻贼将以大队救安庆，南岸似可渐松。南坡信大有可采，此人真有干济之才，可敬可敬。

咸丰十年七月初八日

沅、季弟左右：

辅卿而外，又荐意卿、柳南二人，甚好。柳南之笃慎，余深知之，意卿亮亦不凡。余告筱辅观人之法，以“有操守而无官气，多条理而少大言”为主，又嘱其求润帅、左、郭及沅荐人。以后两弟如有所见，随时推荐，将其人长处、短处一一告知阿兄，或告筱荃。尤以习劳苦为办事之本。引用一班能耐劳苦之正人，日久自有大效。季弟言，出色之人，断非有心所能做得，此语确不可易。名位大小，万般由命不由人，特父兄之教家，将帅之训士，不能如此立言耳。季弟天分绝高，见道甚早，可喜可爱。然办理营中小事，教训弁勇，仍宜以勤字作主，不宜以命字谕众。

润帅先几陈奏以释群疑之说，亦有函来余处矣。昨奉六月二十四日谕旨，实授两江总督，兼授钦差大臣，恩眷方渥，尽可不必陈明。所虑者，苏、常、淮、扬无一枝劲兵前往。位高非福，恐徒为物议之张本耳。余好出汗，沅弟亦好出汗，似不宜过劳。

咸丰十年七月十二日

沅、季弟左右：

兄膺此巨任，深以为惧。若如陆、何二公之前辙，则诒我父母羞辱，即兄弟子侄亦将为人所侮。福祸倚伏之几，竟不知何者为可喜也。默观近日之吏治人心，及各省之督抚将帅，天下似无戡定之理。吾惟以一勤字报吾君，以爱民二字报吾亲。才识平常，断难立功，但守一勤字，终日劳苦，以少分宵旰之忧。行军本扰民之事，但刻刻存爱民之心，不使先人之积累自我一人耗尽。此兄之所自矢者，不知两弟以为然否？愿我两弟亦常常存此念也。沅弟“多置好官，遴选将才”二语，极为扼要。然好人实难多得，弟为留心采访，凡有一长一技者，兄断不敢轻视。

谢恩折今日拜发。宁国日内无信，闻池州杨七麻子将往攻宁，可危之至。

咸丰十年七月十五日

沅弟左右：

浮桥办齐，长濠已有八九分工程，甚好甚慰。从此援贼虽至，吾弟必足以御之矣。冯事，兄处办法与润帅不谋而合，兹将一批一告示钞付弟览。

翁中丞处复信甚妥，弟意疏疏落落亦极是。弟总认定是湖北之委员，以官、胡两帅为上司，诸事禀命而行，此外一概疏疏落落。希庵于此等处界限极清，人颇嫌其疏冷。然不轻进人，即异日不轻退人之本；不妄亲人，即异日不妄疏人之本。处弟之位，行希之法，似尚妥叶。与翁稿、与毓稿均好，近日修辞工夫亦进，慰喜慰喜。

焦君谱序，八九月必报命。书院图须弟起稿而兄改之，弟切莫咎兄之吝也。

咸丰十年八月初七日

沅、季弟左右：

接专丁来信，下游之贼渐渐蠢动，九月当有大仗开。此贼惯技，好于营盘远远包围，断我粮道。弟处有水师接济，或可无碍，不知多、李二营何如？有米有柴可济十日半月否？贼虽多，善战者究不甚多，礼、希或可御之。

弟既挖长濠，切不可过濠打仗。胜则不能多杀贼，挫则不能收队也。营中柴尚多否？煤已开出否？红单船下去后，吾拟札陈舫仙办大通厘金，以便弟就近稽查。闻该处每月可得二万余串也。魏柳南宜办厘乎，宜作吏乎？弟密告我。潘意卿何时可到？此间需才极急。浙事岌岌，请援之书如麻。次青今日到祁门，其部下十四五可到。季弟所言诸枉聆悉，定当一一错之，不姑息也。

咸丰十年九月初四日

澄侯四弟左右：

接弟信，知家中收成已毕，五十侄女渐次痊愈，至以为慰。

此间近日殊多失意之事。次青于十九日丛山关败后，二十四日平江六营与河溪礼字等四营大败。贼匪围城，次青坚守一日一夜，至二十五日申刻破城。平江勇自南门走出，次青闻亦已出城。至今八日，尚未接其来信，而其胞侄、表弟皆坚言其无恙，不知究竟如何。二十八日贼破休宁，目下皖南仅存祁门、婺源、黟县及东流、建德而已。闻贼已分大半由严州入浙，而自婺源入江之路亦不可不防。现调鲍军扎渔亭，凯章扎黟县，均去老营不过六十里，军势已稳，人心已定。牧云与甲三初一日由祁门赴安庆，大约十月底可归也。希庵初四日到祁门，带四营远来救援，不久仍当回北岸耳。

余身体平安，目光日昏，精神亦日见日老，深惧无以荷此大任。

咸丰十年九月初七日

沅、季弟左右：

徽州、休宁之贼，日内尚未动作。鲍、张两军，日内亦休息未进。祁门、黟县等处，渐有卖米盐者。希庵所带四营，暂令扎去祁六十里之历口地方，防西路之贼穿建德、祁门中间而走景德镇，即去年沅弟破景德镇贼之出路也。次青二十五日城破走出，二十六夜在街口所发信，初六夜乃接到。

二十五夜所奉寄谕，初六日乃恭折复奏，兹钞去一阅。不知皇上果派国藩北上，抑系派润帅北上？如系派我北上，沅弟愿同去否？为治世之官，则兄弟同省，必须回避；为勤王之兵，则兄弟同行，愈觉体面。望沅弟即日定计，复书告我。无论派我或派润帅，皆须带万人以行。皖北、皖南两岸局势必大为抽动。请弟将如何抽法，如何布置开单见告。一切暗暗安排，胸有成竹，一经奉旨，旬日即可成行。两弟以为何如？

咸丰十年九月十四日

沅弟左右：

安庆决计不撤围，江西决计宜保守。此外或弃或取，或抽或补，合众人之心思共谋之。北援不必多兵，但即吾与润帅二人中有一人远赴行在，奔问官守，则君臣之义明，将帅之职著，有济无济，听之可也。

咸丰十年九月二十一日

沅弟左右：

接来缄，知营墙及前后濠皆倒，良深焦灼。然亦恐是挖濠时不甚得法。若客土覆得极远，虽雨大，不至仍倒入濠内，庶稍易整理。至墙子则无不倒坍，不仅安庆耳。

徽州之贼，窜浙者十之六七，存府城及休宁者闻不过数千人，不知确否？连日雨大泥深，鲍、张不能进剿，深为可惜。季高尚在乐平，余深恐贼窜入江西腹地，商之季高，无遽入皖，季高亦以雨泥不能速进也。润帅谋皖已大半年，一切均有成竹，而临事复派人救援六安，与吾辈及希庵等之初议全不符合，枪法忙乱，而弟与希庵皆有骄矜之气，兹为可虑。希庵论事最为稳妥，如润帅有枪法稍乱之时，弟与希婉陈而切谏之，弟与希之矜气，则彼此互规之，北岸当安如泰山矣。

咸丰十年九月二十三日

沅弟左右：

接伪文二件，知安庆之贼望援孔切，只要桐城、青草塥少能坚定，自有可破之理。

次青十六日回祁，仅与余相见一次，闻其精神尚好，志气尚壮，将来或可有为，然实非带勇之才。弟军中诸将有骄气否？弟日内默省，傲气少平得几分否？天下古今之庸人，皆以一惰字致败；天下古今之才人，皆以一傲字致败。吾因军事而推之，凡事皆然，愿与诸弟交勉之。此次徽贼窜浙，若浙中失守，则不能免于吴越之痛骂，然吾但从傲惰二字痛下工夫，不问人之骂与否也。

咸丰十年九月二十四日

沅弟、季弟左右：

沅弟以我切责之缄，痛自引咎，惧蹈危机而思自进于谨言慎行之路，能如是，是弟终身载福之道，而吾家之幸也。季弟信亦平和温雅，远胜往年傲岸气象。

吾于道光十九年十一月初二日进京散馆，十月二十八早侍祖父星冈公于阶前，请曰："此次进京，求公教训。"星冈公曰："尔的官是做不尽的，尔的才是好的，但不可傲。满招损，谦受益，尔若不傲，更好全了。"遗训不远，至今尚如耳提面命。吾仅述此语告诫两弟，总以除傲字为第一义。唐虞之恶人曰丹朱，傲，曰象，傲；桀纣之无道，曰"强足以拒谏，辨足以饰非"，曰"谓已有天命，谓敬不足行"，皆傲也。吾自八年六月再出，即力戒惰字，以儆无恒之弊，近来又力戒傲字。昨日徽州未败之前，次青心中不免有自是之见，既败之后，余益加猛省。大约军事之败，非傲即惰，二者必居其一；巨室之败，非傲即惰，二者必居其一。

余于初六日所发之折，十月初可奉谕旨。余若奉旨派出，十日即须成行。兄弟远别，未知相见何日？惟愿两弟戒此二字，并戒各后辈常守家规，则余心大慰耳。

咸丰十年十月初四日

澄侯四弟左右：

八月二十四发去之信，至今未接复信，不知弟在县已回家否？余所改书院图已接到否？图系就九弟原稿改正，中间添一花园，以厚图系点文章，一个板板也。余所改规模太崇闳，当此大乱之世，兴造过于壮丽，殊非所宜，恐劫数未满，或有他虑，弟与邑中诸位贤绅熟商。去年沅弟起屋太大，余至今以为隐虑。此事又系沅弟与弟作主，不可不慎之于始。弟向来于盈虚消长之机颇知留心，此事亦当三思。至嘱至瞩。

鲍、张二十六进兵，二十九日获一胜仗，日内围扎休宁城外。祁门老营安稳，余身体亦好。惟京城信息甚坏，皖南军务无起色，且愧且愤。家事有弟照料，甚可放心。但恐黄金堂买田起屋，以重余之罪戾，则寸心大为不安耳。

咸丰十年十月初四日

沅弟、季弟左右：

日内不知北岸贼情何如，至为系念。

季弟赐纪泽途费太多，余给以二百金，实不为少。余在京十四年，从未得人二百金之赠，余亦未尝以此数赠人，虽由余交游太寡，而物力艰难亦可概见。余家后辈子弟，全未见过艰苦模样，眼孔大，口气大，呼奴喝婢，习惯自然，骄傲之气入于膏肓而不自觉，吾深以为虑。前函以傲字箴规两弟，两弟犹能自省自惕；若以傲字告诫子侄，则全然不解。盖自出世以来，只做过大，并未做过小，故一切茫然，不似两弟做过小，吃过苦也。

咸丰十年十月初五日

沅弟左右：

初四日接奉二十日寄谕，夷务和议已成，鲍军可不北上。九月初六日请派带兵入卫一疏，殆必不准，从此可一意图东南之事。

安庆所挑余亲兵两哨，若悉系上选，恐狗贼来援，打仗又少些好手，弟细心斟酌。或待击退狗援后，再令两哨南渡亦无不可。余前二十八日一缄，谓不须挑人来祁，是恐安庆挑出好手，难当大敌也。此次商令缓来，则专为恐扯薄安庆起见，弟细酌之。贼若有大股从练潭来集贤关，弟军足支持二三日否？千言万语都不要紧，惟此是性命关头。次青以不能战守，身败名裂。弟所争者，在能守与否，若能守住四五日，则希庵之援兵必至矣。专意待希之救，万一希被桐城等处之贼牵制，不能援怀，亦事势之所时有。弟此刻与诸将约定，预为守营五日昼夜不息之计。贼初来之日，不必出队与战，但在营内静看其强弱虚实。看得千准万准，可打则出营打仗，不可打则始终坚守营盘，或有几分把握。闻迪庵于六年八月在武昌击石逆援贼，即坚守静待之法。每日黎明，贼来扑营，坚守不动，直至申酉间始出击之，故无日不胜。

希庵新授皖臬，莫令当撤委，令希查办。弟详复之件尽可呈上，而莫之劾否不系乎此。

咸丰十年十月二十日

沅弟、季弟左右：

接信，知北岸日内尚未开仗。此间鲍、张于十五日获胜，破万安街贼巢。十七日获胜，破休宁东门外二垒，鲍军亦受伤百余人。正在攻剿得手之际，不料十九日未刻，石埭之贼破羊栈岭而入，新岭、桐林岭同时被破。张军前后受敌，全局大震，比之徽州之失，更有甚焉。余于十一日亲登羊栈岭，为大雾所迷，目无所睹。十二日登桐林岭，为大雪所阻。今失事恰在此二岭，岂果有天意哉？目下张军最可危虑，其次则祁门老营，距贼仅八十里，朝发夕至，毫无遮阻。现讲求守垒之法，贼来则坚守以待援师，倘有疏虞，则志有素定，断不临难苟免。

回首生年五十，除学问未成尚有遗憾外，余差可免于大戾。贤弟教训后辈子弟，总以勤苦为体，谦逊为用，以药佚骄之积习，余无他嘱。

咸丰十年十月二十四日

澄侯四弟左右：

此间于十九日忽被大股贼匪窜入羊栈岭，去祁门老营仅六十里，人心大震。幸鲍、张两军于二十日、二十一日大战获胜，克复黟县，追贼出岭，转危为安。此次之险，倍于八月二十五徽州失守时也。现贼中伪侍王李世贤、伪忠王李秀成、伪辅王杨雄清，皆在徽境与兄作对。伪英王陈玉成在安庆境与多、礼、沅、季作对。军事之能否支持，总在十月、十一月内见大分晓。

甲三十月初六至武穴，此时计将抵家。余在外无他虑，总怕子侄习于骄、奢、逸三字。家败，离不得个奢字；人败，离不得个逸字；讨人嫌，离不得个骄字。弟切戒之。

咸丰十年十一月十四日

澄侯四弟左右：

日内皖南局势大变。初一日德兴失守，初三日婺源失守，均经左季翁一军克复。初四日建德失守，而余与安庆通信之路断矣。十二日浮梁失守，而祁门粮米必经之路断矣。现调鲍镇六千人进攻浮梁，朱、唐三千人进攻建德。若不得手，则饷道一断，万事瓦裂，殊可危虑。

余忝窃高位，又窃虚名，生死之际，坦然怡然。惟部下兵勇四五万人，若因饷断而败，亦殊不忍坐视而不为之所。家中万事，余俱放心，惟子侄教一勤字、一谦字。谦者，骄之反也；勤者，佚之反也。"骄、奢、淫、佚"四字，惟首尾二字尤宜切戒。至诸弟中外家居之法，则以"考、宝、早、扫，书、蔬、鱼、猪"八字为本，千万勿忘。

咸丰十年十一月二十一日

沅弟、季弟左右：

专丁至，接十五日来信，知前有四次专人，均未到也。

此次贼围祁门，分三大支：西支破建德以入鄱、浮，东支破江湾及上溪两营盘以入婺源，北支破羊栈各岭以图黟县。三支之中，以建德一股为最巨，除守建德之贼二万余人外，又分为三支，一支窜浮梁、景德镇，一支窜鄱阳、都昌，一支窜彭泽、湖口。目下守建德一股，已被唐桂生攻破；窜浮梁一股，被左军小加惩创十四日杀贼百余人，亦未得逞；窜鄱阳一股，拟分鲍军会同左军剿之；窜彭泽一股，不知雪琴能守住湖口无恙否？若湖口幸得保全无恙，则西支之分为四股者，或渐足以御之。贼之全神全力本在西支，西支如不得逞，则贼气少沮，贼志少衰矣。

北支之犯羊栈者，十八日凯章得小胜仗，二十日鲍军得大胜仗，攻破贼垒，驱贼出岭，闻杀贼三四千人。经此大创，北支似亦不得逞。惟东支若由婺源以犯乐平，直入江西腹地，刻无兵力足以制之，实深焦灼。

北岸狗逆未受大惩，不久又有大举，不特希庵不可分兵来南岸，即韦部亦不可轻动，总须以全力谋怀、桐也。

咸丰十年十二月初四日

澄侯四弟左右：

自十一月来，奇险万状，风波迭起。文报不通者五日，饷道不通者二十余日。自十七日唐桂生克复建德，而皖北沅、季之文报始通。自鲍镇二十八日至景德镇，贼退九十里，而江西饶州之饷道始通。若左、鲍二公能将浮梁、鄱阳等处之贼逐出江西境外，仍从建德窜出，则风波渐平，而祁门可庆安稳矣。

余身体平安。此一月之惊恐危急，实较之八月徽、宁失守时险难数倍。余近年在外，问心无愧，死生祸福，不甚介意。惟接到英、法、米各国通商条款，大局已坏，令人心灰。兹付回二本，与弟一阅。时事日非，吾子侄辈总以谦勤二字为主。戒傲戒惰，保家之道也。

咸丰十年十二月十六日

沅弟、季弟左右：

枞阳坝工未成，亦属意中之事，不必焦灼。大江极深，古人所谓江深五里，海深十里也。两岸支河，入江者极浅极高，夏月江涨，则支河更高，倒灌各小河之内；冬月江涸，落至二三丈不等。小河之水入口时，小河水高而江水低，如二三丈之悬崖，甚至江船不能入小河，小河之船不能出江，以其太陡峻也。今年江水不甚涸，枞阳河之水，至今尚能行舟，即是极好之事。目下又连日霖雨，或者枞阳之水竟至年底不枯，亦未可知。此是弟之运气颇好，不然，则十月枯涸久矣。至塞坝工程，非绝大才调不能，不知弟所用者何人？余屡次写信，均言未能筑成者，盖目中未见有此大才之人也。

韦军日内平安否？分余庵数营赴枞阳助韦防守，事尽可行。公牍嫌其太大，余已亲笔致缄于余庵矣。第调东流之兵助守枞阳则可，调湖口之兵助守枞阳则不可，以贼踪距湖口城尚不过三四十里，难遽松劲也。调陈军助守枞阳则可，调陈军助围安庆则不可，以平日未经弟训练有素，临危急之际，必不听令也。弟此次拨营赴枞阳，赴鲍家冲，余觉主意不甚老靠，盖拨去未必有益，收回则颇有损。收回鲍家冲二营，则反以长贼之焰；收回枞阳一营，则反以减韦之势。然大敌将至，总以早早收回为是。养足势力，坚守前后两濠，意不旁注，神不外散，或有济乎？

左、鲍二公十三日尚未开仗，黄文金极善张大威势，而党羽善战者少，或足御之。伪忠王李秀成于二十八日围玉山县，攻扑八日，城中王德榜、顾文采等善于防守，初五日解围去矣。祁门四面各百里内，日内平安，弟可转告润帅及希、礼、厚、雪诸公。

筠仙之出处，听渠自为主。当今之世，处未必非福，出未必非祸。从严公赴豫，恐不相安，筠公根器厚而才短，与严未必针芥耳。

咸丰十年十二月二十日

沅弟、季弟左右：

十九日专弁二人至，接两弟来信。

另一片信，所关甚大。方此军初至东流，众口交赞之时，雪琴即有信来，言其勇不可恃。沅弟平日曾言造塔者须下一层好，其理至精。将来恐须全行遣散，另招二千人耳。

次青事，须渠来营一次，乃能定案。今天下虽已大乱，而法律不可全废。如普不重惩，即无以服江楚军民之心；重惩普而不薄惩青，即无以服徽人，亦无以服普之心。

澄弟之病，接来信已愈，且言宜服清润之品，不宜补也。

咸丰十年十二月二十四日

澄侯四弟左右：

十六日接弟手书，具悉弟病日就痊愈，至慰至幸。惟弟服药过多，又坚嘱泽儿请医守治，予颇不以为然。

吾祖星冈公在时，不信医药，不信僧巫，不信地仙。此三者，弟必能一一记忆。今我辈兄弟亦宜略法此意，以绍家风。今年做道场二次，祷祀之事，闻亦常有，是不信僧巫一节，已失家风矣。买地至数千金之多，是不信地仙一节，又与家风相背。至医药，则合家大小老幼，几于无人不药，无药不贵。迨至补药吃出毛病，则又服凉药以攻伐之，阳药吃出毛病，则又服阴药以清润之，辗转差误，不至大病大弱不止。弟今年春间多服补剂，夏末多服凉剂，冬间又多服清润之剂。予意欲劝弟少停药物，专用饮食调养。泽儿虽体弱，而保养之法亦惟在慎饮食、节嗜欲，断不在多服药也。

洪家地契，洪秋浦未到场押字，将来恐仍有口舌。地仙、僧巫二者，弟向来不甚深信，近来亦不免为习俗所移，以后尚祈卓识坚定，略存祖父家风为要。天下信地、信僧之人，曾见有一家不败者乎？北果公屋，予无银可捐。己亥冬，予登山踏勘，觉其渺茫也。

咸丰十一年辛酉正月元日

沅甫九弟左右：

除夕发去一缄，是夕又接弟信，具悉一切。

吴退庵事，予实不便失信。其确不可用，用必偾事之处，予亦殊无所见，不知诸君子何以烛照几先，遂能为此十成语？予阅历多年，见事之成功与否，人之得名与否，盖有命焉，不尽关人事也。东征局既以我为名，自应照我之札办事。今厉观察又来请示，札不可遵，缄则可遵乎？此事余颇厌烦，以后不必再提。

北岸贼至无为州等处，盖意中事。此间搜获伪文，亦言金陵调杨七麻、李寿成援安庆。杨本自立门户，李现在常山修城，均未必肯赴北岸。

左、鲍二军残年均未开仗。闻贼数实有五六万，鲍公请将留渔亭之四营调去。渔亭亦系前敌吃紧，不能调也。

咸丰十一年正月初四日

澄侯四弟左右：

腊底由九弟处寄到弟信，具悉一切。弟于世事阅历渐深，而信中不免有一种骄气。天地间惟谦谨是载福之道，骄则满，满则倾矣。凡动口动笔，厌人之俗，嫌人之鄙，议人之短，发人之覆，皆骄也。无论所指未必果当，即使一一切当，已为天道所不许。吾家子弟满腔骄傲之气，开口便道人短长，笑人鄙陋，均非好气象。贤弟欲戒子侄之骄，先须将自己好议人短、好发人覆之习气痛改一番，然后令后辈事事警改。欲去骄字，总以不轻非笑人为第一义；欲去惰字，总以不晏起为第一义。弟若能谨守星冈公之八字考、宝、早、扫，书、蔬、鱼、猪，三不信不信僧巫，不信医药，不信地仙，又谨记愚兄之去骄去惰，则家中子弟日趋于恭谨而不自觉矣。

咸丰十一年正月十四日

澄侯四弟左右：

正月初六贼破大洪、大赤二岭而入。大洪岭距祁门六十里，经江军门带队击退。大赤岭距祁门八十里。初七日进犯历口，初八日进犯石门桥，距祁门仅十八里。经唐桂生带队迎剿，大获胜仗，追杀三十余里，直至历口。次日初九早即追出赤岭，杀贼虽仅四五百人，而抢马百余匹，旗帜千余面，刀锚枪炮万余件，极大风波，顷刻即平，可为庆慰。左、鲍在鄱阳、洋塘一带，亦于初九日大获胜仗，贼目黄文金带六万余人，闻已杀死，次日群贼全数溃退。

自十一月初至今七十余天，危险万状，至是稍稍苏息，危而复安。若再稳住三个月，安庆克复，则大局有转机矣。

弟思习大字，总以间架紧为主。写成之后，贴于壁上观之，则妍媸自见矣。弟体痊愈，全家之福，至慰至慰。

咸丰十一年正月二十一日

沅弟左右：

安庆城内有降出之贼，则克复消息当在春末夏初，只须以坚静二字持之。陈余庵一军既不得力，即饬令全赴南岸亦可。若须酌留若干扎集贤关，亦听弟与厚庵商度行之。洋塘败贼分为二股，一股由建德径归青阳，一股窜并彭泽。鲍公跟至彭邑追剿，不知近已全回池州境内否？此股贼多且悍，将来与杨七麻仍为安庆之大患，但祝在安庆既克之后始起掀天大波，则至幸耳。

陈舫仙带五百人作予身旁护卫之兵，不知渠颇心愿否？朱宽义尚在家否？此间亦未下札。江西厘金大绌，正月窘迫之至。李秀成于十一日围广信府，不知日内解围否？河口等处糜烂，今厘金远不如去年，南岸四万余人，不知何以为生？思之惘然。

咸丰十一年正月二十八日

沅弟左右：

公文一件，甚好甚好，即当批准通行各属。吾家兄弟带兵，以杀人为业，择术已自不慎，惟于禁止扰民、解散胁从、保全乡官三端痛下工夫，庶几于杀人之中寓止暴之意。

窜金溪之贼，养素禀已获胜仗，见田禀大半由云际关入闽，尚无确信。陈镇二十一日至东流，甚好，可略壮声威也。

咸丰十一年二月初四日

澄侯四弟左右：

弟言家中子弟无不谦者，此却未然。凡畏人不敢妄议论者，谦谨者也；凡好讥评人短者，骄傲者也。谚云："富家子弟多骄，贵家子弟多傲。"非必锦衣玉食，动手打人，而后谓之骄傲也，但使志得意满，毫无畏忌，开口议人短长，即是极骄极傲耳。予正月初四信中言戒骄字，以不轻非笑人为第一义；戒惰字，以不晏起为第一义。望弟常常猛省，并戒子侄也。

咸丰十一年二月初七日

沅弟、季弟左右：

得胡宫保信，言昌营在霍山败溃，英山吃紧，不知究竟如何败法，尚不至遽犯楚疆否？

伪侍王李世贤自湖州归来，由婺源再犯江西。大股萃于婺北之清华街，左军在富村御之。伪忠王李秀成一股攻围建昌，养素派兵往援，不知能解围否？若建昌有失，恐其径犯省城；若建昌幸保无恙，亦恐其由樟树以犯瑞、临。一至瑞、临，则九江、兴国、武宁、义宁、通城处处震动，安庆之围必解矣。左季翁料及此着，予亦深虑此着。于建昌之贼西趋樟树，则予带朱、唐出防江边一路，抽出鲍军渡湖，由九江以赴瑞、临。鲍公之所以不渡北岸者，以防此着为第一义。

北岸既有霍山予营之挫，则希军必分兵援应，山内多军只能自固，不能再顾安庆。万一贼由集贤关攻安庆各营之背，弟须坚守五日。鲍军现在下隅坂，若渡江救援，一日可以渡毕，两日可抵集贤关。纵有风雨阻隔，五日总可赶到。弟可先与鲍公预为订约，并与杨、彭预订渡兵之船，兄亦当预告鲍公也。鲍军声名，为贼所惮，目下不必轻于拨动，专留为此二着之用，一着救安庆官军被围之急，一着防贼由樟树、瑞、临窜出九江，此外各着皆少缓矣。

咸丰十一年二月二十二日

沅、季两弟左右：

官相既已出城，则希庵由下巴河南渡以救省城，甚是矣。希庵既已南渡，狗逆必回救安庆，风驰雨骤，经过黄梅、宿松均不停留，直由石牌以下集贤关，此意计中事也。凡军行太速，气太锐，其中必有不整不齐之处，惟有一静字可以胜之。不出队，不呐喊，枪炮不能命中者不许乱放一声，稳住一二日，则大局已定。然后函告春霆渡江救援，并可约多军三面夹击。吾之不肯令鲍军预先北渡者，一则南岸处处危急，赖鲍军以少定人心；二则霆军长处甚多，而短处正坐少一静字。若狗贼初回集贤关，其情切于救城中之母妻眷属，拼命死战，鲍军当之，胜负尚未可知。若鲍公未至，狗贼有轻视弟等之心，而弟等持以谨静专一之气，虽危险数日，而后来得收多、鲍夹击之效，却有六七分把握。吾兄弟无功无能，俱统领万众，主持劫运，生死之早迟，冥冥者早已安排妥贴，断非人谋计较所能及。只要两弟静守数日，则数省之安危胥赖之矣。至嘱至要。

再，群贼分路上犯，其意无非援救安庆。无论武汉幸而保全，贼必以全力回扑安庆围师；即不幸而武汉疏失，贼亦必以小支牵缀武昌，而以大支回扑安庆，或竟弃鄂不顾。去年之弃浙江而解金陵之围，乃贼中得意之笔，今年钞写前文无疑也。无论武汉之或保或否，总以狗逆回扑安庆时官军之能守不能守以定乾坤之能转不能转。安庆之濠墙能守，则武昌虽失，必复为希庵所克，是乾坤有转机也；安庆之濠墙不能守，则武昌虽无恙，贼之气焰复振，是乾坤无转机也。弟等一军关系天地剥复之机，无以武汉有疏而遽为震摇，须待狗逆回扑坚守之后，再定主意。

咸丰十一年二月二十四日

澄侯四弟左右：

上次送家信者三十五日即到，此次专人四十日未到，盖因乐平、饶州一带有贼，恐中途绕道也。

自十二日克复休宁后，左军分出八营在于甲路地方小挫，退扎景镇。贼幸未跟踪追犯，左公得以整顿数日，锐气尚未大减。目下左军进剿乐平、鄱阳之贼。鲍公一军，因抚、建吃紧，本调渠赴江西省，先顾根本，次援抚、建。因近日鄱阳有警，景镇可危，又暂留鲍军不遽赴省。胡宫保恐狗逆由黄州下犯安庆沅弟之军，又调鲍军救援北岸。其祁门附近各岭，二十三日又被贼破两处。数月以来，实属应接不暇，危险迭见。而洋鬼又纵横出入于安庆、湖口、湖北、江西等处，并有欲来祁门之说。看此光景，今年殆万难支持。然余自咸丰三年冬以来，久已以身许国，愿死疆场，不愿死牖下，本其素志。近年在军办事，尽心竭力，毫无愧怍，死即瞑目，毫无悔憾。

家中兄弟子侄，惟当记祖父之八个字，曰“考、宝、早、扫，书、蔬、鱼、猪”。又谨记祖父之三不信，曰“不信地仙，不信医药，不信僧巫”。余日记册中又有八本之说，曰“读书以训诂为本，作诗文以声调为本，事亲以得欢心为本，养生以戒恼怒为本，立身以不妄语为本，居家以不晏起为本，作官以不要钱为本，行军以不扰民为本”。此八本者，皆余阅历而确有把握之论，弟亦当教诸子侄谨记之。无论世之治乱，家之贫富，但能守星冈公之八字与余之八本，总不失为上等人家。余每次写家信，必谆谆嘱咐，盖因军事危急，故预告一切也。

余身体平安。营中虽欠饷四月，而军心不甚涣散，或尚能支持亦未可知。家中不必悬念。

咸丰十一年二月二十六日

沅弟、季弟左右：

季弟谓纵使江夏或有疏失，安庆围师仍不可退，与余前寄弟信相符。盖李军速到，贼纵有破鄂之势，断无守鄂之力。江夏纵失，尚可旋得，安庆一弛，不可复围，故余力主不弛围之说。但近日狗逆由黄州折回，猛扑集贤关，两弟当拼命坚守，庶既有定识，又有定力，不徒托之空言耳。抚、建两府解围，侥幸之至。贼走宜黄、崇仁，或由丰城逼省垣，或由樟树趋瑞、临，均不可不防。然李秀成自入江境，不特未破一府城，并未破一县城，其机已钝，或不能为大害，所虑者伪侍王鄱、乐一股耳。

徽贼于二十三日攻休宁城一次，凯章以静镇待之。岭贼二十五日围攻历口三营，幸亦保全。南岸风波，尚未艾也。弟劝予出江滨，须事势稍定乃可。

咸丰十一年二月二十九日

沅弟左右：

湖北转危为安，幸甚慰甚。

此间犯榉根岭之贼，朱云岩等进剿获胜，杀贼三四百人，追贼出岭。细阅南岸各路伪文及生擒贼口供，大约三王两主将分管各处：一曰伪忠王，所管苏州、常州、松江等处，现由广信、抚、建内犯江西腹地；二曰伪侍王，所管徽州、嘉兴、广德州、金坛、溧阳等处，现由乐平、鄱阳内犯江西；三曰伪辅王，所管宁国府，现尚蛰伏未出；四曰伪定南主将黄文金，所管芜湖、繁昌、青阳等处，去冬由建德犯浮、景，被左、鲍击退，受伤未出；五曰伪右军主将刘官方，所管池州及泾、旌、石、太、南陵等处，去年十一月十八入羊栈岭，本年正月初六入大赤岭，二月二十三入榉根岭，皆该逆之部下。此五大股者，每股贼党多者十余万，少者亦八九万。惟太平府不知何贼所管。江北仅四眼狗封伪王，其主将数人，则不尽知其姓名，亦不能辨其分管之地耳，弟可便中细细查访。

弟欲予移住江滨，予久有此意。此时伪侍王大股十余万麇集于乐平、饶州，不特祁门之粮路接济已断，即景镇亦无粮路，余与左公俱在危困之中，祁、休等处军心方欲动摇，余岂可出岭独处乐地？待武汉事定，须求北岸分兵一助南岸耳。

咸丰十一年三月初四日 休宁城中

澄、沅、季弟左右：

余于初二日自祁门起行至渔亭，初三日至休宁，初四派各营进攻徽州。所有祁门、渔亭之营，皆派七八成队来此，老营空虚。闻景德镇一军溃散，左京堂亦被围困，不知能守住营盘否？景镇既失，祁、黟、休三县之米粮接济已断。若能打开徽州，尚可通浙江米粮之路；若不能打开徽州，则四面围困，军心必涣，殊恐难支。

余近年在外勤谨和平，差免愆尤，惟军事总无起色。自去冬至今，无日不在危机骇浪之中。所欲常常告诫诸弟与子侄者，惟星冈公之八字、三不信及余之八本、三致祥而已。八字曰“考、宝、早、扫，书、蔬、鱼、猪”也。三不信曰“药医也，地仙也，僧巫也”。八本曰“读书以训诂为本，作诗文以声调为本，事亲以得欢心为本，养生以少恼怒为本，立身以不妄言为本，居家以不晏起为本，做官以不爱钱为本，行军以不扰民为本”。三致祥曰“孝致祥，勤致祥，恕致祥”。兹因军事日危，旦夕不测，又与诸弟重言以申明之。家中无论老少男妇，总以习勤劳为第一义，谦谨为第二义。劳则不佚，谦则不傲，万善皆从此生矣。此次家信，专人送安庆后再送家中，因景镇路梗故也。

咸丰十一年三月十四日

沅、季弟左右：

此间十二日再攻徽州，过于持重。以八千余众之实在队伍，不能遵札直攻东门，列队竟日，不一交锋。是夜贼匪焚村劫营，我军惊溃者八营，完全无恙者十四营。此次伤亡虽不满百人，而士气日减，贼氛大长。目下不可言战，但能勉守，专盼左、鲍二军攻克景镇，或两弟攻克安庆，移师东、建，庶有转危为安之一日。

自去冬以来，实无生人之趣。季弟劝我之言，外人亦有言之者，而不知局中度日之难也。

咸丰十一年三月十七日

沅弟、季弟左右：

两日未接弟信，不知北岸事势如何？武穴于十二日失守。黄州之贼下窜，想成大吉下巴河一军必已挫败，否则贼不能遽至武穴也。

此次希军先不直剿黄州而渡至省垣，后不速剿黄州而急攻孝感、德安，似为失算。新添之营太多，临大敌未必可靠。唐桂生在徽两挫，亦因新勇太多之咎。弟处安庆一军，亦嫌新勇太多。前后濠本可坚守无虞，特恐未败而自溃，不可不防也。予在休宁，凯章守城，一切谨慎之至。岭外之贼因黄文金大股调援北岸，刘、古、赖大股调数千人守金陵，贼氛不旺，祁门差可安堵。左季翁于初六、初十两获大胜。鲍公初十日由湖口起行，十二日至乌石岭，十五六日当可至鲇鱼山一带，与左公渐渐通气。左、鲍相合，则余处又可转危为安，弟可放心。弟处紧急，并不必管转运事矣。

咸丰十一年三月十九日

沅弟左右：

余于十九日未刻由休宁回至祁门，接弟十六夜信，不胜焦虑之至。弟处日内援贼将自梅、宿而至，桐城、庐江等贼亦将大有举动，乃以余前缄办米之故，尚须分心办南岸粮运事件，兄实不安之至。兄十一日信言弟收三万金，或酌量为我办米数千石，其时未闻东征局三万有改解南岸之说，更未闻贼由梅、宿窜下安庆之说也。厥后接弟信，东征局饷改解南岸，即思酌改为北二南一。兹闻上游之贼由梅、宿窜怀，决计改为北二南一。其南一之数，不必遽买多米，请先买千石再少亦可，试运一次看何如，第一次不过运百石而已。口袋千个已嫌太多，难于买办，弟乃欲办八千个，则是误会兄意。陆运千难万难，岂有一次运至千石之理？兄忙乱之中，公牍私函俱欠细思；弟则但求竭力为之，亦未细思也。总之，援贼若未至石牌、集贤关一带，则弟试为我运米一次，以百石为率，或不运米而运火绳、铅子亦可。援贼若至，则弟可全不管南岸。其经理之人，则东流以张小山为主，桃树店以姚秋浦为主。弟切不可令盛南表弟到东、建。盛南是弟处最得力之人，援贼若到安庆，盛南可为弟代一半之劳也，千万千万！兄已派人往东、建，嘱盛南速归矣。

咸丰十一年三月二十一日

沅弟、季弟左右：

二十夜接弟十九早信，知援贼已到后濠之外，弟乃因南岸之事，十分焦灼。余不能派兵援救弟处，反以余事分弟心思，损弟精神，此兄之大错。弟当援贼围逼，后濠十分紧急之时，不顾自己之艰危，专谋阿兄之安全，殷殷至数千言。昔人云，读《出师表》而不动心者，其人必不忠；读《陈情表》而不动心者，其人必不孝。吾谓读弟此信而不动心者，其人必不友。余定于二十四日拔营起程，二十九日准至东流，即在舟次居住，以答两弟之意。弟从此安心做事，不可挂念南岸也。闻盛南表弟于十八夜回营，此心略慰。十九夜之黑，二十早之雾，殊为可虑。过此两日，守事当少有把握。枞阳坝成后，桐城之贼由练潭来，尚隔水否？

此间各路平安之至。景德镇之贼业已退净，不知其全由婺源回徽乎？抑尚在乐平与左、鲍相持乎？然该镇贼退，则祁门粮路业已通矣。两弟千万放心。兄移驻东流，祁、黟、休各军仍留此间紧守不动，不能多带兵勇救援弟处，惟弟亮之，亦实无强兵可带也。

咸丰十一年三月二十二日

沅弟左右：

此间二十日早间大雾，询之来勇，安庆无雾也。余不带朱、唐赴江滨，则拔行可速，虽不能派援安庆，尚无损于祁、休；余带朱、唐出江滨，则拔行必迟，徒有损于祁、休，仍不能派援安庆，以朱、唐兵少，又经新挫也。余带千人出江，以慰两弟之心。岭内各军一概不动，以慰黟、祁、休三县之民。迨景镇克复，则派鲍军北渡以解安庆之困。左、鲍虽无信到，而外间纷传景镇业已肃清，贼退婺源，想非谣言。凯章坚定之性，断不肯遽舍休宁。

弟信皆二日即到，何飞廉之多也？想见士皆用命，为之一喜。

咸丰十一年三月二十四日

澄侯四弟左右：

余在休宁发一信，因皖南军务棘手，信中预作不测之想。余旋自休宁回祁门，闻景德镇克复，左季翁军三次大获胜仗，杀贼极多。伪侍王败溃，鼠窜而去。景德镇之贼退净，所有鄱阳、浮梁，凡祁门之后路一律肃清。余方欣欣有喜色，以为可安枕而卧，而闻四眼狗围逼集贤关外，九弟、季弟又十分紧急，不得已抽朱云岩带五百人赴安庆，助守于濠内；又调鲍春霆带八千人赴安庆，助攻于关外。

此次安庆之得失，关系吾家之气运，即关系天下之安危，不知沅、季能坚守半月，以待援兵否？余身体平安。皖南自去冬以来，危险异常，目下大有起色。若安庆能转危为安，则事尚可为耳。

咸丰十一年三月二十八日

沅弟左右：

接二缄，欣悉安庆守军平稳，多公在练潭大获胜仗，杀贼近万，至欣至慰。余前不敢求多军援怀，正为璋、玕、黄、胡之蹑其后，今得此大捷，可以援怀矣。

闻鲍军至下隅坂，即可北渡。因瑞、临失守，九江警急，余飞函止鲍军北渡，请其在下隅坂歇息几日。怀急，则北渡援怀；浔急，则西渡援浔可也。左军或进屯溪，或守景镇，已两缄请其自酌矣。

咸丰十一年三月三十日

沅弟左右：

建德行次，得悉多公续胜之喜。黄文金于正月两次大败，丢弃军械殆尽，此次头仗又败，应不能为厉矣。多公初一日至集贤之说，虽未必果能如约如期，要之，可来援怀矣。分兵极难，若无得力统将，分之则两损。鲍公素不肯分兵，余亦素不肯分兵，且屡嘱鲍公不可分兵，又深知鲍部下仅宋国永一人不可须臾离鲍左右，此外无可当一路者，即决计不强之分兵，令其全军援怀。

九江有吴竹庄、丁义方、万泰三人，省城有张运桂凯章之弟，带千人、刘胜祥二人，本有可守之理，如不能守，只可听之天命耳。余本日至建德，鲍公至下隅坂，拟令其消停一日渡江，以践初八前至集贤之约。

咸丰十一年四月初三日

沅弟左右：

接来书，具悉一切。昨日雨小而风大，今日风小而雨大。鲍军勇夫万余人，纵能渡江，想初二尚未渡毕，初三则断不能渡。

凡办大事，半由人力，半由天事。如此次安庆之守，濠深而墙坚，稳静而不懈，此人力也；其是否不至以一蚁溃堤，以一蝇玷圭，则天事也。各路之赴援，以多、鲍为正援集贤之师，以成、胡为后路缠护之兵，以朱、韦为助守墙濠之军，此人事也；其临阵果否得手，能否不为狗酋所算，能否不令狗酋逃遁，此天事也。吾辈但当尽人力之所能为，而天事则听之彼苍，而无所容心。弟于人力颇能尽职，而每称擒杀狗酋云云，则好代天作主张矣。

至催鲍进兵，亦不宜太急。鲍之队伍由景镇至下隅坂，仅行五日，冒雨遄征，亦可谓极速矣。其锅帐则至今尚未到齐，以泥太深，小车难动也。弟自抚州拔营至景镇，曾经数日遇雨，试一回思，能如鲍公此次之迅速乎？润帅力劝鲍公进兵不必太急，待狗酋求战，气竭力疲而后徐起应之云云，与弟意见正相反。余意不必催鲍急进，亦不必嘱鲍缓战，听鲍公自行斟酌可也。多公调度远胜于鲍，其马队亦数倍于鲍。待多击退黄文金后，再与鲍军会剿集贤关，更有把握。

至狗酋虽凶悍，然屡败于多、李、鲍之手，未必此次忽较平日更狠。黄文金于洋塘、小麦铺两败，军器丢弃已尽。多、鲍之足以制陈、黄二贼，理也，人力之可知者也；其临阵果否得手，则数也，天事之不可知者也。来书谓狗部有马贼二千五六百，似亦未确。系临阵细数乎？抑系投诚贼供乎？闻贼探多假称投诚者，弟宜慎之。

咸丰十一年四月初八日

沅弟左右：

凡看地势，察贼势，只宜一人独往，所带极多不得过五人。如贼来追抄，则赶紧驰回。贼见人少，亦不追也。若带人满百，贼来包抄，战则吃贼之亏，不战而跑回，则长贼之焰，两者俱不可。故近日名将看地势者，相戒不带队伍也。又两相隔在五里以外，不可约期打仗。凡约期以号炮为验，以排枪为验，以冲天火箭为验者，其后每每误事。余所见带队百余人，以看地势及约期打仗二事致败者，屡矣。兹特告弟记之。近唐桂生初五徽州之败，亦犯此二忌。弟如自度兵力实能胜贼，则出濠一战，亦无不可，切不宜与多、鲍约期。或眼见多、鲍酣战之际，弟率大队一助则可，先与约定则不可多、鲍来约，竟不应允，甘为弱兵，作壁上观可也。余此次派鲍、朱援安庆，先未约定而忽至，则有益；希庵先约定回援而不至，则有损也。

杨镇南之不足恃，余于其平日之说话知之。渠说话最无条理。凡说话不中事理，不担斤两者，其下必不服。故《说文》君字、后字从口，言在下位者，出口号令，足以服众也。

咸丰十一年四月十二日

沅弟左右：

有数事应商嘱者，条列于后：

——去年诸公议中空一段，又弟未多请炮船，此时皆不必悔。向使此二事当日筹谋周密，而他处或又有隙可乘。凡事后而悔己之隙，与事后而议人之隙，皆阅历浅耳。

——约期打仗，最易误事，余所见甚多。即以近事证之：去年五月十九，余际昌约与多、鲍同出队，以三排枪为记号，是日春霆黎明放三排枪，厥后因雾雨，多、鲍未出队，余军大挫。今年正月十六，凯章与霆营约攻上溪口，同在渔亭出队，厥后凯章到而霆营自中途折回，几至误事。二月初九，凯章与朱、唐约攻上溪，以冲天火箭为记号，厥后朱、唐先到，彼此均未见火箭。三月初五，凯章与唐约攻徽州以排枪为记，厥后唐冒雨先到而凯不至，遂至大挫。弟十一日攻中空九垒，并无错处，因多公约出队牵制，而弟允之，却是错处，想以余前日之信为不足据耳。

——攻城攻垒，总以敌人出来接仗击败之后，乃可乘势攻之。若敌人静守不出，无隙可乘，则攻坚徒损精锐。菱湖贼垒不破，尚不要紧，若关外贼垒十分坚固难破，却须另行熟筹。

——用兵人人料必胜者，中即伏败机；人人料必挫者，中即伏生机。庄子云：两军相对，哀者胜矣。此次多、鲍、成、朱援皖，人人皆操必胜之权，余虑其隐伏败机，故前寄弟信，言不必代天主张。本日巳刻小雨，午、未大雨，未知有损于弟军及多、鲍否？如其有损，亦惟兢兢自守，尽人谋以听天而已。

咸丰十一年四月十三日

沅弟左右：

戈什哈潘文质归，接弟一缄，分条复列于左：

——弟欲余至盐河一行。余既出江滨，岂有不思与弟一见之理？惟历年以来，凡围攻最要紧之处，余亲身到场，每至挫失，屡试屡验。余偏不信，三月攻徽，又试往一行，果又验矣。此次余决不至安庆，盖职是故。

——此时不宜再作围贼之计，只作野战与自全两计而已。多在挂车，鲍在关外，必与狗逆有大场恶战。如能大捷，尚可克城；如仅小胜，或反小挫，则不特不能克城，且当思所以自全之策。弟军欲求自全，须请鲍军由江滨进扎，与弟营联络一气，不为赤关岭之贼垒所隔。趁狗在桐未归之时，赶紧扎成。如围棋然，两块相粘连则活矣。或鲍扎原处，而成镇七营进扎亦可。其择地须请杨、鲍、成与弟同看，十三四必须看定。或请韦乂堂来一看亦可，以渠熟于贼计也。至季弟东北自全之策，或以枞阳为后路，或仍以大桥为后路，弟与杨、韦酌之。

咸丰十一年四月十五日

沅弟、季弟左右：

接沅弟长信，志甚坚，气甚壮，微嫌办理太速，兵力太单耳。新移六营，扎于菱湖贼垒之后者，已守住十三夜十四日矣。惟地段太长，仍嫌兵单，务须请成武臣七营赴菱湖帮助同扎为妥。

大凡初扎险地，与久经扎定者迥乎不同：久经扎定者，濠已深，墙已坚，枪炮已排定，虽新勇亦可稳守。初扎险地者，虽老手亦无把握。久扎者千人守之而有余，初扎者二千人守之而不足。目下菱湖六垒必须成武臣往扎半月。扎定之后，吾与沅弟另筹几营往该处换扎，又可抽出成军为活着矣。

咸丰十一年四月二十一日

沅弟左右：

接来信并公牍，措词甚为得体。惟此事似非官相所能为力，渠未必肯向夷酋说，夷酋亦未必听渠之话。若果来东流与余相会晤，余窥其意旨，倘可以理论情感，必力为开说；倘其暗助发逆之志甚坚，亦可于言外得之，则奏明另筹大计耳。

弟寄胡公信，欲成扎三安铺与多合势，且待端节后鲍至南岸时再说不迟。凡军事做一节说一节，若预说几层，到后来往往不符。官相处余即不咨矣。

咸丰十一年四月二十四日

澄弟左右：

余自来东流，心绪略舒。安庆之贼，前扎九垒于中空之处。沅弟又扎六垒于贼之后，并九垒与城，皆以大围包之。鲍军亦扎于赤冈岭，围贼四垒，皆有可破之理。所虑者，洋船过安庆城，停泊一天，运送油盐接济。我虽辛苦围攻，贼仍供应不断耳。四眼狗窜至桐城，恐日内又窜上游，蹂躏完善之区。瑞州一股盘踞如故，建德又新来一股，距东流仅四十里。自去年苏、常失守，金陵师溃，目下贼数骤多至数十倍。闻各处败兵溃勇多半投贼，故凶悍亦倍于往年。天意茫茫，不知何日始有转机也。

余身体平安，遍身生疮，竟日作痒。自三月下旬至今，几于无日不雨，自十五后，无日不大风。江水涨添一丈二尺有奇，重棉犹觉畏寒。洋船上下长江，几如无日无之。

纪泽儿信，亦不为无见。纪鸿文笔大方，可为喜慰。

咸丰十一年四月二十四日

丹阁十叔大人阁下：

去岁接奉手缄，久稽裁复。国藩浅材薄植，上承先世余荫，骤跻高位，并窃浮名，抚衷内省，久怀鹈濡不称之愧。来示勖勉有加，而又引杜陵厚禄书断之句以相讽喻，益增悚仄。

惟近世所称羡督抚之荣，不外宫室衣服、安富尊乐等。而侄则受任于败军之际，奉命于危难之间，所居仅营中茅屋三间，瓦屋一间，所服较往岁在京尤为减省。自去冬至三月，常有贼党十余万环绕于祁门之左右前后，几无一日不战，无一路不梗，昼无甘食，宵有警梦。军士欠饷至五月六月之久，侄亦不忍独处富饶。

故年来不敢多寄银钱回家，并不敢分润宗族乡党者，非矫情也。一则目击军士穷窘异常，不忍彼苦而我独甘；一则上念高曾以来，屡代寒素，国藩虽忝食旧德，不欲享受太过，为一已存惜福之心，为阖族留不尽之泽。此侄之微意，十叔如访得营中、家中有与此论不相符合之处，即请赐书诘责，侄当猛省惩改。

安庆一城，费尽气力，本有克复之望。近因洋船暗通接济，城贼又有生机。天意茫茫，未识大局何日转旋。

咸丰十一年四月二十六日

沅弟左右：

目下可虑之端：第一，洋船接济，安庆永无克复之期；第二，黄、德、瑞三府五六县失守，饷源断无可济之理。欲求一良法救此两端，反复思之，毫无善策。润帅自统舒城马步剿南岸兴、冶、崇、通等处，弟欲撤休、黟之兵清江西腹地，纵办得极好，不过克江之瑞州，保鄂之南数县耳，于两大可虑之端皆不能补救。而弟谓克复安庆即兆于此举，殆亦未细思也。

兄之不肯弃休、祁、黟三县者，盖兄为江督，又握江南钦篆，不能绕道以履苏境，久以为苏所唾骂。奏明从皖南进兵入苏，又奏参张筱浦接办皖南军务，不能保徽、宁二府，又并此三县而弃之，不又为皖南所唾骂乎现不能克徽，徽人甚颂张而怨我？其次，则危困之际，黟、祁曾捐银数万。又其次，撤三县之兵仍须以重兵防饶、景。故兄昨信言调度极难耳。如使一转移间而满盘皆活，有利无害，兄亦何惮而不乐从乎？

今决计于端节后调鲍军南渡，由浔赴瑞，能否得手则听之天而已。望弟修垒、修濠，专为自守之计，如洋船之接济可断，安庆终有克复之日。倘洋船不能禁止接济，则非吾辈所能为力，当奏明另筹耳。

余意以鲍军援剿瑞州、武宁、义宁，以成军还希公以谋黄州，或作北岸上游之活兵。希在北，鲍在南，上游有两支活兵，局势必振，胡帅之忧心少舒，病亦必少减。下游又嫌单薄，然江湖水涨若此，弟军专守前后濠，当不致有疏失。多军或驻挂车，或改扎青草塥，纵不能大破援贼，而自守则绰绰有余。太、潜、石牌三城，亦均易守。杨七麻尚在南岸，未北渡也。云岩务于日内南渡，以安祁门之人心，至要至要。

咸丰十一年五月初一日

沅弟左右：

韦志浚深明贼情，究竟现在之伪辅王名杨辅清者，即七麻子否？其与金陵洪首逆尚是貌合神离否？少荃信言忠、侍、璋、玕诸王皆与狗逆不合，外畏之而中恨之，确否？现窜鄱阳之刘官方，与黄老虎孰强孰弱？四眼狗手下之人，以何人为最悍？四年罗大纲在湖口，身边有洋鬼子三人，现忠逆、侍逆身边皆有洋鬼子，系用钱雇无足重轻之鬼乎？抑实与夷中大员说明乎？一一详询见复。

弟保举总以归官、胡出奏为妥，牍干之不准，缄求之可也。兄弟中有多少不方便。弟认定为湖北委员，则事事顺手矣。

咸丰十一年五月初四日

沅弟、季弟左右：

接沅弟畅论贼情一缄，季弟报喜一缄。此次杀三垒真正悍贼千余人，使狗党为之大衰，平日或克一大城，获一大捷，尚不能杀许多真贼，真可喜也。

沅弟所录，十分得其六七。咸丰六七年间，诸杨有老国宗、七国宗、八国宗、九公子之称，当时皆以辅清为老国宗。且言老国宗系真东王之宗支，七、八皆系赐姓。今来缄以辅清为七麻子，与早年所闻不合，不知韦志浚知别有所谓老国宗否也。又韦部黄文金、胡鼎文、古隆贤、赖文四人赖忘其名下一字，与现踞黄州之赖文光系亲兄弟否，亦可一询。

鲍公攻刘玱林垒不下，劝之不必性急。余决不调开渠军，即令在集贤关久扎，且调渔亭二营归之，又调韦部全归之，以厚其力。若决长濠以围玱林先生敬其人，故称先生之营，断无不破之理。但须严密巡逻，无令玱翁一人脱逃耳爱其人，故称翁。

咸丰十一年五月初七日

沅弟左右：

刘玱林之被擒，余接杨厚庵信始知之，闻已肢解，将头函送菱湖以示众贼，今而后喜可知也。

今早办文调鲍军由浔援瑞。陈舫仙初六至东流。东征局带解弟处之二万两、二万串，余欲拨六千金发舫仙新营一月口粮。盖新营无饷，诸事不便，不比老营尚可支持。或俟江西饷到拨还，或抵偿华阳镇借款，皆可。弟借提华阳厘局万串，兄已代偿四千金矣。

韦部二营，厚庵已调赴池州否？若未去，弟尽可遣去。安庆守濠，殊非易易也。润帅于安庆守事，闻将录弟禀入告。弟禀毫无铺张，在近日为仅见之事。然言名则保举同，言利则口粮同，又何必铺张哉？

咸丰十一年五月初九日

沅弟、季弟左右：

鲍军准用民夫，即日当通行各县。黟县于初五日克复。左军闻亦至景镇。或者天从人愿，三县竟可不弃乎？水大异常，于贼则处处不利。然江西、两湖农不能收种，官不能安居，商不能贸易，口粮更从何处取出？真大忧也。

弟论兵贵精不贵多一段，实有至理。然弟处守外濠内濠，约计七十余里，万余人尚嫌其少。如贼猛扑外内两濠，地段太长，余深以为虑。比之左公乐平野战迥乎不同。弟切不可存此心，谓人已太多，力已有余也。若存此心，必致误事。计外内并守，仅敷一班站防，并不能两班轮替。若贼来轮换猛扑，而守者昼夜不换，岂不可危？弟从此着想，并须将外濠加挖，至嘱至嘱。

添募本不易易。余令鲍、朱、唐添募，系采弟与希庵及诸公之言，实三公均不宜将多也。

咸丰十一年五月十三日

沅弟左右：

余于今早卯刻开船，巳刻至华阳镇对岸之香口。目下各处主意纷纷无定，余将余之深知而自决者告弟知之，谨记之。其不深知不敢自决者，亦告弟知之，听弟酌之。

多军宜全扎桐、怀，专击援贼，弟军宜专主围怀，此兄之深知而自决者也。鲍军或稳驻集贤，或援瑞州，或打宿松，或剿蕲、黄，或打南岸，俱未十分妥善，此兄之不深知不敢自决者也。自孔垄至二套口、隆坪一带，一片皆水，往年湖宽八九十里，今年必百余里。鲍军若由黄梅行走，不特不能至二套口以过南岸，并不能由广济以达二蕲，此兄之深知而自决者也。鲍若从兴国下手，共须渡水几次而后可至兴境？成、胡赴南岸，共须渡水几次？此兄之不深知不敢自决者也。现约润帅与春霆同来香口一会，俟再飞缄告弟可耳。

再，弟论兵事，宜从大处分清界限，不宜从小处剖晰微茫。如鲍军或打南岸，或留北岸，此大处也。往返动须两月，调度不可错误。北岸或扎集关，或攻宿松，南岸或援江之瑞、义，或援鄂之兴、冶，此小处也。往返不过十日，临时尚可更改。近日接弟两次长信，皆言鲍军不可不救江西以保饷地。而此次十二夜信，又言宿松上至德安乃有官军，中间无人过问云云，意似留鲍公在北岸者。且信中力陈鲍公宜谋宿松矣，而又言鄂南已失十县，重于瑞、义等州，宜合力图之云云，意又似令鲍打南岸鄂境者。究竟弟之确见欲鲍在北岸乎？在南岸乎？望以一言决之，不必纷纷多说道理，使我无所适从也。

咸丰十一年五月二十五日

沅弟左右：

南坡解来之银米，拟以万两济左军之急。左公目下穷困异常。梅村扎营建德，钱米俱断，左公自景德镇以千三百金济之，顷又断矣。东流粮台亦无分文。或以八千解左，二千留台，其余银二万，弟与厚庵均分可也。米六千石，则以三千济厚庵，二千交弟处，一千留东流。江西、两湖三省水灾已成，纵能克安庆，下半年事势亦必决裂。皖南道拟以姚秋浦署理，吏事较凯章略熟，又与张、朱、唐三人相得耳。

咸丰十一年五月三十日

沅弟左右：

水师破贼数垒，甚慰甚慰。此时贼势衰弱，再挫其气，则将来城破逃出，亦无心打仗。木排二百余架，大江断难多逃。以排之为物甚笨，只要三板走近，打几个大火蛋，则排上之贼必扑水自尽。火球中多置松脂，则火燃略久，抛入排上，自然惊心动魄。上游贼势虽炽，只要安庆克复，必可掣之。回顾下游，特大水已成，彗星又出，未知天意究何如耳？

咸丰十一年六月初五日

沅弟左右：

劫数之大，良可叹悸，然使尧、舜、周、孔生今之世，亦不能谓此贼不应痛剿。

援贼至吕亭驿，日内想已开仗。弟总作一坚守不战之计，并预作一桐军小挫之想，亮当足以御之。

再，狗酋此次援皖，利在速战。方今盛暑酷热，若出队站立烈日之中历二三个时辰之久，任是铁汉，亦将渴乏劳疲。若挂车河官军作坚守之计，任贼诱战搦战，总不出队与之交仗，待其晒过数日之后，相机打之，亦一法也。多礼帅谋略最优，不知肯为此坚忍之着否？弟试与商之。

咸丰十一年六月十二日

沅弟、季弟左右：

既已带兵，自以杀贼为志，何必以多杀人为悔？此贼之多掳多杀，流毒南纪，天父天兄之教，天燕天豫之官，虽使周、孔生今，断无不力谋诛灭之理。既谋诛灭，断无以多杀为悔之理。幅巾归农，弟果能遂此志，兄亦颇以为慰。特世变日新，吾辈之出，几若不克自主，冥冥中似有维持之者。

赖贼赴下游买米，日内有信来安庆否？弟可与黄昌岐细细说明。大约不外平日结以厚情，临时啖以厚利，以期成安庆一篑之功耳。

咸丰十一年六月十四日

澄弟左右：

舅母弃世，纪泽往吊后，弟亦往吊唁否？此等处，吾兄弟中有亲往者为妙。从前星冈公之于彭家，并无厚礼厚物，而意甚殷勤，亲去之时甚多，我兄弟宜取以为法。大抵富贵人家气习，礼物厚而情意薄，使人多而亲到少。吾兄弟若能彼此常常互相规诫，必有裨益。

咸丰十一年六月十七日

沅弟左右：

余在香口与胡帅、鲍镇三人会商，本令霆军由太湖陆路至张家塝以上蕲水，厥后改计攻宿松，又改计坐船，暨初六拔营登舟，初八日长行，皆春霆所自定，余不得与闻也。惟鲍将登舟时，接胡帅信，令其回援怀、桐。渠有禀来请示余，因其时新破菱湖十八垒，怀、桐两军足以自立，批令霆军仍上援鄂、江。至十一日闻建昌之失，乃檄令专援江西。目下江西省城震动，余断不能再失信调鲍回顾下游。如天之福，怀、桐两军站得住，大局终可无碍。若有意外之疏失，亦自有天心主之，国运主之。鲍公本系南岸之军，还之南岸，余无愧悔耳。

咸丰十一年六月二十三日

沅弟左右：

汉口、汉阳只要布置略早，水师足资防御。逸亭之能否内剿城贼，外抵狗、辅，则未可知。然南岸尚有成、蒋八千人置之空虚之地。万一金、刘小有疏虞，上游亦不至决裂。江西建昌之贼与兴国、义宁等股会合，蔓延太广。闽汀股匪，散布抚、建、广三府境内，并围玉山县城，无人去剿，饷源竭矣。多公函寄还。渠每主先出队寻贼，余每主待贼来扑我，所见不同。古之用兵者，于主客二字最审也。

咸丰十一年六月二十九日

沅弟左右：

望溪先生之事，公私均不甚惬。

公牍中须有一事实册，将生平履历，某年中举中进士、某年升官降官、某年得罪、某年昭雪及生平所著书名，与列祖褒赞其学问品行之语，一一胪列，不作影响约略之词，乃合定例。望溪两次获罪，一为戴名世《南山集》序，入刑部狱；一为其族人方某挂名逆案，将方氏通族编入旗籍，雍正间始准赦宥，免隶旗籍，望溪文中所云"因臣而宥及合族"者也。今欲请从祀孔庙，须将两案历奉谕旨一一查出，尤将国史本传查出，恐有严旨碍眼者，易干驳诘。从前入祀两庑之案，数十年而不一见，近年层见迭出，几于无岁无之。去年大学士九卿等议复陆秀夫从祀之案，声明以后外间不得率请从祀。兹甫及一年，若遽违新例而入奏，必驳无疑。右三者，公事之不甚惬者也。

望溪经学勇于自信，而国朝巨儒，多不甚推服。《四库书目》中于望溪每有贬词，《皇清经解》中并未收其一册一句。姬传先生最推崇方氏，亦不称其经说。其古文号为一代正宗，国藩少年好之，近十余年亦别有宗尚矣。国藩于本朝大儒，学问则宗顾亭林、王怀祖两先生，经济则宗陈文恭公，若奏请从祀，须自三公始。李厚庵与望溪，不得不置之后图。右，私志之不甚惬者也。

咸丰十一年七月十四日

澄侯四弟左右：

此间军事，四眼狗纠同五伪王救援安庆，其打先锋者已至集贤关。九弟屡信皆言坚守后濠可保无虞，但能坚持十日半月之久，城中粮米必难再支，可期克复矣。徽州六属俱平安。欠饷多者七个月，少者四五六月不等，幸军心尚未涣散。江西省城戒严，附近二三十里处处皆贼。余派鲍军往救，湖北之南岸已无一贼，北岸德安、随州等有金、刘与成大吉三军，必可日有起色。

余癣疾未痊，日来天气亢燥，甚以为苦。幸公事勉强能了，近日无积阁之弊。总督关防、盐政印信于初四日到营，余即于初六日开用。

家中雇长沙园丁已到否？菜蔬茂盛否？诸子侄无傲气否？傲为凶德，惰为衰气，二者皆败家之道。戒惰莫如早起，戒傲莫如多走路、少坐轿，望弟留心儆戒。如闻我有傲惰之处，亦写信来规劝。

咸丰十一年七月十四日

沅弟左右：

程学启攻破北门外石垒二座，多军亦获大捷。程学启屡立大功，花翎游击，尽可尽可。惟城之能克与否，仍看援贼到时官兵守后濠之能稳与否。山亏于一篑，病忽于新愈，不可不慎。

江西省城外对河之贼，已退至万寿宫、瑞州一带，章门安稳，是余大落心之事。以后调鲍军回援集贤关，或援或急皆可，但水陆程途将近半月，仍须弟军能如三月杪之坚守乃妙耳。

咸丰十一年七月十七日

沅弟左右：

当此酷暑，贼以积劳之后远来攻扑，我军若专守一静字法，可期万稳。多公亦宜用静字法，此贼万无持久之道，弟不必虑多军之久困也或出队，或不出队，或过练潭，或不过练潭，由多公作主。余所谓静者，不焦急耳。昔曹操八十万人自荆州东下，吴以五万人御之，而周瑜策其必败者，一料曹兵不服水土，二料刘表水师新附，不乐为用，三料暑热久疲。其后赤壁之役，果不出周郎之所料。闻德安克复，雪琴专函来报。又言成、蒋军病人太多，不能全进，又闻鲍军病者极多。以此而推，狗、辅之部病必更多，故料其不能持久。

咸丰十一年七月十九日

沅弟左右：

援贼十六日入关，未攻我后濠而去。十七日又入关，因雨而去。如连三日不能逞其凶焰，则贼气沮而我军稳矣，望弟慎静待之。接鲍公信，奉新、瑞州之贼皆已逃遁，将由临江、樟树渡东岸以趋抚、建云云。予函嘱其在临江少停数日。如安庆之贼十分猖獗，则调鲍回援安庆；如安庆尽可支持，则令鲍追忠逆一股直至河口，再作计较。总之，德安克则金、成可以下援，瑞州复则霆军可以回援，怀、桐两处断不患无援兵，只要弟与多公稳守一月耳。

咸丰十一年七月二十三日

季弟左右：

舫仙两营，明日即令带六成队径赴盐河登岸，作为西北游击之师。

闻贼备布袋、草把，此二者皆予阅历之事。予攻九江，办布袋万个，为填濠之用。令每人装土于袋，负之丢于濠中。乃十二月朔日进攻，每袋仅一寸厚，千余袋尚不能填得一丈宽，而千余人断不能站在一处。每处数十人，竟未能填一尺厚。是日伤人最多，此布袋之难用也。

攻瑞州时，刘峙衡以稻草填濠，已填一丈宽，过濠十余人矣。贼以火蛋抛出，稻草悉燃，烧死数十人。第二次，峙衡用湿稻草，贼以枪炮击之，官兵亦不如前次之踊跃，遂不能过濠。瑞州濠深不盈丈，尚且如此，此稻草之难也。望弟告诸勇知之。

咸丰十一年八月初一日

沅弟左右：

郭弁到，接喜信，知本日卯刻克复安庆。是时恰值日月合璧，五星联珠，钦天监于五月具奏，以为非常祥瑞。今皖城按时应验，国家中兴，庶有冀乎！此间银不满六千金，欲凑万金犒赏将士，弟处可设法办得四千金否？

咸丰十一年八月初四日

澄侯四弟左右：

初一日卯刻安庆克复，城贼诛戮殆尽，并无一名漏网，差快人心。

江西之贼逼近省城，鲍春霆于二十四日在丰城河西大获胜仗，赣水以西一律肃清。余令鲍军跟追至河口，或尚易了。湖北之贼，安庆克后，或亦不久恋。目下所虑者，胡中丞病势沉重，关系极大。

余身体平安，惟疮癣未愈，心绪多烦闷耳。

咸丰十一年九月初三日

沅弟左右：

顷接信，胡宫保已于八月二十六亥时去世，可痛之至！从此共事之人，无极合心者矣。奉旨希庵暂置湖北巡抚，系因润帅请开缺折内举以自代也。

打泥汊时，贼墙若傍水滨，我陆师不可近墙登岸，须在上游二十里或下游二十里登岸，庶进退稍宽，不至节太短、势太促也。

咸丰十一年九月初六日

沅、季两弟左右：

沅弟之字，骨秀得之于天，手稳本之于习，所欠者势与味耳。此二信写瘦硬一路，将来必得险峭之势。尝见旧拓《颜家庙碑》，圭角哨厉，转折分明，绝类欧书，不似近日通行本之痴肥也。

咸丰十一年九月初十日

沅弟左右：

黄公信已加封寄去，冠北之札亦发，鹤汀早年在京极熟，容少缓再调。“约旨卑思”四字，实近来方寸隐微之弊，亦阅历太久，见得天下事由命不由人也。

咸丰十一年九月十二日

沅弟左右：

米粮子药未齐，宜缓进兵，极是极是。庐江为我必争之地，以其与怀、桐相犄角也。咸丰八年二月，郑、秦两军门以二万人败于桐，贼系从庐江来；十月，李迪庵以六千人败于三河，贼亦从庐江来。余因此二役，知庐江为得势之地。少荃兄弟与江北人皆言庐江之要紧，故余屡催进兵。今陈、刘二帮既到，庐江既为我有，千妥万妥，余已放心矣。此后不特进无为州可缓，即进盛家桥亦可缓。盖无为州不过米多地广，非扼要之区也；盛家桥不过吾思得之以为造船之埠头，以为肃清巢湖之根本，非我不往驻，而贼即先占也。庐江得后，弟专意布置守城之法，将庐江与怀、桐三城看得并重，贼来攻庐江，则与多公预订来援之师。不特弟进无为不必急，即多进庐州亦不必急，恐多去则桐城兵薄，庐江别无援师也。

今日即饬李、刘解米粮子药至罗昌河，以后必能源源接济，弟可放心。弟出看泥汊，亦不必汲汲，总以熟筹庐江守法为要。

余前拟于盛家桥造船，为肃清巢湖之计。今弟信云泥汊口可通白湖，白湖可通巢湖。是泥汊一破，水师可直入巢湖，不必另造船矣。果其如此，岂不大妙。但须查明白湖可通巢湖否。果其可通，亦恐湾曲太多，河道太窄，湖底易于胶浅，陆师难于照应。四者查确，乃可驶入。总之，庐江既得以后，事事好办，但宜稳不宜忙耳。泥汊之贼梁不得，固不可进兵，即幸而攻破泥汊，亦须待粮米足后，舫仙乃可进也。

咸丰十一年九月十四日

澄弟左右：

九弟初二日自安庆进兵，初九日至庐江，日内将出大江，会合水师打泥汊也。四眼狗初七日已到三河，即温弟殉节之处。此次余与九弟定坚守庐江，决不轻进。

胡润帅继先皇而逝，于大局关系至重。闻官帅奏请以希庵授鄂抚，并力保雪琴为皖抚，想朝廷亦必俯从所请。其办事合手可喜，其党类太盛，为众所指目，亦殊可惧。

浙事危险之至，屡求救援，此间力不能及。现拟以多军进攻庐州，以鲍军进攻宁国。去浙甚近，或亦可少分浙之贼势也。

咸丰十一年九月十四日

沅弟左右：

调巡湖营由刘家渡拖入白湖之札，今日办好，即派人送去。吾所虑者，水师不能由大江入白湖，白湖不能通巢湖耳。今仅拖七八丈宽堤即入白湖，斯大幸矣。若白湖能通巢湖，则更幸矣。

余昨日作挽润帅一联云：

逋寇在吴中，是先帝与荩臣临终憾事；

荐贤满天下，愿后人补我公未竟勋名。

咸丰十一年九月十七日

沅弟左右：

昨日接李希庵信，钞八月二十五日谕旨一道，兹钞寄弟阅。一门之内，兄弟四人同日俱蒙非常之恩，惊喜之余，弥深悚惧。余当具一折自行谢恩，又具一折为沅、季两弟谢恩，又具一折为温甫弟谢恩，弟当具一折自行谢恩，四折共派一折差，于九月二十八日进京。

如此大雨，不似进兵气象。望弟回至庐江认真布置一番。只要庐江、桐、舒守得坚固，不患无为、庐郡无得手之日。目下且不必进兵，至嘱至嘱。

咸丰十一年九月二十三日

沅弟左右：

守住庐江，吾已欢天喜地，不料竟克无为，从此可以图裕溪口，可以打运漕镇，可以谋西梁山，可以肃清巢湖，皆以无为为根本，何幸如之！吾于七月及中秋前，深冀得安庆后并庐、无二城而得之，以庐作上游藩篱，以无作富强基趾。至中秋后，已不敢作此侥幸之想，今竟如愿相偿。从此水陆皆宜休息，不可再言进取一步，专讲防守江面。另造小舢板放入巢湖之内。明岁春水涨时，湖船从黄落河打出，江船从裕溪口打入，必可得手。

咸丰十一年九月二十五日

沅弟左右：

多公信来，日内呕血甚多。此人劳苦太过，病恐难于速愈。又安庆克城，人人优奖，惟多公尚嫌其薄。弟当以信函慰之，或能亲往看视亦好。

李、王二镇水师，究竟坚劲可恃否？望弟细察。运漕可乘机取，巢县亦未始不可乘机攻取。吾意取之易而守之难，目下且专守庐江、无为二处，稍息兵之力，亦稍抑其矜情躁气。待水师肃清巢湖后，运漕、巢县皆囊中物耳，吾于水师实不放心也。

咸丰十一年九月二十六日

沅弟左右：

接李济清等禀，知水师即日进攻巢县，余甚不放心。盖水师向本骄傲，又得数次小胜，则全是矜情躁气，偶然小挫，则怯态毕露。运漕一带，港汊纷歧，一有不慎，则草木皆兵。弟欲调度水师，无但取其长而忘其短，总以看明支河小汊为第一义。陆师亦宜守住庐江、无为，不宜再进，特此再嘱。

咸丰十一年十月初四日

澄侯四弟左右：

九弟克复无为州，克复运漕镇，一路布置妥当，于十月初一日回安庆省城。江北之贼，现仅占庐州、巢县二城。江南之贼各立门户，不肯帮助北岸。计江北肃清，尚不甚难。惟恐其勾结捻匪，勾结苗逆，又致蔓延为患耳。自新主继序以来，八、九两月英夷退出广东省城，楚军克复安庆省城，又江西、湖北两省肃清，气象颇好。闻大行皇帝梓宫于九月二十三日奉移进京，新主于十月初九日登极。从此否去泰来，寰宇乂安，则中外臣民之福也。

咸丰十一年十一月十四日

澄弟、沅弟左右：

得赵玉班寄季弟信，知沅弟于十月二十八日自长沙还家，竟可赶上初三祭期，至慰至慰。

此间军事平安。三河之贼无故自退，或与庐州贼目不和，或别有诡谋，均未可知。予令振字、开字两营移守三河伪城，而派竹庄之千三百人接守庐江，均札归多都统就近调度。竹庄自安庆开差，可至庐邑，不知振、开两营果能守三河要隘否？如守得坚定，则庐郡、巢县或易于得手。

浙江自绍兴失守后别无确信，闻宁波继陷，杭城被围，可危之至。予奏请左寺堂由广信、衢州援浙，又调鲍春霆进攻宁国。宁国距杭仅三百里，亦可掣浙贼之势，坚杭人之心。第目下均尚未拔行，不知赶得及否？

江苏、上海来此请兵之钱调甫，即前任湘抚钱伯瑜中丞之少君也，久住不去，每次涕泣哀求，大约不得大兵同行即不还乡，可感可敬。余前许令沅弟带八千人往救，正月由湘至皖，二月由皖至沪，实属万不得已之举。务望沅弟于年内将新兵六千招齐，正月交盛南带来，沅则扁舟先来，共商大计。吾家一门受国厚恩，不能不力保上海重地。上海为苏、杭及外国财货所聚，每月可得厘捐六十万金，实为天下膏腴。吾今冬派员去提二十万金，当可得也。陈舫仙丁内艰，家无兄弟，本应给假回籍治丧。吾因运漕吃紧之地，批令待沅弟来再行给假。兹将原批暨信钞阅。望沅弟正月到皖，则余不甚失信，至要至要。

咸丰十一年十一月二十四日

澄弟、沅弟左右：

三河复后，予派振、开两营往守，吴竹庄团防营替守庐江。开营全赴三河，另札将吴、罗、程归多都护调度。运漕等处日内如故。以理揆之，环巢湖四面，庐郡及舒、庐、无、巢五城，运漕、东关、三河三隘，八者官兵已占其六，想贼并此二者亦不能久守矣。惟浙江危急，上海亦有唇齿之忧，务望沅弟迅速招勇来皖，替出现防之兵，带赴江苏下游，与少荃、昌岐同去。得八千陆兵、五千水师，必能保朝廷膏腴之区，慰吴民水火之望也。

京师十月以来，新政大有更张。皇太后垂帘听政，中外悚肃。余连接廷寄谕旨十四件，倚畀太重，权位太尊，虚望太隆，可悚可畏。浙事想已无及，但求沅弟与少荃二人能为我保全上海。人民如海，财货如山，所裨多矣。庐、巢一克，余与弟中无梗隔，事局尚可为也。

咸丰十一年十二月十四日

澄、沅弟左右：

日来未接家信，不知走信之夫从何处耽搁？

浙江省城竟于十一月二十八日失守，兵民六十万人食尽而破。大约半死于饿，半死于兵，存者无几。吾奉命兼辖浙江，不能解此浩劫，愧愤何极！浙抚想必简左帅，吾当奏请简蒋芗泉为浙江藩臬，或令带五六千人，即可独当一路。上海一县，人民千万，财货则万万，合东南数省，不足比其富庶，必须设法保全。拟令少荃带水陆各五千人前往。程学启之千人，拟即拨交少荃带去。余之亲兵营，亦令随去。沅弟开年务须星速前来，能于二月十五以前赶到，少荃尚未启行，诸事面商更好。其程学启处，望弟写信谆嘱，令其听少荃之节制调度。吾家受国厚恩，吾为江督将近二载，尚无一兵一将达于苏境，上愧对朝廷，下愧对吴民。此次若不能保上海，则并获罪于天地矣。总望沅弟多方设法，助我保守上海，为恢复三吴之张本，千万千万。

同治元年壬戌正月初四日

澄弟、沅弟左右：

日来未接家信，颇为悬念。沅弟腹泻，何以至今不愈？若云脾虚发泻，则八九月在此办事，宏毅周到，断非元气亏损之象。即到家后寄来各信，字迹精光圆湛，亦殊非积弱者所能为。弟平日服药太多，余心以为非。此次久泻，不知所服者系属何方？恐一味偏补，而于所以致泻之原未能清其根。万篪轩病疟五年，多服补剂，现在娇养太惯，动辄生疾，亦由当日致疟之原未清其根也。望弟少服药饵，迅速来营，忘身报国。凡外间谤言无因而至者，余必能解之；凡险远之处，弟不愿往者，余亦不强之。但望弟早早来营。一则受恩太重，不宜久住家中；一则舫仙思归甚切，前敌今春必有战事，余甚不放心也。

徽州危急，二十六日获一大胜，已将岩寺街打开，粮运既通，当无他虑。

同治元年正月十四日

沅弟左右：

接弟腊月专丁一缄，具悉一切。弟于十九日敬办星冈公拨向事件起行来营，月杪或可赶到。少荃准于二月杪赴镇江，弟能早十日赶到，则诸事皆妥。除程学启外，少荃欲再向弟处分拨千人，余亦欲许之，不知弟有何营可拨？渠赴镇江，即日将有悍贼寻战，新勇太多，实不放心。弟进攻巢县、和、含一带，不妨稍迟，待新军训练已成，再行进兵可也。

用人太滥，用财太侈，是余所切戒阿弟之大端。李、黄、金本属拟不于伦。黄君心地宽厚，好处甚多。而此二者，弟亦当爱而知其恶也。在安庆未虐使军士，未得罪百姓，此二语兄可信之。拼命报国，侧身修行，此二语弟亦当记之。余近日平安。幼丹抚江，季高抚浙，希庵抚皖，应不至大掣肘。

同治元年正月十八日

沅弟左右：

十七日钦奉谕旨，兄拜协办大学士之命，弟拜浙江按察使之命。一门之内，迭被殊恩，无功无能，忝窃至此，惭悚何极！惟当同心努力，仍就"拼命报国，侧身修行"八字上切实做去。前奉旨赏头品顶戴，尚未谢恩，此次一并具折叩谢。到省后或将新营交杏南等带来，而弟坐轻舟先行，兼程赴营，筹商一切，俾少荃得以速赴上海，至要至要。少荃现有四千五百人，望弟再拨一二营与之，便可独当一路。渠所部淮扬水师，余嘱其留两营在上游，归弟调遣。弟将来若另造炮船，自增水师，此二营仍退还黄、李，弟自有水师两营。其余大处仍请杨、彭协同防剿，庶几可分可合，不伤和气。

同治元年二月初二日

季弟左右：

所有招降立营事宜，业经于禀内一一批明。尚有函中应复各事，条列如左：

——芜、繁、南、鲁四处在掌握之说，尚难尽信。韦志浚初降之时，亦言包打芜湖。不特降人好说大话，即投效之将官多好说硬话，余实厌听久矣。弟初放手办事之始，余不遏其兴致，即芜湖不克，余亦不怪也。惟言训练为有用之兵，则余未敢深信。

——滕代馨系李营老帮办，委之署理繁昌县则可，委之办捐务则不可。盖余自八年再出，并未委员劝捐，以其费神多而获钱少也。

同治元年二月二十一日

季弟左右：

接家书，知季弟妇于二月初七日仙逝。何以一病不起？想系外感之证。弟向来襟怀不畅，适闻此噩耗，亮必哀伤不能自遣。惟弟体亦不十分强旺，尚当达观节哀，保重身体。应否回籍一行，待沅弟至三山夹与弟熟商，再行定夺。

长江数百里内厘卡太多，若大通再抽船厘，恐商贾裹足，有碍大局，拟不批准。荻港厘局分成为数无多，拟批令改于华阳镇分成，为数较多，弟之所得较厚，又与外江水师无交涉争利之嫌，更为妥善。诸嘱保重，至要至要。

同治元年三月初三日

沅弟、季弟左右：

复奏朱侍御一疏，定于五日内拜发。请钦派大员专抽广东全省厘金，余奏派委员随同筹办，专济苏、浙、皖、鄂四省之饷，大约所得每月在二十万上下，胜于江西厘务也。此外实无可生发，计今年春夏必极穷窘，秋冬当渐优裕。

马队营制，余往年所定，今阅之，觉太宽而近于滥，如公夫、长夫之类是也。然业已久行，且姑仍之。弟新立营头，即照此办理。将来裁减，当与华字、顺字等营并裁，另行刻新章也。

上海派洋船来接少荃一军，花银至十八万两之多，可骇而亦可怜。不能不令少荃全军舟行，以顺舆情。三月之内，陆续拔行。其黄昌岐水军，则俟三四月之交，遇大顺风直冲下去。弟到运漕，可告昌岐来此一晤也。

同治元年三月初四日

澄弟左右：

少荃一军，上海官绅派火轮船来接，船价至十八万两之多，可骇而亦可怜。决计由水路下去。新军远涉，孤立无助，殊为危虑。祁门附近六十里之历口，闻为贼所犯，恐其直窜景德镇，梗塞粮路。此二者皆近日挂心之事，余尚平安。

口粮极缺，则到处皆然。兵勇尚有米可食，皖南百姓则皆人食人肉矣。自三月初一起设粥厂七处，以救饥民，大约每厂可活三千人，不无小补。

余身体尚健，惟公事积压多件，不克按日清厘，深以为愧。

同治元年三月初八日

沅弟左右：

火药即日咨请湖北协解五万，不知见许否？凡与人交际，当求其诚信之素孚；求其协助，当亮其力量所能为。弟每求人，好开大口，尚不脱官场陋习。余本不敢开大口，而人亦不能一一应付，但略亮我之诚实耳。四十万铁，究竟有着落否？此时子弹亦极少也。

韩正国、程学启初七日开行，少荃初八早开行，轮船不过三四日可抵上海。余令开字营号补皖勇改淮勇，程云必待沅帅缄谕乃敢改换，亦足见其不背本矣。

广东全省抽厘专供江浙军饷一折，本日拜发。大约秋冬以后，每月可添银二十万两，春夏则苦不堪言耳。

同治元年三月二十四日

沅弟左右：

接陈东友、蔡东祥、周惠堂禀，知雍家镇于十九日克复。惜日内雨大，难以进兵，若跟踪继进，则裕溪口亦可得手矣。

小泉赴粤，取其不开罪于人，内端方而外圆融。今闻幼丹有出省赴广信之行，小泉万不可赴粤矣。

丁雨生笔下条畅，少荃求之幕府相助，雨生不甚愿去，恐亦不能至弟处，碍难对少荃也。南坡才大之处，人皆乐为之用。惟年岁太大，且粤湘交涉事多，亦须留南翁在湘，通一切消息。拟派鹤汀前往，鹤与劳公素相得。待大江通行后，请南翁来此商办盐务，或更妥洽。

又接弟信，知巢县、含山于一日之内克复，欣慰之至。米可以多解，子药各解三万。惟办事之手，实不可多得，容觅得好手，请赴弟处。受山不乐在希帅处，即日当赴左帅大营，亦不便挽留也。

同治元年三月二十七日

沅弟左右：

和城已克，大约裕溪口、西梁山两处俱难站脚，若得庐郡速下，则江北可一律肃清矣。雪琴已派水师三营进清巢湖，若弟能派四千人助围庐郡，东路多公更易得手，但须与守巢县之兵声气联络，万一有大股援贼上犯，我之局势本紧，方能立于不败之地。

至弟欲亲率五千人南渡，助攻芜、鲁，则断不可。用兵以审势为第一要义。以弟军目下论之，若在下游采石渡江，隔断金陵、芜湖两贼之气，下窥秣陵关，是为得势。若在上游三山渡江，使巢、和、西梁留守之师与分攻鲁港之兵隔气，是为失势。余已调鲍公全军与季弟会攻芜、鲁。弟军破西梁山后，将巢、和、西梁山三处派兵守定，即作为弟军后路根本，然后亲率七八千人由采石渡江。闻太平府城已拆，该逆毫无守御，应易收复。弟驻军太平一带，与隔江和州、西梁之兵阴相犄角；水师自裕溪口起至乌江止，联络屯扎，两岸亦易通气。如此布置，则弟军上可夹攻东梁、芜湖，下可规取金陵，似为得势。余意如此，弟再细询熟于地形者，或亲赴南岸一看乃可定局。其渡江之早迟，亦由弟自行酌度。或待庐州克后，或庐未克而先渡，弟与多公函商行之。

至进兵金陵之早迟，亦由弟自行审察机势。机已灵活，势已酣足，早进可也；否则不如迟进。与其屯兵城下，由他处有变而退兵，不如在四外盘旋作势，为一击必中之计。兄不遥制也。

同治元年三月二十九日

沅甫九弟左右：

西梁山、裕溪口等处一律肃清，欣慰无已。调度大局，二十七日已写一信嘱弟斟酌，并将信中语办一公牍付去。

其南渡之迟早，是第一要紧机宜，弟须熟审详思，不可造次。大约下而伪对王等在江浦、天、六，上而伪英王在庐州，均可扰弟军之后路。多公之力，足以制狗酋而有余，只要探得江浦、扬州、天、六等城未破，弟军尽可南渡，必无后患。此等大局，予亦不敢自是，然大致尚不差也。

鲍军本拟进剿芜湖，因湖州围困，可钦可悯。无论赶救得上与否，不能不派人去救。打芜湖是急谋金陵，势也；援湖州是保救忠臣，义也谓赵景贤。

北岸粮台，即札李少山移驻无为州。巢、含俱已委人，和州尚未委员，裕溪口、巢县、柘皋三处厘卡亦尚无人可办。平日不储才，临事难于派员。待三日内外，必将此四人派定再告耳。

卷八 家书

目录

同治元年四月初八日

季弟左右：

接专丁三月信，具悉一切。所应复者，条列如左：

——新四营之枪炮帐篷仅领一半。当时因弟函言降人军械尚多，故未全发也。今既无械可用，自当由兄处补发，数日之内，必凑齐两营之枪炮帐篷发去。

——剿抚兼施之法，须在军威大振之后。目下各路俱获大捷，贼心极涣，本可广为招抚。第抚以收其头目，散其党众为上；收其头目，准其略带党众数百人为次；收其头目，准其带所部二三千如韦军者为又次；若准其仍带全部，并盘踞一方，则为下矣，今之李兆寿据滁、全者是也。弟可于此四等中酌度办理。

同治元年四月初四日

沅弟左右：

接缄具悉。应复之事，条列如左：

——口马到日，当为弟选留数十匹。余欠各营之马尚多，不知匀得出否。令哨勇各私其马，即水师令哨官各私其船也。法同意同而效不同，亦视乎统领营官为何如人耳。

——李世忠之缄，兄付之不答。此人最难处置，其部下人诡计霸道，颇善战守。弟现与之逼处，常相交涉，宜十分以礼让自处。若不得已而动干戈，则当谋定后战，不可轻视。

——严公长短，余所深知。媢嫉倾轧，从古以来共事者皆所不免。吾辈当躬自厚而薄责于人耳。

——由采石、太平一带南渡，本是妙着，亦是险着。妙处有四：使金陵、芜湖两贼隔绝不通，一也；陆师扎于南岸，水师直入内河，可进黄池、湾沚，可由青弋江以达泾县，可由东路水阳江以达宁国，凡鲍军之在泾在宁者，皆可由水路运粮，二也；陆军扎采石、东梁山等处，水师扎黄池、湾沚等处，则芜湖之贼四面被围，三也；青弋、水阳二江可通石臼等湖，可通宁、广各属，并可由东坝以通苏州，四也。险处有二：初渡采石，营垒未定，恐大股来扑，一也；北岸无大支活兵，恐四眼狗窜出，乱扰芜、庐、巢、含，又恐九洑洲之贼上犯，二也。有此四妙二险，故南渡之迟速难决。速或四月，迟或七月，由弟与多帅商定办理。季弟之军，余嘱其坚守不进，并闻。

同治元年四月初五日

季弟左右：

两次捷报，欣悉南陵克复，从此官军占地愈广，进兵芜湖，当易为力。惟芜贼甚悍，弟兵太薄。以新集之卒，值极窘之时，以之分守繁、鲁、南陵三处尚恐疏失，岂可更谋进取？况弟与各弁勇昼夜不眠，未免太劳，虽自守已稳，亦未得片刻休息。此时宜将南、繁、鲁防守事宜布置妥善。三处共应储粮若干，迅速告我，以便由安庆运往，备弟守兵一二月之食。

北岸之兵由采石南渡，是妙着，亦是险着，已详告沅弟。或渡或否，或迟或速，由沅亲看审定也。

同治元年四月初六日

沅弟左右：

接信，知弟目下将操练新军，甚善甚善。惟称欲过江斜上四华山扎营，则断不可。四华山上逼芜湖，下逼东梁，若一两月不破此二处，则我军无势无趣，不得不退回北岸矣。

弟军南渡，总宜在东梁山以下采石、太平一带。如嫌采石下面形势太宽，即在太平以上渡江，总宜夺金柱关，占内河江面为主。余昨言妙处有四：一曰隔断金陵、芜湖之气，二曰水师打通泾县、宁国之粮路，三曰芜贼四面被围，四曰抬船过东坝可达苏州，犹妙之小者耳。又有最大者，金柱关可设厘卡，每月进款五六万；东坝可设厘卡，每月亦五六万。二处皆系苏皖交界，弟以本省之藩司，抽本省之厘税，尤为名正言顺。弟应从太平关南渡，毫无疑义，余可代作主张，其迟速则仍由弟作主耳。西梁上下两岸，从三山起至采石止，望弟绘一图寄来，至要至要。

同治元年四月初八日

沅弟左右：

和州有四千劲旅，弟自守西梁，吉左、振字守巢县，守御已固，即狗逆自庐郡冲出，当足扼之。由太平南渡一着，余意在必行。陆师能扎金柱关，水师能入内河扎黄池、湾沚，则全局皆振，筋摇脉动，芜湖、宁国皆易于得手矣。至渡江之迟早，则由弟作主，余不为遥制。

同治元年四月十一日

沅弟左右：

李世忠穷困如此，既呼吁于弟处，当有以应之。三千石米、五千斤火药，余即日设法分两次解弟处，由弟转交李世忠手。

此辈暴戾险诈，最难驯驭。投诚六年，官至一品，而其党众尚不脱盗贼行径。吾辈待之之法，有应宽者二，有应严者二。应宽者，一则银钱慷慨大方，绝不计较。当充裕时，则数十百万掷如粪土；当穷窘时，则解囊分润，自甘困苦。一则不与争功。遇有胜仗，以全功归之；遇有保案，以优奖笼之。应严者，一则礼文疏淡，往还宜稀，书牍宜简，话不可多，情不可密。一则剖明是非。凡渠部弁勇有与百姓争讼，而适在吾辈辖境，及来诉告者，必当剖决曲直，毫不假借，请其严加惩治。应宽者，利也，名也；应严者，礼也，义也。四者兼全，而手下又有强兵，则无不可相处之悍将矣。

水师独攻金柱关，恐难得手，不如不泄此机，待陆兵渡江，再行下手为妙。

少荃于三月二十七日谕旨饬署苏抚。广东督办厘金放晏端书，以其为戊戌同年而派，朝廷之用心，良可感矣。

同治元年四月十二日

沅弟左右：

水师攻打金柱关时，若有陆兵三千在彼，当易得手。保彭杏南，系为弟处分统一军起见。弟军万八千人，总须另有二人堪为统带者，每人统五六千，弟自统七八千，然后可分可合。杏南而外，尚有何人可以分统，亦须早早提拔。办大事者，以多选替手为第一义。满意之选不可得，姑节取其次，以待徐徐教育可也。

同治元年四月十四日

澄弟左右：

此间军事，自三月连克州县九城，要隘五处。四月初一日经凯章军克复旌德县。惟地方太多，防守不易，尚须添募新军，又苦饷项无出。下游民穷异常，谷米艰贵，吾意欲于湖南买谷一二万石来皖，不知衡州一带谷价何如？若价贱，则可于衡郡东征局支银购买，当比长沙更便益也。望弟打听衡、长价值，与南、意诸公一商。

余身体平安，癣疾如故。季弟自克复两县一隘后，亦不似前此之忧郁。温弟谥法，业已行知湘乡县，不知到否？

同治元年四月二十二日

沅弟左右：

接专差送来信，知弟军准于二十日渡江。是日天气晴和，惟南风稍大，上水较难，不知舟渡安稳否？

余前日四妙二险之说，现在庐州既克，扬州屡捷，北岸已无险矣，不知南岸初到扎营之时，果能化险为夷否？如登岸扎营并无疏失，则且以坚守、坚扎为主，不必遽图进剿，不必寻贼开仗。扎定之后，自有无穷之妙处也。

王可升之兵，已令驻守池州。喻、李二千人，甫经调守安庆，亦难遽行更改。弟嫌兵力单薄，目下庐州既克，弟或可再调千人过江。希庵能派三四千人由西梁过江，则南岸兵力厚矣。

同治元年四月二十四日

澄弟左右：

纪鸿儿幸取县首，诗文虽不甚稳惬，而其中多有精警之句，疏宕之气。寅皆先生时雨之化，可敬可感，当略备微仪，以申鄙意。府院考皆当极热之时，鸿儿体弱，不知能耐此酷暑否？今年乡试，鸿儿即可不必入场，盖工夫尚早，年纪太轻，本无望中之理，又恐鸿儿难熬此九日之辛苦也。

军事平善。多将军于十四夜攻克庐州府城。皖北数十州县为粤匪所占，今皆克复，一律肃清，只余二三城为捻匪、苗逆所占，想亦易于就绪。四眼狗未经擒戮，北窜河南，殊为后患。沅弟由西梁山渡江南岸，进攻金柱关。季弟尚在鲁港。鲍春霆进剿宁国府，徽、衢等处贼皆退，江西今年得保平安。余身体平安，家中不必挂念。

同治元年四月二十五日

沅弟左右：

今早接雪琴信，知金柱关克复，并谣传东梁、芜湖亦克。无论确实与否，金柱为皖南众水出口之所，百脉会聚之区，扼扎该处，则金陵、宁、芜各贼巢皆失所恃，此理之有可信者。得此以后，可催多军来打九洑洲，会攻金陵也。

同治元年四月二十八日

沅弟左右：

东梁、芜湖已克，由金柱关进兵，二险已化险为夷，四妙已验其三，至幸至幸。

各处败贼俱萃宁国，杨七麻以著名枭悍之渠，当拼命力争之际，鲍军屡胜之后，杂收降卒，颇有骄矜散漫之象，余深以为虑。目下弟与雪军、季军且坚守芜、太、金柱、南陵、黄池等处，休养锐气，不遽进兵。待鲍军扎围宁国十分稳固，多军进至九洑洲，弟与雪、季再议前进。其秣陵关、淳化镇两处，为进兵之路，须派人先去看明。弟信言从太平至金陵百四十里，中不隔水。以古书证之，则尚隔一秦淮河。余处无好图可看，弟亦须先行查明。弟以金柱关之破水师出力最多，厘卡当雪二季二，甚善甚善。兹定为沅五、雪三、季二，尤为惬当。

袁午帅之办事，本属浮而不实，然饷项之绌，亦足令英雄短气。且胜公欺之太甚，余当少为护持。

同治元年五月初四日

澄弟左右：

军事甚顺。沅、季与雪琴水师于四月二十一二日连克太平府城、芜湖县城、东梁山、金柱关各要隘，水师已进攻九洑洲，沅军距金陵亦仅数十里。鲍春霆进攻宁郡，初一日可抵城下。宁国贼多而悍，不知易得手否？四眼狗自庐城逃出，往奔寿州投苗沛霖。苗党捆“狗”送胜帅大营，已槛送进京矣。江北除此大害，从此应可少安，冲主之福也。

余身体平安，疮癣大愈。惟每日事多太劳，至日暮疲乏殊甚，总守一勤字，断不改常。家中子侄皆早起否？不懒惰否？望弟常常教之。

同治元年五月初七日

沅弟、季弟左右：

接沅信，知已进扎周村，距金陵不满四十里，余既以为慰，又以为惧。

金陵地势宏敞，迥非他处可比。进兵之道，须于太平、采石南路进一枝，句容、淳化东路进一枝，浦口、九洑洲西路隔江进一枝。镇江北路纵无兵来，此三枝必不可少。句容东路纵无兵来，隔江一支则断不可少。此次弟不候多军至九洑洲而孤军独进，余深为焦虑。又上游南陵空虚，季弟不留兵守之，于宁国、芜湖均有妨碍。望弟暂屯扎周村一带，以待多军之至。季弟分兵守南陵，以固后路，要嘱要嘱。

团防营守西梁山，计十五以前可到，王可升二千人则留守池州，不能调赴东坝矣。

同治元年五月初八日

季弟左右：

春霆军既不散漫，当足以御宁国大股，至慰至慰。沅弟进兵究嫌太速，余深以为虑。一则北岸多军未到，二则后面句容一路无兵，恐援贼来抄官军之尾，望弟与沅稳慎图之。第一莫使金柱、太平稍有疏失，第二莫使贼出江边，梗陆军之粮道。金陵地势太宽，弟等宜多看多问，至嘱。

同治元年五月十五日

沅弟、季弟左右：

帐篷即日赶办，大约五月可解六营，六月再解六营，使新勇略得却暑也。小抬枪之药与大炮之药此间并无分别，亦未制造两种药。以后定每月解药三万斤至弟处，当不致更有缺乏。王可升十四日回省，其老营十六可到。到即派往芜湖，免致南岸中段空虚。

雪琴与沅弟嫌隙已深，难遽期其水乳。沅弟所批雪信稿，有是处，亦有未当处。弟谓雪声色俱厉，凡目能见千里而不能自见其睫，声音笑貌之拒人，每苦于不自见，苦于不自知。雪之厉，雪不自知；沅之声色，恐亦未始不厉，特不自知耳。曾记咸丰七年冬，余咎骆公、文、耆待我之薄，温甫则曰："兄之面色，每予人以难堪。"又记十一年春，树堂深咎张泮山简傲不敬，余则谓树堂面色亦拒人于千里之外。观此二者，则沅弟面色之厉，得毋似余与树堂之不自觉乎？

余家目下鼎盛之际，余忝窃将相，沅所统近二万人，季所统四五千人，近世似此者曾有几家？沅弟半年以来，七拜君恩，近世似弟者曾有几人？日中则昃，月盈则亏，吾家亦盈时矣。管子云："斗斛满则人概之，人满则天概之。"余谓天之概无形，仍假手于人以概之。霍氏盈满，魏相概之，宣帝概之；诸葛恪盈满，孙峻概之，吴主概之。待他人之来概而后悔之，则已晚矣。吾家方丰盈之际，不待天之来概，人之来概，吾与诸弟当设法先自概之。自概之道云何？亦不外清、慎、勤三字而已。吾近将清改为廉字，慎字改为谦字，勤字改为劳字，尤为明浅，确有可下手之处。

沅弟昔年于银钱取与之际不甚斟酌，朋辈之讥议菲薄，其根实在于此。去冬之买犁头嘴、栗子山，余亦大不谓然。以后宜不妄取分毫，不寄银回家，不多赠亲族，此廉字工夫也。

谦之存诸中者不可知，其着于外者约有四端：曰面色，曰言语，曰书函，曰仆从、属员。沅弟一次添招六千人，季弟并未禀明径招三千人，此在他统领所断做不到者，在弟尚能集事，亦算顺手。而弟等每次来信索取帐篷、子药等件，常多讥讽之词，不平之语，在兄处书函如此，则与别处书函更可知矣。沅弟之仆从随员颇有气焰，面色言语，与人酬接时，吾未及见，而申夫曾述及往年对渠之词气，至今饮憾。以后宜于此四端痛加克治，此谦字工夫也。

每日临睡之时，默数本日劳心者几件，劳力者几件，则知宣勤王事之处无多，更竭诚以图之，此劳字工夫也。

余以名位太隆，常恐祖宗留诒之福自我一人享尽，故将劳、谦、廉三字时时自惕，亦愿两贤弟之用以自惕，且即以自概耳。

湖州于初三日失守，可悯可敬。

同治元年五月二十日

沅弟、季弟左右：

城贼开仗，究竟软硬何如？比之叶芸来、刘玱林孰强孰弱？多公全军援秦，弟之军势太孤，务当求所以自立之道。

弟前索洋枪，又托少荃至上海购买。兹令盛四送百杆与弟，内大者七十九，小者二十一。余不甚喜此物，盖其机最易坏，不过打二三十枪即须修整。弟与各将弁试用一二十次，识破其短处，当以余言为然也。

同治元年五月二十五日

沅弟左右：

专丁来信，正值望信极切之际，得之一慰。弟此次进兵太快，不特余不放心，外间亦人人代为危虑。余以该逆凶焰犹盛，未可骤图。百足之虫，虽死不僵。外间则议弟处新营太多，兵不可靠，几于众口一词。

今进兵已近两旬，墙高濠深，应可立定脚跟。万里长濠大众公守，最易误事。一蚁蛰堤，全河皆决。去岁之守安庆后濠，余至今思之心悸。此次在金陵，不可再守长濠，仍以各守各垒为稳。地方虽宽，分别极冲、次冲，究无多处。前围城贼当冲者不过数处，后拒援贼当冲者亦不过数处。于极冲、次冲之地择人守之，则他处虽有劣营，亦可将就支持。望弟将何营扎极冲，何营扎次冲，开单见告。

同治元年五月二十八日

沅弟、季弟左右：

沅于人概、天概之说不甚厝意，而言及势利之天下，强凌弱之天下，此岂自今日始哉？盖从古已然矣。

从古帝王将相，无人不由自立自强做出，即为圣贤者，亦各有自立自强之道，故能独立不惧，确乎不拔。昔余往年在京，好与诸有大名大位者为仇，亦未始无挺然特立、不畏强御之意。近来见得天地之道，刚柔互用，不可偏废，太柔则靡，太刚则折。刚非暴虐之谓也，强矫而已；柔非卑弱之谓也，谦退而已。趋事赴公，则当强矫；争名逐利，则当谦退。开创家业，则当强矫；守成安乐，则当谦退。出与人物应接，则当强矫；入与妻孥享受，则当谦退。若一面建功立业，外享大名，一面求田问舍，内图厚实，二者皆有盈满之象，全无谦退之意，则断不能久。此予所深信，而弟宜默默体验者也。

同治元年六月初二日

沅弟、季弟左右：

湖南之米昂贵异常，东征局无米解来，安庆又苦于碾碓无多，每日不能舂出三百石，不足以应诸路之求。每月解子药各三万斤，不能再多，望弟量入为出，少操几次，以省火药为嘱。

扎营图阅悉。得几场大雨，吟、昆等营必日松矣。处处皆系两层，前层拒城贼，后层防援贼，当可稳固无虞。少荃代买之洋枪，今日交到一单，待物到即解弟处。洋物机括太灵，多不耐久，宜慎用之。

次青之事，弟所进箴规极是极是，吾过矣，吾过矣！吾因郑魁士享当世大名，去年袁、翁两处及京师台谏尚累疏保郑为名将，以为不妨与李并举，又有郑罪重李情轻，暨王锐意招之等语，以为比前折略轻。逮拜折之后，通首读来，实使次青难堪。今得弟指出，予益觉大负次青，愧悔无地。予生平于朋友中负人甚少，惟负次青实甚。两弟为我设法，有可挽回之处，予不惮改过也。

同治元年六月初四日

澄弟左右：

鸿儿印卷之费，予意三分各百千，尚是道光初年样子。弟意学书一分宜少，自是正办，请弟斟酌。其两位老师，则百千断不可少，盖学署清苦，而罗老师又贤而好学也。

沅、季在金陵，援贼尚无信息。春霆在宁国两获胜仗，闻宁城少粮，八月可望克复。少荃在上海获一大胜仗，此后可稳扎矣。安庆前苦亢旱，自十九至今大雨不止，十分沾足。

兹寄回高丽参五斤，参不甚佳，而价则贵，宜以新石灰养之。

同治元年六月初八日

沅弟、季弟左右：

接少荃信，知伪忠王在上海受创而返，即日来援金陵。弟等濠墙已固，应足御之。所虑者，夏月士卒多病，恐队伍单弱。银米子药等事，吾必设法多解，竭平日之力办之。援贼至金陵，大战当在七月，此外弟应需之物，速写信来，七月初尚可赶到。此间能办之件，亦必先尽弟营也。临战之际，预先爱惜士卒精力，以备届时辛苦熬夜，犹考试者场前静养也。

同治元年六月初九日

沅弟、季弟左右：

接沅弟营图一纸，图中各营布置尚妥，惟有一处予不放心。江东桥之河，在季弟各营之前面；大胜关进口之河，在季弟各营之后面。此两河宽若干丈？深若干尺？可踹浅以渡否？如可踹浅以过，则恒、昆、吟、保各营亦前后受敌。所招降卒新营本不可靠，而陶保堂、张吟又纷纷死病相继，十营占地颇广，事急之际，季弟岂能一一照顾？该处为全军粮路所在，两弟细细审量一番。吟、保、平、盛等营，果能禁受狂风大浪否？予所疑者在此一处，望弟加倍小心。

同治元年六月初十日

沅弟、季弟左右：

专丁来信，应复者条列如左：

——援贼大至，余甚为悬系。崇天义张姓，似是去春守徽州者，诡计甚多，打硬仗亦不甚悍。伪忠王前年十月在羊栈岭，去年春在建昌等处，均不甚悍，专讲避实击虚。弟所部新勇太多，总以“不出濠浪战”五字为主。如看确贼之伎俩，偶然一战，则听弟十分审慎出之，余但求弟自固耳。

——上海军情，昨已将少荃信钞寄。周沐润业经批令来皖帮办文案。许惇诗有才而名声太坏。南坡专好用名望素劣之人，如前用湖南胡听泉、彭器之、李茂斋，皆为人所指目，即与裕时卿、金眉生交契，亦殊非正人行径。弟与南坡至好，不可不知其所短。余用周弢甫，亦系许、金之流。近日两奉寄谕查询，亦因名望太劣之故。毁誉悠悠之口，本难尽信，然君子爱惜声名，常存冰渊惴惴之心。盖古今因名望之劣而获罪者极多，不能不慎修以远罪。吾兄弟于有才而无德者，亦当不没其长而稍远其人。

同治元年六月十二日

沅弟、季弟左右：

援贼已到四五万，究竟在城内乎？抑在秣陵关一带乎？贼若来扑弟之营濠，在秣陵关等处打馆，往返太远，我已反客为主。渠于烈日之下，必难久熬。若移至我营近处扎垒，果有佳处可扎五六万人否？自城中搬柴米出来，果有若干里？望查示。

五彩关防阅过，均妥。五人亦均胜统带之任，杏南将来或可比金逸亭，晴窗或可比刘岳昭，萧、张、刘则朱、唐之亚也。时时勤教勤讲，渠辈亦有进益，弟亦可互相警惕。

春霆两旬无信，其军银米两缺，悬系之至。

同治元年六月十四日

澄弟左右：

科一身体若能吃辛苦，令其乡试，亦无不可。余甲午乡试，实畏其热，如火如甑。今年多一闰月，则头八月必酷热可知。余不欲其入场，非过于姑息，实因年纪太轻，不能耐此苦耳。

沅、季在金陵，援贼虽到，而尚无动作。多公本应会剿金陵，因陕西不靖，朝旨与官、多之奏，均须先赴秦中一行。鲍春霆在宁国两获胜仗，闻援贼亦多，难遽得手。今年值各路顺利之时，而忽添此一大波折，不知天心竟待何时乃厌乱也！

同治元年六月二十日

沅弟左右：

此次洋枪合用，前次解去之百支果合用否？如有不合之处，一一指出，盖前次亦花大价钱买来，若过于吃亏，不能不一一与之申说也。

吾因近日办事，名望关系不浅，以鄂中疑季之言相告，弟则谓我不应述及。外间指摘吾家昆弟过恶，吾有所闻，自当一一告弟，明责婉劝，有则改之，无则加勉，岂可秘而不宣？鄂之于季，自系有意与之为难。名望所在，是非于是乎出，赏罚于是乎分，即饷之有无亦于是乎判。去冬金眉生被数人参劾，后至抄没其家，妻孥中夜露立，岂果有万分罪恶哉？亦因名望所在，赏罚随之也。众口悠悠，初不知其所自起，亦不知其所由止。有才者忿疑谤之无因，而悍然不顾，则谤且日腾；有德者畏疑谤之无因，而抑然自修，则谤亦日熄。吾愿弟等之抑然，不愿弟等之悍然。愿弟等敬听吾言，手足式好，同御外侮；不愿弟等各逞己见，于门内计较雌雄，反忘外患。

至阿兄忝窃高位，又窃虚名，时时有颠坠之虞。吾通阅古今人物，似此名位权势，能保全善终者极少。深恐吾全盛之时，不克庇荫弟等，吾颠坠之际，或致连累弟等。惟于无事时常以危词苦语互相劝诫，庶几免于大戾。酷热不能治事，深以为苦。

同治元年六月二十二日

沅弟、季弟左右：

贼匪于地势之远近，方向之东西，全不了了，宜其屡败不振。然官兵亦自当处处严防。今宁国虽已克复，吾于旌德、三溪一路，尤不敢疏忽也。

闻九洑洲之北，李世忠已开河一道，可通舟楫，洲上之贼应不能再犯北岸。吉、左两营，弟调至金柱关，当无他虑。多公调石清吉十营至金陵会剿，鲍军亦可由东坝、溧水而至金陵。八月以后，弟处当不孤矣。

同治元年六月二十三日

沅弟左右：

张胜禄竟以微伤殒命，可惜可痛。余昔年恸塔智亭之殁，失一威望之将；悼毕印侯之逝，失一骁悍之将。张声扬虽不如塔，似已远过于毕。一军之中，得此等人，千难万难。灵榇过安庆时，余当下河祭奠，赙恤其家。

李臣典果足为继起之贤否？凌有和、崔文田、李金洲三人，余俱不甚熟。大约选将以打仗坚忍为第一义，而说话宜有条理，利心不可太浓，两者亦第二义也。十六日之仗，崔文田等出卡在大濠外否？刘南云等亦出卡否？洋枪与大炮、劈山炮三者比较，究竟何者群子最远？望校验见告。

弟两次钞示寄乔鹤侪信，多影响之谈。淮盐向以江督为主，江督犹东，运司犹佃也。弟欲从盐中设法生财，不谋之于我，而谋之于乔，何也？盐务利弊，万言难尽，然扼要亦不过数语。太平之世两语曰：出处防偷漏，售处防侵占。乱离之世两语曰：暗贩抽散厘，明贩收总税。

何谓出处防偷漏？盐出于海滨场灶，商贩赴场买盐，每斤完盐价二三文，交灶丁收；纳官课五六文，交院司收。其有专完灶丁之盐价，不纳院司之官课者，谓之私盐，即偷漏也。

何谓售处防侵占？如两湖、江西均系应销淮盐之引地，主持淮政者，即须霸住三省之地，只许民食淮盐，不许鄂民食川私，湘民食粤私，江民食闽私，亦不许川、粤、闽各贩侵我淮地，此所谓防侵占也。

何谓暗贩抽散厘？军兴以来，细民在下游贩盐，经过贼中金陵、安庆等处，售于上游华阳、吴城、武穴等处，无引无票无照，是为暗贩。无论贼卡官卡，到处完厘，是谓抽散厘也。

何谓明贩收总税？去年官帅给票与商人和意诚号，本年乔公给票与商人和骏发号，目下余亦给票与和骏发，皆令其在泰州运盐，在运司纳课，用洋船拖过九洑洲，在于上游售卖。售于湖北者，在安庆收税，每斤十文半，在武昌收九文半。售于江西者，在安庆每斤收十四文，在吴城收八文。此所谓明贩收总税也。

弟前令刘履祥在大通开官盐店，小屯小卖，是暗贩之行径；今欲令二三商人赴乔公处领盐，驶上行销，是明贩之行径。若使照和意诚、和骏发之例，亦在运署纳课，亦雇洋船拖过九洑洲，亦在皖与武昌完二十文，皖与吴城完二十二文，则此外为利无几。若不照和意诚、和骏发之例，概不完厘，则有益于弟，有损于兄，殊不足以服众。本年四月，刘履祥在下游运盐数船驶上，亦用洋船拖过贼境，被荻港卡员王寿祺拦住。刘履祥寄函与王，请完厘释放，厥后过盐河、华阳，竟未完厘。此事人多不服，余亦恶之，拟即将刘履祥撤去，并将大通官盐店拆毁，盖所得无多，徒坏我名声，乱我纪纲也。弟亦不必与乔公谋盐，弟以后专管军事，莫管饷事可也。

同治元年六月二十六日

沅、季二弟左右：

沅信并祭文稿一件，情极沉挚，辞尤雅丽，似近日大有长进。弟平日写信条理清晰而失之繁冗，往往于业经说明之事再加一二层，反觉无当。此次一意承接，不漏不蔓，可喜之至。此后弟每动笔，不患其不明，患其太多，意尽则止，辞足则止，不必再添也。

银票不停片刻，不少分厘，弟可遍告各处。不仅弟营为然。弟与季合统二万一千人，每月所收各卡厘金，约计二万金，余再嘱隋龙渊解六万三千金，当办得到，弟尽可放心。

宁国克复，弟处二十日尚无确耗，此后宜专派多人在外探信，至要至要。

同治元年六月二十九日

沅、季两弟左右：

日来不接弟等信，想营次平安。春霆克复宁国，至今无公牍私函来此，不解何故。或乘胜进攻广德、东坝耶？抑别有疏失耶？如果克复广德、东坝，则拟以韦志浚守广德，王可升守东坝，凯章守宁郡、宁邑，云岩守旌德、三溪，桂生守徽州，周万倬两营守芜湖，而春霆从溧阳、溧水、句容绕至金陵之东北，庶为得势，不知果能尽如人意否？

多公自武昌起程西上。闻秦中汉回仇杀，已成巨案。多公此行，能仅至豫而不至陕，或可速了。一入关中，则不复能东还矣。

同治元年七月初一日

沅、季弟左右：

专差至，接两弟书。沅于二十五早大战之后，尚能写二十二页之多，可谓强矫矣，所言俱能切中事理。

凡善将兵者，日日申诫将领，训练士卒。遇有战阵小挫，则于其将领责之戒之，甚者或杀之，或且泣且教，终日絮聒不休，正所以爱其部曲，保其本营之门面声名也。不善将兵者，不责本营之将弁，而妒他军之胜己，不求部下之自强，而但恭维上司，应酬朋辈，以要求名誉，则计更左矣。余对两弟絮聒不休，亦犹对将领且责且戒、且泣且教也。良田美宅，来人指摘，弟当三思，不可自是。吾位固高，弟位亦实不卑；吾名固大，弟名亦实不小，而犹沾沾培坟墓以永富贵，谋田庐以贻子孙，岂非过计哉？

二十五日又获大胜，以后应可站稳脚跟。然计贼之伎俩，必再来前后猛扑一次，尚宜稳慎待之。

同治元年七月初五日

沅弟左右：

九洑洲以北之河既成，李世忠可大获盐利，吾亦幸金陵之贼永无北岸之接济，镇、扬之兵易通上游之消息，此公私两便也。希庵近日病颇重，咳嗽吐痰，夜不能睡，并须扶杖出入，闻之深以为虑。作梅之医理，余以为不可恃，而润、希皆深信之，恐贻误不浅也。

陕西汉回仇杀，闻死人至三十万之多，看来西北劫数方兴未艾。天意茫茫，不知何日果遂厌乱？谕旨屡催多公入关，此等纷纠之事，亦殊非多公所长。朝廷似有中兴之象，而四方兵端日增，良为忧灼。

同治元年七月二十日

沅弟、季弟左右：

季弟病似疟疾，近已痊愈否？吾不以季病之易发为虑，而以季好轻下药为虑。吾在外日久，阅事日多，每劝人以不服药为上策。吴彤云近病极重，水米不进已十四日矣。十六夜四更，已将后事料理，手函托我，余一概应允，而始终劝其不服药。自初十日起，至今不服药十一天，昨夜竟大有转机，疟疾减去十之四，呃逆各症减去十之七八，大约保无它变。希庵五月之季病势极重，余缄告之云治心以广大二字为药，治身以不药二字为药，并言作梅医道不可恃。希乃断药月余，近日病已痊愈，咳嗽亦止。是二人者，皆不服药之明效大验。季弟信药太过，自信亦太深，故余所虑不在于病，而在于服药。兹谆谆以不服药为戒，望季曲从之，沅力劝之，至要至嘱。

季弟信中所商六条，皆可允行。回家之期，不如待金陵克后乃去，庶几一劳永逸。如营中难耐久劳，或来安庆闲散十日八日，待火轮船之便，复还金陵本营亦无不可。若能耐劳耐烦，则在营久熬更好，与弟之名曰贞，号曰恒者，尤相符合。其余各条皆办得到，弟可放心。

上海四万尚未到，到时当全解沅处。东征局于七月三万之外，又有专解金陵五万，到时亦当全解沅处。东局保案自可照准，弟保案亦日内赶办。雪琴今日来省，筱泉亦到。

同治元年七月二十四日

澄弟左右：

近日诸事平安。沅、季在金陵并未开仗，鲍春霆克宁国后尚未进兵。希庵于初八日简授钦差大臣，咨请余代奏谢恩，并请辞谢重任，回籍守制，已于二十一日代为陈奏。渠以二十二日自六安起行来安庆，俟奉到赏假谕旨即行归里。袁午桥开缺以后，病势甚重，不审能再驻临淮办事否？若午、希皆去，余须兼顾淮北，精力万照管不到。

近日身体颇好，疮癣皆愈，但畏热殊甚，汗出如雨，殆亦老年必有之象。弟近日体气何如？常服药否？余今年未服补药，盖见胡润帅晚年病象，未必非补药太过之咎耳。

同治元年七月二十五日

沅弟、季弟左右：

久不接来信，不知季病痊愈否？各营平安否？东征局专解沅饷五万，上海许解四万，至今尚未到皖。阅新闻纸，其中一条言何根云六月初七正法，读之悚惧惆怅！

余去岁腊尾买鹿茸一架，银百九十两，嫌其太贵。今年身体较好，未服补药，亦未吃丸药。兹将此茸送至金陵，沅弟配制后，与季弟分食之。中秋凉后，或可渐服，但偶有伤风微恙，则不宜服。余阅历已久，觉有病时断不可吃药，无病时可偶服补剂调理，亦不可多。吴彤云大病二十日，竟以不药而愈。邓寅皆终身多病，未尝服药一次。季弟病时好服药，且好易方。沅弟服补剂失之太多，故余切戒之，望弟牢记之。

弟营起极早，饭后始天明，甚为喜慰。吾辈仰法家训，惟早起、务农、疏医、远巫四者尤为切要。

同治元年七月二十八日

沅弟、季弟左右：

接沅弟排递一缄，大傩礼神，以驱厉气而鼓众心，或亦足以却病。余寸心忧灼，未尝少安。一则以弟营与鲍营病者太多，为之心悸；二则各县禾稼前伤于旱，继而蝗虫阴雨，皆有所损，收成歉薄，各军勇夫七万人难于办米；三则以秦祸日烈，多公不能遽了，袁、李皆将去位，长淮南北，千里空虚。天意茫茫，竟不知果有厌乱之期否？幸季弟疟疾速愈，大为欣慰。观民心之思治，贼情之涣散，金陵似有可克之机。然古来成大功大名者，除千载一郭汾阳外，恒有多少风波，多少灾难，谈何容易！愿与吾弟兢兢业业，各怀临深履薄之惧，以冀免于大戾。

东征局五万，因北风太大，尚未到省。此月竟止解去五万，下月必补足也。

同治元年八月初四日

沅弟、季弟左右：

希庵昨日到省，气象瘦黑，咳嗽不止，病殊不轻。本日接奉谕旨，不准回籍治丧，赏银八百两，饬地方官妥为经理。天恩优渥，无以复加。然希庵归思极切，且其病似内伤，非回家安心调养，断难速痊。渠拟自行具折陈情，拜疏即行。论君恩则有负，论病状则无愧也。

同治元年八月初七日

沅弟、季弟左右：

日内未接弟信，想季疟痊愈，为祝。余日日至希庵处看视，其体瘦多咳，略似内伤，而神气尚凝聚，静心调养，当可痊愈。即日自行具折陈情，恳请回籍一行，计二十八九可奉批旨。如再不蒙俞允，则续行陈情，拜疏即行。渠于送奠仪者一概辞谢，虽余兄弟与雪琴者皆不受，此外则并祭幛而辞之。

袁帅病势颇重，断难久留。余之责任太重，深为焦虑。东征局五万、上海四万，至今未到，昨江西解到四万，今日飞解弟处，稍济眉急。金陵援贼近日何如？各营病痛比来少愈否？

澄弟寄到家信，嘱专人送金陵，兹专足送去。弟处送家信者，常失之太慢，余定限自皖至家十八天。以后弟逢八日写信。排递余处，余逢四送家，则弟缄达湘，不满一月矣。

同治元年八月二十一日

沅弟、季弟左右：

专差到，接来信，具悉。吴委员解饷七万，前缄已决其径解金陵，该员不来安庆禀见，亦殊可怪。毛、恽以此敦同舟之谊，而该员暗寓离间之意，世情浅薄如此！

六属丁漕，不能不驳。去年十二月二十一日，恩诏豁免安徽失陷地方今年钱漕。余与希庵会衔出示，定以十二月二十一日以前克复者起征，恩诏以后克复者不起征，兹将告示寄阅。和、巢皆在不征之列，碍难违旨开办。无为、怀、庐等属虽办抵征，然当分拨各军。弟军之视鲍、张、朱、唐各军已极优矣，若再处处独优，则人必不服，余亦无词以告马方伯、隋粮台也。

同治元年闰八月初四日

澄弟左右：

沅、霆两军病疫迄未稍愈，宁国各属军民死亡相继，道殣相望，河中积尸生虫，往往缘船而上。河水及井水皆不可食。其有力者，用舟载水于数百里之外。臭秽之气中人，十病八九。诚宇宙之大劫，军行之奇苦也。

洪容海投诚后，其党黄、朱等目复叛，广德州既得复失。金柱关常有贼窥伺，近闻增至三四万人，深可危虑。余心所悬念者，惟此二处。

余体气平安。惟不能多说话，稍多则气竭神乏。公事积阁，恐不免于贻误。弟体亦不甚旺，总宜好好静养。莫买田产，莫管公事，吾所嘱者，二语而已。盛时常作衰时想，上场当念下场时。富贵人家，不可不牢记此二语也。

同治元年闰八月十六日

沅甫九弟左右：

多帅回顾金陵之说，万办不到。陕西大乱，死者已四五十万人，较三江、两湖之劫更巨。余前复奏一疏，言多公果不入秦，当令驻军南阳，其时盖深知多之必入秦中，又不料弟与鲍、张各军病势如此之甚也。厥后官相与陕帅屡疏奏催多公入陕，朝旨亦屡次催之，分派胜剿渭北，多剿渭南兼保省城，入关以后，万不能东返矣。顷多公飞调庐州石清吉部下三营入陕，余已咨复截留，尚不知留得住否。且即奏调多军回援金陵，至速亦在五个月以后，而金陵与鲍军之危迫，必在两月以内，远水不能救近火。弟惟就现有兵力，专谋坚守，不图出战，早早布置，或尚可为。

两弟共统兵二万，若责以合围，责以攻城，诚有不能；若责以专守营垒，似亦无辞可以诿谢。病疫乃是天意，弟与鲍、张、朱、唐各军皆病，多军东返，遂能保其不大病乎？弟当与各营官力图自固。身居绝地，只有死中求生之法，切不可专盼多军，致将卒始因求助而懈弛，后因失望而气馁也。

弟若另求保营之法，只有两法略可补救：一法商之毛、郭、黄、赵，在湖南飞募新卒前来补缺；一法调竹庄团防营与周万倬共守芜湖，而滕出王可升之兵为活兵，危急之际，或助弟，或助鲍也。然二万人不能守营，添王可升遂能守乎？殊深焦虑。

同治元年闰八月十九日

沅弟左右：

多公不能回军东指，前信略述其概。本日接严渭春一缄，称多公在商南小挫，散去四营，恐未必确。其称多帅昨奉谕旨，又令回剿楚豫发、捻，不必入关，则必见廷寄之言。多若果回楚豫，则弟欲奏请会攻金陵，或有几希之望。然余接多公在商南发信，业已入关，其部下雷正绾已至陕西城外，为解省围之计。秦中官绅未必肯放多帅出关，而多公不携雷镇十营偕行，必不肯独自东还。是多公不能出关回剿楚豫，十居其七；即能同楚豫，亦不能会剿金陵。以鄙见计之，多军长途之辛苦，部落之分散，接济之不便，事机之不顺，多公必不免于懊恼，将士必不免于疾病，若再东行三千余里而至金陵，则辛苦尤甚。无论其不能东来，来亦必不能速，难遽得力。故余欲弟力求自保，断不可指望多公，致误大事，至嘱至嘱。

多公阅历尚浅。四五月间自请援陕，与官公密商密奏，皆秘不使余知。彼时锐意立功西北，岂料今日尚在商南，所谓事非经过不知难也。弟今欲多军速回金陵，亦不知事之难也。余千思百计，无术可救弟之危。惟令团防营南渡，与周万倬会守芜湖，腾出王可升一军，留助弟处一臂之力。然弟二万人不能坚守，添二千余人，岂遂足恃？聊尽心焉耳。篪轩愿助我办粤厘，亦可感也。

同治元年闰八月二十一日

沅弟左右：

雪琴信来，贼分三大枝上犯，伪侍王一枝专攻金陵，侍逆尚在衢、严一带。此信或未必确，然大枝贼扑犯之说，则处处皆同，大约弟处九月必有战事矣。

季弟各营所守一段，乃弟之粮路所关。其营皆新集之卒，未历战阵，未经风波，恐大股贼甫至，而各营望风先溃。粮路一失，弟所统各营亦有不能不退之势，则大局立坏。他处无兵可调，只留王可升一军为援助金陵之地。弟或先将王可升调至大胜关一带，填扎季弟新勇八营墙内，而换出季弟之新勇移驻芜湖，似尚妥惬。升字四营，虽亦系未经见仗之新勇，而较之季弟新勇，或者略胜。王可升二千七百人可扎五垒。弟于湘、恒等十营中挑留五营，而抽五营移于芜湖以上。季若不愿在金陵，亦可移至芜湖以上。惟弟斟酌行之，余相隔太远，不敢悬揣，系念无已。

同治元年闰八月二十四日

沅弟左右：

次青之案，竟是假信，亦殊可诧。余第三次引入他案作证，以郑魁士与次青相提并论，亦尚非拟不于伦。郑魁士在江南江北声名极好，翁中丞于十年奏力求名将以保皖北危局一折，袁午帅于十一年奏请起用宿将帮办军务一折，皆极言郑魁士忠勇冠时，至今郑告病在籍，尚食全俸。弟若见翁、袁二折，则知此人之享大名。余跻李于郑之上，片中颇有斟酌，弟试取原片而再阅之，当可释然。惟与我昔共患难之人，无论生死，皆有令名，次青之名由我而败，不能挽回，兹其所以耿耿耳。

希庵于二十三日开行回籍，义渠即于是日晋省，定于二十六日接印。希之吐血已愈，而咳嗽未止，瘦亦殊甚，幸吃饭多而有味，夜眠极酣。此次归去，亦志惬神畅，当可调理就痊耳。义渠言多帅营勇逃者极多，杨得武之弟凯字营在樊城逃回九十人，在荆子关又逃回百五十人，他营逃者亦禁拿不住。吾料此行多公必懊悔，全军必衰弱，恐不幸而言中。弟须力求自立，不可盼望多军，至嘱。王可升一军亦不宜轻易调去，一至金陵，则成呆军，能进不能退，不如在芜湖、宁国之活也。

同治元年九月初一日

沅弟左右：

昨日未接弟信，忧系不释。兄弟相隔太远，不能相顾，虽欲百计救助，而信到金陵，已在贼到十日之外，凶锋已过矣。

计此三日内，已发军火一批、饷银二万，护军湘后营挑勇共四百人；发信请厚庵救助，请任星元救助；发札调陈东友、赖荣光二营归弟调遣；今日发炸炮炸弹，派人去放；调石清吉亲带三营前往，扎保江边饷道。此数者若件件做到，亦自不无小补。特患最危最急在二十五六七等日，而余所发之援兵，均在九月初五日后乃到。乃知军事呼吸之际，父子兄弟不能相顾，全靠一己耳。今日接奉廷寄，极可钦感，录寄一阅。

同治元年九月初二日

沅弟左右：

自十九至二十五夜，苦守已七日，后此应可无虞，至慰至慰。季弟所守江滨一段，系粮运至要之地，而用收降新集之卒，吾深为忧虑。不料季能稳慎有条，弟所寄前后各信，竟无一字稍涉慌张，又能联络水师，使之乐为我用，佳哉！吾两弟可谓贤且劳矣。愿从此益加谨慎，再过十日，贼若无如弟何，自必溃而之他。

贼数闻以十万计，每日须食米千石，若无大舟搬运，何能持久？吾在徽用兵二载，深知陆路运米之难，即在金陵城内运至谷里村一带，数十里之内，月运三万石，经理亦极不易，况城贼之米，未必肯多搬出耶？

弟守事既稳，以后余惟多办银米子药接济，弟可放心，断不缺乏。宁国守城之事已有把握，此后只求金柱关一带水师不挫，则处处皆稳矣。

同治元年九月初三日

沅弟、季弟左右：

得沅弟信，知西南隅安如泰山，粮道无虞，至以为慰。日内无他变症否？悬念之至。此间解去之开花炮，计初七八乃可到金陵，我亦有此物，或可定军心而沮贼气。厚庵兵力太单，深以为忧。顷拨水师两营往助，计初六七乃可抵金柱一带，不知赶得上否？

正封缄间，接沅信，知守局已稳，可慰之至。南云三营最为当冲，弟派信营往换，正与十年春霆营在小池驿，左营以多营换守数日办法相同。守势已定，再添贼来扑，亦不足畏。所虑忠逆全股上攻金柱一带，而对逆与弟军相持耳。调援兵殊不应手。

石清吉之十营，官帅业已调去六营拔行矣。王可升一军，早有札归弟调遣。弟处若站得住，仍留王在大围之外较活，惟弟酌之。

同治元年九月初四日

澄弟左右：

沅弟金陵一军危险异常，伪忠王率悍贼十余万昼夜猛扑，洋枪极多，又有西洋之落地开花炮，幸沅弟小心坚守，应可保全无虞。鲍春霆至芜湖养病，宋国永代统宁国一军，分六营出剿，小挫一次。春霆力疾回营，凯章全军亦赶至宁国守城。虽病者极多，而鲍、张合力，此路或可保全。又闻贼于东坝抬船至宁郡诸湖之内，将图冲出大江，不知杨、彭能知之否？若水师安稳，则全局不至决裂耳。

来信言，余于沅弟，既爱其才，宜略其小节，甚是甚是。沅弟之才，不特吾族所少，即当世亦实不多见。然为兄者，总宜奖其所长而兼规其短，若明知其错而一概不说，则非特沅一人之错，而一家之错也。

吾家于本县父母官，不必力赞其贤，不可力诋其非。与之相处，宜在若远若近、不亲不疏之间。渠有庆吊，吾家必到；渠有公事，须绅士助力者，吾家不出头，亦不躲避；渠于前后任之交代，上司衙门之请托，则吾家丝毫不可与闻。弟既如此，并告子侄辈常常如此。子侄若与官相见，总以谦谨二字为主。

同治元年九月初四日

沅弟左右：

该逆以全力攻东隅，伤亡过多，殊恐难以久支，焦灼曷极！二日内又转大北风，于上游接济诸物大不方便，焦灼之至。然无论到否，日内必再续解火药群子一批。江西有银二万在途，一到即日续解，特无援兵可拨。

该逆万无自退之理。忠逆一股，去年围建昌，亦凶悍之至。后黄印山等坚守，无隙可乘，彼围攻十九日解去。厥后在丰城与春霆打仗，闻交手不久即败。今年在上海与少荃一军交仗，除洋枪甚多外，似无他奇技。该逆欺弟军全不能战，弟若能挑得七八千不病之勇，出濠与之力战一次，亦是一法。去年伪侍王在乐平欺左军不能战，猛围猛攻，业三日矣。左帅暗与各营约定，待贼疲乏散漫之时，猛然出队力战，侍贼是夜即遁。不知弟处可用此法否？如用此法，总须善于相机。第一要看贼散布在我营外最近之处，第二要看贼疲乏思归之时，第三要辨得贼之强枝安在，弱枝安在，乃可交手。弟与诸营官熟商行之，如无病者不满七千，则难作此计矣。

同治元年九月初五日

沅弟左右：

伪侍王率三四万贼，于闰八月十四日自浙之龙游起行，亦赴金陵。约计侍逆此时已到金陵，不知弟已调王可升至濠内否？今日余又函催王可升迅赴弟处矣。总之，九月二十以内，王可升、程学启二人必到弟濠之内；

十月二十以前，鲍军必到太平、采石、大胜关一带；十一月二十以前，多公亦必至太平、采石一带。只望我贤弟苦守此两月，而尤苦者在王、程未到之先。若王、程既到，弟新募之卒陆续而至，则弟亦或可出濠一战。弟处群子少而不甚合用，日内赶制赶解，必可接济。

同治元年九月初七日

沅弟、季弟左右：

接初一日信，知已稳守十昼夜，曾岂凡之病伤亦得救全，至慰至慰。惟倪桂是弟左右第一奋勇可靠之人，竟尔阵亡，可悯可敬。弟从此亦须保重，不必常往危险之地。余从不以此等言劝弟，今守局已稳，与初到危险之时又当稍别，望弟酌之。

石清吉病莫能兴，派参将梁美材等三营遵调南渡，救援金陵。余以芜湖关系极大，又刘世墀请留升营守芜，余批令升营决须赴援金陵，而调梁美材三营督守芜湖。日内北风甚大，想升字营不能开赴弟处，弟催令升营陆续前进可也。调程学启之咨札，昨日搭洋船下去，初九可到。程学启或于十五后可抵金陵。王、程与弟之新勇三千到齐，纵外无援兵，弟亦可从内打出矣。

同治元年九月初八日

沅弟左右：

接吴竹庄信，尚留王同守芜湖。芜湖存，金陵之吉凶尚未可知；芜湖若亡，则金陵万无可救之理矣。且如此大逆风，王可升亦万无飞入金陵之法。弟若稍足自立，或即令王无庸离芜可否？祈弟酌之。

营垒之不得地势者，可否另筑一垒，移居其中，以养兵力？程学启一军，吾必调之至金陵助守。他事或办不到，此事必办得到，望弟坚忍以待。

同治元年九月初九日

沅弟、季弟左右：

连接来信，略为宽舒，然危险情状，仍流露于纸上。护军营勇有自金陵归者，言初四夜弟营无恙，又言初六在东梁一带见升营水陆急赴金陵。北风极大，恐初七尚未到。余忧灼之情，以初五夜为甚，不知是夜如何危殆？初六七夜，愁云暗淡，初八则月色清明，今日北风亦稍息矣。现备军火一船，专候轮舟到，拖带下去。此后弟之子药银米，不患不能解济，特目下十日恐缺乏耳。王可升既赴弟处，闻芜湖十分惊慌。万一芜湖失守，弟亦当安心坚守，总待王、程二将到齐，出濠与之决战。程学启未到之先，仍以坚守为主。

缩十营近西头，此法甚好，何为迟疑不决？凡用兵最重气势二字，此次弟以二万人驻于该处，太不得势。兵勇之力，须常留其有余，乃能养其锐气，缩地约守，亦所以蓄气也。

同治元年九月初十日

沅弟左右：

接弟信，局势稍稳，寸心稍慰。所备子药一船，派先锋官任祖文专解者，已附洋船拖带下去，计明日可抵金陵，此余近日一快心事也。一月内各处援兵皆可到齐，必有佳音。万一芜湖或有疏失，弟亦唯苦心坚守。王、程助之于内，李世忠助之于外，必可一战解围，切莫慌乱，至嘱。

同治元年九月十一日

沅弟左右：

初五早之捷，破贼十三垒，从此守局应可稳固，至以为慰。缩营之说，我极以为然。既不能围城贼，又不能破援贼，专图自保，自以气敛局紧为妥，何必以多占数里为美哉？及今缩拢，少几个当冲的营盘，每日少用几千斤火药，每夜少几百人露立，亦是便益。气敛局紧四字，凡用兵处处皆然，不仅此次也。

所需洋枪、洋药、铜帽等，即日当专长龙船解去。然制胜之道，实在人而不在器。鲍春霆并无洋枪洋药，然亦屡当大敌。前年十月、去年六月亦曾与忠酋接仗，未闻以无洋人军火为憾。和、张在金陵时，洋人军器最多，而无救于十年三月之败。弟若专从此等处用心，则风气所趋，恐部下将士人人有务外取巧之习，无反己守拙之道，或流于和、张之门径而不自觉，不可不深思，不可不猛省。真美人不甚争珠翠，真书家不甚争笔墨，然则将士之真善战者，岂必力争洋枪洋药乎？

闻霆军营务处冯标说，霆营现以病者安置城内，尽挑好者扎营城外，亦是一法。弟处或可仿而行之。将病者、伤者全送江北，令在西梁、运漕等处养息，专留好者在营。将东头太远之营缩于中路、西路，又将病伤太多之营缩而小之，或以二营并而一之。认真简阅一番，实在精壮可得若干人，待王、程到齐，再行出濠大战。目下若不缩营蓄锐，恐久疲之后，亦难与言战也。

穆海航在无为州，已札饬将抵征之项银米并收，闻百姓欢欣之至。弟托之办两月米粮，必做得到，即当告之。

同治元年九月十二日

沅弟左右：

天久不雨，秋末恐有久雨泥泞，此理势之必然者。吾意欲弟早早缩营，气敛局紧，常留有余，以与贼相持。一则恐雨后墙坍，处处不能照顾；二则王、程到后，抽队出战，亦须留队守垒，愈短愈紧，则愈易守也。宁国县城失守。朱守旌德，唐守徽州，十分吃重。春霆亦三面受敌，自顾不暇，不能援救弟处。弟惟待王、程到后，力战力守，庶有解围之一日，否则他处竟无援兵可盼。

昨信劝弟缩营并营，送病者伤者于江北，弟意果行之否？

同治元年九月十三日

沅弟、季弟左右：

都将军派兵四营来助守，固属可喜，而亦未必可恃。凡危急之时，只有在己者靠得住，其在人者，皆不可靠。恃之以守，恐其临危而先乱；恃之以战，恐其猛进而骤退。幸四营人数不多，或不致搅动弟处全局。否则彼军另有风气，另有号令，恐非徒无益，而反有损，弟宜谨慎用之。去年春间，弟不要陈大富一军，又不留成大吉一军，予深喜弟之有识有志也。

子药银米，予刻刻不忘，弟刻刻宜存节省之意，不必函函苦催。大约弟设身处地所能办到者，兄亦必能办到；兄所束手不能办者，虽弟设身处地，亦无如何也。

同治元年九月十四日

沅弟左右：

予于初四日接芗泉公牍，知伪侍王将续到金陵，忧悸不可言状。今弟此信尚有把握，又力赞王可升之将材，意者守局业臻稳固乎？王可升之精选右营、升字后营，须全行调赴金陵。升字皆新集之卒，弟不可恃之过深。其梁美材等三营，即今改扎芜湖。目下稍厚芜湖、金柱之声援，将来北岸有事，梁美材仍回守无为州也。

程学启尚在青浦，予已两次飞调，碍难忽行停止。少荃所派赴合肥招勇者，系张树声等五营，业已成军起行，予留之暂守运漕。万一孝感马融和一股下窜，北岸守住庐州、无为、运漕三处，庶不致掣动南岸全局。张树声等现虽置无用之地，然不可少也。

同治元年九月十五日

沅弟左右：

接专差携归之信，具悉守局已定。都部及升营现尚未派汛地，自是行有余力之象，至慰至慰。鲍军病者死者比之金陵更多，又有新河庄之挫，副中及峰、礼等六营折损颇多，不复成队；又有宁国县城之失，韦、洪两部全数溃败，是霆军之元气大亏，威望亦损。朱云岩既因坚守旌德，不能随鲍远行，则鲍亦独立单薄，未敢令其由官圩直取小丹阳，仍须以稳重为主。昨日已专缄告之，嘱其专剿宁国之贼，不必作援金陵之想。

弟处守战，皆须全靠自己，切莫盼望他人。其可盼者，只有都部与程、王两军及回湘续招之三千人而已。多礼堂一军，予与官、都、李四处具奏，渠亦迫思东还，大约十一月必到和州一带。只要处处守定，至冬间不患无转机也。火药实接济不上，弟当极力节省，子与银米，尚可敷衍。

再，去年三月十四日左季帅在乐平之战，全在善于蓄势审机。兹将渠原信寄弟一阅。兵无常法，弟不可泥左之法以为法，拘左之机以为机，然亦可资参采。大约与巨寇战，总须避其锐气，击其惰归，乃为善耳。

同治元年九月十六日

沅弟左右：

弟望火药迫切之至，而任祖文恰到，快慰可知。然火药实接济不上，江西省城全数搜括，不满四万斤，所望者仅湖北耳。弟须时时存节省火药之心，庶十月以后，犹可敷衍。

侍逆之党为左帅所攻，穷蹙之至。兹将左帅来信并伪文钞阅。蒋军恐难速来，然左公接予两信，当必分兵来助。徽、宁目下春霆一军实嫌单薄，予已调梁美材三营、周万倬四营助之。闻孝感之贼回窜河南，皖北又少一患。

同治元年九月十七日

沅弟左右：

接少荃、筠仙信，知程学启以守嘉定等处不能上援金陵。彼间既为大局所关，而弟之初心，亦本不欲调程将西来，弱松沪之力，掣少荃之肘。惟少荃另调所谓常胜军者，则殊非余之本意。常胜军前为华尔所带，余已不愿与之共事。今华尔已死，白齐文接统其众，其能战与否不可知，而其风气迥别，不能与弟军合处，则显而易知。渠既前来，则此间拦阻亦赶不及，只好听其自来，但断不可令入弟军长濠之内，只可令其先攻九洑洲、下关等贼垒，冀稍掣贼之势。如下游不能取胜，则令白齐文等由金柱关、采石上游夹击而下，虽未必大收其效，亦自无损于弟处，或亦善处之一道。白齐文部下名为洋兵，实皆广东、宁波之人，骄侈成俗，额饷极贵，弟军断不宜与之共处。凡长濠以内，总须主兵强于客兵，一切皆由弟作主，号令归一，而后不至偾事，至嘱至嘱。弟若有信至沪，亦须先与说明。

又接弟信，知两处地道同穿，皆经堵住，欣慰之至，转增忧悸，恐弟轻易出濠打仗，不敌贼之多且悍也。

同治元年九月十九日

沅弟左右：

梁美材等三营，弟令其替守芜湖，而腾出精右、升后归并金陵，正合余意。李世忠所部，系义渠、彤云等力劝余调之过江，助弟一臂之力。余一时心绪过忙，枪法遂乱，旋闻弟处局势稍稳，已止调矣。火药当再解二万斤，帐篷拟再解五百架，银钱则须顺风数日乃可过鄱阳湖而抵安庆，目下实无妙法可以速之。

伪忠王之初计，本以全力先攻鲍军，不知何以变计，改而先攻弟军，必有献策者言鲍军坚而弟军瑕也。看来一半月内该逆必不干休，必再多方猛扑。弟军若出濠打仗，恐正中贼之计，贼所求之而不得者。似以坚守不出为最妥，不必出而撄贼凶锋。半月以后，白齐文必至；一月以后，新募之卒必至。我有日增之象，贼处已竭之势，则我操胜算矣。弟意以为何如？

同治元年九月二十日

沅弟左右：

弟与芜湖、金柱三处既稳，只要春霆一无疏失，则各路皆可化险为夷。一至十月，新募之勇陆续可至矣。火药二万、银二万，均于明日起解。嗣后事事接济得上，不致缺乏。惟火药一项，望弟认真撙节，切莫大意。洋枪洋药，总以少用为是。余前接办张小浦之徽防，其弁目人人皆有洋枪，余令部下不必染其风，而张部亦次第裁汰。凡兵勇须有宁拙毋巧、宁故毋新之意，而后可以持久，弟莫笑我为老生迂谈也。

同治元年九月二十一日

沅弟左右：

贼之来援金陵，群酋大会二次，各路布置周妥而后来。贼处心积虑以求逞于我，我轻心深入，以侥幸于不可得之城。弟之骤进，余之调度，皆轻敌而不能精审。此次经一番大惊恐，长一分大阅历。如忠、侍等酋解围而去，弟当趁势退兵，以伤兵羸弱者循江滨退至金柱关，选精锐者整队追贼，追至大官圩、小丹阳一带，与鲍军互为声援。待新募之卒到后，认真整练，再行进兵。

弟由高淳、东坝、溧阳以进宜兴，鲍由建平、广德以进长兴，两路排进，相去常在百里内外。水师棋布于丹阳、石臼、南漪等湖，与陆军相去常在数十里内，旌旗相望。弟以金柱为后路根本，鲍以芜湖为后路根本，处处联络，庶无全局瓦裂之患。宜兴、长兴两城皆在太湖西岸，陆军到此休息停顿。待李朝斌水师办成驶入太湖后，陆军再行前进。此大局所关一年二年之军势，不可不早为定计。若长扎雨花台，以二三万劲旅屯宿该处，援贼不来，则终岁清闲，全无一事；援贼再来，则归路全断，一蚁溃堤。此等最险之着，只可一试再试，岂可屡屡试之，以为兵家要诀乎？望弟早早定计，贼不解围，则忍心坚守；贼若解围，则以追为退，不着痕迹。行兵最贵机局生活，弟在吉安、安庆，机局已不甚活，至金陵则更呆矣。

久晴之后，必苦阴雨；下弦之后，夜必晦暗。不知弟处仍能坚守否？缩濠恐长贼气，即可定计不缩。营中米粮子药，究竟尚可支若干日？我自能打算也。

同治元年九月二十四日

澄弟左右：

唐萍翁遽尔沦谢，深堪悼恸。吾兄弟宜共赙以二百金，以答渠始终不忘先大夫之雅意。

沅弟在金陵苦守已满一月，实属劳瘁异常。自闰月十九援贼初到，直至九月二十日，皆昼晴夜月，清和光明，近三日风雨阴寒，不知别有变症否？营中病卒虽多，而军心尚固，银米子药均尚敷用，或可化险为夷。吾此次焦灼，更甚于在祁门时。祁门关系一身之安危，此次则数万人之性命也。

同治元年九月二十四日

沅弟左右：

接弟二信，因余言及机势，而弟极言此次审机之难。弟虽不言，而余已深知之。萃忠、侍两酋极悍极多之贼，以求逞于弟军久病之后，居然坚守无恙，人力之瘁，天事之助，非二者兼至，不能有今日也。当弟受伤，血流裹创，忍痛骑马周巡各营，以安军心，天地鬼神，实鉴此忱。以理势论之，守局应可保全。然吾兄弟既誓拼命报国，无论如何劳苦，如何有功，约定始终不提一字，不夸一句。知不知，壹听之人，顺不顺，壹听之天而已。

审机审势，犹在其后，第一先贵审力。审力者，知己知彼之切实工夫也。弟当初以孤军进雨花台，于审力工夫微欠。自贼到后，壹意苦守，其好处又全在审力二字，更望将此二字直做到底。古人云：兵骄必败。老子云，两军相对，哀者胜矣。不审力，则所谓骄也；审力而不自足，即老子之所谓哀也。

药二万，银二万，及洋枪一批，日内准交轮舟拖带东下。其余银米子药，苦于逆风，不能到皖。望弟稳守，不可急于出濠打仗。十月间，吾再添派护军前往助弟。弟之新勇十月亦可赶到。昨日风雨，余极忧灼也。

同治元年九月二十五日

沅弟左右：

阴雨作寒，天黑如磐，极念士卒守濠之苦。能守过二十三四夜，则此后当就稳固。

春霆来信，病已全好，精神比前加倍，军心尚固。余又拨梁美材等营助之，计九月内必开大仗。渠处一经打动，则军势自可及于大官圩、小丹阳一带，可与弟处遥为声援。至十月，精右营、升后营必到，白齐文之常胜军必到，赵玉班所部省城守兵千人必到，不患兵事之无转机。江、粤报解之饷，尚有十一万两在外。沈幼丹派胡长芝解银二万、火药二万，指明直解金陵。余函商少荃，亦请其拨银数万直解金陵，不患饷事之无起色。只望弟与诸将勉力支持九月杪十月初之苦境，过此则渐入佳境。今日天气微霁，或不至久变，以苦我将士。

同治元年九月二十六日

沅弟左右：

排递一缄，具悉守局平稳。寄少荃信稿与白齐文一军约法三章，均属切要之语。总之危急之际，惟有专靠自己、不靠他人为老实主意。即如王可升一军，余久拟派助弟处，公牍私函不仅数次，至今月余，尚有二营未到金陵。则此外如程学启、蒋芗泉等军之不能应手救急，何足怪哉！

连日阴雨夜黑，贼于夜间猛扑否？余所虑者，雨后墙坍一变症，江滨水涸一变症，过此二者，皆能守住，则忠、侍虽围两年，亦无如弟何矣。

同治元年九月二十八日

沅弟左右：

日内因风雨严寒，长夜深黑，正切焦虑。防守严密，实有把握，为之大慰。只要雨后墙坍无变症，江滨水涸无变症，则虽久不解围，亦自无妨。

柴炭一项，今日派人去张家滩、殷家汇收买，若买得几十船则下金陵，亦有小补。白齐文来援之事，余信语气与弟寄少荃信语气相吻合。总之，危急之际，莫靠他人，专靠自己，乃是稳着。弟惟专待新勇到齐出濠一战，不必别有盼望。

硼炮交委员带回，甚是。在人不在器之说，余言终当验也。

同治元年九月二十九日

沅弟左右：

南云部卒杀至贼地道口，毙贼甚多，为之一慰。今日又晴霁，罗、朱、周、吴等邀同各营又获胜仗，从此太平、官圩、小丹阳之贼当难站脚，忠逆、侍逆之粮路柴路必已掣动。忠、侍若不解围以去，则必分兵回救太平一带。

洋枪机括弟营既善收拾，又勤于擦洗，予当令筱泉于粤厘项下购买。然我军仍当以抬、鸟、刀、矛及劈山炮为根本，譬之子弟于经书八股之外，兼工诗赋杂艺则佳，若借杂艺以抛弃经书八股，则浮矣。至嘱。

同治元年九月三十日

沅弟左右：

南云处地道已穿，从此东路应更稳妥，不知西路江边水涸尚有他变症否？周、王、罗、朱之捷，于贼之粮路柴路必有大损，或可不打而忠酋自退。

弟坚持不浪战之义，甚是甚是。凡行兵须蓄不竭之气，留有余之力，《左传》所称再衰三竭，必败之道也。弟营现虽士气百倍，而不肯浪战，正所谓留有余之力也。孤军驻雨花台，后无退路，势则竭矣。吾欲弟于贼退后，趁势追贼，由东坝进溧阳、宜兴，所谓蓄不竭之势也，望弟熟思定计。

同治元年十月初一日

沅弟左右：

昨夕接春霆信，似有小挫之象。宁国霆、凯两军，本较之弟军病者更甚，死者更多。凯章之病近更沉重，渠信来有“难支一月，料理后事”等语，可悯可敬。霆军病故猛将，如黄庆、伍华瀚之类，不可再得。吾前专忧虑弟处一军，今又深忧霆军矣。

同治元年十月初三日

沅弟左右：

排递一缄，知守局平安如常，至以为慰。大官圩等处之粮，多为我军所焚，则金陵援贼之粮必难久支，城贼之粮多寡则不敢必耳。计忠、侍引退之期，必不甚远。吾前有信，嘱弟以追为退，改由东坝进兵，先剿溧阳，以至宜兴，先占太湖之西岸。水师亦由东坝进兵，俾李朝斌先在太湖西岸立住脚跟，则战船处处可到，而环湖之十四府州县处处震动，贼则防不胜防，我则后路极稳，较之株守金陵者，有死活之分，有险易之别，但无赫赫之名耳。

凡行军最忌有赫赫之名，为天下所指目，为贼匪所必争。莫若从贼所不经意之处下手，既得之后，贼乃知其为要隘，起而争之，则我占先着矣。予今欲弃金陵而改攻东坝，贼所经意之要隘也；若占长兴、宜兴、太湖西岸，则贼所不经意之要隘也。愿弟早定大计，趁势图之。莫为浮言所惑，谓金陵指日可下，株守不动，贪赫赫之名，而昧于死活之势。至嘱至嘱。如弟之志必欲围攻金陵，亦不妨掀动一番，且去破东坝，剿溧阳，取宜兴，占住太湖西岸，然后折回，再围金陵，亦不过数月间事，未为晚也。吾兄弟誓拼命报国，然须常存避名之念，总从冷淡处着笔，积劳而使人不知其劳，则善矣。

同治元年十月初五日

沅弟左右：

连接九月两次来缄，具悉一切。

弟决计不肯少退，不肯改由东坝一路进兵，则余续寄一缄，弟亦必不以为然。第株守金陵，恐又成三年五年之局。援贼退，则苦其太闲；援贼来，又苦其太险。反复筹思，不得所以两全之法。且看张、鲍两军在宁国果能坚守否？如鲍军能击退杨、黄大股，再能乘势规复东坝，则金陵之后路亦不至十分空虚，从弟之策亦无不可。若鲍军不能却敌，或有疏虞，再行筹议。

少荃解来饷银五万，今日派长龙船送弟处。其洋枪洋药尚未到齐，到即专人解金陵也。少荃大获胜仗，忠酋不久必分兵回援苏、昆。其调张树声等赴沪，已飞札应之矣。

同治元年十月初八日

沅弟左右：

天气大寒，营中将士昼夜辛苦，极可怜念。初三四后，忠、侍两逆别有变相否？以少荃之歼毙听王，左、蒋之急攻汤溪，计忠、侍俱不能不回顾根本，或者再猛扑数日，乃始兴尽而返乎？

毛寄云协解火药至十一万斤之多，可感可敬。其被属员讦告之案，现饬官、严审办，不知果能不挂吏议否？白齐文一军日内果已西来否？厚庵部下诸将，与弟久处者不下十余人，弟察看其中可靠者以何人为最？弟营经此番风波，诸将之胆识力量、长短分寸，纤悉毕露，其中可带三四千人独当一面者更有何人？望详告我。

吾以洋枪比诗赋杂艺，而以劈山、抬、鸟比经书八股，弟复函深以为然，此处见解相合，亦一大机括也。吾以劈山炮为陆军第一利器，若食群子至五十颗以外，实可无坚不摧。皖局目下加意打造劈山群子，少迟再解万斤至弟处试用。去年吾寄弟信，言劈山炮食满群子之后，须用稻草球子封之，并须用搠杖多杵几下，将草球紧紧贴子，子紧紧贴药，药紧紧贴膛，则群子之所及，又远又宽矣。弟须将各营亲口教之，亲眼验之，乃不失劈山炮之妙用，无谓各营皆已善用劈山而不加察也。

同治元年十月十二日

沅弟、季弟左右：

伪忠王既回苏州，伪侍亦不久必退，日内想弟处已解围矣。

春霆初六七日来信，甚忙乱无主张。渠军好手故者、伤者太多，亦有抱怨而散去者。目下粮路已断，众心多离，深为可虑。

两弟决志不肯退兵，余亦不遽相强。但须鲍军得手，乃可定计。鲍军幸而获胜，宁国幸而保全，则弟处或退或否，尚易布置。鲍之老营倘有疏失，则宁郡必困重围之中，不得不调弟回驻芜湖、金柱，进援宁郡，即不去援宁，亦必退保芜湖。鲍军之安危，总在三五日内可决，弟之行止，视鲍军为权衡也。

同治元年十月十三日

沅弟左右：

昨日一缄，言弟军之进止视鲍军之利钝以为权衡。本日接春霆来信，贼在西河坚扎墙垒，霆军进剿，未能扑动。吾观霆军之布置散漫，主意慌乱，人心离怨，恐此次必难支持。而其病者死者比他军独多，似亦冥冥中有主之者。鲍、张果有挫失，则芜湖、三山等处必十分吃紧。中段空虚，弟在下游断难久站。不如趁金陵贼退之时，鲍军未败之先，以追为退，以东西梁山、芜湖、金柱、运漕、无为为弟军之基业，然后相机再进，庶为可战可守、可伸可缩之军。

咸丰五年，余率水陆驻扎南康，志在攻破湖口一关。五、六两年竟不能攻破。七年余丁忧回籍，寸心以此为大憾事。罗罗山于五年八月至南康、湖口一看，知其不足以图功，即决然舍我而去，另剿湖北。其时有识者皆佩服罗山用兵，能识时务，能取远势。余虽私怨罗山之弃余而他往，而亦未尝不服其行军有伸有缩、有开有合也。观多公之决志不肯南渡，与各军秋间之多病，霆营目下之难支，是天意不欲遽克金陵已可概见。吾辈当一面顺天意，一面尽人事，改弦更张，另谋活着。

古人用兵，最重“变化不测”四字，弟行军太少变化。此次余苦口言之，望弟与季弟审度行之。即日退扎金柱、芜湖，分五千人至湾沚、西河助剿，所以救鲍即所以救张，即所以保全局而救阿兄也。若弟坚执前议，果扎金陵不肯挪动，鲍挫而张必随之，在余之公局固坏；而弟以重兵屯宿该处，如余之株守南康，和、张之株守金陵，弟之私局亦必坏，望弟详思之。凡行军言退，万众不愿。此次弟为救鲍而退，与寻常之退迥不相同，可以告麾下将士，亮余苦心耳。弟若决不肯退，则请拨王可升一助春霆，可乎？

同治元年十月十三日

沅弟左右：

本日已专送一信，劝弟趁势退兵，分五千人救援鲍军，不知何日可以接到？继思金陵援贼尚未退净，若不能打开后路，虽欲退兵至金柱、芜湖一带而不能。一切仍听弟作主，可退则退，不可退则姑少留，予不遥制也。

同治元年十月十四日

沅弟左右：

昨日午刻寄一缄，欲弟退金柱、芜湖，而拨五千人援救鲍军。灯后又寄一缄，言进退由弟自行作主。今日接弟缄，竟不知弟后濠之外尚有贼垒否？已退净否？予日内忧灼愤郁，寸心如焚，不复能细思大事。弟当打退援贼之后，精神可为一振，宜将全局细思。

鲍军挫失，宁郡不保，中段必一片荆棘，三山、大通、荻港等处，均虑复为贼有。弟处饷道，终久必梗，不如趁早退守芜湖、金柱，弟犹可以北岸为根本，弟两年所克城隘犹可自保。若不早为之所，后恐求退而不得，求保芜湖、金柱而不得。特此再商，望弟裁断。

同治元年十月十五日

沅弟左右：

后濠之外，究尚有贼若干？已解围否？两次嘱弟退兵，改由东坝再进，弟复信皆深不以为然。昨又恐弟兵有难遽退之势，补发一信，令弟自行斟酌。

总之，用兵之道，全军为上，保城池次之。弟自行默度，应如何而后保全本军。如不退而后能全军，不退可也；如必退而后能全军，退可也。至于鲍军纵有挫失，而江面总可保全，大通、获港等处厘局纵或被扰，而水中粮运总可常通。余十三日信言弟处运道终恐梗塞，系忧灼过虑之辞，亮必不至于此耳。

同治元年十月十六日

季弟左右：

此次保全粮道，联络水师，援应东路，厥功甚伟。皇天不负苦心人，或终有树立勋名之日。

余近来心绪忧灼，迥异往年。前以金陵勇夫三万余众，一有疏失，全无归路；近以鲍军三次小挫，恐宁国不支，全局瓦裂；又见兵勇日增而可靠者少，饷项日绌而掣肘者多，日夜愤郁，绝少欢悰。

雨花台此次幸得保全，千辛万苦，成此规模，本无言退之理。惟恐鲍、张宁国或有差池，则上游糜烂，下游金陵一军亦难孤立，故余三次寄信与沅弟，商所以退兵之法。然关系太大，余亦不敢遥制，听沅与季自行作主可也。至弟仍伸前议，亦听两弟自主。若不退兵而坚扎原处，弟回籍一行，当无不可。

同治元年十月十七日

沅弟左右：

今日接春霆信，较为宽舒。清弋江业已扎住，粮路当不至终梗，能将宁郡风波禁过，此后更宜大加整顿。弟处各营有最弱者，或裁或并或换营官，总宜时时存一整饬之意。弟初赴吉安时，不过三千人，足打一枝大贼。今增至八九倍，而野战似尚无把握。练兵如八股家之揣摩，只要有百篇烂熟之文，则布局立意，常有熟径可寻，而腔调亦左右逢源。凡读文太多，而实无心得者，必不能文者也。用兵亦宜有简练之营，有纯熟之将领、阵法，不可贪多而无实。春霆今统万余人，而不逮往年三千四百人之可靠，可以为鉴。

同治元年十月十九日

沅弟左右：

季弟究系伤寒症否？近大愈否？吾每以季之多病为虑，尤以其果于自医为虑。以后季或有疾，总嘱其莫轻服药，至要至要。

春霆一军危急，吾日夜忧灼。梁美材等三营本不可恃，渠令其孤立抱龙冈，旋又令其移扎寒亭，吾甚忧之。何绍彩四营十五日自安庆开下，吴廷华二营十八日自安庆开下，弟又新派王可升五营前去一助，兵力不为不厚。然无一统领调度得宜，则此皆如散钱委地，不足恃也。王可升尽可由陆路至芜湖，或由大胜关渡至北岸，再由神塘河渡至南岸三山等处。

弟但知采买者过厘卡之怨声载道，而不知陆兵掳船之怨声之倍之也。

同治元年十月二十日

沅弟左右：

宁国之事，据凯章言，老湘营守郡城，决可无碍；鲍、宋守高祖山、清弋江两处营垒，或亦尚可支持。如不能支，只好调皖北希部来救宁郡。蒋军正在力攻汤溪之际，又恐侍逆回浙，必不能饬芗救宁。吾每说军事但靠自己，莫靠他人，盖阅历之言也。左帅此次派王文瑞带三千五百人援徽，已是力顾大局之举，不可又责望芗军也。平心而论，鲍、张二军尚不能守一宁国，求援于人，实难措辞。

弟在军已久，阅事颇多，以后宜多用活兵，少用呆兵，多用轻兵，少用重兵。进退开合，变化不测，活兵也；屯宿一处，师老人顽，呆兵也；多用大炮辎重，文员太众，车船难齐，重兵也；器械轻灵，马驮辎重，不用车船轿夫，飙驰电击，轻兵也。弟军积习已深，今欲全改为活兵、轻兵，势必不能，姑且改为半活半呆、半轻半重，亦有更战互休之时。望弟力变大计，以金陵、金柱为呆兵、重兵，而以进剿东坝、二溧为活兵、轻兵，庶有济乎。

同治元年十月二十三日

沅弟左右：

金陵解围一案，季弟请奖一节，实不宜形诸公牍。在我既不能奏请奖弟，在官、李又不能不奏军情专奏保奖，陈述数行，徒觉词费。

朝廷立法，所以待大员子弟防范颇严，如在京不准保送军机，不准保送御史，皆因其声势较广，恐其营私树党。咸丰初元，孙苻卿保杜芝农之子，杜保孙之侄，当时物论切讥之。季弟劳绩虽多，吾二人只可置之不议。方今督兵者，如胜、袁、都公，皆有子弟在营，若非皇上特恩，皆只能叙“不敢仰邀议叙”六字而已。

朱云岩昨日一禀，言旌德万分危急，吾调周万倬由泾县往援，不知赶得上否？看来宁国纵能幸保，而徽、池与江西必难瓦全，不知决裂始于何处耳。吾前两次寄信，嘱弟以追为退，曾商之左中丞。兹接渠回信，亦不以退兵之说为然，与弟前后各信多相同者。惟渠言外之意，觉弟兵不可野战，吾则因金陵士卒用命，乐为之死，觉弟兵尽可野战。不知弟自度己力，野战果有几分把握否？要之能得众心，未有不可酣战之理。望弟决从余计，分作两大枝：一枝呆兵，屯扎金陵；一枝活兵，凡金柱、东坝、小丹阳、二溧、句容等处，听弟择地而驻，相机而进。有急则两枝互相救应，去金陵总在二百里内外也，何如？

同治元年十月二十四日

沅弟左右：

季弟病甚不轻，曷胜惦念。今年季之劳苦功多，既不得邀世俗之荣，乃求一日之康强健爽，而天意亦尚若吝之，然则人生事无巨细，何一不由运气哉！

鲍、张粮运已断，吾竭力以办陆运，而连日大雨如注，万不能运，可忧可怖。弟欲饬鲍、张退兵，此时万不能退。其无勇列队，无夫搬运，与弟相同；而其无退步立脚之处，则更不如弟之有金柱可驻守，有江滨可搬运矣。

蒋军即来援，亦必在一月以后，远水难救近火。鲍若果挫，予当自立一新军，自打数大仗，以毕吾余生，遂吾初志。弟则须另立门面，分为呆兵一枝，活兵一枝。呆兵坚筑石垒，缩小地方，活兵多或二万，少亦万四五千，与呆兵之在金陵者更番休息，千万依我行之。

九洑洲势甚危急，李世忠断不足恃。如何如何！

同治元年十月二十五日

沅弟左右：

季弟病沉重之至，曷胜廑念。魏姓医不知向来手段何如？以吾观季弟病症，似不应服大黄者。日来果有转机否？能勉强坐船来安庆就医调养否？弟向来体亦不甚结实。今年各营疾疫，过于伤感；援贼久战，过于劳苦，亦须加意调养，切不可自恃康强，多劳多忧，至要至嘱。

东路八营，趁援贼已退之时，赶紧缩入中圈之内。如果援贼再来，省一半精力，即刘、武、朱、吴诸公，亦可多睡一觉，少吃一惊。予昨日有公牍，令弟拨大炮十二尊与李世忠，即是将东路八营缩退之计，望弟决计早缩，切莫迟疑。大炮守墙，予嫌太笨。现造就劈山炮，专为守墙之用。弟以后宜少用笨重之物，此陆军第一要诀。

同治元年十月二十七日

沅弟左右：

来信欣悉。季弟之病已愈六七分，能进饮食，为之大慰。

李世忠虽十分危迫，然渠始终亲驻九洑洲行营，当非遽不能支之象。惟浦口官营被贼攻扑，颇不可解，岂新开口业已干涸，贼已遍行北岸耶？否则贼能渡大江而至九洑洲，不能遽渡新开河而至北岸？若贼已遍行北岸，则和、含、巢、庐，上至舒、桐、潜、太，处处可虑。余拟将希庵部下之驻寿州、霍邱、三河尖等处者陆续抽出，移至六安、庐州、巢、含等处，免致已复之城尽隳前功。

苗沛霖前后所上僧邸各禀，痛诋楚师，令人阅之发指。僧邸所与苗党之札，亦袒护苗练而疏斥楚师。世事变化反复，往往出乎意想之外。所谓道高一尺，魔高一丈。不饱历事故，乌知局中之艰难哉！

弟信均已接到，添募新营，尽可允许；不变换局面，则断不能允许。前此向、和以重兵株守金陵，不早思变计以图灭贼，吾尝讥其全无智略，今岂肯以向、和为师，而蹈其覆辙乎？再添十营，从弟之请可也；金陵老营永不拔动，从弟之计可也；至以数万人全作呆兵，图合长围，则余断断不从。予之拙见，总宜有呆兵，有活兵，有重兵，有轻兵，缺一不可。以万人为呆兵、重兵屯宿金陵，以万人为活兵、轻兵进攻东坝、句容、二溧等处，以八九千人保后路芜湖、金柱，随时策应。望弟熟审，以此次回信定局。

同治元年十月二十八日

沅弟左右：

昨日接朱云岩禀，旌德业已解围，徽州得以安枕，为之欣慰。九洑洲渡江之贼既不满万，或不致竟犯北岸。吾两月忧怀万端，至是稍释一二。只求季弟病体痊愈，宁国粮路大通，鲍、张再稳支一月，则大海风涛，又得安渡彼岸矣。

弟处东头八营已缩入中圈之内否？全军分为两枝、一呆一活之说，已定局否？幼丹中丞将江西漕折全数截留，此后饷项愈绌。又洋人将于安庆、大通、芜湖新立子口，皖厘亦必减色。然应添之营，仍不敢缩手不添。现令申夫添立一军三千人，一切仿照霆营规模，不知将来有成否？

同治元年十一月初一日

沅弟左右：

予日内忧煎，有甚于祁门极困之时。季弟得焦听堂诊治，用药不至大错，果日愈否？弟忧劳过甚，精神尚能强支否？此时吾兄弟惟有强作达观，保惜身体，以担国事，以慰家人，别无它策。

万篪轩顷送辽参壹两，吾拟备价百二十金与之，不知渠肯收否？吾已蒸食一钱，似尚有力量，余九钱兹专人送金陵，季弟病后，服补剂时可酌服之，但不宜太早，须外症退净，毫无反复之时，乃可蒸服。温弟在江西病时，竟系此物之功。弟劳苦过甚，亦可分食少许。

冬笋两担带去，各营官处可分馈数枝。北岸事已决裂，南岸鲍军不知尚可支持否？

同治元年十一月初四日

沅弟左右：

昨日接唐鹤九、李嘉漋二禀，言巢县失守，与侯朝栋一禀不甚符合。现调张树声五营守无为，吴长庆等新四营守庐江，不知赶得上否？目下事机不顺，有万箭攻心之象。然北岸最要者，惟安庆、庐州、无为、桐城、西梁、运漕六处；南岸最要者，惟金陵、宁国、芜湖、南陵、金柱五处。尽吾力之所能，保一处算一处，此外则付之天命而已。

同治元年十一月初六日

沅弟左右：

季弟病略转轻，为之少慰。

日内心中有三大虑，一曰季病，二曰皖北，三曰宁国。今季病有转机，略纾一虑。皖北之事，得弟信，派树字五营守无为州，初一业已过江，初三或可进州。守此一城则骊珠在握矣。余又留吴长庆四营守庐江，调萧、毛等七千人来庐州，中旬可到。调江味根来皖北，新年可到。是皖北之大虑，或可徐纾。惟宁国一虑，反无把握。伪侍王似尚在东坝、小丹阳一带，日内或攻弟营，或攻金柱、芜湖，皆意中事。望弟商之诸公，专重南岸。其北岸之事，只要无为州不失，自可徐徐料理，予能担当也。

至弟处轻兵、重兵之说，且待此三虑纾后再行熟商。到明年二三月后，弟或以予之言为然，亦未可知。

同治元年十一月初八日

沅弟左右：

昨日未接弟信，不知季弟病势何如？庐州有六营，无为有五营，业经守定，必可放心。庐江新营未齐，若贼不遽犯，五日外即可固守。三河有解先亮之三百人，当可保全。萧、毛七千人，二十以内可齐集舒城，皖北大局，不致决裂。

余所虑者，忠酋往年以偏师攻破浙江，分官军之势，而以全力攻扑金陵老营。此次或以攻窜和、含、巢、庐，效往年破浙之故智，而以全力再攻弟营与金柱。不知弟部下诸将，能如前此四十六日之坚守否？

同治元年十一月初九日

沅弟左右：

季弟业已出汗大解，应可放心。凡伤寒、瘟疫两症，所最难得者大解耳。

弟之所忧三端，余亦同之。余以季病为第一患，宁国为第二患，皖北为第三患。盖宁国鲍军站不住，则弟军五百里毫无声援，进退两难也。皖北之贼虽多，吾坚守庐郡、安庆、无为三城，调希部由舒城进兵，调江达川、味根由桐城进兵，或尚可以挽救。旌德贼退后，陷太平，至黟县，去祁门仅六十里，不知王钤峰、唐桂生能速由徽援祁否？祁若不保，则皖南全局立坏，此又三患外之一大患也。

同治元年十一月十一日

沅弟左右：

季病又有反复，实深忧悸。弟自闰月以来过于忧劳，此刻且将添勇与否，活兵、呆兵之说，一概置之度外，待过年后再议。

江北之事，守住西梁、无为、庐郡、庐江、三河，又调萧、毛二军来舒城，调达川、味根来桐城，尽可支持。皖南泾、旌二县已稳，所患者鲍军与祁门耳。此等处自关国运，吾近亦稍宽怀，以愁之不胜愁也。

饷项日绌，吾近又添人万余，明年断难支持。然地广贼多，亦只好姑且添兵，以资抵御。待明年二三月，希庵与二江同到，吾决计率万人至芜湖、金柱等处，为弟打通后路，兄弟相会耳。

同治元年十一月十八日

沅弟左右：

本日接初八日谕旨廷寄各一道，弟蒙恩赉黄马褂料一件、袍料一件、扳指一件、翎管一个。季弟蒙恩以知府用。谕旨两道钞录，专人送去。请奖请恤各员，均已照准。弟须专折谢恩，余可代做代写。接弟公牍，已派朱洪章千人守东梁山。以后可不再派，老营亦宜微有余力也。

同治元年十一月十九日

沅弟左右：

季弟之病，微有转机，不知十五以后又复如何？伤寒而反复者，每以服药致误，服补药则更易误。欲求季之有转机，弟须坚持不复服药。今年吴彤云之病，予坚持不服药之说，果得痊愈。虽不可一概而施，然亦可见病情反复之时，惟不服药而症乃有定象也。

同治元年十一月二十二日

沅弟左右：

接弟十八日辰刻信，知季弟溘逝，哀恸曷极！应商之事，条列于左：

——余准于三日起行赴金陵，本月内准到。一则与弟商季弟后事及营中各事，一则亲接季弟灵柩，由金陵护送至安庆。载灵榇之船不必大，取其轻便易行者。予坐一长龙船，季榇载一民船，各用数号舢板拖带，庶上水稳而且快。至安庆后，应否另换大船，俟与弟面商。

——季弟请恤事，应请少荃出奏。上海现在有威林密轮船在此，二十六七日可过金陵，余信弟信，均可由该船带沪。

——季弟部下五千人，自当归并弟处统领；若另有可分统之人，俟余与弟相见后再行下札。弟久劳之后，继以忧伤，务当强自宽解。予于兄弟骨肉之际，夙有惭德，愧憾甚多。弟则仁至义尽，毫无遗憾，千万莫太悲伤。

——弟信须洋药等物，余当带洋药万斤、洋帽二十万、洋枪四百杆亲交弟处。白齐文在上海大闹，兹将筠仙原信付阅，该军断不来矣。只要春霆站得住，军务尚可支持也。

同治元年十一月二十三日

沅弟左右：

昨日发两信，定于二十四日起程赴金陵，坐威林密船以行。而此间官绅上下纷纷谏阻。今早接弟信并与澄侯一信，知季弟之灵柩，拟于二十四日开船上行，余若坐轮船以往，必在中途错过。余即不赴金陵，留此迎接季榇，而请罣山至金陵一行，代余慰视老弟。应商事宜，再行条列于后：

——余署附近有一大屋，将买为湖南会馆。季弟灵榇，即迎置其中。一切开吊行礼，俱甚方便。加漆多则七次，少则五次，每次必须三日，不可草率。湘潭既不上岸，不可加漆，不如即在安庆停二十天，尽漆六七次。一切丧礼应行之仪，皆在安庆行之。余昨与罣山商，拟令季榇仍进曹禾冲，再行开堂发引。今弟意令季榇由北港登岸，舁葬马公塘，则是湘潭固不上坡，紫田亦不进屋，宜在安庆备行诸礼，而加漆尤为要务，在此停留两旬无疑。

——刘南云三营，宜仍留金陵，兹派戈什哈持令箭公牍至中途截令折回。无为州有树字五营，尽足坚守。吾又派萧、毛七千人从无为进兵，更可放心。李幼荃有才，与少荃相等，将来必成伟器。穆海航德优而才亦并不劣，幼与海水乳交融。吾以无为付之二君，尚属付托得人。其城存钱米，俟闭城断接济时再行支放。火药已解到万斤，弟不可疑余与幼、海毫无准备也。弟谓余用人往往德有余而才不足，诚不免有此弊，以后当留心惩改。然弟若疑幼、海为无才之人，所见差矣。

同治元年十一月二十四日

沅弟左右：

兹请罯山至金陵一行，劝慰老弟宽怀，专以国事为重。不带勇则已，带勇则死于金陵，犹不失为志士。弟以季之没于金陵为悔为憾，则不可也。袁简斋诗云“男儿欲报君恩重，死到沙场是善终”，当时以为名句。季榇到安庆，余必加漆五次，大约停住两旬。罯山至金陵，小住十日可也。

同治元年十一月二十五日

沅弟左右：

季榇到皖，余决留二十天，以加漆为第一要务。或作传，或作墓志，即于此二十日内为之。题主、派炮船等事皆极易办，弟可放心。弟于天伦骨肉之间，尽情尽礼，毫发无憾，余则歉憾甚多，然送死大事，亦断不敢草率。

春霆闻讣丁继母忧。虽以缄牍慰留，然其军心涣散，殊切隐虑。萧、毛从北路柘皋打巢县，刘、张从南路无为打运漕，本极妙着。余先不知南云之来，已令萧、毛由南路进兵，今始悔失算矣。

同治元年十一月二十六日

沅弟左右：

季弟无生前合意之室庐，弟因定在北港登岸，径舁至马公塘与叔父合葬，此议甚妥。余在安庆为之开吊设奠，多滦几次。安庆系季立功之所，亦尚妥也。

同治元年十一月二十八日

沅弟左右：

昨日发信后，接弟信并祭文一篇，至性至情流溢纸上，有不可磨灭之状。观老弟天性之厚，将来福泽当有不可限量者。

季弟之主，明日可以毕工，主用栗木，匣用楠木。闻徽州漆甚好，已函请祁门粮台购买。

同治元年十一月二十九日

沅弟左右：

余之定计，以萧、毛进无为一路，不进柘皋一路，盖亦略有苦心。当时不知弟派南云上来，无为究嫌力薄，一也。柘皋等处，无米可办，无夫可雇，二也。进南路，恐贼从柘皋以攻庐郡，其祸迟；进北路，恐贼从盛家桥以犯桐城，其祸速，三也。前此迭接弟信十余件，皆言北渡之贼气浩大。李世忠之咨，则更言贼多且悍。吾因萧、毛皆系中才，恐不宜置之柘皋用马用众之地，四也。

今调度已定，纵然错误，无可挽回，只好听之而已。上湖南之勇，远胜于长、善一带，极是极是。鲍营近日逃者纷纷，恐终决裂也。

同治元年十二月初一日

沅弟左右：

南云已抵无为州，自无遽回金陵之理。春霆至黄麻渡，回高祖山老营。据报，黄麻渡之下小淮窑地方被贼占据，水运又已不通，恐其再窜三山、繁昌，梗我陆运，则大局去矣云云。余以鲍军久困该处，军心涣散，逃亡相继，实深忧灼。拟令南云三营再由无为南渡，会合周、吴、罗、朱等营痛剿一次，或剿湾沚，或剿石垵。两处能打开一处，鲍军乃有生机。临阵打仗，则以刘南云为主；事前布置，则以厚庵为主。不知办得到否？赶得及否？望弟细心筹度，与厚庵、南云、竹庄及诸将商之。

昨日为季弟写铭旌，自外入室，闻檀香甚烈，意戈什哈等焚之，以致诚敬。及至写毕一问，并无人焚香者，殊为可异。阅邸钞，何根云已正法。本日接寄谕，胜克斋又革职拿问矣。

同治元年十二月初二日

沅弟左右：

忠酋如果回苏，则江北与金陵之事或可渐松。严州既破，侍逆亦必旋浙。所虑者，专在春霆一路。吾忧灼太久，只好委心以听天命之自然。

弟意季弟之榇不可久羁安庆，不必入城，亦有所见。惟此间公馆一切供张已备，又新作大杠、棺罩，同城官绅多有备礼者。入城治丧，亦世俗哀荣之一端。故京师刻讣闻者，做高脚牌者，均争此一节。本年周军门天受柩来安庆，力请入城，余许之；黎寿民柩求入城，余亦许之；杨镇魁柩求入城，余未之许，乃请一咨求入长沙城，其家因此生感。将来季榇入安庆城，设奠数日，但不久停耳。

同治元年十二月初四日

澄弟左右：

三次寄缄论季弟丧事，想均接到。闻季弟灵榇尚在西梁山一带，不知何日始达安庆。皖北暂有平稳之象，惟鲍军十分危急。鲍若不支，则宁郡之老湘营亦必难坚守；宁若不支，则徽州亦难久守。日夜忧灼，无可设法。

余以军务处处棘手，又遭季弟之变，寸心如焚。纪泽须留家中办季弟大事，二三月尚不能来营。但望军事稍顺，则余怀可渐渐舒畅矣。季弟柩过安庆，余欲留停二十天，一则多漆几次，二则到家后不进曹禾冲等屋，直进马公塘，则一切丧礼应行之仪注，即在安庆行之。且待到此后，再行斟酌。

家中诸子侄，望弟概教之习劳起早，不轻服药，一切照星冈公在日规矩，至嘱至嘱。

同治元年十二月初九日

沅弟左右：

今日卯正，季弟灵柩至宝塔下。余登舟迎至盐河卡登岸，阖城官绅均在江滨迎接，进西门，入公馆。祭幛祭筵甚多，其中亦有全无瓜葛者，却之不情，受之有愧，颇难处置。拟停住数日，即送之登舟西归。船尚宽大，尽可在舟中加漆也。

同治元年十二月初十日

沅弟左右：

两日未接弟信，不知金陵各营平安否？季榇到此已一日，外间幛联颇多，联无十分称意者。余因书一联云：

英名百战总成空，泪眼看河山，怜予季保此人民、拓此疆土；

慧业多生磨不尽，痴心说因果，望来世再为哲弟、并为勋臣。

亦不称意也。今日已漆一次，拟在此漆五次，二十日发引登舟。少荃信来，欲为季请谥、请祠、请加衔立传，恐已在官奏之后，兹将少荃信钞阅。

朱云岩因前调青阳之檄，已弃旌德城而回徽。宁郡四面皆贼，深恐难支。

同治元年十二月十一日

沅弟左右：

弟近日肝旺动气，此系忧劳太过之故。饷项本日已解五万，拟再解五万为度岁之资。合之各卡厘金，必足一月满饷。保举饬知，早经办毕，俟弟营便弁带去。

季椁定以十九日设奠题主，二十日发引登舟。余缄告澄弟，令择二月季或三月为季葬期。盖长江上水，逆风其常，而顺风其变也。

弟肝气旺，最易伤人。余兄弟皆禀母体，本难强制，然不可不以静坐制之。至嘱。

同治元年十二月十二日

沅弟左右：

昨寄缄后，罦山恰到，道弟虽忧劳过甚，而精神完足，为之少慰。

余在季公馆三宿，今日仍回本署。至盐河一看，新城已修十分之八，十五六可竣工矣。九洑洲图迄无善本，余请人画一幅，以应恭邸之求。兹将副本寄弟一阅，果不甚差谬否？

春霆久无来信，悬系之至。昨夕拟为季弟作墓志，竟夜未成一字，却又得挽联一副云：

大地干戈十二年，举室效愚忠，自称家国报恩子；

诸兄离散三千里，音书寄涕泪，同哭天涯急难人。

或用弟名写之，或不写，未定也。

同治元年十二月十三日

沅弟左右：

季弟蒙恩追赠按察使，照按察使军营立功后病故例议恤。南云之三营营官、哨官皆已来见，武、朱三营之营、哨官尚未来见。关防六颗，皆已刻就。安庆存马，系副都统明兴所管，未便令其交出。季弟恩旨钞阅。南云来打湾沚之说，且听厚庵裁夺。

同治元年十二月十五日

沅弟左右：

弟处气象日稳，为之少慰。萧军克复运漕，闻将进剿铜城闸。鲍军粮路虽未大通，而古、赖等专人至霆营投诚，黄、胡等逆亦自狡而不悍，或者支撑此局，风波渐定，亦未可知。

季弟棺漆过三次，而匠工不甚精细，此后当亲监教之。铭旌必须改写，旧者对灵焚化。余生平不信鬼神怪异之说，而八年五月三日扶乩，预料九江一军之必败，厥后果有三河之变，及昨二十九日写铭旌时，异香满室，余所亲见亲闻，又觉神异之不尽虚妄也。

弟蒙赏之衣料，宜制成后拜赐服之。服数次后敬谨收藏。将来兄弟所得赐物、诰轴，概藏于先大夫庙内。

同治元年十二月十七日

沅弟左右：

弟处气势渐旺，深以为慰。宁郡、泾县二城之米，均可支至正月中旬。春霆营中之米，亦可支至腊底。若南云能帮打三山等处，则皖南亦必平稳。春霆于前招七千人外，又派人至三厅续招五千，于营中自借银一万六千带往，不支粮台东局之银，可谓尽心报国。其回籍治丧之意颇切，若能打开东坝，或须允准。

九月十二日恩诏，予与弟皆原官未曾升调，不能另为祖父请封。凡遇覃恩，既不为祖父请封，则亦不准貤封他人，但可为本身妻室请轴耳。弟尽可请本身夫妇诰轴，不必谦也。澄弟不肯受头品诰封，言乡间不便举动，亦颇近情理，或待其过五十后，弟再行貤封亦无不可。

同治元年十二月十八日 夜湖南会馆

沅弟左右：

季弟墓志作就，不甚称意。唐鹤九所寄挽联极佳，云：

秀才肩半壁东南，方期一战成功，挽回劫运；

当世号满门忠义，岂料三河洒泪，又陨台星。

余欲改“成功”二字为“功成”，改“洒泪”为“痛定”，似更妥叶。余仅派戈什哈一人送季棕。盖以弟所派诸人，凡事皆有条理，不必更派文武委员，反虞纷乱也。

同治元年十二月二十夜

沅弟左右：

季弟身后附身附棺之事，弟在金陵已筹虑周到。其礼仪虚文之事，余在安庆亦颇周到。回籍后尽可如弟之策，径进马公塘山内，不必再入荷叶宅中，余当切告澄弟及子侄等也。

地图甚为精细，与余所绘九洑洲图大致相类。明兴之马八十匹不能给弟，此外亦无购马之法。拟再解银五万两，日内竟无到者，忧灼之至，只好先解钱三万串，与弟略资点缀。

弟因时贤开府论及“不仁而在高位是播其恶”一节，极是极是。余三年以来，因位高望重，时时战兢省察，默思所行之事，惟保举太滥，是余乱政，不办团，不开捐，是余善政，此外尚不了了。

曾文正公家書

〔下〕

家书 卷九、卷十
旧版未刊家书补编
家训 卷上、卷下

〔清〕曾国藩 著

中国书店

目录

曾文正公家书

卷九 家书

目录

同治元年壬戌十二月二十二日

澄弟左右：

接弟来信，知已得季弟沦逝之信，将在荷叶宅内为季治丧发引。季弟此次身后之事，沅在金陵办得十分整齐。余于初九日接进安庆，二十发引登舟，一切未敢稍忽，大致与七年先大夫之丧礼仪规模一一相似，亦系新制六十四人轝，新制高脚牌。挽联稍少，祭幛则较七年更多。身后之虚荣，在季弟可称全备。前沅弟意季到湘乡后，不必更进紫田、荷叶等屋，余意亦以为然，望弟即照此办理，将季榇从北港径至马公塘山内，千妥万妥。古人云："祭不欲数，数则烦，烦则不敬。"祭尚不可烦渎，况丧礼而可烦渎乎？余系一家之主，安庆系省会之地，又系季弟克复之城，一切礼仪在此行之，即在此发引登山，想季弟之英灵，亦必默鉴，深以为然。

再，季弟灵柩，自金陵至安庆七百里而走十六日，甚为迟滞。此次二十日自安庆开船，计程至湘潭二千里，应须四十余日乃可到潭，当在二月十五后矣。然风信无定，或遇顺风，早到亦未可知。自湘潭至北港，又须七八日。家中办接柩事，总在二月初十以后。葬马公塘则不进荷叶，不葬马公塘则必进荷叶，二者听弟一言决断。余与沅相隔太远，往返商酌，恐致误事，不敢遥断也。

季弟升知府、赠按察使两次谕旨寄回。李中丞又奏请照二品例议恤，请谥请祠，恐更有后命。二十日业经题主，恐须改题耳。

同治元年十二月二十三日

沅弟左右：

少荃为季弟请谥请祠折稿昨日寄到，兹钞寄弟阅。目下之是否俞允，殊不敢必。但吾与弟将来若再立功绩，克复金陵，则请谥亦终可望允准。两宫太后及恭邸力求激浊扬清，赏罚严明，但患无可赏之实，不患无不次之赏。而罚罪亦毫不假借，如去年之诛二王一相，今年之戮林、米与何，近日拿问胜帅，又拿问前任苏藩司蔡映斗进京，谕旨皆严切异常。吾辈忝当重任，不恃无意外之罚，而恃无可罚之实。

少荃解银四万，吾暂不解弟处，且解鲍、张两军各二万为度岁之资。弟处昨日解银四万两，年内必到。其解钱二万串，今日用民船解去，年内之能到与否，未可知也。

澄弟昨有信来，言季榇不宜附葬马公塘，其言亦颇近理。余因相隔太远，不敢遥决，请澄自行决断。

同治元年十二月二十五日

沅弟左右：

李世忠事，朝廷方以袁帅办理妥善，此间无论如何让他，总不能如袁之惟所欲为。陈栋九营且到此再看，目下鲍、张、朱各军缺额甚多，可以此勇挪移补之，则不必多开新营。如万不可挪补，则令迅赴金陵，听弟妥为位置。

余所以不愿多立新营者：一则饷项极绌，明年恐有断炊之虞；二则局面愈大，真气愈少，和、张晚年覆辙，只是排场廓大，真意销亡，一处挫败，全局瓦裂，不可不引为殷鉴；三则余拟于新年疏辞钦篆、江督两席，以散秩专治军务，如昔年侍郎督军之象，权位稍分，指摘较少，亦与弟请改武官之意暗相符合。

保举单不能不减，余自有苦衷，明年至金陵当面详告可也。

同治元年十二月二十七日

沅弟左右：

接弟捷报，知谷里村、六郎桥、朱门等处贼巢一概剿洗。此后自弟营以至金柱关，除太平府城外，尚有贼卡、贼垒若干，先打贼馆，后破垒卡，此法处处可行。

此次出队打行仗至六七十里之远，将来推广变通，便可打至百余里、二百余里。惟雨花台老营须十分坚固，能于最冲地方筑石垒数处，宜以五百人守者可以三百守之而无虑，宜用劲旅守者可以次等守之而无妨，则临分兵之时便益多矣。

余前要弟明年分兵出剿二溧、东坝，弟深以为难。现在拨兵出防东西梁山、裕溪口、龙山桥、黄麻渡、三山，多至六七千人，而弟毫无难色。然则明年军威丕振之时，弟分兵出剿二溧、东坝，必更高兴无难色耳。

同治元年除日

澄弟左右：

接到排递一函，弟意拟将季榇权厝于修善堂屋后，从容再觅佳壤，合葬季弟夫妇。马公塘葬定未久，弟意不欲轻动，自有一番谨慎不得已之苦衷。余虽不明地理，而启土禁忌之说，亦不敢不小心遵信。一切即由弟作主，权厝修善堂屋后，俟寻得吉域再行迁葬。余已寄信与沅，沅在三千里外，想亦不敢专主，当仍由弟作主也。

同治二年癸亥正月元旦

沅弟左右：

今年元日天气温和，傍夕晴霁，或东南军事可期平稳。吾所最怕者年荒米贵，统辖近九万人，若无米可食，岂堪设想？金、宝失守，吴竹庄之说本属可信。或者尚有一分冀幸，未破此痴人幻想也。

先大夫祠前牌坊上四字，俟拟得寄弟商定再写。

鲍军门二十五日出队，因雨泥中途折回，深感弟派南云驻扎三山，保全粮路。其军气较前稍壮，若将陈栋之勇分二千给之，则更壮矣。

保举太滥，官、胡创之，余亦因之，习焉不察，不复自知其非。今年余将力挽颓习，逐案核减，正月拟至金陵，与弟面谈诸事。

同治二年正月初三日

沅弟左右：

陈栋之勇除已至金陵三营外，尚有九营，吾昨令营务处点名，共四千六百余人。闻精壮者不甚多，可汰者占三分之一。余札拨二营与鲍春霆，拨一营与朱云岩，以六营归弟处。若果汰去三分之一，则可挑存四营，其余或令全坐原船遣归，或酌留数百作为余勇，听弟裁度。

昨奉年终颁赏福字、荷包、食物之类，闻弟有一分，春霆亦有一分，此系特恩。吾兄弟报国之道，总求实浮于名，劳浮于赏，才浮于事，从此三句切实切实做去，或者免于大戾。

同治二年正月初七日

沅弟左右：

疏辞两席一节，弟所说甚有道理。然处大位大权而兼享大名，自古曾有几人能善其末路者？总须设法将权位二字推让少许，减去几成，则晚节渐渐可以收场耳。今因弟之所陈，不复专疏奏请，遇便仍附片申请。但能于两席中辞退一席，亦是一妙。

李世忠处，余拟予以一函。一则四坝卡请归余派员经收，其银钱仍归渠用；一则渠派人在西坝封捆淮北之盐，几与抢夺无异，请其迅速停止。看渠如何回复。

本日接两次家信，交来人带寄弟阅。鼎三侄善读书，大慰大慰。其眉宇本轩昂出群，又温弟郁抑过甚，必有稍伸之一日也。弟军士气甚旺，可喜。然军中消息甚微，见以为旺，即寓骄机。老子云“两军相对，哀者胜矣”，其义最宜体验。

同治二年正月十一日

沅弟左右：

弟军不能进剿东坝、二溧，自是审量稳慎之计。余自接澄弟密信一片，已决不欲令弟军雕剿各处。上年凯章病重，余即批准令其回籍调养，况弟谊属手足，岂亲爱反不如凯乎？况澄意但请调至安庆身边，并不求回籍。目下金陵大局苦于无人接办，而尽可不必远出雕剿，尤不宜亲身督队。除坚守金陵老营外，有余力则派人助剿含、巢、无、庐一带。今年望弟笃守“恐惧和平”四字，以弭灾而致福。本日解去银四万，作抵去冬上海一款。春霆大获胜仗，立解泾围，军威或可再振。

同治二年正月十三日

沅弟左右：

东征局保案，昨日奉到朱批谕旨，一概照准。恽次山已超擢湖南藩司，而南坡翁仅以道缺提奏，想尚有后命也。李筱泉调广东粮道，圣意亦为广东厘务而设。王文瑞擢赣南道，则因克复祁门，新得记名故耳。季弟追赠按察使，昨日具折谢恩，钞稿寄阅。

少荃调浦东各营潘鼎新、刘铭传等救援常熟，盖因常熟贼目周兴隆等投诚后，伪忠王以大股贼前往围攻。少荃欲力争常熟一城、福山一隘，为克复苏州张本，专函来调树字五营。余不得已，调韦部五营守无为州，而腾出树字五营赴沪。少荃麾下之将，仅程学启一人能当大敌，余不足深恃。余屡劝其约旨卑思，不宜多拓疆土，而少荃不甚相信，颇为虑之。

同治二年正月十八日

沅弟左右：

左臂疼痛不能伸缩，实深悬系。兹专人送膏药三个与弟，即余去年贴右臂而立愈者，可试贴之，有益无损也。

“拂意之事接于耳目”，不知果指何事？若与阿兄间有不合，则尽可不必拂郁。弟有大功于家，有大功于国，余岂有不感激、不爱护之理？余待希、厚、雪、霆诸君，颇自觉仁让兼至，岂有待弟反薄之理？惟有时与弟意趣不合。弟之志事，颇近春夏发舒之气；余之志事，颇近秋冬收啬之气。弟意以发舒而生机乃旺，余意以收啬而生机乃厚。平日最好昔人“花未全开月未圆”七字，以为惜福之道、保泰之法莫精于此，曾屡次以此七字教诫春霆，不知与弟道及否？星冈公昔年待人，无论贵贱老少，纯是一团和气，独对子孙诸侄则严肃异常，遇佳时令节，尤为懔懔不可犯，盖亦具一种收啬之气。不使家中欢乐过节，流于放肆也。余于弟营保举、银钱、军械等事，每每稍示节制，亦犹本“花未全开月未圆”之义。至危迫之际，则救焚拯溺，不复稍有所吝矣。弟意有不满处，皆在此等关头，故将余之襟怀揭出，俾弟释其疑而豁其郁，此关一破，则余兄弟丝毫皆合矣。

再，余此次应得一品荫生，已于去年八月咨部，以纪瑞侄承荫，因恐弟辞让，故当时仅告澄而未告弟也。将来瑞侄满二十岁时，纪泽已三十矣，同去考荫，同当部曹。若能考取御史，亦不失世家气象。以弟于祖父兄弟宗族之间竭力竭诚，将来后辈必有可观。目下小恙断不为害，但今年切不宜亲自督队耳。

同治二年正月二十日

沅弟左右：

肝气发时，不惟不和平，并不恐惧，确有此境。不特弟之盛年为然，即余渐衰老，亦常有勃不可遏之候，但强自禁制，降伏此心，释氏所谓降龙伏虎，龙即相火也，虎即肝气也。多少英雄豪杰打此两关不过，亦不仅余与弟为然。要在稍稍遏抑，不令过炽，降龙以养水，伏虎以养火。古圣所谓窒欲，即降龙也；所谓惩忿，即伏虎也。儒释之道不同，而其节制血气未尝不同，总不使吾之嗜欲戕害吾之躯命而已。

至于倔强二字，却不可少。功业文章，皆须有此二字贯注其中，否则柔靡不能成一事。孟子所谓至刚，孔子所谓贞固，皆从倔强二字做出。吾兄弟皆禀母德居多，其好处亦正在倔强。若能去忿欲以养体，存倔强以励志，则日进无疆矣。

同治二年正月二十四日

沅弟左右：

北岸可虑者，在毛竹丹一军，吾已添调元中、瑞左两营益之，闻其营柴米子药足支月余，应不怕围营截粮，只要处处守定，待三月间希庵及江、席同来，北岸当可得手。左帅新复一府三县，军威大振。鲍亦米粮充足，士气渐旺。春水生后，舟师会剿，南岸或亦无虞。目下吾所虑者，少荃因救常熟之故，兵力全出，老营空虚；及北岸之贼不踞巢、含，直犯桐城以上耳。

弟臂疼未大愈，膏药已试贴否？千万莫多服药。筋脉之间，岂水药之力所能遽到？利未达于筋络，恐害已中于他脏。吾近年不轻服药，实有确见，弟可参酌。

南云三营暂不可离三山。吾之视南岸始终重于北岸，不知弟意何如？

同治二年正月二十七日

沅弟左右：

臂疼尚未大愈，至为系念。然治之之法，只宜贴膏药，不宜服水药。余日内当赴金陵看视，正月当成行也。接奉寄谕，知少荃为季弟请二品恤典、立传、予谥、建祠一概允准，但未接阅谕旨耳。陈栋之勇既好，甚慰甚慰。纪梁宜荫一节，余亦思之再四，以其目未痊愈，读书作字均难加功。且弟有功于家庭根本之地，不特为同气之冠，亦为各族所罕，质诸祖父在天之灵，亦应如此。

九洑洲北渡之贼果有若干？吾意尚以南岸为重。刘南云、王峰臣两军，弟幸勿遽调北渡。盖北岸守定安、合、无、庐、舒五城，此外均可挽救，南岸若失宁国，则不可救矣。

同治二年二月十四日 金陵大胜关舟次

澄弟左右右：

二月初十日，在金陵沅弟营中接弟正月二十日信，痛悉兰姊于十四日仙逝。同产九人，二月之内，连遭季弟与伯姊之戚，从此只存吾等四人。抚今追昔，可胜伤恸。又闻临三外甥哀毁异常，其至孝可敬，其体弱又可怜。伯姊遗命不令长子入营，自当谨遵。吾即日当寄银二百两，料理伯姊丧事，即以为临三、临八甥家用之一助。

余于二月初六日抵金陵，在沅弟营中住五日，十一日仍回舟次。沅弟送至舟中，同住三日。俟风息即行西旋，周历芜湖、金柱关、无为州等处，再行回省。鲍春霆于二月初一日大战，将围营之贼击退，乘胜攻克西河、小淮窑、湾沚等贼巢十余处。自去秋以来，奇险万状，竟得转危为安，各军稳如泰山，国之福也。

余身体平安，齿疼痊愈。目下惟李世忠九洑洲、二浦危急，余无可虑。

同治二年二月二十日 裕溪口

沅弟左右：

江浦、新河口俱陷，北岸贼势浩大可知。然二处不保，亦意中事也。余于十八日至金柱关，即与厚、杏查阅三汊河、龙山桥等营。朱洪章两次败挫，士气已伤，其濠墙亦极草率，全不可靠。十六之役，李祥和以五百人苦战力堵，朱营并无一人随之堵御者。幸水师彭、罗，陆师朱、罗继进，乃能转败为胜。然长胜军目下已为极劣之营，而查家湾、新圩角防河之法亦甚不妥。厚庵力劝余将该防兵调回老营稍为休息，余令李祥和亲往调之。以余察度，该河长近八十里，与永丰河相等，深则倍之。分哨防河，可御零贼，断不可敌大股。贼既渡河，长胜军之营盘不可恃，李与朱、罗之营则皆可恃。此金陵之情形也。

十九日查阅西梁、东梁、裕溪等处，张与周、熊之营皆可恃，武明善之营则万不可恃。此外江之情形也。

余与杏南熟商，目下以熊登武三哨移守东梁。将来须由弟处再拨二新营上来，以一营协防西梁，俾熊营一哨全归东梁，张营一哨全归裕溪。以一营扎金柱之宝塔，以保三汊河朱、罗之后路。庶查家湾、龙山桥纵有疏失，而芜、金大局无碍。

同治二年三月初六日

沅弟左右：

贼窜东、建，便不得通徽、祁消息。以理推之，刘克庵已至屯溪，距休宁仅三十里。钤守祁，桂守安徽，克作游兵，山内必可万全。惟贼由山外径窜江西，湖口、景镇俱为可虑。余檄春霆回救景镇，连日雨泥，师行迟滞，不知赶得上否？北岸之贼初二日已过盛家桥，距庐江仅二十里，幸先有吴长庆三营，又截留梁美材等三营，庐邑应可保全。

近日粮台奇窘，通省城寻凑不上万金。今日作函向幼丹借银六万，指明九江新关税；向寄云借谷四万，指明近河州县仓谷；向少荃借银八万，不知均有些点缀否？

上海近无信来，常、昭业已解围，此乃极好消息。苏、浙两处得手，只要此间不大决裂，夏秋必有好音也。

同治二年三月十二日

沅弟左右：

派杏南带五营援救毛、刘，弟处兵力不厚，何可再分五营之多？伪忠王于十年春间攻陷杭州，即系分和、张兵力以解金陵之围，此等诡计，今亦不可不防。望弟即日调回三营、四营，固金陵之老营，酌留一、二营于上游。若石涧埠幸而解围，即令杏南与刘南云、张光明等从西梁山、五显集进兵，攻铜城闸之背，春霆从东关进兵，攻铜城闸之上。即石涧埠果有不测，但留杏南略助萧守运漕。鲍在北岸，必能保全无为、庐两城也。

顷闻捻匪自麻城下窜蕲水，不日必入皖境。已调周厚斋防守桐城，令成武臣跟追下来，亦可至桐、舒等处。庐州子药米粮足支月余。闻石清吉甚不得力，可虑之至。安庆留兵六营，虽不甚可靠，而缓急尚易调也。

同治二年三月十四日

沅弟左右：

石涧埠营盘尽可不扎，余前疏于考核。迨亲阅以后，明知其散漫难守，又不能立刻调开，致掣动各处劲兵往救，尚不知救得上否。若调南云三营赴州城，调毛拨二营守三汊河、雍家镇，而毛率六营守桐城县，则八面皆妥矣。余之不善用兵，此特其一端也。

目下鲍军不能救景镇，固为江西之患，而派七营上援，尤于金陵老营有碍。望弟速调数营回雨花台，而留杏南于裕溪口等处料理援剿事宜。

弟身体略愈，尚未复元，不可过于焦急。

同治二年三月十六日

沅弟左右：

上游之事，弟尚有不尽知者，兹分条缕告如左：

——庐江已有贼到，扑城一次，自巳至酉，人约四五千，洋枪亦多。吴长庆三营尽足守御，近又截留梁美材三营，尤为力厚。米粮子药可支四十天。

——桐城派厚斋带五营往守，自省拔行，约十五六日可到。只要庐江之贼不扑桐城，则守备皆全矣。舒城、三河二处皆系蒋之纯防，似可放心。石清吉甚不得众心，郡中之事却多可虑，鹤九亦非能禁风波者。

——麻城下窜之捻已陷广济、黄梅，此时想过宿松以下矣。成武臣一面派礼左等三营先来救省，一面亲自跟追，严中丞亦派王桐柏六营出境追剿。官军远不如捻行之速，闻捻意直扑安庆。此间日内略有防备，一面调申夫由东流回省，俟省防无虞，即令申夫会同成军专剿捻股。

——湖口有丁义方、王定国水陆两军，可保万稳。黄老虎等窜江西者，闻至今尚徘徊于石门、洋塘一带。只要景镇诸军严扼昌江一河，春水盛涨，贼亦断难飞渡，若由山内穿婺源，左军或足御之。

—— 希庵三月十日之期，不知果成行否？味根想难遽成行，席研香则已屡次催令赴抚州矣。枞阳竟无人往守，且姑置之。弟处要火药，昨日解二万斤，银钱则竟无可解，且看丹、荃两信有接济否。

再，此次鲍军从无为州进援石涧埠，杏南与萧军从黄洛河进援石涧埠，以理推之，当可解围。解围之后，吾意以鲍军从东关进攻铜城闸之前，杏南与南云从西梁山、五显集攻铜城闸之背。即竹丹一军，亦不必再扎石涧埠，尽可与杏南、南云三人合为一路，均作游击之师。三部将近万人，鲍军亦有万人，鲍以无为、运漕为后路，杏、竹、云以西梁、裕溪口为后路。两枝活兵纵横驰击，则无、巢、和、含境内当可次第肃清。

上游舒、桐、庐、合，节节皆有防兵，吾又派成、李两军为游击之师，大局必不致决裂。萧为则一军分守运漕、三汊河、雍家镇三处，黄洛河尽可不设守兵，此外概不置守，不可占住有用之活兵也。巢、含等处得手，以全力进攻桥林、江浦、浦口等处，直打九洑洲。北岸大定，再行回顾南岸江西。余意如此，请弟与雪帅妥议行之。余相隔太远，不能遥制，并不能往返细商也。

同治二年三月十八日

沅弟左右：

弟意石涧埠解围后，各军不可株守，宜急进攻，正与余意相合。所微不合者，余令萧守运漕，而以彭、毛、刘为进剿之师，弟令彭守运漕，而以萧、毛、刘为进剿之师。弟意贼将上窜，故追剿庐江、三河、桐、舒等处；余意贼将下窜，故速剿闸镇、巢县、和、含等处，此所以微不合也。合、庐、舒、桐、三河五处，余皆有劲兵守之，潜、太以上，又有成、李两军，巢贼断无上窜之理。石涧埠解围以后，贼必仍归东关、巢县、闸镇三处。我军向下追击，仍宜以萧守运漕，而以彭、毛、刘为进剿之师，省得纷纷换防，耽搁工夫也。

弟统二万余人，必须分出一枝活兵在外，半活半呆，半剿半守，更番互换，乃能保常新之气。此次彭带七营、刘带六营在外，恰好成一枝活兵矣。若再分吉左、敏字三营过江，则十六营更成一大枝活兵。杏、云、芳浦三人尽可以当大敌，弟不必过虑，恐活兵在外吃亏也。惟金陵老营兵力尚单，恐须调回一二营，弟自酌之。至于上游合、庐、舒、桐、三河、六安等城皆已守定，弟尽可放心。捻匪至广济后并未下窜，想已至英山以内矣。

同治二年三月二十一日

沅弟左右：

石涧埠之贼竟全数遁回巢县，未得痛剿，若遽调鲍上援江西，则皖北之贼必尚有一番大动作，恐贻皖、鄂无穷之患。春霆欲就原船转舵西上，移救江西，余当力阻，批答令其仍由东关进攻铜城闸，或由黄墩进兵亦可。其彭、毛、刘三军，则仍从西梁山、五显集进攻铜城闸之背。总须全力一打，断其犯鄂之谋，然后北岸稍得安枕。余与雪琴、杏南皆言鲍军攻剿北岸之事，不知雪、杏接到后能力阻春霆之西旋否？

同治二年三月二十四日

沅弟左右：

弟读邵子诗，领得恬淡冲融之趣，此是襟怀长进处。自古圣贤豪杰，文人才士，其志事不同，而其豁达光明之胸大略相同。以诗言之，必先有豁达光明之识，而后有恬淡冲融之趣。如李白、韩退之、杜牧之则豁达处多，陶渊明、孟浩然、白香山则冲淡处多，杜、苏二公无美不备，而杜之五律最冲淡，苏之七古最豁达。邵尧夫虽非诗之正宗，而豁达、冲淡二者兼全。吾好读《庄子》，以其豁达足益人胸襟也。去年所讲“生而美者，若知之，若不知之，若闻之，若不闻之”一段，最为豁达。推之即“舜、禹之有天下而不与”，亦同此襟怀也。

吾辈现办军务，系处功利场中，宜刻刻勤劳，如农之力穑，如贾之趋利，如篙工之上滩，早作夜思，以求有济。而治事之外，此中却须有一段豁达冲融气象，二者并进，则勤劳而以恬淡出之，最有意味。余所以令刻

"劳谦君子"印章与弟者，此也。

少荃已克复太仓州，若再克昆山，则苏州可图矣。吾但能保沿江最要之城隘，则大局必日振也。

同治二年三月二十四日

澄弟左右：

罗老师掌教新东皋书院，通县悦服。开张既好，以后书院必诸事顺遂，人文蔚起，可喜可庆。罗允吉婿从邓师读书，甚好。业经成婚之后，欲将各书一一温熟，势必不能。惟求邓师将《五经》点一遍，讲解一遍，正史约亦讲一遍，不求熟，不求记，但求经过一番而已。邓师辛苦一年，明年或另择师专教罗婿亦可。兰姊处余备奠仪二百两，今付回临三甥处，下次再作函慰之。

发逆上犯，围逼庐江。捻匪由鄂下窜，连陷宿松、太、潜，北岸处处吃紧。南岸徽、池群盗如毛。祁门久无信来，不知保得住否？上海军事近极顺利，大约苏、杭均可图也。

同治二年三月二十九日

沅弟左右：

二十八夜接奉廷寄谕旨，弟蒙恩补授浙江巡抚，仍办金陵军务。弟处亦有夹板公文一份，余已拆阅。中廷寄一道，谕旨三道，与余处同。嗣后夹板递弟处者，余均不拆，照例不应拆也。前读金陵解围后屡次谕旨及季弟优恤各谕，知圣意宠注吾弟，恐不久于两司。此次畀以开府之任，而仍不令到任，朝廷于此等处苦心斟酌，可感孰甚！吾兄弟报称之道，仍不外"拼命报国，侧身修行"八字。至军务之要，亦有二语，曰"坚守已得之地，多筹游击之师"而已。

春霆一军，已檄由舒城进援六安；申夫一军，已檄由潜山横截英、霍；枞阳张、周二营，弟可迅速调回。大江为我有，庐、桐为我有，水师可进枞阳河入菜子湖，直至练潭。省城十分可恃，枞阳不须防兵也。

同治二年四月初一日

沅弟左右：

弟之谢恩折，尚可由安庆代作代写代递。初膺开府重任，心中如有欲说之话，思自献于君父之前者，尽可随时陈奏。奏议是人臣最要之事，弟须加一番工夫。弟文笔不患不详明，但患不简洁，以后从简当二字上着力。

同治二年四月初三日

沅弟左右：

上游近事，六安尚未解围，而守事似有把握。

南岸之局，王钤峰大破黄文金一股，刘克庵、王心初再破黟县大股，徽境将次肃清，方深慰幸。而东、建各股，从桃树店横窜而东，祁门之南，景镇之北，一片逆氛，刻下想已入婺源、乐平境矣。皖南无所得食，各贼不窜江西，万无一线生机，故不得不冒死上冲。流贼之势已成，江西、湖南皆不免于蹂躏，奈何奈何！

饷项十分窘迫。鲍军因无饷可支，逃者至千余人之多，病者又二千余人。吾兄弟当此时艰，而皆居大位，负重任，亦可云不幸耳。

同治二年四月初六日

沅弟左右：

辞谢之说，余亦熟思之。谓才不胜任，则现在并不履浙江任；谓请改武职，则廪生优贡出身，岂有改武之理？且过谦则近于伪，过让则近于矫。谓请改京卿，则以巡抚而兼头品顶戴，必改为侍郎，断无改三品卿之理。三者均难着笔，只得于谢折之中，极自明其惴慄之意。其改武一层，弟以后不宜形诸笔墨，恐人疑为矫伪不情也。谢折应专弁赍京。季弟立祠、予谥谢折，拟兄弟会衔具奏。

六安于初二日解围，闻忠酋未上英、霍，已回庐郡一路，大约仍由巢、含下窜。所虑者有三层：一则由九洑洲南渡，再行猛扑雨花台大营，如十年春得杭不守，速回攻扑和、张之故智；一则不得志于上游，将力攻扬州、里下河，以图一逞；一则因太仓州已破，回救苏州。余拟檄蒋、成、毛攻苗以援寿州，檄鲍由柘皋进巢北，檄彭、刘、萧由东关以进巢左。俟六安确信到，再行分别咨札。弟处防忠酋，已妥为堤备否？尚须调营回金陵否？

同治二年四月初十日

沅弟左右：

春霆由巢北进兵，数百里内寸草不生，办柴极难，子药米粮转运亦殊不易，不知何日始至柘皋、炯炀。苗逆复叛，皇上震怒，命僧邸由山东返旆旋皖会剿，命余与希庵堵剿，此后或不至更行议抚。只要贼不犯鄂，蒋、毛、成三军或足以了办苗案。

六安搜得忠酋伪文，似李世忠亦与之暗通。刻下兵力只此，不敢扬薪下之火也。皖南久无来信，但闻二十五日大捷之后，歙、休、黟三县肃清。刘克庵将由黟赴景镇，自内打出，不知果成行否？

同治二年四月十六日

沅弟左右：

辞谢一事，本可浑浑言之，但求收回成命，已请筱泉、子密代弟与余各拟一稿矣。昨接弟咨，已换署新衔，则不必再行辞谢。吾辈所最宜畏惧敬慎者，第一则以方寸为严师，其次则左右近习之人，如巡捕、戈什、幕府文案及部下营哨官之属，又其次乃畏清议。今业已换称新衔，一切公文体制为之一变，而又具疏辞官，已知其不出于至诚矣。

弟应奏之事，暂不必忙。左季帅奉专衔奏事之旨，厥后三个月始行拜疏。雪琴得巡抚及侍郎后，除疏辞复奏二次外，至今未另奏事。弟非有要紧事件，不必专衔另奏。寻常报仗，仍由余办可也。

同治二年四月二十一日

沅弟左右：

弟辞巡抚之意，已详告少荃矣。余代弟作折，仍请收回成命。二三月内，弟之公牍概用浙抚新衔。迨折差回时奉到朱批，如准开缺，再行换衔可也。

发、捻在定远分队，忠酋回救苏州。捻党扑临淮一次，现又回至六安，大约为皖、鄂、豫三省之患。少荃克复昆山，杀贼极多，苏州大有可图。苏若果克，则调程学启扎孝陵卫，或打东坝、二溧，春霆进攻和、含、二浦，大局其渐转乎？

同治二年四月二十四日

澄弟左右：

希庵之病至于失音，深为可虑。

六安解围后，风波渐平。上海李军连克太仓、昆山，杀贼至二三万之多，为军兴以来所罕见。忠逆急回救苏，皖北得以少松。蒋、毛二军救援寿州，五日内必可赶到。只要寿州无恙，则自去秋至今无数之险，皆得安稳度过矣。

李少荃近日军务极为得手，大约苏、杭两处必有一克，或全克亦未可知。惟饷项奇绌，米贵而雨多。皖南食人肉，每斤卖百二十文。看来浩劫尚未满，天心尚未转也。

同治二年四月二十七日

沅弟左右：

来信"乱世功名之际，尤为难处"十字，实获我心。本日余有一片，亦请将钦篆、督篆二者分出一席，另简大员。吾兄弟常存此兢兢业业之心，将来遇有机缘，即便抽身引退，庶几善始善终，免蹈大戾乎？至于担当大事，全在明强二字。《中庸》学、问、思、辨、行五者，其要归于愚必明，柔必强。弟向来倔强之气，却不可因位高而顿改。凡事非气不举，非刚不济，即修身齐家，亦须以明强为本。

巢县既克，和、含必可得手。以后进攻二浦，望弟主持一切，余相隔太远，不遥制也。

同治二年五月初二日

沅弟左右：

萧军分守各处，已照弟所拟咨行各处。鲍军过江，则必须打开桥林、江浦、浦口、九洑洲，北岸一律肃清，然后可以南渡。即南渡后，亦不遽扎燕子矶以作呆兵，仍当进剿东坝、二溧以作活兵。以理势论之，该逆经营一年，攻取二浦，无非固九洑之后身，作金陵之犄角，必将竭力坚守。余之拙见，二浦未克之前，不可先攻九洑洲。九洑洲未克之前，鲍、彭、刘不可南渡。东坝、二溧未克之前，不可围扎孝陵卫、燕子矶。此三者皆极大关键，余计已定，弟切勿执见辨驳。余因呆兵太多，徽、祁全借左军之力，受气不少。此后余决不肯多用围城之呆兵矣。

由和州进攻二浦，有山内与江滨二路。似宜让鲍军走江滨之路，彭、刘走山内之路。鲍军纪律极坏，江滨运粮较易，掳夫较少。此等大处让人，乃是真谦，乃是真厚。余牍中未说出，望弟酌定，速告春霆与杏、云也。

同治二年五月初四日

沅弟左右：

雨花台石垒与南门外各贼垒均已攻克，至为欣慰。我军驻雨花台而石垒为贼所占，殊为碍眼，今既得之，拔去眼中钉矣。惟调回彭杏南各营，守濠之呆兵愈多，游击之活兵愈少。弟统三万人，不筹出一枝结实可靠之活兵，在外纵横驰击，而专以合围攻坚为念，似非善计。

咸丰三、四、五年，向帅在金陵，兵不满三万，饷亦奇绌。向军与金陵悍贼相持，而又分兵援庐州，援宁国，打镇江，打芜湖，中外皆称向兵为天下劲旅，而余不甚以为然者，以其不能从大处落墨，空处着笔也。弟用兵之规模远胜于和，而与向相等。杏、云甫成一枝活兵，而又急于调回，则空处全不着笔，专靠他军，可尽恃乎？

同治二年五月初七日

沅弟左右：

克复雨花台各石垒，本是极可喜之事，而多占守兵，又少杏南一枝游击之师，亦是美中不足。至印子山石垒，余意尽可不必扼守，将来城池之克否，全不系乎印子山之有兵无兵也。

蒋、毛二十八日之战，阵亡哨长及有官阶者二十四员，伤亡五百余名。据称苗逆队中有四眼狗旧部四千人在内。寿州之围固不能解，且恐蒋、毛败挫，贼窜六安，故余檄周厚斋改赴六安，维则仍留守巢县一带。现仅春霆、南云进攻二浦、九洑洲，窃恐地大城坚，难以得手。余意总思留杏南带五千人助攻二浦，江北多一营有一营之好处，弟意雨花台多一营有一营之好处。此两端者，兄弟各执一端，未识用何者为中也。

折弁自京归，季弟得谥"靖毅"，二字皆优等，谥法远胜温弟，予季身后之荣，真无遗憾。

同治二年五月初九日

沅弟左右：

顷接筠仙信，于弟疏稿不甚以为然。弟平日于文章一途最谦退不敢自信，以后弟文宜专从简当二字着力，每日读书一时，工夫亦不可少。

方子白谨厚朴实，而无佻薄难近之态，或有裨于弟。弟若欲延之，则另派员署和州也。

同治二年五月十四日

沅弟左右：

东坝与孝陵卫之先后，尚可随时斟酌，余亦不敢固执成见。至于未克九洑洲之前，霆军不可先渡南岸，则是一定之理。盖九洑不克，断不能断洋船奸民之接济；接济不断，不能克金陵。亦犹克九江者，必令霆军先破小池口，李、彭先破湖口；克安庆者，必令嘉字营先扎南岸，韦志浚先扎枞阳，而后接济可断，文报可绝。若金陵不断接济，而谓霆军过江，洪逆可一惊而走，一逼而破，此实万无是理。故余决计，不破九洑洲，霆军不南渡也。味根决计东来。将来广德与东坝，江、席或可任之。

同治二年五月十六日

沅弟左右：

二浦既克，现依弟议，移韦守巢县、东关，梁、王、万三营守西梁山、铜城闸，腾出萧军分守二浦，刘军围攻九洑洲，鲍军南渡打东坝、二溧，另有公牍知会矣。

去年进兵雨花台，忠、侍以全力来援，俾浙沪皆大得手。今年攻克各石城，俾二浦速下，扬州、天、六之贼皆回南岸，此弟功之最大处。然此等无形之功，吾辈不宜形诸奏牍，并不必腾诸口说，见诸书牍。此是谦字之真功夫，所谓君子之所不可及，在人之所不见也。吾时时以和为殷鉴，望弟时时以和为殷鉴。比之向忠武，并不甚劣，弟不必郁郁也。

同治二年五月二十一日

沅弟左右：

应商事件，条列如左：

——十七晚有轮舟自金陵经过，亲见九洑洲实已克复。宜以萧军守二浦，南云酌留二营守九洑洲，非畏长毛之复来也，畏李世忠之盘踞耳。如李业已派兵扎二浦城内，则弟须商之厚、雪，驱之使去，今萧军速入，占守二城。李见我军威方盛，必不敢十分违抗。李有牍来报，渠兵克复桥林、二浦，余当批斥之，不准渠部再入二浦城也。

——二浦、九洑既克，霆军日内必已南渡，或竟围扎孝陵卫一带，或先打二溧，均听弟与厚、雪、霆四人商办，余不遥制。昨已函告弟处，顷又函告雪琴矣。余平日本主先攻二溧、东坝，不主合围之说。今见事机大顺，忠酋又已回苏，金陵城贼必甚惊慌，亦改而主合围之说。且天气太热，霆军奔驰太苦，不如令扎金陵东北，以资休息。待七月半间伏过暑退，弟与霆军各抽行队去打东坝、二溧，尚不为晚。届时江、席、李三军亦可由广德、建平以达东坝矣。

——合围之道，总以断水中接济为第一义。百余里之城，数十万之贼，断非肩挑陆运所能养活。从前有红单船接济，有洋船接济，今九洑洲既克，二者皆可力禁。弟与厚、雪以全副精神查禁水次接济，则克城之期不甚远矣。九洑洲可设一厘卡，弟处有贤员可派否？

——余批折稿中，有一条不当于事理。余之意，不过想弟军常常有一大枝活兵在外耳。今江北既一律肃清，则大局已好，或合围或游击，均无不可，余兄弟议论不至参差矣。

至于筠仙之意，则当分别观之。渠不以弟疏稿为然，诚所不免；谓渠遵例回避，愿入弟幕草奏，却又不然。胡文忠八年初丁艰时，屡函称遵旨夺情，不愿作官，愿入迪庵幕中草奏帮办，人人皆疑其矫，余则知其爱迪敬迪出于至诚。筠仙之爱弟敬弟，亦极诚挚，弟切莫辜负其意也。往时咸丰三、四、五年间，筠仙之扬江、罗、夏、朱而抑鄙人，其书函言词均使我难堪，而日久未尝不谅其心。

至弟之文笔，亦不宜过自菲薄，近于自弃。余自壬子出京至今十二年，自问于公牍书函、军事吏事、应酬书法无事不长进。弟今年四十，较我壬子之时尚少三岁，而谓此后便无长进，欺人乎？自弃乎？弟文有不简之处，无不畅之处，不过用功一年二载便可大进。昔温弟谏余曰："兄精神并非不足，便吝惜不肯用耳。"余今亦以此意谏弟也。

同治二年五月二十四日

澄弟左右：

九洑洲于十五夜克复，杀毙、溺毙之贼，闻实在二万以外，我军伤亡二千人，水师第一场大血战。然自此长江一律肃清，水师已功成事毕矣。余现调鲍营围攻金陵东北，已作合围之势，惟饷项日绌，殊难为计。

余身体平安，怕热则更甚于往年，竟日挥扇不辍。闻叔父七、八、九年间亦畏热异常，汗下如雨，老年体虚，大约有此情况。

同治二年六月初三日

沅弟左右：

鲍军只能扎幕府山一带，不能照顾孝陵卫。钟山贼垒不能遽克，印子山尚未得手，即不求急于合围，且先以自固为主。弟自固于南路，鲍自固于北路。如有大股援贼前来，彼此足以自了，不必互求救助。余咨复弟之公牍，亦以此说为要。

其次则力断江中接济，其责在余，在杨、彭，在总理衙门，而不在陆军。然查水师之果严查与否，查洋船之常送接济与否，则须弟督饬刘南云、曾良佐辈细细稽察也。断截江中接济，实足制贼死命，不在西门之合围与否耳。

同治二年六月初六日

沅弟左右：

淮北盐运行淮南引地，近吴仲仙漕帅专案奏办，谕旨允准；都、富专奏驳之，谕旨亦允准；运使专详驳之，余处亦批准。吴帅将办成之事竟不能行。盖利少而害太多，不能不驳。弟请运北盐之咨，与漕帅事同一例，余当详细咨复。

江西厘金近日颇有起色，秋冬间银米子药断不缺乏，弟可放心。今年米贵，此间度过荒月，尚可余谷五万石，预备早也。

同治二年六月初十日

沅弟左右：

临淮倘有疏失，朝廷必于厚、雪、霆三公中派一人接办，盖环顾别无他人可以承认也，故此时不得不以救援临淮为要着。义渠与士卒同食豆粥，论私谊亦须往援。厚、雪共派去舢板八十号，于金陵水次大局无损，望弟便中怂恿成之。合围之举，吾意待江、席、李军到齐再办不迟。若弟意必求早早合围，则或调镇防二千人，调扬防三四千人，皆可应调而来。余当办咨文二角封存弟处，听弟何时调镇、扬之兵可也。

同治二年六月十二日

沅弟左右：

寿州失后，吾心日益忧灼。蒙城马方伯一军万难保全，临淮唐中丞恐亦孤危难支。昨东征局解到三万，已全供防苗诸军，致弟与霆军毫无接济。乃知军事悉如弈棋，各路失势，一隅虽胜，无益也。

调冯、都两处之兵，弟以为可调，则发之。合围之或缓或急，全凭弟作主，官阶与物望所在，弟不必推诿。只要水路无接济进城，陆路纵有接济文报，贼亦终无可久之道。若必围得水泄不通，恐困兽犹将死斗。一蚁溃堤，全局皆震，不可不防。余所求者，水路无接济、弟与霆军不败二事而已，不求如安庆、九江之围攻严密也。

同治二年六月二十七日

沅弟左右：

军中多病，忧灼实深。只有斋心默祷，无它法也。何铣专利多年，众口沸腾，适会乔、郭交替之际，而有堂见张守之案。筠公宽厚，不知肯一施辣手否？

改商栈为官栈，自是目前急务。然楚岸、西岸已被川私、粤私占尽，上游盐价大减，淮引厘卡太多，成本太轻，不特商运有亏本之虞，即官运票盐亦必无利可图。若不于江西、湖北力堵邻私，淮盐竟无售处，虽有良法无如之何。吾之所以迟迟不讲求盐利者以此，昨见南坡与弟信，所虑者亦在此。

同治二年七月初一日

沅弟左右：

奏折一事，弟须用一番工夫。秋凉务闲之时试作二三篇，眼界不必太高，自谦不必太甚。上次惠甫、次卿二稿，只须改润一二十字，尽可去得。目下外间咨来之折，惟浙、沪、湘三处较优，左、李、郭本素称好手也。此外如官、骆、沈、严、僧、吴、都、冯之折，弟稍一留心，即优为之。以后凡有咨送折稿到弟处者，弟皆视如学生之文，圈点批抹。每折看二次，一次看其办事之主意，大局之结构，一次看其造句下字之稳否。一日看一二折，不过月余，即可周知时贤之底蕴。然后参看古人奏稿，自有进益。每日极多不过二三刻工夫。

金眉生与鹤侪积怨甚深。吾辈听言，亦须独具权衡。权位所在，一言之是非，即他人之荣辱予夺系焉。弟性爽快，不宜发之太骤。

同治二年七月十一日

沅弟左右：

鹤侪肯留弟营委员至三个月之久，宜弟恚怒不平。何铣之事，本拟俟筠仙查复后再行严办。今筠公有抚粤之行，后来者不知为谁，意欲严惩何铣，竟不知如何下手乃为恰如题分。盖谴罚有罪，亦须切当事理，乃服人心。

近人折稿，弟处咨到者少，余当饬钞成本，陆续寄去，每月寄送二份。古人奏疏，亦当钞二三十篇，以备揣摹。

强字原是美德，余前寄信，亦谓明强二字断不可少。第强字须从明字做出，然后始终不可屈挠。若全不明白，一味横蛮，待他人折之以至理，证之以后效，又复俯首输服，则前强而后弱，京师所谓瞎闹者也。余亦并非不要强之人，特以耳目太短，见事不能明透，故不肯轻于一发耳。又吾辈方鼎盛之时，委员在外，气焰薰灼，言语放肆，往往令人难近。吾辈若专尚强劲，不少敛抑，则委员仆从等不闹大祸不止。

同治二年七月十五日

沅弟左右：

初九日大获胜仗。凡逼城开仗，向不能多杀贼。此次杀贼甚多，想是群贼欲趁此猛战，扑我营盘，解其城围，故能得机得势如此。然傍城而战，例为彼此杀伤相当之局，以后若非贼来扑营，似不必常寻贼开仗。盖贼粮路将绝，除开仗别无生路；我军则断粮路为要着，不在日日苦战也。

同治二年七月二十一日

沅弟左右：

丁道前二年在福建寄信来此，献硼炮之技。去年十一月到皖，已试验两次，毫无足观。居此半年，苟有长技，余方求之不得，岂肯弃而不用？至欲在雨花台铸炮，则尽可不必。

凡办大事，以识为主，以才为辅；凡成大事，人谋居半，天意居半。往年攻安庆时，余告弟不必代天作主张。墙濠之坚，军心之固，严断接济，痛剿援贼，此可以人谋主张者也；克城之迟速，杀贼之多寡，我军士卒之病否，良将之有无损折，或添他军来助围师，或减围师分援他处，或功隳于垂成，或无心而奏捷，此皆由天意主张者也。譬之场屋考试，文有理法才气，诗不错平仄抬头，此人谋主张者也；主司之取舍，科名之迟早，此天意主张者也。若恐天意难凭，而广许神愿；若恐人谋未臧，而多方设法，皆无识者之所为。弟现急求克城，颇有代天主张之意。愿弟常存畏天之念，而慎静以缓图之，则善耳。

弟于吾劝诫之信，每不肯虚心体验，动辄辩论，此最不可。吾辈居此高位，万目所瞻。凡督抚是己非人、自满自足者，千人一律。君子大过人处，只在虚心而已。不特吾之言当细心寻绎，凡外间有逆耳之言，皆当平心考究一番。故古人以居上位而不骄为极难。

同治二年七月二十三日

沅弟左右：

专丁送信，具悉一切。所应复者，仍条列如左：

——折稿皆轩爽条畅，尽可去得。余平日好读东坡《上神宗皇帝书》，亦取其轩爽也，弟可常常取阅，多阅数十遍，自然益我神智。譬如饮食，但得一般适口充肠，正不必求多品也。金陵战事，弟自行具奏亦可，然弟总以不常奏事为妥。凡督抚以多奏新事、不袭故常为露面，吾兄弟正在鼎盛之际，弟于此等处可略退缩一步。

——鲍军仍须由大胜关进孝陵卫，决不可由下面绕来。待过中秋后，弟信一到，余即咨鲍由南头进兵。

——弟骤添多营，本与余平日之规模不相符合。然贼势穷蹙之际，力求合围亦是正办，余亦不敢以弟策为非。恽中丞余曾保过，凡大臣密保人员，终身不宜提及一字，否则近于挟长，近于市恩。此后余与湘中函牍，不敢多索协饷，以避挟长市恩之嫌，弟亦不宜求之过厚，以避尽欢竭忠之嫌。

——江西厘务，下半年当可略旺。然余统兵已近十万，即半饷亦须三十万，思之胆寒。弟处米除每月三千外，本日又解四千石矣。

同治二年七月二十四日

澄弟左右：

前接弟信，已将寅皆、牧云两兄不宜送眷之故，致函排递至家，不知到否？途次有曾恒德、张德富照料，又系自己座船，又有水师护送，千稳万慎。寅皆、牧云二公如已成行，请于中途婉辞谢之。吾家富贵气不可太重也。

纪瑞侄完姻，吾实嫌其太早。兹寄银五十两暨五品顶戴、补褂、朝珠以为贺礼。吾恐家中日习于奢，故诸事从俭薄也。

江西已一律肃清，惟兵勇病痛尚多。苗逆猖獗，唐中丞十分危急。袁午帅业已仙逝，淮事殆无了日耳。

同治二年七月二十七日

沅弟左右：

郭帅与金前司所陈盐务一一阅过。金所虑，恐难缓第一批之厘。究之盐务变法，无论改何新章，断无不缓厘免厘之理。若概如今日之逢卡抽厘，则不得谓之新章，不得名曰盐法矣。

余所虑者，却不在缓厘，而在终无实效。盖江西自道光年间，从无销足额引之事，乱后人口减少，即令全食淮引官盐，亦不能销至六万大引之多。况引地被邻私侵占殆尽，焉能一一骤尔夺回？商人凑办三万引之成本四十余万已极不易，二分之利又不足动其涎羡之心。加以引地毫无把握，销售难期畅旺，时日稍滞，获利愈微。商利既薄，则所谓包缴厘金盈余者，皆成拖欠展缓之局。余之所虑无实效者，谓此类也。然此时办法，除重税邻私、指岸认运二者，别无下手之处，应即照金君所拟办理。黄南坡兄七月在湘启行，节前当可到此，余再与之商定一切，乃行具奏。其泰州招商认运，即可一面兴办。

同治二年八月初二日

沅弟左右：

所保各员均奉允准，惟金安清明谕不准调营，寄谕恐弟为人耸动。盖因金君经余两次纠参，朝廷恐余兄弟意见不合也。大抵清议所不容者，断非一口一疏所能挽回，只好徐徐以待其自定。又近世保人，亦有多少为难之处。有保之而旁人不以为然，反累斯人者；有保之而本人不以为德，反成仇隙者。余阅世已深，即荐贤亦多顾忌，非昔厚而今薄也。

景、河、婺、乐四卡，左帅业已归还余处。上海四万，余志在必得，恐不免大有争论。霞仙升陕抚，先办汉中军务，闻李雨苍系多帅所劾。

同治二年八月初五日

沅弟左右：

小河西岸尽为我有，贼船万不能过，且凭河为守，又可当一道长濠，可慰之至。然城内有数十万悍贼，上游黄、胡、古、赖等即日下援金陵，穷寇有致死于我之心，抑又可惧之至。河之东岸暂不必谋，少息兵力，以打援贼可也。

金眉生参者极多。二三年来，胜帅屡疏保之，升于九天；袁帅屡疏劾之，沉于九渊。余十一年冬查参革职，胜帅又以一疏劾我，谓为党袁而不公。余偶与汪曜奎言之，汪以告胜，胜又寄函于我，自陈前疏之误。即如下游诸公，李、吴、乔皆痛恶眉而不知其美，郭又酷好眉而不知其恶。此等处弟须详询密查，不可凭立谈而遽信其人之生平耳。饷银今日解去三万，湖南又另解四万与弟，节下当可敷衍。

生日在即，万不可宴客称庆。此间谋送礼者，余已力辞之，弟在营亦宜婉辞而严却之。家门大盛，常存日慎一日而恐其不终之念，或可自保。否则颠蹶之速，有非意计所能及者。

同治二年八月初九日

沅弟左右：

青阳米粮太少，援兵不得至城下，万难久支。青邑若失，则南陵、泾县、宁国殆将瓦解，不得不调霆军救援皖南。昨日已备牍咨行，请弟速催春霆启行，无贪城北地道万不可成之功，而忘上游数城万不可失之地。弟兵暂扎小河以西，只要背后无援贼，但御前而之城贼，力自有余。待至秋末冬初，春霆击退黄、李、古、赖各股，或可进攻东坝。弟之新勇募到，亦可扎过小河以东，暂达孝陵卫矣。

古人用兵，最贵变化不测。吾生平用兵，失之太呆，弟亦好从呆处着想。霆军五月从燕子矶南渡，本是呆着，挖地道则更呆。此际皖南危急，不能不调之使活耳。

同治二年八月二十三日

沅弟左右：

通江关与石埠桥相近，为李部济贼之区，自当咨李，请将石埠桥之兵悉数撤回江北。惟此咨目下尚难遽发。渠之两岸设兵，中间又设炮船，为通江关厘卡计也。日内因定盐务新章，咨请渠将厘卡撤回，每月由运司衙门解渠银一万两以作抵款，尚不知渠肯应允否。待渠咨复到日，肯撤通江之厘卡，然后可并撤石埠之防兵。余本日拟解银万两、子药各万斤协济滁州，亦为求渠撤通江厘卡，先有以慰其心也。大凡办一事，其中常有曲折交互之处，一处不通，则处处皆窒矣。

同治二年八月三十日

沅弟左右：

来缄内附新刻西省饷盐招商章程，具悉一切。新章中余亦有不以为然之处，已批出交篪轩复核，即日另刻一本寄阅。

盐务自应由余与运司两衙门作主，界限不可不清，始基不可不慎。护票不必由弟营填发，船单与认旗皆可不用，恶其全是洋人规模也。凡商皆可招，不必认说全归大营认办，并不必立营运名目。总之，余之主意重在商运，不重在官运、营运。金君之主意，时重商，时重官、营，夹杂之中，不免自相矛盾。故此次刊刻新章不可不慎，以其遍传官绅商贾也。

同治二年九月十七日

沅弟左右：

接弟两缄，心气和平，事理通达，大慰大慰。

皖盐亦向泰局领票，由安庆总握其权，则食岸亦渐就范围。日内将南坡米盐互市之议略定章程，作一长折，将漕务彻底一说，即日具奏。

弟增募二万人，银米恐接济不上。且安庆克后，弟添新兵近二万人，此次又添二万，前此老营能战能守之将弁分散太多，此余之所深虑。

至水师十二营，尤可不必添募。弟意不过恐杨、彭师船不能应手耳，天下事焉能尽如人意？古来成大事者，半是天缘凑泊，半是勉强迁就。余当寄信与郭意城，请其停止弟募水勇之事；寄信杨、彭，请其不必代弟造船。望弟亦寄信止之。长江肃清之后，忽添水师十余营，于清议亦语不去也。

同治二年九月二十二日

沅弟左右：

接十五日、十七日信，有畏慎而无怫郁，极慰极慰。老弟之意量远矣，先世之气脉长矣。

杜小舫文澜往年经郭雨三专函力保，去年又经晏彤甫函保，故余一见即器重之，许以驻汉口办督销局务。近日与南坡亦极水乳，南亦请以汉口督销局委之。其品望虽未必果翕舆论，然亦当稍优于金、许也。许之条陈多有可采，候与南坡商之。

杨守炮船一事，弟之公牍甚为婉逊，即照弟所拟办理。末世好以不肖之心待人，欲媒孽老弟之短者，必先说与阿兄不睦。吾之常常欲弟检点者，即所以杜小人之馋口也。何铣罚款断不放松，幸毋听谣言而生疑。

同治二年十月初四日

澄弟左右：

纪鸿母子及全家到营，一路平安，足慰家中悬系。寅皆先生意欲速行旋里，牧云当度岁乃归也。袁婿在此，尚无为非之事，惟不肯读书作字，难期有成。内人以下，历述老弟数年以来照料黄金堂诸事，心思之细，仪节之恭，送情之厚，均为近世兄弟中所未见。吾家敬宗收族、承先启后诸大端，皆发于沅弟之谋，而成于弟之手。沅弟费财，老弟费心，均可为祖、父累代之功臣。余愧未能悉心经营，幸两弟有以补余之过也。

沅军连克上方桥、七瓮桥等贼垒，城外接济将断。朱云岩招降古隆贤一股，收复石埭、太平二城。春霆进攻水阳、金宝圩一带，尚无开仗之信。临淮唐中丞处近亦平安。惟蒙城粮尽援绝，断难保全。发逆稍衰，而苗逆方盛，良可虑也。

同治二年十月十七日

沅弟左右：

徐士衡等归，言弟往看孝陵卫营基，余且喜且惧。喜贼之接济将断，惧弟之新营太多，占地太广，恐百密而一疏也。意城亦以弟招新勇太多为虑。余以弟力谋此城，苦心孤诣，故仅禁招水勇而不禁招陆勇，不忍重拂弟也。弟亦当亮余苦衷，将新勇之可减者减之，可并者并之。至于克城迟早，仍有天意，不尽人谋也。

同治二年十月二十二日

沅弟左右：

日内未得弟信，不知体中安否？东坝、溧水既克，弟又进扎孝陵卫，城中接济似已可断。其孝陵卫以北不妨空缺，不必合围。盖大致米粮难入，则城中强者可得，弱者难求，必有内变争夺之事。若合围太紧，水息不通，无分强弱，一律颗粒难通，则反足以固其心而无争夺内变、投诚私逃之事矣。不知弟亲历其境，以余此说为然否？

同治二年十一月初五日

沅弟左右：

初三日接程学启报苏州克复之信，初四日得唐中丞克复怀远之信。苗党张士端叛苗从官，献出怀远一城，并献炮船六十号、米四千石、钱三千串，从此苗众之心益涣。僧邸亦至蒙城，蒙围当可立解。

金陵如果克复，弟当会同彭、杨三人前衔，将大略情形飞速入告。折首云："为官军克复金陵，谨将大概情形先行驰奏，以慰宸廑，仰祈圣鉴事。"折末云："伏乞皇太后皇上圣鉴。再，臣等前接曾国藩密函，金陵如果克复，嘱臣三人先将大概情形会奏，早到京一日，圣怀早得宽慰一日。其详细情形，仍咨由官文、曾国藩会奏等语。除将详细战状另咨楚皖续奏外，合并声明。谨奏。”其折愈短愈妙。洪秀全之下落，银钱之多寡，不可不说大概，此外皆宜略也。

顷又接冯萃亭信，洪酋全不动摇，弟切不必性急。常、杭、嘉、湖全克而金陵收功结果，乃正理也。

同治二年十一月十二日

沅弟左右：

初五夜地道轰陷贼城十余丈，被该逆抢堵，我军伤亡三百余人，此盖意中之事。城内多百战之寇，阅历极多，岂有不能抢堵缺口之理？苏州先复，金陵尚遥遥无期，弟切不必焦急。

古来大战争，大事业，人谋仅占十分之三，天意恒居十分之七。往往积劳之人非即成名之人，成名之人非即享福之人。此次军务，如克复武汉、九江、安庆，积劳者即是成名之人，在天意已算十分公道，然而不可恃也。吾兄弟但在积劳二字上着力，成名二字则不必问及，享福二字则更不必问矣。

厚庵坚请回籍养亲侍疾，只得允准，已于今日代奏。苗逆于二十六夜擒斩，其党悉行投诚。凡寿州、正阳、颍上、下蔡等城一律收复，长、淮指日肃清，真堪庆幸。

弟近日身体健否？吾所嘱者二端：一曰天怀淡定，莫求速效；二曰谨防援贼、城贼内外猛扑，稳慎御之。

同治二年十一月十四日

澄弟左右：

围山嘴桥稍嫌用钱太多，南塘竟希公祠宇亦尽可不起。沅弟有功于国，有功于家，千好千好，但规模太大，手笔太廓，将来难乎为继。吾与弟当随时斟酌，设法裁减。此时竟希公祠宇业将告竣，成事不说，其星冈公祠及温甫、事恒两弟之祠皆可不修，且待过十年之后再看。至嘱至嘱。

余往年撰联赠弟，有“俭以养廉，直而能忍”二语。弟之直人人知之，其能忍则为阿兄所独知；弟之廉人人料之，其不俭则阿兄所不及料也。以后望弟于俭字加一番工夫，用一番苦心。不特家常用度宜俭，即修造公费，周济人情，办须有一俭字意思。总之，爱惜物力，不失寒士之家风而已。弟以为然否？

同治二年十一月二十四日

澄弟左右：

衡州之粤盐，只禁船载，不禁路挑，弟所见极为有理。江西新城县亦为禁闽盐之路挑，竟被私贩将委员殴毙。现在衡州每挑既补二百四十，若再加，亦必激变。从前道光年间，衡州严禁粤私，从未禁遏得住。将来新章到衡，弟可与府县及厘卡说明，只有水卡查船载之私每斤加作八文，其陆卡查路挑之私概不再加分文，亦不必出告示，亦不必办公牍，但得水卡一处稽查，便算依我之新章耳。兹将新刻章程寄回。

弟家之渐趋奢华，闻因人客太多之故。此后总须步步收紧，切不可步步放松。总之，家门太盛，有福不可享尽，有势不可使尽，人人须记此二语也。

同治二年十二月初一日

沅弟左右：

接春霆信，知溧水失守，王可升不战而溃，殊为骇异。新军之不可恃如此。弟处七瓮桥、孝陵卫诸营尤为吃重。新营太多，余实不放心。留丁泗滨二营水师，调志字五营陆师，皆已照准咨复。志营万不可恃，虽有五营，弟视之如无一营可也。神策、太平二门断不可合围。人以收全功、求速效望于弟，吾所望者一稳字而已，不求速、不求全也。

同治二年十二月初十日

沅弟左右：

城上有墨气灰气，意者天欲殄此寇乎？然吾辈不恃天人之征应，而恃吾心有临事而惧，好谋而成之实。火药银两接济尚可不断，惟米粮极难。江西、两湖皆卖至三两四五钱，且处处阻隔遏粜，无米可买，深堪忧灼。只要各军有可食之米，吾兄弟有敬畏之心，此役当有了日耳。

同治二年十二月十四日

澄弟左右：

李氏兄弟五人而殁其三，九与五固系名将帅，即二亦系克家之令子。五年之内先后沦谢，振亭姻伯虽康健，想亦怆恸不可为怀。拟凑奠仪万金，迪、希前存历年薪水，尚有万金寄存蒋、成、萧、毛等处，亦拟提回作为姻伯养赡之资。余送赙仪千金，沅弟拟另送四百，皆在拟凑万金之内，大约可多不可减也。

金陵军务近尚平稳。伪忠王久至金陵，尚未出城猛扑。鲍军在东坝平安。少荃一军又在浙江克复二城，下游事机极顺。所虑者群贼旁出四溢，终为江西、两湖之患耳。

同治二年十二月十八日

沅弟左右：

日内雨雪严寒，深以弟营缺米缺银为虑。湖南之十万金，本派定全解弟处。不料十一月初八日起行，至今四十天未到。昨派炮船四号迎提，又为大雪所阻。一俟提到，即用洋船拖送，不知年内可到否？

弟派王子鉴办江西之米，朱守谟办湖北之米，余为力主其事。尚斋在江，厉、杜在鄂，亦无不认真之理。但昂贵异常，其能多与否，仍未可知。

同治二年十二月二十一日

沅弟左右：

大炮守垒，只可偶一用之，多用则实可不必。吾在水营多年，深知大炮之长短。凡炮火之利有二：曰及远，曰命中。大炮之大子，可以及远而难以命中，谓其愈远则行愈迟慢，且有声可以回避，又往往自上落下，不能横穿也。其群子，可以命中而难以及远。包得合膛，筑得极紧，可及二三箭之远，否则仅及一箭而已。群子所能及之处，先锋包亦几能及之。

军兴日久，各弁勇事事外行，徒慕大炮之名。见贼在二三里外，纷纷开大炮大子击之，喜其响之震，烟之浓而已；见贼不畏炮而排进如故，则以为凶悍无匹，而不知大子实不伤人也。

吾在水营时，教将弁专用群子“包得圆，筑得紧，开得近”三语者，内湖各营罕能做到，外江间有做到者，便是无敌之将。陆营善用大炮者，吾尚无所闻。弟营善用大炮者共若干人？然大约不满三百人，而营中之炮，却不止三百尊。弟去年请黄南翁解炮四尊，今年请丁道铸炮数尊，皆外行之举动也。余恐火药接济不上，故于地洞、大炮二事详悉言之。

同治二年十二月二十三日

沅弟左右：

弟营之米太少，余亦知之，竟无法可以多购。待三月后江达川办蜀米、王子鉴办江米、朱守谟办鄂米，三处所得，当较多耳。

弟问芳浦、惟堂等是否可全调金陵，余意句容之贼可由秣陵关、小丹阳而至金柱关，贼若以一枝稳扎秣陵关，一枝进攻金柱关，不特鲍营远在东坝不能遽破秣陵之贼，即弟营近在雨花台亦不能猛打秣陵大股也。弟军前攻破秣陵关伪城后，不知曾派兵守之否？若已有劲兵守之，则不特金柱关可以无虞，即三汊河、江宁镇之兵亦可少减。若秣陵关并未设守，则朱芳浦不可轻离金柱关也。或调芳浦驻守秣陵关，于鲍、王皆可联络，于金、芜亦可屏蔽，请弟裁酌。

同治二年十二月二十六日

沅弟左右：

日内所忧弟营之事，专在米粮一宗。赈米二千石，日内必解赴金陵。江西之米，官固认真稽查，民间尤阻遏甚紧。余顷已札行各卡，正二三月一律免厘。此风一播，应可松活也。

太平、神策二门，余意不遽合围，实因另无统领之故。如东头初一日开仗，西头之兵初二日驰援，尚只能走路，不能接仗，必须初三日乃能交手。而东头存亡呼吸之顷，固不能靠西兵以救危，又岂能向西帅以问计策哉？欲求东头另立统领，近则调鲍春霆，远则调程学启，或竟请少荃亲来，乃可当此一面。余顷有信寄少荃，调程学启还弟麾下。如少荃不允，余于正月必设法调一统领大员围扎神策、太平二门，并拟于灯节后坐轮船与弟一会。弟宜以保身体为主，不必焦灼也。

弟此次两信，胸怀颇宽舒，心志颇敬慎。以后须常存此意，总觉得人力虽尽到十分，而成功纯是天意，不可丝毫代天主张，至嘱至嘱。

同治三年甲子正月初四日

澄弟左右：

九弟及各军近日均无战事。苗沛霖既诛，其部下头目为僧王擒斩殆尽。李世忠亦知畏罪，近有文书来，将渠所据城池交出，请派人去守，其枪炮亦愿缴出，将来江北可无后患。

余身体平安，合署内外俱好，惟俭字日减一日。余兄弟无论在官在家，彼此常以俭字相勖，则可久矣。

同治三年正月初七日

沅弟左右：

余思至金陵一行，不过因弟太辛苦，或兄弟一会，以畅欢怀。近见弟累次来信，襟怀甚恬畅，字画甚光润，心意甚敬谨，可卜其神不外散，别无波折。余即决计不赴金陵。盖洋船虽快，往返亦须八九日也。

少荃决不能来，显而易见。程学启之能来，亦姑听之。余已有函商之少荃，此后不加咨牍可耳。

同治三年正月十四日

澄弟左右：

吾不欲多寄银物至家，总恐老辈失之奢，后辈失之骄。未有钱多而子弟不骄者也。吾兄弟欲为先人留遗泽，为后人惜余福，除却勤俭二字，别无做法。弟与沅弟皆能勤而不能俭，余微俭而不甚俭。子侄看大眼，吃大口，后来恐难挽回，弟须时时留心。

同治三年正月十七日

沅弟左右：

金眉生到此，已交银二万，令买米解弟营。篪轩履宁藩之任，凡眉生有善策无不采纳，凡弟处有函商无不遵允。晋鹤既调皖抚，自不能干预淮北盐务。惟用人极难，听言亦殊不易，全赖见多识广，熟思审处，方寸中有一定之权衡。如眉生见憎于中外，断非无因而致。筠仙甫欲调之赴粤，小宋即函告广东京官，以致广人之在籍在京者物议沸腾。今若多采其言，率用其人，则弹章严旨立时交至，无益于我，反损于渠。余拟自买米外，不复录用。许小琴老而自用，亦未便伏以北鹾重任。且待忠鹤皋相见，李军全撤之后，再议淮北章程。

闻弟宅所延之师甚善讲解，可慰之至。后辈兄弟极为和睦，行坐不离，共被而寝，亦是家庭兴旺之象。余所虑者，弟体气素弱，能常康强无疾，至金陵蒇事之日不起伤风小恙；其次侍、辅、堵等酋不上江西，不变流贼；其次洪、李城贼猛扑官军，弟部能稳战稳守。三者俱全，如天之福。雪、厚、南、竹等皆以弟新营太多为虑。余苦无良将调以助弟，极歉仄也。

同治三年正月二十三日

沅弟左右：

城事果有可望，大慰大慰。此皆圣朝之福，绝非吾辈为臣子者所能为力。不特余之并未身临前敌者不敢涉一毫矜张之念，即弟备尝艰苦，亦须知谋事在人，成事在天，劳绩在臣，福祚在国之义。刻刻存一有天下而不与之意，存一盛名难副、成功难居之意。蕴蓄于方寸者既深，则侥幸克成之日，自有一段谦光见于面而盎于背。至要至要。

同治三年正月二十四日

澄弟左右：

沅弟在金陵甚顺遂。侍逆之党上窜江皖，徽军屡获胜仗，驱贼回窜。惟另股窜遂安者，未知浙军能否得手。大约杭州、金陵春间皆可望捷音，只求败贼不至江西，则大局日稳矣。

李家两昆仲先后殂谢，以名贤而兼高位，一旦长逝，其家冷落之状可想而知。余为筹划各处奠仪并公项，共得三万余金，专人送去。

新正人客甚多，不似往年军营光景。余虽力求节俭，总不免失之奢靡。日日以俭字告诫妻子，现略知遵守，亦望吾弟常告内外周知也。

同治三年正月二十六日

沅弟左右：

天保城以无意得之，大慰大慰。此与十一年安庆北门外两小垒相似，若再得宝塔梁子，则火候到矣。

弟近来气象极好，胸襟必能自养其淡定之天，而后发于外者，有一段和平虚明之味。如去岁初奉不必专折奏事之谕，毫无怫郁之怀，近两月信于请饷、请药毫无激迫之辞，此次于莘田、芝圃外家渣滓悉化，皆由胸襟广大之效验，可喜可敬。如金陵果克，于广大中再加一段谦退工夫，则萧然无与，人神同钦矣。富贵功名皆人世浮荣，惟胸次浩大是真正受用。余近年专在此处下功夫，愿与我弟交勉之。

闻家中内外大小及姊妹亲族无一不和睦整齐，皆弟连年筹划之功。愿弟出以广大之胸，再进以俭约之诫，则尽善矣。

同治三年二月初二日

沅弟左右：

金陵业经合围，只空后湖一段，大致不能以全股冲出，贻患它处，且喜且惧。喜者，喜弟之苦心经营，渐有蒇事之望；惧者，惧穷寇拼命决战，如黄河将合龙之际，恐大溜冲决走埽也。望弟加倍小心，竟此大功。

天保城山下修二新垒，湘后二营恐不足当此要路。其营官由水师出身，不知陆路事宜。周围九十余里，围数十万悍贼于其中，吾弟布置之劳，责任之重，思之不觉惴慄。

谕旨前令都兴阿南渡至句容一带助剿，本日改调都赴山西，派富将军南渡，饬余区画调度。余拟复奏富不必南渡。徽州之贼虽退，已从浙境上窜玉山、广信，势将蹂躏江西腹地。金陵若克，请弟拨二万人回顾江西、湖南，即为遣散地步。

同治三年二月十一日

沅弟左右：

连日风雨严寒，气象愁暗，便似咸丰十年二月光景，深为疑悚。不知弟体气何如？各营近状何如？城贼出外猛扑否？上游窜江西之贼，虽经席、韩迭获胜仗，闻有一小股由铅山之湖坊内窜，恐遂将窜扰抚、建，殊为焦虑。

金陵果克，弟之部曲断不能全数遣散。一则江西是管辖之境，湖南是桑梓之邦，必派劲旅防御保全；二则四五万人同时遣撤，必无许多银钱，而坐轿者愿息，抬轿者不肯，其中又有许多人情物理，层次曲折。勇退是吾兄弟一定之理，而退之中次序不可凌乱，痕迹不可太露。待兄弟相见，着着商定，再行办理。

同治三年二月十四日

澄弟左右：

正月下冻冰雪太久，恐非佳兆，而弟决谷米之必贱，何也？此间亦苦风雪严寒，气象黯惨，余深以为忧，幸二日内已放晴矣。

沅军平安如故。自正月底合围，贼至今未出城猛扑。探称洪逆积柴绕屋，自誓城破则放火自焚。上窜江西之贼近日未闻的报，不知已至抚、建否？

寓中大小平安。纪泽之病已愈，但尚禁风。后辈体气远不如吾兄弟之强壮。吾所以屡教家人崇俭习劳，盖艰苦则筋骨渐强，娇养则精力愈弱也。老弟以为然否？

同治三年二月二十四日

澄弟左右：

金陵之贼外援已绝，计瓜熟蒂落之期当亦不远。惟米粮昂贵，且无处可买，颇以为虑。江西之贼自席军在金溪获胜，大局不致糜烂。然穷寇觅食纷窜，闽、广、两湖均属可虑，不可以其为残败之匪而忽之。如省城、衡州有与弟商及贼情者，宜互相诫慎也。

俭之一字，弟言时时用功，极慰极慰，然此事殊不易易。由既奢之后而返之于俭，若登天然。即如雇夫赴县，昔年仅轿夫二名，挑夫一名，今已增至十余名。欲挽回仅用七八名且不可得，况挽回三四名乎？随处留心，牢记“有减无增”四字，便极好耳。

同治三年三月初四日

澄弟左右：

沅弟营中久无战事，金陵之贼亦无粮尽确耗。杭州之贼目陈炳文，闻有投诚之信，克复当在目前。天气阴雨作寒，景象似不甚佳。吾在兵间日久，实愿早灭此寇，俾斯民稍留孑遗，而睹此消息，竟未知何日息兵也。

纪泽兄弟及王甥、罗婿，读书均属有恒。家中诸侄，近日勤奋否？弟之勤为诸兄弟之最，俭字工夫，日来稍有长进否？诸侄不知俭约者，弟常常训责之否？至为廑系。

同治三年三月十二日

沅弟左右：

句容克复，从此城贼冲出益无停足之地，当不至贻患他方，至以为慰。

弟增十六小垒，开数处地道，自因急求奏功，多方谋之。闻杭城克复之信，想弟亦增焦灼，求效之心尤迫于星火。惟此等大事，实有天意与国运为之主，特非吾辈所能为力，所能自主者。“虚心、实力、勤苦、谨慎”八字，尽其在我者而已。

春霆既克句容，宜亲驻句容，专打金陵破时冲出之贼。幼丹截分厘金之事，今日具疏争之，竟决裂矣。

奉初六日寄谕，恐金陵军心不一，欲余亲往督办，盖亦深知城大合围之难。余拟复奏仍由弟一手经营。惟常常怕弟患病，弟千万保养，竟此大功。

同治三年三月十四日

澄弟左右：

杭州、余杭皆于二月克复，鲍春霆攻剿句容，于三月初七日克复，大致极为顺遂。惟金陵城贼坚守如常，并无粮尽确耗。又新插麦禾甚多，竟不知何日始能了此公案。江西之贼尚在南丰、新城，其气甚衰，逃者甚众，应不能为害他方。惟广东之贼坚悍，无散归之志，终当变成流贼，蔓延闽、粤、两湖，是可虑耳。

县中文庙费在万串以外，余当捐五百串，以为之倡，此外各营凑捐，当易成事。季弟专祠，即买南门之专祠亦无不可。谕祭文到日，遣官致祭。其遣来之官，即天使也。京师大员得邀谕祭者，系礼部堂官充天使。余曾充过数次。奠酒三杯，天使立而不跪。读文毕，天使三揖而退。孝子跪迎跪送。丧家以酒席陪敬天使，并赠送袍褂、朝珠、冠、补等物，极多八色，少或六色、四色，此京中以尚书、侍郎充天使者之概也。外间充天使者，从前陶文毅家系省城派道员前往，近来罗、李、王家皆系派本县知县，其仪注如何，余不得知也。

邓寅皆兄总以到馆为妙，渠非愿受乾修之人，余亦向不肯荐乾馆。天下不义之财，乾馆亦其一也。

同治三年三月二十六日

沅弟左右：

金坛、丹阳次第克复，慰甚。鲍军上援江西，余已飞檄调之。但春霆于元年冬丁艰，力求回籍治丧，余许以打开宁国四面之贼，即准回籍。二年二月，春霆求践前约，余展限打开东坝乃准回籍。东坝克后，春霆又求践前约，余展限今年二月底为度。至三月初，春霆要请甚迫，余又展限以金陵克复为度。此次不待金陵克复而遽令援江，在我则失信太多，在霆则坚求还蜀，此意中之事，亦无可强派之事，望弟与之再三细商。但借渠之名望援救江西，以安江西官绅士民之心。只须宋镇、娄、冯等率之以往，不必春霆亲往督办。春霆行至安庆等处，余即具疏奏请，准渠回籍治丧。一至九江，渠即可分手回蜀，听宋、娄等带队入江西援剿可也。爽约太多，人必不复见信，望弟与霆一一详说，言此番决无爽约之理。并请春霆速发告示咨文至江，言渠即日来援，以安人心，至要至要。

余昨日具疏告病，一则以用事太久，恐中外疑我兵权太重，利权太大，不能不缩手以释群疑。一则金陵幸克，兄弟皆当引退，即以此为张本也。

同治三年三月二十七日

沅弟左右：

傍夕兰泉归来，备述弟款接之厚，才力之大，而言弟疾颇不轻，深为忧灼，闻系肝气之故。余日内甚郁郁，何况弟之劳苦百倍于我？此心无刻不提起，故火上炎，而血不养肝。此断非药所能为力，必须放心静养，不可怀忿怄气，不可提心吊胆，总以能睡觉安稳为主。

今日接到寄谕，江西厘金之讼，仍是督抚各半。然官司虽输，而总理衙门奏拨五十万两专解金陵大营，未必尽靠得住，而其中有二十一万实系立刻可提者，弟军四、五两月不逢哗溃，六月以后则淮北盐厘每月可得八万，故余转恼为喜。向使官司全赢，则目下江西糜烂，厘金大减，反受虚名而无实际，想弟亦以得此为喜也。

同治三年三月三十日

沅弟左右：

张仙舫禀食盐事并未与弟说及，殊为大谬，当严饬。此后凡事当先禀弟处。其人似尚胆小，或不至敢违吾与弟之训。抚恤一局，万难裁撤，听弟斟酌。吾因安庆、池州饥民纷纷赴江南大营就食，吾恐此名一播，万难应付，故劝停也。

上海拨五十万至金陵之旨，二十八日续奉廷寄一道，重言以申明之，大约可实至二十四万。湖北发、捻交集，甚为震恐。天气阴寒，余深虑别有祸变，但求每月除米以外，凑得十余万金，俾弟军、鲍军不至决裂，竟此一篑之功，然后兄弟熟商引退之法，则大幸矣。

同治三年四月初三日

沅弟左右：

地道既难中止，听弟加工再挖，余不复遥制。徽、休、祁、黟俱无恙，贼已由婺境横窜遂安、华埠，将仍走玉山、广信以犯抚、建，闻剃头者甚多，并不杀人放火，或有各自逃散之意，亦未可知。弟军今年饷项之少为历年所无，余岂忍更有挑剔？况近来外侮纷至迭乘，余日夜战兢恐惧，若有大祸即临眉睫者。即兄弟同心御侮，尚恐众推墙倒，岂肯微生芥蒂？又岂肯因弟词气稍戆藏诸胸臆？又岂肯受他人千言万怄遂不容胞弟片语乎？老弟千万放心，千万保养。此时之兄弟，实患难风波之兄弟，惟有互劝互勖互恭维而已。

余日内所患者三端：一则恐弟过劳生病，弁勇因饷绌而散漫；二则恐霆营人心涣散，另生祸变；三则恐汉中大股东窜，庐、巢、和、滁俱不能守，西梁山亦无兵可以拨防。此三事中，弟有法可以补救一二否？

同治三年四月初四日

澄弟左右：

接弟所发排单一信，痛悉蕙妹去世。吾同产骨肉九人，至是仅存吾与弟暨沅弟三人矣，哀哉！自丁巳至今八载，亲属死丧九人。久处兵戈之中，畏闻哀戚之事。昆八外甥适于是日由金陵来皖，因催令登舟上行，而未将讣音告之，大约至湘潭等处始得闻知。

金陵围师稳固如常。霆军攻克金坛，现调春霆统率全军救援江西，须俟李少荃派兵接防东坝、句容后，鲍军乃能上行，大约起程在两月以后。比又派周军门宽世、金逸亭两军救援江西，共八千人，当在十日内由安庆起行。湖北之贼已由枣阳等处下窜，将自皖境救援金陵。闻发、捻近三十万，实属应接不暇。江西之贼若至瑞、袁等处，则湖南处处须设防兵。如有调弟带兵出境防剿者，弟千万不可应允。即在本县办团，亦须另举贤员为首，弟不可挺身当先。吾与沅弟久苦兵间，现在群疑众谤，常有畏祸之心。弟切不宜轻易出头露面，省城则以足迹不到为是。

同治三年四月初五日

沅弟左右：

近日肝疾已愈，湿毒亦十去七八，大慰。

初一以后，贼果出城猛扑否？若非有绝大便宜，我军并不出濠，仅稳稳为自守计，应可无碍。元年七月二十二日出濠之战，吾至今尚觉心悸，盖吾胆气素薄故也。日内阴雨寒森，气象不佳，务望老弟不求奇功，但求稳着，至嘱至嘱。

吾虽亦有肝气，然善眠善食。兰泉诊我脉，言六脉平和，养生家所求之不得，断无疾恙云云。但每日懒于作事，未免积阁文件耳，弟可放心。

同治三年四月初六日

沅弟左右：

湖州、丹阳既皆未克，则鲍军未可轻动，而浙江群逆亦必由东坝、丹阳等处援救金陵。特此飞函商吾弟，细告彭、刘、萧、张诸将蓄养锐气，专为前打城贼、后御援贼之用，断不可因地道将成，竭力进攻，致多损锐，反不能力破援贼也，千嘱千嘱。好事多磨，自古而然。即东坝疏失，鲍军小挫，亦未始非意中或有之事。虽有其事，而弟军仍安如泰山，乃为铁汉。

自苏、杭克复，人人皆望金陵之速克。吾独不期其速，而期其稳。故发信数十次，总诫弟之欲速。盖深知洪逆非诸贼可比，金陵非他城可比也。此等处吾兄弟须有定识定力，望老弟巍然不动，井然不紊。将克未克之际，必有一番大风波。吾弟若破地道，且待大风波经过之后再行动手，实不为晚。吾所虑者，一恐弟求速效而焦灼生病，一恐各营猛攻地道，多损精锐而无以御援贼耳。弟其体我此意，稳慎图之。至于弟军银米，九月以前必可敷衍。

同治三年四月初九日

沅弟左右：

今日天雨如注，气象阴森，寒似深秋，实增焦灼，想老弟亦同此愁闷。然事至今日，惟有“小心安命，埋头任事”二语，兄弟互相勖勉，舍此更无立脚之处。据窦兰泉云，大丹将成，众魔环伺，必思所以败之。雪琴上赴九江过此，则云金陵贼粮尚足，夏秋难望克复。二说虽微不同，总之事局艰难，吾兄弟适当其任。湖州、广德未克，日内必有大变。

弟所挖地道，如果四月告成，不宜于四月装药轰发。吾观天时人事，似非于月内遽获大捷者。危心苦口，弟其亮之。弟派沈鹤鸣赴沪提银二十六万两零，而余已先拨九万与霆军，弟心不免郁郁。余实因周纲堂之信，恐生他变，故待霆军独厚，亦望吾弟亮之。

同治三年四月十三日

沅弟左右：

适闻常州克复、丹阳克复之信，正深欣慰，而弟信中有云“肝病已深，痼疾已成，逢人辄怒，遇事辄忧”等语，读之不胜焦虑！今年以来，苏、浙克城甚多，独金陵迟迟尚无把握，又饷项奇绌，不如意之事机、不入耳之言语纷至迭乘。余尚愠郁成疾，况弟之劳苦过甚百倍阿兄，心血久亏数倍于阿兄乎？余自春来，常恐弟发肝病，而弟信每含糊言之，此四句乃露实情。此病非药饵所能为力，必须将万事看空，毋恼毋怒，乃可渐渐减轻。蝮蛇螫手，则壮士断其手，所以全生也。吾兄弟欲全其生，亦当视恼怒如蝮蛇，去之不可不勇，至嘱至嘱。

余年来愧对老弟之事，惟拨去程学启一名将，有损于阿弟。然有损于家，有益于国，弟不必过郁，兄亦不必过悔。顷见少荃为程学启请恤一疏，立言公允，兹特寄弟一阅。李世忠事，十二日奏结。又饷绌情形一片，即为将来兄弟引退之张本。余病假于四月二十五日满期，余意再请续假。幕友皆劝销假，弟意以为何如？淮北票盐、课厘两项，每岁共得八十万串，拟概供弟一军。此亦巨款，而弟尚嫌其无几，余于咸丰四、五、六、七、八、九等年，从无一年收过八十万者，再筹此等巨款，万不可得矣。

同治三年四月十四日

澄弟左右：

接弟信，知黄鼎甫侄婿去世，不胜悲愕。侄女青年无子，何堪当此大故？温弟妇忧患余生，何以遣此悲怀？天之厄人，每有理所不可测者。而老弟二十年以来，凡亲属疾病死丧之事，皆弟一人历其危险，尝其劳苦，精力竭矣，忧虑饱矣。弟所尽职于骨肉之际，其劬劳盖百倍于阿兄，且愧且怜。蕙妹于十四去世，乃延至二十日始大殓，未免太迟。凡地师及选择方术之言，其近情理者信之，其不近情理者决不必信。七日始大殓，此不近情理之言也。吾祖星冈公于僧道巫医及堪舆星命之言皆不甚信，故凡不近情理之言不敢向之开口。以后吾家兄弟子侄，总以恪守星冈公之绳墨为要。

常州克复，丹阳克复，江苏全省只剩金陵一城未克耳。沅弟忧灼殊甚，肝疾颇深，余常常以信解之。

同治三年四月十六日

沅弟左右：

常、丹之克，此间已先得报。各城皆得，仅余金陵。城之坚而大，贼之悍而多，实非他处可比。弟切勿焦灼致疾，听其自然而已。如奉旨饬少荃中丞前来会攻金陵，弟亦不必多心，但求了毕兹役。独克固佳，会克亦妙。功不必自己出，名不必自己成，总以保全身体，莫生肝病为要。善于保养，则能忠能孝而兼能悌矣。

同治三年四月十八日

沅弟左右：

湿毒已愈，又添脚气之疾，总因忧劳过久之故。然天相劳臣，当不至于大碍。观弟昔年无数月不病，此次两年未尝一日不写字，一刻不办事，则知尽忠王事者，自有神明佑助，理不爽也。

少荃派兵来接东坝、句容之防，余已咨明弟处。春霆马步万六千人，师行二千余里，九万途费本不可少。兹拟先交五万，请弟于轮船经费或大通解饷项内拨五万济之，余四万设法续解。弟需大批饷，除沪上十五万外，实无可指之款。子药则今日起解三万矣。

同治三年四月二十日

沅弟左右：

弟收沪银十三万零，今日再由江外粮台解去六万，合之各卡厘金，计亦可勉强不决裂，实天幸也。事事落人后着，不必追悔，不必怨人。此等处总须守定“畏天知命”四字。

金陵之克，亦本朝之大勋，千古之大名，全凭天意主张，岂尽关乎人力？天于大名，吝之惜之，千磨百折，艰难拂乱而后予之。老氏所谓“不敢为天下先”者，即不敢居第一等大名之意。弟前岁初进金陵，余屡信多危悚儆戒之辞，亦深知大名之不可强求。今少荃二年以来屡立奇功，肃清全苏。吾兄弟名望虽减，尚不致身败名裂，便是家门之福。老师虽久而朝廷无贬辞，大局无他变，即是吾兄弟之幸。只可畏天知命，不可怨天尤人。所以养身却病在此，所以持盈保泰亦在此。千嘱千嘱，无煎迫而致疾也。

同治三年四月二十四日

澄弟左右：

捐务公事，余意弟总以绝不答一言为妙。凡官运极盛之时，子弟经手公事格外顺手，一倡百和，然闲言即由此起，怨谤即由此兴。吾兄弟当于极盛之时预作衰时设想，当盛时百事平顺之际预为衰时百事拂逆地步。弟此后若到长沙、衡州、湘乡等处，总以不干预公事为第一义。此阿兄阅历极深之言，望弟记之。

同治三年四月二十八日

沅弟左右：

余已于二十七日具片销假。弟信既恳至，雪琴又由湖口特来此间一行，遂不复续假，亦恐人疑我此举专为沈中丞也。

富公数千人预备助剿金陵，谕旨令其以江北为重，富来函亦谓即将调回扬防。大约除少荃亲来外，别无一枝来弟处帮忙者。事权之一可喜，担荷之重亦可惧。究竟中关之接济已断否？望示及。

弟病在水不能生木，余亦夙有此疾，非药物所能为力。每日无论如何忙迫，总须略有抽闲之时，或静坐，或渴睡，或散步。火不动，则水得所养矣。

同治三年五月初一日

沅弟左右：

此间日内无他信息，惟闻江西省城人心惊惶，纷纷搬徙。雪琴已带船晋省，藉助声威。抚州解围后，贼攻扑建郡，亦不得逞。谕旨派厚庵督办江西、皖南军务，大约系左帅奏请，亦因余屡奏责重事烦，分此仔肩也。

同治三年五月初三日

澄弟左右：

金陵之贼，援虽绝而粮实未断。沅弟焦灼之至，而无如之何。幸身体平安，面色甚好也。江西之贼攻扑抚、建，两府俱得保全。鲍军自东坝起行，五月必可到江。又奉旨派杨厚庵督办江西、皖南军务，应可渐有起色。惟湖北之贼蹂躏过久，副都统舒保阵亡，系一马队名将，殊有关系。严中丞以道员降补，义渠暂署鄂抚，不知能平此风波否。

同治三年五月初六日

沅弟左右：

来信具悉。弟腹泻小愈。腹泻及不食油荤，均不足介意。惟肝、脾二家全仗老弟以心治之，非阿兄所能助谋，亦非良医所能为功，弟之天君即神医也。

江西宜黄、崇仁失守，省城吃紧，实出意外。金陵贼情，常、丹克复与未克时有异乎？无异乎？

同治三年五月初十日

沅弟左右：

厚庵到皖，坚辞督办一席。渠之赴江西与否，余不能代为主持。至于具折，则必须渠亲自陈奏，余断不能代辞。厚帅现拟在此办折，拜疏后仍回金陵水营。春霆、昌岐闻亦日内可到。春霆回籍之事，却不能不代为奏恳也。

弟病近日少愈否？肝病余所深知，腹疼则不知何症。屡观《朗山脉按》，以扶脾为主，不求速效，余深以为然。然心肝两家之病究以自养自医为主，非药物所能为力。今日偶过裱画店，见弟所写对联，光彩焕发，精力似甚完足。若能认真调养，不过焦灼，必可渐渐复元。

同治三年五月十二日

沅弟左右：

日内深以弟病为虑，接来信并与泽、鸿两儿信，字有精光，兼有静气，词语亦不迫促，卜病体之必将痊愈，为之大慰。惟金陵持久不下，以吾弟平日之性情，恐肝气之病愈积愈深。吾与昌岐久谈，少荃于吾兄弟处实有相亲相卫之意。吾意欲奏请少荃亲带开花炮队、洋枪队前来金陵会剿，接弟此次复信，即一面出奏，一面函咨少荃，请其迅速西来。如苏军齐到成功，则弟受其劳，而少荃享其名。既可以同膺懋赏，又可以暗培厚福。盖独享大名为折福之道，则与人分名即受福之道矣。如苏军虽到，而城贼仍坚持不下如故，则谤可稍分，而责亦稍轻。余昨日已咨少荃派炸炮至金陵会剿。细思弟之肝病，不宜再郁两月，而饷项亦断难支至三四月，故决计奏请少荃前来。苏军近亦仅支五成之饷，并非十分充足，可无贫富相耀之患，想弟能亮我苦衷也。

厚庵新授陕甘总督，可谓非常特恩，仍督办江西、皖南军务，断不可辞矣。金陵水师防务，余请昌岐与弟会办。雪琴仍回裕溪等处，当不至疏失。多公仙逝，劳苦可悯。

同治三年五月十四日

澄弟左右：

杨军门放陕甘总督，仍督办江西、皖南军务。鲍春霆全军已至青阳，本月必至瑞州。瑞州、临江两府相隔仅九十里，由江西窜两湖，必由瑞、临经过。杨、鲍二人由瑞、临下手，所以援江西，即所以保两湖也。由江西犯湖南约有三路：北由瑞、临犯平江、浏、醴，中由吉安犯茶陵，南由南赣犯郴、桂。现在三路俱有布置，吾乡应可安居。湖北之贼几犯汉口，幸为水所隔，不日必来皖北。金陵之贼坚抗如故。谕旨问少荃能亲赴金陵会剿否，余拟即日奏请饬派少荃亲来会剿。速克则共乐其功，缓克则稍分其谤。沅弟外症虽好，而肝病已深，断不宜再久郁郁矣。

弟比余小十岁，何以白头遂已一半之多？以后总宜节劳，至嘱至嘱。余发仅白数茎，惟精神日衰，牙齿松疼。看来吾兄弟寿年均难及上三代，惟当加意保养。弟于诸昆中劳苦独甚，尤宜静养耳。

同治三年五月十五日

沅弟左右：

昨日寄信一件、咨文一件，拟请李少荃来金陵会剿。千思万想，皆为恐弟肝病日深起见。不请少荃来会剿，则恐贼城相持太久，饷绌太甚，弟以郁而病深；请少荃来会剿，则二年之劳苦在弟，一旦之声名在人，又恐弟以激而病深。故辗转踌躇，百思不决。此次将咨与函送弟处自决。弟之声名即余之声名也，弟之性命即余之性命也。二者比较，究以保重身体为大。弟自问身体足以久磨久炼，则余自放心矣。

同治三年五月十六日

沅弟左右：

接弟信，字秀劲而有静气，知弟病体大愈。因复一缄，商请少荃来金陵会剿。细思，少荃会剿金陵好处甚多，其不好处不过分占美名而已。后之论者曰：润克鄂省，迪克九江，沅克安庆，少荃克苏州，季高克杭州，金陵一城，沅与荃各克其半而已，此亦非甚坏之名也，何必全克而后为美名哉？人又何必占天下之第一美名哉？如弟必不求助于人，迁延日久，肝愈燥，脾愈弱，必成内伤，兄弟二人皆将后悔，不如及今决计，不着痕迹。少荃将到之时，余亦必赶到金陵会剿也。

同治三年五月十七日

沅弟左右：

三日未接弟信，不知弟身体何如？不更加焦灼增疾否？余闻昌岐言弟精神完足、小恙无碍而放心，闻曾恒德、刘高山言弟病势不轻而悬念，见弟信字迹奇润而喜慰，见弟信言贼米日发一斤四两而忧灼。春霆过此，其于吾弟感激钦佩迥异寻常，厚庵于弟亦契合无间言。故余与少荃一咨一信，惟愿弟之速送，又惟恐弟之竟送，反复无定，为弟所笑，亦必为弟所亮也。

今日命纪泽赴金陵省视老弟。余于六月初间亦必往，兄弟畅叙。届时少荃若到，余即在彼不遽回皖；如少荃不到，余即坐轮船速归。总之，弟以保身为主，无论少荃与余会剿与否，于弟威名微减，而弟之才德品望毫无损也。

同治三年五月十九日

沅弟左右：

少荃意在助吾兄弟成功，而又不敢直言，其意可敬。弟复信盼他早来，甚是甚是。戈登今日来此畅谈，亦甚服弟之营垒坚固，号令严肃。吾观近日认真办事者，外间尚有公论。如弟元年初进金陵，远近啧有烦言，至二年而浮言尽息，三年而众论翕服，从未闻有谤议入吾耳者。盖实见弟办事极有条理，军民之最近者心悦诚服，则远处之浮言亦无由而起。若亲者如杨如鲍，疏者如窦如戈，则尤极口赞叹，不知弟耳中别闻毁言否？如有所闻，亦望置之度外，照常治事，到底不懈。开花炮若不效，仍恃严断接济破之耳。

同治三年五月二十三日

沅弟左右：

内疾外症果愈几分？凡郁怒最易伤人。余有错处，弟尽可一一直说。人之忌我者，惟愿弟做错事，惟愿弟之不恭；人之忌弟者，惟愿兄做错事，惟愿兄之不友。弟看破此等物情，则知世路之艰险，而心愈抑畏，气反愈平和矣。

同治三年五月二十五日

沅弟左右：

接弟信，知地道又被斗穿三洞，实堪愤闷。然与其轰开而被贼以火球堵住伤亡尤多，又不如被其掘穿，我之士气不大挫减也。弟须多方劝慰诸将，无过忧郁。凡子弟生徒平日懒惰，场文荒谬而不售者，则当督责之；至平日劳苦，场文极佳而不售者，则当奖慰之。弟所统诸将，皆劳苦佳文之生徒也。余中厅悬八本堂匾，跋云：养生以少恼怒为本，事亲以得欢心为本。弟久劳之躯，当极力求少恼怒。纪泽事叔如事父，当极力求得欢心也。

又闻江西之贼将由青阳、芜湖回救金陵。厚庵调湘后三营，撤金柱关之防，余极不放心。渠言当面商吾弟，果商及否？望弟加意慎重。陆防江西、湖州之援贼，水防江面之接济，只要此二事办得认真，金陵终有蒇事之日，无以地道无成、苏军将至稍涉大意也。

同治三年六月初一日

沅弟左右：

苦攻无益，又以皖北空虚之故，心急如焚。我弟忧劳如此，何可再因上游之事，添出一番焦灼。上游之事，千妥万妥。两岸之事皆易收拾，弟积劳太久，用心太苦，不可再虑及他事。

弟以“博文约礼”奖泽儿，语太重大，然此儿纯是弟奖借而日进。记咸丰七年冬，胡帅寄余信，极赞三庵一琴之贤，时温弟在座，告余曰："沅弟实胜迪、希、厚、雪。"余比尚不深信。近见弟之围攻百数十里而毫无罅隙，欠饷数百万而毫无怨言，乃信温弟之誉有所试。然则弟之誉泽儿者，或亦有所试乎？余于家庭有一欣慰之端，闻妯娌及子侄辈和睦异常，有姜被同眠之风，爱敬兼至，此足卜家道之兴，然亦全赖老弟分家时布置妥善，乃克臻此。余俟江西案办妥乃赴金陵，弟千万莫过忧灼，至祷至嘱。

同治三年六月初四日

沅弟左右：

连接两缄，知又攻破地保伪城，吾弟焦灼情怀或为少纾。贼周城而呼援贼已到安徽云云，正是情急无聊者之所为。苏军如到溧水，弟速调王可升渡扎浦口，则城内众心绝望，必益大慌。此虽闲着，万万不可少也。李文合三营业已调之替守高淳，何能再调守无为州？鄂贼徘徊黄州，不似遽下窜者。万一下窜，吴竹庄三营先到无为，周厚斋七营亦将继到，上游北岸之事，弟尽可放心，慎毋轻撤高淳之兵也。

同治三年六月初四日

澄弟左右：

震四果尔早逝，四妹适朱家，万缘皆空。吾骨肉中今年何多变也！老弟终日奔驰劳苦，深为系念。

沅弟病愈，闻每日骑行百余里。余命泽儿往看沅病，初二归来云"尽可放心"，但体亦弱矣。弟能从此少管公事，甚慰甚慰。余蒙先人余荫忝居高位，与诸弟及子侄谆谆慎守者，但有二语曰"有福不可享尽，有势不可使尽"而已。福不多享，故总以俭字为主，少用仆婢，少花银钱，自然惜福矣。势不多使，则少管闲事，少断是非，无感者亦无怕者，自然悠久矣。

同治三年六月初九日

沅弟左右：

王绍义、陈万胜阵亡，实深悯惜。地道一二处既穿，则它处亦断难奏效，不必时时急焦也。王可升既不必调至浦口，则当至无为州听调。上游英、霍、宿、太虽日日告急，然亦闻惯而不惊也。余赴金陵之期从弟之意，暂缓起行，以少荃将到之日为定。弟以倔强之性，值久劳久郁之后，一见亲人，涕泣一场，大闹一场，皆意中所有之事。然为涕为闹皆可以发摅积郁，皆可以暗调肝疾。余到在少荃之前四五日方为妥善，望弟届时先寄一信为要。寄谕虽催金陵迅速成功，然无甚苛责之辞，不过寻常因物付物之言，弟不可看得太深。较之昔催向、和之辞松活多矣，亦并无甚倾摘者，弟少见多怪，难禁风浪耳。

同治三年六月初十日

沅弟左右：

少荃信阅过，其片稿则已钞寄余处。观少荃屡次奏咨信函，似始终不欲来攻金陵。若深知弟军之千辛万苦，不欲分此垂成之功者，诚能如此存心，则过人远矣。

余从弟意，秋初再赴金陵。老年畏热异常，阿弟深知而体恤，兄即依弟之议，实受其福矣。英山、宿、太日内警信迭至，余调王可升守无为，再急则调陈自明池州之二千人守庐江。惟调守桐、舒之铨军为江西官绅所留，拟改调钧军上援皖北，亦难遽到也。春霆于六月四日抵南昌，江西人心大定，想不至别有风波耳。

同治三年六月十一日

沅弟左右：

苏沪厘饷一事，劝譬详明，深识名论，可慰可敬。弟近年于阿兄忿激之时，辄以嘉言劝阻，即弟自发忿激之际，亦常有发有收，以此卜弟之德器不可限量，后福当亦不可限量。大抵任天下之大事以气，气之郁积于中者厚，故倔强之极，不能不流为忿激。以后吾兄弟动气之时，彼此互相劝诫，存其倔强，而去其忿激，斯可耳。初十日接奉寄谕，词旨温润，无催迫之意，兹钞阅，将来咨文不另钞也。

同治三年六月十四日

澄弟左右：

科四之文，一种清气浮溢纸上，科六之字，秀润绝伦，两侄今年长进如此大，可喜慰。

沅弟病已大愈，日来骑马周历各营，辛勤不辍，意气亦极平和。余偶有忿怒之事，沅反作书来劝。无论金陵克复之迟速，但求沅弟病痊而气平，则万事皆顺矣。

同治三年六月十六日

沅弟左右：

接弟信，知连日辛苦异常，猛攻数日，并未收队，深为惦念。弟向来督攻，好往来于炮子如雨之中，此次想无二致也。少荃前奏至湖州一看，仍回苏州。此次启行，不知径来金陵乎？抑先至湖州乎？古来豪杰皆以此四字为大忌，吾家祖父教人，亦以“懦弱无刚”四字为大耻。故男儿自立，必须有倔强之气。惟数万人困于坚城之下，最易暗销锐气。弟能养数万人之刚气而久不销损，此是过人之处，更宜从此加功。余启行之期，仍候弟一确信也。

同治三年六月十九日

沅弟左右：

接弟咨文，克复金陵，弟功在社稷，岂仅一家之光哉！虽有志者事竟成，然弟苦矣，将士苦矣。未得弟详信，不知弟平安否？将士伤亡不甚多否？进城巷战不甚久否？洪、李二酋未逃出否？俟得详函、发详折后，再赴金陵与弟相会也。

同治三年六月二十日

沅弟左右：

自十八夜三更接弟克复金陵之咨，十九日未得弟信。想因进城巷战，搜诛余匪，遣散降人，千头万绪，皆须弟一手经理。弟之劳苦，想更甚于肉搏环攻之日。十九夜有自泰州来者，据云十八日戌刻坐轮舟过金陵，见城内火光二十余处，但知城已克，而不知如何情形。兄尤系念之至，恐巷战三日未休也。兄俟接弟详报后，乃能赴金陵与弟会晤。酌带赏号，大约不过三万，不知三日内别有进款否。

卷十 家书

目录

同治三年甲子七月初四日

澄弟左右：

到金陵后连日周览城内城外各处，见沅弟布置之详密，用心之劳苦，将士之用命，皆为近日所未见。伪忠王讯供未毕，拟即在此正法，不必解京，用陈玉成、石达开之例。余拟在金陵犒宴三日，七月中旬仍回安庆，中秋后再来办善后事也。沅弟精神业已复元。营中疾疫又作，新营较多，老营尚属平安。余虽极畏热，而日内应酬一切，亦不甚以为苦，弟可放心。

同治三年七月十四日

澄弟左右：

初十日接奉恩旨，余蒙封侯爵、太子太保，沅弟蒙封伯爵、太子少保，均赏双眼花翎。沅部李臣典子爵，萧孚泗男爵。殊恩异数，萃于一门。祖宗积累阴德，吾辈食此厚报，感激之余，弥增歉悚。沅弟五六月来辛苦迥异寻常，近日湿毒十愈其七。初十、十一、十二等日戏酒宴客，每日百余席，沅应酬周到，不以为苦。谚称“人逢喜事精神爽”，其信然欤！

余拟于七月下旬回皖，九月再来金陵，十一月举行江南乡试。沅弟拟九、十月回籍。各营应撤二万人，遣资尚无着也。

同治三年七月二十四日

澄弟左右：

前接排单信，知家中已得金陵克复之信，顷又接七月朔来缄。余以二十日自金陵起行，二十三日始行三百里，至芜湖上之鲁港。将近八月，舟中尚燥热异常。回皖小住一月，九月初仍须赴金陵，换出沅弟请假回籍。顷二十日奏片已将沅弟旋归之意略露端倪。沅弟热毒虽未痊愈，而精神甚好，当是寿征。余亦幸托平安，惟眼蒙甚，不能不改用加光眼镜。弟畏热异常，亦是老境，但不知眼光如何？

春霆在抚州之许湾大获胜仗，杀贼四万有奇。厥后崇仁、东乡、金溪次第克复，听王率六万人投诚，江西指日当可肃清。惟湖北之贼尚难速了耳。

同治三年七月二十九日

沅弟左右：

数日未寄信于弟，想弟悬系无已。余回省寓，内外平安。

弟撤勇之事，余必一一速办，除催李世忠及办里下河之捐外，再札上海官绅办沪捐六十万，并加函托苏、常绅士，必有收获，弟可放心。昨得筠仙信，已办六万径解弟营。弟之退志兄应成全，兄之门面亦赖弟成全。第一要紧守金陵、芜湖、金柱三处，第二要分一枝出剿广德，以塞众望。即令朱南桂与刘松山、易开俊三人进剿广德，而弟处分三枝防宁郡、泾、旌，或亦一道，望弟早为酌定。倘兄之门面撑立不住，弟亦无颜久居山中矣。熊登武、张诗日、刘南云三人，万不可放走。陈舫仙稍迟一步，明年再退可也。此外孰留孰散，听弟裁酌。

弟肝气不能平伏，深为可虑。究之弟何必郁郁？从古有大勋劳者，不过本身得一爵耳。吾弟于国事家事，可谓有志必成，有谋必就，何郁郁之有？千万自玉自重。

同治三年八月初二日

沅弟左右：

弟肝气尚旺，遇有不称意之端必加恼怒，不知近日如何？实深廑系。天下之道，无感不应，无诎不伸。以吾心之且怜且敬，知外间必千里应之，亦必怜弟敬弟，万口同声。弟少耐数月以待之，而后知吾言之不谬也。吾所望于弟者三大端：一守金陵、芜、金，一皖南北两枝游兵，一修贡院赶十一月乡试。三者皆办到，则弟为我挣得十分体面，而弟回家亦心安梦恬矣。

同治三年八月初四日

澄弟左右：

余在金陵二十日起行至安庆，内外大小平安。门第太盛，余教儿女辈惟以“勤、俭、谦”三字为主。自安庆以至金陵，沿江六百里，大小城隘皆沅弟所攻取。余之幸得大名高爵，皆沅弟之所赠送也，皆高、曾、祖、父之所留贻也。余欲上不愧先人，下不愧沅弟，惟以力教家中勤俭为主。余于俭字做到六七分，勤字则尚无五分工夫。弟与沅弟于勤字做到六七分，俭字则尚欠工夫。以后各勉其所长，各戒其所短。弟每用一钱，均须三思。至嘱。

同治三年八月初五日

沅弟左右：

贡院九月可以毕工，大慰大慰。但规模不可狭小，工程不可草率。吾辈办事，动作百年之想。此间所购木料，中秋前可到一批，九月再到一批。

弟中怀抑郁，余所深知。究竟弟所成就者，业已卓然不朽。古人称立德、立功、立言为三不朽，立德最难，自周、汉以后，罕见以德传者。立功如萧、曹、房、杜、郭、李、韩、岳，立言如马、班、韩、欧、李、杜、苏、黄，古今曾有几人？吾辈所可勉者，但求尽吾心力之所能及，而不必遽希千古万难攀跻之人。弟每取立言中之万难攀跻者，而将立功中之稍次者一概抹杀，是孟子钩金舆羽，食重礼轻之说也。呜呼可哉？不若就现有之功，而加之以读书养气，小心大度，以求德日进，言日醇。譬如筑室，弟之立功已有绝大基址，绝好结构，以后但加装修工夫，何必汲汲皇皇，茫若无主乎？刘、朱两军望弟迅速发来，必须安庆六县无贼，兄乃可速赴金陵，至要至要。

同治三年八月初九日

沅弟左右：

保举单收到，准于十二日出奏，一字皆不更动。其千总蓝翎可奏可咨者，现虽未定果奏，然要之不更改耳。湖郡、广德既克，皖南自可不派游兵。刘、朱皆来皖北甚好，惟苦无行粮。江西盐厘七万金在途为风所阻，焦灼之至。萧为则七营，吾意仍以遣撤为是。秋纲早开，业经批准。里下河之捐，余只索二十万，盖深知彼间捐事有名无实也。

弟肝气未痊，全靠自己以心医之。弟若不知自爱，懊怒不已，剥丧元气，则真太愚矣。祁幼章方伯宿藻与余同年，其尸葬金陵城中，闻春浦先生派二仆来寻，望弟善视之。陆、涂诸公之尸，余虽有札与上、江两县，均望弟留心寻觅也。

同治三年八月十四日

澄弟左右：

沅弟湿毒与肝郁二者总未痊愈，湿毒因太劳之故，肝疾则沉心太高之故。立此大功，成此大名，而犹怀郁郁，天下何一乃为快意之事？何年乃是快意之时哉？余于本月为代具请假折，九月再奏请开缺，十月当可成行。余之精神日疲，亦难当此重任，然目下不能遽行引退，且待沅弟退后再作计议。

近日家中内外大小，勤俭二字做得几分？门第太盛，非此二字断难久支，务望慎之。

同治三年八月二十日

沅弟左右：

今日乃弟四十一大庆，吾未得在金陵举樽相祝，遂在皖作寿诗，将写小屏幅带至金陵，以将微意。一则以纪泽寿文不甚惬意，一则以近来接各贺信，皆称吾兄弟为古今仅见。若非弟之九年苦战，吾何能享此大名？故略采众人所颂者以为祝诗也。东坡有寿子由诗三首，吾当过之耳。

同治三年八月二十四日

澄弟左右：

沅弟之肝疾未平，湿毒更炽，克城封爵之后而郁抑之气并未稍减。余在金陵住二十余日，察沅心怀似稍开豁，病亦日减。近与余相隔二十余日，情复郁结，疾亦略增。余定初一日起程再赴金陵，家眷亦同去，并具折为沅弟告病开缺，回籍调理。沅见归期已近，或可速痊。然起行总在十月，但能归家过年，不能赶十一月初三也。

吾家子侄，人人须以勤俭二字自勉，庶几长保盛美。观《汉书·霍光传》而知大家所以速败之故。观金日磾、张安世二传，解示后辈可也。

同治三年八月二十六日

沅弟左右：

弟疾日减，周旋众客，精神照应得到，至以为慰。曾恒德等今日自京归，温、恒两弟又奉恩命，兹将谕旨钞寄弟阅。朝廷待忠勋之家有加无已，但愿吾家丁口日繁，子弟读书勤俭稍有成立，则弟之功所以垂裕后昆者远矣。

同治三年九月十四日

澄弟左右：

余于初一日自安庆起行，初七日到金陵，初十日入署，内外平安之至。沅弟湿毒未愈，而精神尚极完足。肝疾虽深而亦尚能自持，不至遽损真元。惟夜睡多不成寐，不知何日始得痊愈？初十日奉到谕旨，准其开缺回籍调理，恩赏人参六两，大约九月底十月初可以起行，十一月初三日或可到家赶上祭期也。

同治三年九月二十四日

澄弟左右：

弟为送考两次晋省，实觉过于勤劳，兄闻之深抱不安。且弟于家庭骨肉之间劳心劳力已历三十余年，今年力渐老，亦宜自知爱惜保养，不特为家庭之际，不可过劳也。

吾入金陵署中已半月，大小平安。隔日至沅弟处看病，劝沅不必吃药敷药，此等皮肤之疾，终可不治自愈。惟夜不成寐，却是要紧之症，须用养心和平之法医之。

褚一帆事，不能请谥。盐局之事，全依次帅与黄、郭之言，断不掣肘。

同治三年十月初五日

澄弟左右：

初一日，沅弟起程旋湘，吾送百里至采石矶。初四早兄弟分手，吾于本日即还金陵，令纪泽送至芜湖以上。初五日巳刻纪鸿与叶亭甥到金陵署内，不知何以与沅船相左，不得一谒见也？余身体平安，惟诸事丛集。撤勇极多，欠饷难清，尚费周章耳。

同治三年十一月十四日

澄弟、沅弟左右：

接澄弟十月初九日一函、沅弟在汉口发信，具悉一切。沅弟病势十愈六七，欣慰无已。

余近日心绪多不适，一则前有楚北之行，深虑各营欠饷无着；一则自上游来者，皆言沅弟病体增重；一则科场雨雪交加，严寒侵人，而萧、梁等约期之饷尚无着落。兹余既免湖北之行，而沅弟之病大愈，寸心帖然无忧，至幸至幸。乡试虽风雪苦寒，而头二场清吉平安。少荃感寒颇重，二、三场未能点名，若迅速就痊，则科场完美矣。甲五侄又生一女，望从此三女之后继以三男。科四完姻后，吾三家桐孙秀发，瓜瓞绵绵，斯为至祝。

同治三年十一月二十四日

澄弟、沅弟左右：

科九、鼎三两侄字姿俱好，鼎三善读书，大慰大慰。温弟蕴奇未发，将来其食报于此子乎？

余于十七日仍接督篆，少荃中丞之病已十愈其六，余今日进闱看视，尚有余热未净。澄弟谓城中驻扎万人太多，所论极是。然昨日科场士子万余在城，与兵勇并无半点口舌。

沅弟与余约定，苟有银钱，即随时裁撤，今冬纵不能撤，明春必遣撤也。盐务日有起色，目下淮南之盐以泰州河涸不能出江为苦，淮北之盐以洪泽湖冻不能运淮为苦，新春当大旺矣。

同治三年十二月十六日

澄弟、沅弟左右：

腊月初六日接沅弟信，知已平安到家，慰幸无已。

少荃于初六日起行，已抵苏州。余于十四日入闱写榜，是夜二更发榜，正榜二百七十三，副榜四十八，闱墨极好，为三十年来所未有，韫斋先生与副主考亦极得意，士子欢欣传诵。韫师定于二十六日起程，平景孙编修奏请便道回浙。此间公私送程仪约各三千有奇。各营挑浚秦淮河，已浚十分之六，约年内可以竣事。

澄弟所劝大臣大儒致身之道，敬悉敬悉。惟目下精神实不如从前耳。

《鸣原堂论文》钞东坡万言书，阅之如尚有不能解者，宜写信来问。弟每次问几条，余每次批几条，兄弟论文于三千里外，亦不减对床风雨之乐。弟以不能文为此生缺憾，宜趁此家居时苦学二三年，不可抛荒片刻也。

同治四年乙丑正月十四日

沅弟左右：

前奉饬南云赴豫之旨，殊难筹划，少荃亦以刘铭传赴豫为难。此次谕旨概免中州之行，以后诸事皆易措置。惟春霆须速赴新疆，刘铭传赴闽归左帅调度，尚非二将所愿耳。

弟病近日大愈否？疮癣皆皮肤之疾，决无损于元气，切不可轻用克伐之剂，谓之无罪攻伐。吾观弟在途所寄篪轩之对、眉生之屏，皆圆湛秀劲，其福泽必方兴未艾。韫斋先生谓京中言及弟者，贤愚皆俯首无异辞。弟若无端而郁恼，是与无罪而攻伐同一失也。

余近事极顺，弟可放心。愿兄弟常诵《棠棣》、《小宛》二诗以自保耳。

同治四年正月二十四日

沅弟左右：

弟信言寄文每月六篇为率，余意每月三次，每次未满千字者则二篇，千字以上者则止一篇。选文之法，古人选三之二，本朝人选三之一，不知果当弟意否？

弟此时讲求奏议尚不为迟，不必过于懊悔。天下督抚二十余人，其奏疏有过弟者，有鲁卫者，有不及弟者。弟此时用功不求太猛，但求有恒。以弟攻金陵坚苦之力用之他事，又何事不可为乎？

同治四年正月三十日

澄弟、沅弟左右：

陈舫仙放陕西臬司，兹将饬知排递长沙转送，请沅弟专送陈家，并嘱舫仙迅速屏当，由家赴鄂，由鄂坐轮船来金陵，拜发谢恩折。折内照例声明“迎折北上，进京请训”。如谕旨令即赴新任，无庸来京，则舫仙仍坐轮舟回鄂，由襄阳赴陕履任。如谕旨著令来京，则或即从金陵北上，或回鄂由樊城北上，均无不可。请沅弟与舫仙商定一切，先行排递函复。或仿照江达川元年之例，谢恩折件请意城代办，附恽中丞奏事之便具奏。俟奉到批旨，如令进京，则坐轮舟由金陵北上，亦属妥协。二者似后一策更为易行，以达川有样子可循也。

同治四年二月初五日

澄弟、沅弟左右：

少荃派郭松林等带八千人由轮船赴闽助剿，二月杪可以成行。侍、康二逆在闽，其焰尚张，将来必为江西、楚、粤之祸。吾乡近日风气人情，两弟细察之，不至更遭浩劫否？若沅弟仓猝用兵，足以捍桑梓之难否？次山中丞被查之事，不至去位否？环顾各省疆吏，殊乏满意之选，不审天意竟复何如？

金陵已撤八营，截至正月末止。将来拟再撤八营，留四千人守城。朱云岩定于五月遣撤，余亦次第撤散。余身体无恙，惟心血日亏，目光不耐久视。

同治四年三月初四日

澄弟、沅弟左右：

初二日接奉寄谕，饬沅弟迅速进京陛见，兹用排单恭录谕旨咨至弟处。上年十二月，韫斋先生力言京师士大夫于沅弟毫无闲言，余即知不久必有谕旨征召，特不料如是之速。余拟于日内复奏一次，言弟“所患夜不成寐之病尚未痊愈，赶紧调理。一俟稍痊，即行进京。一面函商臣弟国荃，令将病状详细陈明”云云。沅弟奉旨后，望作一折寄至金陵，附余发折之便复奏。

余意不寐屡醒之症总由元、二两年用心太过，肝家亦暗暗受伤，必须在家静养一年，或可奏效，明春再行出山，方为妥善。若此后再有谕旨来催，亦须稍能成寐乃可应诏急出，不审两弟之意以为何如？

筱荃来抚吾湘，诸事尚不至大有更张。惟次山以微罪去官，令人怅怅。沅弟前函有长沙之行，想正值移官换羽之际，难为情也。

同治四年三月初七日

澄弟、沅弟左右：

金陵昭忠祠纪将士劳苦之碑，沅不肯稍编节略，其名似谦，其实懒耳。

弟以不能文为深耻，无以怔忡体弱过于自恕自逸。如元年八九月雨花台之役，弟昼夜不眠至五十余日之久；三年四、五、六月，弟忧劳更甚，为日更久。岂当时体气忽健，异于生平哉？因众人藐视沅甫非能克金陵之人，发愤欲一雪其耻而伸其志，故忘其为积弱之躯也。目下用力于奏议文章，亦当稍存昔年拼命之意。不过一二年间，谕旨必屡催出山。一经履任治事，诸务冗杂，欲再专力于文章，则不能矣。

同治四年三月十八日

沅甫弟左右：

十七日接奉三月初八日寄谕，首行军机大臣之上少“议政王”三字，殊堪大诧。以前无不有此三字者，虽恭王病假之时，亦尚有之。三月初六日寄谕亦尚有之，若非生死大变，则必斥逐，不与闻枢密大政矣。此事关系绝大，不胜悚惧。

顷又闻河南之贼窜至山东单县、汶上，僧邸亦追至汶上。汶上去山东省城仅二百余里，去直隶境亦二百余里，深为可虑。

有识之士与相爱之友多劝弟暂缓出山。余意亦欲弟久养病躯，闭户三年，再行出膺艰巨。若各路不靖，则恐又有征召之旨，弟身体未痊，总宜再三斟酌。如有复奏之疏，专人至鄂，搭洋船至金陵，由余代递，最为妥叶，免致兄弟辞意两歧也。

同治四年四月十五日

澄弟、沅弟左右：

山东回窜之捻尚在江南徐、宿一带，调淮勇二千余人驻扬州，三千余人驻清江，并昌岐水师百余船，均到防矣。刘铭传等万余人自六安赴徐州，尚未到防，大致足御寇氛。惟霆军千人在湖北金口登岸，不听号令，各持军器洋枪成队南行，不知果叛逆乎？抑仅溃散已乎？此事关系极大，殊深焦灼。此军若溃，则厚庵一军亦属可虑。

厚庵奏分六省厘金，万做不到，徒托空言。其奏改西征局，不能不妥为调停。

同治四年四月二十四日

澄弟、沅弟左右：

接两弟信并渠侄夫妇安禀，欣悉新妇有和顺载福之象，从此和室宜男，家庆绵长，企慰无似。纪鸿儿于四月二十一日完婚，外间即无一客。衙门办喜事，似较家乡稍简易也。

沅弟寄到折稿，当略为修饰，日内拜发。陈舫仙、朱心槛到此陈谢恩折，亦于日内附报发去。魏柳南自京师归，亦恰至此。凡从弟当差者，无不恩明谊美，将来出任，当能束躬自爱。

弟病以怔忡不寐为最要之症，外毒及善忘、多感伤皆不甚要紧。开卷心痛，总由于心肝血亏之故。治之之道，非药力所能遽效，自以不看书、不用心为良方。

余因闻霆营之变，近日毫无欢悰。又接两弟信，梁葆颐在衡既不相宜，余即批令归湖南酌委署事，不复与闻盐务耳。

同治四年五月初五日

澄弟、沅弟左右：

日内未接弟信，想家中各宅平安。

余于初二日接奉廷寄，饬余出省督师剿贼，尚未开江督之缺，不过驻江南境内。初三日接奉廷寄，则僧邸在郓城阵亡，饬余赴山东督剿，以李少荃署江督，刘松岩护苏抚。现约少荃于月半后来宁，余于月底起行。金陵之八千人，现札令愿随征者自告奋勇，愿撤散者遣发回籍，各营自行具禀，或北征或西归，拟令同日起行。但留一营护卫衙署，暂不搬动。家眷应否回湘，秋凉再作计较。

淮勇现有刘铭传等万余人在徐州，张树声三千五百在清江，余拟带此万四千人赴东，此外又调寿春镇易开俊三千人以行。金陵之告奋勇者，无论多少，皆与易同打一路。此外令申甫至山东就地新募马勇数百，合计二万余人，当足以御寇氛。

沅弟复奏之折业已拜发，兹将原稿寄回。

同治四年五月十五日

澄弟、沅弟左右：

余自初三日奉到北征山东之命，厥后屡奉寄谕严催。金陵十六营勇丁人人思归，直至初八日始议定张诗日带仁字一营随征，又新招峻字一营，罗茂堂招晋字、豫字两营，朱星槛招星字左、右两营，合成三千人。初九日飞檄刘松山来金陵，顷已来此商定，渠带三千人随征。又易开俊专弁禀告奋勇，亦经批准，渠所部亦三千人。通共带湘勇九千人，淮勇二万二千人，除刘铭传、周盛波、张树声外，又添派潘鼎新五千人，由轮舟赴天津也。步兵已厚，只须添练马队。若贼不渡黄，剿办尚不甚难；一渡黄则手脚忙乱，万目悬望，万口讥议，余实应接不暇，难乎其免于大戾矣。

寄谕中两次催沅弟出山任事，昨奉批旨亦催弟进京。沅弟曾为封疆大吏，又系立功受爵之臣，礼数稍优，自不必轻于一出。况病势尚重，万难遽膺艰巨。筱荃中丞录旨宣示到家时，不知弟曾呈请筱荃代为复奏否？

余待少荃来宁接篆，十五营开船西归后，定于二十五日起程。此后相去愈远，不能再用专差送信，但每月三次家信，由驿递至筱荃转交而已。

同治四年五月二十五日

澄弟、沅弟左右：

纪瑞侄得取县案首，喜慰无已。吾不望代代得富贵，但愿代代有秀才。秀才者，读书之种子也，世家之招牌也，礼教之旗帜也。谆嘱瑞侄从此奋勉加功，为人与为学并进，切戒骄奢二字，则家中风气日厚，而诸子侄争相濯磨矣。

吾自奉督办山东军务之命，初九、十三日两折皆已寄弟阅看，兹将两次批谕钞阅。吾于二十五日启行登舟，在河下停泊三日，待遣回之十五营一概开行，带去之六营一概拔队，然后解维长行。茂堂不愿久在北路，拟至徐州度暑后，九月间准茂堂还湘。勇丁有不愿留徐州者，亦听随茂堂归。总使吉中全军人人荣归，可去可来，无半句闲话惹人谈论，沅弟千万放心。

余舌尖蹇涩，不能多说话，诸事不甚耐烦，幸饮食如常耳。沅弟湿毒未减，悬系之至。药物断难奏效，总以能养能睡为妙。

同治四年闰五月二十四日 洪泽湖东口

澄弟、沅弟左右：

罗茂堂与张、朱等六营、刘松山六营先后赴临淮。临淮距清江四百二十里，距金陵四百六十里，距安庆六百六十里，以后仍可专人由安庆送信到家。

雉河集营盘被发、捻围困，英方伯冲出后，诸将尚坚守无恙，然亦岌岌难久保矣。易开俊驻扎西洋集，距雉河五十里，乃以目疾出营，轻赴徐州，不能不予以严参。徽、休、青阳三军闹饷，情同叛逆，不知近日安戢否？实深忧系。沅弟屡念金陵各军悉宜早撤，良有卓见。今金陵之营，仅存刘、朱、朱三军在瑞、临，每月由江西盐局发给满饷，不知有他变否？望就近体察，商之小荃中丞办理。

兄身体平安，惟不能耐劳苦。捻贼已成流寇，断难收拾，余亦做一日算一日而已。

同治四年六月初五日

澄弟、沅弟左右：

沅弟病虽愈，而尚黄瘦，实深悬系。建非常之功勋，而疑谤交集，虽贤哲处此，亦不免于抑郁牢骚。然盖世之事业既已成就，寸心究可自怡而自慰。悠悠疑忌之来，只堪付之一笑。但祝积年之劳伤湿毒日渐轻减，则正气日旺，固可排遣一切耳。舫仙知沅颇深，感恩尤切，每言沅公精神极好，后来勋业方长，区区小病，不足为虑。余闻之常为一慰。李季荃与舫仙亲如骨肉，言其功劳极大，牢骚甚深，而病颇可虑。余观季荃虽瘦削异常，而精神尚足，当无他虞。

兄抵临淮，罗、张、朱六营于初二日到，刘松山亦到。雉河集之围危急如故，刘铭传一军日间可到，不知能解围否。若果解围，则西窜河南、湖北，恐不出沅弟所料。若各路重兵齐到，而卒不能解围，则中原糜烂矣。余身体尚好，惟朱、唐、金三军闹饷，处置宽严皆有不宜，寸心忧灼。蒙、亳、宿、颍一带人心甚坏，亲近捻匪，仇视官兵，亦久乱之气象也。

同治四年六月十五日 临淮

澄弟、沅弟左右：

日来淮水涨发，罗、朱、张六营，刘松山六营及陈自明之四营皆在水可淹入之处，营之周围筑堤御水，若不幸而堤穿，则垒中有入水二三尺者，有入水四五尺者。不得已，今日用船渡至南岸，大约五六日乃可渡毕，然使再涨水一丈，则百里内几无一可驻之处，又无草柴可觅。然后知临淮之苦，为他处所未有也。

雉河集已于初三日解围，贼踪西窜，尚无确信。大约河南之南、汝、光，湖北之德、黄、襄皆当其冲。此贼已成流寇行径，殊难收拾。吾所用淮勇诸将，自以刘铭传为首选，然其心志是否翕服，尚未深知。又有一骁将陈国瑞，桀骜难驯，昨发去一批，钞寄弟阅。

同治四年六月二十四日

澄弟、沅弟左右：

接两弟闰五月信，知沅弟又复大病。久劳久病之躯，又多服攻伐之剂，殊为悬虑。

次日接奉六月十八日寄谕，沅弟已拜山西巡抚之命。既感天恩高厚，不为浮言所摇，予以最称完善富庶之区；又虞沅体尚未复元，恐不宜遽出任此劳勚。计湘乡奉到谕旨，不过七月，沅病若已大愈，应诏赴晋，则七月初旬当具折谢恩，自请进京陛见，再履新任；若尚未痊愈，稍为调养，再行北上，计拜折之期，不及待兄此次之信耳。

山西号称富国，然年来京饷，全以该省为大宗，厘金尚未办动，入款较道光年间不见增多，出款则较昔日增。去京极近，银钱丝毫皆户部所深知。沅弟有手笔太廓之名，既为安静省份督抚，则正杂各款不能不谨慎节俭，丝丝入扣。

外间拟弟再出，当系军务棘手之处。此时山西虽无寇警，而圣意虑捻匪入晋，逼近畿辅。弟到任似宜多带得力将官，勇丁则就近在晋招募。南人不惯面食，晋中尤无稻米可买，不似直、东尚可由大海及运河设法也。

弟进京可由安庆登陆，至徐州与兄相会，畅论一切。

闻钦差至山西，实系至陕西查办霞仙之事。一波未平，一波复起，宦海真可畏耳。

同治四年七月二十五日

澄弟、沅弟左右：

接弟信，沅弟定辞山西巡抚之任。以弟之荣利泊如，尘视轩冕，可喜可敬；观弟之病势未减，又可虑也。

究竟弟病状比在金陵时痊愈几分？不能构思。则兄于八年春数月不眠，奄奄欲尽，厥后六月再出，愤发自励，不过半年，精神大振。弟目下之病似尚不如余八年之甚，惟小便太多，殊为可虞。宗气动摇，是何症象？下次详以告我。此次纵或恩准开缺，而数月之内，恐不免再有征召。兄因相隔太远，奏疏中只能作活笔，不敢太说呆了。余在外太久，精力日惫，已与少荃订约，决不回江督之任。捻事亦茫无头绪，惟因所部各军尚有少半未撤，不能遽尔引退。惟望弟振刷精神再出，则吾担轻矣。

同治四年八月初六日

澄弟、沅弟左右：

八月初四日抵徐州府，接沅弟七月两缄并折稿二件。前颇以弟病甚深为虑，得此二缄，益为放心。年仅四十二岁，即再养二年，报国之日方长。此次固辞恩命，能认真调养年余，于保身之道、出处之节，均属斟酌妥善。特恐朝命敦促，不容久住林下耳。二折措辞均极得体。养病之期，总以养到自己能用心作奏时再行出山。接舫仙及各处信件，似前此谣诼之辞业已涣然冰释，尽可安心静摄。刘、朱撤营之早迟，金、唐各营之变否，余当细心料理，弟可概置不问。

余决计不回江督之任，拟于九月间将全眷送回家乡。郭宅姻事，拟于十二月初二日在湘阴成礼。顷有与泽儿一信，钞寄弟阅。

同治四年八月二十五日

澄弟、沅弟左右：

朱金权来徐，言我五家昆弟之和协，后辈子侄之贤良，闻之令人心怡神旺。

兄自出金陵后，公事较简，气体较健。惟捻匪劲骑万余，飘忽难制。昨任柱、牛洪等股十三、十五等日在周家口附近为刘铭传一军所败，不过五日即已窜至山东之曹、单等县，每日行百四五十里。余所接僧邸马队，皆人疲马乏，屡挫之后，心惊胆寒，何能破此悍贼？殊为焦灼。

接纪泽信，家眷不愿仍住黄金堂，拟即在长沙小住。余以长沙繁华，不如暂留金陵数月，令纪泽先回湘乡禀商两弟，觅一妥屋，修葺就绪，再缄告金陵全眷回籍，庶几有条不紊。请两弟先为筹度一处，以不须新造者为妙。纪泽今冬先归，全眷须明年也。

沅弟请开缺一疏，此间尚未奉到谕旨。霞仙得降调处分，其辨诬一疏，不愧名作，不料竟以获咎，可慨耳！

同治四年九月十六日

澄弟、沅弟左右：

阅邸钞，弟仍未开晋抚之缺，赏假六个月在籍调理。明年二三月间体气复元，或可赴山西。如精神尚难任事，届时再行疏陈，目下则须具折谢恩。不开缺而在籍养疴，亦旷典也。

贼窜山东后，蹂躏于曹州各属。徐州派去之兵六千人，日内当可接仗。顷奉寄谕，欲以李少荃视师河、洛，而吴仲仙署理两江，垂询当否，复奏颇难措辞。李不在两江，则余之饷无着矣。

同治四年九月二十五日

澄弟、沅弟左右：

十日内未接两弟信。徐州去湘太远，营勇送信者均难如期往返。风闻沅弟近已留须，多而且美，不特不似病人，并加丰腴，果否？

贼在徐郡百里内外沛县等处。徐州仅有吉中八营，系今夏新招者，忠、朴四营系豫胜营旧部，只堪坚守，不能出战。调山东之兵回援，三日内必可赶到。江南另调八千人来徐，五日内亦可续到。兵到则贼又他窜，恐未必能一痛剿也。少荃入洛一案，已于十九日复奏。金、唐闹饷一案，已在徽正法二十余人，并解营官数人来徐，当可了结，不致决裂。惟与朱云岩三军同时遣撤，须欠饷七八十万，恐难于应手耳。

接筠仙信，婚事改期明年。纪泽今冬尚可不回，明岁再送全眷回湘。移屋之事，即求两弟代为料理。纪泽虽先归，渠亦不善经理，须全禀叔父命也。

同治四年十月初五日

澄弟、沅弟左右：

复奏少荃不宜入洛、李丁不宜遽跻封疆一疏，奉旨留中，并无寄谕，颇不可解。

东抚阎丹初与此间水乳交融，豫抚吴少村多所牴牾。吾以位望太隆，从不肯参劾邻封疆吏，故河南公事，不甚顺手。若少荃长任两江，饷事不至掣肘，吾将于撤朱、唐、金军后，接撤刘、朱二军，腾出六军之饷概养淮军，专办捻匪，或可有济。若少荃不在两江，军饷断难应手，吾不能不引疾告退，月内当有明降谕旨也。

《张文端公家训》一本，寄交纪渠侄省览。渠侄恭敬谦和，德性大进，朱金权亦盛称之。将来后辈八人，每人各给一本，又给沅弟所刊《庭训格言》一本，又以星冈公“书、蔬、鱼、猪，早、扫、考、宝”八字教之，一门之风气自盛矣。

同治四年十月十五日

澄弟、沅弟左右：

吾以淮军分布济宁、徐州、归德、周家口等处，此次捻匪东窜，处处被我军拦头击败，若自投罗网者然。从此或不敢肆意流窜，恐将为湖北之害耳。

沅弟已具折谢恩否？如身体果未全好，明年二月再行辞谢，尚不为迟。目下则不宜疏辞。以朝廷之仁厚，凡任事之臣，当可善始善终，两弟悉心酌之。

《鸣原堂论文》已钞若干篇？此间无底稿可查，请弟钞一目录寄来，拟再续批数十篇，以成完编。或取佳文，或取伟人，总期足以感发兴起耳。

同治四年十月二十五日

澄弟、沅弟左右：

衡、永、宝三府改食粤引，澄弟所陈，本系便民之举，然盐法不便民者极多，如瓜洲系淮盐出产之区，然对岸之镇江府仅隔八里，例食浙引，不准食淮引，不便孰甚焉？盖处处求便于民，则近者只食三四文之盐，而远者虽出钱一二百而尚无盐可买，故不能不画配引地以销货，均匀贵贱以裕课也。吾今不为江督，不复与闻盐政，遂不言衡、永、宝之事矣。

米捐保奖，俟有保案即当附奏。吾经手事件，拟一一清理完竣。朱、唐、金三军现均遣撤将毕。三军遣竣，即遣撤刘、朱、朱三军。至明年夏，遣王可升一军，则大致粗了矣。

同治四年十一月初五日

澄弟、沅弟左右：

近一旬中军务并无一事。贼在河南南阳一带，吴少村中丞沥陈河南万难情形，其语颇侵伤余处。霞仙仍为陕抚，不失旧物，此近数十年未见之事。朱石翘之伎俩，始终不得一逞耳。

余定以李幼荃、刘省三两军为游击之师，而徐、济、归德、临淮、周家口等处仍旧驻防不动。驻防者，以备拦头要截；游击者，以备跟踪尾追。余亦于新年移驻周家口。沅弟若决计出山，则自汉口坐轿至周家口，旱路不过八天。余上次所商之信，言以腊底之信定，两弟想必能熟商妥策矣。

同治四年十一月十六日

澄弟、沅弟左右：

余经手事件，只有长江水师应撤者尚未撤，应改为额兵者尚未改，暨报销二者未了而已。今冬必将水师章程出奏，并在安庆设局办理报销。诸事清妥，则余兄弟或出或处，或进或退，绰有余裕。

近四年每年寄银少许与亲属三党，今年仍循此例。惟徐州距家太远，勇丁不能携带。因写信与南坡，请其在盐局兑汇，余将来在扬州归款。请两弟照单封好，用红纸签写“菲仪”等字，年内分送。千里寄此毫毛，礼文不可不敬也。

同治四年十二月初六日

澄弟、沅弟左右：

本房连添二丁，尚有梦熊者五人，深为喜慰。星冈公之后，想亦必瓜瓞繁衍。吾近岁纯是老人情怀，专盼家中多添幼孩也。

鼎三体不甚弱，尤为欣慰。凡后天以脾为主，脾以谷气为本，以有信为用。望两弟常告鼎三，每日多吃饭粥，少吃杂物；无论正食及点心，守定一个时辰，日日不差。若有小小病症，坚守星冈公之教，不轻服药，至要至要。

富圫本算一等屋场，弟若肯代为收拾，必是第一等妥当。乃必待纪泽母子到家看定再行修葺，且令先在大夫第小住，实属情文周至。手足至亲，不复言谢。

进退大吏伤易，余亦深以为虑。然少荃不果赴洛，霞仙不果去位，朝廷择善而从，不肯坚执自用，即恭邸大波亦不久即平，是非究不颠倒。沅弟自以再出为是，下次再详论也。

同治四年十二月十五日

澄弟、沅弟左右：

近日贼情，张总愚一股尚在南阳，赖汶光、任柱等股尚在光州、固始一带。闻京师之东北、山海关外、奉天等处马贼猖獗，派文尚书、福将军剿办，尚未得手。新授徐海道张树声为直隶臬司，圣意盖欲多调淮勇北卫畿辅，局势又当少变矣。

沅弟出处大计，余前屡次言及，谓腊月乃有准信。近来熟思审处，劝弟出山不过十分之三四，劝弟潜藏竟居十分之六七。

部中新例甚多，余处如金陵续保之案、皖南肃清保案全行议驳，其余小事动遭驳诘，而言路于任事有功之臣，责备甚苛，措辞甚厉，令人寒心。军事一波未平，一波复起，头绪繁多。

西北各省饷项固绌，转运尤艰。处山西完善之区，则银钱分文皆须入奏，难以放手办事。若改调凋残之省，则行剥民敛怨之政，犹恐无济于事。去年三四月间，吾兄弟正方万分难窘，户部犹将江西厘金拨去，金陵围师几将决裂。共事诸公易致龃龉，稍露声色，群讥以为恃功骄蹇。为出山之计，实恐怄气时多，适意时少。若为潜藏之计，亦有须熟筹者。大凡才大之人，每不甘于岑寂，如孔翠洒屏，好自耀其文采。林文忠晚年在家，好与大吏议论时政，以致与刘玉坡制军不合，复思出山。近徐松龛中丞与地方官不合，复行出山。二人皆有过人之才，又为本籍之官所挤，故不愿久居林下。沅弟虽积劳已久，而才调实未能尽展其长，恐难久甘枯寂。目下李筱荃中丞相待甚好，将来设与地方官不能水乳交融，难保不静极思动，潜久思飞。

以余饱阅世变，默察时局，则劝沅行者四分，劝沅藏者六分。以久藏之不易，则此事须由沅内断于心，自为主持，兄与澄不克全为代谋也。余前所谓腊月再有确信者，大率如此，下二次更当申明之。

同治四年十二月二十五日

澄弟、沅弟左右：

捻匪全入湖北，任、赖、牛、李等股与成大吉之叛卒勾结在黄、孝、罗、麻一带，张总愚亦在襄、樊一带。余调刘铭传九千人由周家口驰援黄州，不知赶得及否？闻关东之骑马贼甚为猖獗，刘印渠带兵至山海关防堵。广东一股，亦不易了。

天下纷纷，沅弟断不能久安。与其将来事变相迫，仓猝出山，不如此次仰体圣意，假满即出。余十五之信，四分劝行，六分劝藏，细思仍是未妥。不如兄弟尽力王事，各怀鞠躬尽瘁，死而后已之志，终不失为上策。沅信于毁誉祸福置之度外，此是根本第一层工夫。此处有定力，到处皆坦途矣。

同治五年丙寅正月初六日

澄弟、沅弟左右：

近日未接来信，想各宅平安，新岁内外多祜，为慰。

任、赖、牛、李等酋全萃湖北黄、孝、罗、麻等处，余调刘省三全军九千人援鄂。成武臣之叛卒，闻官相以二十万金抚之，业经招集七营。官相并未将叛变情形入奏，但言拔营索饷，适为捻所乘，挫退而已。湖北军政多出于阍人、仆隶及委员之嗜利者，奏牍则一味欺蒙，深为可叹。以各省用事之人言之，军事将见日坏，断无日有转机之理。沅弟假满出山，与各邻省督抚共事，亦必龃龉者多，水乳者少。然吾兄弟受厚恩，享大名，终不能退藏避事，亦惟循前信所言，置祸福毁誉于度外，坦然做去，行法俟命而已。

同治五年正月十五日

澄弟、沅弟左右：

沅弟出处大计，余腊月十五日信六分劝藏、四分劝行，而以久藏之不易，又嘱沅内断于心，自为主持。至腊月、正月两信，则专劝弟出山，盖终不免于一出，不如假满即出，最为体面。惟决计出山，则不可再请续假，恐人讥为自装身分太重。余此信已为定论，下次不再商矣。

沅弟以余待朱、唐等稍失之薄，余心亦觉不甚安恬。然天道不能有舒而无惨，王政不能有恩而无威。近日劾吴少村及驱逐在徐之王、刁两团数千人全回山东，亦似稍失之薄，而非此实办不动也。夹袋中并无新储之才，惟幼泉及张敬堂较优，不知果有所建树否？

同治五年二月初一日

沅弟左右：

顷奉正月二十六日谕旨，弟调湖北巡抚，且令即赴新任。虽明发谕旨中无“无庸来京”字样，而寄谕中似饬弟就近履任，即办鄂境之捻。朝廷为地择人，亦即为人择地。圣恩优渥，无以复加。而余办捻事，正苦鄂中血脉不能贯通，今得弟抚鄂，则三江两湖均可合为一家，联为一气，论公论私，均属大有裨益。

余前调张诗日、刘松山二镇带十九营赴鄂助剿，定于二月中旬起程。又春霆一军，谕旨令赴楚豫之交，归余调度。余正虑相离太远，呼应不灵。弟在湖北，则就近调遣，节节灵通。弟奉旨后，即于谢恩折内声明一面酌带营勇赴鄂剿贼，俟鄂难稍平，人心稍定，即行进京陛见。如谕旨不令来京，亦尽可带兵出境，兄弟相会。

赴鄂行期，或可不待六月假满。如待假满，亦断不可展限。君恩过厚，无令外人疑为装腔做势也。

同治五年二月初四日

沅弟左右：

接二十六日谕旨，弟调补湖北巡抚，迅赴新任。又奉寄谕，俟弟接印，郑小珊中丞乃行交卸。又接胡莲舫京信，鄂人亦望弟拯救甚切。其时尚未得弟抚鄂之信，已有云霓之望，况一闻新命，中外悬盼自为更切。

弟此次履鄂，似不可稍涉迟迴。至募勇之多少，由弟自行斟酌，大约以八九千为率，另增马队千余，成一大军，可为游击之师。

余处本有刘省三、李幼泉、刘仲良三枝淮勇游击之师，刘寿卿、张田畯合成湘勇一枝游击之师，合之鲍春霆全军，赴鄂已五枝游兵矣。弟既接印，公事甚多，似不能亲临行阵，即偶一督战，亦可暂而不可常，宜另派一可靠之统领。弟驻扎或在黄州，或在德安、襄阳，细看再酌。

同治五年三月初五日

沅弟左右：

接弟排递之信，知弟将以三月初间赴鄂履任，至以为慰。

兄到济宁数日，恰值张总愚大股来齐，不惟不能遽赴周家口，并不敢出阅视黄河、运河，盖恐州县将领但顾接差，反不御贼。本日有陈奏军情一折，鲍军饷项一折，另牍咨达。

纪泽等送全眷回湘，乡间苦无良师，拟在皖、吴择师，留纪鸿在于弟署读书。不知纪瑞等随母来鄂否？

余在济宁小驻，若贼不渡运，张逆一股又将回豫，余稍徘徊旬日。任、赖等股若不东窜，则余仍赴周家口，再谋兄弟相见之法也。

同治五年三月十六日

澄弟、沅弟左右：

前闻捻匪不如发逆，张总愚一股又不如任、赖等一股，不知张逆狡悍若此，竟无术可以制之。

沅弟到任后，仍须以治兵自强为第一义。小宋到鄂藩任，已作函商之。乔鹤侪请其一面派人接署，一面附片奏明。弟驻襄阳甚好。春霆可驻南阳，其粮台则设于襄阳，刘仲良则改驻徐州等处。谢恩折尚稳适。好折奏手竟不可得。

近年如沈幼丹在江，蒋芗泉在浙，皆以联络绅士大得名誉，跪道攀留。而筠仙以疏斥绅士，终不得久于其位。闻渠与左季高甚为龃龉，罢官后必更郁郁。弟此次赴鄂，虽不必效沈、蒋之枉道干誉，然亦不可如筠仙之讥侮绅士，动或荆棘。大约礼貌宜恭，银钱宜松，背后不宜多着贬词，纵不见德，亦可以远怨矣。

同治五年三月二十六日

澄弟、沅弟左右：

沅弟定于十七接印，此时已履任数日矣。督抚本不易做，近则多事之秋，必须筹兵筹饷。筹兵，则恐以败挫而致谤；筹饷，则恐以搜括而致怨，二者皆易坏声名。而其物议沸腾，被人参劾者，每在于用人之不当。沅弟爱博而面软，向来用人失之于率，失之于冗。以后宜慎选贤员，以救率字之弊；少用数员，以救冗字之弊。位高而资浅，貌贵温恭，心贵谦下。天下之事理人才，为吾辈所不深知不及料者多矣，切勿存一自是之见。用人不率冗，存心不自满，二者本末俱到，必可免于咎戾，不坠令名，至嘱至嘱，幸勿以为泛常之语而忽视之。

陈筱浦不愿赴鄂。渠本盐务好手，于军事吏事恐亦非其所长。余处亦无折奏好手，仍邀子密前来，事理较为清晰，文笔亦见精当。自奏折外，沅弟又当找一书启高手，说事明畅，以通各路之情。

纪泽母子等四月中旬当可抵鄂，纪鸿留弟署读书，余以回湘为是。

同治五年四月二十一日

沅弟左右：

来缄与我订五日一信之约，此次余出营查阅黄、运两河，并察看泰安形势，登岱礼神，未发家信，有愆夙约。将来不知果能践五日之约否？

山东军情，半月前事已具折片之中。捻匪长处在专好避兵，不肯轻战，偶尔接战，亦复凶悍异常，好用马队四面包围，而正兵则马步夹进。马队冲突时，多用大刀长棒。步队冒烟冲突时，专用长矛猛刺。我军若能搪此数者，则枪炮伤人较多，究非捻匪所可及，劈山炮尤为捻匪所畏。弟可详告刘、朱、彭、郭、熊、陈诸人也。调四将之折，甚为条畅妥叶。谢绝陋习，慎重公事，严密以防门内，推诚以待制府，数者皆与余见相合，声誉亦必隆隆日起矣。

同治五年五月初三日

沅弟左右：

纪泽母子已到阳逻，纪瑞母子已自湘起程。兄弟宦游在外，眷属得以团聚，亦足喜也。

弟信亦不必太密，仍以十日一封为率，或有他事，则加一封，无事亦不可减。不仅说军务饷务之大政，即幕友、家丁及亲友、相从将弁、投效者多说几句。司道风气，属僚贤否，亦可略述一二，以广见闻。余之日记详于小而略于大，弟则互有详略可也。

弟现募步队万二千人，马队千余人，与余初次函商相符，以后不必再行添募，恐饷项不继。所裁官相之勇仅发数成，所添弟部之勇必须全饷，一撤一招之际，厚薄悬殊，相形见绌，营头太多，必生怨望。厚庵之优待楚勇，薄视甘兵，遂有三月三日之变，可为前车之鉴。

同治五年五月十一日

沅弟左右：

纪瑞侄母子已抵鄂，娣为东而姒为宾，客到先而主到后。乱离之世，骨肉相聚本极难得，老年得之为尤难也。弟足疾复发，极为廑系。湿毒在下，总非本原之病。然一求速效，杂投药剂，则难于见功。吾阅历极久，但嘱家中老幼不轻服药，尤不轻服克伐之药，即是善于养生之道。鄂抚衙署风水之说，弟能毅然不信，可谓卓识定力。如足毒不愈，亦须略为变通。兄向来不信择日风水，老年气怯，遂徇俗见，惟弟亮之酌之。

同治五年六月初五日

澄弟左右：

乡间谷价日贱，禾豆畅茂，尤是升平景象，极慰极慰。

贼自三月下旬退出曹、郓之境，幸保山东运河以东各属，而仍蹂躏于曹、宋、徐、泗、凤、淮诸府，彼剿此窜，倏往忽来。直至五月下旬，张、牛各股始窜至周家口以西，任、赖各股始窜至太和以西。大约夏秋数月，山东、江苏可以高枕无忧，河南、皖、鄂又必手忙脚乱。余拟于数日内至宿迁、桃源一带察看堤墙，即由水路上临淮而至周家口。盛暑而坐小船，是一极苦之事，因陆路多被水淹，雇车又甚不易，不得不改由水程。余老境日逼，勉强支持一年半载，实不能久当大任矣。

因思吾兄弟体气皆不甚健，后辈子侄尤多虚弱，宜于平日讲求养生之法，不可于临时乱投药剂。养生之法，约有五事，一曰眠食有恒，二曰惩忿，三曰节欲，四曰每夜临睡洗脚，五曰每日两饭后各行三千步。惩忿，即余匾中所谓养生以少恼怒为本也。眠食有恒及洗脚二事，星冈公行之四十年，余亦学行有七年矣。饭后三千步近日试行，自矢永不间断。弟从前劳苦太久，年近五十，愿将此五事立志行之，并劝沅弟与诸子侄行之。

余与沅弟同时封爵开府，门庭可谓极盛，然非可常恃之道。记得己亥正月星冈公训竹亭公曰："宽一虽点翰林，我家仍靠作田为业，不可靠他吃饭。"此语最有道理，今亦当守此二语为命脉。望吾弟专在作田上用些工夫，辅之以"书、蔬、鱼、猪，早、扫、考、宝"八字，任凭家中如何贵盛，切莫全改道光初年之规模。凡家道所以可久者，不恃一时之官爵，而恃长远之家规；不恃一二人之骤发，而恃大众之维持。我若有福罢官回家，当与弟竭力维持。老亲旧眷，贫贱族党，不可怠慢，待贫者亦与富者一般，当盛时预作衰时之想，自有深固之基矣。

同治五年六月十二日

沅弟左右：

足毒居然全好，大慰大慰。

一万二千之数，恐不足保鄂省疆土，自可量力多招。

此间军情，凡大处调度，均已咨达弟署。若各股均渡至沙河、淮河之南，余当以淮军扼守沙河、贾鲁河。此数月内鄂境虽十分吃紧，而使贼不得回窜东北平旷之区，各军得悉萃于西南山多田多之处，剿办当稍易为力。恐其半过沙河以南，半留沙河以北，则尤疲于奔命耳。

同治五年六月二十三日

沅弟左右：

日内未接弟信，想因余自济起程，驿夫不知行踪所在，或辗转迟误耳。十五日登舟，阻风三日，今日可至台庄。溽暑小舟，殆非老年所堪。

运河大雨盛涨，民居水皆封檐，数十万难民转瞬皆成流寇。而运河东岸堤墙雨后塌卸殆尽，秋冬无以制寇，尤深焦灼。防守沙河之策未必可恃，而业已出奏，不得不试行之。春霆已自黄州起行否？若需帐篷等物，请弟饬局办给，将来于万五千内拨还鄂局。江西两咨来商，不欲于七万外更增杂支。少荃亦畏霆而远避之。弟既敬霆之为人，即可一力维持，使之迅速集事。杂款实有盈余，余已嘱刘申孙怿随时禀请弟作主也。

同治五年七月初三日

沅弟左右：

吾湘哥老会公然有谋反之意，可恶可畏，若一连惩创几次，当可戢其凶志，目下尤耽耽思逞也。

兄至宿迁，衰年怕热，登岸小住。闻任、赖又窜睢州，将回山东，檄调铭、鼎、盛三军追剿，不知何日乃能见贼接仗？军务毫无起色，加以大水成灾，酷热迥异寻常，心绪实为恶劣。然亦只好安命，耐烦做去。拟日内由杨庄换船溯淮西上，八月可达周家口耳。闻弟近甚辛苦。前示养生五诀，曾行之否？老年兄弟相勉，惟此而已。

同治五年七月初六日

澄弟左右：

久未接弟信，惟沅弟信言哥老会一事，粗知近况。吾乡他无足虑，惟散勇回籍者太多，恐其无聊生事，不独哥老会一端而已。又米粮酒肉百物昂贵，较之徐州、济宁等处数倍，人人难于度日，亦殊可虑。

吾兄弟处此时世，居此重名，总以钱少产薄为妙。一则平日免于觊觎，仓猝免于抢掠；二则子弟略见窘状，不至一味奢侈。纪泽母子八月即可回湘，一切请弟照料。“早、扫、考、宝，书、蔬、鱼、猪”八字，是吾家历代规模。吾自嘉庆末年至道光十九年，见王考星冈公日日有常，不改此度。不信医药、地仙、和尚、师巫、祷祝等事，亦弟所一一亲见者。吾辈守得一分，则家道多保得几年，望弟督率纪泽及诸侄切实行之。富圫木器不全，请弟为我买木器，但求坚实，不尚雕镂，漆水却须略好，乃可经久。屋宇不尚华美，却须多种竹柏，多留菜园，即占去田亩，亦自无妨。吾自济宁起行至宿迁，奇热不复可耐，登岸在庙住九日，今日始开船行至桃源。计由洪泽湖溯淮至周家口，当在八月初矣。身体平安，惟目光益蒙，怕热益甚，盖老人之常态也。

同治五年七月十六日

沅弟左右：

兄以七夕至清江，初十渡洪泽湖，十六日至临淮。十五酉刻在临淮之下十里遇大风暴，危险之至，幸免于难。今年大水，自济宁至临淮千三百里，民无栖息之所，业已伤心惨目，而又值非常之酷热，受非常之大惊，殊觉行役劳苦，老境不能堪此。惟闻刘松山、张诗日等在上蔡、郾城一带剿张总愚一股屡获大胜，差堪一慰。尚未接禀，不知其详。春霆迭奉严旨诘催，弟须嘱其迅入豫境，不可再缓。渠制车二千辆之多，不知做法何如？恐未必适于用。闻捻用长矛者，进身极矮，湘、淮洋枪均失之高而不中。此次刘、张系以劈山炮取胜，近亦习跪装洋枪，请弟告之鲍、郭、彭、熊也。

同治五年七月二十四日 临淮

沅弟左右：

余在临淮，本不欲久住，定二十四日成行，已咨明弟处矣。乃病体日深，殊觉支持不住。余力守不药之戒，竟不能坚持到底。服张敬堂所开桂枝汤，外感之寒已觉轻松，而积受之暑湿未能清理，腹疼作胀，屡思大便，而登厕辄不爽快。现定二十六日起行，不知届时能勉强登舟否。今年出汗太多，身体遽瘦。自问精力大减，断不能久当大任。到周家口后与弟谋一会晤，共筹引退之法，但不以鲁莽出之耳。

同治五年八月初十日

澄弟左右：

哥老会之事，余意不必曲为搜求。左师疏称要拿沈海沧，兄未见其原折，便中钞寄一阅。提、镇、副将，官阶已大，苟非有叛逆之实迹、实据，似不必轻言正法。如王清泉系克复金陵有功之人，在湖北散营，欠饷有数成未发。既打金陵，则欠饷不清不能全归咎于湖北，余亦与有过焉。因欠饷不清，则军装不能全缴，自是意中之事。即实缺提、镇之最可信为心腹者，如萧孚泗、朱南桂、唐义训、熊登武等，若有意搜求，其家亦未必全无军装，亦难保别人不诬之为哥老会首。余意凡保至一、二、三品武职，总须以礼貌待之，以诚意感之。如有犯事到官，弟在家常常缓颊而保全之。即明知其哥老会，唤至密室，恳切劝谕，令其自悔而贷其一死。惟柔可以制刚狠之气，惟诚可以化顽梗之民。即以吾一家而论，兄与沅弟带兵，皆以杀人为业，以自强为本；弟在家，当以生人为心，以柔弱为用，庶相反而适以相成也。

孝凤为人，余亦深知，在外阅历多年，求完善者实鲜。余外病全去，尚未复元。初九抵周家口，此间或可久住。

同治五年八月十二日

沅弟左右：

八月以内连接弟信，询及帮办应否疏谢，余意似可不必具疏。近年如李世忠、陈国瑞等降将皆得帮办，刘典以臬司、吴棠以道员得之，本属极不足珍之目，本朝以来亦无此等名目。若具折则不可辞，亦不可有微辞。疏忽则可，不平则不可也。余于弟之衔不署。弟于公牍亦可不署，奏疏结衔，则不可不书帮办字样，酌之。

同治五年九月初六日

澄弟左右：

八月初一、初四得生二孙，而兄亦于初十日得生一孙，祖宗之泽，家庭之幸。兄年来衰态日增，他无所图，专盼家中添丁，闻此喜慰无量。昔星冈公于四十七岁得见五孙，二男三女。今弟四十七岁，亦系二男三女，将来弟之福泽，可继星冈公而起，贺贺。

余身体将次复元，惟衰年不能用心，不愿再肩艰巨，急切不得脱卸之法。筠仙已归，霞、厚亦先后告病开缺，殊为可羡。季高有陕甘之行，则较我尤难，渠精力过人，或足了之。家中妇女渐多，外则讲究种蔬，内则讲究晒小菜、腌菜之类，乃是兴家气象，请弟倡之。

同治五年九月十二日

沅弟左右：

接弟信，具悉一切。弟谓命运作主，余素所深信；谓自强者每胜一筹，则余不甚深信。凡国之强，必须多得贤臣工；家之强，必须多出贤子弟。此关乎天命，不尽由人谋。至一身之强，则不外乎北宫黝、孟施舍、曾子三种。孟子之集义而慊，即曾子之自反而缩也。惟曾、孟与孔子告仲由之强，略为可久可常。此外斗智斗力之强，则有因强而大兴，亦有因强而大败。古来如李斯、曹操、董卓、杨素，其智力皆横绝一世，而其祸败亦迥异寻常。近世如陆、何、肃、陈，皆予知自雄，而俱不保其终。故吾辈在自修处求强则可，在胜人处求强则不可。若专在胜人处求强，其能强到底与否尚未可知，即使终身强横安稳，亦君子所不屑道也。

贼匪此次东窜，东军小胜二次，大胜一次；刘、潘大胜一次，小胜数次。似已大受惩创，不似上半年之猖獗。但求不窥陕、洛，即窜鄂境，或可收夹击之效。余定于明日请续假一月，十月请开各缺，仍留军营，刻一木戳，会办中路剿匪事宜而已。

同治五年十月初六日

澄弟左右：

弟之两孙，元五、元六，派名广文、广敷，余孙元七拟取派名广钧，既无偏旁合为一律，惟广字下一字用十一真、十二文之韵，声调较为清亮。科三侄以直隶州知州用，系克复金陵后第二次恩旨。季洪弟赠内阁学士，亦系确有其事，即日当查出付回，尽可不花部费。蔡贞斋投营，无好差使可派。若其果来，不过如邹至堂、沈蔼亭之数，赠银百金，附案保奖。在我已属竭力周旋，而在渠仍无大益。或渠不来，余便寄百金遥周故旧，不知可否？弟一酌之。

服药之事，余阅历极久，不特标病服表剂最易错误，利害参半，即本病服参茸等味亦鲜实效。如胡文忠公、李勇毅公以参茸燕菜作家常酒饭，亦终无所补救。余现在调养之法，饭必精凿，蔬菜以肉汤煮之，鸡鸭鱼羊豕炖得极烂，又多办酱菜腌菜之属，以为天下之至味，大补莫过于此。《孟子》及《礼记》所载养老之法、事亲之道，皆不出乎此。岂古之圣贤皆愚，必如后世之好服参茸燕菜、鱼翅海参而后为智耶？星冈公之家法，后世当守者极多，而其不信巫医、地仙，吾兄弟尤当竭力守之。

兄近日身体平安。军事总无起色，西股已过洛阳，东股尚在山东，无术制之，实深焦灼。

同治五年十月二十三日

沅弟左右：

余初闻弟折已发，焦灼弥月，直至十月朔日得见密稿，始行放心。所言皆系正人应说之事，无论输赢，皆有足以自立之道，此后惟安坐听之而已。

余腰疼旬余，今将痊愈。开缺辞爵之件，本拟三请四请，不允不休。昨奉十四日严旨诘责，愈无所庸其徘徊。大约一连数疏，辞婉而意坚，得请乃已，获祸亦所不顾。春霆奉旨入秦，霞仙亦催之甚速。然米粮子药运送万难，且恐士卒滋事溃变，已批令毋庸赴秦，又函令不必奏事。日者言明年运蹇，端已见矣。

同治五年十月二十六日

沅弟左右：

日内未接弟信，想在熊营驻扎，一切平安。

吾十三日请开各缺疏片，奉批旨调理一月，进京陛见一次。余定于正月初间起行。此间幕客有言不必进京，宜请一省墓假回籍。余意与筠仙、义渠情事迥不相同。古称郭子仪功高望重，招之未尝不来，麾之未尝不去，余之所处亦不能不如此。准开各缺而以散员留营，余之本愿也。或较此略好，较此略坏，均无不可。但秦、晋、豫、直隶、苏、皖责成一身，即不能胜此重任，此外听命而已。

同治五年十一月初二日

沅弟左右：

《古文四象》目录钞付查收。所谓四象者：识度即太阴之属，气势即太阳之属，情韵少阴之属，趣味少阳之属。其中所选之文，颇失之过于高古。弟若依此四门而另选稍低者，平日所嗜者钞读之，必有进益。但趣味一门，除我所钞者外，难再多选耳。

同治五年十一月初七日

沅弟左右：

得初一日寄谕，令回江督本任。余奏明病体不能用心阅文，不能见客多说，既不堪为星使，又岂可为江督？即日当具疏恭辞。

余回任之说，系少荃疏中微露其意。余仍请以散员留营，或先开星使、江督二缺，而暂留协办治军亦可，乞归林泉亦非易易。弟住家年余，值次山、小荃皆系至好，故得优游如意。若地方大吏小有隔阂，则步步皆成荆棘。住京养病，尤易招怨丛谤。余反复筹思，仍以散员留营为中下之策，此外皆下下也。

弟开罪于军机，凡有廷寄，皆不写寄弟处，概由官相转咨，亦殊可诧。若圣意于弟则未见有薄处，弟惟诚心竭力做去。吾尝言，天道忌巧，天道忌盈，天道忌贰。若甫在响用之际，而遽萌前却之见，是贰也。即与他人交际，亦须略省己之不是。弟向来不肯认错，望力改之。

同治五年十一月十二日

沅弟左右：

任、赖南窜，遽报已至信南、罗山，未知果否入鄂？兄标病腰痛等症渐已痊愈，惟不能多话，舌端蹇涩之症未好，恐遂成痼疾矣。

春霆不能入秦，余以函咨劝之强之。果使霆军援秦，湘军防晋，则西路张股亦不足为大患。任、赖一股，得诸淮军与鄂军夹击，或易得手。余拟于十五后具疏，复陈不能回任，请令少荃署江督，兼握钦篆。余以散员留营，仿咸丰八九年之例，刻一木质关防，照旧办事。数月之后，或另放江督，或另简星使，再听朝廷定夺。目下但求降旨，言曾病不克回任，李仍兼署而已。余视江督一缺实难称职，前数年幸未泼汤，此际何必再作冯妇？留军而不握大符，或者责望稍轻，疑谤稍减，是好下场也。

二竹在省，弟惟专心治军，一切置若罔闻为妥。

同治五年十二月初六日

澄弟左右：

余于十月二十五日接入觐之旨，次日写信召纪泽来营，厥后又有三次信止其勿来，不知均接到否？自十一月初六接奉回江督任之旨，十七日已具疏恭辞；二十八日又奉旨令回本任，初三日又具疏恳辞。如再不获命，尚当再四疏辞。但受恩深重，不敢遽求回籍，留营调理而已。余从此不复作官。同乡京官，今冬炭敬犹须照常馈送。昨令李翥汉回湘送罗家二百金，李家二百金，刘家百金，昔年曾共患难者也。

前致弟处千金，为数极少，自有两江总督以来，无待胞弟如此之薄者。然处兹乱世，钱愈多则患愈大，兄家与弟家总不宜多存现银。现钱每年足敷一年之用，便是天下之大富，人间之大福。家中要得兴旺，全靠出贤子弟，若子弟不贤不才，虽多积银积钱积谷积产积衣积书，总是枉然。子弟之贤否，六分本于天生，四分由于家教。吾家代代皆有世德明训，惟星冈公之教尤应谨守牢记。吾近将星冈公之家规，编成八句，云：

书蔬鱼猪，考早扫宝；常说常行，八者都好；

地命医理，僧巫祈祷，留客久住，六者俱恼。

盖星冈公于地、命、医、僧、巫五项人进门便恼，即亲友远客久住亦恼。此八好六恼者，我家世世守之，永为家训，子孙虽愚，亦必略有范围也。

同治五年十二月十二日

沅弟左右：

郭子美挫后又有臼口之挫，殊为忧灼。人皆言捻子善避兵，只怕打不着。余则谓不怕打不着，只怕打不胜。即鲍、刘等与之相遇，胜负亦在不可知之数。如鲍、刘不败，群捻幸出鄂境，弟当将各军大加整顿，无以曾克安庆、金陵，遂信麾下多统将之才。杏、岳亦非可当一面者，祈慎使之。即与鲍、刘、周、张等通信，亦勿以灭贼劝之，姑以不败期之。百战之寇，屡衰屡盛，即仅存数十人尚是巨患，况数万乎？

人心日伪，大乱方长，吾兄弟惟勤劳谦谨以邀神佑，选将练兵以济时艰而已。湖北水师诸将中，与弟颇相联络否？

同治五年十二月十八日

沅弟左右：

贼已回窜东路，淮、霆各军将近五万，幼荃万人尚不在内，不能与之一为交手，可憾之至！岂天心果不欲灭此贼耶？抑吾辈办贼之法实有未善耶？目下深虑黄州失守，不知府县尚可靠否？略有防兵否？山东、河南州县一味闭城坚守，乡间亦闭塞坚守，贼无火药，素不善攻，从无失守城池之事，不知湖北能开此风气否？鄂中水师不善用命，能多方激劝，扼住江、汉二水，不使偷渡否？少荃言捻逆断不南渡，余谓任逆以马为命，自不肯离淮南北，赖逆则未尝不窥伺大江以南。屡接弟调度公牍，从未议及水师，以后务祈留意。

弟自强，因引谚曰：好汉打脱牙和血吞。此二语是余平生咬牙立志之诀。余庚戌、辛亥间为京师权贵所唾骂，癸丑、甲寅为长沙所唾骂，乙卯、丙辰为江西所唾骂，以及岳州之败，靖江之败，湖口之败，盖打脱牙之时多矣，无一次不和血吞之。弟此次郭军之败，三县之失，亦颇有打脱门牙之象。来信每怪运气不好，便不似好汉声口。惟有一字不说，咬定牙根，徐图自强而已。

子美倘难整顿，恐须催南云来鄂。鄂中向有之水陆，其格格不入者，须设法笼络之，不可灰心懒漫，遽萌退志也。余奉命克期回任，拟奏明新正赴津，替出少荃来豫，仍请另简江督。

同治五年十二月二十日

沅弟左右：

捻匪忽来忽往，瞬息百里，探报最难的确。余于不确之信，向不转行各处，反不如听各统领自探自主，自进自止，犹为活着。陕西之贼猖獗日甚，余派刘松山自洛阳入关援秦。顷接渠复禀，定于十六日拔行赴秦。黄万友所带老湘四营，请弟催令赴洛一同援秦。以后即令霆军在鄂、豫一带专剿任、赖一股。

同治五年十二月二十二日

沅弟左右：

日来贼窜何处？由孝感而东南，则黄陂、新州及黄州各属处处可虑。此贼故智，有时疾驰狂奔，日行百余里，连数日不少停歇；有时盘于百余里之内，如蚁旋磨，忽左忽右。贼中相传秘诀曰："多打几个圈，官兵之追者自疲矣。"僧王曹县之败，系贼以打圈之法疲之也。吾观捻之长技约有四端：一曰步贼长竿，于枪子如雨之中冒烟冲进；二曰马贼周围包裹，速而且匀；三曰善战而不轻试其锋，必待官兵找他，他不先找官兵，得粤匪初起之诀；四曰行走剽疾，时而数日千里，时而旋磨打圈。捻之短处，亦有三端：一曰全无火器，不善攻坚，只要官吏能守城池，乡民能守堡寨，贼即无粮可掳；二曰夜不扎营，散住村庄，若得善偷营者乘夜劫之，协从者最易逃溃；三曰辎重妇女骡驴极多，若善战者与之相持，而别出奇兵袭其辎重，必大受创。此吾所阅历而得之者。弟素有知兵之名，此次军事甚不得手，名望必为减损。仍当在选将练兵切实用功，一以维持大局，扫净中原之气；一以挽回令名，间执谗慝之口。

吾复奏折昨日拜发，新正赴徐，暂接督篆，三月必切实恳辞。辛苦半生，不肯于老年博一取巧之名，被人窃笑也。

同治五年十二月二十七日

沅弟左右：

杏南及刘镇俱获两胜。旬日焦灼非常，闻此稍有生意。余调度最缓，盖因贼情难审之故，弟此后亦宜斟酌。

伟勇巴图鲁恩旨，记得确系十一年八月初十日余报克复池州案内所得，乃遍寻未得此谕旨。其时弟尚在安庆，未赴巢县、无为一带，余将此旨行知弟处，不知弟可检查否？弟凡得好处，余俱有谢恩折，独此次未尝谢恩，不知当日何以疏忽过去？去年终密考一折，一学政片，一清单，定例须亲笔自缮，余久未作楷，故未自缮，弟能自缮否？

同治六年丁卯正月初二日

沅弟左右：

鄂署五福堂有回禄之灾，幸人口无恙，上房无恙，受惊已不小矣。其屋系板壁纸糊，本易招火。凡遇此等事，只可说打杂人役失火，固不可疑会匪之毒谋，尤不可怪仇家之奸细。若大惊小怪，胡想乱猜，生出多少枝叶，仇家转得传播以为快。惟有处处泰然，行所无事。申甫所谓“好汉打脱牙和血吞”，星冈公所谓“有福之人善退财”，真处逆境者之良法也。

弟求兄随时训示申儆，兄自问近年得力，惟有一悔字诀。兄昔年自负本领甚大，可屈可伸，可行可藏，又每见得人家不是。自从丁巳、戊午大悔大悟之后，乃知自己全无本领，凡事都见得人家有几分是处。故自戊午至今九载，与四十岁以前迥不相同。大约以能立能达为体，以不怨不尤为用。立者，发奋自强，站得住也；达者，办事圆融，行得通也。吾九年以来，痛戒无恒之弊，看书写字，从未间断，选将练兵，亦常留心，此皆自强能立工夫。奏疏公牍，再三斟酌，无一过当之语，自夸之词，此皆圆融能达工夫。至于怨天本有所不敢，尤人则常不能免，亦皆随时强制而克去之。弟若欲自儆惕，似可学阿兄丁、戊二年之悔，然后痛下针砭，必有大进。

立达二字，吾于己未年曾写于弟之手卷中，弟亦刻刻思自立自强，但于能达处尚欠体验，于不怨尤处尚难强制。吾信中言皆随时指点，劝弟强制也。赵广汉，本汉之贤臣，因星变而劾魏相，后乃身当其灾，可为殷鉴。默存一悔字，无事不可挽回也。

同治六年正月初四日

澄弟左右：

军事愈办愈坏。郭松林十二月初六日大败，淮军在德安附近挫败，统领张树珊阵亡。此东股任、赖一股也。其西路张逆一股，十二月十八日，秦军在灞桥大败，几于全军覆没。捻匪凶悍如此，深可忧灼。

余二十一日奏明正初暂回徐州，仍接督篆，正月初三接奉寄谕。现定于正月初六日自周家口起行，节前后可到徐州。身体尚好，但在徐治军，实不能兼顾总督地方事件，三月再恳切奏辞耳。

沅弟劾官相，星使业已回京，而处分尚未见明文。胡公则已出军机矣。吾家位高名重，不宜作此发挥殆尽之事。米已成饭，木已成舟，只好听之而已。

余作书架样子，兹亦送回，家中可照样多做数十个。取其花钱不多，又结实又精致，寒士之家，亦可勉做一二个。吾家现虽鼎盛，不可忘寒士家风味，子弟力戒傲惰。戒傲以不大声骂仆从为首，戒惰以不晏起为首。吾则不忘蒋市街卖菜篮情景，弟则不忘竹山坳拖碑车风景。昔日苦况，安知异日不再尝之？自知谨慎矣。

同治六年正月初十日 行次归德府

沅弟左右：

得春霆信，贼去樊城仅六十里。余为雪所阻，今日在归德停住一日。批令霆军在河南西路六府专追任、赖一股，暂不赴秦。业已钞咨弟处。

盖以大局而论，任、赖纵横五省，不可无多军缀之。张逆仅在陕西三府一州之境，左、刘二军已足支持。以私计而论，春霆与左帅积不相能，恐其溃败决裂，又生金口之变；若留于南阳、汝、襄等处，豫西鄂北俱属有益。望弟将余苦心告知春霆，令其莫再奏事。余将来奏定，令渠军专办南、汝、襄、许四府州可也。

弟之奏稿及咨札稿，动称“剿灭此股”，亦欠斟酌。余于奏咨函牍，但称“或可大加惩创”而已。余见弟与各处函牍，亦颇觉烦渎忙乱。以后调度文书以少为佳。昔胡文忠亦失之太多，多则未有不纷乱者。“殄灭”等字，不可轻用也。

同治六年正月十二日

沅弟左右：

今日至蒙城之太阳集，接弟两信并钞与春霆来往信，具悉一切。余与少荃皆坐视贼太轻，以致日久无功，弟则视贼尤轻。老子云：两军相对，哀者胜矣。咸丰三年以前，粤匪为哀者；咸丰十年以后，官军为哀者。捻匪屡胜，而其谨畏如故；官军屡败，其骄蹇如故。是哀者尚在捻也，可虑孰甚！

同治六年正月二十二日

沅弟左右：

日内有战事否？留霆军剿任、赖一股，昨已附片具奏，另咨弟案。嗣后奏事，宜请人细阅熟商，不可一意孤行，是己非人，为嘱。

弟克复两省，勋业断难磨灭，根基极为深固。但患不能达，不患不能立；但患不稳适，不患不峥嵘。此后总从波平浪静处安身，莫从掀天揭地处着想。吾亦不甘为庸者，近来阅历万变，一味向平实处用功，非委靡也，位太高，名太重，不如是，皆危道也。

同治六年正月二十六日

沅弟左右：

顷阅邸钞，官相处分极轻，公道全泯，亦殊可惧。惟以少帅督楚，筱荃署之，又以韫斋先生抚湘，似均为安慰吾弟，不令掣肘起见。朝廷调停大臣，盖亦恐有党仇报复之事，弟不必因此而更怀郁郁也。

少荃宫保于吾兄弟之事极力扶助，虽于弟劾官相不甚谓然，然但虑此后做官之不利，非谓做人之有损也。弟于渠兄弟务须推诚相待，同心协力，以求有济。淮军诸将在鄂中者有信至少荃处，皆感弟相待之厚，刘克仁感之尤深。大约淮、湘两军，曾、李两家，必须联为一气，然后贼匪可渐平，外侮不能侵。少荃力劝余即回江宁，久于其位。余以精力日衰，屡被参劾，官兴索然，现尚未能定计。

霞仙去官，屡干谕旨诘责，余不能不与之通信，兹有一函，请弟专人妥交。《鸣原堂文》亦思多选，以竟其事。若不作官，必可副弟之望。

同治六年二月初三日

沅弟左右：

省三挫败，春霆大胜，所得似多于所失。惟窜回河南者，究未知尚有若干耳？

余接印已十余日，公牍尚可了办。惟见客太多，甚以为苦。说话稍多，舌端蹇滞如故。两奉寄谕饬回金陵，拟于初十外移驻金陵。四月十九满三个月后，再行陈请开缺。少荃屡言“疏语不可太坚，徒觉痕迹太重，而未必能即退休，即使退休一二年，而他处或有兵事，仍不免诏旨促行，尤为进退两难”等语，皆属切中事理。余是以反复筹思，洎无善策。申夫自京回，亦言都下公论，皆以求退为非。

筠仙新授两淮运使，霞仙与鹤侪互相纠参，计两君皆不能无郁郁。《船山集》尚在舟次未来，余至江宁计已近三月矣。请弟寄书筱岑，令其迅速开刷，不必等余信修改也。

同治六年二月初五日

澄弟左右：

正月初六日起行，十五日抵徐州，十九接印。近又两奉寄谕，令回金陵。文武官绅，人人劝速赴江宁。申夫自京归，备述都中舆论，亦皆以回任为善，辞官为非。兹拟于二月移驻金陵，满三个月后，再行专疏奏请开缺。连上两疏，情辞务极恳至，不肯作恋栈无耻之徒，然亦不为悻悻小丈夫之态。允准与否，事未可知。

沅弟近日叠奉谕旨，谴责严切，令人难堪。固由劾官、胡二人激动众怒，亦因军务毫无起色，授人以口实，而沅所作奏章，有难免于讪笑者。计沅近日郁抑之怀，如坐针毡之上。

霞仙系告病引退之员，忽奉严旨革职；筠仙并无降调之案，忽以两淮运使降补。二公皆不能无郁郁。大约凡作大官处安荣之境，即时时有可危可辱之道，古人所谓富贵常陷危机也。

纪泽腊月信言宜坚辞江督，余亦思之烂熟。平世辞荣避位，即为安身良策。乱世仅辞荣避位，尚非良策也。

同治六年二月二十一日

沅弟左右：

澄弟之孙元五殇亡，忧系之至。家中人口不甚兴旺，而后辈读书全未寻着门路，岂吾兄弟位高名大，遂将福分占尽耶？

接吴竹庄信，捻似尚未入皖境。闻巴河、武穴焚掠一空，鄂饷日绌，军事久不得手，弟之名望必且日损，深以为虑。

吾所过之处，千里萧条，民不聊生。当乱世处大位而为军民之司命者，殆人生之不幸耳。弟信云英气为之一阻，若兄则不特气阻而已，直觉无处不疚心，无日不惧祸也。

同治六年二月二十九日

沅弟左右：

十八之败，杏南表弟阵亡，营官亡者亦多，计亲族邻里中或及于难，弟日内心绪之忧恼，万难自解。然事已如此，只好硬心狠肠，付之不问，而一意料理军务，补救一分即算一分。弟已立大功于前，当即使屡挫，识者犹当恕之。比之兄在岳州、靖港败后栖身高峰寺，胡文忠在奓山败后舟居六溪口，气象犹当略胜。高峰寺、六溪口尚可再振，而弟今不求再振乎？

此时须将劾官相之案、圣眷之隆替、言路之弹劾一概不管。袁了凡所谓“从前种种譬如昨日死，以后种种譬如今日生”，另起锅灶，重开世界。安知此两番之大败，非天之磨炼英雄，使弟大有长进乎？谚云“吃一堑长一智”，吾生平长进全在受挫辱之时。务须咬牙励志，蓄其气而长其智，切不可苶然自馁也。

同治六年三月初二日

沅弟左右：

接李少帅信，知春霆因弟复奏之片言省三系与任逆接仗，霆军系与赖逆交锋，大为不平，自奏伤疾举发，请开缺调理。又以书告少帅，谓弟自占地步。弟当此百端拂逆之时，又添此至交龃龉之事，想心绪益觉难堪。然事已如此，亦只有逆来顺受之法，仍不外悔字诀、硬字诀而已。

朱子尝言：悔字如春，万物蕴蓄初发；吉字如夏，万物茂盛已极；吝字如秋，万物始落；凶字如冬，万物枯凋。又尝以元字配春，亨字配夏，利字配秋，贞字配冬。兄意贞字即硬字诀也。弟当此艰危之际，若能以硬字法冬藏之德，以悔字启春生之机，庶几可挽回一二乎？

闻左帅近日亦极谦慎。在汉口气象何如？弟曾闻其略否？申夫阅历极深，若遇危难之际，与之深谈，渠尚能于恶风骇浪之中默识把舵之道，在司道中不可多得也。

同治六年三月初七日

澄弟左右：

沅弟治军甚不得手。二月十八之败，杏南、葆吾而外，营官殉难者五人，哨勇死者更多，而春霆又与沅弟龃龉。运气一坏，万弩齐发。沅弟急欲引退，余意此时名望大损，断无遽退之理，必须忍辱负重，咬牙做去，待军务稍转，人言稍息，再谋奉身而退。作函劝沅，不知弟肯听否？

处兹乱世，凡高位、大名、重权三者，皆在忧危之中。余已于三月六日入金陵城，寸心惕惕，恒惧罹于大戾。弟来信劝我总宜遵旨办理，万不可自出主意。余必依弟策而行，尽可放心。祸咎之来，本难逆料，然惟不贪财、不取巧、不沽名、不骄盈四者，究可弥缝一二。

同治六年三月十二日

沅弟左右：

春霆之郁抑不平，大约屡奉谕旨严责，虽上元之捷亦无奖许之辞，用是怏怏者十之四；弟奏与渠奏报不符，用是怏怏者十之二；而少荃奏省三败挫由于霆军爽约，其不服者亦十之二焉。余日内诸事忙冗，尚未作信劝驾。向来于诸将有挟功而骄者，从不肯十分低首恳求，亦硬字诀之一端。

余到金陵已六日，应酬纷繁，尚能勉强支持，惟畏祸之心刻刻不忘。弟信以咸丰三年六月为余穷困之时，余生平吃数大堑，而癸丑六月不与焉。第一次，壬辰年发佾生，学台悬牌，责其文理之浅；第二，庚戌年上日讲疏，内画一图甚陋，九卿中无人不冷笑而薄之；第三，甲寅年岳州、靖港败后，栖于高峰寺，为通省官绅所鄙夷；第四，乙卯年九江败后，赧颜走入江西，又参抚、臬，丙辰被困南昌，官绅人人目笑存之。吃此四堑，无地自容。故近虽忝窃大名，而不敢自诩为有本领，不敢自以为是。俯畏人言，仰畏天命，皆从磨炼后得来。

弟今所吃之堑，与余甲寅岳州、靖港败后相等，虽难处各有不同，被人指摘称快则一也。弟力守悔字、硬字两诀，以求挽回。弟自任鄂抚，不名一钱，整顿吏治，外间知者甚多，并非全无公道。从此反求诸己，切实做去，安知大堑之后，无大伸之日也？

同治六年四月十二日

沅弟左右：

弟手痛极苦，字迹亦露艰难之状，殊深忧系。若专由于风湿，自非药物不能为力；若肝家积郁血不养筋所致，则心痛还须自心医，非药力所能达，非他人所能谋也。

春霆果系真病。余前日误信人言，谓渠尚在襄城演戏燕乐，是以初七调娄云庆疏内未将春霆大加褒赞，于宋国永且有贬辞。发折后接霆信，颇用悔之，幸疏中亦未说坏春霆耳。

同治六年四月二十日

沅弟左右：

春霆已赏参四两，娄峻山奉旨来南，不久当可到金陵。见一二次，即可坐轮船赴鄂接统霆军。芳圃遣其侄来，言病已痊愈，可出治军。并云南云于四月初旬起程前来金陵。余令二人共招万人，已咨达弟处矣。

余回任后，诸事尚不甚棘手，惟久旱不雨，二麦已伤，稻亦不能下种，深用焦灼。湖北前亦苦旱，近得雨否？弟之处分，无须谢恩。凡部议重而特旨改轻者，则照例谢恩。依议者则不谢，旧式然也。

余身体如常，惟眼蒙较昔年更剧，作事全无兴致。老境颓唐，分所应尔，理所当然，无足怪者。弟之手疼，尚未及遽成痼疾之年，只要弟心宽和，肝郁稍纾，即可日就康复。古语云："心病还须自心医。"千万千万。

同治六年五月初一日

沅弟左右：

炮位自协解直、东、晋、豫后，现存六百尊，而可用者实已无几。顷饬伊卿带胡将等自往拣择三百尊，大约明后日可开船西上。民间修筑圩寨，不难在炮械，而难在修寨之费与守寨为主之人。虽有告示，非年余不能办出头绪。

春霆之病，恐无生理。顷各分统谭胜达、唐仁廉等公禀不愿归娄统，而愿归宋统，由春霆转咨到此。既已不愿归附娄镇，若勉强令娄驰入霆军，恐生他变，自应留娄在苏、皖另谋位置。惟宋公仁柔琐碎，断非能统此万五千人者。余意竟将霆军全行遣撤，另为招集。或令娄招五千，宋招五千，各打一路。不知弟意云何？此军素无条理，即使春霆幸而病痊，亦难保其无事。亢旱千里，金陵虽得雨，尚难插秧。弟又手疼异常，焦灼之至。

同治六年五月初五日

澄弟左右：

吾乡雨水沾足，甲五、科三、科九三侄妇皆有梦熊之祥，至为欢慰。吾自五十以后，百无所求，惟望星冈公之后丁口繁盛，此念刻刻不忘。吾德不及祖父远甚，惟此心则与祖父无殊。弟与沅弟望后辈添丁之念，又与阿兄无殊。或者天从人愿，鉴我三兄弟之诚心，从此丁口日盛，亦未可知。且即此一念，足见我兄弟之同心。无论哪房添丁，皆有至乐。和气致祥，自有可卜昌盛之理。

沅弟自去冬以来忧郁无极。家眷拟不再接来署。吾精力日衰，断不能久作此官。内人率儿妇辈久居乡间，将一切规模立定，以耕读二字为本，乃是长久之计。

同治六年五月十二日

沅弟左右：

接两函，知贼实已出境，为之少慰。亢旱不雨，鄂、苏所同；禾稻不能栽插，饥民立变流寇，亦鄂、苏所同也。惟盐河无水，盐不能出场入江；运河无水，贼可以渡运窜东。此则苏患较大于鄂。岂吾兄弟德薄位高，上干天和，累及斯民，而李氏兄弟亦适罹此难耶？中夜内省，忧皇无措。

湖北饷绌若此，朱芳圃之军自可缓招。昨已用公牍咨复，由弟与筱荃会咨韫帅檄停矣。春霆既无治军之望，其军宜全行遣撤。六月告病，七月开缺，弟意既定，余亦不便阻止。盖大局日坏，气机不如辛、壬、癸、甲等年之顺，与其在任而日日如坐针毡，不如引退而寸心少受煎逼，亦未始非福。惟余辞江督，筠仙辞淮运司，均不能如愿，恐弟事亦难必允准。

至于官相入觐，第一日未蒙召见，圣眷亦殊平平。弟谓其受恩弥重，系阅历太少之故。大抵中外人心，皆以弟之弹章多系实情，而圣意必留此公，为旗人稍存体面，亦中外人所共亮也。

同治六年五月二十一日

沅弟左右：

湘乡土匪业已扫灭，为之一慰。余日来有焦虑者四事：大者则恐枯旱终不下雨，又恐捻匪窜至运河以东；小者则恐湘乡之会匪与阜宁之海匪养成气候。今幸两处之匪皆已扫除，金陵已得大雨，不至竟成旱灾，三事可放心矣。惟捻匪由东平境内窜过运河，大局弥坏，凶焰弥炽，江苏之东北四府处处可虑。

顷见邸钞，御史佛尔国春参弟之案，尚有劾官相、肃党不实照例反坐之说，虽经谕旨平反调停，而痕迹殊重。弟见之必更懊恼，又增几分退志。余观军务日形吃紧，朝廷必不允弟告病之请，而弟之中怀郁郁，勉强久留，恐致生病，兄亦踌躇不能代决。弟之主意定后，如决志告病，望派专弁搭轮船前来，将折稿送兄斟酌，商定再发。盖世局日变，物论日淆，吾兄弟高爵显官，为天下第一指目之家，总须于奏疏中加意检点，不求获福，但求免祸。筠仙得“藉词规避”之批，盖“仍遵前旨进京候简”等语本不稳妥也。弟此时无论如何恼怫，如何穷窘，总以保养身体为第一着。

同治六年六月初六日

澄弟左右：

闻弟与内人白发颇多，吾白发者尚少，不及十分之一。惟齿落较多，精神亦尚能支持下去。诸事棘手，焦灼之际，未尝不思遁入“眼闭箱子”之中，昂然甘寝，万事不视，或比今日人世差觉快乐。乃焦灼愈甚，公事愈烦，而长夜快乐之期杳无音信。且又晋阶端揆，责任愈重，指摘愈多。人以极品为荣，吾今实以为苦恼之境。然时势所处，万不能置身事外，亦惟有做一日和尚撞一日钟而已。

哥老会匪，吾意总以解散为是。顷已刊刻告示，于沿江到处张贴，并专人至湖南发贴。兹寄一张与弟阅看。人多言湖南恐非乐土，必有劫数。湖南大乱，则星冈公之子孙自须全数避乱远出。若目前未乱，则吾一家不应轻去其乡也。

南岳碑文，得闲即作。吾所欠文债甚多，不知何日可偿也。此间雨已透足，夏至插禾尚不为迟，但求此后晴霁耳。

同治九年庚午十二月二十一日

澄弟、沅弟左右：

连接沅弟两函，澄弟一函，具悉一切。符卿侄之次子殇亡，家中丁口不旺，殊深焦虑。

兄自十一月发眩晕后，每日服药一帖，服二十余日而停止。刻下眩晕未发，而左目甚蒙，恐又将如右目之废视。饭量少减，间食面条、薄饼之类，以换味而利脾。内人近无所苦，阖家大小平安。

澄弟汇督销局之银三千，不知已收到否？闻吾乡银钱奇窘。不练团则有事难于应变，常练团则中户难于捐赀，此中大费斟酌。两弟为一邑之望，此等处颇难措手。

兄自患目病，肝郁日甚。署中应治之事，无一能细心推求。居官则为溺职之员，不仕又无善退之法。恐日趋日下，徒为有识者所指摘耳。惟望兄弟各善调摄，异日相见，尚各康强为幸。

同治十年辛未正月二十五日

澄弟、沅弟左右：

十八日寅刻纪泽生一子，大小平安，深以为慰。纪泽今年三十三岁，正在望子极殷之际，如愿得之，满门欣喜。惟八字于五行缺水、缺火，不知易于养成否？署中内外清吉。余眩晕之疾近日未发，目病则日益昏蒙，恐左目亦不能久保。

郑小山尚书自除夕到此，初二日即督同司员审马制军之案，至今熬审将近一月。张汶祥毫无确供，即再熬亦属无益，只好仍照魁将军等上年原定之案具奏。

长江水师，外间啧有烦言。或谓遇民间有骨牌者、字牌者，则以拿赌讹索，得数千或千余文乃肯释放；或以查拿私盐，查拿小钱，搜索民舟及附近人家，讹钱释放；夜索打更之灯油钱；民船拉纤，不许在炮船桅上盖过；干预词讼，至有哨官棍责举人者；甚且包庇私盐，袒护劫盗种种弊端。余设立水师，不能为长江除害，乃反为长江生害。两弟在省时，亦常闻此等闲话否？如有所闻，望详细告我。

兄精神衰惫，加以目病，每日治事甚少，任内应尽之职，不克一一办妥。而昔年所办之事，又有大不妥如水师者，贻人讥议。用是寸心焦灼，了无乐趣。境颇顺而心不适，对老弟而滋愧矣。

沅弟若果居省城，澄弟又常不在家，则吾乡五家日益寂寞，深以为念。而孚、剑两侄欲求学问文章之日进，又似宜在省会多求良友，以扩充其识而激发其志。二者利害参半，若不得良友而亲损友，则居省之利少矣。

同治十年二月初七日

澄弟、沅弟左右：

乡间银钱紧迫，萧条气象，亦殊可虑。纪鸿儿于正月二十六日又生一子。乙丑四月完婚，六年未满，已生四子，亦云密矣。纪泽之子名曰广铭，纪鸿之子名曰广铨。只求易于长成，将来各房丁口或者不至甚少。

郑小山于正月二十八日出来拜客一日，二十九日拜折后即行起程，干礼水礼一概不收，一清澈骨。毅山之案，竟未审出别情，仍照张、魁原拟定谳。

徐寿蘅学使于二月初五日来此。一则由浙回京，必由扬州迂道来宁见访；一则渠以奏事上干严谴，亦欲与余一商进退之宜。余劝之回京复命学政任满，一面谢降调之恩，如久不得缺，再行引退，渠以为然。其精力才气，将来尚当再跻崇秩。

兄身体平安，目疾则日甚一日。春日肝旺，宜其更不如冬日之静。署中大小清吉。来此求差事者，无可位置。世上之苦人太多，好事太少，殊焦闷也。

同治十年三月初三日

澄弟、沅弟左右：

久未寄信，想弟望之殷殷。正月所生两孙俱已满月，小大平安。内人于二月十三日患病，初似瘟症，竟日发热谵语，十余天不愈。近日变为咳嗽，左手、右腿肿痛异常，多方医调，迄无效验。余新患疝气疾，右肾偏坠，肿痛殊甚，旬日之后，渐见痊愈，日内痛已渐止，立坐均不碍事矣。

沅弟挈家移居长沙，不知即试馆旁之公馆否？住乡住城，各有好处，各有坏处。将来一二年后，仍望撤回二十四都，无轻去桑梓之邦为要。

省城之湘乡昭忠祠索余匾字，自当写就寄去。惟目光昏蒙，字比往年更劣，徒供人讪笑耳。澄弟目光亦坏，不知两目同病乎？一目独苦乎？沅弟亦近五十，迩来目光何如？牙齿有落者否？夜间能坐至四五更不倦否？能竟夜熟睡不醒否？

刘同坡翁恤典一事，即日当查明，行知湖南本籍。刘文恪公之后，至今尚有男丁若干？光景尚不甚窘否？吾乡显宦之家，世泽绵延者本少。吾兄弟忝叨爵赏，亦望后嗣子孙读书敦品，略有成立，乃不负祖宗培植之德。吾自问服官三十余年，无一毫德泽及人，且愆咎丛积，恐罚及于后裔。老年痛自惩责，思盖前愆。望两弟于吾之过失时寄箴言，并望互相切磋，以勤俭自持，以忠恕教子。要令后辈洗净骄惰之气，各敦恭谨之风，庶几不坠家声耳。

同治十年三月十七日

沅弟左右：

顷接来信，知弟已移居长沙。此后兄寄两弟信，仍各分写，两弟接信，彼此互阅。

内人之病，自二月十三起，今已一月零五日。初系大热，谵语不止，三日转变为右脚大肿，疼痛异常，呻吟至于号泣，服药无效。近已肿至小腹，左脚及两手亦微肿，但不甚耳。以余观其症象，已难挽回。而医者谓脉无败象，尚有一线可望。李少荃送建昌花板二付，交欧阳定果带来，昨已命工匠做成矣。

余于二月十三日发疝气疾，右肾坚肿下坠，近已消肿缩上，不甚为患。惟目疾日剧，右目久盲，左目亦极昏蒙，看文写字，深以为苦。除家信外，他处无一字亲笔。精神亦极衰惫，会客座谈，即已渴睡成寐，核稿时亦或睡去，实属有玷此官。幸江南目下无甚难事，新中丞张子青心气平和，与友山漕帅皆易于共事。省三丁艰，孙琴西署盐道亦属顺手。若无洋务突出变端，尚不至遽蹈大戾耳。

闻倭相病势甚重。李相在津，众务异兴。精神之衰旺固全视乎年齿，两弟年不甚高，不知近日精力究竟何如？便中详书告我。郑小山在清江请假养病，闻其将有退志，不知果否？

同治十年四月初一日

澄弟、沅弟左右：

三月十七日寄去一缄，专写沅弟之号，意谓此后沅既住省，信当分寄。然细思吾兄弟三人之信，断未有不互观者，仍以共写一封为妥。两弟信皆甚密，阿兄目病，而又懒惰，去信较稀，致弟殷殷悬盼，殊抱不安。

余疝气之疾已愈，眩晕近亦未发，惟目光昏蒙日甚，作字为难之至。内人病已近五十天，前半月壮热谵语，后月余脚肿奇疼，寸步不能移，视星冈公更为难动。目盲而肢体痿痹，此病中极苦之境，而诊脉者谓其目下尚无死法。二女此次归宁，恰好服侍母疾。余阖署小大平安。

广德州并未失守。土匪滋事，二月十七夜围建德城，城内团丁、差役等保守得完，生擒十余贼正法，余已鼠窜，派兵各处搜捕。江、皖得雨沾足，应不至煽成大变。惟万一有事，无兵可用。吾意欲招勇数营，不知沅弟意中有可靠之统领否？

同治十年五月初十日

澄弟、沅弟左右：

接寄信，报岳崧案首之喜。鲁秋航带到好茶，及前次寄来之早茶，俱已收到。至情佳味，感谢感谢。纪寿早得入庠，足以少慰高轩公、愍烈公于地下，良为慰幸。惟府考院考尚须敬重将事。

余昏眩之疾、疝气之疾近皆未发。目光则昏蒙如常，无法挽回。内人右脚肿已全消，疼亦大减，能伸缩而不能行走。虽眼不光、脚不健为极苦之境，而三月间势处必死，竟能逃出命来，亦不幸中之幸也。其余合室平安。

澄弟问余所作慎独、主敬等四条，兹钞一份寄去。诸侄辈若能行之，于身心及治家俱有大益。《阅微草堂笔记》系纪文达公所著，多言狐鬼及因果报应之事。长沙如有可买，弟亦可常常阅之。封爵敕书同治四年领得，错字极多，令纪泽带至湖北呈弟处。弟因其错误，一笑而未收，纪泽即带回湘乡，不知今尚在富厚堂否？拟到京换领，尚未果行。养廉有领与否？可在外省藩库领否？须托人到京一查余之爵廉未曾领过一次。

《湖南文征》收到。研翁去年寄书，意欲余为伯宜作碑传等，语甚沉痛。余顷为作伯宜墓志，其《文征》之序，少迟亦当一作，俟作就一并寄南，请弟先告研翁。精力日衰，文笔日陋，则不能强者也。

同治十年六月二十七日

澄弟、沅弟左右：

久未寄书，想我弟悬望之至。屡接弟信，承寄健脾糕、茶叶、腊肉之类，谢谢不尽。余身体尚好，今年不甚酷热，眩晕、疝气等病未发，惟目光昏蒙如常，亦不吃药。内人脚肿已消，膝尚作疼，略可站立，不能行动。久病之后，此已算痊愈矣。

冯树堂已抵家否？渠在此小住兼旬，又至上海访涂朗仙，又至六安州代吴竹如先生相择阳宅阴地，并为涂家择地数处，又言八九月间将至湘乡二十四都等处为我预卜葬地。若果至吾乡，请澄弟殷勤款接。渠昔在祁门，余与之口角失欢，至今悔之。今年渠至此间，余对之甚愧也。

余往年开罪之处，近日一一追悔，其于次青尤甚。昔与次青在营，曾有两家联姻之说，其时温弟、沅弟均尚有未定姻事者，系指同辈说媒言之，非指后辈言之也。顷闻次青欲与纪泽联姻，断无不允之理，特辈行不合，抱惭滋深耳。

长沙无《阅微草堂笔记》，当即以此间一部寄弟，纸板亦坏，较之金陵市店之小板犹略胜耳。

同治十年七月二十六日

澄弟、沅弟左右：

久未寄函与弟，近日亦未接弟信，想各家皆清吉也。纪泽之子曰同儿者，于七月发慢惊风，便已殇亡。此儿初生时，余观八字于五行中缺水、缺火，与甲一儿之缺火、缺木者相同，即已虑其难于长成，不料其如是之速。纪泽夫妇年逾三十，难免忧伤。然此等全凭天事，非人力所能主持，只得安命静听。余老年衰惫，亦畏闻此等事，强自排解，以惜余年，两弟尽可放心。

江境兵勇太少，缓急无可倚恃。现令章合才招湘勇三千东来，派朱唐洲、李健斋为营务处，梅煦庵为支应委员。薪水则朱六十金，李、梅各四十金，略为位置三人。此外谋差而无以位置者尚极多也。

余衰颓日甚，每日常思多卧，公事不能细阅，抱愧之至。看书未甚间断，不看则此心愈觉不安。偶作古文，全无是处。祖、考两处墓表皆已作就，皆不称意，下次再行寄回。如其可用，则请沅弟书就刊刻。

左帅疏荐沅弟及芗泉，此间亦闻是说。其萌退志，则未尝闻之。章合才言其精神百倍，多酒健饭，现派刘省三出关剿新疆伊犁之贼。左帅平定甘肃之后，恐下文尚长，亦由天生过人之精力任此艰巨也。

余拟于八月初出省大阅，大约两月后乃可旋省。此间岁事丰稔，高田间有伤旱之处，而亦可望七八分。涂朗仙放湖南臬司，本属有德，近更优于才，湖南之福也。

同治十年八月初十日

澄弟、沅弟左右：

余脚上浮肿，肥而且硬，常服之袜已不能入。心血极亏，全不能用。现定于十三日出省，至淮、徐、苏、常等处大阅。日内酬应纷繁，勉强支持。同乡及外省求差事者络绎不绝，已位置十余人，而向隅者尚多。大抵老年之人，血虚则气断难振。兄近来所以日见日衰，志欲强而气血不能副者，亦由血虚之故。

盐务之事，户部奏复之文，助鄂、川而抑淮，轩轾之情，力透纸背。余两次在京，不善应酬，为群公所白眼，加以天津之案物议沸腾，以后大小事件，部中皆有意吹求，微言讽刺。陈由立遣发黑龙江，过通州时，其妻京控，亦言余讯办不公及欠渠薪水四千不发等语。以是余心绪不免悒悒。阅历数十年，岂不知宦途有夷必有险，有兴必有衰？而当前有不能遽释者，但求不大干咎戾，为宗族乡党之羞，足矣。

内人目疾已久，脚疼未痊，余却平安，饭量比亦稍加，真所谓贞疾恒不死矣。

同治十年九月初十日

澄弟、沅弟左右：

自八月十三日出门至淮、扬等处，久未寄信，殊以为歉。而接弟等信三次，有筱澄侄八月十九生子喜报，阅之不胜欢欣。兄之望甲三得子，与澄弟之望甲五得子，此其心之同，众人所共知者也。沅弟之与两兄同心，亦众所共知者也。今甲五上托祖宗之福，如愿而偿，将来甲三或亦相继而起。老年兄弟，心中只有此事要紧，贺贺。

兄自八月十八至扬，阅操三日，二十二日起行。二十八至清江阅操三日，九月初三起行。初七至徐州，已阅一日。日内身体小有不适，幸渐痊愈，即当南旋，至常、镇、苏、松等郡校阅，大约十月二十前后可以完竣。人客繁多，较之在署更为劳剧。所幸江南今年丰熟，所过无颠连憔悴之状，为之少慰。老年记性愈坏，精力益散，于文武贤否，军民利弊，全无体察。在疆吏中最为懈弛，则又为之大愧。

闻法国于天津之事总不输服，现已派轮船七八号前来中国搠战，不知确否？果尔，则上海、江宁皆将震扰。久作达官，深虑蹈叶相末路之愆。少荃时望甚好，而为各灾所困，亦颇棘手。筱荃则身名交泰，无往不顺。

仕途巨细，皆关时运。余持此说久矣，然亦只可言于仕宦。若家事亦虽有运，然以尽人事为主，不可言运也。何如何如？

同治十年十月二十三日

澄弟、沅两弟左右：

屡接弟信，并阅弟给纪泽等谕帖，具悉一切。兄以八月十三出省，十月十五日归署。在外匆匆，未得常寄函与弟，深以为歉。小澄生子，岳松入学，是家中近日可庆之事。沅弟夫妇病而速痊，亦属可慰。

吾见家中后辈体皆虚弱，读书不甚长进，曾以养生六事勖儿辈：一曰饭后千步，一曰将睡洗脚，一曰胸无恼怒，一曰静坐有常时，一曰习射有常时射足以习威仪，强筋力，子弟宜多习，一曰黎明吃白饭，一碗不沾点菜。此皆闻诸老人，累试毫无流弊者，今亦望家中诸侄试行之。又曾以为学四事勖儿辈：一曰看生书宜求速，不多阅则太陋；一曰温旧书宜求熟，不背诵则易忘；一曰习字宜有恒，不善写则如身之无衣，山之无木；一曰作文宜苦思，不善作则如人之哑不能言，马之跛不能行。四者缺一不可，盖阅历一生，而深知深悔之者，今亦望家中诸侄力行之。养生与为学，二者兼营并进，则志强而身亦不弱，或是家中振兴之象。两弟如以为然，望常以此教诫子侄为要。

兄在外两月有余，应酬极繁，眩晕、疝气等症幸未复发，脚肿亦愈。惟目蒙日甚，小便太数，衰老相逼，时势当然，无足异也。

同治十年十一月初八日

澄、沅两弟左右：

近接澄弟一信、沅弟二信，具悉一切。兄自大阅归来，倏已兼旬。身体尚好，眩晕、疝气、脚肿等症俱未复发。惟目蒙日甚，小便太多，无非以一衰字蔽之。

刘毅斋亦已告归，其欠饷五十余万，余已为之设法，约二年可以完清，渠甚以为感。盖寿卿固可敬，毅斋又极可爱，宜沅弟屡函思所以扶植之也。

吾将以十一月二十二日迁新衙门。历年有菲仪寄家乡族戚，今年亦稍为点缀，乞弟即为分致。毫末之情，知无补于各家之万一。

纪鸿拟以一子出嗣纪泽。余自十月半由苏、沪归来始闻其说，力赞成之。本月拟即写约告祖，不作活动之语。中和公出嗣添梓坪，因活动而生讼端，不如李少荃抚幼泉之子作呆笔耳。

筱荃至湖南查案，必于韫帅有碍。夔石既署抚篆，藩席另放吴公，则中台开缺已无疑义。韫帅和平明慎，不知同乡京僚何以啧啧评贬，宦途信可畏哉！

同治十年十一月十七日

澄弟、沅弟左右：

余身体粗健，眩晕、疝气诸症未发，脚肿因穿洋袜而消，幸未再发。惟眼蒙日甚，无术挽回。请医诊视，云两尺脉甚虚，然尚可以补救，惟目疾难治。近世亦无精于眼科者，不如不治为上策。署中大小平安。本月二十二日移居新衙门，屋多人少，殊觉空旷。

聂宅世兄尚无来江之信。刘、王二公急欲借洋饷六十万，余前复信虽已允许，而仍多筹商为难之辞，不知韫帅接到后如何定计？新任上海沈道月内必来敝处，当再与熟商之。

湘省督销局入款分拨甘省淮军，留湘用者无几，能还此巨款否？李筱帅查办之案已就绪否？韫帅无大处分否？宦途险巇，在官一日，即一日在风波之中，能妥帖登岸者实不易易。如韫帅之和厚中正，以为可免于险难，不谓人言藉藉，莫测所由，遽至于此。

李申夫回藉后光景甚窘，今年托兄追索浙江运使任内养廉。杨石泉慨然许给三千七百余金，亦小可慰也。

旧版未刊家书补编

家书补编

旧版未刊

目录

咸丰七年九月初八日

沅甫九弟左右：

本日送弟起行后，温弟问季牧所索树堂之信，盖忘之矣。兹写就托黄父台寄省，弟妥交季牧可也。所言效吾之长、惩吾之短及不求近功速效三者，千万勿忘。家中一切尽可放心。

兄涤生手草

咸丰七年十月廿二日

沅甫九弟左右：

十七夜发第四号信，交俊臣等带至吉营。兹有曾纪仁求投弟营。渠自咸丰三年在衡州起，至本年夏在湘后营，久历戎行，曾经保举把总，屡经战阵，或可备会长之选。特给一缄，令其带投吉营。弟可令其试打两伏，以渐拔用。渠履历禀附寄一阅。此问近好，统俟续布，不一一。

兄国藩手草

咸丰八年七月十三日

澄、季两弟左右：

七月十三日在湖口舟次接到澄弟来信，知弟至县城一会王人树即归去矣。

兄于初九日自兰溪开行，十二夜至湖口。行踪一切，俱详载日记中，另抄一阅。浙江衢州于六月初四日解围，江山、常山等县及处州府城均已收复，惟闻龙泉等处尚有大股盘踞。闽省贼情近甚吃紧。余奉旨赴浙，自应俟全浙肃清乃可议及闽事，待至河口会商各营后再行定夺。

科一、四喉痛皆系火亏之故，宜服补剂，以后不可轻试凉药。千万千万！赵玉班丁艰，家中宜送祭幛，待接九弟信再送可也。顺问近好。

兄国藩手具　湖口舟次

咸丰八年七月十七日

沅甫九弟左右：

在湖北兰溪发两信。十二至湖口，十五发一信交罗逢元专丁送至吉安，不知到否？自出长沙后，未接弟信将一月矣，心极悬悬。

王福到，问弟近状，据云在南昌买鹿茸片、丽参之属。弟体素弱，固应以药物滋补之；否则，军中劳苦非所能耐。兄在长沙时，黄恕皆诊脉，谓宜服鹿茸。以银二十九两买小茸一架，切片共重一两八钱四分。一路食去一两二钱有奇，尚剩五钱九分。

兹专丁送至弟处，大片十、小片十五，祈查收。又胡中丞送我鹿茸丸一贴，兹分去一两，亦查收。试将此二件服之果有效否？如有效，以后可办得续寄也。军中办事，纯须精神完足。余向不服贵药，此次当略服之。余将以十九日自湖口至省。在省停二日，即速赴河口进兵也。胡中丞丁艰后，闻希庵入鄂帮忙，迪庵十六拔营入皖。馀不详，顺问近好。

兄国藩手具　湖口昭忠祠

咸丰八年八月初四日

澄侯、季洪两弟左右：

二十二日在江西寄去一缄，由长沙左公处封达，不知何日得到？余于二十四日出江西（省）城，八月初四日至贵溪县，初六七可至河口。闽中浦城之贼窜至江西，围攻广丰、玉山两县。次青以一军守两处之城，均得保全，勋名大著。前日浙抚以救浙之功，保次青以道员归于江西，请旨简放。此次守玉山，余亦当优保之。次青久屈得伸矣。

余在外身体平安。半月行踪，抄日记奉览。顺问近好。

兄国藩手草

咸丰八年八月卅日

澄侯、季洪两弟左右：

在弋阳曾发一缄，谅达矣。余于二十七日拔营入闽，是日仅行五里。二十八日行四十五里至双港。因闻闽中之贼又有一股约二万人窜扰新城，窥伺抚、建，恐其与吉安窜贼前破宜、崇者合而为一，营中诸将及友人皆愿回援建昌，即从新城入闽，定于三十日改道入建，较之由云际关入者迂道三百余里。此时闽中将饮肃清，亦不须大军急去也。

余身体平安，惟癣疾大发，为近年所仅见。目光与去年相似。夜间常不成寐，并非心有郁抑，家中不必挂念。子侄辈读书总宜时加约束，不可松懈。顺问近好。

兄国藩草

咸丰八年九月初七日

沅甫九弟左右：

十八日在弋阳专勇送信，言学额事。廿三日喜信人归，寄一复信。廿八日专勇送鹿茸、功牌。初一日专人送信，约弟来建昌一会。次第皆接到否？余于初七日至金溪，初十可至建昌，闻弟亦到宜黄，旦夕可会，欣慰之至！慈派李承典往迎。顺问近好。

兄国藩手草

咸丰八年九月十二日

澄侯、季洪二弟左右：

八月三十日在双港发一信并日记，交九弟转寄。初一日起行，每日行四十里。因无长夫，又值天雨，军行甚滞。初三四在上清宫耽搁二日，即张天师之宫府也。初七至金溪，闻刘印渠在新城大获胜仗，杀贼万余。初九日至建昌府。

十一日刘星槎到，接澄弟信。十二日九弟专人来，接澄弟二十三夜信、洪弟初三夜信、夫人二十四信，具悉一切。家事如馆内之书、园里之蔬、塘中之鱼、栏内之猪，四者皆一家生趣，余时时挂心。至于下首之竹，虽不押韵，亦宜加意培植。今冬明春又须于思云馆外屋后山上多栽新竹。

纪泽付来闱中文三首，虽字句多生而气势尚畅。从此猛加工夫，将生字生句除去，将来可望有成。惟书法大退，远不如去年春夏。宜日日学习，以复旧观。余三次以缄约九弟来建昌一会，想不日可到。到后即专丁来回省家。日记俟下次带回。兹因老湘营专人回湘之便，顺寄此缄。刘星槎在营当有以位置之，不必挂心。下次家信将本家亲戚略述一二，以慰拳拳。即问近好。

兄国藩手草

咸丰八年九月十三日

沅甫九弟左右：

十一日接初一日专丁来信，并澄季二弟、纪泽等信，得悉家中四宅平安。余于廿八日专蒋魁南送功牌、鹿茸，初一日专张定魁至吉安，约弟来建昌一会。初七日派李承典往迎，初十日派老湘营二勇催迎。十一日弟营二人回吉，令其由樟树水路迎候，恐弟先由水路晋省也。

吉字中营，弟意欲全裁，温弟意欲全留为我军根本，余意欲酌留，必须面商。又余欲于弟营抽雇长夫三百，派营官一人、哨长三人管之。及家中各事，均须面商。故各缄均不详也。伫候速来，不一一。

兄国藩手草

咸丰八年九月廿一日

沅甫九弟左右：

十九日接十六日樟树一缄，二十一早接十七申刻一缄，均悉一切。今年病勇极多，此间日内又添一番病者。凯章一军本札令十七八拔营入闽，至今尚未起行，一为雨阻，一为病者所展也。连日夜雨不息，念吾弟行路甚苦，想不能不借住民村矣。仙屏因父病归去，日内冒雨而行，亦可怜念。弟寄温弟信，今日专人送江北也。复问近好。

兄国藩手草

咸丰八年九月廿八日

字谕纪泽儿：

闻儿经书将次读毕，差用少慰。自《五经》外，《周礼》《仪礼》《尔雅》《孝经》《公羊》《穀梁》六书自古列之于经，所谓十三经也。此六经宜请塾师口授一遍。尔记性平常，不必求熟。十三经外所最宜熟读者莫如《史记》《汉书》《庄子》《韩文》四种。余生平好此四书，嗜之成癖，恨未能一一诂释笺疏，穷力讨治。

自此四种而外，又如《文选》《通典》《说文》《孙武子》《方舆纪要》、近人姚姬传所辑《古文辞类纂》、余所抄十八家诗，此七书者，亦余嗜好之次也。凡十一种，吾以配之《五经》《四书》之后，而《周礼》第六经者，或反不知笃好，盖未尝致力于其间，而人之性情各有所近焉尔。吾儿既读《五经》《四书》，即当将此十一书寻究一番，纵不能讲习贯通，亦当思涉猎其大略，则见解日开矣。

涤生手谕

咸丰八年十月初四日

麻姑之游乐乎？衡湘等处似此者颇多，惜无谢康乐、颜鲁公辈题记耳。闻麻源特胜，迟日终当一往。家信小缄并封。

沅弟夕佳。

涤致

咸丰八年十月廿六日

澄侯、季洪两弟左右：

十月初十日发第十三号家信，谅经收到。二十四日接澄弟由刘仙桥带来之信，具悉一切。兹亦分条刊复如左：

一、九弟于十一日晚自建昌开行，十六至江西省城。十九起行，由湖口、九江、湖北而归。余于二十四申刻接雪琴信，知迪庵有初十日三河之败，十二个营盘均被失陷，温甫弟与孙筱石、李续涛、杨得武等已冲出重围来至桐城县等语。不知温弟果无恙否？又不知迪庵冲出否？计九弟日内抵湖口，必有确切寄家，并有确信来营也。余已飞书告九弟矣。

一、前信问罗宅两个世兄来余家读书。余在家时本有此说，曾与霞仙道及。来缄言明年已有五人，想即泽、梁、鸿、湘与邓十也。若再添二人，先生实在照料不到。且余不在家，澄弟又常常出门，罗世兄在此恐周旋不到，反生微隙。不如竞行辞谢，听罗家另择良师。惟三女儿订庚之事，必须于今冬明春办之，即请两弟为我代办。此先大夫遗命，礼仪不妨略丰。东序先生去世，即请芝生为媒亦可。

一、募采长夫百有三人，其口粮均照九弟原议。刘仙桥在此十日后，即可送之归去。江龙三亦可随渠归去。

一、纪梁侄捐功名，余亦颇有此意，曾与弟说过一次，此次办就。来缄中言纪梁自行抽出之六十千，余即出之为贺，不必梁侄自备也。兹付去银五十两，系万篪轩观察启琛所送之奠金。送二百两，余受五十两。兹付归作梁侄捐款，以为大伯之贺礼也可，以为祖父之赏赐也亦可。

一、来信言用银三百两，以后不再向追取。去年我在家中嫌用度太广，今年我既出，务求澄弟减省用之。若难于裁减，则我与澄弟共食而分用，或者可以略少。我在军中决不肯多寄银回家，改向来之样子。一则因父母在时我未我寄，二则因百姓穷困异常，我不忍独丰也。余此次在外，一切俱照旧样，惟于人情应酬上略周到些。

一、宾兴堂字，待写就交仙桥带归。

以上各条，均乞查照。顺候近好。

国藩手具

咸丰八年十月廿七日

沅甫弟左右：

二十四日闻三河败挫之信，二十五日专朱营勇送信至温弟并弟处，各附日记一本，想日内可到。雪琴十八之信言温弟已至桐城者，二十四已到。其十七之信反于二十五始到，未言温弟行踪也。

二十七日澄弟专局勇二人送家信各件，言洪弟养义子事，其说甚长。除澄、洪二信外，又有睾山、纪泽、纪瑞、纪官信，并专吉营勇送弟一阅。此事澄、洪已各稍有意见，必须弟回家妥为和解。苟可委曲成全，总宜不废抚，乃可对先大夫于地下；若万分不相安，而后言废。

在贤弟细心体察，默断于寸心，卜筮于先灵，然后告知澄、洪及长嫂可耳。余此次回澄、洪信，回内子信，皆言俟沅弟归，请沅作主。一则事缓乃圆，二则弟善说话，必能使内外咸服耳。洪弟志欲外出，弟到家可代为妥筹全局。

弟此次南还，一则可至江北问温弟败后景况，二则力谋改葬先考妣，三则调停家事，四则谋季弟出处。四者关系极大，惟弟是赖。即问近佳。

兄国藩草

再，此次家中不和，皆由我去年在家意气不平渐染成习之所致。吾昔在江西，与官场不甚融洽，弟出以委婉，既为我少补过矣。此次若能调停家事，则为我补过更多。至嘱至嘱。

国藩又行

咸丰九年二月廿七日

澄侯、沅甫、季洪三弟左右：

二十四日接澄弟及纪泽在家发信，又接沅弟在省发信，二十五接沅弟十八发信。贼破永兴、桂阳州，均距衡州甚近，不知吾乡果得幸免于兵事否？此间调萧浚州由吉安回剿湖南，已去二札一批，不知赶得及否？景德镇相持如故。闻降贼献出江浦县城，金陵或可速下。兹专人慰问叔父，顺问诸弟近好。

兄国藩手草

咸丰九年六月初八日

沅甫九弟左右：

初六日发第十号信，计今日可到。初七日便夫归，接弟初一日信，初八日接初三日信两件，具悉一切。应复之条，分列于后：

一、杨名声药局已于初五日起行赴镇。除现有药物外，又以六十金令其添药。一切薪水费用，仍由此间，弟不必管也。李卿云亦于今日赴镇，带有纱袍一件、千里镜一具照收。

一、萧慰霖本送以菲仪三十金、川资八千文，令其归去矣，因雨大尚未成行。兹接弟信，嘱其即日赴镇也。

一、凯章初二之挫，殊出意外。贼即有他窜之志，恐因此而游移矣。连日淫雨，念镇营辛苦，恐非破贼之象，望弟步步把稳。宝庆被围，吾邑震动，闻搬者十室而九。吾欲令家中亦作浮家泛宅之举，弟意以为何如？

再，此次寄谕，除次青、仙屏外，俱未得见。一恐景镇官军闻此生懈，一恐本地官绅纷纷挽留。弟得此千万秘密，自少泉外，似皆不可告，徒乱人意也。金陵之对岸六合、仪徵皆为贼踞，又难得手耳。兄又行。

咸丰九年六月初十日

沅甫九弟左右：

初八日发十一号信，谅已收到。日来雨不息，想镇营极辛苦也。初九日接季洪弟信，知润帅已授之以事。如能磨炼出一人才，亦家门之幸。兹专人送弟处。

乐平团练究可用否？昨日所寄之单相符合否？江楚扎营之地，能绘一全图寄来否？若不能，则专绘楚军可也。有人自衡州寄一宝庆图并伍委员探报，送弟一阅。寒热不时，惟保重。千万之嘱！

兄国藩手草

咸丰九年六月十三日

澄侯四弟左右：

初五接弟信，知宝庆四面合围，口粮子药难以运济，殊深焦灼。幸刘、江之师在外，希庵统黄州劲旅五千人不日可至，当可解围。李、王、刘诸家皆已搬移，不知霞仙与芗泉家亦移避否？我家与罗家究竟宜移否？

此间一切平安。雨多异常，低田业经淹坏，无可挽回，高田尚可望收。景德镇相持如常。闻贼粮无多，或可他窜。季弟在黄州，胡润帅相待甚好，家中尽可放心。余目光如常。癣疾日内略加，由作文用心少劳也。四川事尚未复奏。顺问近好。

兄国藩手草

咸丰九年六月十九日

字谕纪泽儿：

正月间曾以《欧阳生文集序》寄晓岑，久无复信，不知寄到否？便中一查。又去年托小岑买得刘石庵小横幅，已取回否？此幅极佳，余笃好之，曾交银十两，尔取回为要。

余往年作《原才》一篇，去岁于尔案间见之，尔可抄一稿寄营。又甲辰年作《五箴》及《祭汤海秋文》，尔见稿否？亦可抄来也。近思将历年所作古文清一稿本，虽无佳者，亦不忍听其零落耳。日内当写一目录至各处查出也。

涤生示

咸丰九年六月廿日

沅甫九弟左右：

十九日发一缄，交少荃十五派来之勇带归。是夕接澄侯弟信，知宝庆尚未解围。此间拟即派凯章、钤峰带老湘、副湘、吉左等营四千人回湘救援。

以公言之：四川防剿者石逆一股，宝庆援剿者亦石逆一股，与其待窜蜀而防之，何如救桑梓而灭之？一也。赴蜀必由岳州经过，由景镇水路至岳千七百里，由樟树、长沙至岳千五百里，二也。以私言之：老湘营弁勇各怀郁郁，应令回籍以疏宕其气，一也。凯章要做事，须略改局面，另行添募，吉左、副湘等营不愿与合者不必勉强，二也。

余日内当札张、王回援，附片奏报。其弟昨带去之五千八百人概扎景镇不动。七月初余赴饶州，带各营至湖口。八月半后湖南事定，余带各营入蜀，令萧、张来岳州会师可也。大局粗定如此，弟意以为何如？

弟之进退，弟当自为斟酌，或兄弟相见再行熟商。余赴饶拟走水路，约在初十后耳。即问近好。

兄国藩手草

咸丰九年六月廿二日

澄侯四弟左右：

刘一归，曾寄一缄。顷接禾十稿发一信，具知宝庆危急如故，十六里团练齐心，虽未必真可恃，究足以壮声威。甚慰甚慰！弟略发体，尤大慰也。此间现派凯章率四千人回援，一则桑梓之缓急，即大局之所关；一则各弁勇皆思回救，不过因势而利导之。余拔营约在七月初十间，由湖口、武昌而至荆、宜，共二十余里，须九月乃到也。季弟约来沅弟处，日内当到景镇矣。顺问近好。

咸丰九年七月十三日

澄侯四弟左右：

接弟六月二十五、七月初三两信，具悉一切。此时宝庆想已解围矣。

吾于初七自抚州起行，初十至江西省城。日内炎热、应酬，幸尚强健。十五六当出省至吴城。季弟初九至抚州，十二至省，始相会也。谕旨催赴四川，不能不速行趱程。如宝庆之贼不至入蜀，则到湖北当有变更耳。

前接叔父信，楷书到底不懈，想已全行复元。此大可喜之事，吾兄弟同欣慰也。即问近好。

兄国藩手草

咸丰九年七月十四日

字谕纪泽儿：

尔前寄所临《书谱》一卷，余比送徐柳臣先生处，请其批评。初七日接渠回信，兹寄尔一阅。十三日晤柳臣先生，渠盛称尔草字可以入古，又送尔扇一柄，兹寄回。刘世兄送《西安圣教》，兹与手卷并寄回查收。

尔前用油纸摹字，若常常为之，间架必大进。欧、虞、颜、柳四大家是诗家之李、杜、韩、苏，天地之日星江河也。尔有志学书，须窥寻四人门径。至嘱至嘱！

涤生手示

咸丰九年九月初七日

字谕纪泽儿：

尔外祖母于九月十八日寿辰，兹寄去银叁拾两，家中配水礼送去。以后凡亲族中有红白喜事，我应送礼者，尔写信禀知。其丰俭多少大约之数，尔禀四叔及尔母酌量写来可也。此次寄丸药二瓶，一送叔祖，一寄尔母。服之相安否，尔下次禀知。

涤生示

咸丰九年十月初十日

澄侯四弟左右：

十月十日蔡宁祥来，接弟二十九夜县寓信，借悉一切。王孝一之缄今尚未到。季洪弟于初五到黄州，初八来巴河，初九早兄弟恭祭先大夫七十冥寿，尚属诚敬。毛寄云初九日来营，陈秋门先生亦来。日内应酬甚繁。余往年所欠京账，今冬拟托寄云还清，不知家中尚有清单否？可于此次寄来。

初九日接松江信，知漱六亲家于九月初三日弃世，实可伤悼！其堂侄袁藻在余营当差，派其速行，往松料理一切。十一日起行，计十一月底可到。雨三、濑六连闻凶耗，何亲戚之多故也！即问近好。要事详沅弟信中。

兄国藩手草

咸丰九年十二月初四日

澄侯、沅甫两位老弟左右：

初二日萧孚泗、张胜禄到，接沅弟长沙一缄，具悉一切。

此间日来平安。胡润帅屡次欲余拔兵赴太湖围城，而抽出现围太湖之多，鲍、蒋诸军前往潜山迎击四眼狗之援贼。余因多公忮薄，非能统众将之人，故未允许。纷纷辩论，已阅二十余日，尚未定局。幸狗贼尚不遽来，虽军心散乱，不足深虑。

余日内并未多办事，而目光日昏，筋力亦倦，殊不可解。许仙屏送余书一箱、《圣孝序》一部、墨一匣，又送沅弟殿板《十三经注疏》一部初印也、端砚一方亦上品。日内当派俊四由水路送回，兹先将仙屏信寄阅。此次家信由九江陆路走奉新、新昌、万载、醴陵，较之俊四由湖北水路者可速几日，望记出详告。陈作梅溧阳人，丁未进士极善看地，明春当请至余家一行。馀详日记中，即问近好。

咸丰九年十二月初五日

澄侯、沅甫两弟左右：

昨初四日发去一缄，声明俊四即日送书归去。兹交俊四篾篓一担，内殿板初印《十三经注疏》一部、端砚一方、《圣教序》帖一本、耕织图墨一匣，皆许仙屏所送者。墨似是御府所赐应是戴中堂家之物。沅弟前索之墨并非佳品，兹以此墨赠沅。《圣教序》以给纪泽儿。纪泽好作字，此帖即属难得者。仙屏送此四物，皆罕见之珍。渠北上时，余当有以酬之。此外送余各书无甚精者，皆未寄回，即存营看也。《注疏》余用油纸包过，应可不汗坏。外寄魏德三银信一件照收。即问近好。

兄国藩手草

咸丰九年十二月十三日

澄侯、沅甫两弟左右：

王右十等到，接冬月二十五日家信，具悉一切。

沅弟初一日果移居否？至以为念。改葬祖父母，看地总须将庇荫富贵之说丢开。如今年改葬猫面脑，先看定夏家地面，临开穴时即占洪家地面，未始非主葬者以富贵之说相赠，以致临时移易。此次改葬祖父母，望将此层看破为要。

此间诸事如常。连日风雨极大，各营墙濠倒坍。四眼狗虽有上援之信，而迄未见其果来。太湖之贼有米无柴，如正月无援贼至，当可克复。

吾癣疾如常，自去夏再出，以此次为剧。目光仍是巴河旧样，不必挂念。顺问近好。牧云于初九日到营。

兄国藩顿首

咸丰十年正月廿四日

澄侯、沅甫两弟左右：

二十一日接两弟手书并纪泽一禀。沅弟信中有分关田单，一一读悉。

我于家中毫无补益而得此厚产，亦惟学早三爹频称“多多谢”而已。余敬澄弟八杯酒，曰：劳苦最多，好心好报。又敬沅弟八杯酒，曰：才大心细，家之功臣。都要吃个满斟硬刮。祖考妣改葬事竟能于去冬办到，何其神速也！余贺澄弟迁居，亦系御赐福字一个、红缎对一付、挂屏二付、桌椅全堂自营中带回之件，且俟二月与送沅弟之件一并专人送回。叔父大人病已渐愈否？正月四日寄回之辽东参曾试服否？

此间军事如常。十三日自宿松派张胜禄、张光明、朱宽义，十五日自太湖派朱、唐等四营赴前敌助战至今十日，尚未开仗。山内金、余二军十九日开仗。金因雨雪先收，余军小挫。目下贼以全力上趋，官军三万余人似尚不足制贼，实深焦灼。季弟于二十二日太湖城下开仗，尚属平安，来信寄阅。余已屡信属弟不轻出队矣。余俟续布，顺问近好。

兄国藩顿首手草

咸丰十年二月初四日

字谕纪泽儿：

接尔元夕禀，知叔父大人病极沉重。余未在家，尔宜常至白玉堂服侍汤药，勤敬二字断不可忽。若在老宅而有倦色有肆容，则与不去无异。余往年在外多愧悔之端，近两年补救不少。至在家亦有可愧悔者，儿为我补救可也。澄叔分居上腰里，应用粗细器皿须由下腰里分去。尔禀母亲雇工陆续送去。尔至长沙看贺岳母，须待叔祖病减乃去，禀商澄、沅两叔父遵行。

涤生手示

咸丰十年三月初四日

澄侯、沅甫两位老弟左右：

二十四日专彭芳四等送信后，久不接弟信，不知正月二十四、二十八两次发去之信何以尚无回信？希庵于二十四日到英山胡帅营，初一由英山来宿松。太湖各营本拟拔进安庆，因连日风雨阴寒，尚未起行。安庆之贼，积米至五万三千余石，将来围剿，不易为力。

叔父大人之丧，余拟作墓志，日内尚未成，俟下次带回。兹先带回祭幛二十四个、挽联九付、绸彩三匹。外银贰百两，备出殡时犒赏夫役之用。京城士大夫家丧事出殡：在城，则用六十四人大举，或三十二人；出城则换小扛。叔父出殡，初出时须用六十四人举，走一半里换蛇车可也，祈酌之。余详日记，则问近好。

咸丰十年三月十四日

澄、沅两弟左右：

三月初七接澄弟二月十三日信，初八日由曾云集等接澄、沅信，又由周运斌等接沅弟及纪泽信，初九由季洪处寄到沅弟及纪泽信，初十由蔡迎五接沅弟信，得悉一切。

此间一切如常。余身体小有不适，日内不能作事。希庵来此住八日。太湖各营十四拔营，将进安庆。浙江危急万分，并有二十七日失守之信，兹将张筱浦两次折稿抄阅，恐谕旨仍是命我赴浙。若省城已失，大局过烂，则挽回为难耳。

沅弟办毕叔父葬事，望速行来营与我共商大局。或添募一二营，或不添，均由沅自酌办理。澄弟之病，由于性过急躁，总望静养将息，千万之嘱。即问近好。

兄国藩手草

咸丰十年闰三月廿四日

澄侯四弟左右：

十八日接初三日家信，知五宅清吉，老屋事亦渐就妥叶，至以为慰。作梅大赞台洲先茔之佳，游子闻之，实深欣抃。过路塘茔，作梅不甚许可，不知另寻得地否？想此时已游南岳，不在吾乡矣。

此间各营于十九日自石牌拔营，二十一日至高桥，距集贤关七里，距安庆二十二里，一切平安。惟湖北饷项甚绌，四五月极难张罗。袁星使甲三处则更绌，正、二、三月仅每月发银一两四钱耳。左季高、李次青均二三日内可致敝处。沅弟计亦已抵汉口，本月或可到营。

纪泽所作之文诗等，可按每次夫役信回带营。无论或文或赋或论或诗等，总须按三八课期作一篇。不作则虚字中多有不通者，又不免常写白字。甲五须请先生讲鉴，俾之略晓古事。至要至要。

余目光未愈，已是老油靴了，余尚平安足慰。顺问近好。

兄国藩手草

咸丰十年四月廿二日

沅弟左右：

二十四早接二十二酉刻之信，闳论伟议，足以自豪，然中有必须发回核减者，意城若在此，亦必批云："该道惯造谣言也。"

苏州阊门外民房十余里，繁华甲于天下，此时乃系金陵大营之逃兵溃勇先行焚烧劫抢而贼乃后至。兵犹火也，弗戢自焚，古人洵不余欺。弟在军中，望常以爱民诚恳之意、理学迂阔之语时时与弁兵说及，庶胜则可以立功，败亦不至造孽。当此大乱之世，吾辈立身行间，最易造孽，亦最易积德。吾自三年初招勇时，即以爱民为第一义。

历年以来，纵未必行得到，而寸心总不敢忘爱民两个字，尤悔颇寡。家事承沅弟料理，绰有余裕，此时若死，除文章未成之外，实已毫发无憾，但怕畀以大任，一筹莫展耳。沅弟为我熟思之。吉左营及马队不发往矣。王中丞信抄去，可抄寄希、多一阅。

兄国藩手草

再，余有信、银寄吴子序、刘星房，望传知嘉字营帮办吴嘉仪，令其派二妥当人来此接银、信，送江省并南丰为要。

咸丰十年四月廿八日

沅、季弟左右：

本日得信，余以尚书衔署两江总督。余之菲才，加以衰老，何堪此重任！目下江南糜烂，亦不能不闻命即行南渡。所有应商事宜，略及一二，与弟熟商。

一、江之南岸，当分三路进兵。沿江由池州以至芜湖为第一路，徽州、宁国为第二路，由广信、衢州、严州以至浙江为第三路。浙江未失，则第三路以救浙为急；浙江若失，则第三路一面规复浙江，一面保守江西。余驻扎大约在第一路、第二路之间。弟以为然否？

一、江之北岸，奏请另简钦差大臣驻扎清江浦，保全下河七属并盐场之利。其都直夫江北之行，奏请免其前往，庶湖北之兵与饷稍得宽纾。

一、拟带霆字全军至南岸，调沈幼丹守广信，调张凯章来景德镇。其以东南大局须用如唐之裴度、明之王守仁乃可挽回，非一二战将所可了也云云。余恐不能久安此间，终不免有渡江之行耳。官相信已寄去。火药即日咨调。于术六两，弟留其四留五亦可，分二两送情可也。润帅今日归英山矣。多公通信尚投洽否？即问近好。

咸丰十年五月廿四日

澄侯四弟左右：

余于十五日自宿松起行，十六至老洲头，十七、八、九阻风三日，二十、二十一日行至黄石矶，与杨彭二君、沅季二弟会晤，畅叙一切。定于二十六日开行，由东流、建德以赴祁门。浙江之事，近日未闻确耗。但愿浙不再失，则江苏之事尚有可图。接郭云仙信，已于十一日至襄阳，将来余营一会，大约六月初可到。纪泽儿或亦初间可到。余在湖南募新勇二万人，计张凯章秋初可到，余则恐待八月矣。

余身体平安。癣疾略发，幸不甚剧，目光亦与春间无异，吾弟尽可放心。凡吾有家信，弟阅后请交建四先生收存，以免遗失。顺问近好。

咸丰十年六月初三日

澄侯四弟左右：

二十八日接弟衡州发信及纪泽十四日发信，得悉家中五宅平安，至以为慰。

余以二十一日至黄石矶与沅、季两弟相会。二十六日沅弟回安庆。二十七日余至东流。二十八日至建德小住四日，奇热异常。初四日将赴祁门，闻中间大山颇多。余于八年九年皆六月出兵，今年又如此。幸身体尚好，吃得劳苦，家中尽可放心。余详日记中，不赘陈。纪泽若已来营，以后家信可命纪鸿写几行。顺问近好。

咸丰十年六月十二日

沅弟左右：

十一日接初八日午刻信，得悉近状。余于十一日冒雨赶至祁门。今日慈忌日，即不应酬也。宁国府告警甚迫。余奉到五月二十六日寄谕，有云“该署督现统兵力太单，未可轻率前进，宜加持重为要”等因，又鲍镇未至，朱镇未痊，自不可拨兵往援，已复谢之矣。余近怕热略好，而汗出殊甚，老态日增。陈作梅初七日至英山，若至雪琴水营，弟可邀之至安庆一行，此人有益于身心也。

纪泽自长沙开船后无来信。朱、黄、刘三信璧还。

咸丰十年六月十四日

澄侯四弟左右：

六月初八日接弟五月二十二日手书，得知五宅平安为慰。

余于初四日自建德县启行，十一日至祁门县，末二日遇雨，一路平安。此地去景德镇百八十里，去徽州亦百八十里，去宁国三百余里。目下贼围宁国，十分危急，余以兵将未齐，不能往救。闻鲍超五月十二自四川起行，大约六月可到，张凯章七月或亦可到，季高则须八月乃到，到后再行分途进剿。

余身体平安，惟热极多汗，迥不似昔年光景，或因去年洗澡太多之咎，今年竟不敢洗澡一次矣。纪泽尚无到鄂消息。纪鸿送陈作梅诗甚好，不知系先生所改否？作梅于六月七日到英山，大约七月可来此作归省计。

兹付去《拟岘台》墨刻十套，请弟分寄霞仙二分，邓、易、邓、谢、葛五师各一分，临、昆、震三甥各一分。如前此已送者，则不必再送，留存弟处可也。顺问近好。

兄国藩手草　祁门县

咸丰十年六月十六日

字谕纪泽儿：

余于初四日自建德启行，十一日至祁门县。闻尔于二十八日自长沙开船，计此时可抵湖口矣，特专人往接。尔或由湖口、彭泽小路入祁门境，或由建德循余所经过之路来祁门皆可，但不可走景德镇，以太远也。

牧云舅氏处先行问安。

涤生手示

咸丰十年六月廿四日

澄侯四弟左右：

十七日接弟六月初一日信，借悉五宅平安。二十日纪泽与欧阳牧云、陈岱三到，又得备闻家事之详，至以为慰。纪泽言温弟妇近渐开畅，经理百事，大小无遗。而弟信则谓其记前不记后，不甚符合，殊深悬系，望再详告。

余至祁门已十三天，一切平安。惟酷热异常，士卒住棚帐，实为可怜。即余住公馆，亦甚难过也。霆字营六千人业于十六七日到齐，惟鲍镇超在四川尚未还营。此间万山险峻，百无一失，惟宁国被贼围困，不能拨兵救援，颇为焦虑耳。

纪泽既已外出，兄家无人照料，烦弟代为料理。书、蔬、鱼、猪、早、扫六字或不必劳弟费心。若考、宝二字，必须弟斟酌而详告也。余在外平安，沅季两弟、泽儿等均好，请毋系念。即问近好。

兄国藩手草

咸丰十年六月廿五日

沅弟左右：

二十三夜接二十日巳刻一缄，与前日一长信合观，条理周密，精神贯注，殊深欣慰。行文湖南，谓弟行文于彭盛南也。安庆对岸仅周万倬一营，殊嫌太单。曾得胜势不可调，此外又无可调之营。此题枯窘，仓猝竟难生发。余到祁后一切平安，日内酷热异常，不知弟暨季弟营中盖有房屋否？悬系之至。

咸丰十年七月初四日

澄侯四弟左右：

初二日由安庆沅弟处寄到弟信一件，得知弟体微有不适。不吃不喝，头上出汗，贪睡而不能酣眠。此三者皆系阳虚之症，于参茸桂附相宜。往年内子在京曾害阳虚之病，其时力不能买参茸，惟每日用大锅煮黄耆党参，熬成极浓之汁，惟不令成膏，恐其粘锅而有烧气也。每剂桂附姜术之类，分两皆重。又以力参茸片蒸而兑之，又以大锅中煮耆党浓汁和而服之，十余日而大愈。今弟之病亦系阳虚，可照此法办理。以耆党两味各熬极浓之汁，和于诸药之中，必有奇效。但须好好经理，恐粘锅耳。

余到祁门已二十三日，身体平安。近处惟宁国被围紧急，日日告求救援。余因鲍超、张运兰等未到，不能往救，未免望极生怨，谤议日滋。浙江之事尚属平稳。弟现在不管闲事，省费许多精神，将来大愈之后，亦可将闲事招牌收起，专意莳蔬养鱼，生趣盎然也。

咸丰十年七月十四日

澄侯四弟左右：

七月十二日接六月二十一日来缄，得悉五宅平安。兄于初七日接奉谕旨，补救两江总督实缺，兼授为钦差大臣督办两江军务。家大人放了，所以未得个信者，以日内尚无便人回湘也。谢恩折于十二日拜发。

营中诸事平安，惟皖南军务日形棘手。宁国被围一月，广德州又于初四日失守。四府一州，现惟徽州一府无恙，此外皆一片贼氛。鲍超闻已到湖北，不知何日始来。张凯章六月三十日抵袁州，尚无至南昌之信。此间各路望援，迫于星火。兄日夜焦急，虽书院及昭忠祠之图亦不能画，弟所言整顿小人之事，更不暇问矣。

兄身体如常。目疾略好，每日写字较之往年略多。泽儿来此亦好。弟患伤虚，偶有伤风，总不宜吃凉药。往年弟好行蛮教，动辄吃一大碗葱、姜、紫苏之类，近日之好出汗，未始不伏根于彼，千万慎之。即贺弟做家爷老子之喜。

兄国藩手草

咸丰十年七月廿四日

澄侯四弟左右：

接七月初信，知弟身体服陈心壶药而大愈，甚慰甚慰。然弟体本不甚强，又加以连年劳苦，恐大黄等药究非所宜。吾兄弟多秉母体，宜于补而不宜于攻，尚乞加意慎重为要。

此间军事，宁国被围，紧急如故。广德州初四日失守，十四日又已收复。凯章带三千余人于七月二十四日到祁门，其后两翼八百人亦中秋前可到。次青十二日至江西省城，鲍春霆十八日自武昌起程，月内均可到祁，到即分途救援宁国。余幸平安，惟日内写字太多，目光更差耳。顺问近好。

国藩手草

咸丰十年七月廿九日

字谕纪泽儿：

余今日至渔亭，遍走各营，颇劳。闻凯章、作梅明日由此经过，不得不等候一送。因便至齐云山一游，初二日始回祁门也。

有廷寄及家信送来，余不必送。此谕。

涤生手草

咸丰十年八月初四日

澄侯四弟左右：

接七月十一来信，知家中五宅平安，至以为慰。病体日好，近想又开酒戒、亲琐呐矣。黄金堂之事，承巨细熟商，尚不至失之奢华否？早间不太晏否？

此间一切平安。嘉兴一军三万人于七月二十三日全数溃败，贼势趋重。浙江杭州危急之至。如果杭城有事，则皖南、江西均属可危。兄现奏留骆中丞暂驻湖南，俾左季高得以迅速来皖，而湖南防兵亦免出抽调入蜀，庶桑梓可固，而吴越可图。兹将奏片钞寄弟阅。

兄身体尚好，惟目光日眵，劳苦颇甚。顺问近好。

国藩手草

咸丰十年八月初十日

沅弟左右：

初九日申刻专卒至，接初七早来缄，初十早接初五一缄，具悉一切。

此间新接皖南军务，头绪难清，嫌疑难释，已派次青赴徽，先行交接，再赴宁国履任。宋副将未至。太平贼未接风、未见仗而遽退，颇不可解。春霆至今未到。南坡两禀皆照准，已录批札知弟处。昭忠祠除江家百金外，当再送四百与弟处汇交。屋样尚未改正，定于中秋日谢绝百事为之。去年改先大夫祠样，系元旦所为也。二万金尚易办，弟信晨要则夕发矣。各件均发还。

咸丰十年八月十四日

澄侯四弟左右：

十二日接九弟信，中附弟七月二十四日之信，知兄作一届公公，弟有叔公挤之喜。甚慰甚慰。二十日五侄喜事，一切顺遂，弟有泥帽子之喜。甚贺甚贺。此时秋收想已完毕矣。吾不甚记念黄金堂之谷，而最难忘情于屋下首之竹，近日果茂盛否？乞示。

此间军中平安。张凯章于初八日至旌德。鲍春霆尚未到，其部下于初十日至太平。两路皆以救援宁国。浙江之贼一退石门，一退平望，杭垣又可保全。万幸万幸！乞援之书，一日数至，余正苦无以谢之，此后稍舒矣。

纪泽在此，较之家中读书略有长进。吾欲留至冬间再归，泽儿在此拜五十寿，亦理宜然也。

兵饷日益支绌，幸士气尚不甚衰，或可日有起色。惟天津兵败，洋鬼猖獗，憎邸退至通州，京师人心皇皇，实为可虑。余身体如常，目光略好，但出汗太多耳。

兄国藩手草

咸丰十年八月十六日

沅、季弟左右：

十四日朱云章至，接来书，得悉一切。

此间日内诸事纷集。浙江派邓弥之来请援。邵位西兄亦为桑梓求援，竟日舌战，不胜其苦。筱浦二十日归去。次青十四赴任，交代之事颇多。此又一宗也。四眼狗踞宁国县，杨七麻子踞石埭，赖剥皮踞泾县，皆阻凯、霆两军进兵之路。周天受在宁国府望援如焚。初九、十一贼将宁郡城外之垒尽行陷毁，日以难支。此又一宗也。广东仁化之贼窜至桂阳、赣南，警报纷纷，毓中丞请左公南援。此又一宗也。

十五六两日将书院、昭忠祠屋样勉强一改，实属忙里偷闲。改得不好，切莫怪也。昭忠祠捐银四百两，交朱云章带去，望弟便中寄县。

浙事近日略松，悍贼皆来皖南矣。安庆若克，弟可为温弟请谥否？或宜预告润帅。即问日佳。

兄国藩顿首

咸丰十年八月十八日

沅弟左右：

十六为一书交朱云章带去。次日接信，知宁国府有失守之信，虽未必遽确，而皖南事极危急。目下徽兵索饷闹事，宁兵溃败滋事，内江可虞，强寇环伺。兹寄书请希庵带二三营来助我，望弟专人送去。希公若于二十二三慨然渡江南来，不过月杪可到祁门。在此住二十日，左季翁到后，希公可仍北渡还本军也，四眼狗若援怀、桐，当在东梁山渡江，必不能如祁门到青草塥之便。昨致凯章信抄去一阅。

咸丰十年八月廿日

沅弟左右：

十九日夜镑十五为信。留骆之奏，何如至是日始见？恐到湘太迟，格格者已接印矣。此间日内风波震荡。宁郡失守之后，宁郡县之贼来扑丛山关。次青派二营在此防守，恐不可靠。该关去郡城仅六十里，望弟飞缄请希庵带二三营，即日前来相助。徽兵闹饷，汹汹未已，宁兵又将闹矣。兹将告示护票寄弟一阅，不知可息事否？

咸丰十年八月廿二日

沅、季弟左右：

二十一日接十九日信并公牍。萧、张二人新作营官，余不轻假以权，徐徐训饬，甚有条理。二十二早接二十日信，正俊九拜生之日也。

此间自十七日闻宁郡失守之信，十八日次青派二营去防丛山关。十九日接仗，分为二卡。一营失利，营官阵亡。一营平稳。从山去绩溪县三十里，去徽州府九十里。次青在徽，现办城守事宜。城上蓬蒿没人，雉堞不完。若过四日，则次青料理渐妥，当可守御。

余续发礼字河溪四营二千一百人，二十一日可到徽州，亦助次青协守。凯章在旌德，静镇不动。霆营在太平，亦静守平安。春霆二十日到祁，二十三日可到本营。目下所虑者，次青徽州吃紧，祁门老营太单。徽畏外寇，祁忧内讧。欲请希庵带两营来此一助，望弟再三恳之，余今日未写信也。安庆新营太多，余不甚放心。围此大城，困此悍敌。尚恐有意外之虞，断不可分兵来南岸。泽儿过十月十一后再赴安庆。

咸丰十年八月廿三日

沅、季弟左右：

宽十弟今日到，问悉安庆一切，极慰极慰。兹有寄希庵一缄，望专人送去。皖南之事，关乎次青徽州三日内之得失。至祁门居万山之中，则半月内必无碍也。

咸丰十年八月廿六日

沅弟左右：

接二十三日来信，具悉一切。希庵来，至多不过带二千人。万一皖桐有警，希庵可以单骑北渡，队伍后归可也。徽州四面被围。次青信钞呈一阅。

咸丰十年八月廿八日

沅弟左右：

接弟信，知希庵于二十五日已拔四营南渡，可感之至。次青于二十五日酉刻城陷时，闻实已出城，至今尚无下落，必殉难矣。哀哉此人！吾用之违其才也。目下所最怕者，贼从婺源窜乐平、景镇，断祁门之后路，蹂躏江省腹地也。希公来此，专为保祁门老营。因老营仅朱、唐三千人，内有千七百人未见过仗，故止须二三营。今带四营来，已觉其多，余五六营应止之，不必渡南。恐北岸有事，希公单骑回救则易，大队回渡则难。弟可与润、希师熟商之。

咸丰十年八月廿九日

沅弟左右：

闻袁午帅全军溃退，六安、霍山之危即在目前，希公自不宜南来矣，已飞札飞缄止之，钞览。弟二十六日辰刻信，二十八日巳刻到。次青新军致败，弟处新军宜日日训练。

咸丰十年九月初一日

沅弟左右：

初二早接二十九日巳刻来信。此间自二十九日鲍军至渔亭、张军至黟县，去老营各六十里，祁门人心渐稳。所虑者，贼由婺源窜江西之腹地耳。其次所患者，败兵二万人拥塞祁门，满坑满谷，所在抢掠，油盐百物，皆无可买。贼在休宁，与鲍军相隔六十里。彼若不能打鲍军，或者不敢至婺源，畏鲍之蹑其后也。

次青六日无信，而平江各员弁皆谓其实未殉难，其堂弟胞侄表弟等皆如是说，并说城未破之前一时次青已先出城，殊不可解。昨寄季高信钞阅。

咸丰十年九月初三日

沅、季弟左右：

初一日午刻信，初三黎明接到。军务虽无起色，而步拔则可喜矣。甲三、牧云初一日起行，初六当可抵安庆。枞阳河口应堵塞，已批准，并倡捐钱一千串。家信二件送阅，外壁五件。

咸丰十年九月初十日

沅弟左右：

初九夜接初五一缄，初十早又接初八日巳、午刻二缄，具悉一切。

初九夜所接弟信，满纸骄矜之气，且多悖谬之语。天下之事变多矣，义理义深矣，人情难知，天道亦难测，而吾弟为此一手遮天之辞、狂妄无稽之语，不知果何所本？恭亲王之贤，吾亦屡见之而熟闻之，然其举止轻浮，聪明太露，多谋多改。若驻京太久，圣驾远离，恐日久亦难尽惬人心。僧王所带蒙古诸部在天津、通州各仗，盖已挟全力与逆夷死战，岂尚留其有余而不肯尽力耶？皇上又岂禁制之而故令其不尽力耶？力已尽而不胜，皇上与僧邸皆浩叹而莫可如何。而弟屡次信来，皆言宜重用僧邸，不知弟接何处消息，谓僧邸见疏见轻，敝处并未闻此耗也。

分兵北援以应诏，此乃臣子必尽之分。吾辈所以忝窃虚名，为众所附者，全凭忠义二字。不忘君，谓之忠；不失信于友，谓之义。令銮舆播迁，而臣子付之不闻不问，可谓忠乎？万一京城或有疏失，热河本无银米，从驾之兵难保其不哗溃。根本倘拔，则南服如江西、两湖三省又岂能支持不败？庶民岂肯完粮？商旅岂肯抽厘？州县将士岂肯听号令？与其不入援而同归于尽，先后不过数月之间，孰若人援而以正纲常以笃忠义？纵使百无一成，而死后不自悔于九泉，不诒讥于百世。弟谓切不可听书生议论，兄所见即书生迂腐之见也。

至安庆之围不可撤，兄与希庵之意皆是如此。弟只管安庆战守事宜，外间之事不可放言高论毫无忌惮。孔子日：“多闻阙疑，慎言其余”，弟之闻本不多，而疑则全不阙，言则尤不慎。捕风捉影，扣槃扪烛，遂欲硬断天下之事。天下事果如是之易了乎？大抵欲言兵事者，须默揣本军之人才，能坚守者几人，能陷阵者几人；欲言经济，须默揣天下之人才，可保为督抚者几人，可保为将帅者几人。试令弟开一保单，未必不窘也。弟如此骄矜，深恐援贼来扑或有疏失。此次复信，责弟甚切。嗣后弟若再有荒唐之信如初五者，兄即不复信耳。

咸丰十年九月十一日

沅、季弟左右：

初十日接弟初六、七之信，藉悉一切。

平江勇已全数撤遣。此次平江勇之可恶，实出情理之外。沅弟昔尝力言平江勇断不可用，余今悔信之不笃也。次青走出皖南境外，至浙江衢州、江西广信等处，至今尚未回老营，尤可骇异。

弟要饷银，兄处现亦无之。如此岸果十分吃紧，由水营买三四千石米送安庆城下，吾力犹能为之。若稍舒裕，则必践前此二万之约。枞阳塞河千串，当在二套口厘金项下支取。此雪琴每月以四千串交内银钱所者也，望弟与雪琴商之。弟虽以有饷为把握，而吾深以弟之意矜气浮为虚，务当返躬猛省，千万千万！初五日午刻来信，吾读之且惧且恶也。季弟不欲撤安庆之围，此是至当之论，吾亦力持此议。

希庵之是否早调商、固等处，则由润帅主持耳。希庵十二日由祁动身回营，鲍、张尚未进兵。左公初五日自江西开船，计到皖当在二十间。

咸丰十年九月十七日

沅弟左右：

十六日接弟一缄，内有上胡帅信稿，夜又一缄，并四眼狗等黄绫伪文一包。十七日接送苦株子之信，又接十四日发一缄。具悉一切。

安庆不宜撤围，此人人意中所有之事。普天下处处皆系贼占上风，独安庆一城系贼占下风，岂肯轻易撤退？今既受苦株子之贿，愈不肯撤围矣。至与左季高同行，则以其气概识略过人，故思与之偕，以辅吾之不逮。然近日众论多思留左公于南岸者，与弟之见略同，余亦不欲定执一己之见。昨有复胡帅信，钞寄弟阅。既不撤安庆围，又不挟左公俱北，弟当再补两撮苦株子矣。

咸丰十年九月廿六日

沅、季弟左右：

天晴三日，狗在北岸想狂噬矣。鲍、张皆于二十五日进兵，二十七八可攻休宁。贼是静守不出之象，恐难得手。得润帅信，北事决裂至此，渤海臣民，同深痛愤。初六日请旨之疏，不知道途能不梗塞否？

余忝居高位，凡有应尽之职，应办之事，弟等当随时进规，无使我陷于不义。昨有公牍，饬弟挑一哨，刘、李挑一哨，亦不必尽挑好手，一半上选，一半次选，或三分上选，七分次选皆可。恐弟处正吃紧之际，无好手打仗也。毕君碑写得好，远胜于林君碑，但不知能办如此大石否？

咸丰十年九月廿七日

沅甫九弟左右：

二十九早接二十七早来信，俱悉一切。应复者条列如左：

一、办厘章程，就近向雪琴处取阅。渠办华阳镇厘务四年于兹，久著成效。其旧日委员凌荫廷，现在委员阎炜，皆余之旧日人也。弟若令赵、刘二委员与凌、阎二人细细商明，早晚通信，弟又与雪琴细商，或在华阳镇先借一二书役至大通开张，便易于集事。所抽之厘，把二成解韦营，把八成解弟营。余五月在水营与杨、彭言抽大通厘金以济弟，此时不得不少践宿诺也。其剀切告示，即日写就专送。

一、湘后刘、李二营挑募一哨，索银三千馀两，未免太过。即以半年计之，每勇二十五两二钱，合计一哨亦不须三千之多。况四月似已发清，九月未毕，亦不得遽名日欠饷。青草塥各营，四月之饷亦尚未发，而昨来南岸救援之四营，未闻索欠饷后始行开差也。余于其初到时，每营犒银四百、钱百串，又于欧、彭两营后去者每营发途费银五百，欧、彭将途费具禀璧还，彼亦同。

一、湘勇同一欠饷者也，刘、李之一哨与吉中之一哨即可不必挑来矣。

一、帮带官二人：一陈玉恒系凯章所保，一业光岳系敝处旧带亲兵者。陈尚朴实，或可办事。舫仙即留弟处。

鲍、张二十五日进攻，二十六七八日均未开仗。闻杨七麻子已至旌德县，建德一路当少松矣。北岸狗逆近日已和否？

咸丰十年十月初三日

沅弟左右：

二十八日复弟一信，闻中途有贼，二十九日折回，初一日又专丁送至建德。其信系复吉中、湘后两哨之事，及大通厘金仿华阳镇章程八成归弟处云云，不知到否？七八日不接弟与胡宫保之信，希、厚、雪皆无信来，想中途梗阻，不知狗逆近日果猛扑桐城一军否？普军被围否？

此间鲍军进攻休宁，二十九日获一胜仗，现张、鲍皆进扎休城之外。池州之贼分二三千人窜扰榉根岭、香口等处，致皖北与祁门文报不通。今日派唐桂生带千余人去打行仗，但求此路疏通，文报无滞，亦不必定远剿也。贼各路并发，无非为救援安庆之计，吾则尤以桐城、建德两处为虑。弟接此信，可遍告润帅及希、厚、雪诸处，使略知余处近状。

咸丰十年十月初七日

沅甫九弟左右：

杨镇南之哨官来，接二十五日一信，马事另用公文批发。

此间日内平安。唐桂生带队雕刻，贼已遁去。赣过之贼窜至上塘墟，距建昌府成仅四十里，可虑之至。前令养素三千人驻防抚州，或可保守。余将以明日至黟县等处察看岭防，此数日书问稍稀。

咸丰十年十月初八日

沅、季弟左右：

接初三日信，并鱼、腿等件及号补印板俱收到。报之以银二千两，派夫四人，随来人解至安庆水营，请彭雪琴买来米千余石，送至弟营，大约十一二可到。又报之以银二万两、米二千石，由江西藩司委员解至李少山处。一以偿夙诺，一以谢烘鱼也。

九月初六日请入卫一疏，十月初七夜接到朱批，未蒙谕允。朝廷于东南之事眷念极重，或者终有转机乎！

季弟信谨慎而有生趣，军事应可无虑。

咸丰十年十月初十日

沅弟左右：

初八日寄一缄，以二千金解水营，代弟办米。又饬江藩司速解银二万、米二千石，并派夫送银二千至水营，想可收到。兄于初九日赴黟县查阅岭防，初十日接弟初二、四、五日三缄。应复者详复如左：

一、江西解银二万，今日又飞札往催，限十日解到。湖北每月应解三万金，系抵发霆、礼六、七、八、九四个月之款，弟可再三婉求之。祁门粮台，日内当选数千两，专夫解至安庆，但不知能满万否耳。

一、点验后应发之新勇口粮，自不可驳。吾批令不准于武昌起支大口粮，须至安庆乃支大口粮，不知何以致误？俟回祁时查前批再看。余批驳次青及礼字营，故弟详亦不能不驳。如点验后有应驳者，另候更正。

一、亩捐之事，余向不以为然。提四千串，将来缴数必不满二千，而各县必大张告示，敛怨于民。此等处，弟阅历尚浅，将来必以余批为然。坝工似修不成，如果修得成，余再捐二千串亦可。以后凡取钱少而失名大者，皆宜慎之。

一、前后二哨，余续信令其打退援贼再看。令援贼已至，自当待打退后再说。吉中一哨言欠二千余，尚属近情。刘、李一哨言欠三千余，则太不近情矣。李少山言已发清五月，而弟谓四月尚未发清，何也？将来打退援贼后，吉中一哨或可令其前来，刘、李一哨断不要矣。

咸丰十年十月十五日

沅、季弟左右：

余以初九日出外，十四日归营。接弟信共五封，最后一封是沅弟十一夜写者。

四千石米之约，余于初八日解银二千，十二又饬李卿云解银二千，可作米两千石矣。此外又札江西藩司解银二万、米二千石，以践前约。弟决计守墙濠，不出浪战，最好最好。挑来祁门之人，尽可留打援贼，十月初一日以后尽可由祁门发饷。前札是九月所发，即九月饷由祁门发，亦近人情，惟索饷三千余两，则不近人情矣。何丹畦碑，余思自书之。先尽本身，后尽亲房，可乎？谱序未见。

咸丰十年十月十七日

沅、季弟左右：

十五日发去一信后，又接十三日来缄。安庆各营，坚守既有把握，深以为慰。

此间鲍、张日内亦未开仗。鲍公近颇郁郁忿怒不可近，心窃忧之。左季翁本拟即日进兵扎屯溪，因江西建昌府甫经解围，贼窜金溪一带，左军有后顾之忧，故未遽进。李卿云仅送二千金，与前此之二千，不知可买米两千石否？日来祁门粮台极穷，与李作士处无异。鲍之新五营颇怀怨望，马辉房亦似非正人，弟细察之颇有播弄否？

咸丰十年十月廿一日

沅、季弟左右：

昨日黟县破后，全局大震，幸鲍公拨军获胜。兹抄余寄左公缄一阅。稍慰弟念。

咸丰十年十月廿二日

沅弟左右：

本日辰刻，余有寄胡帅一信、批鲍镇一禀，特抄阅，弟可转抄送厚、希、雪三公一阅。连日未接弟信，北岸贼事何如？江西河口失守，系南赣股匪。

咸丰十年十月廿三日

沅弟左右：

送银勇归，接弟信及守营条约，足当坚明二字。兄今日亦有南岸军情条议抄寄一阅。前写就手卷，于初八日寄去，已收到否？

咸丰十年十月廿五日

沅弟左右：

二十五夜二十三酉刻之信，又接二十夜之信，得知前哨亲兵业已发来，后哨亦于二十四发来。祁门如有事，断非一二哨人所能为力，现已转危为安矣。此两哨应仍照原议，留于安庆，待打过援贼，再行发来。

洪家之事，是非曲直，可一言而决。先茔葬在夏家卖契之内，则我直而洪曲。若系我直，则国藩长子也，断不要弟与澄、季独当其事，当由我挺身出来任之。有祸我当，有谤我受，决不出一分一厘与洪。若系洪直，则从容当谋一妥善之法。谚云“一家饱暖千家怨”，况吾家显宦，岂能免于讥议？至日记，除家中人来，并无人看见，希庵屡求抄阅未许。此物在家，何千龄万代之有？弟若此过虑，吾向家中取来涂灭可也。作梅不向我说而告之润帅，吾亦不以为然。七年，黄金堂起槽门，刘为章不向我告知其凶而告之李笏生，吾亦心非之。弟日内要打援贼，千万莫恼怒也。至嘱。

明二十六日，当派李卿云至建德等处阻止前后两哨，暂莫行走，听弟续信。

咸丰十年十月廿七日

沅弟左右：

二十六夜接弟二十三四日两次专信。二十七早又接二十五信，报多公二十三日胜仗。至以为慰。

大通厘局十月以六成济湘后，四成修堤。十一月后，四曾四陈二韦即当批准。莫令祥芝，昨日发折奏参革职，即日当札马辉房代理。堤工恐未必修得成，而军事得失利钝不过月内外可决，苟堤工太难，办工者无十分内行里手，祈弟酌之。

多、李虽打胜仗，贼若来扑怀宁，弟仍当坚守不出，幸无轻敌致误。左季翁今日可到祁门，吴退庵昨日已到。贵溪股匪，已于二十三日被左军击败，杀贼近二千也。

咸丰十年十月廿八日

沅弟左右：

接二十二夜信，知前哨已至石壁。余令李卿云持令箭至中途截止，本意欲其仍回安庆，待打过援贼再来。今既至石壁，距祁门仅九十里，距安庆则三百里，只得唤之来祁。左季翁亦于二十七日到祁。此间日内甚平安也。

弟营有四人二十七日自祁门归去，内三人先行，带信一封，仅二行，其一人后行。今日湘前营有人自青草塥归，见小路口有勇被杀于道旁者，其号褂系吉字中营，名许仁义，即二十七日之后行者也。余现派戈什哈去查。

北岸战事，望多发信告我。

咸丰十年十一月初一日

沅、季弟左右：

初二日接沅弟二十八日两缄，具悉一切。桐城二十六日又获胜仗，欣慰之至。日记册可方顾氏《日知录》，未免恭维太过。四川有一秀才，与卓海帆相国同年同月同时生，只小一日，又同年入学。

厥后卓相登庸，渠寄诗云：“只因日上差些子，笑向蜀江作钓翁。”余之日记比顾之《日知》，亦恐日上差些子也。至于添一条，则亦可不必。将来兄弟老境，同在家园畅聚，请动族戚吊出文卷，于后批清一笔，胜于我之自添一条多矣。

前后两哨均于初二日到祁门。左季翁来祁已五日。其部下各营二十二日在贵溪打一胜仗，二十九日在德兴打一胜仗。闻初一将开大仗。若能打开德兴，则可进婺源，同进攻休宁也。

芝生所荐之熊姓，未知何如。请师乃第一要紧事，子弟之成败，全系乎是。弟须十二分慎重也。即问近好。

咸丰十年十一月初七日

沅弟左右：

三日未接弟信，想因东流、建德开仗，中途折回。

吾于初五申刻闻普营初三紧急之信，初六日由祁门派千余人往援，限初十日到，不知赶得及否。初七辰刻，闻陈余庵初三日在东流打胜仗。东流有兵，建德当可无失，然心极悬也。又闻多、李二十九日、初一日大获胜仗。北岸得手，南岸当可稍松。

左季翁初四自祁门归去，初六可至景镇。渠部下新克德兴、婺源二县，锐气方盛。万一建德有失，左军尚可御之。

咸丰十年十一月初八日

沅、季弟左右：

建德初四日失守，此间于初七日戌刻接建德巡检吴文涛禀始知之。普镇以五千之众设防半年之久，不能坚守待援，实堪痛恨。陈镇在东流，不知保得住否？贼之力攻南岸，无非欲解安庆之围。余意总欲攻破安庆，而后大局可望转机。今日两咨一札，特抄专人送阅。弟分抄数纸，送胡、杨、彭、李、多诸公一阅。

咸丰十年十一月十八日

沅、季弟左右：

自十一月来，风波迭起，初四日建德失守，十二日浮梁失守，十三日饶州失守，十五日江湾营盘徽防兵一千二百人失陷，十六日尚溪口营盘，徽防兵二千余人失陷，十七日贼再破羊栈岭而入，实属万分危急。幸十七夜接左公信，浮梁之贼，经十三、四日两战，竟于十五夜遁去。十八早接凯章信，已将羊栈之贼击败，得以化险为平。

现在祁南之浮梁、景德镇，祁北之渔亭、黟县，稍就安稳，惟祁西建德，祁东婺源，兵力尚不能及，然老营已决可平安矣。弟等可以放心，并可缄告润帅、希、礼、厚、雪诸公。

咸丰十年十一月廿二日

沅弟左右：

二十一夜接初十日专人来信，具悉一切。日上不差些子，恭惟太过。亲房既画了押，将来远方戚友，或亦可不说闲话。

羊栈岭二十一日之胜，闻杀贼实有二千。果尔，则岭外之贼当不至再来窥犯，待查明贼情，数明贼尸，岭防果无他虞，再令春霆赴景镇会剿。此间十七日建德之捷，二十日羊栈之捷，人心已大定矣，弟可放心。

咸丰十年十一月廿四日

沅、季弟左右：

专使至，接书并胡帅、袁帅二书，具悉一切。所应复者，条列如左：

一、二十日羊栈之战，实派人数得贼尸六百四十五具，其水淹者、屋内者、已埋者尚不在此。内贼目古隆贤，据报实已杀矣，岭外之贼胆应可稍寒。二十四日令鲍镇率马步六千人赴景镇会剿，扫清鄱阳、都昌一带，直至东流、建德。鲍镇去后，岭防仍不免有事，吾与凯章当坚守，静镇以待事机之转。唐、沈七营已回祁门，霆军亦留四营在渔亭，或足以资守御。

一、狗逆既未大创，希军万不可南渡。北岸怀、桐，狗所必争也。韦军在枞阳，亦系必应坚守之地，如无他军换防，亦不可令韦军南来。盖十七日建德之克，二十日羊栈之胜，南岸已大有转机；且闻湖口业已保守无恙，贼亦处处丧志，不必再抽动。北岸大局，弟与润帅、希公熟商可也。安庆贼之伪回文，尚未得见。

一、袁帅奏折，不为无见。然彼甘言蜜语，以师船助我打长毛，中国则峻拒之；彼若明目张胆，以师船助长毛打我中国，再哀求之，岂不更丑？余谓彼以爱兄之道来，诚信而喜之可也。下官也有一本，录稿寄阅，并可抄送润帅一阅。

咸丰十年十一月廿四日

澄侯四弟左右：

二十四日纪泽在长沙所发一禀，由意诚寄到。

此间风波尚未平息。左季翁驻守景德镇，于十三日克复浮梁县，十四日又获胜仗。于是余与江西文报之路始通。老营派唐义训等三千人于十七日克复建德县。于是余与安庆文报之路始通。羊栈岭于十七日被贼窜人，业经击退。十八日又复窜入，二十日又大破之，杀贼甚多。余派人点贼尸，实六百四十五具。贼胆稍寒，从此岭防或稍安静。今日派鲍春霆带马步六千人会剿景镇之贼。若能将此大股逐出岭外，东、建一带，事或犹有可为。此次贼以全力包抄我军，江边一支连陷东流、建德、彭泽、都昌、鄱阳、浮梁六城，均经我军次第克复。湖口一城，闻雪琴派人坚守，不知保全无恙否？如七邑皆保，鲍、左再获胜数次，则化险为平矣！

余身体平安。树堂新来，同居一室，足慰寂寥。顺问五宅大小安好。

国藩手草

咸丰十年十一月廿五日

沅弟左右：

接十八夜来缄，具知一切。

建德虽克，非六千劲旅不能守。余意欲弃而不守，留为鄱阳、景镇各贼之归路。季翁以余见为然，不知厚庵之意如何？景镇之贼未退，候婺源一路贼到，两路夹攻左军。余派鲍镇赴景德会剿，二十四日起行，二十七八可到，当与婺贼先后同到也。

普承尧当参革职，发往新疆：派霆营挑选宝勇溃卒另编三营，在于黄梅、宿松等处归队，即日刊告示张贴耳。

咸丰十年十一月廿七日

沅弟左右：

二十七日接二十二三日两缄，季弟亦有信，欲余添兵。余未接弟等信之先，已请左添三千，鲍添二千四百，朱、唐添一千，杨、彭添水师九营即淮扬水师，买洋炮九百尊。目下所争者，在左、鲍景德镇二军，不知能打退黄文金股匪否？安危之几，在三日内可决。幸而安全，自当陆续添兵。

渔亭二十六日开仗二次，上午大胜，下午微挫。日内休宁、徽州之贼，必再寻渔亭一军开仗。付去伪文一件查阅。寄胡宫保信一件，弟阅后封好送去。

咸丰十年十一月廿八日

沅弟左右：

连接二十四早、二十五早发两信，知枞阳危急之至，深以为系。时卿赴鄂，亦非所愿，留湘则心欣然。此当由润帅与翟公主之。鲍公二十八日必至景镇。不知二十七左军开仗否？余庵军可用楚军四两二钱之制。润帅信，弟阅后封寄。

咸丰八年十二月初二日

沅弟左右：

接二十七早信，知枞阳之贼业经击退，为之一慰。此间搜获伪文，系庐江陈时永求援于伪忠王李秀成者，抄寄一阅。

若北岸办得好，能得安庆之贼屠戮殆尽，则四眼狗必深恨李秀成不救北岸，将来必有自相仇杀之日。今冬明正，弟与多、李在北岸力主攻剿，余在左、鲍在南岸力主稳守，但使南岸勉支三四月，不大决裂，北岸必有好消息也。

弟前代贼作伪文，口气全不符合。如贼中以十月二十八为十一月初一日，弟文亦错误，故贼亦作大言以答之。实则安庆城贼万无久支之理。

左、鲍雨雪尚未开仗。景镇之贼已遁六十里外矣。

咸丰十年十二月初六日

沅弟左右：

鲍公到景镇后，连日雨雪，初四始过河扎营，不知初五六开仗否？伪忠王李秀成一股既未至镇，合左、鲍之力专剿黄文金一股，或尚有把握耳。彭大顺、朱衣点股匪，又已由湘入江。江西南路别无一支劲旅，厘金之源将绝，可虑也。

润帅一缄封好寄去。

咸丰十年十二月初七日

沅弟左右：

初七日接初二夜一缄，并抄寄润帅一缄，具悉一切。

此间徽州、休宁之贼，日内纷纷应调，从下游渡江救援安庆、桐城，祁门以北少可偷安。惟东有伪忠王一股，南有朱衣点、彭大顺一股鞭长莫及，兹可虑耳。

日相先生之事，听润帅自为主持，余不怂恿，亦不挽回。自古君子好与小人为缘，其终无不受其累者。如日相暨胡某、彭某，虽欲不谓之邪不可得，借鬼打鬼，或恐引鬼入室，用毒攻毒，或恐引毒入心，不可不慎也。弟于周之翰疾之已甚，而于日相反多宽假之词，亦未公允。

季弟信亦阅悉。明正节后，怀、桐又有大战，宜预为筹之。家信二件寄阅。

咸丰十年十二月十一日

沅弟左右：

初十夜专差至，接初五来信，知枞阳坝工未成。此事本不易办也。

此间自鲍公二十八日至景镇后，运道大通，人心一定，而至今十有二日，尚未闻开一仗，鄙心又为焦灼。盖必须左、鲍于年内了清此股，而年外乃可分兵办李寿成玉山一股、朱衣点南赣一股，否则三股同时并举，殊难支持。而李世贤徽州一股，杨七麻宁国一股，亦恐开春别有动作耳。

顷搜获伪文二件，抄送一览。复润帅信亦抄阅。日内黄老虎之侄孙黄万兴等又陷建德，此后文报少难。

郑奠至大通，望善待之。

咸丰十年十二月十四日

澄弟左右：

初六日，熊金二等来，得弟自洙津渡所发一信。首尾皆陈心壶代写，中仅数行系弟亲笔。言纪泽十二日午刻准可到家。而鸿儿十八日发禀，谓泽儿尚未到家，何也？弟信尾载明十六日，而来足言实以十九日在洙津桥接得，又何也？牧云十一日在湘潭发信，言泽儿已先进湘河口。而此次弟与纪鸿之信又参差不符，不无疑虑耳。

祁门大营日内尚属平安。惟建德于初六日再失，余与安庆沅、季两弟文报又已不通。鲍、左二公日内尚未开仗，景德镇之饷道则已通矣。

余身体平安，惟略觉齿痛，亦老年应有之事。弟之身体，总以少服药为妙。至嘱。即问近好。

国藩手草

咸丰十年十二月廿九日

沅、季左右：

二十八日接十三日沅弟信，系专足送来者，而到祁太迟。杨镇南十七日专来之信，亦于二十八到祁。武明良十八日专来之信，则先五日到矣。

仁字营拨至枞阳，以新勇五百而能打悍贼三千之众，余闻此为之大慰。意者，安庆各营足以御狗贼之大股乎？二十七日此间大雨如注，左、鲍各军日内又难进兵。黄文金退至石门后，纠集下游各贼来建，将以全力抗拒。左、鲍之师，闻实数不下五六万，不知我军剿办能否得手。江北之雨，想亦不少，枞阳河水或竟可不涸，则大幸也。

咸丰十年十二月卅日

沅、季弟左右：

腊月二十九日接沅弟十九日一缄，傍夕又接两弟二十一日缄，具悉一切。

厚、希、礼、余四人并至安庆议定守濠之法，必臻妥善。余十日内深以安庆为念，得此为之大慰。余庵饷项及朱宽义招勇事，即日当办公牍行之。陈军调四千人至集贤关，南岸似嫌太单。捻匪既去，北岸之贼，似不及南岸之多。左、鲍日来尚未开仗，以贼数太多，难于下手也。祁门大营平安，江军门长贵亦尚可用。

咸丰十一年正月初八日

沅、季弟左右：

初七日接到沅弟腊月十五日信，来足系坐船回，故迟迟也。

左、鲍二军去腊未得速剿，相持日久，师且老矣，而贼数日增贼势日旺。昨初六日，另股贼破大洪岭而入，经江军门击退；又一支破大赤岭。初八日，派唐桂生进剿，不知能否得手。南岸贼多兵少，陈军须全回南岸，并请胡宫保另派三千人来助，支此危局。

咸丰十一年正月初九日

沅、季弟左右：

正月初八日，贼扑祁门老营，唐桂生等出队，在离城十八里接仗，幸获大胜。兹将唐信抄去一览。左、鲍二军相持如故。左信亦抄去一览。沅弟二十一夜所发之信，此间初六接到，十二月日记一册付去，请专人送回。南岸之兵少于北岸者三分之一，而贼多一倍，陈军须来南岸为要。

咸丰十一年正月十一日

沅、季弟左右：

久未接弟信。昨日接胡宫保信，系由九江、南昌递来者。八日到此，尚不为迟，以后弟信请太湖转递可也。

唐桂生初八日大捷后，初九日进剿历口，贼已于初八夜遁回赤岭外矣。目下岭防肃清，老营平安，惟左、鲍二公在鄱境内尚未开仗，贼势浩大，未知足以制之否。

接澄弟十二月十九日信，五宅平安，澄病大愈，在家习写扁字云云。因为日已久，不复寄弟处矣。

南岸之贼不肯救援北岸，怀、桐当无大仗可开，若能拨四五千人一助南岸，则幸矣。

咸丰十一年正月十八日

沅、季弟左右：

数日未接弟书，至为悬系。

此间自初八日唐桂生有历口之捷，初九日鲍春霆有洋塘之捷，人心业已大定。左公于十一日回景德镇。鲍公于十三日拔队追贼，是日行五十里至永丰镇。贼一股已退下游，一股尚扎彭泽之郭家桥一带。鲍公进剿，或亦可以驱逐。此后调度之法，余有复左公一信，抄付弟览。又有一札，调陈缜回扎东流、建德。陈镇在集贤关未必得力，在南岸犹可少壮声威，望弟即嘱令速来为要。

初九日洋塘之役，鲍军阵亡百七十余人，受伤二百余人，闻贼之伤亡者亦不过数百，不知何以溃退如此之速？或头目有极大者被戮乎？兹专人送信，并送《地舆略》十本，不知建德一路已可行否？

咸丰十一年正月廿三日

沅、季弟左右：

二十二日接十八日来信，具悉一切。

此间鲍公追贼至彭泽之牯牛岭，十四五六七八等日均因雪雨未及开仗。闻十九日将与下隅坂之贼开仗，祁门尚未得信，安庆当先闻信也。李秀成连围玉山、广丰、广信三城，均已解围而去，现不知果窜何处？若来景镇，左季翁在彼，或足御之。陈、朱两札今日即下。陈镇营已有照会调南岸矣。

温弟各奏折谕旨抄付，呈词仍弟自作，此间实无帮手也。

咸丰十一年正月廿九日

沅弟左右：

祁门所产术，医者以为胜过于术，吾得佳者十八两。三分之，以六两赠胡宫保，六两寄老弟，六两留兄自用，兹专人送去查收。此外尚收买次等者，将来再寄弟用也。季弟近亦服药否？佳者难再得，次者尚可多购。

广信之贼内犯，二十一日已围建昌城。黄印山太守禀来，守城尚不甚警慌。另股至金溪，养素迎剿获胜，或不碍大局也。

咸丰十一年二月初八日

沅弟左右：

初七日接二十四夜马递一缄，初八日又接初四日专丁来缄，具悉一切。

此间军事，建昌万分危急。黄印山太守二十八九日告急二禀，目不忍看，已将一禀寄胡宫保处矣。左季翁军剿新犯婺源之贼，初八九当有大仗开。余派朱、唐随凯章由上溪口进攻休宁，一则攻贼之不备，一则乘贼势全注婺源之时，我从后击之，亦可微分其势也。希军进山内救援英山、二蕲，恐狗贼大股又将折回，攻扑桐城、怀宁两军。

望弟与多公约定坚守五六日，鲍军可由下隅坂渡江救援北岸。第鲍公为南岸万不可少之人，苟非万分紧急之际，不可轻调之过江。北岸局势稍松之后，又不可少留片刻。彼此皆系救命之事，弟可与润帅及多、鲍、雪、厚、希诸公早早商妥，免致临时主见不定。

东征局月提三万，当即行之。

胡、赵、黄三信璧还。本日一片稿抄阅。本日寄鲍信稿抄阅。

咸丰十一年二月初九日

沅弟左右：

初八日申刻接初五辰刻专差来信，灯上时又接初六酉刻一缄。屈楚轩、张复益之善走，亦可谓如鸟数飞矣。应如何优保之法，弟定拟，交兄附奏可也。

此间左军在婺源与大股悍贼相遇。渠寄余信及余复信，均抄寄胡帅函中，弟拆阅后再送胡营可也。婺源之势如此，建昌之危如彼，看来鲍军必须援救南岸耳。

咸丰十一年二月十一日

沅、季两弟左右：

初十日，曹、张二戈什归，接两弟信，旋又接初七未刻专足信，具悉一切。

此间派凯章、云岩、桂生于初九日进攻上溪口，破贼梁三十余坐，杀贼二千余人。初十日歇息一日。十一进攻休宁。乘贼以全力下婺源时，或可袭取休城，而上溪口正在清华街之尾后，使贼亦有后顾之虑也。南岸悍贼，以杨七麻为首魁，黄文金为亚元，左军去冬御黄于景德镇，今春遇杨于清华街，可谓屡试盘错矣。

移营东、建，已入奏矣，目下势尚不能。

咸丰十一年二月十三日

沅弟左右：

初九日上溪口打一恶仗，十一日攻休宁城约二时之久，十一夜三更休贼遁去，克复县城，上溪口及屯溪两处贼巢亦已克复。看此光景，或者徽郡亦可克复也。日下所虑者，伪侍王大股由婺源下窜浮梁，左军御之于清华街等处，贼多而兵少，地广而路歧，殊为可虞。只要稳住五日，余庵往景镇保后路，凯章又可分兵前往，收夹攻之效，则南岸真有转机矣。此候近好。

咸丰十一年二月十四日

澄侯四弟左右：

二月初十日接正月二十四日弟信并泽儿信，具悉五宅平安，至以为慰。骄字之戒，余前两信已言其略矣。大约祖训考、宝、早、扫、书、蔬、鱼、猪八字及三不信，吾辈断不可一日忘之，忘则家或败矣。

此间于初九日攻破上溪口，十一日夜攻克休宁县城，尚属得手。惟左军被大股贼四面环扰，现令老湘营驰往援助。

余定于十七日由祁门移驻东流、建德一带，有公牍一件抄送弟阅。余身体平安，齿痛是老态，非偶躁也。顺问近好。

国藩手草

咸丰十一年二月十四日

沅弟左右：

昨寄一缄，报休宁克复。本日接信，知婺源、乐平一带处处皆贼，王毅卿分左军八营，在甲路地方四面皆被贼包围，子药米粮缺乏，可虑之至。左公在乐平之柳家湾地方十一日打一胜仗，亦因面面皆贼，势难久驻，大约十二日拔赴鲤鱼桥，一以解毅卿后路之围，一以并军自全。余因群贼环扰祁门，无非欲解安庆之围，定于十七日拔营赴东、建，以纾祁、黟、浮、景之难。先将公牍送弟处，弟抄送胡、李、多、杨、彭等处查照。即问近好。

咸丰十一年二月十五日

沅弟左右：

十五早接十二日辰初来信，具悉一切。

黄州失守，不特汉口、汉阳可危，即武昌无得力水师，亦难保其不渡江。南岸之事，亦极决裂。左军分八营在甲路者，以王开来、王开琳为主。十二日贼众围营，十二夜三更挫溃，退至黄港、景镇一带，不知与左公自带四营会合后尚能成军否？兹将王开来与梅村之信抄寄一览，弟可转呈润帅阅也。现调陈余庵赴景镇，又调鲍公援景镇，不知左公能支持十日八日否？李金旸赴援建昌，亦已挫败。建城殆不可保，思之喟然。江省全局散漫。李黼堂告病回籍，则事之不可为，可概见也。顺问近好。

咸丰十一年二月十七日

沅、季弟左右：

前日接沅弟十一日信，尚未裁复，兹又接两弟十四日一缄。

此间军事，伪忠王围建昌已二十余日，又闻分股以扑抚州。杨七麻由清华街窜景镇。伪侍王由婺源窜乐平，十五六未闻左军开仗之信。或贼中闻休宁克复之信，将回救徽郡耶？湖北省城，官相、唐方伯皆系久历戎行之人，江西省城，竟无一人可恃，故余径调鲍军赴江西会垣。鲍军去后，建德必失，祁门必四面围困，余与两弟必文报不通，然不能顾及，兄之苦衷可想矣。顺问近好。

十六日寄胡信、十七日寄少荃信抄阅。

再，曹仁美果是猛男子，李碧池亦极奋勇。上溪口之战，二人首先陷阵；休宁攻城，二人皆受重伤，幸未损筋骨，十日外可复元也。屈、张两飞廉，当如来单保之。降卒遣令远去为是，留在近处，恐反为城贼耳目。鲍军渡至九江，可援江西，亦可援湖北，然武昌之安危，在十一至二十等日之内。如二十外，则希军已到，水师亦到，应可平安；若二十内有意外之失，则断非鲍公所能赶到也。故余专令其援江西耳。各件发还。

咸丰十一年二月十八日

沅弟左右：

甲路之贼不遽犯景德镇，左军得以从容整理，幸也。湖北、江西两省城并可危。希军援武汉，鲍军援南昌，不知均赶得上否？余日内忧灼之怀，较之去冬更甚，每日除两次围棋外，无一刻不气得如柴狗担鸡去一般也。兹有寄润帅信一件，弟阅后封送。即问近好。季弟均好。

咸丰十一年二月廿日

沅、季两弟左右：

接十五六来信，得悉城贼慌乱之象。然攻城则实无把握，左信中所抄贼供，亦殊不可信。此时以严断文报为第一义。如狗逆上犯黄州等事，若能使城中一概不知，则其气愈闷，其慌愈甚。濠外之垒专住降贼，吾恐其中未必无通文报者也。

此间自十六日至十九日皆催鲍军晋江西省城，今日忽然变计，具详复润帅函中，弟阅后加封飞送。顺问近好。

咸丰十一年二月廿一日

沅弟左右：

接十八早来缄。节相截留刘金兰，唐方伯临警招勇，希率全军南渡，此三事均甚可虑。此间函止鲍军暂不赴江西省城，万一贼扑安庆之背，鲍可渡江救援。但弟须坚守七日，围扑二日再发信与鲍。鲍过渡及行路扎营，五日乃可到也。早预北渡，则断不可。顺问近好。

咸丰十一年二月廿三日

沅弟左右：

二十一二日两信言贼若扑安庆官军之背，弟坚守七日，即派军渡江北援云云。顷查贼之大股环聚乐平、饶州一带，恐非左军所能了，鲍军须击退饶、乐一股而后祁、休三万余人乃有粮路，恐竟不能赴援江北矣。

本日接左信，付去一阅，可转寄润帅阅也。即问近好。

咸丰十一年二月卅日

沅、季弟左右：

三十日接二十六日来函，具悉一切。

狗逆上不敢犯武汉，下不敢扑太湖、安庆，知其无能矣。此间伪侍王一股蔓延乐平、景镇两处，又分支窜扰鄱北境。本日接左帅二十八信，寄弟一阅。贼势散漫，似不足畏，惟五六日与江西文报不通，不知伪忠王一股现窜何耳。张、朱、唐诸军日内将有攻徽之举。

季弟欲代我招一营，日内实无饭可吃。即前招之朱、两营及请希庵代招之营，均唯恐其速来。艰窘之状，想北亦略闻之。即问近好。

咸丰十一年三月初一日

沅、季弟左右：

勇归，接二十八日信，具悉一切。

此间但知林绍璋于咸丰四年攻湘潭时为春官丞相，近年为中军主将，不知其已晋封为王。此贼资格老而好摆架子，不足畏也。吾昨信言南岸有三王两主将，弟试以询之韦志浚，果不谬否？此间拟进攻徽城一次，余亦至齐云山一游。齐云为天下名山，去祁门八十里，去休宁三十余里，去徽郡九十里。因老营空虚，故驾言出游耳。

季弟练勇守城之说，余不甚以为然。盖未经大战者，不能守；屡经战阵者，又愿吃一钱四分之粮，不甘吃百文也。弟意何如？即问近好。

咸丰十一年三月初七日

沅、季弟左右：

接初三、四日两缄，具悉一切。

贼至滠口，赖舒公马队保全。汉口、湖北事尚不甚坏。

此间伪侍王踞景德镇，伪忠王窜樟树、瑞、临，真膏盲之患耳。鲍公本应剿腹地，因余率数万人均在围困之中，不能不先剿景镇。攻徽之举，朱云岩因留守祁门未来，唐桂生挫败。日内当再攻一次，求通浙江之米粮也。大通陈余庵应分之六千串，弟酌分若干，交其留驻东流之千五百人，每人一两可也，酌留若干归弟营用。东征局解弟之三万金，江西是否截留？兄处已文报不通久矣。复问近好。余详润帅缄中。

国藩顿首

咸丰十一年三月十一日

沅、季弟左右：

初十戌刻接初七辰刻信，具悉一切。

此间老湘强中及霆字三营初十再进攻徽州，今明日当开大仗。鲍公赴剿景镇而坐船至湖口，迂道三四百里，殊为失计。祁门仅朱云岩带三四百人防守，单薄之至。此时以全力攻徽，亦不能顾祁也。余近日屡函嘱鲍迅剿景镇，不知渠接到否？弟若与鲍通信，可嘱其专攻景镇；若迁延不来，则祁门不特与江西文报不通，即与弟及润帅处皆文报不通矣。顺候近好。

国藩手草　休宁城中

咸丰十一年三月十一日

沅弟左右：

十一日申刻得初九早所发一信，二勇神速之至，虽飞廉不是过也，已每名赏银四两矣。

弟处无人来援，不必引以为愧。望专心围攻安庆，以副余望，并设法买米二千石，将由东流陆运至祁门，大约每石须脚价千文耳。东征局解弟饷三万，由江西转运。弟可一面商告毓公及黼堂等，令其速解；一面以万金为兄处买米数千石，办口袋千个。其银未到之先能即办即运更妙，稍迟恐又梗阻矣。

许仙屏信一件妥速寄去。顺问近好。

咸丰十一年三月廿日

沅、季弟左右：

二十日申刻接三月十八日辰刻来信，知已办米二千石、口袋八千个。此次弟当十分紧急之际，而乃反为南岸米事大费精神，兄实不安之至。兄当时发此议，不知北岸恰值紧时也。黄梅、宿松股匪，想不大悍；即悍，亦当不多，多者必自练潭而来。兄近日胆极怯，闻之焦灼之至，愿弟速调盛南带两哨队伍归营。南岸之事，尽足支持，丝毫不烦弟管也。由黄梅、宿松下犯之贼，究是黄州来乎？抑系他处来乎？久未领饷，东征局之三万，弟可支二万去，其一万亦为弟买米办口袋之用，弟可告之张小山也。

景镇现仅数百贼，贼大股全赴乐平，与左、鲍交仗。计景镇当在近日克复，两弟尽可放心。顺问近好。

咸丰十一年三月廿三日

沅、季弟左右：

二十二日连发三信，二次交此间亲兵送去，一次交弟处亲兵带去。自二十日起至今，狗逆猛扑弟处营濠，危险之状，念之震栗。余本拟二十四日拔营至东流舟次，因侍逆败退，景德镇克复，南岸事势大松，思调鲍军救援北岸，不得不留此三日，待鲍公回信到后，乃定行期。鲍公能速赴东、建，则余之拔行稍缓；鲍不能速赴东、建，则余在五日内拔营，决不久延，弟千万放心。顺问近好。复左公信抄阅。

正封缄间，接九弟二十一早发信，并寄季弟一信。季弟欲夹击，九弟欲稳守，九弟是也。半年定计，一旦更改，则在下者无所适从，而军心乱矣。

适专卒自景镇归，知左、鲍皆已到镇，饶、景、浮、乐一律肃清，可慰之至。余决计请鲍公赴江滨，北援安庆，大约二十六七可拔营，初三四可到下隅坂，请厚庵预备船只渡江，初七八可到集贤关，断不至失信也。弟营无银钱用，余函告张小山，将汪令所解之二万金送至弟处。其东征局之二万，不知现到何处，尚杳无信息耳。

咸丰十一年三月廿三日

沅弟左右：

本日两次寄书，想二十五均可接到。云岩闻弟处紧急，被贼于菱湖中段扎营，忧灼之至，自请带队往弟处救援。余因其血性过人，不忍拂其请，已允许之。虽人少无益，然危迫之际，多来一人，军心为之一壮。渠定于二十四日拔行，带五百人，三十日定赶至安庆，即在盐河登岸，助弟守西北墙濠。余于二十六日拔营，三十日定赶至东流。鲍公亦于二十六日拔营，初一日定赶至下隅坂，初二日渡至红店，初三日进扎大桥，初四五可打集贤关；纵有风雨，亦在初八前准到。云岩至濠内助守，春霆至关外助攻，当可得手。再问近好。

咸丰十一年三月廿五日

沅、季弟左右：

二十四日一日未接信，焦急之至。二十四夜三更接沅弟二十三辰正信，具悉一切。

东路二十二小挫一次，幸仅三营，或无大碍；然狗逆窥破官军之伎俩，其焰益长矣。大凡人之自诩智识，多由阅历太少。如沅弟屡劝我移营东流，以为万全之策，而不知我在东流，若建德失陷，任贼窜入饶州、浮、景，我不能屏蔽面上太下不去，是一难也；我居高位，又窃虚名，夷目必加倍欺凌，是二难也。

沅弟但知其利，不知其害。此自诩智识，由于阅历少也。季弟近日料徽州之必克，料左军之必败，不凭目击，但凭臆断，此自诩智识，由于阅历少也。沅弟服狗逆善于寻间而入，而不知城贼数万，命悬呼吸，日日将官兵营盘一一看透，毫发毕露，仅留菱湖中段为城贼一线生路。沅弟不知为城贼之蓄谋久计，而认为狗贼之突来急计，是亦阅历少也。季弟急于出濠搦战，但料贼党之未必真悍，而不知官军之大不可恃，是亦阅历少也。目下兄所虑者，虑两弟致书胡、多，急于救援，胡、多急于赴援。再有挫失，则大局或致决裂。若两弟不急求援，胡、多能坚坐不动，专待李、鲍二军往援，则四月初八九必有大转机矣。

多公马队精悍异常，步队则新营太多，恐难深恃。往年与鲍同战，去年与李同战，故所向有功；若令多独当一路，恐难免千虑之一失。且黄文金、林绍璋、洪仁玕、陈时永等皆在桐城，其众必有十万八万之多。

若多公来援安庆，狗逆拒之于前，黄、林等蹑之于后，必难得手，且恐挂车河营盘或有疏失。故余愿弟多守数日以待李、鲍二军，不愿多公之来援。鲍公初一必到江滨，弟可放心。

咸丰十一年三月廿六日

沅弟左右：

二十六日酉刻，历口途次接二十四日辰正一缄，具悉安庆稳守无虞。四板舢板抬入菱湖者，至三十余号之多，为之大慰。闻云岩二十八日可至东流，计二十九、三十日必至弟处，帮同守濠。春霆二十五自景德镇启行，计三十、初一可以渡江。

余于二十六自祁门启行，计初一可至东流。余意欲留多军不动，专御林绍璋、黄文金等股，而援怀则专望希、霆两军，庶心无游移，而事有把握。弟商之厚帅，如以为然，则函止多军不必来怀。外寄官、胡、希三缄，弟托水营飞送。顺问近好。

咸丰十一年三月廿九日

沅弟左右：

二十八夜接二十六夜、二十七早两缄，二十九未刻又接二十七申刻一缄并小菜二包，既分苦株子，即不责弟之少阅历矣。二十七八连雨，计菱湖可增水一二尺，颇有益于水师船否？余二十九日至利步口，与春霆同住，初一日可至东流。顺问近好。

再，九江嘱吴竹庄带千五百人往守，又有万泰之陆兵、丁义方之水师，或可保全。黄印山守建昌，不满千人也。鲍军仍以北渡援怀为正办，其次则进池州以屏蔽东、建、都鄱等县，又其次乃赴九江至瑞、临等处，仍以调荩臣军去，乃可跟追。若鲍军，则跟追不可太远，不宜离我五百里耳。

二十九日申刻

咸丰十一年四月初一日

沅弟左右：

余以初一日未刻抵东流县，接弟三十夜一缄。以三千金买米济鲍、朱，尽可不必，余尚有五千石米在此，鲍、朱自可来领，弟银留发各营几日口粮可也。

城之畏地洞，以其卓立太高易于崩裂，砖石皆飞易于震骇也。土墙则不必畏地洞矣。鲍军初二应可到江，本日渠在下隅坂有一禀来，余批抄阅。余欲令成大吉等守石牌，而以鲍进集贤，防宿松贼抄鲍之后也，候商之润帅何如。

咸丰十一年四月初二日

沅弟左右：

初二午刻接初一申正来信，知云岩已到，守事已稳。鲍公今日由华阳镇渡江，北风甚大，不知能渡毕否？润帅与春霆信，劝其持重缓战，云开仗宜在四月中旬。弟信又欲急战。余则送鲍公渡江之后，一概不管，缓急听主之可也。

李筱泉专人到省，吉安、吉水、永丰、新淦均无贼踪，想由瑞趋浔矣。即问近好。

云岩信未另复，弟可述告一切。

咸丰十一年四月初四日

沅弟左右：

初三酉刻接初三辰刻来信并古文二本，嘱以改错字，明句读，此苦株不易得也。

春霆处人来，言初三日午后渡河业已渡毕。今日虽雨泥，吾当催其速进。成、胡十营，弟意令其与鲍同进，吾即日寄信与胡、鲍，令之随进，纵留防石牌，不过千人足矣。至多公以马队与鲍会剿集贤，或马步皆来，由弟就近与礼帅熟商可耳。

少岩同年来，当善遇之。即问近好。

咸丰十一年四月初五日

沅、季弟左右：

接沅弟初四夜信、季弟初三夜信，具悉一切。

狗逆于初四早赴高河铺，寻多军开仗，看来能胜多则再与鲍、成力战，不能敌多则将他窜矣。鲍公昨夜在望江驻宿。狗逆与多接仗计不出初六七之内、鲍、成必赶不上，只好置之。鲍公最无主意，不宜以纷纷无定之议相扰，余惟令其赴集贤耳。

余现距鲍营亦有百里，明日以后相距更远，故寄鲍信，但嘱其一切调度布置推多作主，此间即不遥制矣。弟处与鲍信，亦不宜多出主意，尤不宜屡作游移之词，指一方打一方，霆公亦与雷公相等耳。

季弟肯承认错处，即是近日长进。以余观近日之贼，打仗实不甚凶狠，所可恨者，官军更不如贼耳。圆篇酒，待击退狗党后即办，决不失信。吴、万、丁防浔、似尚不慌张。顺候近好。

咸丰十一年四月初五日

沅弟左右：

今日天气阴暗如此，不知多公开仗情形如何。春霆信来，言今日住长林铺，明日住石牌。看此光景，初八日不能践约矣。降贼之供，不可尽信。余四年冬打小池口，两次败仗，信降贼之言也。只要多军初六七八无疏失，待鲍、成到后，与多合剿，必可得手。顺问近好。

五日灯上。因一日三信太多，改于初六卯刻发。

咸丰十一年四月初六日

沅弟左右：

初六巳刻，长胜营勇送到初五正信。送家信者，闻亦以午刻自弟营起行，昨夜初更到矣。九鸡不能减，万金又不准捐，不亦劳乎！日内文书堆积如山，未能清理。犒银现尚未到，只口惠耳。各营将士有惫倦之象否？鲍公信寄弟一阅。即问近好。

季弟均此

咸丰十一年四月初七日

沅弟左右：

初六酉刻接辰正来缄，并香椿、冬苋。频以苦株子啖我，知圈文苦差难以捐免，我绰到眼里便晓得耳。夏小岩同年已到，颓然已老，境遇可怜。初五六天气令人闷极生悸，今日开霁，多、鲍进兵较易。瑞州之贼，日内无信息，九江略有守备，或不窥浔。此股似非果有伪忠王在内，若有劲旅三千，破之有余，惜不可得。顺问弟暨季弟近好。

咸丰十一年四月初九日

沅弟左右：

初九午刻得初八酉正来缄。狗逆埋藏关外，而声言往挂车河寻多公开仗，弟即信之而遍告各处，即此亦可添许多阅历。

提饷之事，一言难尽。闻林文忠晚年，因属员之气而告病回籍。余往年但知作客之难，近乃觉作主亦不易易也，俟与弟相见再行详告。弟之咨，余之札，皆宜速行，能得与否，是未敢必。座船今日已到。雪琴信称德安亦有七八千悍贼。伪忠王瑞州一股果由新昌窜至崇、通，则鄂必大慌，而湘亦可虑。顺问近好。

咸丰十一年四月十一日

沅弟左右：

得初十夜三更信，具悉。十一日出濠开仗，多、鲍两路进兵，贼当不能以全力专向弟军。天气不寒不暖，亦尚宜人。余于今日移住舟次，待起屋三间，仍住陆营也。张家滩之下二十余里，百姓报有贼踪。东流城三面临水，贼或不敢来犯。少荃信言有银二三万可解弟处，不知确否？顺问近好。

咸丰十一年四月十四日

澄弟左右：

日来未接弟信，想五宅皆平安也。此间军事，四眼狗于初十日忽自安庆至桐城，寻多公开仗。十一日，鲍军攻赤岗岭四贼垒，沅弟攻菱湖九贼垒，均未能破，我军伤亡颇多。沅弟现将菱湖贼垒并以大围包之，计狗逆必以死力来争，多、鲍、成大吉三军皆可与狗逆力战，当不难歼灭此酋耳。

瑞州贼势猖獗，目下实无兵往援江西、两湖。三省腹心之患，俟安庆事定，即当拨兵逐之。余体极平安。沅、季两弟相隔不满百里，军心甚为固结，官兵多于贼数将近一倍，家中尽可放心。即问近好。

兄国藩手草

咸丰十一年四月十六日

沅弟左右：

十五日，贼匪猛扑菱湖六新垒否？天气郁熟异常，弟营军士十三四日劳乏异常，若十五日不来猛扑，则十六以后即可稳扎。大雨盛涨，狗酋当难渡练潭而回安庆。且到处水大，盐河口各营即可扎于中空一段，弟处腾出兵力，即弟本部已可合成长围，或不须借成军作围师。水多，则挂车河老营易守，腾出多公兵力，足以独办援贼，或不须鲍公久留北岸乎？诚如此，则此雨侯乃助王师之时雨也。须问近好。

前缄写就，因风大未送。戈什哈回，接沅弟二更信、季弟巳刻信。沅弟布置周妥，季弟禁说自全。壮哉！吾弟足令阿兄自豪矣。犒银日内即送。调鲍、朱回剿南岸，早迟难定，至速亦在五月，总须安庆千稳万稳，乃可调开。九江虽紧，建德虽失，姑且置之度外。弟既不要成军进扎菱湖，弟即自行缄告。吾昨有公牍前往，兹不另告矣。

弟闻中空贼垒“哎哟”之声，比萧七白眼声音如何？再问沅、季弟日好。赵、黄信发还。

咸丰十一年四月十七日

沅弟左右：

昨日专戈什哈送信，风大，不知能渡江否？今日风狂如故。水涨自初十起，至今已涨高六尺，四眼狗已渡河回怀宁否？建德之贼，即系池州一股，刘官方为主将，古、赖为佐将，曾在羊栈岭及历口、箬坑等处，屡为我军所创。如左军不能迅回景镇一带，将来趁云岩回祁之时，调唐、沈诸营与朱会剿。如此大水，弟处围师尽敷，竟可不必借他军之力矣。

瑞州初二之败，省城大震。然李金梁叛去之说，吾尚不深信，盖张光照未战先逃，恐其架言以诬人也。顺问近好。

咸丰十一年四月十八日

沅弟左右：

成军不须进关，昨夕已缄告厚庵，今早缄告春霆矣。鲍、成昨日进扎高桥否？狗酋有渡河回援之信否？鲍军本极精锐，近来副五营内中、后两营尚留渔亭左右，两营不甚得力，新四营中全未见仗，又有黄州三营之挫，老五营中郑革而苏亡，又十一日伤者过多。此数事者，暗暗吃亏，余极不放心。弟试往渠营观其气象，察其军情，劝之深沟高垒自立不败之地为妥。狗酋若来，只要坚守十日不与之战，狗亦必计穷而去，安庆亦可必克。若野战不利，却事不可知耳。顺问近好。

正封缄间，接胡官保信，知多军十四日获胜，十四夜告急，调成武臣扎三安铺。余以主意太多则乱，调度太活则军心不凝定，应即决定成不进关，扎菱湖，从弟之计；鲍、成同扎关外，以通水师，以御狗援，从寿珊之计。即日照此坚定办理，不可纷纷变计也。望弟通商各上为要。四月十八日巳刻。

咸丰十一年四月十九日

沅弟左右：

十八夜三更接十八早来信。菱湖六新营既扎定五日五夜，吾无虑矣。

左季翁久无信到，但知其初二日由德兴拔营赴弋阳耳。伪侍于二十六日围玉山，初四日已解围以去。若其往浙，则吾姑偷安；若其由广丰内犯抚、建，则左军恰好堵截。建德之贼十六七八日未闻他窜，只好置之不议不论。

建贼犯湖口，责成竹庄守之；瑞贼犯九江，亦责成竹庄与丁、万守之。明知竹之力不能兼顾二处，然此时无兵可拨，只得听之。鲍公击退狗援，端节后再令南渡可也。云岩却宜略早回祁。盖建贼无人剿办是第二着，惟建失而祁军无主，恐祁门军心摇乱。请弟斟酌。弟处十分稳固，即令云岩回祁。其云岩拔营日期之迟早，均由弟酌定，告之云岩可耳。

润信寄还。有送夏少岩银三千两、对一付，弟转交之。顺问近好。

咸丰十一年四月廿日

沅弟左右：

武明良禀阅过。渠称贼在八都山掳船，潜渡建、东，似尚未知建德十五失守之事。八都山来东流之路，当饬水营查哨。艇船至安庆卸载，想即洋船也，东路旱营及对岸水营当见之也，望弟详查而商之水营办理。

昨夜一缄未发。本日午刻接弟十九夜一缄，具悉一切。鲍、成既已扎得稳，甚慰甚慰。此时不求破贼，且先求自立不败之地。韦部千人既到，二日内即当调云岩回南岸。夷酋日内尚未来会，若会晤时，当以人礼待之，不以鬼礼待之，能否断安庆接济，则相机再商耳。复左信抄阅。各件付还。

咸丰十一年四月廿三日

沅弟左右：

连日大风苦雨，江涨丈余，阴寒无雷，岂上游有蛟水之事耶？抑气象大殊，不利于军事耶？二十二日专舢板送一信，即弟处二十一日来足也。甫行二三十里许，午刻突转北风，江水怒立，不知此信果到否？建德之贼，日内尚未他窜，九江亦无警报。李金旸自安义逃出，至省城投诚自首。中丞将李与张光照并解东流，交余惩办。瑞、黄、德三府不复，江、鄂饷皆大绌，实不知所以善其后。顺问日好。

季弟均此

正封缄间，接二十一夜弟信并苦株等件，知此间二十日、二十一二等信尚未到安庆也。胡太守事，容即留心，此间现无幕友，奏咨信缄，皆本店一手承造，颇以办保举案为苦，然节后必拜发耳。黄、李二件附还照收。湘省解米三千石，可不必耳。

再耳字用骆公体。

咸丰十一年四月廿五日

沅弟左右：

接润帅信，欲自率成、舒各军为南岸雕剿之师。余有复信，抄寄一览。又本日复左帅信，亦抄付弟阅。江西来饷五万，拟五千犒安庆，三万解祁、休，一万五解鲍。暂不发口粮者，以辅堂有二万，南坡处二万，均月内可到安庆也。顺问近好。

咸丰十一年四月廿七日

沅弟左右：

二十六日灯初，专人归，接弟午刻一缄。二更弟处勇来，又接辰刻一缄。

弟立志坚围安庆，若多军常在挂车、青草塥一带，夏秋水大，处处可通炮船，虽有数十万贼来，余信弟必可稳守，多必可击援也。余决计于节后调鲍军南渡剿浔、瑞、武、义、崇、通一带。二十六夜复润帅一缄，抄付一阅，望弟力赞成之。实则成随希剿黄州，鲍清江西腹地，弟主围怀，多主击援，皆系去冬今春原议。云岩一队，弟即嘱其渡回南岸。顺问日好。

季弟均此

咸丰十一年四月廿八日

沅弟左右：

今日搜获伪文十六件，兹先将文目送阅，俟抄就后再将原文送弟处。其中最要关键二端：一则狗酋赴桐城，专避鲍军之锋，言鲍回南岸，即至安庆寻战；一则池州空虚危急，人少水大，极易攻取。兄阅伪文，知两岸之贼全副精神俱在怀、桐。兄前言节后调鲍军回南岸。看来竟不可遽调也。至池州似可乘虚攻取，拟令黄翼升带淮阳水师，取守兼任其事，候再熟商。即问近好。

正封缄间，接弟二十七日申刻一缄，具悉一切。皖南地方，若婺源、景镇两处有人守，每月可筹饷四万；若克徽郡，则月可五万。比江西之吉安则不足，比抚、建、瑞、临则有余也。此次左军能迅速援景德镇否，尚不可知，且姑听之。

拜夷酋帖式阅过，尽可往见。无论中国外国之人，无不好恭维者，弟之拜帖、文牍均恭敬，即有事干求于彼，应不至以无礼相向。夷酋若来东流，兄亦必与相会，但不先施耳。上水夷船甚多，不必船船皆有大员。皆有通事，若系买卖船，弟亦不必先投此文，须查明为要。

保举可先保二三十人，附于此间另案之内，太多则不可，以未开大仗也。功牌即可刷印。雪琴放广东臬司，亦当奏留。再候日佳。

咸丰十一年四月廿九日

沅弟左右：

二十八夜接巳正一缄，具悉。四月天气实堪骇悸，惟水陆各军人心未散，或尚可支，润帅欲弃太、潜、石牌三城不守，万万不可。余复信两件抄阅，望弟以缄告寿山力争之。

功牌尚未刷印，刻字匠三人皆病，须节后乃能刷。弟要得急，可向润帅要也。何必大界王三乎？此间刻字匠手段极高，二月间曾刻帖数行，今寄一纸去。严治失守者之罪，亦须分别城中有兵无兵耳。顺问近好。

季弟均此

咸丰十一年五月初二日

沅、季弟左右：

接初一夜信，知关外四垒已有三个投诚，刘玱琳当难孤立。安庆之事，十牙子有影子矣。季弟所送之礼，谢谢。天下事当局则迷，旁观则醒；事前易暗，事后易明。闻黄州之贼现已下窜，不知黄城尚有贼否？大约并力来集贤关一战。狗酋亲赴金陵请兵之说，余终不深信耳。即问近好。

咸丰十一年五月初三日

沅弟左右：

李金旸、张光照皆于今日解到。讯明后，即已正法，仍榜示于外。兹录一览。闻玱琳先生坚守如故，良可佩服，鲍军想又受伤不少矣。吾欲胡军暂扎石牌不动，润公三日未回信，想病势又增，极为忧系。顺问近好。

咸丰十一年五月初四日

澄弟左右：

二十四日发信后，此间诸事平安。沅弟将菱湖之贼垒九座一并以大围包之，现又满二十日矣。鲍、成二镇围赤岗岭之贼垒四座，八日未曾收队。二十九日有三垒出降，全数杀之。其一垒亦日内必破也。李金旸在瑞州败后，江省纷纷传其投降于贼，中丞派员解至东流，初三日即将李金旸及其营官张光照一并正法。四垒既破，安庆当有克复之望。

余身体尚好，惟遍身生疮，奇痒异常。现在岸上起屋，近来最怕过热天，在岸上住，或略好也。鼎三今年究竟认字否？老屋近日光景好否？纪泽写家信于此等不甚详细，望弟细写一次。下手台上之笋，如果茂盛，可晒小根笋付来。科三今年完娶太早，宜迟二三年。三女亦不出嫁，须待罗婿过十八岁再说。顺问近好。

兄国藩手草

咸丰十一年五月初四日

季弟左右：

张吟来，接弟信，知玱翁果已漏网，将来此数百人为害必烈耳。兄日内疮痒异常，诸事废搁，月余未奏事矣。节后若身体平安，当至盐河与两弟一叙。顺候节喜。

咸丰十一年五月初五日

沅弟左右：

陈雪卢有长沙之行，余送程仪三十金，似尚不敷。昨见南坡与弟信，有代送二百金之托。渠现在东流，弟或专送来，或由兄处代出均可。

鲍若调南岸，怀、桐支得住否？江西官绅怨我，似不能不调也。即问近好。

咸丰十一年五月初六日

沅弟左右：

初六早接弟初四夜短信，具悉一切。所应复者，条列于后：

一、鲍公扎集贤不动，乃四垒未破以前之议。今四垒既破，应即以鲍渡南岸，由浔赴瑞，昨已两缄询弟矣。待弟回信到，即办公牍。若令鲍剿宿松，则兄失信于江西官绅，断乎不可。

一、韦志浚军，余本不甚以为然。自接弟十五六日等信，言韦于用兵内行，又言其心地之好，余遂有意用韦为统领，独当一路。昨与厚庵商之，厚言独统一路则不可，令之随鲍公出战则可。又以无人可替防枞阳，故令周添募六百余人，防枞阳及安庆对岸两处。今弟确见韦不宜随鲍，则尽可反汉，惟周添募一节不可反汉耳。河溪营，系兄以严批调之赴浔；渔亭二营，系兄初一日专调归鲍。皆非鲍意也。

一、观人论事，因勋名已立而信之，诚所不免，然亦未尝不博采众论。如韦之为人，水师各营官赞之，祁门林令赞之，余俱未动心。至弟十六日信言韦力劝各大宪谋攻安庆，赞其心地之好，余遂动心用之。将用之，而弟此信乃说出韦之坏处。自去年以来，弟信亦未说过韦营半个坏字。目下弟极赞多公之贤，将来余若设法请重用多公，弟莫又改口也。

一、洋船接济安庆米三千石，当以公文与水师，请用炮船护送，第恐洋船不听，仍在城下停泊，水师亦无如之何耳。顺问近好。

咸丰十一年五月初八日

沅弟左右：

昨日得信，贼破漳岭而入，初三日黟县失守。余不肯弃三县，恐诸将自弃之矣。幸云岩于初四日已赶到家，或能保住祁门亦未可知。余日内愁闷，可令二甥来此见我，或轮替来亦可。顺问近好。

咸丰十一年五月初十日

沅弟左右：

初九夜接初八辰信、申刻两函，具悉一切。洋人片子亦可观，其护封图章尤可异也。克城速则并案请奖，克城退则于击援案内请奖一次，甚为妥也。鲍军自四月至今，兄处给银四万五千，润帅给钱两万串，弟处又给钱万串，差为小康。祁、休二万人，自四月至今未给一分一文，昨初五尚能攻克黟县，殊可念也。雨多若此，麦收已全失矣。饷缺已久，重以岁荒，思之心悸。陈余庵之子尚未来，奠分暂存此间。即问近好。

胡信发还

再，顷接胡宫保函，欲留鲍军在集贤关，以待安庆之克，又与弟议论不合。兹将原信寄阅。余令鲍少待数日，再定主意。弟劝我听人言，又劝我不必博采人言，此次究应听乎？不应听乎？乞决之请问多公，以多一言为定。

咸丰十一年五月十一日

沅弟左右：

初十夜接初九巳刻一缄、三更一缄。临三到，问两弟体好为慰。临三亦壮健，不似早岁之弱，弟教育之功也。

三千石米，即日当舟送安庆，以发各营。亲兵营帮带，殊难其选。云岩已于初四日到祁，初五即出队助仗。闻初六以后，贼又犯岭，终可虑耳。润帅吐血太多，兴国州失守，又增忧灼。待渠拔行时，余至华阳镇，与之一会。顺问近好。

季弟均候

咸丰十一年五月十二日

沅弟左右：

十二早接初十夜信并详文，即照来详先办。王、唐、邓三牍余俟再送至弟处，请弟转交水营。弟处若有善说话之人，或派二三人至水营守候。待洋船经过时，如无停泊之势，则听其经过可也。如有停泊之势，则护送之船即驶近夷船，与之婉商。彼不过图小利耳，我以数百千饵之，亦无不可。若在安庆城外将近停泊之际，难于径登夷舟，则在下游预先说明亦好。

鲍既可以不留北岸，余即令其径由华阳镇南渡矣。本日寄鲍信抄阅。顺问近好。

咸丰十一年五月十四日

澄弟左右：

接两次家书，具悉五宅平安，并弟将有做一届公公之喜，欣慰无已。

省城雇一种菜之工，此极小之事，弟便说出许多道理来，砌一个大拦头坝。向使余在外寄数万金银，娶几个美妾，起几栋大屋，弟必进京至提督府告状矣。省域之人虽多睡早觉者，然亦视乎东家以为转移。

余身边所用之人，住省者其十之七。往年余以卯正起，身边人亦卯正起；近年余以卯初或寅正起，身边人亦卯初寅正起。乡间种菜全无讲究，比之省中好菜园，何止霄壤！余欲学些好样，添些好种，故令纪泽托在省雇工，弟可不必打破耳。

此间军事平安。黟县于初三日失守，初五克复。赤岗岭四贼垒为鲍、成两军攻破，诛斩净尽，生擒逆首。安庆之克，似已有望。惟湖北兴国、崇、通失守，湖南不免震动。余遍身疮癣，奇痒异常，略似丙午年在京，余无所苦。顺问近好。

兄国藩手草

咸丰十一年五月十七日

沅、季弟左右：

接十五两弟来信，具悉一切。

兄与润帅十五日午刻相会，定以鲍军由潜山、太湖、张家塝上行，惟此路不为大水所阻耳。其或由兰溪以打蕲、黄，或由武穴南渡以打兴国，则尚未十分定妥耳。多公函中谓鲍、成于十日内两军并进云云，此则实做不到。以吾计算，从集贤至兴国，纵速亦须二十余日，鲍过张家塝以上，狗逆再来怀、桐，霆军难再回援。务望多军与弟军竭力支持，只要下游无米接济，克复或当不远。顺问近好。

咸丰十一年五月十八日

沅弟左右：

接十八巳刻来信，具悉一切。

三万贼同归浩劫，谈何容易！而弟作可必之词，余窃不敢遽信。目下收投诚之人，似不甚妥善，如挤疖子不可令出零脓，如蒸烂肉不可屡揭锅盖也。克城以多杀为妥，不可假仁慈而误大事，弟意如何？即问近好。

再，润帅于十八日乘顺风赴上游，其病于十五日夜吐血极多，可危之至，幸十六七八略平，或无他虑。余于十九日巳刻回抵东流矣。家信二件付阅。

咸丰十一年五月廿一日

沅弟左右：

昆八来，接弟信，具悉一切。挤脓揭盖之说，弟既心知其意，则以后必能谨慎图之，不令泄气也。

徽州之贼，竟于十三日逃避一空。凯章于十四日带兵入徽，收复城池。岂伪侍王全股将窜浙东宁、绍，调徽贼守金华、兰溪耶？抑初五日克复黟县之战，初九日破羊栈贼垒之战，即系徽贼受其惩创，故畏威而逃耶？吾知屈四必笑彭八做爷之速矣。现请左季翁赴徽料理善后事宜。余今日进墙子住新屋。顺问近好。

咸丰十一年五月廿三日

沅弟左右：

二十二夜接来信，知伪王丈张立邦拿获正法。杨七麻虽是悍贼，然在景镇与弟曾接过几仗，或亦尚足御之。

弟欲余缄商润帅，令鲍军暂缓南渡。润公之意，本欲鲍军久驻集贤，以待狗援。兄已许之，并将润信寄弟一阅。弟复长信，大不以为然，且言留鲍住集贤者，只胡、杨有此意，多无此意也。此信具在，弟岂忘之耶？

此信之后，弟又屡缄，言多可击援，沅可久守云云。今忽变易前说，兄实不能屡次反复，再寄缄于润、霆矣。闻城贼之米仅支十日，多军纵不能击退陈、杨，岂不能自保？十日半月即贼至集贤，弟之后濠岂不能坚守十日半月？如能守半月，则城已克矣。如不能守半月，则鲍纵不南渡，岂能赶到怀、桐乎？故兄决计不调鲍军回顾，弟其谅之。

日内疮痒异常，夜不成寐，殊以为苦。家信附还。即候近好。

咸丰十一年五月廿四日

澄侯四老弟左右：

接五月初三家信，知五宅平安。叔父拨正字向落地分针，将来后嗣必卜蕃昌，至以为慰。

此间军事，安庆围师平安。狗酋日内有再来救援之信，若再能击退，则六月必克复矣。凯章、朱、唐等自初五日克复黟县后，初九又大战，破贼垒七座。徽州之贼胆落，竞于十二三日全行遁逃。凯章于十四日带队至徽州府收复城池。唐桂生移守休宁。建德之贼，因左帅派队进剿，二十一日退往下游。若遂不回窜，则东流与祁、休无梗，皖南大有起色矣。

余遍身生疮，奇痒异常，与道光二十六七年生癣景况相似，极以为苦。公事多废搁不办，即应奏之事亦多稽延。胡润帅十八日与我分别，将回省养病。其病吐血甚多，本极险症，幸不烦躁，能眠食，或可挽救。即问近好。

兄国藩手草

咸丰十一年五月廿八日

沅弟左右：

二十七夕接是早来信，具悉一切。多公信亦阅过。

春霆现在宿松，吾因失信于江西，失信于湖北，又前缄允以霆军听润帅调遣，今亦将失信，故不敢主张。鲍公久驻宿松，然批中多作活语，不严催其南渡，亦恐多公吃不住也。银钱米即依弟议分之。愚谷联已付家矣。

疮痒异常，直无生人之乐，彗与雨又可闷，如何如何！即问近好。

咸丰十一年六月初二日

沅弟左右：

初二早接初一未刻一缄，知菱湖两岸贼垒十八座一律荡平，欣悉无已。从此慎以图之，六月上半月定寸克复。兄疮痒且痛，难于作字，手此贺喜。即候近好。

咸丰十一年六月初三日

沅、季弟左右：

初三早接初二日来信，具悉一切。观贼伪文，则杨七麻已至桐城一带，不知何以尚未与多公开仗。弟处若能外濠赶紧修好，英、辅二逆亦不能解城围。兄今日以公牍决计催鲍驰赴上游矣。小划运米进城，却极可虑，当饬水师严防。

韩升自长沙来，知湖南境内平安。余疮日剧，深以为苦，昨夜已服药一帖。即问近好。

咸丰十一年六月初四日

澄侯左右：

六月初一接韩升带来家信：弟一件、纪泽一件。初三夜唐长三等带来家信：弟一件、纪泽母子各一件。具悉一切。其熊善庆等尚未到也。

家中因雨多，到处坍裂，土木之工需费不少。弟前信言之甚详，韩升亦备言家中窘况。兹寄回银壹百两，为家中修整屋宇之资。其袁宅代出之二百金，去年袁婿在家索去者，亦于近日付回，家中仍宜节省用之。此外，嫁女之资，每一分奁银贰百两，余多年在京议定，今不能增也。

安庆军事甚为顺手。菱湖贼垒十八座，三十日、初一日一律踏平，杀贼八千人，徽州克复，祁门等处平安。余疮尚未愈，手上搽药，不能多作字。顺问近好。

国藩手草

咸丰十一年六月初九日

沅弟左右：

日来未接弟信，至为系念。前兄信商及贼扑挂车河，可否坚壁不出，待其久晒极疲之后，再行击其惰归等语。弟曾接多公回信否？今早刘馨室归来，询悉两弟平安，各营均已扎近，并称近日缺饷，极为窘迫。日内南风极顺，不知胡委员所解东征局银三万两、钱万串何以未到？韩升十七日自湖南开船，初一日已到。长夫二十四自家启行，初三已到。岂胡委员中途疏失耶？兹先解银壹万五千两，济安庆各营之眉急，仍一面飞催东局一批。

余疮疾略好，已将手上药洗去。左军初二三进扎婺源，留三千人守景德镇。祁门之大洪岭，初二被贼攻破，初三又已退出。鲍公接胡帅信，令回援怀、桐，或支持，已批令速援上游矣。渠掳船千余，日内南风太逆，尚难开行。顺侯近好。

少荃于初七日到营，梅小岩亦到。公事虽尚废搁，以后奏牍可勤发矣。

咸丰十一年六月初十日

沅弟左右：

初十未刻接初九巳刻来信，具悉一切。小菜收到，弟家中寄来，似已全作苦株之献。初五所发一信，则直至初九酉刻始到。弟所开小折保举，初六于家信中清出，初八已拜发矣。

东征局之米六千、银三万两、钱万串竟未解来。此等失信，殊骇听闻。澄弟信称三局开销太重，余亦有所闻。东征局不附于各厘局原绅，而另开零局太多，用绅太众，费用太重，外间啧有烦言。彭、胡二守，尤众所目为俭人者。刻下规模已定，故余亦不肯更挑剔也。

马丙昭三年守城时，偶语及渠会试房师为刘仙石书年，遂呼我为太老师。厥后五年春，渠在芷江任内糟蹋李与吾，余心恶之。七年六月三难折内曾暗参之。李茂斋虽系阅卷门生，亦不从通信，至其为官之贤否，即受业生徒且难保，况门生呼！况不通音问小门生呼！

积尸臭气，若能多烧大黄薰之，当小有益。厚庵水师新在荻港抽厘。其大通一局，应仍以五成归安庆，二成周，三成韦也。顺问近好。

咸丰十一年六月十六日

沅弟左右：

十五日接弟十四日午刻一缄，是夜四更又接十五日一缄，悉一切。所应复者，条列于左：

一、弟欲于安庆克复后回家，余已早允许矣。如果城，自须为弟预筹抽身之计，应令彭盛南统带吉中全军，作一支活兵，或进庐江，或帮多帅，或过南岸，或游弋于石牌、潜、太之间，请弟与盛南预先商定告我。其余如凌、喻、李、刘、朱、朱、武等营，即令守安庆城也。余未到之先，弟统之，余入安庆即亲统之，俾弟得抽身回家。

一、英、辅等援贼虽多声言两路上犯，余意必由中梅河、天堂等处猛攻潜山、太湖，冀抄多军之后。潜、太能坚守固好，万一潜有疏失，只要沈、欧能坚守太湖，胡裕发能坚守石牌，多军必可站住。只要多军濠墙站得住，弟军后濠守得稳，安庆终有可克之理。弟可函商多公，总以自固为主，不必急求破贼。以余策之，璋、玕本不足数，狗部精锐无多，七麻亦非多帅之敌，只要静以待之，伺隙而动，不宜急躁图功耳。

一、鲍春霆一军，余原订只援集贤关一次，不能久留，北岸逮破赤冈岭后，即决计调回援江援鄂。逮三十、初一破菱湖十八垒后，即专牍催令上行。逮闻建昌失守，去江省城仅百二十里，即专牍催令救建，盖恐省会疏失也。希庵此次上援，专顾武昌省会，鄂固德之，弟亦不以为非。余屡失信于江西，此次派鲍救援省会，弟若反不以为然者，殊不可解。

一、多公回剿之说，本是善策，第英、辅各酋上犯，以桐城为巢穴，纵安庆幸克，桐城必不能克，多军仍须在青草塥、潜山等处，与安庆为犄角之势。纵令回剿，亦不过打宿松、黄梅，不宜再上也。为贼计者，则宜守桐、舒以保庐州之藩篱，无为州则可不守，庐江亦介乎可守不可守之间。未知贼策果将何出？七麻则必回南岸耳。

一、朱宽义老气横秋，催亦必不遽来。此等处令人气闷，故余竟不催。上年催朱南桂，其已事矣。即问近好。

咸丰十一年六月十九日

沅弟左右：

日内西南风大，所派舢板送弟处信，四日尚无回信，亦未见弟有信来，不知潜、太、石牌近状何如？多军站得住否？有钱用否？若太穷苦，余当以应解祁门之万金先行协解多营，以济眉急。待弟回信即起解，仍送太湖转交也。

春霆亦久无来信，不知何故。建昌失守后，贼围安义，闻养素有挫失之信，不知确否。建、安均去省百二十里，必须鲍军入援，乃足定省会之人心。然并非大股悍贼，或尚易了。如贼至集贤关，弟能坚守二十日，鲍军仍可坐船飞援耳。兹专人往探，令其水去陆归，望弟详复一切。顺问近好。

咸丰十一年六月廿日

沅弟左右：

二十日未刻周万晫来，请示弟札饬嘉字营移萧家磡，渠是否应赴枞阳？余谓枞阳尽可不去，此时自以围攻安庆为要。第萧家磡闻在后濠之外，不知嘉字一营能站得住否？若临时站不住，则摇动众心，弟再酌之。兴国、大冶皆已克复，鄂之南岸已无一贼。鲍公于十八日自武穴回，至九江有禀来请示，或援怀、桐，或援德、建。余昨夜批令径捣建昌县矣。顺问近好。

咸丰十一年六月廿一日

沅弟左右：

十九酉刻接十五夜二鼓弟缄。近日大南风，上水无不迟者，弟此信则驿递尤迟耳。

浙中之行，若宁、绍无恙，饷项较江西、两湖略裕；如宁、绍不靖，饷亦极难。弟受知于润帅，去留须俟润帅批示。所寄官、胡禀稿，亦尚妥善。浙中自金华、兰溪失守，久无来信。顷闻徽州河有下游商贾浙到，或者浙患已纾耶？援贼不来怀、桐，不攻潜、太，而直上蕲水，殊出意想之外。汉口、汉阳水师当能防御，德安金军不知能了此巨股否？南岸兴国克复，鄂境已无一贼矣。顺问近好。

咸丰十一年六月廿五日

沅、季弟左右：

二十四日戌刻接沅弟二十四早、季弟二十二夜信，具悉一切。

狗逆此次上援，据少荃家乡人来信，贼数实不满万，过中梅河时，仅小渡船十余号，两日渡毕。渠随贼之尾而行，亦在中梅河过渡，狗部精锐已尽，狗实狼狈，必无能为云云。不知确否。然观其不敢直打多军，亦自内审不强。孙澍人所报十余万，似不的也。

安庆贼尚足支三四礼拜，令人焦闷，然亦只好忍耐。季弟欲余悬赏，断城贼之文报接济。兹已办文与杨、黄、王三人，并将赏银送去矣。鲍公定二十四日由九江进剿建昌。湖南乡试已奏请展缓。沅弟克复金陵后，再回籍提篮子可也。顺问近好。

咸丰十一年六月廿七日

沅弟左右：

接来信并公牍。戎马仓皇之中，为此俎豆馨香之举，可谓好整以暇，然多不合例处，仍当批驳也。

春霆于二十五日率全部万人由九江舟至东流，盖因胡帅十九日信，令渠扎集贤关，又因孙澍人二十一日信求援甚迫耳。余令其折回九江，速救江西。逆水逆风，恐非十日不能抵浔。

润帅专人来告，病势日重，恐难挽回。兹将原信寄弟一阅。湖南主考已出京，而毛公奏停，或干诘议。即问近好。

咸丰十一年七月初二日

沅弟左右：

接二十九日未刻信，并知喻吉三、丁艰请假，业已批准。屠城以泄其愤，迪庵在九江亦是如此办法。余疮已好，而癣大发，为十年来所未有。凯章以五月六日放福建臬司，而部文至今未到。前东征局解到之饷四万，弟已全收到否？次青保吴退庵统领全浙水师，不知已去否？顺问日好。

咸丰十一年七月初四日

澄弟左右：

六月二十四作书谕纪泽，令其呈弟一阅。想已阅过。

日来东流及徽州六属皆平安。余疮渐好。惟癣疾较之道光二十六年南宫张医搽姜醋时，其苦相似，但今不搽药耳。四眼狗纠合杨、林、洪三伪王由蕲州上犯，复又折回；二十九日围太湖。五日之内，计必再至集贤关。若沅弟能如春杪夏初之坚守不摇，则城必可克矣。近日之贼，较之往年实多数倍，幸官兵未吃大亏，犹可支持。然饷极绌，湘营欠至八个月，余亦欠五六月不等。

凯章放福建臬司，或尚高兴。余营中蔬菜茂盛，家中近日种蔬气象如何？后辈读书无骄气否？即问近好。

咸丰十一年七月初六日

沅弟左右：

接初五日信，具知一切。

喻吉三昨日过此，极言安庆军墙濠可恃，人心可靠，主将坚定不乱云云，为之少慰。石牌本系应守之城，不知润帅何以忘？余屡次函商，辄将胡军撤去。目下可虑者，多军饷断开。然城贼万不能再支一月之久，想援贼带米无多，亦难踞一月耳。江西之生米万寿宫、巫山，处处皆贼，距省皆仅五六十里。鲍军若不于昨二十七折回省城，人无固志，其怨骂我必更甚。兹闻鲍公初三抵浔，不知救得及否？如救得及，十六七又可折回救集贤矣。弟处缺银钱，闻李少山处尚存八千余，于十日内可解万金，弟尽可放心。

总督关防于初四日到营，今日开用。书三本未到，前卷未交，后题又到，苦株之不易吃也如是。即问近好。

咸丰十一年七月初七日

沅弟左右：

初七辰刻接初六巳刻信，具悉一切。

太湖四面皆水，欧、沈皆劲旅，决可无虑。多公只坚守挂车，兼顾潜山而已。令成武臣等蹑剿太湖之贼，余当即日函咨官、胡、李三帅。但胡公病危之际，恐上游忙乱耳。鲍于初六进兵，初十、十一可至章门。只要江西省城安稳，仍可调霆军回援怀、桐，请订一月之期。如七月初六七怀、桐被贼围扑，八月初六七霆军必可赶援，决不令多公全军为贼所久困耳。余意贼股虽多，璋、玕、赞皆不足畏，惟黄文金一人系悍贼，而亦无悍党；狗、辅虽各有悍党，而狗不过四千，辅不过三千，合之能战之贼，实不满万。若我军镇静以图之，当可无虞。惟水中小划接济，此旬更为可虑。余已函商厚庵，禁止行舟，封江半月矣。顺问近好。

再，抄本古文款式不好，字迹亦劣，可不再抄，或余送以刻本，或代抄，皆可。

咸丰十一年七月初八日

沅、季弟左右：

接沅弟初七、季弟初六夜一信，具悉一切。

多军由练潭水路通接济，事必可行。盖贼之大股尽在石牌、集贤一路，练潭以北必无悍贼，多军之力必足制之。今日派船送万金至安庆。如多军须米须钱，余亦可徐徐谋聚之。

江西省城外三四十里，处处皆贼，省垣惊慌异常。鲍公初七日自九江拔营，不知赶得上否。然省河一水之隔，想贼必难飞渡耳。季弟事，得润帅咨辞甚好。弟但知楚皖办事之难，而不知浙事目下更难也。顺问近好。

咸丰十一年七月初十日

沅弟左右：

二日未接弟信，闻援贼尚未至集贤关，不知挂车已开仗否？顷接周万晫禀，知本日巳刻克复宝塔下贼梁，并云投诚之贼吕文杞、汪裕德等献营，衣扣有小红带者不杀云云。前此弟于投诚之贼，凶悍者得一概杀之。兹周营不杀，办理两岐，犹不要紧。但恐将红带投诚之贼安置长濠之内，援贼若到，恐其误事。余已批令一切听弟调度矣，弟须令其速将降贼遣开。

今日接润帅信，自二十六至初三，吐血不多，或有转机。即问近好。

咸丰十一年七月十一日

沅季弟左右：

接初十日信，知多军米足敷五十天，子药足支四个月，极慰极慰。我军若坚持一月不动不变，不特城贼可破，即援贼，人多粮少，诸王不相下，必有自相仇杀之日。昨接恭亲王咨抄粘各国回文，洋商断不接济安庆城贼，稳守稳围，似有把握。顷接厚庵信，意欲攻城数昼夜，余意以为可不必也。周万倬昨夜一禀，余批抄阅。江西二日无信，郑奠即撤办。前夏少岩一信，极赞郑贤。此问日好。

咸丰十一年七月十三日

沅弟左右：

十二日夜接午初信，具悉。不分心攻城，专主坚守后濠，与余意相合，慰甚慰甚。十三日狗逆等必至后濠之外，如十日不退，兄必调鲍军回援，目下望弟稳守也。

郑令事，细阅彭玉牒信，所数劣迹，以妄自尊大、旁若无人为最重，此八字亦非实在劣迹。弟所闻以嫖娼为最重，而彭信有“未审凭证”一语。至称市上万众极不相安，夏少岩则极保之。余甫因夏信而批札奖之，须少迟乃能撤也。

天气极热，守濠殊苦，幸贼亦难久站耳。即问近好。

夏信寄阅。

咸丰十一年七月十五日

沅弟左右：

东征局解来银二万八千两，兹派水营拨解一万至弟处查收。闻委员云，尚有米数千石即日可解，但不知风如此次之顺否耳。

郑奠非我之兄弟子侄，非我之至亲密友，有何不便直呈之有？澄弟因马丙昭而咎我，弟因郑奠而疑我庇护，殊可不必。

援贼昨日动静如何？顺问近好。

咸丰十一年七月廿日

沅弟左右：

二十未刻接十九日午刻来信，具悉一切。

多公有米吃，是第一放心事。既守外濠，又谋坤道，不知人力足敷用否？贼队虽多，而扑濠仍不能太密，愈密则枪炮伤亡愈多也。有把之大火球，可丢人濠内者，不可不多做些。枪炮则专尚一准字，不准者严戒之。

鲍公信来，瑞、奉之贼皆已渡河至赣江以东，想由抚、建、广信回江苏老巢矣。

弟处有东征八万可望，日内如赣州有银来，暂不拨弟处。江西一万，湖北一万，系报明解弟者，仍拨弟处也。

余癣痒殊剧，至以为苦。顺问近好。

咸丰十一年七月廿一日

沅弟左右：

接二十日辰刻信，具知一切。

此次援贼多而且稳，似是久持不退之象。余拟函请希庵东来会剿，并调鲍公回援。第忠逆尚在临江、抚州之间，调鲍不可太速，希庵则尤不能速，目下且令舫仙带千人去帮弟守濠。今日先令其办船，待弟复信到，即行拔营。前此三河败后，狗挟二十万众上窜，维时多、鲍御之于花凉亭，两军共不满七千人；左军今年破侍贼十余万众，亦不满七千人。以理揆之，此次弟与多公应不至吃亏也。

忠逆滑而无勇。去年十月羊栈岭之役，宋国永带四营之六成队往剿，忠逆大败鼠窜。今年围建昌二十一日，黄印山仅率六百人守城，两次地道轰陷而不果破。弟称忠逆勇冠者诸贼，殊不的确，且目下忠实未北渡也。辅贼亦不甚强。八年腊月二十四破养素墙子九座，而不能陷其老营；九年正月十一、二十八凯章败后极危弱，而卒亦无恙。此际或该逆洋枪较多，而本领则未必增加。

郑奠今日札撤。顺问近好。

咸丰十一年七月廿二日

季弟左右：

接专丁二十一日酉刻信，具悉一切。

舫仙带队至安庆助守后濠，余昨已有信寄九弟矣。今日信又经问及至外援之兵，一面缄请希庵下来，一面调鲍军回援。大约鲍须中秋后到，希须八月底到。其中秋以前，则须两弟稳守也。顺问近好。

咸丰十一年七月廿四日

沅弟左右：

兹命盛四解万金至弟处，系江西指明专解弟者，查收。军器以群子为最利而不甚能及远，若打外濠之外，恐落者多而中者少；如打内濠之外、外濠之内，则颗颗可中。弟试择内濠之最可靠者留出一段，将外濠放松，俾贼得入外濠之内，然后以群子打之，或更得力。是否可行，余遥揣未必有当，弟参酌可也。

咸丰十一年七月廿四日

季弟左右：

得廿三夜信，具悉一切。舫仙两营，明日即令带六成队径赴盐河登岸，作为西北游击之师。

闻贼备布袋、草把，此二者皆余阅历之事。余攻九江，办布袋万个，为填壕之用，令每人装土于袋，负之丢于壕中。乃十二月朔日进攻，每袋仅一寸厚，千余袋尚不能填得一丈宽，而千余人断不能站在一处。每处数十人，竟未能填一尺厚，是日伤人最多，此布袋之难用也。

攻瑞州时，刘峙衡以稻草填壕，已填一丈宽，过壕十余人矣。贼以火蛋抛出，稻草悉燃，烧死数十人。第二次，峙衡用湿稻草，贼以枪炮击之，官兵亦不如前次之踊跃，遂不能过壕。瑞州壕深不盈丈，尚且如此，此稻草之难也。望弟告诸勇知之。

家信付阅，便交沅弟寄还。

顺问近好。七月廿四日。

咸丰十一年七月廿八日

沅弟左右：

二日未接弟信，不知守濠平安否？段清和带予信去，到否？北风之大异常而亢热不减，烦郁不解，殊不适人意。鲍公数日无信来，而抚、建等处望鲍甚切，不知能迅回援皖否。接润、希缄咨，成、蒋已不能东来矣。顺问近好。

咸丰十一年七月卅日

沅、季弟左右：

段清和归，接沅弟二十九日信。专差到，接两弟信并多公信。具悉一切。

只闻地道破城，断无地道破濠之理。城本壁立，药轰则崩裂，濠则无崩裂之虞，轰陷之后，不过深者愈深而已。余却不甚以为虑，弟能早为之防，更放心耳。

厚庵近日起程回籍。其信来，言城中广老尚有积粮一二月者，令人气闷。此间接润帅十九日信，无随州十二克复之信，且德安十一日克后，金军并往随州，已见公文。怀三之信，不知何日所发？弟处各营领子药，弟须过目酌核。闻日内安庆领子至十六万之多，此必不可得之数。

用子极难。大子远行有声，徐徐始落，只可吓新贼，不能中老贼；群子最易伤贼，而又不能及远。弟将炮子之长处短处细细讲求一番，与各营官细细教导之，则无浪打浪用之弊矣。余前欲令贼过现天濠之内、大濠之外，始开群子打之，盖恐群子不能过现天濠也。究竟余所料的当否，弟查实详复。顺问近好。

咸丰十一年八月初二日

季弟左右：

得信知安庆果克，至为欣慰。余拟于今日赴安庆部署一切，因风太大，不能开船，恐又如仙舫之二十五登舟，二十九始到，俟转顺风乃下河耳。顺问捷喜。

咸丰十一年八月初三日

沅弟左右：

今日风大如此，断不能开船，即夜间亦恐不能放行。明日上半天厚庵回籍起程，经过东流，余须在营少候。又濑六之胞弟新来，明日须请之便饭。若无风，准于明日申酉间开船，初五早可与弟相见。若逆风太大难行，弟须看江中波浪便知，不待常常发信矣。

公牍辰刻始到，已转咨鄂。顺问近好。

咸丰十一年八月十三日

澄侯四弟左右：

初四日发去一缄。日记交安庆看，故未付来。余于初五日起行赴安庆，初七始到，兄弟相见。观壕沟之深，地段之长，城贼之悍，成功信不易也。

桐城于初三日克复，池州府于初五日克复。南北两岸正值事机大顺之际，乃于初十日接信，痛悉大行皇帝于七月十七日升遐。天下臣民无福，膺此大变。现御前大臣四人、军机四人辅导幼主赞襄政务。即日奉移梓宫进京，谕旨不准督抚进京叩谒梓宫。俟哀诏到日，余即在安庆设次成礼。

此间军事，自去年以来危险迭见，目下大有转机，所患者饷项积欠太多耳。大女儿喜事，袁家究定何日？余办二百金，可于本月付回。袁铁庵四亲家昨在此经过，余告以两家均崇节俭。二女儿姻期，陈家定于明春举行，季牧顷有信来营矣。余身体平安，疮癣至今未好，爬搔不停，幸不大为害。饮食如常，惟两脚多烂，合屈团鱼、屈礼国之妙为一耳。顺问近好。

家中有好漆醋否？寄少许来。

兄国藩手草　安庆河下

咸丰十一年九月初二日

季弟左右：

得初一早信，知弟病已痊，欣慰无已。屋不甚好，可另修数间。弟在枞阳恐为日较久，与其办大帐房，不如起屋之可御风雪也。弟无零钱，可由兄处送二百串，助起屋之用，便中令张吟来取为嘱。

黄州克复，湖北指日肃清，江西亦全境肃清，南事似有转机，惜口粮日绌，难以设法耳。顺问近好。

咸丰十一年九月初九日

沅弟左右：

得两甥信，知弟坐船由罗昌河赴庐江矣。庐江陈、刘等日内无信来，想已入城防守。庐江既为我有，则安庆之藩篱已固，以后进攻无为，或缓或急，听弟酌度行之。

三河、盛家桥两处，距庐江有若干里？或云守盛家桥，即可造船以攻焦湖；湖为我有，则三河、庐州皆可早破云云。若盛家桥无贼，弟可至该处一看否？如无为州难于攻破，陈军可扎盛家桥否？

写至此，接弟汤家沟之信。巢县、运漕镇、庐郡皆在湖之东岸、北岸，庐江、无为皆在湖之西岸、南岸，官军此刻只争盛家桥、无为二处，俟水师夺得焦湖后，再争东北岸之一府一县一镇。此一定之序，不可紊也。

寄云中丞已补抚实缺，渠信与二郭信寄阅。顺候近好。

咸丰十一年九月十五日

沅弟左右：

接丁家洲舟次信，具悉一切。

今日接官帅信，知余蒙恩赏加宫保，弟蒙恩赏穿黄马褂。一家沐非常之宠，感激惶悚。谕旨尚未接到，原信寄阅。多礼堂日内来信二次，原信及余复信均寄弟阅。

东征局解饷四万，二十八起行。赣州解饷三万，初六起行。大约日内可到。泥汊贼墙不破，陆兵断不可进；泥汊即破，进否尚宜详酌。极盛之后，当加倍小心也。下游水师请增兵，不知贼船果悍乎？抑我军怯乎？请弟细查。

季弟今日大呕吐，暂未写信，言明日必写信，请弟放心。即问近好。

咸丰十一年九月十八日

沅弟左右：

接十五、十七二信，知有荻港坏船之险，又有泥汊破垒之捷。船不善避洄溜，往往失事。要之，舵工生也。泥汊既得，是一大可喜事。舫仙等遽行进兵，吾犹以无米为虑。李少山在汤家沟，此间送信去，日内风逆，恐不能速到。前报解七万之外，又有毛中丞报解一万，湖北报解二万，均因风大不能速到，忧灼之至。余今日登城周视，并至宝塔尖，弟所布置守事均妥。

孙澍人病请回籍，今日起程。陈心泉今日接印。季弟今日甚好，但求明日不发耳。淮扬水师上游无来者，亦以风逆之故。极盛之时，每虞蹉跌，弟当格外小心。顺问近好。

咸丰十一年九月廿日

沅弟左右：

二十日巳初接十八早荻港来缄，具悉一切。

淮扬水师，除东门宝塔下一营查巡厘卡，东流一营驻防该县兼走杂差外，余皆在上游未来。待其到时，即饬令赴下游泥汊一带。

蔡国祥一营，前接弟信，令其在铜陵对岸这刘家渡拖堤人白湖、黄皮湖，余已札饬速去，此刻不便改饬赴无为州，朝令夕改也。王明山等攻打无为州，不知从何进口？若进裕溪口，则断断不可。该处口门最窄，两岸有陆贼，中间无贼驳船，恐水师深入吃亏。各营官皆有勇无谋，弟于水师亦系外行，切莫乱出主意，致误水中大局。除裕溪口之外，他处或易于进兵，余不遥制也。

廉令禀阅过，陈守甫于十八接印。租课归本府，决非陈手之事。廉亦糊涂，或信书吏局绅之言，不甚了了，候再查明。潜山所办撑木，余昨告首府，归余处发经费矣。季弟病已痊愈。极盛之际，办事宜加倍小心。至嘱至嘱。顺问近好。

咸丰十一年九月廿二日

沅弟左右：

二日未接弟信，正深系念，兹接十九日信，慰悉一切。应复之事，条列如左：

一、守住庐江，余已大喜大慰，再破泥汊口，更为心满意足。以后神塍河、无为州纵不遽破，亦不要紧，弟进兵宜稳，不宜过急。

一、水师进巢湖，弟来信仍须由运漕、东关、巢县，则是白湖不通巢湖，与余向所闻者相同。余前思在盛家桥造船者，正职是故。昨信不肯令水师进裕溪口者，亦职是故也。弟信言须待无为州克复与否再行定计，甚是甚是。如陆军不能克城，弟不必强水师多进小河。

一、淮扬水师今日有三营到皖，领齐子药，明日即令二营赴下游。以余计之，此刻下游实无须多船耳。至嘱水师谨慎战守一节，兹余写一信，望弟交李、王二镇手收。

一、余因闻湖北润帅灵柩月底回湘，已将礼专人送去。弟与季弟之礼，将来送益阳可也。对联包做不包写。饷十万，无一到者，悬盼悬盼，实对前敌陈、刘诸人不住。

一、徐福系余遣散之弁勇，有护票为据。彭泽距东流仅百余里，吕令不就近来余处禀询真伪，而遽妄杀二十余命。不惟徐福不服，余亦恶其专擅。魏柳南信，一面之词，不足据也。

一、顷又接弟二十日申刻信，知无为州业已克复，欣慰之至。从此安庆固于苞桑矣。然巢县未破，水师恐仍难进巢湖，望弟与马玉堂熟问情形，再筹水师清巢湖之法。余不一一。顺问近好。

咸丰十一年九月廿九日

沅弟左右：

二十九日午刻接二十五日辰刻来缄，具悉一切。所应告者。条列如左：

一、少荃本拟二十七八起程赴运漕，因此间奏折应办者多，无人代笔，不得不留少荃在此略为清理，望弟并告昌岐知之。

一、来信言守运漕只要水师三营，守仓头、无为及神塘河共需三营。计昌岐前已带邓万林、王东华、蔡东祥三营，昨又发去陈东友、成俞卿、赖荣光三营，恰合六营之数，望弟与昌岐妥为布置。所有北岸内江内湖，即责成昌岐防剿。

一、李与吾前此禀请添营，余批准添二三营。此时北岸无为、运漕皆为我有，与吾处似可不必多添矣。万石臣一营业已添归与吾部下，其蔡东祥一营应否添归与吾部下？抑或仍令隶柱堂部下？请弟与柱堂面商定夺。

一、运漕既得，则下打裕溪，上打巢县，皆是一串之事。吾意思调南岸之兵三千来经营此两处，不知可否？

季弟日内全好并告。即问近好。

咸丰十一年十月初十日

季弟左右：

专使至，得糯酒羊肉，谢谢。弟恙闻已痊愈，尤以为慰。

雪琴于今日午刻抵皖，余率府县出城迎接，渠已轻装步行，先入城至余公馆矣。春霆亦于昨日到此。雪琴已补安徽巡抚，而渠意尚欲力辞。余以渠为我志同道合，劝之勿辞。

弟所保亲兵营官，沅弟与少荃亦曾说过。余因其所管之事太多，一当营官，则他事须另觅替人，故未之许。弟病初愈，宜节饮食，慎风寒。至嘱至嘱。顺问近好。

咸丰十一年十月十四日

澄侯四弟左右：

十二日易汉山等来，接弟九月二十夜一缄、二十二早一缄。又朱风四、唐界山等先后到营，接纪泽母子三缄，系九月二十、二十五日所发者。均悉一切。

大女与袁家喜期，既定腊月初三，既可不必再改。大乱之世，婚嫁宜及时早办。六十侄女、七十侄女喜期已定否？二女儿喜期，余托沅弟在长江与陈世兄面定也。诸女及儿妇所作鞋等件收到，均尚适用。鞋底若不用牛皮，更合用耳。

此间军事平安。鲍春霆已到五日，将以月底进攻宁国、石埭之贼。初七八复破羊栈岭。闻业经逐击而出，不知确否。余身体平安。惟疮久不愈，癣疾如常，夜间彻晓不寐，手不停爬。人多劝买一妆代为爬搔。季弟代买一婢，现置船上居住，余意尚未定。大约此是积年痼疾，非药饵所能愈，亦非爬搔所能愈也。十一日全未见客，心绪常不免郁闷，幸办事尚不间断耳。

纪泽所作《张良李泌论》，命意极好，惜措辞多不圆稳。功名之地，古人所畏，余亦常存临深履薄之念。

沅弟已到家否？余本日发一奏片，兹先行抄回。顺问近好。

国藩手草

咸丰十一年十月廿四日

澄、沅两弟左右：

日来未接家信，不知澄弟已自衡归里否？沅弟已过武汉否？

此间军事如常。十五日四眼狗水陆上犯运漕，被我军击退，杀贼颇多。李与吾自白茅嘴来打接应，亦擒斩数十人，夺旗数十面。此后东关、运漕、无为三处或可放心。浙事日棘，绍兴业已失守，杭州恐亦难保。今冬明春皖南必极危急，上海亦危如累卵。上海富甲天下，现派人二次前来请兵，许每月以银十万济我，用火轮船解至九江，四日可到。余必须设法保全上海，意欲沅弟率万人以去。

已与请兵之官商定，定渠买洋人夹板船数号，每号可装三千人。现已放二号来汉口，不过放五号来皖，即可将沅弟全部载去。目下专主防守上海一隅，待多破庐州、鲍破宁国后，渠两军会攻金陵，沅弟即可由上海进攻苏、常。不知沅弟肯辛苦远行否？如慨然远征，务祈于正月内赶到安庆，迟则恐上海先陷。如沅弟不愿远征，即望代我谋一保上海之法，迅速回信，由毛中丞排递寄来。至要至要。

饷项近日略裕，前敌不至饥乏。谢恩折明日始派差进京。沅弟折稿先抄去一阅。顺问近好。

国藩手草

咸丰十一年十一月初四日

澄、沅弟左右：

二十七日接家信：澄弟一件、纪泽一件、沅弟在武昌所发一件。初一日接沅弟岳州发信。具悉一切。澄弟以狐裘袍褂为我贺生日，道理似乎太多达。余在外多年，惟待家庭甚薄，亦自有一番苦心。近日两弟待我过厚，寸衷尤觉难安。沅弟临别时，余再三叮嘱此层，亦以余之施薄，不欲受厚；且恐彼此赠送丰厚，彼此皆趋奢靡。想弟已喻此意矣。

沅弟信中决气机之已转，世运之将亨，余意亦觉如此。盖观七月十七以后，八君子辅政，枪法尚不甚错，为从古之所难，卜中兴之有日。特余忝窃高位，又窃虚名，遐尔观瞻，深以为惧。沅弟不特不能幅巾归农，且恐将膺封疆重寄，不可不早为之计。学识宜广，操行宜严，至嘱至嘱。余为遍身癣痒所苦，不能再有进境，深以为愧。泽儿要算学诸书，余于近日派潘文质送南五母舅回籍，即带书至家。顺问近好。

兄国藩手草

咸丰十一年十一月初八日

季弟左右：

上半日接来信，顷又接本日午刻信，具悉一切。

三河之复，闻系贼匪自遁，未闻多都护派兵进剿也，程、罗禀中亦未言出队。现拟令程、罗二军进守三河，派吴竹庄团防二营往守庐江。以理揆之，三河既遁，想庐州、巢县之贼亦难坚守，事机大有可乘。惟陈舫仙丁内艰，闻即日须回籍治丧，运漕前敌无人经理统率，深为可虑。

余日内疮癣奇痒，深以为苦并告。顺问近好。

咸丰十一年十一月十七日

季弟左右：

接十五夜信，具悉一切。弟之归家，若从一身人伦之道上起见，则兄久以为虑，弟尽可径行归去，不必问希帅之准与不准，余必专缄与希帅说明。若弟能早得嗣续，则举家相庆，而考妣亦含笑于九京。枞阳两营，余尽可就近照料，纵鄂饷不足，隋太守亦可少为接济。除此一事而外，弟仍以不归为妥耳。

江苏请援，至少亦须八千人乃能往救，此刻实无此兵力。无论少荃在余处帮办奏折，不能分身前往，即少荃可往，亦无兵可带。下游苏、杭糜烂，可忧可愧。顺问近好。

咸丰十一年十二月初四日

澄、沅弟左右：

十二月二十八日唐介寿来，接两弟初三、初六各一件，又纪泽母子各一件。十二月朔日又接沅弟十九日信，系由毛中丞处排递而来。具悉一切。

二女儿招赘，即在黄金堂本宅办理较为易成，不必另择屋也。邓先生事，余前信已说及，断不可让与东皋书院。壬戌年仍教科一，癸亥年教科

四、六可也。

无为、运漕之捷，沅弟仰蒙皇上特恩，赏给头品顶戴。前此骆、胡、王、薛诸人，皆以巡抚而赏头品顶戴，今弟以记名臬司获此殊恩，宜如何感激图报？务望迅速回营，不可再在家中留恋。其谢恩折，余在营中代办代写代发。弟不肯赴上海，亦系量力而行。余已别有位置，另纸详告。浙江危急之至，闻次青往救省城，不知有济否。另股贼绕徽州而窜屯溪，祁门、婺源、景镇皆可危虑。鲍军由池州进青阳及运漕等处均平安，可以放心。顺候近好。

国藩手草

咸丰十一年十二月十二日

季弟左右：

来信并少鹍信阅悉。

此间有潘都司曾告假，去宁国寻家眷，名梁柱，澧州人，去秋自宁国逃出。余给一札，令便探芜湖贼情。十日前归来，无说及投诚等事。徽州日内被围紧急，不知云岩救得上否？

沅信二件附寄照收。顺问近好。

咸丰十一年十二月廿四日

澄、沅弟左右：

二十二日接两弟初四五日信并纪泽在县城所发一禀，知大女在袁家姻事已完，一切平顺，五宅眷口清吉，至以为慰。此间诸事有应详告沅弟者暨家事应商者，条列如左：

一、腊月内解李少山大通粮台银八万两，发皖城张、李、熊、萧等营壹万六千余两，俱足一月满口粮。保举饬知四千余道，皆于二十一日印齐交罗麓森送去分发，应皆可欢喜。过年鲍军亦发银九万，较弟军稍优，渠少二千人。因弟军有厘卡，稍资津贴也。

一、大通盐局钱局尚未禀复，闻将仍旧开设，无为州捐已停止。葛培因札办新河口厘局青帘厘卡，月收钱百二十七串，出钱反多一串，已札停矣。

一、徽州自初五六日被杨逆大股围攻，老湘于初八日获一胜仗，十六日获一胜仗。朱、唐赴援，十七日获一胜仗。目下粮道尚梗，幸左帅派四千人来援，十九日可与朱、唐会合，或可解围。

一、沅弟不肯赴上海。余亦决不相强。惟将程学启拨与少荃，系属万不得已之举，请弟飞缄谕程知之。闻上海每月实可筹银五十万两，不忍坐视其沦陷也。弟来皖，亦不可迟二月间。多军进庐州，弟军即进攻巢县、含山、和州，如巢县得手，和、含易下，则直达金陵矣。南岸江、皖千荆万棘，北岸贼势极衰，机有可乘，弟切不可太迟滞。

一、沅弟头品顶戴谢恩折尚未发，因恐弟托筠仙、意诚办发也。待弟信到，余即代办代发也，折尾声明交臣兄附驿驰奏云云。弟之体固弱，然历年服补药亦太多。目前处弟之地位，除壹力向前勤劳王事，别无二计，身之病否，家之安否，均当看轻。余详抄寄奏章谕旨中，不尽及。顺问岁祉。

咸丰十一年十二月廿七日

季弟左右：

得手函，承送肥羊，欢喜谢谢。《江南通志》，余在京曾买一部，弟又得佳本，或明年均饮马秦淮乎？新年弟来省，总以大晴天为定，断不可冒风寒也。徽州日内危急，极以为念。即颂岁祉。

同治二年正月初九日

沅弟左右：

本日未接弟信，想俱平安。郑奠之二批勇夫昨日过此，陈栋之勇想已抵金陵矣。闻所招郴桂勇疲软者极多，吾以六营送金陵，而信中言可挑四营，系属极宽之词。据营务处李、滕二人说尚不能选得二千好的。望弟再三斟酌。可留四营则四之，不可留四营则三之二均无不可，切不可过于将就，谓其来太远，必须编于伍中给以大口粮，乃不大拂人情也。

泾县被围。春霆于初四夜带队往剿，不知易于得手否。希庵信来，拟于二月初八日启行。昨寄严中丞信抄阅。顺问近好。

国藩手草

同治二年正月十四日

澄侯四弟左右：

日内未接家信，想俱平安。兰姊病已大愈否？季弟灵榇，闻腊月二十九日至黄州以上七十里之七矶滩，想未必能至汉口度岁，不知何时可抵长沙。沅弟坚欲葬季于马公塘，吾二人即可允从，不必各执己见。此间军事尚平安。春霆于正月初六日在泾县大获胜仗，嗣后尚未开仗。余牙疼稍愈，身体如常。

弟前函询曾香海主东皋讲席，余意似觉非宜。大凡师道以专勤为第一义。香海近年亦办公事，未必能专；年逾六十，精力渐衰，未必能勤。且诸生志在举业，香海本非举贡出身，近于八股未免抛荒，恐不足以惬诸生之望，宜再酌之。罗老师不可兼书院之说，不知有专条定例否？余意中亦别无可请之人也。

恽次山超擢湖南方伯，未知文式岩作何下落，尚无明文。李筱泉调广东粮道，王钤峰擢赣南道并闻。顺问近好。

国藩手草

同治二年正月十五日

沅弟左右：

昨日发信后接吴大安塘角来禀，知季榇于初五日至汉口。兹将原信寄弟一阅。昨夕今日奇风甚雨，不知辆舟停泊何处？深以为念！

春霆信来，拟俟春水涨时再行进剿。余以其缺额尚未补齐，亦不催之也。桐城闻之贼近方修造石垒，断非萧军所能下。毛军屡请济师，已拨六安两营助之，月底当可到防。李世忠函请于大通设卡抽厘，万难允许。闻刘履祥所办之票盐，弟曾函请渠卡免厘放行。不知所免之数究有若干？此人恐终不免决裂耳。顺问近好。

国藩手草

同治二年正月廿一日

澄弟左右：

萧开二来，接弟初五日信，具悉家中诸事平安。弟所陈二事，如紫田、曹禾冲不肯作邓湟禄先生祀田，目下姑不必深争，且待沅弟与弟徐徐商酌。至季弟葬地，则请决计葬马公塘。既为季弟生前所深爱，又为沅弟平生所笃信，何必不从沅与逝者之意而勉强他卜乎？同一兄弟也，分之亲疏相等，而情之浅深各殊。沅之爱季，其情更深于余，并深于澄弟。沅之看地，亦较余与澄稍精。若一切从沅，吾知季弟必含笑于九泉矣。至于开新圾无碍于鼎三，吾前信已详言之。余与沅之爱鼎三，与弟等也。沅弟近日肝气颇王，恐因此而更加怫郁，余甚不放心，故再行飞寄此函，请弟决计葬季于马公塘。顺问近好。

兄国藩手草

同治二年二月初一日

沅弟左右：

二月初一日大通舟次接弟二十三、二十六日两缄，具悉一切。

余于二十八日巳刻登舟，夜宿黄皮夹，二十九宿池州府，今日在大通停泊时许，拟在土桥湾宿。闻芜湖日内吃紧，春霆外贼亦奇多。物论多道余身到而目击者，战事辄不顺，余以是惴惴也。

弟开缺一牍尚未接到。余去冬夏倭艮峰相国、罗椒生两信已有开缺之说，春间不能不进一疏，恐难更为弟会奏；少荃亦未必肯奏耳。季棕过鄂时，胡公若在必不如此。即温棕过黄，胡公登舟四次奠祭，亦极可感。顺问近好。

国藩手草

同治二年二月初二日

沅弟左右：

二月初二早安庆寄到第二十四日一缄，具悉一切。适接家中元旦及十二日信，兹并送弟阅。

澄弟接途第一次复信，知余不主决葬季于马公塘，故来信云云。若接弟两信与余后两次信，当不复执上要里屋后之议矣。惟季榇业于正月十八日抵长沙，家中二十外便须迎接，不知澄能幡然改图否。正月十五六七日大风雨雪，余方深以为虑，而季榇竟未停舟。甚矣，渠辈之不晓事也。兹将哨官吴大安信寄阅。顺问近好。

国藩手草

同治二年二月初四日

字谕纪泽儿：

今日已由驿排递寄一信与澄叔矣，而逢四专人送信仍不可废。兹付去日记一本、谕旨奏章二本、沅叔信一件。季叔榇到长沙甚速，出吾意料之外。家中尚无所误否？

涤生手示

同治二年二月十八日

沅弟左右：

十八早接第十七日书，具悉一切。

余十七日逆风牵船，仅行四十里宿泊采石矶，杏南则随厚庵赴金柱关矣。顷彭楚汉等来，言十六日之战。长胜及振字、和字放各哨在上段者皆已败回，贼过河者五六万顷罗、朱言仅万余人，一面在前与吉左、振字打仗，一面在查家湾等处扎垒二三十座，罗、朱言仅五座，一面分贼往扑东梁山。幸吉左、振字稳打良久，而水师将其浮桥四座拆断，小划抢夺甚多，贼遂惊慌败退，溺毙杀毙比初一日更多，刀矛枪炮旗帜全数委弃。看来侍逆必不甘心，或约黄、杨等逆再来也。余将调王可陞来守渣家湾而会春霆，调清弋江大队进湾址而攻金宝坪，今日与厚、杏看定即下札也。此次各营官儿因接我而致误事。春霆、竹庄、汉卿均接至乌江，幸十六日芜湖仅有牵制之贼而无大队耳。顺问近好。

刘彤陔十五日丁忧。

同治二年二月廿二日

沅弟左右：

余于二十一日自裕溪口至运漕，二十二早与杏南别，是夜宿无为州。未刻至石涧埠一看，地势旷衍，十一营尚嫌散漫单薄，幸毛、刘两人均属结实可恃，或无它虑。若贼以去年扑金陵之法扑该处，则危道也。南岸之事，余与春霆约先打水阳镇。金宝圩若可进兵，则速打该圩；若万不能进兵，则由建平以攻东坝。闻徽州日内危急之至，余即日回省料理一切。家信五件、油纸二刀寄收。顺问近好。

国藩手草　无为州城外

同治二年二月廿四日

字谕纪泽儿：

二月二十一日在运漕行次，接尔正月二十二日、二月初三日两禀，并澄叔两信，具悉家中五宅平安。大姑母及季叔葬事，此时均当完毕。尔在团山嘴桥上跌而不伤，极幸极幸。闻尔母与澄叔之意欲修石桥，尔写禀来，由营付归可也。《礼》云：“道而不径，舟而不游。”古之言孝者，专以保身为重。乡间路窄桥孤，嗣后吾家子侄凡遇过桥，无论轿马，均须下而步行。吾本意欲尔来营见面，因远道风波之险，不复望尔前来，且待九月霜降水落，风涛性定，再行寄谕定夺。目下尔在家饱看群书，兼持门户。处乱世而得宽闲之岁月，千难万难，尔切莫错过此等好光阴也。

余以十六日自金陵开船西上，沿途阅看金柱关、东西梁山、裕溪口、运漕、无为州等处，军心均属稳固，布置亦尚妥当。惟兵力处处单薄，不知足以御贼否。余再至青阳一行，月杪即可还省。南岸近亦吃紧。广匪两股窜扑徽州，古、赖等股窜扰青阳，其志皆在直犯江西以营一饱，殊为可虑。

澄叔不愿受沅之赐封。余当寄信至京，停止此举，以成澄志。尔读书有恒，余欢慰之至。第所阅日博，亦须札记一二条，以自考证。脚步近稍稳重否？常常留心，此嘱。

涤生手示　泥汊舟次

澄叔此次未另写信，将此禀告。

同治二年二月廿五日

沅弟左右：

余于二十三日自无为州至泥汊。二十四日守风一天，二十五日拉纤可行七十里，明日乃至大通也。

朱云岩报黄、胡、李等股逼扑青阳，将由东、建以犯江西。余檄春霆由南陵至青阳先剿此股，又缓东坝之师矣。折弁自京回，许仙屏正月二十二日尚未到京，余与弟去冬寄许之信皆带归矣。金柱关近日无恙否？春霆西上，芜、金又将吃紧。若率行队以来而不拔动营盘，则高祖山至青阳亦不过百五十里。顺问近好。

同治二年三月初一日

沅弟左右：

三月初一邓云香等来，接弟二十七日一缄，初二日又由袁国祥交到二十五日一缄，具悉一切。

此间日内池州、东、建及无为州警报纷至，现调申夫至东流、喻吉三至池州，石涧埠添南云湘三营。人事略尽其能，保全与否则天也。春霆自请上剿青阳、池州等处，已批准催令速来，若能截住东流之贼不入江西，斯为至幸。

饷项大绌，为数年以来所未有，而新军来者络绎不绝，入夏而后，岂堪设想！

锡尺、野鸡收到。磨本缎即日饬查，如其不足，当至沪买得制衣寄弟。前在广东买呢数百丈，为赏营哨官衣料之用。不料其货极劣，殊无用处，浪费可惜！纪泽儿寄来赋一首三千余字，颇识汉魏门径。此皆我弟多方诱奖之功，近日当誊寄弟阅。余昨在船，二十七日奏报作密片一件，弟试观之不涉夸张否？弟近试吃燕菜否？顺问近好。

国藩手草

同治二年三月初八日

沅弟左右：

初八夜接初四来信，得悉吾弟肝气平和，身体日好，至以为慰。

石涧埠初四五日危急之至，文报不通。毛竹丹初四夜派一亲兵来省，余问来人，云初四日贼受伤者以七八百计，我军仅伤十余人，阵亡二人，但与运漕并州城皆被贼隔断耳。兹将萧、毛二信抄寄弟阅。

徽、休十日无信，以建德有贼之故。袁国祥带信已于初三接到，松峻即日当派一差，酌给薪水二十金。老三降潼商道，犹霞大降副将也。粮台竟无分文，专盼粤厘四万与东局三万到乃何解北台耳。顺问近好。

国藩手草

同治二年三月廿二日

沅弟左右：

二十日寄去一缄，想先收到。二十一日闻石涧埠解围之信，为之少慰。旋闻大股上窜庐江，十九日围扑城池，又为焦灼。吾料贼必归并巢县，不意其竟犯上游，已有公牍檄鲍援庐江，彭、毛、刘合为游击之师，不知均能照我行事否。贼既上行，本应从弟之计，令彭守运漕而换萧与毛、刘追剿，但以余观之，萧、毛调度之才尚远不如杏南，且恐刘不甚服萧、毛之调派，其才识略等不足以相君长也。宿松之贼已至潜山，有至青草塥者，大约不归并庐江大股，则内窜英、霍一路。

申夫昨日由省至石牌。厚斋桐城守具，闻已齐备。祁门自十三以后无来信，可危之至。家信二次附阅，二月十八之信反后到，三月初八之信乃先到。甚矣！作事贵威克厥爱也。顺问近好。

国藩手草

同治二年三月廿六日

沅弟左右：

二十五日接二十夜长信。其要则谓春霆宜打盛家桥，不宜打桐城闸，金陵七营不必调回，周汉卿宜回芜湖，江味根宜援江西四事而已。后三事均已照行矣。春霆则二十二日有檄令在王家套登岸，救援庐江。与弟所议亦相合。惟余十六日写信之时，意谓春霆与萧、彭两路夹攻盛家桥，庐江之贼必归并草鞋岭与我大战。战而不胜，必退巢县。初不谓未打而先已解围，不退巢县而反进庐、桐也。

余之料敌不明，调度不善，诚为可愧。而弟于余之调度每每不以为然，长篇辨驳，亦可不必。左帅于连克两府八县后机势极顺。刘克庵军距杭州仅八十里，而调之回救徽州，徽劳而杭逸。徽四面皆贼，而杭三面肃清；徽粮运不通，而杭两路舟运徽河在上，绍兴河在对江；徽援助邻省，杭攻剿本省。二月初七日下札，克庵于二十二日抵徽。目下徽、祁万分危急。唐桂生闭城不出，全仗克庵、钤峰纵横攻击，支持已及一月。向使我处左之地，弟处克庵之地，则辩驳之信必更长，道理必更多矣。

春霆自大通至无为州仅一百里，自无为至盛家桥仅六十里，而不肯行陆路，致不能与贼接仗，至今尚未登岸。朱云岩、唐桂生株守一城，亦不一出与贼相见。石涧埠之贼十六日二更已遁，而彭、萧等报十七日大获胜仗。吾军风气如此，必有大决裂之日。焦愤何极！顺问近好。

国藩手草

鲍、朱两批抄阅。

同治二年四月初四日

澄弟左右：

二十九日排递一缄，报九弟浙抚之信。旋接弟在省城黄宅所发一缄，具悉一切。此间近事详日记中。六安州二十四日被围。三十日尚未解退。城内仅蒋之纯部下二营，粮台曾广翼、知州何家骢皆老手也。余调鲍军往援，计初六、七可到，或可保全。但忠酋蓄意上犯，六安解围，必窜武汉，兹可虑耳。南岸之徽、祁幸保无恙，而贼壹意上窜，江西亦极可虑。雨多且大，今年必不免于水灾。天意茫茫，殊难测也。

纪泽东来，果起程否？贼氛如此凶焊，今年下半年全家来皖之说亦可不必，仍令纪泽带袁婿、金二甥来营为妥。陈氏妾病极重，不食已十七日，内伤而脾败如此，殆难挽回。余身体平安，惟事机不顺，终日焦劳耳。顺问近好。

国藩手草

同治二年四月初七日

沅弟左右：

前接弟派刘、彭、毛赴庐江之信，余即札该三军进舒城。昨日闻六安解围，贼退庐郡回窜之信，余又札毛往剿苗，彭、刘、萧会攻东关巢县。吾意彭接弟信，必已至盛家桥以上矣，顷得萧公初五日信，则彭尚在运漕，毛、刘尚在石涧埠，相隔太远，调度全不应手。吾此十日内不再调动、恐渠辈无所适从也。忠酋若再扑雨花台，弟处须添营回守否？六安州城大而坏，仅袁、王两营守之，曾璞山主之，尚能支持九日，是忠酋并不甚悍，临警再行调营当不为迟。

今日接两次家信，专人送阅。欧阳凌云明日将赴雨花台。顺问近好。

国藩手草

同治二年四月初八日

沅弟左右：

初八日接弟初三日酉刻一缄，具悉一切。公牍亦阅过。改武一节太近于矫，余日内当代为谢恩折。末恳切辞谢，求朝廷收回成命而已，至请改武职、请改京卿两者皆不便着笔也。

饷银于前解二万之外，续解三万，本日又解三万。米粮昨解三千石，本日禹志涟等到，又买得四千余石。它营正在载饥载渴之时，弟处已有苟美苟完之乐。南岸日内无信，仅接刘克庵二十四日禀，徽、休、祁似可幸保，而贼犯江西之志则至今未死也。顺问近好。

国藩手草

同治二年四月十三日

沅弟左右：

十二日接弟初七日一缄，十三日接初八日一缄，具悉一切。

前此彭、刘、毛三军进舒城之檄，系为弟业已调至庐江言之。实则春霆援六之时，即无继进之师亦尽无妨。厥后六安解围，则又改檄毛往剿苗，彭、刘进攻东关、桐偲城闸矣。公牍数件均可不行，鲍军赴巢北，则余已另派专员转运，想不误事。上海今早解到银六万，当以三万解弟处。米粮子药均属充足，今年八月以内，此四项不虞缺乏，所缺者银钱耳。

东关于初八早克复，闻铜城闸初九夜克复。公文未到，不知确否。弟恐六月间雨花台有大警。以余计之，似可无虑。忠酋以全力攻常熟，降将骆国兴自腊月中旬至正月十八城外石垒尽破，卒不能破城池。六安城大而圮，王、袁二营亦系平平之将，石涧埠之营与濠并不坚深，不如雨花台远甚，忠酋均不能攻破，此贼伎俩概可想见。弟处近二万人，岂不能坚守营盘？彭、刘两军尽可留在外作活兵也。

弟屡次信来，皆言应辞巡抚，今日见弟公牍，已署浙抚部院新衔，想他处公文皆换新衔矣，似可不必再辞。

子偲之子文理甚浅，体气亦弱，恐难远出。惠甫当请赴金陵也。顺问近好。

国藩手草

同治二年四月十四日

澄弟左右：

接弟三月二十五日县城发信，知已由长沙归，带陈婿夫妇回门。希庵之病，不知近日何如？此间望之真如望岁矣。

六安州以初六日解围，闻伪忠王因太仓州为少荃中丞所克，遂率大股回援苏州，不复上犯湖北。鄂之幸，亦余之幸也。鲍军现由庐州进攻巢县，萧为则与彭杏南初九日攻破桐城闸，毛竹丹、刘南云初七日攻破东关，北岸之事大有转机。苗沛霖复叛，攻围寿州已半月，尚能坚守。

城中仅五百人，苗之伎俩实不足畏也。南岸芜湖、金柱关、宁国皆极平稳，徽州近日亦松，江西之北边亦不致被贼冲入，此皆可喜之事。饷银虽极缺乏，然米粮充足，除度五、六、七荒月外，大约可剩谷二万余石。

余身体平安，入夏瞌睡甚多。欧阳凌云于初八日赴金陵，晓岑于十一日抵皖。泽儿果起行东来否？如其来营，必约金二外甥与袁婿同来。甥到此读书可豁眼界，婿亦可略就范围耳。闻弟居家用费甚奢，务宜收啬，累世俭朴之风，不可尽改。至嘱至嘱。即问近好。

兄国藩手草

同治二年四月十九日

沅弟左右：

十八日接弟十三日一缄，具悉一切。

鲍军十四日抵庐郡，二十外当可至柘皋、炯炀。熊令办转运，系在盛家桥雇焦湖小船，陆运则万难矣。毛竹丹十六可至舒城，二十一二日当可会合蒋军由六安赴寿。成军已至黄州，尚难遽回三河尖耳。

南坡奏留一案，当于二十七日具疏。谢恩折可于二十二日遣弁赍京。浙盐并无办法，左帅为浙盐政，石樵为浙运使，自必大有经营，断无篪轩插手之处。弟既不履浙任，即不必提浙中一字。弟用印花，可借用江宁、芜湖等县之印，在安庆发者借用余印，在金陵发者宜借地方官印。顺问台安。

国藩手草

本日寄申夫信抄阅，家信付去。

同治二年四月廿二日

沅弟左右：

二十一日接十七日来信，奏折稿亦甚妥适，字句间有未稳处尚易修改，惟辞抚之疏今日始行拜发，弟目下不必遽发续折，且待一月后再酌。奏留南坡之疏，余当于二十七日拜发，当会寄云中丞之衔，不会弟衔。

盐务改行票盐，较之今日之逢卡抽厘大致相等，不能骤增百余万之多。黄、金、万、杜等皆明于小而昧于大，余于大利大害所在均曾悉心考究。如果克复江浦二口、九洑洲，盐务或有起色，比今日所得较多，亦在百万以内。然二浦、九洑洲之能克与否，则不在南叟之精于盐务，而在鲍军之攻剿得手也。故余定计九袱洲、二浦未克之前，余不肯奏改盐章轮船拖带一节，听商人自雇则可，由余奏定则不可也。

惠甫可于月内赴弟处，李子真因离其家蕲水太远，不肯前去。包折写折之人均须在此操演一月，至五月杪再去金陵。保折将以二十七日拜发。

饷项奇绌，不宜作添兵之计。希部饷亦极绌。毛竹丹一信抄阅。李、郭二信抄阅。季弟谢折今日拜发抄阅。顺问近好。

国藩手草

同治二年四月廿五日

沅弟左右：

二十四日接十七日来信，具悉一切。

弟决意不愿作巡抚，幸吾二十二日所发谢折与弟意相符合。余因弟有信与少荃，辞让出于至诚，恐它处亦曾发此信，恐矛盾过甚，故遂作两辞折，想必合弟之意矣。

惠甫定于端午后起程。弟寄来之奏稿，虽目下不用，余亦当批明付还与关防。燕菜等改日专丁送至弟处。徽、祁近无信息。申夫自东流进剿彭、鄱，尚无起程确音。上海气机极好，少荃十九日信并余复信抄阅。毛竹丹二十一日自六安起行援寿，中间马头集尚有捻股梗阻，须打开乃可过去。自雨花台至金柱关，常有零贼梗塞否？宜派二三千人常常巡哨此段。顺问近好。

国藩手草

同治二年四月廿九日

沅弟左右：

二十八日接二十二酉刻来信，具悉一切。

祁门二十六日专丁来此，徽属一律肃清，群贼皆至鄱境，并蔓延彭泽、湖口等处。申夫已由建德赴彭，席宝田亦近日可达景镇，克庵亦自祁回景镇，大致可期安稳。惟克庵在徽、景劝捐，并不通禀余处，未免矜功自大，将来恐费辱舌。

余批介唐一禀抄阅。兹专人送木质关防一颗、又粮台李刘关防二颗、印色一匣、燕菜一匣，折稿尚未批出也。余十三、四、六等日与弟信决计不辞浙抚，二十一、二等日信又决计辞之，弟得无哂其反复靡定乎？顺问近好。

国藩手草

同治二年五月初一日

澄弟左右：

萧开二到，接弟及纪泽儿信，具悉一切。此间日内军事颇顺，巢县于二十二夜克复，含、和于二十四、五日克复，蒋、毛进剿苗逆，虽未开仗，而事机尚顺，寿州即可解围，苗党必可诛灭。

余身体平安，沅弟亦好。陈氏妾于五月初一早丑刻去世。自去年正月初三日吐血以后，盖无日不病。此次三月十七日起，不吃饭者四十余日矣。现定于初三日出殡，先停庙中，少迟再葬安庆附近山内。怀三叔、玉十于二十六日到此，现赴金陵。欧阳凌云尚在金陵未归。沅弟信一件，兹并付去。顺问近好。

国藩手草

同治二年五月初四日

澄弟左右：

初一日发去一缄，报陈氏妾之丧，由意城处转递，想可速到。旋于初三日出殡，暂停庙内。此女性情尚属平和，惟其母贪而且很。因女病常住此间，若渐染母教太久，亦必变成很性，殆非吾家之福。今女既物故，母之技亦无所施矣。

余身体平安，惟眼蒙日甚。沅弟于二十八日攻克雨花台石垒并南门外各垒，军事甚顺。惟饷项极绌，米粮颇足可支至八月中旬，全仗东征局之功。余详日记中。顺问近好。

国藩手草

同治二年五月初五日

沅弟左右：

昨日寄去二缄，一交来勇，一交解洋火之舢板。夜间接蒋、毛二公信，知寿州城外苗之营垒甚多而坚，二十八日虽破贼二垒，而伤亡颇众，余垒尚多。且闻苗将另调逆党截蒋、毛之粮道，调周军门赴六安，而萧军遂仍守巢县等处，不能进剿矣。苗逆既不易破，余须分力专顾北路。其东路二浦等处，望弟稳慎图之，总不外多用活兵、少求速效二语而已。霆军饷项极绌，而勇丁间有怨言，逃亡亦多，余时时惧其败挫。弟若果至北岸，望就近察看霆军气象何如？弊病安在？有何法可以整理？诸惟留心，密以告我。顺问近好，并贺节喜。

国藩手草

同治二年五月廿二日

沅弟左右：

昨闻九洑洲已克，专人送信与弟商办一切，计八页四条，不知何日可到？旋接弟十六夜报捷之书，欣悉一切。目下所急者，令萧扎二浦，以防李部之盘踞；令刘扎九洑洲中关、下关、草鞋夹一带，会同水师日夜稽查，断贼接济；令鲍扎孝陵卫一带，成合围之势。此三者，余不复备咨扎，即由弟迅速行之。军威大振，贼胆必寒，然我之谋之仍不可少一慎字。全副精神断贼之接济文报，看似小事，却有大益。

寄去京报二本。许仙屏中四十名进士，可喜也。顺问近好。

国藩手草

同治二年五月廿五日

沅弟左右：

二十五日接二十日酉刻来信，具悉一切。所应复者，条列如左：

一、攻克九洑洲战状，恰好作折毫无底子，今接三人公咨，便可作好折矣，仍拟会厚、雪前衔，弟与官、李后衔。门第太盛，弟处处退一步，最为惜福远忌之道。弟营打雨花台石垒，水营打九洑洲，均为近年第一恶战，余当于内银钱所新到之万金全提充赏。水师应分若干，陆兵若干，交弟斟酌布散。

一、洋船不准在金陵湾泊，即日当付片具奏。不准拖带盐船，则一面具奏，一面出示。唯洋人贪利，汉人贪快，此层恐不能禁绝。但不许停泊一船，城贼无丝毫接济，则在大局自好耳。

一、鲍军定扎金陵东北，作合围之举。余于二十、二十一、二十二日连发三缄一牍，皆主此说。惟萧军扎二浦，恐李部盘踞在先，不肯腾出，必仗弟以全力帮助，为则乃可做到。其四坝一卡，待萧扎定二浦之后，余即以一牍撤之。去年一牍，渠付之不理。此次亦不得不大动蛮教，打字向前也。大胜关与九洑洲不宜连设两卡，昨已详告矣。顺问近好。

国藩手草

同治二年五月廿六日

沅弟左右：

昨日寄一信，言以万金犒赏九洑洲、雨花台之捷。兹专炮船送去。杨、彭二部应分若干，弟部应分若干，听弟斟酌。李质堂尚未赴沪否？应分若干，亦惟弟酌之。外洋枪二百杆，寄与春霆，由弟转交。即问近好。

国藩手草

同治二年五月廿九日

沅弟左右：

日内未接弟信，系念之至。余亦伤暑呕吐，竟日困卧竹床，令人摇扇，不能治事。今年酷热更甚于去年，不知各士卒病状何如？

昨由内银钱所解去犒赏银万两到否？李朝斌十五日专人来领银钱子药，余概未批准。盖以既克九洑洲后，太湖全军必已于十六日东下赴沪也。顷接厚庵信，知质堂因伤亡过多，须在上游补募乃可赴沪。渠所领途费太少，万难支持。余欲解银万两济之，而安庆公私窘迫，竟难凑足。本日又于商贾之卖米者汇借二千五百金，至明日必可凑齐万金，专解质堂。弟可先行知会质堂耳。

春霆欲调洪容海同赴金陵，余未批准。洪军纪律极坏，内应尤不足恃。若添营乃可合围，当另谋之。左帅寄弟信付去。顺问近好。

国藩手草

同治二年六月初四日

澄弟左右：

六月初一接弟五月二十日信，勇夫送信者迅捷如飞，弟所云由意城处排递之信，则至今未到也。纪泽等初二亦到，一切平安。

下游自攻克九洑洲后，续无战事。寿州久未解围，二十六日毛、蒋、周军猛战一次，未破贼垒，而我军受伤千余人，看来该城恐难保矣。

余近日胸胃间微有不适，饮食少减，尚未服药。今年天气奇热，幸此间岁事可望八九分收成，差足喜慰。家中下手台上竹与柞树太密，闻不甚肯长，请弟雇人大为删减。柞树可全行删去，或酌留二三株，仿白玉堂下手之例，亦系先年树多，后陆续芟去也。

竹则存其大者，芟其小者，两竹之间总须留空隙一二尺，以为生笋之地，望弟斟酌行之。纪鸿儿二十日禀，将以秋凉侍母与全家来安庆省视。现在各路军事平顺，尽可前来。待鸿儿过科考后即可送全眷东下，此间派盛四回家迎接。纪泽尚须至金陵一行，不宜再回长沙，将来在九江一带迎接可也。顺问近好。

国藩手草

同治二年六月初八日

沅弟左右：

初七夜接初二夜排单信，在近日驿递中犹为不甚慢者，然已五日矣。

厚庵调萧军及新后营合围金陵，尚未接其来信。江浦无三四营驻防，似不妥适。一切听弟与厚庵商酌行之，余不遥制也。若兵力太薄，扬、镇二防可各调二三千人前来会剿。扬防则弟去年曾调过杨心纯一军，去年调之来共患难，今年亦可调之来共功名。镇营则冯萃亭有信来，求调之助剿。兹将渠信及余回信抄寄一阅。

惟调他处之兵，流弊极多，或暗中通贼助送接济，或援贼大至一蚁溃堤。此害之最大者，其它如号令纷歧、是非唇舌亦均不可不虑。望弟斟酌，一心断定。或兼调扬、镇之兵，或调扬而不调镇。俟复信到日，由余咨调可也。余意目下暂不合围，且待八月再合。届时江、席、李三军皆到，各军之病痛多寡已有定象，援贼之来势衰旺亦有定局。可否，均由弟作主料理。复问近好。

国藩手草

刘、李二信寄还。

同治二年六月十七日

沅弟在右：

十六日接十四日温委员带来之信，又送到折稿一件，十七日接十一日送洋人之信，具悉一切。今日有事甚忙，明日准将折稿改好写好，交来勇坐温委员轮船，由弟处包封拜发。

弟所需洋物，今日已派戈什哈、刘锡昆解双响一百杆、单响九百杆、开花子二百个去矣。鲍不遽进孝陵卫，萧不遽南渡，镇、扬兵不遽咨调，甚好甚好！且待夏暑已退，看各营病者何如再行斟酌。弟要米石，可用公牍来取，每月取一次两次，尽可应付。接行知者留在此，多住几日即发也。顺问近好。

国藩手草

同治二年六月廿日

沅弟左右：

十八日接十三日酉刻之信，畅论扬、镇两不宜调来会剿，甚是甚是！余十二日折中有一面咨调扬、镇兵等语，诚恐寄谕与都、冯两处，便尔提及。此间无咨牍，渠自不轻动也。弟谢恩折昨日改定，今日写定。不料轮舟明日尚不开行，只得交来并带还。弟处借有附近府县印花否？兹寄去一颗，以便封发。如有府县印，则不必借总督印。军情无可多说，不能不稍着议论，故将次折全数涂改，惠甫折则未动也。金陵近得透雨否？酷热少解否？顺问近好。

国藩手草

夹板正折一件、稿一件、家信二件照收。

同治二年六月廿三日

沅弟左右：

二十一日接十七申刻来信，知弟又患伤风数日。目下已痊愈否？如此酷暑，余居广厦大屋尚不能支，况弟与将士住营盘乎！实深系念。谢折已拜发否？云仙处想一月可通信二三次。

六安等处近尚平安。惟马谷山蒙城一军万无救全之理。昆八住此三日，二十一日开行。今日解银三万，先济鲍、萧二军。闻东局续有三万，日内可到，即解弟营。沪上每月酌提四万,万不可减。若如期如数，秋后弟当稍裕也。行知已办毕交来丁带去，附报一二。寄云升广督，次山升湘抚，不知湘藩何人？即问近好。

国藩手草

同治二年七月初四日

澄弟左右：

初二日接六月十九日来信，具悉吾乡雨水沾足，谷价大平，至以为慰。毛帅移督两广，恽公升抚吾湘，于江皖军务皆有裨益。

此间诸事平安。金陵大营病疫复发，鲍军尤甚。幸靠江为营，当可无碍。唐中丞在临淮十分危急，余调陆兵二千人水师八十船往援，日内必赶到矣。饷项支绌，实因人数太多之故，无法可以挽救。

余身体平安，不食油荤者月余，近亦稍稍吃肉。科一奉母及姊妹兄嫂来营，自以中秋前后为宜。下手斐竹之事，弟已代办否？顺问近好。

国藩手草

同治二年七月初五日

沅弟左右：

接六月二十四日来缄，具悉一切。

盐务积弊自须大加整顿，目下既系云仙接手，渠必有一番振作，余已去一信，请其查何铣之弊。又有信与意城，请南坡来署运司。黄、郭、金三人皆甚相得，皆善出主意。待渠有所陈，余再择其尤善者批准行之。欲盐务之兴旺，有争还上游楚西引地之销路，而不在力除下游场栈之积弊，余前已有函言之矣。蔡少彭信阅过。寄云制军到后，粤厘必可略旺。霆营久无饷去，十分愧歉，弟能分润少许，余日内必解还也。顺问近好。

国藩手草

同治二年七月初十日

沅弟左右：

初七日接初四辰刻一信，具悉一切。所需子药，昨日派人解去药三万、群子三万。大炮只可为守墙濠之用，不可为攻城之用，以费药多而无损于贼也。此间并东征局每月不过得药七八万斤，不能再多。除支应本军九万余人外，尚须协济彭、唐及滁州、六安等处，不能不力求节省。望弟遍告各营，谅我之难。

云仙以三品顶戴署广东巡抚，申夫擢浙江公司，其两淮运使尚不知简放何人。毛、郭同省，粤厘当有起色。弟所需之炮，亦无不得之理，然水师实可不必另设。天下事焉能尽如人意哉？春霆处，今日始解去银二万，其窘迫殆不可问矣！闻渠营距江滨尚十余里，大股援贼来时，怕断粮道否？须与之预为细审。若粮道不稳，即再退几里亦尚无妨。

乔运司所解缉私经费，余皆已收存。因内银钱所用出之银，私用不过十之二三，公用实占十之七八，故遂收之。此次欲办何铣，当时自以不收为妥。然已收者无可挽回，不得因将惩何铣，而设法将前项璧出也。待新运司到，另立章程，即不再收。弟信言批饬转解别军充饷则可，夹片声明自表其清则不可矣。复问近好。

国藩手草

同治二年七月十二日

澄弟左右：

兹派盛四送诰命九轴及荫生执照回家，请弟敬谨收藏。或藏先大夫新祠，或藏各家，均听弟酌。纪鸿侍母及兄嫂姊妹来营，八月当可成行，此间另派大船至湘潭迎接。寅皆先生即可不必同来，明年若无馆，余可代为荐馆也。云亭妹夫家、尧阶兄家各有信并礼物数件。重五、中和二公之轴亦有信与丹阁叔，兼配微礼。望弟一一查明，照单分送。顺问近好。

国藩手草

同治二年七月十四日

澄弟左右：

十三日派盛四送诰轴等物回家寄去一缄，不知何日可到。顷接沅弟信，渠又打开印子山贼垒，而贼之西瓜炮子落至刘南云营中者，竟有三十七斤之重，盖以重价雇洋人助战也。以此观之，为粤、为洋、为捻、为苗回、为教，兵争不知何日始息矣。

科一送全家来营后，黄金堂拟即请朱金权来住，每年送渠谷三十石。此外，田山出产一一禀明弟处，如何出入，由弟主持，庶事事皆有章程。弟以为可否？乞酌示。顺问近好。

国藩手草

同治二年七月十八日

澄弟左右：

十八日萧开二等到，接弟七月初四日信，具悉一切。

纪鸿送眷属于八月十九日起程，时候极好，此间已于十三日遣盛四回湘迎接。又张德富所管余之大座船，定于二十日自安庆起行至湘，大约八月中旬可抵湘潭。外有张德富与盛四照料，内有纪鸿照料，又有炮船护送，尽可放心，不须再请邓寅翁、欧阳牧翁护送。盖此二公皆不可远离家者，牧云之老亲新愈，尤不宜也。特此寄缄，请寅、牧二公无庸东来。余之座船本大，人称为长江第一船，若再雇一大船，则官气太重矣。若须添雇，只雇倒扒可也。至嘱。即问近好。

国藩手草

同治二年七月十九日

沅弟左右：

十七日接十三日信，十九日接十四日信，具悉一切。

南云所扎之石垒，据雪琴言濠极宽深，不知何以贼能越濠而登缺口？只要杏南痊愈，萧、陈无恙，南云假归应尚无碍。弟保举贤才一疏何日拜发？金眉生不必遽荐，大拂物议，非渠之利，云仙即日挈之人粤耳。申夫不知何人所密保，云仙与朱石樵则系王少鹤所保。湖南解谷米到此者并无刁难，不知弟有所闻否？上海月协四万，似属义不容辞。兹将少荃来信与此间十六复信抄寄一览。顺问近好。

国藩手草

同治二年七月廿九日

沅弟左右：

二十八日接二十三来信，具悉一切。

为则所扎营盘既不相宜，弟宜指示迅速移扎。希部前此并无被贼围营苦守之事，故余今年二月至石涧埠，令其移动一营。厥后所移之王载驷一营果大占便宜，具有余力派一哨助人。与其临时受敌，不如早为移动。渠军归弟节制调度，今日已咨行矣。春霆在北路开挖地道，殊可不必。城中之人太多，其气尚强。城如轰陷，彼用先锋包力堵，我军必大伤精锐，断无克城之理。弟处南路地道亦宜停工。余即给牍与鲍，令其由南路进孝陵卫，咨文令其北渡剿苗。大炮俟到皖酌解，硼炮则非丁所能铸矣。顺问近好。

国藩手草

同治二年八月十二日

沅弟左右：

初九日连接初五、六日两函，十一日又接初四便差带来之函，具悉一切。应复之事，条列于后：

一、鲍军移于南路，草鞋夹之水师、下关之刘营均属可虑。水师应由厚庵设法维持，刘营则须弟设法助之。应否拨营添扎？弟处尚有营可拨否？无论青阳能保与否，泾、南、宁、芜必皆十分吃紧。鲍军抽赴南路，一则可剿上游之贼，救宁、芜之急；一则可徐合孝陵卫之围，故余决计抽出，不令呆扎金陵城北。不知鲍军近日已拔动否？初二复病以后又痊愈否？

一、西岸办盐之事，余所虑者商情不踊跃、引地不畅销，包缴之厘金盈余皆成拖欠之局，前函已详言之。至于南坡翁之事，挽回尚易为力。

一、大炮已解去五十尊。小手枪用洋火，比鸟枪用引药可快一半。再当讲求上面清兜之法，但不用曲柄，不便卓地上药耳。短劈山则不多造矣。

一、许次苏署运司，业已下札。张富年赴江西，暂可不必。弟若急于用金，则中外交劾矣，晏、吴、乔皆深恶之。顺问近好。

国藩手草

同治二年八月十五日

沅弟左右：

十三日接初九日夜两信，具悉一切。

春霆病重，尚无大碍否？青阳被围已二十五日，闻食粥已多日矣。申夫派郑、陈二将于十里铺扎三百人之小垒二座，十二晚被贼围扑。申夫隔水不能往救，郑将弃垒，赖师船救出。陈将于四更后突围冲出，青邑恐难再支。望弟商之杨、鲍二公，迅速渡江上行。一至芜湖、三山，则青阳纵失，南陵、泾、宁可保，上游人心定矣。

西人助攻金陵、苏、常，似非总理衡门之力所能阻。余下次有信，必痛陈之。昨复一信，言李泰国七船之事，兹抄寄弟览。缓催昌岐水师赴淮，余已允许，并函告陈作梅矣。家信四件、袁宅信一件并已拆阅寄去。顺问近好，兼贺寿祉。

国藩手草

少荃信付还。

同治二年八月十九日

沅弟左右：

久不得弟信，想十一二三等日至浦口一晤筠仙，未暇作书耶？

西岸认运一案大致已定，公牍亦均批发。此间派程尚斋至江西设局督销。如楚岸办动，即派杜小舫至汉口设局督销。青阳日内无信，云岩十二日寄申夫一信抄阅。申夫所部陈、郑二营十二夜打一败仗，江、席尚无进兵之信，深为可虑。接毛寄帅信，内录驳固本京饷一疏，极为明快透辟。又密片一件一并寄览，仍望密封寄还。纪泽等二十一日可雇船回皖，将令至上游一行也。顺问近好。

国藩手草

同治二年八月廿一日

沅弟左右；

二十日接十五夜专丁来函，知张诗日统四营拔赴城北以保下关六营，舫仙攻克江东桥，至以为慰。惟愿别处不生奇变，金陵终有可望耳。筠仙拟片，二十七日当可出奏。若候南坡来一商，则下次乃奏。江西开局，已派程尚斋。湖北拟派杜小舫。泰州一局即派张富年。张之委札、王子鉴之谕帖，今日可办发也。至严札提运司饷银，此后当常常行之。

金眉生曾随筠入粤否？中秋天气不佳，二十日天气却好。弟当强健，精神百倍，家国之幸。青阳危在旦夕，殊难保全。霆军病后亦恐不能了皖南之难，忧灼曷已！顺问近好。

国藩手草

同治二年九月初二日

沅弟左右：

初一日得弟八月二十七日信，具悉一切。

通江关、石埠桥济贼之事，弟意不宜再事姑息，已咨李军门速撤矣。

李之考语过优，弟所见良是。然余之兵力有限，业已因苗逆而占住许多官兵，若再使李不自安，又兴一重兵端，则断非都、富所能了，所扯动者，非弟兵即鲍兵也。故余于李则专主安慰，于苗则专主坚守，腾出兵力以专谋金陵专谋皖南。譬弈家之腾出先手，专保一块，不得不姑丢一块也。

筠仙详请罚何铣钱十万串，并无二十万两之说。其来缄告余不必遽出奏，而其当面告弟却谓急宜出奏，不知何以自相矛盾？兹将筠信寄弟一阅。此等罚款，近年极多。大约一参之后，反不肯多缴。如杨坊已缴五万余，经左帅严参后，停顿不缴。盖一经破面，渠更悍然不顾，即再参，亦不过军台而止，法有所穷也。袁帅严参许悖诗，勒法十万，许缴款寥寥。南坡此来，又锐意欲用许君。庄生所谓彼一是非，此一是非，吾辈不可不参观而熟计耳。

惠甫薪水，此间可于渠到家之日截停。眉生已离弟营，甚好甚好！渠之长处在识广而才多，其短处在不畏人言。十月十日万寿贺折，余已代弟缮发。颁发御制诗文集谢折，当代弟拟折稿寄金陵缮发。纪泽与袁婿以初一日回皖，岱三、金二则二十六日先到矣。顺问近好。

国藩手草

同治二年九月初四日

澄弟左右：

接弟八月初五、初八日两缄，具悉一切。

寅、牧二公，全系恐其不能远行，不能久离，并非不欲其来此也。现在果已成行否？如果到皖，决不轻慢，弟可放心。

此间近事具详日记中。青阳已绝粮三天，煮菜为粥，又无油盐，危急极矣，竟于二十七日大捷解围，洵属天幸。沅弟一军甚为平稳。惟新调鲍军上援皖南，金陵仅有沅军，难遽断其接济耳。

余身体平安。纪泽儿于初一日自金陵归业，小有不适，怕冷发热，略似疟疾。榆笙、叶亭及上下均吉。黄南坡尚未到皖。筠仙已由上海赴粤。

弟好劝人早婚。好处固多，然亦微有差处。谚云“床上添双足，诗书高挂搁”，亦至言也。顺问近好。

国藩手草

同治二年九月初五日

沅弟左右：

初四日接三十日来缄。初五日篪轩述弟信中数事，所应复者，条列如左：

一、护照三百张已送运司衙门，无可挽回。目下许次苏署任，当不至与张富年故意为难，待患署司到此，三百张或将填毕矣。下次即径发总局张道手，不交运署。

一、弟欲再领盐票，交刘履祥等运行皖岸各属，事属可行，待弟公牍到日即发。惟雪琴前当面请领，余未允许，今弟处允许，将来亦须略发与雪琴。

一、弟营米粮，安庆所办者无几。江西之三千石，湖南之万石，日内必到金陵，无为州之四万石，亦可陆续运解。上海之四万金，弟可常常向少荃索之。余以理责之弟，以情求之上海，月入四十万，余取十分之一，实不为过。少荃近日来信，从不提此事，颇不可解。

一、晋鹤若于盐务新章作出示，必从金处下手，辱金即所以撼弟也。弟若关心盐务，但与余及万、黄、张、许四人熟商，切不可使金露面，但令其暗中助张，庶无风波。顺问近好。

国藩手草

同治二年九月初九日

沅弟左右：

初五夜接初一夜来缄，知弟以余议十九日之疏不谅弟之本意，责备太过。余所虑者，恐弟学道光末年督抚之陋习耳。若弟之意实见得轮船该用以巡海盗，则余前缄之所责为过矣。今日解银七万，慰弟之意，是近来罕见之事。譬之儿时兄打而弟哭，则又以糖食糕饼抚慰阿弟也。至此间家信稿本，除誊信之李子真极慎密外，并无一人得见。弟常疑余之日记家信或传播于后世，此弟之拙见过虑，亦视阿兄太高之故。盐务之事，弟尽可放心，不过一月后，弟备见余之公牍。再见南坡之面，必谓阿兄件件皆是矣。顺问近好。

国藩手草

同治二年九月十一日

沅弟左右：

接初五日戌刻来函，具悉一切。旋又接十九日所发折片之批谕，饬无庸单衔奏事，不必咨别处，正与七年四月胡润帅所奉之批旨相同。但彼系由官帅主稿会奏，饬令胡林翼无庸单衔具奏军事，未禁其陈奏地方事件，与此次略有不同耳。弟性褊激，于此等难免怫郁，然君父之命，只宜加倍畏慎。余自经咸丰八年一番磨炼，始知畏天命、畏人言、畏君父之训诫，始知自己本领平常之至。

昔年之倔强，不免客气用事。近岁思于畏慎二字之中养出一种刚气来，惜或作或辍，均做不到。然自信此六年工夫，较之咸丰七年以前已大进矣。不知弟意中见得何如？弟经此番裁抑磨炼，亦宜从畏慎二字痛下功夫。畏天命，则于金陵之克复付诸可必不可必之数，不敢丝毫代天主张。且常觉我兄弟菲材薄德，不配成此大功。畏人言，则不敢稍拂舆论。畏训诫，则转以小惩为进德之基。余不能与弟相见，托黄南翁面语一切，冀弟毋动肝气。至嘱至嘱。

国藩手草

同治二年九月十三日

沅弟左右：

十一日接弟初六日信，尚不甚怫郁。至慰至慰！然此间余与一二知者皆恐弟触动肝气，极不放心。惠甫则语次几欲垂涕，足见其知己之感，血性过人。渠本定于十月起程，余催其九月即行，与南坡翁同赴金陵，大约二十外始可泛舟东下。此半月中，弟当自为宽解，无稍抑郁。盖此七船乃恭邸数年苦心经营之事，近则既经怄气，又复抱歉，正在十分不自得之际，将来回我十二日一信亦必有微词，疑弟折意含讥讽，故触其怒，而一为发舒，非皇太后另有所咎于弟也。

晓岑即决计不赴湖口，派何敦五往代其役。西岸盐务折将金之刊本章程十六条改为八条，兹寄弟处，请专人送泰州许、金、张一阅。如有不妥，签出飞送寄来。弟营应分之厘与利，较金之原议更加矣。顺问近好。

兄国藩手草

同治二年九月十四日

澄弟左右：

接弟八月二十一日信后又连接二信：一系唐蔽洲之弟德圃携来，一系沈蔼亭之甥王君携来。德圃朴实稳练，此间必有以位置之。王君则无可录用，蔼亭亦同来，此又不能不位置也。

此间自青阳解围后，各路平安。唐义渠在临淮近亦稳固。春霆已至南陵，令其由宁国、建平进攻东坝。沅弟军中士气甚壮，惟新奉批谕“无庸单衔奏事”，恐不免抑郁触动肝气。又沅近日添募陆军至二万之多，又添募水师十二营，全不函商余处，殊不可解。长江业已一律肃清，贼匪并无一船，杨、彭水师尽敷调遣，不知弟添十二营果作何用？其向恽中丞求索饷银火药，动辄数万或十数万，亦过于尽人之欢竭人之忠。

闻十月十九日家庙落成，将由县城叫省中戏班以志庆。吾意我家方在鼎盛之际，此等处总宜收敛，不宜过于发扬，望弟时时留心。吾身体平安，泽儿已痊愈，余上下均吉。家眷船初四日尚在长沙未开，大约十月乃到也。顺问近好。

兄国藩手草

再，贺湣因兔形山之事来此告状，余批以不管隔省之事。渠求写信与弟及县局蔡、许诸君，但求不褫革渠之秀才，以后再不敢多事兴讼云云。究竟渠之讼事有理与否，褫革秀才之说已见明文否，望弟查明。渠既言以后定不多事，或者可以挽回之处，弟为之出力可也。

同治二年九月十七日

澄弟左右：

十七日接九月初二日县城一信，具悉一切。

十月初六日入主之事尽可照办。余本不善择日，又去家太远，断不遥制。家中之事，概由老弟主持可也。兹特排递一函，不知初六以前可到否？丹阁叔帮助之数，计须若干，弟便中为我一筹，却不必先许愿也。顺问近好。

国藩手草

同治二年九月廿四日

澄弟左右：

接九月初二日信，具悉一切。十七日比复一信，由郭意城转递，言家庙初六日入主甚好，余断不遥制。想九月末可到也。

日内军事平安。鲍军由芜湖进攻水阳，将打东坝。江、席、李、朱诸军久住未动，军兴日久，人人看得稀松，催之不动，责之不怕。如此办去，军务终无了日，可虑也。黄南坡到此已阅半月。其议米盐互市之法，与余意微有不合。开拓有余，深细不足，尚当徐商，以求合符节耳。

纪鸿母子十六日至汉口，日内逆风甚大，想九月尚不能到。余身体平安，纪泽等皆好，勿以为念。昭忠祠十君子容当设法保奖，但不可先许愿，恐后不能践也。弟观此次工程完毕，气机俗曰阳见当顺否？示及。即问近好。

国藩手草

同治二年九月廿六日

沅弟左右：

二十四日接弟二十夜一函。风虽顺而过大，仙屏尚未到也。杉木条当了十月解去。大炮守垒，余不甚以为然，费药太多，又不灵动。余当解劈山短炮数十尊应之，子路较长劈山则稍逊，较大炮则相等。且贼果强乎？以数万新兵合围，其中必有隙地软营为贼所乘。贼果弱乎？劈山、洋枪二者自足制之。余不愿再解大炮也。

古隆贤有投城之说，愿献石、太、旌德、广德四城。朱云岩定于二十五日进石埭城，不知靠得住否。黄南翁定于四五日内赴弟处，金眉生则搭洋船回泰。顺问近好。

国藩手草

同治二年九月廿八日

沅弟左右：

二十七日接弟二十二夜之信，二十八日又接二十一夜之信，具悉战事极顺，攻破七瓮桥、上方桥、高桥门各垒，只余七瓮桥大垒未下，至为快慰。

守垒之炮，拟解短劈山四十尊、大炮二十尊。昨日解银二万两、钱二万串，计五日内可到。长善之谷甚劣，若碾米，恐营中不甚愿食。江味根面求南坡翁，请作为东征局清渠欠款，尚未议定。东局解来之米，即日将到，当以万石解弟也。杉条久派瞿有德等赴潜山采买，不知何以杳无音信。本日又派戈什哈张开甲赴潜催办，一面于安庆河下买大杉木解往，大约十月中旬可到金陵。南坡翁定于初一日赴弟处，仙屏至今未到。连日风雨，虽上水顺风亦难畅行耳。顺问近好。

国藩手草

再，桐城闸之梁美材等三营勉强可移至弟处，余有鉴于去冬巢、和之未留防兵，故不肯轻动。且此信到金陵，距弟克上方桥、高桥门等垒之时已十余日矣，即调梁美材等到金陵，计亦在十月十五以后，而弟之新营或亦十月底可到，故余迟疑未调。如弟必欲调，则一面札调梁美材等，一面咨兄可也。又及。

同治二年十月初五日

沅弟左右：

初三日接二十八日排递一缄，又接二十五日专足二缄，初四日张燧带到弟信一缄，均悉。

保单定于十二日出奏，即用弟处缮正之折。钱子密言向不用考语，此次忽皆出考，恐不合者，反干部驳。余意姑先出奏，且待部驳再说。

攻破七瓮桥诸垒，合围大有可望。余当再拨湘后左右二营助弟。一则略厚弟之兵力，一则李宝贤告病，王明山接统又复丁艰，两营官皆极不足服众人。余派二人代理，带赴金陵，必须弟另放二人管带也。

朱云岩招降古逆，已收复石埭、太平二城。拟以朱、喻分守太、石、青三城。李军归并鲍公一路，江军回驻饶州境内，席军已由江西孙中丞调防吉、赣。若鲍果克东坝，此后皖南少有把握耳。

意城信中之一优一劣，余皆素有所闻。味根来省住四五日，似非易与共事者。余令其回驻江西，一以为全局起见，一以楚勇风气迥异，难期效命。奏改文职之说，尚待从容察看。今日派人解银五万至弟处，湖南米万石，亦即日开船到弟营也。顺问近好。

国藩手草

同治二年十月十三日

沅弟左右：

十一二日连接初六、初九等日信，具悉一切。

南坡翁至弟处，吾意必盘桓终旬，何以仅住一日即行，岂议论偶有不合邪？吾十二日奏留南翁一片，措语极为平淡，不知何以上干谴责？南翁声名之坏，在浙江夷务、吉安军务之时，其在江苏州县则并无所谓狼藉，而近日亦无所谓贪横。人言可畏，动彻天听。乃不发于寄云保三品卿之时，而发于余奏留之时，颇不可解。古诗云“美服患人指，高明逼神怒”，吾兄弟皆处高明之地，此后惟倍增敬慎而已。

湖熟、岔镇处处得手，高淳、东坝次第克复，广德亦有投诚之信，事机甚为顺利。而各省将帅似存意见，此中消息，恐终无灭贼之期。

皖岸盐务，即照弟所拟札刘履祥专办。惟每年四十三万二千串十八万两，必须销七万余引，殊无把握。

弟两次信称解到银钱感激涕零，措辞大为失当。万庆来此，所送之礼过厚。兄弟中无璧还之理，以后望弟莫多送，

宜崇俭也。顺问近好。

国藩手草

同治二年十月十四日

澄弟左右：

接弟九日中旬信，具悉一切。

此间近事，自石埭、太平、旌德三城投诚后，又有高淳县投诚，于十月初二日收复，东坝于初七日克复，宁国、建平于初六、初九日收复，广德亦有投诚之信，皖南即可一律肃清。淮上苗逆虽甚猖獗，而附苗诸圩因其派粮派人诛求无厌，纷纷叛苗而助官兵，苗亦必不能成大气候矣。

近与儿女辈道述家中琐事，知吾弟辛苦异常，凡关孝友根本之事，弟无不竭力经营。惟各家规模总嫌过于奢华。即如四轿一事，家中坐者太多，闻纪泽亦坐四桥，此断不可。弟曷不严加教责？即弟亦只可偶一坐之，常坐则不可。

篾结轿而远行，四抬则不可；呢轿而四抬则不可人县城、衡城，省城则尤不可。湖南现有总督四人，皆有子弟在家，皆与省城各署来往，未闻有坐四轿。余昔在省办团，亦未四抬也。以此一事推之，凡事皆当存一谨慎俭朴之见。

八侄女发嫁，兹寄去奁仪百两、套料裙料各一件。科三盖新移居，闻

费钱颇多。兹寄去银百两，略为饮助。吾恐家中奢靡太惯，享受太过，故不肯多寄钱物回家，弟必久亮之矣。即问近好。

国藩手草

同治二年十月十八日

沅弟左右：

昨夕寄去一缄，言抄恭邸信寄弟处。兹抄就付去照收。溧水又已招降，气机甚好，惜无许多守兵。湘后左右二营今日开行至金陵，陈膺福带三营亦今日到此。弟处若能腾出兵力，将来分兵守住溧水、句容，则金陵群贼别无归路。但各处逼紧，恐贼以全力猛冲弟之前后濠耳。望弟酌量行之。顺问近好。

国藩手草

同治二年十月廿四日

澄弟左右：

接弟十月初三日信，具悉一切。

王开炳在此，既有老弟之信，又有牧云、蔼亭日日赞不绝口，目前虽未派差使，将来必重用之。顷已略送盘费二十金，令资日用矣。东征局之得差委者，多黄、郭之族戚故旧或并不到卡而得干支薪水优加保举，外间颇有违言，余亦颇有所闻。然黄、郭于此事实苦心经营而后办成，且黄受其怨而我享其利，不忍更责之也。

团山嘴桥告成，余只能出二百金，即日寄回。盖沅弟寄回银两太多，半为兄弟五家之私，半为宗族乡党之公，余不能不节俭少寄。为私家固宜少，即公事义举亦宜少。公私虽微有别，其由营搬银回湘乡则一耳。身家自奉固宜少，戚友馈赠亦宜少。人已虽微有别，其以公银作私用则一耳。余九月初四日之信竟尔沉失。十七日曾寄一信，言十月初六日新祠尽可入主，托赵玉班转送。赵误，专人送至安庆。今沅弟又有甲子年入主之说，余概不遥制，听弟主持可也。顺问近好。

国藩手草

同治二年十月廿八日

沅弟左右：

接十七、二十一日两次来信。上海解银三万，至弟营之轮船在无为境内炸裂沉坏，伤毙数十人，钱万串及军装全失，故弟函到此亦迟。

弟将续募八大营停止，甚善甚善。惟刘连捷之数营，辰沅一带之数营俱未停止，犹嫌人数太多，粮米不继。闻贼中米足者可支年余，不足者难支一月，克城之迟早，仍有天定，不关人谋也。

厚庵请归养亲养病，缄牍俱到，拟仍作书坚留之。弟心中欲做之文章，余亦久怀此意。将来或兄先发，或弟先发，须熟商明白，再行举动。晏彤翁处，余于十五日专差送一幛、一联、如意、燕菜，不知赶上否？黄中瓒来，当优待之。江军门来此五日，病势极重，殆不可支，悯虑之至！顺问近好。

国藩手草

十二日保折，二十七日接到。刘、张赏黄马褂。

同治二年十一月初二日

沅弟左右：

接十月二十五日来信，具悉一切。

御赏诗文集谢折久已专差拜发，竟忘寄稿与弟，兹由公牍寄去。

湘后左右营应即由金陵粮台发饷，以归划一。王远和、黎定志既不明白，弟应速放管带或帮带官，切勿瞻徇迟疑。余在此与王柱堂说明，王、黎只暂带至金陵，即由弟另派人带。并无王、黎长带之说，公牍亦斟酌详明也。莘田叔所带两营，日内亦将到营，望弟无贪功之速成，但求事之稳适。

厚庵告假，闻与雪琴微有不协，弟知其详否？即问近好。

国藩手草

正封缄间，闻苏州二十五克复，虽未得少荃信，而上海来人甚多，事甚确也。余保少荃，弟让程镇，大有益于东南全局，可慰可慰。弟二十八日夜信，顷亦接到。皖票昨夜始由篪轩送弟处，立意早定，而办事太慢，余之咎也。

同治二年十一月初四日

澄弟左右：

初三日接弟十月十九日信，具悉一切。

九月初四所派之人，系萧开二之兄开一也，至今杳无音信，其被人劫杀无疑。本日派开二沿江去查。有一禀一批，抄寄弟阅。开二于七月间曾打二百板，系在袁家接信索钱甚多。袁家给钱六百，渠犹嫌少，竟不将回信带来。榆笙接其弟家信，言之甚详，故责打之，不与史、王相干。八月之日记，候再抄一分寄回。

此间自克东坝后，苏州于十月二十五日克复，投诚至十余万人之多，此王杀彼王以降者不可胜数。大约金陵亦不久可复。寅皆师已于十月二十一日旋湘，牧云亦于今年可归。余详日记中。即问近好。

国藩手草

同治二年十一月十六日

沅弟左右：

十五、十六日连接初十、十二日来缄，具悉一切。

忠酋此次来援，自必拼命苦战。我军反客为主，专意守营，不必出队与之开仗，或亦制胜之一法。英逆之救安庆，三月一次，七月一次。忠逆之救金陵，去秋已一次矣。若此次再行击退，则克复真有把握矣。火药缺乏，此间今日起解一批三万斤，过三日再解一批三万斤。但北风连日不息，不知十日内可解到否？饷银亦于今日起解三万，炮船应可先到耳。

牧云定于十七日南归，少荃克复苏州后至今无一字书函，颇不可解。西岸头批之盐，今日始到安庆。甚矣！盐务之不能应急也。顺问近好。

国藩手草

同治二年十一月廿三日

沅弟左右：

二十三日得十九日巳刻来信，具悉一切。

丹阳、句容大股贼已动，日内必有大战猛扑。余所虑者在七瓮桥、孝陵卫一带，亦犹去秋之外八营也。趋犯金柱关者，当仍是侍逆一股。弟派芳浦回防，从此等处着眼，极是极是，第不知孝陵卫、七瓮桥果稳否耳？

米粮明日起解三千石，腊月再解二千石。银之在途者颇多，今冬可解弟营十二万两，但不知本月能解若干。上海应解弟处两批六万，当必不误。

少荃克苏州后亦无一字与我，闻因杀降王部云官等八人之故，与戈登大相忤。各洋酋亦咸抱不平。少荃业经人奏，谕旨谓其并无错处。而英法借此生波，则少荃之无暇写信，或由于此。

与吾事，余复厚庵之咨已咨弟处，兹又将回信寄弟一阅。弟元旦贺折已代发矣。即问近好。

兄国藩手草

同治二年十二月初四日

澄弟左右：

初一日接弟二缄，一系蒋官一等十一月初三日所发。一系王继清等十一日所发，具悉一切。

此间近事平安。二十九日忽接鲍春霆信，言溧水失守。次日始知为谣言，该城实坚守无恙。伪忠王到金陵已二十日，尚未猛扑沅弟营盘。大约扑沅营数次不得逞，即以全力上犯江西耳。

袁婿读书之事抛荒太久，又心之所向不在此途，故不令其拜师上学。金二外甥悟性日开，发奋异常，文赋诗字均有长进，不特进学补廪可以操券而获，即乡会试亦大可望，可为蕙妹庆，可为诸舅庆。望弟详告蕙妹、王太宜人，尽可安心养病，不患无显荣之日也。

衡州都司唐翠，稍迟再行咨调。彭寿七爹钱挥，弟可涂销交彭九峰手。王辅臣已派至金柱关坐厘卡，距沅营仅百余里，当可常往请示。李家之挽联挽幛甚为妥叶。迪庵早年人款，尚有万金分存成、萧、蒋、毛、张五处。余拟提回寄李家，为姻伯养赡之资。此外奠仪之类，或尚可凑万金，为希帅丧事及迪、希二家将来日用之资。不知妥否？现尚未定局，亦未函告李家也。

安庆寓中内外大小平安，足慰远念。共办棉花车七架，每日纺声甚热闹。顺问近好。余详日记中。

兄国藩手草

同治二年十二月廿四日

澄弟左右：

接弟十一月二五日一函、十二月初二日一函，具悉一切。

此间近事平安，沅军亦未开仗。十二月内各军皆发一月满饷，近日罕见之事也。刘沅堂先生处，李希帅处，余准于新年派弁送礼。刘宅则送赙银、联幛。李宅则但送联幛，其赙银俟三月间与萧、成、蒋、毛汇送，凑成二万也。唐义渠以藩司降补，乔鹤侪升安徽巡抚。此间诸事又将小有变动。

团山嘴石桥，兹又寄去银二百两，合之家中所借四女儿之二百金，共为四百。在兄为生平第一功果。前信嫌用银太多，不过欲弟凡事从省，弟乃将帐簿付来，余岂疑经手者之侵蚀哉？沅堂师之墓志恐不能交卷。陈作梅寄李宅之信前次忘带，今日始带去。顺问新禧。

国藩手草

同治二年十二月除日巳刻

沅弟左右：

接弟二十三日、二十六日两缄。具悉一切。

秣陵关虽扎营，而贼盛时仍可至金柱关、三汊河等处。此理余深知之。弟之不守秣陵关，自必实有所见，外间则纷纷疑其应守，余概不遥制也。留朱惟堂二营与志字五营同守金柱关，自可万无一失。明年以芳浦、张、梁同扎神策门一边，本属稳着。吾犹嫌号令概归弟处，缓急不能一一请示，不甚放心。

李与吾一案，吾兄弟处置均为妥善，将来尽可缓奏。继芳将苗党诛戮殆尽，捻首亦次第芟夷，深可佩服。淮上永无复患矣。皖藩一席，须待谷山到此，篪轩乃能交卸赴泰州也。顺贺新禧。

国藩手草

同治三年正月十三日

沅弟左右：

初八日接弟两缄：一则戈什哈赍回，一则由驿递到，内有霞仙奏稿两本。具悉一切。

连日大雪弥漫，平地几至四尺。弟军临前敌，士卒困苦异常，而弟素有畏寒之象，深以为念。探报侍逆上犯，已至绩溪。余调毛军赴徽，沈中丞调江、席赴婺，日内俱不能成行。不知贼行迟速果何如也。

金眉生与篪轩信言里下河之米实不过二两五六钱一石，此间拟即发银二万购办弟营之米。继芳可让而不可佩，弟论允当之至。霞仙所处之境，其艰难似倍于皖。吴奏疏委曲鬯达，则近日好手也。余有复李良臣信一件，抄寄弟阅。即问近好。

国藩手草

同治三年二月初四日

澄弟左右：

正月二十八日接弟十一日信，具悉一切。

此间近事，金陵业已合围，沅弟两信附寄弟阅。由浙上犯之贼，徽州一股虽经击退，遂安一股已窜至江西之玉山，恐不免直上抚、建，则吉安、袁州可虑，而湖南亦须办防堵矣。然金陵果克，沅军可分二三万人上援，江楚当不至于糜烂。

李家奠仪，去年已由东征局兑去二千金。又闻湖北二千、湖南一千早已送去。此外数百金者尚多，断无缺用之理。此间代收各款，夏秋再汇解可也。蕙妹病已痊愈否？金二在此，日有长进。甲三病数日，颇重，今已大愈，但禁风耳。萧开二等尚未到。程慎轩若来大营，自当格外周旋。魏涟西、沈蔼亭在此，吾与沅均未简慢，日内亦将归矣。余详日记中。顺问近好。

国藩手草

同治三年二月廿三日

沅弟左右：

十九日接弟十六夜信，二十二日又接十九日信，具悉一切。

此间得洋船信，知常州于十二日克复，广德州之贼亦因无米全数退遁。看来苏皖两省可于端节前一律肃清。江西之贼，研香在金溪大捷，韩字祥字各军云集，计必逃入闽中。后股为徽浙各军所扼，不能续至，当无大碍。

弟营米粮，六安曾处万石已有着落，里下河金处万石，弟当自行谆催。少荃处新借二万石，渠力绰然有余，弟须屡函催之。将来四川万石亦尽弟营。其安庆新砻之米则分给各营，未知能度此四个荒月否？

乔中丞到此七日，明日可往临淮。义渠明日可回省垣。泽儿体弱，已照弟意，谕令服余之参茸丸茸，即弟送内人者也。顺问近好。

兄国藩手草

同治三年三月初一日

沅弟左右：

二十六日得二十三夜来信，数日未复。雨大且多，不知弟处营墙倒坍若干？贼匪出城猛扑否？常州克复之说竟系讹传。比又有嘉兴于十八日攻克之信，不知确否。窜江之贼，席、韩等军于十八日大捷建昌后，未闻嗣音，似已南窜南丰、广昌。内而吉、赣，外而闽中，均屑可虞。乔中丞因争闽饷一万与义渠大为龃龉。闻十年薛署江督时，批乔之禀中“行同市侩”一语，乔长禀申辩，请将原批收回。薛竟取回，另换一批。合之去年缴弟处之札，此次争唐饷而严札马方伯，无秀一之才学，而有其霸道路数，盖与紫三相近。

弟处米粮，除六安一万，上海二万外，又札万、忠各办一万，分济弟与鲍军。此皆分内之饷，弟尽可屡函催之。废铜铸钱，断非营盘所能办之事，费尽气力不能办到万串，不如其已。顺问近好。

国藩手草

同治三年三月初七日

沅弟左右：

初四日接弟初一日信，具悉一切。

京察考语，此间至今未接军机处附片知会，亦未接到部文。甚矣！小军机无应酬馈赠，真一步不可行也。

里下河之捐，拟于此间派一员赴泰，而仍以篪轩作主。兹有复篪轩信，弟阅后加封专人送去。沪局之捐，拟派张仙舫前往。张办捐最为精细娴熟，可以胜任。特大胜关查盐，一时未得替人耳。

杭州于二十四日克复，湖、常二郡计亦可速复。金陵最后乃复，此理之固然者，弟不必焦灼，总以保养精神细心照料为要。南云今日到此，体气尚疲。顺问近好。

国藩手草

丹畦之姊丈窦兰泉，日内将往弟营拜访。

同治三年三月十七夜

沅弟左右：

今日发一函，交饷船哨官王三锡带去。旋接信，徽军毛营失利，唐营亦有伤亡，郡城攻围甚急。又接左帅咨，贼欲取东坝、高淳以援金陵，不胜焦灼。贼若得东坝，则芜湖、金柱均属难保。兹特飞檄，望弟劝春霆速派劲旅回顾东坝。至要至要，即问近好。

兄国藩手草

外春霆咨一件，请弟专人送去。信一件，弟阅妥否？亦并送去。

同治三年三月十八日

沅弟左右：

昨日寄去二信，言余将赴金陵，旋因徽州危急，上游无所禀承，决计不复出省，日内将复奏也。徽州十四日被贼围攻，保守无恙。十五早闻获一胜仗，自徽至祁之路尚梗。未接唐桂生信，仅得祁门张道信，大约徽、休可以幸保。惟贼之大股已由休南续犯江西，江省万不能支。江省民心本颂沈而谤我，今又因争厘金而意气参商之时，绅民怨我久用江西之厘而又不能拨一兵以援救。江西此贼又适由徽境放入，将来谤议之纷腾，正有不堪设想者。

寸心本十分郁悒，本日接澄弟信，惠妹病势沉重，尤为煎灼，已定于十九日派长龙送叶亭甥归湘。兹将澄弟寄余与弟二信附去查阅。弟担荷之重，古今少有，望宽怀释虑保重身体。只要老弟无病无忧，东坝不至疏失，则余亦畅然矣。顺问近好。

国藩手草

庞省三昨日到此，拟派至上海办捐，以其与少荃熟也。

同治三年三月廿日酉刻

沅弟左右：

今日接徽、祁信，唐、毛于十七日大败，桂生不知下落。徽、休、祁三城俱恐难保，而江西之患弥大，即湖南亦极可虑。余忧灼之怀，与十一年二月、元年九月相似。本不欲告弟知，但恐弟处稍涉大意，一味攻坚，只求克敌，不求稳慎，故特飞告弟知。望弟不必挖地道，不必攻坚，专在稳慎二字上用心。且待此番大风波过了，再讲金陵克城之法。春霆若不派劲旅往守东坝，则芜、金两防均极可危。兹再寄春霆一缄，请弟专丁飞送。

叶亭甥今日开船归去。米船到此者颇多，弟处不患无食，特银钱太少。弟宜专催上海四万以作小菜钱，其放赈之局，似以停止为是。顺问近好。

兄国藩手草

十五夜信收到，火药即日起解。

同治三年三月廿二日

沅弟左右：

得十九日信并篪轩长信，具悉一切。篪轩不能任劳，不肯任怨，余深知之。渠既不能办，安得另有大委员气力过于方伯者？泰局之捐只好作罢论矣。余本日亲写少荃一信、刘郭一信，注重沪局捐事，抄稿寄弟一览。将来或较泰局略好，四、五两月之八万，弟即可专人走领。江西厘金，户部议准一半，余即日再疏争之。弟湿毒不甚以为苦否？余日内心绪忧灼，每得弟安信则为之一舒。兰泉之船如未到，弟可另派长龙送之。顺问台安。

国藩手草

赈局以速停为是，恐外间以弟军甚富也。

同治三年三月廿四日

沅弟左右：

二十二日戈什哈归，接十七日信，二十三四日又接弟二十、二十一日两缄。具悉一切。

现在饷项有着者，只有广东报解二批共十万，批中声明另解弟处二万而已，此外茫无着落。贼之大股尽窜江西，婺源闻已于十八日失守，而贼方源源续往。鲍军务以东坝、句容为重，不必助攻金、丹。请弟先行函告，余即日亦有函檄嘱之也。

萧为则之六成饷万三千金，已解水营马倅处，以后余再谆托秀渭。弟军之营若有余，每月让七八百石与萧营分食，不必再发赈济。江西厘事，户部议准各半，而王少鹤抗疏代我争之，大约京中于此事亦纷纷辩论。弟处若有余力放赈，则何以对沈中丞及江西商民也？望弟即日将赈局停止。

城内放出之妇幼，迪庵前在九江一概不收，仍送进城内。一则城内饥饿者多可致内乱，二则恐贼之眷口从此得生也。望弟参酌。顺问近好。

国藩手草

澄弟二月一信附去。

同治三年五月十四日

沅弟左右：

十二日得弟初九日书，十四日又得十一日书，具悉一切。

四万斤火药仅敷个半地洞之用，则十余洞约须三十万斤。此间二十余日之内已解去十二万斤，安庆所存不满万斤矣。江西无丝毫解来，奈何！湖北兵勇缺饷极多，而穆图善又自陕带多部万余人回鄂，看来银、米、火药三者，余与官、沈三处断无能支之理。不过三四个月内，必有兵哗变贼之事。变局虽不可料，要亦不能安然无事，念此忧灼之至。昨专函与弟商请少荃亲带炸炮来金陵会剿。

本日接奉寄谕，亦令少荃亲剿金陵，而弟信又言广贼尚发米一斤四两，可知时候未至云云。余遂决计请少荃来金陵，同心办贼。今日先咨弟处，明日即咨少荃，并专案复奏也。今日陈虎臣自苏归来，具述少荃于吾兄弟休戚相关患难相顾，与昌岐之言相同，且炸炮轰倒之城，实可骑马而登，胜于地洞十倍。少荃亦有信来，愿派季泉带炸炮来助。一吾意季泉来，不如少荃亲来，盖深知老弟之心，不畏少荃占弟之名，而颇畏季泉之勇不受约束也。弟接奉寄谕及兄此信，亦望作一信邀少荃前来会办。此事余踌躇已久，细思吾考妣今若尚在，吾以此疑敬询吾亲，必曰："速请李中丞来会剿，无令尔沅弟久郁郁也。"因是决矣。顺问近好。

少荃信寄阅，澄弟信查收。

兄国藩手草

同治三年五月十八日

沅弟左右：

十七日接十四夜信，内有戈登一缄，十八早接十四日交迭茶叶亲兵之信，具悉一切。

请少荃来金陵会攻，弟亦有此意，且彼此皆是十四夜发信。三木匠开口，十一木匠开口，此正吾弟豁达恢宏、识量过人处。想吾十五日与少荃之一咨一函，弟已专人送苏矣。吾即日当加缄催之，并俟弟复信到日，会弟后缄复奏。少荃到后，如能迅速克城，早破一日，弟早息一日之肩，固属万幸。

若不能逮克，仍须吾弟坚嘱各营严断接济，一毫不肯放松。弟肝病已深，余所稔知。然凡事须退一步想，假如九洑洲、东坝及丹、句、金、溧至今未克，弟虽再围一半年，毫无指望，亦无如何。假如此时会剿者系平日积不相能之人，亦无如何。今少荃来，实与吾弟水乳交融，而大功实不甚远，此心岂不绰绰？望加意保养为要。顺问近好。

兄国藩手草

同治三年五月廿三日

澄弟左右：

五月十二日接弟四月二十八马递一信，十七日接弟四月二十六之信，具悉一切。

此间近状如常。余因沅弟有病，令纪泽十八日往一省视。二十二日戈什哈自金陵归，言沅弟病已痊愈，十八亲至厚庵处道喜，来往八十里，并无倦容云云。惟金陵日久不下，沅之焦灼迥异寻常。皇上寄谕两次，令少荃中丞来金陵会剿。

余于二十二日复奏，请少荃于六月初前来，兹将折稿抄寄弟阅。少荃果来，余恐沅弟因少荃之功大且速，相形见绌，激成肝病。少若不果来，吾恐金陵日久不克，沅亦郁成肝病；且恐饷绌援到，另生他变。踌躇再四，仍以请少荃速来为是。一人独成其功，不如与人共享其名之善也。

近日米价大减、每石不过二两四钱，湖南米商无不亏本。大女儿日内气痛，其病甚不轻，盖亦久有肝郁耳。顺问近好。

兄国藩手草

同治三年五月廿八日

沅弟左右：

接弟二十五日信，字迹仍尔秀整，辞气亦极和平，欣慰之至。余日来常以弟身体为虑，闻余宗发言及纪泽禀，略为放心。昨复杏南表弟信，言不可专恃苏军。今日接少荃咨到片稿，言尚须教练枪炮各队，且须攻破湖州再来金陵。是尚遥遥无期，吾兄弟仍以力求自强为主。

闻金陵逆首欲用船逃窜浦口，上犯皖鄂。少荃已派人接防溧水，请弟飞调王可陞移防浦口。至要至可。又有人言弟营中有偷运米粮接济城贼者。余虽知万无是事，然既有此等谣言，弟即须严加防范。浦口既扎陆军，江浦尚须另扎数营否？请查示。

明日解银七万至弟处，初愿所不及也。大女儿病略愈，或有转机。顺问近好。

兄国藩手草

同治三年六月初五日酉刻

初五日接初二日来信，具悉一切。

金陵围攻之密，陆路不能窜出一人。余亦熟闻来者之言，且深信弟部下将卒平日用命之素，不致更有他虑。惟各路犹可有虑，恐湖北之贼下踞浦口，洪、李等酋用小划偷渡，如张潮爵故事耳。且城中巨酋所以能坚各小酋之心者，徒恃浦口有救兵将至，为一条生路。

浦口扎营，则群贼绝望，或有内变之事。苏军如接防溧水，陞军似可移扎浦口，请弟再酌。余札王可陞之札，已封寄弟处矣。铨军则决不调之东下，恰好沈中丞有咨留之，因准留江，并咨明弟处。

今日见弟咨沪解陈米万石之事，辞气和婉之至。然奏沪饷或分半，或分三之一，余意已决，弟觉有甚大碍否？请速复。顺问近好。

兄国藩手草

同治三年六月十三日

沅弟左右：

十三日接弟初十日信，具悉一切。沪饷不特不宜奏，而且不宜缄，深佩弟之深识。初九日秘诀之说，弟亦必不以为然矣。

湖北之贼已入英山境内，距县城二十余里，而又回窜北去，已入鄂之麻城、豫之商城，似无意于皖者，不但不能遽至浦口，亦且不至宿、太、桐、舒，弟可放心。王可陞调无为，大约无事可办。申夫调桐城，不知高淳有接防之兵否？请弟就近与申夫通一信。如长兴虽克，而苏军仍无人可接高淳之防，恐广德贼窜东坝，则钧营暂且不动可也。

昨日接家信，科四之文、科六之字均有可观，兹付去一览。弟勤劳报国，其后必大。炮子近日解去。顺问近好。

兄国藩手草

同治三年六月十八日

沅弟左右：

十七日接弟十四夜信，知连日苦攻，虽辛劳迥异寻常，而消息颇佳。十五六七等日大暑酷热，不知猛攻者稍歇手否？弟身体能耐此否？极为系念。兄居大屋凉棚之下，日内已不能耐矣。少荃派万余人来助，观其札，诸将似一切由弟做主，或不致稍有参差。

余究应何时起程，俟接弟信再定。现因鄂贼在麻、罗，不敢轻动。又因诸将正在十分吃紧之际，恐闻余将到而神或外驰，心不专壹，不敢拍肩，而问家大人几时放也。

昨托幼泉至上海买大参，如其专人送到，弟可收用，已交银矣。顺问近好。

兄国藩手草

同治三年六月廿一日巳正

沅弟左右：

连日发信，不得飞至金陵与弟晤谈。二十日接弟十七早信并咨文折稿，知洪酋之内城未破，而克复之大势已定，弟身体平安，至为欢慰。不知十七八日内城已攻破否？洪、李未幸逃否？南风极大，下水极易，上水甚难，吾得弟详细情形咨出奏后，想到金陵亦速耳。

厚庵于十三日到江西，尚无信来。纪鸿定于二十日回湘乡试，墨卷工夫极浅，聊副弟期望殷殷之意耳。顺问近好。

兄国藩手草

同治三年六月廿九夜

字谕纪泽儿：

二十九日接尔二十七日申刻禀。余以是日巡览各营，夜宿萧信卿处，距沅叔大营三十里，故接包封稍晚也。天气虽热，然此间屡得大雨，早晚尚凉，比之沅叔与诸将终年在矮屋破棚之中，战争于烈日骤雨之下，苦乐相去远矣。尔等勿以为念。余拟将城内城外周览一过，七月中旬即可返棹回皖。洪秀全之逆尸昨已挖出亲验，李秀成之亲供亦将取毕。沅叔湿毒尚未愈也。

涤生手示

督科一请示禀批数字附还。

国藩手草

同治三年七月初一日酉初

字谕纪泽儿：

七月初一日接六月二十八禀并廷寄及恭王信件包封，各件均已收到。余今日看孝陵卫、天保城地道缺口及伪天王府等处，午正回沅叔营次，一切平安。惟李少山作士物故，失一善人。沅叔伤感殊甚耳。柯小泉病状何如？便中禀及。此嘱。

涤生手示

国藩手草

同治三年七月初四

字谕纪泽儿：

连接二十九日、初一、初二日三次四禀，具悉一切。

小泉竟尔不起，深用悼惨，尔往吊口，余再致联幛、赙仪也。各处咨文尽可不粘保单。兹将排单寄去十余分。如咨文尚未发，排可也，不排亦可也。各省发咨太迟，今亦不复论矣。

安庆并无长龙解饷，此间已派长龙数号回皖。外间司道及各署有应商之事，余曾嘱其就子密一商。以后凡涉外事，请子密作一缄寄我可也。

裱地图，面背皆用白纸，但用黄绫镶边而已。和州图稍展，令宽四旁略有可折为妥。此嘱。

涤生手示

今日逢四送信之期，余寄四叔信一缄，日记一本，尔阅后专人送去。

国藩手草

同治三年七月初八

字谕纪泽儿：

初八早接尔初四日禀，具悉一切。营中疾病尚多，李臣典初二日死矣。榆生封房之事，沅叔以为无之，仅借住一所，将米起入仓中。日来北风甚大，向之包封日余辄到，此次三日余也。此谕。

涤生手示

国藩手草

同治三年七月十四日

字谕纪泽儿：

十四日接尔十二申刻禀，具悉一切。初十至十二戏酒请客三日。十三日各统领请余兄弟，无戏。酷热如火，沅叔应酬无倦，余则惫矣。李秀成供如尚未刻成，可令书局工匠众手赶到，限三日刻成。分两次付五十本来此，以便分咨各处。余本日寄澄叔信，尔专人送湘。并寄思旨二道，初七日疏一通。如已刻成，则多寄几分可也。

金陵十日内未得雨，亢热异常，盼泽极矣。余续告。

涤生手示

国藩手草

同治三年七月十五日

字谕纪泽儿：

十五日接尔十三日禀，具悉一切。

此间尤热如故，今日微有风耳。余二日内当作各折片，殊以为苦。袁榆生之叔以今日去世，有家信一封，尔为速交金陵。若不得大雨，病未已也。余积搁文牍甚多，而江西一案尤为繁难。老年畏热，何能任此艰巨！行谋谢去矣。榆婿信并付阅。余续告。

涤生手示

国藩手草

同治三年七月十六夜

字谕纪泽儿：

十六早接尔十四申刻禀，十六申刻又接尔十五申刻禀，具悉一切。

余昨日改谢恩折二件，今日拜发，派王廷贵、曾恒德赍京。富将军过江，定于十八日来此会晤。余起程应俟二十矣。

《轮舟行江浅深说》，即照此缮写，贴于图之空处。但须方、刘一对，图与说不致两歧为要。筱岑信及贺表俱待八月再商。鲍军初四大捷，江西事应松耳。余续告。

涤生手示

国藩手草

同治三年七月廿五日

字谕纪泽儿：

二十四日接尔二十三禀，余二十四日行六十里宿旧县。二十五日行一百里宿铜陵之上。风非不顺，其如船太笨何！江西讼案折已脱稿，大致多用少仲底本，不甚费心，然已惫矣。明日再行一日，如不能多走，二十七日当换小船耳。

涤生手示

国藩手草

同治三年七月廿六日申刻

字谕纪泽儿：

昨今两日接尔二十四日二禀，二十五日一禀，具悉一切。

余今日巳刻过大通，夜或可宿池州。二十八日当发一报，广东厘金拟请于八月三十日停止，并请将粤厘每三十万加举人一名。尔求子密代作一折，以原案尽存子密处，或请荨卿作亦可。折不必长，二十七夜迎校舟中。若风稍顺，余二十八日亦到省矣。江西讼案一折亦二十八可发也。此嘱。

涤生手示

国藩手草

同治三年八月十六日

沅弟左右：

日内未接弟信，不知肝郁及湿毒已痊愈否？明日四十一大寿，纪泽所撰寿序不能道达勋德，余又不暇为之，但每夜虔祷康强逢吉，天佑劳臣耳。

札调威灵密船来皖，渠未接到，竟由大通回沪。余拟于初一日坐民船赴金陵，大约初四五可相见也。江西盐厘今日到此，弟处分三万余，明日乃可起解。澄弟家信一包，专人送去。刘、朱三军日内想已北渡。余因芜湖系黄文金老巢，恐其由泾县、南陵窥伺芜湖，故有一咨，令刘、朱等兼顾南岸之说。此本必无之事，弟得毋笑其过虑乎？顺问近好。

兄国藩手草

同治三年八月十九日

沅弟左右：

十八日专人送家信一包，是夕接弟初十日信。哨官易光南行至九日始到，可恶也。湿毒更炽，遍身发烧，是秋天秋燥之故。余于二十六年秋亦遍身发烧，医者皆言是杨梅疮毒气发作，余不敢服攻伐猛剂。吴竹如劝每日服槐花一碗，亦无寸效。其时余又彻夜不寐，则是别有心肝之疾，与皮肤烧热了不相涉。总之，皮肤之病，世间无甚于我者，尚非要命之症。弟疾较我轻松数倍，尽可不必服药，切不可因肝郁之症牵连而杂治之。至嘱至嘱。

期票既不可行，一切听弟料理。病假之事，接弟咨复，八月杪发弟一折，九月发第二折，可赶至家中过年，却不能赶十一月初三祭期。“荩臣谋国，尚未尽善”，此温旨非微词也。金陵功成，中外于弟必无闲言，切不可多心多疑。顺问近好。

兰泉信附去。

兄国藩手草

同治三年八月廿二日

沅弟左右：

二十一夜亲兵赍到各谢折十六分、安折四十八分，无弟手缄，深为疑虑。文案处接赵煦信，言弟身体不爽快，有云抱病数日，未能搁管。

余问亲兵，言吃饭尚如常，不知果否？今日接弟十八日一咨，言期票及东饷事，似不以兄去咨为然。此等小事，弟不可郁郁，致又增肝家之病。期票事，余只商之于弟及东征局，并未札饬各营。

弟以为不可，则此议立止矣。东征三万事犹小，目下所差以数百万计，岂以三万为有无哉？弟于各大事怄气颇多，此种小事千万不可再呕。吾以后咨文，亦必加意检点也。

大臣告病，第一折请假调养，第二、三折乃能请开缺回籍。弟并未到任，微有不同，拟第一折即请开缺回籍。八月二十七日发，九月发第二折，十月初发第三折，十月底决可成行。余定于九月朔赴金陵晤叙一切。顺问近好。

兄国藩手草

同治三年八月廿七日

沅弟左右：

十三日所发保举折，今日已奏谕旨，兹速抄寄弟处。此间诸色人等俱已收拾起程，难办饬知，请弟在金陵办印板。饬知原单，自护商局炮船以下，余裁去未奏。

一则以地方及盐务各官尚须商核，一则南坡宜用夹片婉陈，非开单所能挽回，一则护商局名目亦不足包括以下诸人也。惟张佑之已附折末，而批旨似未全准，余微改一二处，当面再告弟也。

弟告病之折今日出奏，原折抄寄弟阅。不请开缺，则不能回籍，故径请开缺为是。顺问近好。

兄国藩手草

同治三年八月卅日

沅弟左右：

自接弟初十日书后，未得续函，实深悬系。二十七夜将接奉保单业蒙俞允之旨抄寄弟处，请弟刻刷饬知，想日内已赶办矣。

二十九日接澄弟与弟信，兹特寄去。尧阶亦有信照收。李臣荣送其兄之柩，二十七日到此，今日尚未开行。余准于初一日登舟，民船逆风，到金陵恐不能速。顺问近好。

兄国藩手草

同治三年九月初三日

沅弟左右：

初二日接弟二十九夜信，知弟气已稍畅，痛亦少止，至以为慰。余于初一日自安庆登舟，行六十里住李阳河。初二阻风，一日未开。初三行九十里住王家套。日日逆风，惟尚可略行耳。

篪轩信阅过，已作札调之。黄南坡翁信言湘盐极好，抄阅。十一月举行乡试，断无更改。弟回籍之折，余斟酌再三，非开缺不能回籍。平日则嫌其骤，功成身退，愈急愈好。弟阅折稿，毫无牵强之处，当放心矣。顺问近好。

兄国藩手草

同治三年九月初五夜

沅弟左右：

初三日寄去一信并调万、忠公牍，想经接到。本日至芜湖，接丁雨生信，知八月杪可解弟处十万金，稍以为慰。日内正以弟处太窘为虑也。若无逆风，余于初七日必抵金陵。术者选于初十日入署大吉，应否一到即搬入，抑或初八九住舟，初十再行搬人，俟到后商定。寿诗一卷先送。顺问近好。

兄国藩手草

同治三年十月初六日

沅弟左右：

前日握手后，未刻即至大胜关，申刻入城。是日东风甚微，上水不能迅速，闻弟舟仅至太平也。纪鸿儿与金二外甥于初五日巳刻入署，不知在何夹内与弟船相左，渠等在裕溪口闻弟舟先已过去。金二将纪瑞家信交亲兵手，想弟已接阅矣。

昨日接席宝田禀言矸王事、左季高奏片言幼主事。又接部文言江南主考事。兹并抄寄弟处。主考果系刘韫斋先生，不出兄之所料，想弟与雨农必服兄之神算也。芑堂言运库可提银五万，渠办新引十万金，皆于十月可到。合之丁雨生之款，十月不至甚窘，当解四万与刘、朱三军。若再得山内粮台四万金，刘、朱等便可至鄂境合剿，若不越境，情理似说不去，若无现饷，事势又行不去，而以李、王、易三军分扎宿、太，以为后继之师。弟以为可，则请于过皖时告知刘、朱及马、何诸公也。顺问近好。

兄国藩手草

同治三年十月初八日

沅弟左右：

初七日寄去一信，由吴竹庄处转递，不知到否？初八夜，丁雨生解来银两起，共十七万两。初八早，张芑堂解来银四万，兄就沪饷中分七万解安庆，另有公牍达览。闻陶鹤汀尚有三万五千将到，此间十月之事可不窘迫矣。雨生与弟一牍一信，兄皆已拆阅。芑堂之牍，余未拆。兹将三件交轮船追送弟处，其两处呈弟解批，兄已代为印发矣。

亢旱特甚，不知弟痛处日内更剧否？今日设坛求雨，不知果有验否？若再不雨，民间菜麦俱受害矣。澄侯信、瑞侄禀俱拆过，付去照收。顺问近好。

兄国藩手草

同治三年十月十四日

澄弟左右：

十月十四日接弟九月二十四信，具悉一切。自家中至金陵仅走二十天，可谓神速。沅弟自别后并无来信，虽因手上疮疼不能写字，究为悬系。

余昨夜接奉廷寄，命余交卸江督篆，至湖北剿贼。少荃署江督，吴漕台署苏抚。少荃来金陵当监临，三日内可到，余即可将篆交出。并奏明精力已衰，不堪再任军务，趁此解去兵柄。虽经手之事太多，二年之内尚不能清结回籍，然苟能不办军务，就此体面下场，斯为万幸。兹将寄谕抄回。

甲五苦思读书习字，极好极好。八股难于长进，可令其常学写信。余常寄法帖书籍等物，以助其兴。兄身体尚健，合家大小平安。日内除悬念沅弟外，尚无他虑。顺问近好。

兄国藩手草

同治三年十一月初五日

澄沅弟左右：

久不接沅弟信，悬系之至。过武汉时，杜小舫于二十四日寄信，中二语云："沅帅精神尚旺，气体似弱。"惟言司道俱传不必禀见，虽非出自沅弟之意，然沅之难于应酬，亦可想矣。病势沉重，不知到长沙后果大愈否？澄弟十月十九之信，此间于十一月初三日接到。张紫莲司马久有求署事之意，余虽于意诚函中道及，其不回衡局，上峰或无恶意。

六十侄女之病稍痊愈否？医家内伤之说，当不可信。昔刘兰舟言彭有十内伤危在旦夕，累私向余言之。今兰舟物故，而有十无恙。德六爹病纠缠太久，诚可虑耳。

余于初三日将督篆交与少荃，仍奏明暂管盐务。主考于初四日进城，初六日进贡院，乡试入场大约一万三千余人。湖北军务肃清。余月内当不必遽起程也。余详日记中。顺问近好。

兄国藩手草

同治三年十二月初四日

澄、沅弟左右：

十一月二十七日接沅弟在金口所发之信，三十日接湘潭所发之信，俱悉一切。

此间近俱平安。少荃之病大愈，初一日已出贡院，定初六日起程旋苏。惟奇瘦气喘，不知能胜途次风寒否。余于十月二十二、十一月十八两次奏派刘连捷等移驻黄州，而官帅两次来咨，俱阻止刘、朱等不必到黄。

十一月二十二六七三次寄谕，则皆严催其到黄，并饬一僧邸调遣。余拟遵旨催刘、朱等年内抵黄。其归僧邸调遣一节，则不特刘、朱等情所不愿，即刘铭传、李继泉等亦决志不从，殊难调停。余正月当赴安庆一行，届时与诸将商定，再思所以婉谢。三次寄谕抄寄弟阅。

彭杏南简放汀漳龙道，系十一月初六日谕旨。余复奏六人之密片，系十一月二十七日到京。谕旨又询彭是否可以到任，请沅弟就近询问。杏南是否赴闽，于接到行知后，即行禀复。

余意目下不必履任。一则余之片奏言彭已因病回籍，正可借此养病之暇，在家学习一二年，读书习字，操练公事；二则左公于余兄弟部下难免苛求，申夫之奏开运司一缺，论者以为因余而迁怒于申也。兹将杏南行知一角付去，待接渠禀复，即行奏明开缺，另请简放金陵。续案保举，业经奉旨俞允。何子贞来此毱谈渠，亦赞恽而毁石，似已尽化宿隙。

近日饷项尚为应手，年底可放一月满饷。萧军欠十五万，亦可先放多半，沅弟千万放心。弟寄罗茂堂信言撤营次第甚详。余意则欲首撤王远和两营，而熊登武数营最后乃撤，或待余去位后乃撤，弟意何如？余详日记中。

余明年拟每月初四专人送信并日记，十四、二十四则用官封寄一信，可否？顺请近好，并贺新禧。

兄国藩手草

同治四年闰五月十四日

字谕纪泽、纪鸿儿：

专人来，接鸿儿初六夜信，具悉署内平安。罗氏外孙有病，比来已就痊否？又闻刘松山一军在龙潭闹饷，不肯渡江，不知近状何如？深为系念。

余于初八日至清江浦，发、捻二逆群萃皖北蒙、亳一带。英方伯雉河集营被围甚紧。英带二十八骑于初六日自营冲出。其诸将尚在该集守营求救。余拟改驻临淮，先救皖北之急。二十内外自袁浦启行。身体尚好。临淮至金陵官封二日可到也。日记一本可寄湘乡否？两叔信另寄矣。

涤生手示清江浦

同治四年六月初八日

字谕纪泽儿：

接尔闰五月二十一六九日暨六月初一日信，俱悉一切。罗家外孙近日更愈否？尔母服王子蕃药得愈，想仍系温补之品。尔祖母江太夫人昔年无论何病皆须服温补之剂，尔母似亦相类，总不可用克伐药也。高丽参、鹿胶二者，日内折弁进京必如数购买。

余出师已四十六天，未遇酷暑，尚能禁受。惟淮水盛涨，营垒恐将淹没。雉河解围，皖事已松，余七月当赴徐州。

毛年伯所送《二十四史》，余思一看，或将《后汉书》专人送阅亦可。此间无鱼翅可买，宜在金陵买十余斤寄来。乔中丞顷来相访，即无以燕之也。鸿儿有禀来否？并问。

涤生手示

同治四年七月十五日

字谕纪泽儿：

接尔十二日禀，惊悉邵夫人于是日仙逝。家运之坏，乃至斯极，闻之酸鼻。现令其婿郑兴仪即日由临淮回金陵，与邵顺国共扶其母与兄之灵柩送至杭州安葬，并葬位西衣冠之柩，合为一家。余以二百金交郑世兄带回，内以六十金为邵太太殡敛之资，以百四十金为船钱。余口口及葬埋之资，余为作一墓志及刻工石价在外。

郑世兄不能带家眷，只好接邵小姐在余署宅小住二三月，待邵、郑回金陵后再移他处。尔先将各情告之李宫保，余随后再当函托也。位西先生夫妇生卒年月及他事实并子龄事实生卒，就邵二世兄所知者，尔问明写一节略寄来。此嘱。

涤生手示郑世兄信寄去。

涤生手示

同治四年九月初十夜

字谕纪泽儿：

重九日接尔二十六日一禀，并姜豆等物，具悉一切。专兵走信太慢，仍由清江一路坐船而来，无谓之至。凡督抚送要信之戈什哈专兵等，若发一护照牌，准用经过州县之驿马。则每日应走二百数十里，与折差相似。李宫保闰五月初六日专一人来，初八早便至宝应是也。即不准用驿马，每日亦应行百一二十里。由金陵至徐州不过限七八天到。笨重东西如木匣之类概不可带，惟小包袱可背负于马上者可带少许。以后再派其来，一亦须与之订八日之限。否则，竟借李宫保官封为便。

尔病未痊愈，余日内深为系念。不服药极是。邓寅皆先生之不药不饭亦良法也。子佩处兹寄祭幛一悬，赙仪二百金、回信一封，由二兵带归，尔交周少君手。南旋之说，待接得郭宅复信，如四女果于十二月二日成婚，则尔带三、四两妹先归，待新屋修妥后，明年早则三月，迟则七八月再接全眷还湘。澄叔信言富托易商，则修葺亦易耳。

尔岳丈业经降调，郭云丈亦有严旨申饬。顷奉寄谕，欲令李宫保赴河南之西路剿贼，大约一二月内局势又将变更。付去京报数本、王聂寄尔信件照收。余不多嘱。

涤生手示

同治四年九月十二日

字谕纪泽儿：

初十日一信交二兵带去，是日钱子密回金陵。渠以家口太众，薪资无余，求余札金陵粮台每月仍送渠家银若干，以佐菽水之需。余以幕友告假辞出者颇多，向无仍在粮台支银之例，未允给札，而许以私信，稍为倣助。即日私助，则可不用公文。尔与伊卿商，或在家发或在台发，尔见子密即告之，每月致送三十金，以五个月为率，将来概由徐州寄还归款可也。子佩之二百，粤使之八十，地球之六十，均将由徐寄去。此外尚有应寄者否？沅叔寄尔及钱赵信、纪瑞呈余信寄去。方世兄地球图说，余与开生加签。兹付去，可转交也。此嘱。

涤生手示

同治四年九月廿二日

字谕纪泽儿：

十七日接尔初十日禀，知尔病三次反复，近已痊愈否？舢板尚未到徐，而此间群贼萃于铜、沛二县，攻破民圩颇多，与微山湖相近，湖中水浅，近郡处又窄，舢板或畏贼不欲进耶？马步贼约六七万，火器虽少而剽悍异常，看来凶焰尚将日长。吾已定与贼相终始，故亦安之若素。

文辅卿自京来此，言近事颇详。九叔浮言渐息，霞仙虽降调，而物望尚好。云仙众望较减，天眷亦甚平平。顷接云信，婚期已改明年，然则尔今冬亦可不回湘矣。原信抄去一阅。尔母健饭，大慰大慰。

涤生手示

同治五年四月初三日

沅弟左右：

四月三日接三月十八日来信，知弟于三月十六日抵鄂，十七接篆。所论治鄂之道，均与兄屡次去信相符，惟奏折朋友苦思不得其人。近日忆得倪豹岑文蔚，壬子庶常改刑部，在外多年，仕途蹭蹬。严渭春曾保以湖北道员，未蒙俞允，亦曾充官相营务处，去夏四月进京供职。余以其祖母年近九旬，恐有承重大，故劝其不必北上，而许每年济以四百金。后余仓猝北征，仅送过一次百金而已。

本年渠在金陵坐凤池书院，若请至弟署，令作奏折，必有可观。若写公事信函，则写作俱佳，几与意诚相近。其人和平敦厚，相处最好。惟渠奉祖母侨居金陵，安土重迁，必不愿赴武汉。余拟函告李雨亭为之劝驾，李、倪与范云吉皆严所特保，皆良才也。弟每月宜送以百金，将来仍许以保留鄂省。渠济目前之窘况，顾后来之出路，当可允许。

此间军事，前月二十一日两折业咨弟处。近日战状略具于张子青、刘印渠两信中，抄寄弟览。

纪泽母子至弟署，不宜久住，前信已言及之。纪瑞侄母子至鄂，亦不宜久署中。风水之说，亦有不得不信者，望细思之。明日派勇送日记、信，兹先草此递慰。顺问近好。

兄国藩手草

同治五年四月初六日

澄、沅弟左右：

四月初三日接澄弟二月二十七日信，系专勇刘廷爵等带回者。其时沅弟已至长沙，另有驿信，故无附信。家中各宅清吉，子弟发奋读书，至以为慰。抄录兑契二纸阅悉。以少田兑多田，以未找作已找，界限清楚，情意深厚，余惟学早三之多谢，兼含三之受承而已。

此间军事已详于初三日驿递沅弟信中，本日又有一折一片抄寄弟阅。

古老坪山高阴寒，湿气尤重，子弟读书其中，‘恐不相宜。吾乡多山，须开阳干燥者乃为美宅，请酌之。七十侄女何以移居县城？岂乡间旧屋有不相安之处耶？

兄身体平安，惟目光日坏，蒙蒙如有一层障隔者，幸写字手熟，不甚吃力。阎中丞日内来济宁，相待尚为款洽。余事详日记中，不赘述。顺问近好。

兄国藩手草

同治五年四月廿五日

澄、沅弟左右：

二十一日复沅弟信一件，二十二日接沅弟四月初五之信，二十三日接澄弟三月二十四由县驿递之信，俱悉一切。

鲍军由黄梅赴光、固，路险而远，不如由巴河赴光之便，已分别咨行矣。弟或函邀春霆赴省一会，其部落则禁之上省。鄂省饷本极绌，然奏拨霆军之每月二万却不可少，望弟与官相竭力图之。

吾邑考棚增修，可多坐千人，甚善甚慰。富托兴工，何以须至重阳始毕？得无太华丽否？纪泽母子等若以五六月到家，应即在大夫第同住，以符沅弟之初议。若纪瑞侄母子赴鄂，则全行借住，听两弟示知纪泽遵办。全眷回湘后，纪鸿儿留鄂读书。黄宅生若偕瑞侄至鄂，尤可共事一塾，目下总以操习墨卷试帖为第一义。科一、科四均作秀才，岂可昧于八股一道？沅弟博访两湖有精于八股兼善讲解者，不妨多请一位教训子弟。湖北有胡东谷孝廉，八股好手，可否请入鄂署？乞酌之。

此间贼情，本日有一折一片另行咨达澄弟。所寄茶叶收到，谢谢。顺问近好。

兄国藩手草

同治五年五月初五日

澄、沅弟左右：

前接澄弟三月五日书后，于排递沅弟信中略复数语，未及专勇回湘并言纪泽母子回湘当先借住大夫第。顷接沅弟四月二十一日信，知眷口即住鄂署过夏，纪瑞母子亦于端午节前可到。计富托收拾房屋秋凉毕工，恰好全眷抵家矣。余早欲赴周家口，因张总愚一股尚在清江浦附近宿迁一带，任柱一股尚在归德一带，恋恋于东路，思渡运河。余自不能舍此而西行，只得在济宁过夏。兹专丁送四月日记，特书数行以慰远廑，琐事均详日记中。顺问近好。

兄国藩手草

同治五年五月廿一日

沅弟左右：

十五日接弟五月初四日函。十八日曹福云来，接四月二十八日函，并有二郭信在内。二十一日接初七夜函。俱悉一切。又得澄弟信，知朱氏侄婿得取县考批首，贺贺。

此间贼情，自五月初四五日张逆猛扑宿迁运河，为水师击退，自是不复窥犯运东，回窜徐州、归德。其任柱一股，则已窜至寿州、下蔡，即日当赴光、固。余状另有一折咨牍奉达。贼至光、固，鄂即戒严，弟之新军不久当有战事。此次贼来山东，官军固疲于奔命，贼亦困乏之至。

闻其并无枪炮，所长者马队包围扬尘迷目善占上风及长矛冒烟冲进二端。若队伍站得稳，连环枪打得密，渠亦不能冲入。特官军初二三次与之交手，胜后不宜猛追耳。请弟告之郭、熊、李诸将，并告春霆为要。春霆雇小车费银太多，且宜于鄂而不宜于齐豫，宜于晴而不宜于雨。吾前已详细复去一咨，兹当于复弟咨中妥晰筹之，总当在每月十一万五千之内，此外无处可求添也。

云、意与左以至交而化豺虎，诚不能无介介。然法条已满歇响之说，乃三代以上之天理，近日则殊不尽然。豹岑在鄂不理于口，颇不可解。吾观其达心而懦不过与昀荄、芝生之流，惟其好讥人有官气，而自托于清高，略为有识所嫌。然言亦婉，气亦弱，不令人难受也。雨亭已函商弟处，想豹岑尚未起程。弟或辞或请，想复信必妥为处置矣。

司道初次禀见，总予一见为要。闻在新堤刘馨室未经传见，渠必引为大耻。寄云丹药，余曾用过，亦无大效，日内当专人前往索之。渠亦急思出山，常有信来，爱莫能助。纪泽儿兄弟禀信，缓数日再有复示。顺问近好。

兄国藩手草

同治五年八月初三日

字谕纪泽、纪鸿儿：

接纪泽六月二十三、七月初三日两禀，并纪鸿及瑞侄禀信、八股。两人气象俱光昌，有发达之概，惟思路未开，作文以思路宏开为必发之品，意义层出不穷，宏开之谓也。

余此次行役，始为酷热所困，中为风波所惊，旋为疾病所苦。此间赴周家口尚有三百余里，或可平安耳。尔拟于《明史》看毕，重看《通鉴》，即可便看王船山之《读通鉴论》，尔或间作史论或作咏史诗。惟有所作，则心自易入，史亦易熟，否则难记也。余近状详日记中。到周家口后又专弁送信，此示。

涤生手谕

早间所食之盐姜已完，近日设法寄至周家口。吾家妇女须讲究作小菜，如腐乳、酱油、酱菜、好醋、倒笋之类，常常做些寄与我吃。《内则》言事父母舅姑，以此为重。若外间买者，则不寄可也。

同治五年八月初三日

沅弟左右：

七月二十五日接弟六月二十三、七月初三日两缄，俱悉一切。兄以二十二日抱病，至八月初二而痊愈。现惟不能用心，稍用心则辄出汗如沉，此外似已复旧。溯涡河而西上，初四五可抵亳州，初十内外必达周家口。闻刘、潘等修理沙河、贾鲁河业已兴工，八月当可办竣。惟仅刘、张湘军追贼，恐其前后受敌。余至周家口后即当添设一二军跟追，请弟速嘱春霆进南、汝一路，弟所指定三五百里者，即南、汝、光三属可也，但不可再不动耳。任、赖闻二十三四尚在舞阳，不知近日何如？余详日记中。顺问近好。

兄国藩手草

同治五年八月十九日辰刻

沅弟左右：

群捻于十六夜在朱仙镇以北豫军余承恩所守汛地内东窜，前功尽弃，大局尤坏，忧灼之至。兄日内不能用心，肌肉瘦减大半，万不能肩此重任，拟于三日内奏请革职革爵，出军养病，密片请派李、左二人接办。鄂中一两月内无事，弟可奏明来此一会否？顺问近好。

兄国藩手草

同治五年八月廿三日

沅弟左右：

十九日寄去一信，言将奏请左、李办捻。发信后即接弟十二之信，知科一得生一子，于万分忧郁之中得一届公公之喜，老怀稍纾，病亦日痊。继思左若北来，则少荃部下、弟之部下、春霆部下无一人不畏而恶之，大局必且破坏。因改作一片，请少荃偶驻徐州、弟偶住南阳帮我调度，定于二十三日拜发，抄寄一览。

想弟亦深以请左为非也。孙儿排行，拟用液、哲、文、明四字，再多则添温、恭、允、塞，派名果应用广字辈否？庚子年修族谱，不应将辅臣公一辈之兴字改为蕻字，星冈公之为字改为兴字，为孙曾者怒焉不安。一二年内必须续修家谱，将兴、儒、为三派仍用旧派，上、国、桢三辈始改新派毓、传、纪字样。弟意若用广字，接复信再取派名可也。

捻匪北窜后毫无消息，想已达山东矣。若不过黄河，兄尚不致为天下所唾骂。霜降水涸，运、黄均可虑也。弟趁此无事之际，望奏请来周家口一看兄病，兼商军情。

皖抚换西林。霞仙开缺，不久当至鄂矣。顺问近好。

兄国藩手草

同治五年九月初二日

沅弟左右：

二十二、二十五日寄去二信，想早到矣。二十八日接弟二十三五日两信，俱悉一切。

顺斋一案，接余函后能否中辍？悬系之至。此等大事，人人皆疑为兄弟熟商而行，不关乎会晤与否。譬如筱荃劾官，谓少荃全不知情，少荃劾余，谓筱荃全不知情，弟肯信乎？天下人皆肯信乎？异地以观，而弟有大举，兄不得诿为不知情也。审厚庵告病，季高调督陕甘，仲山升督闽浙，子青督漕，鹤侪抚秦，环视天下封疆，可胜两湖之任而又与弟可水乳者，殊难其选。朝廷亦左右搜索，将虽器使，良具有苦心耳。

捻众于二十二三至曹县、菏泽一带，二十五六麋集郓、巨，琴轩亦于二十三日追至单县。刘、张、刘、杨四淮军二十七八均抵东境。幼荃本在济宁。官军势盛，贼或不渡运。如不窜运东，不久当又西来，鄂事宜时时预防。

纪鸿儿来周口可坐一轿，从人行李则小车可也。余详日记中。顺问近好。

再，此间幕府有王定安，号鼎承，湖北东湖人，以分发江苏知县。贺云翿荐至兄处，学习安详，有识。其胞兄王赓飏，号策臣，戊午解元，闻学识俱可。鼎丞求余函荐弟处觅一差使。若晋谒时，弟接见，察看才具，量为位置可也。涤生又行。

兄国藩手草

同治五年九月十七日

沅弟左右：

接弟初九日襄阳来函，知即日当回省城，甫经近省，即闻群贼自山东回豫将犯湖北之信矣。

春霆二轮小车薄脆不坚，笨重不灵，本意中事。但愿勇丁难推，沿途委弃，所失犹小；若猝与贼遇，车混队乱，遂致败挫，则所失大矣。霆军甫发五、六两月满饷，何以初五夜遂至哗言？昔左、胡与二郭、二李奉厚庵如神明，左、郭形诸言论，谓我用厚不尽其才，近于有意屈抑。二年九月，云仙寄函责我，谓攻克九袱洲，厚请趁势攻城，金陵可克，我复函禁阻之，不应遥制名将云云。

弟之笃爱春霆，亦疑其功高而人待之太薄。其实春霆亦殊有难于共事之处，弟日久亦必知之也。弟回省待罪之说，断无可虑。目下军势方盛，主眷方隆，官司可赢。余所虑者，严谴顺斋讼太胜，则后患方深。又或军事旁午之际，钦差来鄂数月不得安宁；又或继之者反更掣肘。故日来望此信极切。

纪鸿如未回湘，须探确贼踪，再行来豫。请示之。即问近好。

兄国藩手草

同治五年九月廿二日

沅弟左右：

日内未接弟信，想初四省垣公事甚烦，二十六日之件计已奉批旨矣。

此间军事，接汴省信，十八日贼又由朱仙镇北窜过省城以东，已至陈留、尉氏，势将再犯山东，或谓全股皆已东行，或谓任、赖东去，张逆尚在禹州、郏县一带，不知孰确，另有咨达弟处。春霆已至襄城，如贼在禹、郏，或可一战。渠营有曾省三，号佑卿，前任吉安知府，服阕复出，云系弟荐至霆营，确否？王孝凤早已请咨北来，何以至今未到？

复小岑信一件。内《船山遗书序》，弟阅后寄去。兄要刷十部送人，将来寄至鄂中弟署，即由弟处转交。所送之人亦皆弟之素契，不必搬来周家口也。余详此旬日记中。顺问近好。

兄国藩手草

同治五年九月廿八夜

沅弟左右：

二十六日接弟十四日沙阳之信，俱悉一切。顺斋一案，何以至今未录批谕寄来？即折稿亦须抄来一阅。兄实悬悬，已屡次占卦矣。闻放钦差绵尚书森、谭侍郎廷襄至河南查办事件。河南无事可查，恐系至湖北查案耳。兄昨复咨，令弟遵旨进驻南阳。一则以黄、麻无事，一则恐星使入鄂，纷纷索凭索证。越境治军，或可少省烦恼。或来或否，听弟自酌。如其至豫，则不可与李子和小有龃龉。

兄虽不求回籍置身事外，然实切求开缺，稍轻责任，不欲更得罪一人也。法条走满之说，如果有之，则兄早走满，停摆正其时矣。弟之法条微嫌上得太紧，在各幕府须请一二阅历多文笔圆者，凡遇大事，与之商量法条松紧之节。顺斋一案，究竟有何人商酌，便中示及。

少荃于初一日接余密片稿，是日料理赴津。初七日接奉寄谕，初九带印出省，颇为迅速。

纪鸿儿已起程否？如未起行，此时西贼赴洛，东贼在齐，南、汝无事，尽可起行前来，每日发探马先走三四十里可耳。顺问近好。

兄国藩手草

同治五年十月初二日

沅弟左右：

二十九日接弟二十三日排递之函，十月一日接十九日专兵之函并抄示密件，具悉一切。焦虑弥月，得阅正文，稳惬详明，足以放心矣。于阿兄引退之局，亦无妨碍，十三日仍决计吁请开缺。

此间军务，竟无确耗。西路张逆一股，据报二十一日犯宜阳，二十二日犯永宁，已在洛阳之西，其势可由陕州入秦，然折回南窜，亦仍可由南阳入鄂。东路任、赖一股，二十二日已至山东之袁口攻扑运河。幸山东防守甚严，未能抢渡，不久恐又将回窜。弟以黄、麻东路为虑，若任、赖由凤、颍以达光、固，则差可虑耳。

兹派李鼎荣与二兵同赴弟辕，即以迎接纪鸿。起程之迟速，听弟斟酌。绵、谭所带司员开单付阅。原参之折既无批回。又无军机处知会留中之片子，密云必系皇太后密交绵、谭，并未令军机阅看，事或然与？九月下旬日记附去。顺问近好。

兄国藩手草

同治五年十月十一日

沅弟左右：

初九日接弟初三日排递之信，初十日接弟初三夜专兵信，俱悉一切。

春霆之好处，弟知之甚深，其坏处亦颇有难共处。顷闻其在鲁山发折奏事，亦未咨来。

科一之子既名元七，不必又名涣一。其派名拟取广钧，顷写信告澄弟矣。驻扎南阳既有窒碍难行之处，自以缓来为是。此贼势穷乱窜，实亦不可捉摸，即驻南阳，亦未必便于调度。豫之紫三本家聪明多疑，与式岩、时卿相近，而内造信最多且速。余以将退之人，不愿与人争竞。弟不遽来，亦省渠多一番提防耳。

科一初六起程，余先不知，已于初三日令李鼎荣与鄂兵二人赴信阳迎接。兹接弟信，又令王幼山赴罗山迎接，大约可在汝宁等处接到。余病已愈，此二日内腰痛异常，盖为风寒所射，衰态日增，定十三日奏请开缺。少荃谓恐获谤更甚，不暇顾也。惟开缺之后，于情于势，均不能遽请离营，仍是不脱座网之人耳。近日捻踪已详各公牍中。余事详日记中。顺问近好。

兄国藩手草

同治五年十二月初四日

沅弟左右：

初二日寄去一缄，专言贼将由安陆回窜豫境，两日未接续报，不知贼果径趋西北？抑尚流连鄂境、回窜东南黄海一带？周、张、二刘四军，余皆令其径赴鄂中会剿，弟宜多与通信，或一日一函，将军情详细告知。犒勇则无此巨款，或酌买马匹参支馈送统领，以联其情。切不自恃曾立大功，兵力足敷防剿，遂存藐视客军之意。至嘱至嘱。

余昨日一疏，坚辞回江督之任抄阅，弟视前后各疏措词俱稳妥否？顺问近好。

兄国藩手草

同治六年正月十七日

字谕纪泽儿：

正月初四日专人送信并书箱之式回家。旋于初六日自周家口起行，至十五日抵徐州府。一路平安，惟初十日阻雪一天，余均按程行走。定于十九日接印。官场自李少荃宫保而下，至大小文武各员，皆愿我久于斯任，不再疏辞，江南士民闻亦望之如岁。自问素无德政，不知何以众心归向若此？

沅叔劾官相之事，此间平日相知者如少荃、雨生、眉生皆不以为然，其疏者亦复同辞。闻京师物论亦深责沅叔而共恕官相，八旗颇有恨者雨生云然。尔当时何以全不谏阻？顷见邸抄，官相处分当不甚重，而沅叔构怨颇多，将来仕途易逢荆棘矣。

曾文煜尚未到营，而尔交彼带来之信却已先到。近两旬未接尔信，殊深悬系。嗣后除专勇到口接信外，须另写两次交李中丞排递来营。每月三信，不可再少。信中须详写几句，如长沙风气何如，吾县及吾都风俗如何，尔与何人交好，凡本家亲邻近状皆宜述及，以慰远怀。此信呈澄叔一阅。

涤生手示　徐州考棚

同治六年二月廿五日

字谕纪泽儿：

二月十六日接正月初十禀，二十一日又接二十六日信。得知是日生女，大小平安，至以为慰。儿女早迟有定，能常生女即是可生男之征，尔夫妇不必郁郁也。李宫保于甲子年生子已四十二矣。惟元五殇亡，余却深为廑系。家中人口总不甚旺，而后辈读书天分平常，又无良师善讲者教之，亦以为虑。

科一作文数次，脉理全不明白，字句亦欠清顺。欲令其归应秋闱，则恐文理纰缪，为监临以下各官所笑；欲不令其下场，又恐阻其少年进取之志。拟带至金陵，于三月初八、四月初八学乡场之例，令其于九日内各作三场十四艺，果能完卷无笑话，五月再遣归应秋试。科一生长富贵，但闻谀颂之言，不闻督责鄙笑之语，故文理浅陋而不自知。又处境太顺，无困横激发之时，本难期其长进。惟其眉宇大有清气，志趣亦不庸鄙，将来或终有成就。余二十岁在衡阳从汪师读书，二十一岁在家中教澄、温二弟，其时之文与科一目下之文相似，亦系脉不清而调不圆。厥后癸巳、甲午间，余年二十三四聪明始小开，至留馆以后年三十一二岁聪明始大开。科一或禀父体，似余之聪明晚开亦未可知。拟访一良师朝夕与之讲《四书》、经书、八股，不知果能聘请否？若能聘得，则科一与叶亭及今为之未迟也。

余以十六日自徐州起行，二十二日至清江，二十三日过水闸，到金陵后仍住姚宅行台。此间绅民望余回任甚为真切，御史阿凌阿至列之弹章，谓余不肯回任为骄妄，只好姑且做去，祸祸［福］听之而已。澄叔正月十三、二十八之信已到，暂未作复，此信送澄叔一阅。

涤生手示

徐寿衡之长子次子皆殇，其妻并其女亦丧，附及

同治六年三月十八日

字谕纪泽儿：

三月初十日罗登高来，接尔二月初六之信。十五日接二月十九日禀，俱悉一切。余以初六日至金陵，初八日专差送信与澄叔，此外常有信与沅叔，不知尔常得知其详否？

鸿儿自今年以来长有小病，自二月二十六七以后常服清润之药。三月初八九作三文一诗，十一二日作经文五道，盖欲三四月试考二次，令五月回家乡试也。十四日作策三道，是夜即病。初意料其用心太过，体弱生疾。十五日服熟地等滋阴之剂。

是日竟日未起。十六日改服参、蓍、术、附等补阳之剂。不料壮热大作，舌有芒刺，竟先伏有外感疫症在内。十七日改服犀角、生地等清凉之剂，亦未大效。现在遍身发红，疹子热尚未退。鸿儿之意因数日吃药太杂，自请停药一日。余向来坚持不药之说，近亦不敢力主，择众论之善者而从之。鸿儿病不甚重，惟体气弱，又适在考试用心太过之后，殊为焦虑。

尔母信来，欲带眷口仍来金陵。余本欲留尔母子在富托立家作业，不令再来官署。今因鸿儿抱病，又思接全家来署，免得两地挂心。或早接或迟接，或令鸿儿病痊速归，旬日内再有确信。

余身体平安，但以见客太多为苦。鄂省军事日坏。杏南殇难，春霆又

两次奏请开缺，沅叔所处极艰，吾实无以照之。甲五侄处，余近日作信慰之。尔六叔母所须绫、书、温印等物，亦于下次专人寄回。此信呈澄叔一阅，不另书。

涤生手示

同治六年五月十七日

字谕纪泽儿：

初八日接尔四月十六日禀，十二日潘文质到，接尔三月二十六日禀，俱悉一切。

此间事颇平顺。惟久不下雨，人心皇皇，步祷已逾二旬，仅二十四日得雨较大在吾乡约称三泼水，其余初三、九及今十七日雨均甚小不成泼。稻秧不能栽插，尤恐运河无水，捻匪东窜。惟闻苏、松、徽、宁已得透雨，江西、浙江均有丰稔之象。湖北前虽苦旱，顷初九日亦得大雨。最旱者惟淮、扬、江、镇、安、庐、凤七府，尚不甚宽耳。

叶亭已于十六日北上乡试。纪鸿定于五月底南归。先至家中小住，再赴长沙乡试。尔前寄呈之诗，候批出交鸿儿带去。丽参、鹿胶等物，亦候届时带归。顷沅叔寄到澄叔五月初二日信，知湘乡哥老会聚众滋事，元七腹泻体瘦，殊切廑系。余近心虽焦急，而身体无恙，鸿儿尤壮健可慰。余不一一。

涤生手示

同治七年十一月初八日巳刻

字谕纪泽儿：

吾以初六日午刻至扬州，初八日巳刻即将起行。运司派曾德麟解到缉私经费二千余金，吾令其解金陵后路粮台，而在藩署借印批回。吾之银存于雨亭署内者，系养廉已有万八千余，尔尽可取用。存于作梅台中者，系运司缉私经费及沪关月送公费现闻近三万金，为余此次进京之用连来往途费恐近二万，其下余若干尔临北上时查明确数姑存台中，将来如实窘迫，亦可取用。否则于□□□□散去可也，凡散财最忌有名。

余日内平安。尔母及儿妇痊愈否？署中一切须时时照摄，十一可搬家否？如实不能，则十九搬移，不可再迟。至嘱至嘱。

涤生手示

同治七年十一月十四日

字谕纪泽儿：

初八日寄去一缄，由澄叔之便带往，想早达矣。余以十三日至清江，料捡二日，十六可以就道。桂未谷《说文》一部，途次不便携带。兹付至金陵，明年与后运之书同带可也。《曹集铨评》四本系山阳丁俭卿所撰，余许以发金陵书局代为刊刻。子建为诗家不祧之祖，亦不可无专集，尔可送缦云先生处发刻，并言明□□□□补校对。莫子偲、张廉卿送至高邮□□□□□□□□议于廉卿四十金，既而悔其太少，以渠往返途费不资也。本日寄信于丁雨生，请其补送三十金于廉卿（张即日至苏州），而别由此间寄银还之。此示。

涤生手示清江

再，邵位西墓志，余每以在徐州写者不称意为歉，常欲更书一通。今日砚冻笔又不佳，勉强写毕，其不称意如故也。尔可即以此上石，由余家出钱刻成，以碑石归之邵家。文中间有改字，均照原本略好。十一月十四夜清江舟中。雪大，拟十六起行，恐须改期。

同治七年十一月廿七日

字谕纪泽儿：

接十一月十二、十七日安禀，知尔母病势大减，儿妇亦痊愈矣，至以为慰。余以十七日自清江起行，天气晴和，每日按站行走。惟中有三日仅走半站，亦以爱惜马力，非真不能行也。

折弁刘高山归，报销折奉批旨“着照所请，该部知道”。竟不复部核议，殊属旷典。前雨亭方伯托许缘仲关说部中书吏，余与李相前后军饷三千余万，拟花部费银八万两。今虽得此恩旨，不复部议，而许缘仲所托部吏拟姑听之，不遽翻异前说。但八万已嫌太多，不可再加丝毫。尔先与雨亭一说，并请其告之李相，余不久亦有信与雨亭也。

余于甲子年免办报销册之旨，不追索金陵城内伪王库银之旨，不深究幼主下落之旨，及此次不复部议之旨，感激次骨，较之得高爵穹官，其感百倍过之。在途中日日念请开缺折难于下笔，徒添一矫情痕迹，无益于事。今因深感于批旨，恐竟不具折陈情矣。久宦不休，将来恐难善始善终。余途中甚健，纪鸿及仆从辈平安。鸿等今日登泰山，余未往也。日记已抄二十一天，姑先寄回，尔可由官封寄澄、沅两叔一阅。余到京续寄。尔每月三次寄信至余处，亦须三次寄两叔处。此嘱。

涤生手示泰安府店

同治七年十二月初三日

字谕纪泽儿：

泰安发一信交刘高山带至金陵。是日接尔二十日禀，知十九日已移下江考棚为慰。李中堂欲借后园地图，尽可允许。俟渠到湖北，即交便轮船带去。并求其将方子可请入楚督署内，刊刻此图，附刻图说。

仍求将方元征调入鄂省，酌委署缺，必为良吏。李相创立上海、金陵两机器局，制造船炮，为中国自强之本，厥功甚伟。余思宏其绪而大其规，如添翻译馆、造地图，皆是一串之事。故余告冯、沈二君，以后上海铁厂仍请李相主持，马、丁两帅会办。尔可将此意先行函告李相，余以后再有函商之也。

应敏斋所兑号票银虽止一万二千，而言明可用二万两，计别敬用万六七千，尚有三四千作盘缠，尽足敷用。小舫此举殊为多事。尔亦不宜寄来，姑带在身边可也。

日内途次平安。三十日小雪，恰与丁中丞在齐河会谈。今日至刘智庙，已交直隶境。兹将二十二以后九日日记寄去，尔速寄澄、沅两叔一览。余久未寄湘信，甚歉甚歉，过保定再寄耳。此嘱。

涤生手示

同治七年十二月十七日

字谕纪泽儿：

河间途次奏稿箱到，接尔禀函。顷又由良乡送到十二月初二日一禀，俱悉尔母目疾日剧，不知尚可医否？尔母性急而好体面，如其失明，即难久于存活。余尝谓享名太盛，必多缺憾，我实近之；聪明太过，常鲜福泽，尔颇近之；顺境太久，必生波灾，尔母近之。余每以此三者为虑。计惟力行孝友，多吃辛苦，少享清福，庶几挽回万一。家中妇女近年好享福而全不辛劳，余深以为虑也。

洋人电气线之说断不宜信，目光非他物可比。所恶于智者，为其凿也。不如服药，专治本病，目光则听其自然。穆相一生患目疾，尝语余云："治目宜补阳分，不可滋阴，尤不可服凉药。"如彼之说，则熟地大有碍于目矣。试详参之。

余十三日进京，十四五六日召见。应酬纷繁，尚能耐劳。拟正月灯节前后出京。兹将初一至十六日记寄南。尔可将十四五六日另出交子密转与各契好一看，但不可传播耳。此次日记，余另抄一份寄澄、沅叔矣，尔不转寄亦可。此嘱。

涤生手示

同治七年十二月廿七日

字谕纪泽儿：

十七日寄去一缄并初一至十六日记，想将收到。厥后十七八九在城内拜客三天。二十日搬出城外，寓法源寺。二十一二三四各处公请听戏四天。二十五六皆有事趋朝。京中向系虚文应酬，全无真意流露，近日似更甚矣。赛中堂之世兄崇文山（绮）乙丑状元，向人似有真意，才德俱备，将来必为大器。

余所书位西墓志，于琦善下有公字，于赛下落一公字。若流传到京，必为文山父子所饮恨，尔可暂缓刻石。应如何设法补改，斟酌禀告。此谕。

涤生手示

同治八年正月廿二日

字谕纪泽儿：

久未闻两江折差入京，是以未及写信。前接尔腊月二十六日禀，本日固安途次又接尔正月初七禀，俱悉一切。余自十二月十七至除夕已载于日记中，兹付回。

正月灯节以前惟初三、五无宴席，余皆赴人之召。然每日仅吃一家，有重复者辄辞谢，不似李、马二公日或赴宴四五处。盖在京之日较久，又辈行较老，请者较少也。军机处及弘德殿诸公颇有相敬之意，较去冬初到时似加亲厚，九列中亦无违言。然余生平最怕以势利相接，以机心相贸，决计不做京官，亦不愿久做直督。约计履任一年即当引疾悬车，若到官有掣肘之处，并不待一年期满矣。

接眷北来，殊难定策，听尔与尔母熟商。或全眷今春即回湖南，或全家北来保定，明年与我同回湖南，均无不可。若全来保定，三月初即可起行。余于二十日出京，先行查勘永定河。二十七八可到保定，接印后即派施占琦回金陵，二月二十日外可到。尔将书箱交施由沪运京，即可奉母北行耳。

余送别敬一万四千余金，三江两湖五省全送，但亦厚耳。合之捐款及杂费凡万六千上下，加以用度千余金，再带二千余金赴官，共用二万两。已写信寄应敏斋，由作梅于余所存缉私经费项下提出归款。阅该项存后路粮台者已有三万余金，余家于此二万外不可再取丝毫。

尔密商之作梅生先、雨亭方伯，设法用去。凡散财最忌有名，总不可使一人知，一有名便有许多窒碍，或捏作善后局之零用，或留作报销局之部费，不可捐为善举费。至嘱至嘱。余生平以享大名为忧，若清廉之名尤恐折福也。杜小舫所寄汇票二张，已令高列三涂销寄回。尔等进京，可至雨亭处取养廉数千金作为途费，余者仍寄雨亭处另款存库，余罢官后或取作终老之资，已极丰裕矣。纪鸿儿及幕府等未随余勘河。二十三日始出京赴保定也。此谕。

涤生手示　固安工次

同治八年二月初一夜

字谕纪泽儿：

出京后，二十二日在固安途次发信一封，到否？接尔正月十七日禀（初七信先到），尔母目能辨光暗，不能分别人物，则已失明矣。以去秋之病象，似无生理，今果得无碍于寿数，则虽失明犹为不幸之幸。惟须请良医诊脉，究竟无意外之虞否。亦须尔母自行默揣，不至有大变否。二者果然可靠，则于三月初八日北来，由水路至济宁州。若二者不甚可靠，则不如竟回湘乡。回家有两不便处：一则湘中与保定两处搅用，无骨肉团聚之乐；二则尔专管家务，恐荒学业，纪鸿亦不免南北奔驰。来直亦有两不便处：一则余又无久官斯土之志，虽全家抵此，仍非安土深固之象，恐暂聚而旋散；一则恐尔母病重。四层之中惟末一层最为紧要。尔与尔母熟商决之，我不能遥断也。余于初三日派施占琦回江接眷。兹先排递此函，俾尔早为审度。其余正月日记及在京用数均交施占琦带回。

余定初二巳刻接印。官相有初九回京之说，渠神象已衰，不似六年春扬州相见时矣。此谕。

涤生手示

再，余在清江所写邵位西墓志铭，系高丽纸，每页宽五寸许，长八寸许，包好夹于桂未谷《说文》之内，《说文》用皮纸分作三包包之，不知尔曾折过否？其皮箱交长龙带去，《说文》在箱内，想已收到。箱中尚有他物，今忘之矣。带至此间来刻亦可，但恐更贵耳。昭忠祠湘军碑已钩毕上石否？可催香亭速为之。

同治八年二月十八日

字谕纪泽儿：

初二日接印，初三日派施占琦至江南接眷，寄去一缄并正月日记，想将到矣。初八日纪鸿接尔正月二十七日信，知三孙女乾秀殇亡，殊为感恼，知尔夫妇尤伤怀也。然吾观儿女多少成否，丝毫皆有前定，绝非人力所可强求。故君子之道，以知命为第一要务，不知命无以为君子也。尔之天分甚高，胸襟颇广，而于儿女一事不免沾滞之象。吾观乡里贫家儿女愈看得贱愈易长大，富户儿女愈看得娇愈难成器。尔夫妇视儿女过于娇贵。

柳子厚《郭橐驼传》所谓旦视而暮抚、爪扶，而摇本者，爱之而反以害之。彼谓养树通于养民，吾谓养树通于养儿。尔与家妇宜深晓此意。庄子每说委心任运听其自然之道，当令人读之首肯，思之发□。东坡有目疾不肯医治，引《庄子》日："闻在宥天下，不闻治天下也。"吾家自尔母以下皆好吃药，尔宜深明此理，而渐渐劝谏止之。

吾自初二接印，至今半月，公事较之江督任内多至三倍。无要紧者，皆刑名案件，与六部例稿相似，竟日无片刻读书之暇。做官如此，真味同嚼蜡矣。纪鸿近日习字颇有长进，温《左传》亦尚易熟，稍为慰意。此喻。

涤生手示保定

同治八年三月初三日

字谕纪泽儿：

接尔十六日禀，知二月一日去函已到，施占琦赍去之函尚未接到。尔母旧病痊愈，决计暂不归湘，北来从官。若三月中旬起行，则四月初可抵济宁，余日内派人沿途察看。济宁至临清三百余里由济宁至张秋百余里水路，由张秋至临清二百余里旱路，可请铭军代统刘子务照料。自临秋以下，笨重之物可由舟载至天津下水，再由津雇舟送至保定距省三十里登岸，余现开挖省河，则可径抵南门，眷口及随身要物则由济宁登陆。此间地气高燥，上房宽敞，或可却病。惟车行比之舟行，则难易悬殊耳。

余近日所治之事，刑名居其大半。竟日披阅公牍，无复读书之暇，三月初一二日始稍翻《五礼通考》。昔年每思军事粗毕即当解组还山，略作古文，以了在京之素志。今进退不克自由，而精力日衰，自度此生断不能偿夙愿。日困薄书之中，萧然寡欢。思在此买一妾服侍起居，而闻京城及天津女子性情多半乘戾，尔可备银三百两交黄军门家，请渠为我买一妾。或在金陵，或在扬州、苏州购买皆可。

事若速成，则眷口北上即可带来。若缓缓买成，则请昌岐派一武弁用可靠之老妈附轮舟送至天津。言明系六十老人买妾，余死即行遣嫁。观东坡朝云诗序，言家有数妾，四五年相继辞去，则未死而遣妾，亦古来老人之常事。尔对昌岐言，但取性情和柔、心窍不甚蠢者，他无所择也。

直督养廉银一万五千两，盐院人款银近二万两，其名目尚不如两江缉私经费之正大。而刘印渠号为清正，亦曾取用。余计每年出款需用二万二三千金，除养廉外，只须用盐院所入七八千金，尚可剩出万余金，将来亦不必携去，则后路粮台所剩缉私一款断不必携来矣。尔可告之作梅、雨亭两君，余亦当函告耳。此嘱。

涤生手示

同治八年三月廿四日

字谕纪泽儿：

前派周正林至济宁等处查明水陆道路，兹又派王庆云、孙福二人前往济宁迎接眷属。孙福在京多年，上房差事亦熟。王庆云则照料外事尚为得力。带去后鞘车一辆、轿车一辆。尔母之轿必在金陵带来，此间派轿头带去轿夫一班，余夫则由州县加派。

两班八人，轿夫有换班车者，系最廓之规模，余在途用之，尔母似可不用，州县亦未必肯供应也余系用周正林之车。凡州县不愿支应之事切弗勉强，概行自出钱文办理。妇女等以三套车，由后开门为最便。纪鸿前坐此车，因轮缕骡高不便，仍改由前开门。后于途中见江西文方伯由后开门甚平且便，乃知纪鸿之车两旁用木架玻璃，前用高骡，因过于讲究，反不便也。

吾家因带兵太久，规模太廓，余虽力求收敛，尚觉用费过多。尔诸事宜从简省处着想。王庆云亦可备询问耳。刘子务盛藻所统铭军在张秋驻扎，尔可托渠代为张料。余已托振轩写信与刘，令其派马二十匹护送。此外凡派兵护送者，宜辞谢之。二月日记附去收阅，余不多嘱。

涤生手示

同治八年四月初三夜

字谕纪泽儿：

二十九日阅尔清江所寄纪鸿信，知二十二夜船上火灾，尔所抄之《说文》《广韵》化为灰烬。凡书籍字画太多者太精者，则遭水火之劫。尔所抄书，亦太精之亚也。

吾于四月初一日出省，来永清、固安一带查阅永定河工。天气亢旱，麦稼既已全坏，而稷粱等不能下种，加以每日大风，羊角盘绕，轿中极凉。吾体中不适，又念百姓遭此旱灾，殆无生理，又念尔送全眷在运河，水浅风阻，必难速行；又念施占琦书籍在海，尚无抵津信息，恐为大风所坏。公私种种萦念，不胜焦灼。吾派施占琦、周正林南行时，皆第一日折回，次日乃果成行。吾乡旧俗，以此占事多阻滞之处。如途中处处阻滞，亦只可安心任运，徐待事机之转。

王庆云、孙福等二十五日由保定赴济宁，约计十日可到。途中派马队二十四护送，已由振轩函托子务矣。此嘱。

涤生手示　永清之惠家庄

同治八年十月十二夜

字谕纪泽，纪鸿儿：

十二早接泽儿十一未刻禀，俱悉一切。

余初十行八十里住固城镇，十一行七十余里住新城县，十二行□□里住固安县。闻今日河工虽已合龙，尚未闭气，明日往看，不知有他虞否。

黄子寿带一子进京，在此会晤。陈小舫荐一医，谢姓煜，旭亭，蕲水人，直隶佐杂河工主簿。若已到省，可请其一诊。但医可多请，药则不可杂进耳。意诚言满女之事，回署再商。余不多嘱。

涤生字　固安

同治八年十月十三日

字谕纪泽、纪鸿儿：

十三早接泽儿十二申刻禀信。偯医专主补剂，与余意相合。若罘能受鹿茸，此病乃有转机。今日恰有折弁进京，余已寄百金托马松甫买茸。若马已出京，即托敖金甫购买。折差十八日可回保定，可试用也。久烧防其成痨，吾亦尝与尔母言及。偯生在江西接儿，吾已忘之，其论病则均近理也。

吾今日午后始自固安来。北四下汛昨日虽已合龙，本日巳刻始克闭气，乃为放心。余本不愿在外久留，然既至下口，恐不能不至天津一行。计回署当在二十后矣，余不多及。

涤生手示　北四下汛五里许乡村

同治八年十月十六夜

字谕纪泽、纪鸿儿：

十六酉刻接纪泽十五日禀，俱悉一切。

余今日早发，行六七里始天明。自小惠庄至双口住宿，凡九十里。距天津尚三十五里，明日到津。恐须二十或二十一日乃起行回省，途次须四日也。尔母及冢妇病均宜温补，但恐有不宜经补、不宜专补者，全赖良医细察耳。

保身莫大于眠食二字。尔兄弟体气俱弱，吾效星冈公法，每夜用极热水洗脚，颇有效验，尔等可于年少时行之。吾曾函示沅叔，似未行也。泽儿牙痛，宜于无事之时，服滋阴之剂。此嘱。

涤生手示

同治八年十月十七日

字谕纪泽、纪鸿儿：

十七日接十六禀并谢医之方、芸陔之信，俱悉一切。方与前此诸医略近。吾意总欲其稍进饭食为急，不知有良法否？芸陔之票只好用军需局印票司印，然当寄至何处，渠信并未写明，殊难悬揣，俟余回省再定。

余今日午刻至天津。应酬纷繁，殊以为苦。十八九当酬接两日，二十即可起行回省。闻南三府饥民嗷嗷思乱，廑系无已。余不多及。

涤生手示

同治八年十月十八夜

字谕纪泽、纪鸿儿：

十八日接十七日禀，俱悉一切。谢医开方后，竹舲旋到。渠不惮三千里雇车而来，良可感也。富贵之家有病，一切呼应较灵，但主意不可太乱，吾意总以能进饭食为急务。吾今日住天津一日，陈小舫上口言谢医精于脉理，最能预决吉凶。其果然乎？竹舲宜住署内，已腾室否？余不多及。

涤生手示

同治八年十月十九日

字谕纪泽、纪鸿儿：

接尔十八日禀并竹舲方，具悉一切。余今日上半日看津防兵勇操，下半日应酬。定于明日起程，若无雨雪，四日必可到省。折差已回省否？买鹿茸否？津郡十四夜得雨后，民气尚为安恬。余不悉。

涤生手示

同治八年十月廿一申刻

字谕纪泽、纪鸿儿：

余于二十日自天津起行百一十里，夜宿信安镇。二十一日行九十里，夜宿孔家码头。计二十二夜住容城县，二十三乃可抵省。昨日未得包封，今早黎明始接尔十九日之禀，想尚绕由固安、天津四百余里而来也。

竹舲方相安，甚慰，然以能进饭食乃是真效。丸药收到。如是珍养，富贵气太重，亦非佳象耳。余不多及。

涤生手示　孔家码头

同治八年十月廿二日

字谕纪泽、纪鸿儿：

二十二日巳刻接尔二十一日未刻信，似非由天津绕来者。澄叔及郭氏昆仲信并悉。

余今日仅行六十余里，未刻即到容城住宿。明日行九十里，申刻必可抵省。出署日久，公事积压，归后却更忙耳。余不及。

涤生手示容城

同治九年三月十九日

吏部咨文一角尔带去，问要投递否。如不须投，则径自俱呈矣。见客俱代我寄声请安，凡事谦谨为属。

涤生手示

同治九年四月十六日巳刻

字谕纪泽儿：

初六日王元回，接尔一禀。后无续信，余甚惦念。余右目病如故，后又因亢旱焦急之至。今早寅正起头忽大眩晕，立即躺倒，脚若朝天，床若旋绕，心不能主持，如是者四次，终不能起坐。请竹舲开方，服大滋阴之剂。顷至辰末始勉强起坐，进饭碗许。以后如有危症，当专差进京接尔归来；如从此平顺，则由信行寄信一二次告尔。尔不必速归也。

考荫有定期否？若在五月上半月，自宜等候，考毕再回；若为期太远，则先回一次亦可。听尔自酌。仙屏差旋，若过保定，余当送程仪百金。是星使过镜，有交谊者酬赠之常例。今余未寄程仪，而渠乃先寄接礼，悚仄之至。今付去百金，尔可面交。余因病未另写亲笔信，并为我道歉忱也。尔在京宜节饮食慎调养，由沈廉处常常寄信。此嘱。

涤生手示

同治九年四月十九日

字谕纪泽儿：

十六日余患眩晕之症，比以函告尔。十七、十八日病状如常，登床及睡起则眩晕旋转，睡定及坐定之时则不甚眩晕，仍似好人。十八日药内有大参，病似增剧。十九日黎、谢处方有知母、黄柏，余嫌其太凉，拟空一日不服药。三数日内拟具折请假一月。尔在京考荫，须于写作二字用心读求，不可草率了事。署中若有危急之症，乃写信专足告尔；若无急足，必系平安之状，尔不须惦念也。

周荇翁索《船山遗书》，亦交沈廉带去，尔可转交。仙屏曾得《船山全书》否？若未也，下次亦即带去；此次已带，尔可面交。余不多及。亢旱焦灼，其忧有甚于病耳。此嘱。

涤生手示

同治九年四月廿一日

字谕纪泽儿：

十九日沈廉带去一缄并船山书二部。二十日黎、谢及徐道奎诊余脉，皆言肝火太旺，宜服凉药，因服龙胆草之类。二十一日脉已平，眩晕亦愈。大约尚须凉药二三剂，乃能尽平肝火而去眩晕之症，乃能渐服补剂而冀复元。今日具折请假一月，特书数行令尔放心。尔考荫事宜细心料理，不可草率。此嘱。

涤生手示

同治九年四月廿七日申初

字谕纪泽儿：

二十七日折弁归，见尔与纪鸿之信，知二十五日考试平安完卷，二十八日引见，外用内用尚不可知。尔云须见堂官，则已作分部计矣。余眩晕之症略愈，尚未大好。现以周抚文、黎竹舲为主，旭亭间来一商，本日管才叔亦来一商。必须将晕症痊愈，乃能兼治目疾。而天气亢旱狂风，人心皇皇，余焦灼异常，恐此疾亦难就痊。

京中有肉桂可觅否？保定盐蛋苦其不咸，京中若有咸者，可酌带来省。此嘱。

涤生手示

回省之迟速，听尔甚酌，此间无成见也。

同治九年五月初八日

字谕纪泽儿：

初七日接尔初三日禀，初八日有报喜者言尔签分户部。尔信言初六七出京，果已成行否？若尚未成行，则到衙门一次，见六堂一次再行出京，亦不过多延两三日。其拜同司等事则暂不必管，待将来当差时再议可也。

余眩晕尚未痊愈，每到枕之时、起床之际辄晕昏，久之始定，余尚不晕。至疲困贪睡，则余近年过夏之常态，不仅今年为然。周抚文与竹舲诊脉，心脉洪大，余尚平静。抚文即欲回京，余令其待尔归来再定。

尔母日内服丸药，尚属平安。叶亭四月十日自家挈眷北来，将由武昌附轮船航海至津，日内计已将到，拟腾敬芝轩居之。渠到不久，余即将开缺，殊无妥为位置之方。

姚春木所选《国朝文录》，张诗舲所刻者，京城若易于购买，即带一部回。久旱不雨，官民皇皇，实疆吏之咎也。余不多及。

涤生手示

同治九年五月十三日酉刻

字谕纪泽儿：

十三日折弁归，接尔十一日禀。初九日信局所寄禀尚未到也。

余眩晕之症十愈七八，虽未能除根，而周、黎皆云总可除净。现尚服滋阴降火之品。

周虎文定于十五日回京。渠初以五月验看，七八月赴江西到省，似难再留。到部谒堂似非难事，尔云多延十日，何也？折弁言尔将以十八日出京，余拟以二十一二日具折续假。若尔能于二十、二十一日到省方为妥善。切盼切盼。

保定亢旱异常，人心皇皇，焦虑何极！接家信，四女之子痉愈，足一堪慰之事。季女许字聂家，沅叔即日代办下定事件。余目疾毫无转机。在京曾询访一二否？余不及详。

涤生手示

同治九年六月十一日

字谕纪泽儿：

接尔初八、初九日两禀，俱悉一切。

余以初十日抵天津，途中尚能耐劳耐暑。惟左目益蒙，作字极难，焦灼之至。天津士民与洋人两不相下，其势汹汹。缉凶之说，万难着笔。办理全无头绪，亦断不能轻请回省，且看数日后机缘如何。尔病小愈，为之一慰。然吃饭、出恭二事，生人之定理，尔二事与人迥殊，余每以为虑。目下亦无他法，惟清心寡欲以养其内，散步习射以劳其外，病见则服姜、附等药治之，病退则药即止，如是而已。

鸿儿等京城寓所应在贡院附近看定，即日专人前去，不可再迟，或写信一托魏世兄亦可。尔母目有胬肉，似可置之不治。余不多及。

涤生手示

同治九年六月十四日

字谕纪泽儿：

接尔十一、十二日两禀，内有澄、沅两叔信，俱悉一切。

余日内平安，惟以眼蒙为苦。天津人心汹汹，拿犯之说，势不能行，而非此又不能交卷。崇帅欲余撤道、府、县三官以悦洋人之意，余虽知撤张守即大失民心，而不得不勉从以全大局。今又闻永定河决口之信，弥深焦灼。自到直隶，无日不在忧恐之中，近三四月益无欢悰。惟祝左目少延余明，即为至幸。

庚帖礼物尽可不必寄来，尔寄信先行阻止，余亦当徐寄一信也。李少帅两信言须调兵自卫，顷已调保定丁乐山所统之四千人来此，其张秋之队暂不必调。朝廷一意主和，调兵转生疑端，且亦未必能御寇也。余不多及。

涤生手示

同治九年六月廿一日

字谕纪泽儿：

接尔十九、二十日两禀，俱悉一切。

余于十九、二十日服山东丁中丞荐来之眼医刘姓方药二剂，不惟无效，二十一日又发眩晕之病。竹舲等以为刘方太疏散之咎。今日又请竹舲开方，似四五月旧方，不再服刘方矣。眼蒙殊甚，作字极苦。天津洋案，罗公使十九日相见，虽无十分桀骜要挟之象，然推诿于提督，为兵船到后要挟地步。目下洋船到者已八九号，闻后来尚且不少，包藏祸心，竟不知作何究竟？崇帅事事图悦洋酋之意以顾和局，余观之殊不足恃。死生置之度外，徐俟其至而已。

白玉堂、郭德堂各寄百金尚妥，即照寄去。朱四婶婶处应寄奠仪三十金。高列三请假进京引见，即可允许监印，系佐杂差使。唐君伯存科第出身，不欲以此烦之。刘医所开药方二纸抄阅。欧阳健飞与余信寄去，朝珠盒不便寄也。此谕。

涤生手示

同治九年六月廿四日未刻

字谕纪泽儿：

二十三日接尔二十二日禀。罗淑亚十九日到津，初见尚属和平，二十一二日大变初态，以兵船要挟，须将府县及陈国瑞三人抵命。不得已从地山之计，竟将府县奏参革职，交部治罪。二人俱无大过，张守尤洽民望。吾此举内负疚于神明，外得罪于清议，远近皆将唾骂，而大局仍未必能曲全，日内当再有波澜。吾目昏头晕，心胆俱裂，不料老年遘此大难。兹将渠来照会及余照复抄去折片另札行总局，嘱诸公密之。尔可交与作梅转寄卢、钱及存之一看，以明隐忍，为此非得已也。

日来服竹舲药，晕症已减。惟目蒙日甚，断难久支，以后亦不再治目矣。余自来津，诸事惟崇公之言是听，挚甫等皆咎余不应随人作计，名裂而无救于身之败。余才衰思枯，心力不劲，竟无善策，惟临难不敢苟免，此则虽耄不改耳。此谕。

涤生手示

同治九年六月廿九日

字谕纪泽儿：

连日接尔数禀，俱悉。

余自二十一日重发眩晕，二十四日以后泄泻不止，二十六日呕吐。适值崇公在座，渠遂以督臣病重请另派重臣入告。奉旨外派丁雨生、内派毛煦初来津会办，并派李少荃带兵入直。又因伯王之奏，调蒙古马队三千、东三省马队二千备用。余令道府拿犯已获十一人，或可以平洋人之气。如再要挟不已，余惟守死持之，断不再软一步。以前为崇公所误，失之太柔，以后当自主也。

余之病目为本，眩晕次之，呕泻又次之。日内困惫不堪，又加时事熬煎，郁闷不可耐。然细心默验，惟目病无可挽回，余似尚非不治之症，家中暂可放心，特目光亦终难支久耳。省中有询近状者，可详告之。酷热难于作字，不多及。

涤生手示

同治九年七月初三日

字谕纪泽儿：

连接尔二十七八九三信，俱悉一切。

余泄泻之症，三日内各仅一次。胃口不开，每顿开水饭一碗，勉强毕之。医家言脾脉甚坏，竟日困卧，以俟渐愈而已。

罗使第二次照会，仍索府县抵命。余照复驳之，渠亦无辞以对。兹将照复稿抄去，恐卢、钱、陈诸公须阅也。廷寄共抄一本寄去。若有妥便，可寄澄、沅二叔一阅。上半年日记付去，可命夏吏将五、六两月抄出，觅便寄湘。英国公使威妥玛于二十九日来津，本总署商请渠来劝解罗使者。渠口气亦硬，闻即日邀同罗使还京，余派员往留未允。如两酋皆回京议事，余亦可奏请还省矣。

左眼昏蒙日甚，纵令脾泻、眩晕等症能愈，目光亦必不治。药物终不济事，不可妄信医言，浪费钱文也。此嘱。

涤生手示

同治九年七月初六日

字谕纪泽儿：

连接尔二信，俱悉一切。

余病少愈，惟胃口不开，疲软殊甚。眼蒙不能治事，甚以为苦；竟日酣卧，亦甚愧也。

毛煦初尚书初五到津，今日往拜威、罗两公使。两使皆欲回京，余请煦帅婉留在津议结。总署之意，亦欲在津结案，不知可强留否。自余于二十六日第二次照复后，至今别无来文，亦无要求之端，不知有何诡计。英公使威妥玛深通中华文籍，盖各国之主盟，其用心尤不可测。与外国人交涉，别有一副机智肺肠，余固不能强也。

黎、邓定于初七日自津进京乡试，亦送黎元卷三十、邓二十四金。李勉林顷来此间，闻曹镜初亦当一来京师。物议咎我甚峻，则料其必尔矣。此谕。

涤生手示

同治九年七月初六日

字谕纪泽儿：

连接两禀，俱悉一切。

余日内病情如故，总是胃口不开。泄已止，每日出恭一次，但不干耳。贺峻林以精肉煨后再蒸，比食两顿略可下咽。医家谓心脉脾脉皆坏，余亦自觉病深，而尤以目疾为苦。盖目光及胃口皆与尔母相近，而杂病亦多，乃知老境之难也。

法国罗公使第二次照会，欲杀府县。余坚执不允，渠无如何。顷于初九日回京，将与总署商办。闻布国与法国构兵打仗，此信甚确，渠内忧方急，亦无暇与我求战，或可轻轻解此灾厄。余俟事势稍定，即将奏请回省矣。此谕。

涤生手示

同治九年七月十二日

字谕纪泽儿：

初十、十一接尔信，俱悉。

吾病近四日未服药，专烹精肉鲫鱼之类，胃口稍开，饭量亦加，惟眼蒙日甚。然竟日困卧不治一事，寸心如负大疚。

拟每日仍看书若干，今日已看《通鉴》矣。两脚无力，登降犹须扶掖，余似渐平复。

钱谷刘幕价本太重，以后至多不得过八百金。尔可托作梅先生与卢、钱诸公商之。法国罗使于初九日回京，英国威使于初十日回京，崇侍郎于十二日进京，此间现无一事，狗肉良可医疾，试之未为不可，申夫极美之也。此谕。

涤生手示

同治九年七月十四日

字谕纪泽儿：

余日内胃口更开，是一好消息，而两腿软重难行，目光更蒙。尚有人索书对者，尔命王庆云寄笔数枝来可也。

涤生手示

同治九年七月十七日

字谕纪泽儿：

十六、十七日接尔信并对、笔一包。前此已带笔来，吾偶忘之，遂复索取。昨日已写毕矣。

余日内胃口尚开，十四五仍水泻，十六七稍见干涩。医者谓系脾虚发泄，心脾两脉俱虚，阴分尤亏。余以真虚则难补，只好听之。惟眼蒙日甚不能不治，又不欲服眼科习用之药。医者云一贵轮睛，二闻鼻药，三服蒺藜作茶，四以羊肝蒸药末吃，皆偏方也，聊以自解而已。腿软之症，想系衰年常态，不复施治。全不看书则寸心负疚，每日仍看《通鉴》一卷有余。

法国之事，总署奏明仍归余与毛司空筹办。俟丁中丞、李中堂到后，余责日分，或可回省也。名已裂矣，亦不复深问耳。此谕。

涤生手示

同治九年七月廿二日

字谕纪泽儿：

近日连接尔三禀，俱悉。

余胃口开后，日来善饭如故，泄泻亦未再来。惟两腿尚软，眼蒙日甚，他无所苦。每日仍看《通鉴》一卷有余。新作丸药一料，今日初服，大约无损亦无益也。兹将方付去。

天津之事，总署催余缉拿正凶提解府县，一日一函，迫于星火。而此间所拿之犯坚不认供，无可如何，极为棘手。见讥清议姑置不论，目下实难交卷。芳香之药，尔亦不宜多服，尝见气痛者服之后愈剧也。此嘱。

涤生手草

同治九年七月廿八日

字谕纪泽儿：

接尔三信，俱悉一一。

余病外感全去，饭量日加。菜则精肉鲫鱼二者，烹调得法，食之相安。惟左目日蒙，势难保全。丁中丞来，力劝速治，亦无良方也。

天津县刘令于二十五日抵津，知府张守于二十七日抵津。日内竭力拿犯，已获者近四十人。将来除释放外，计抵偿者二十人内外，军徒者十人内外。如果保定和局，即失民心，所全犹大。但恐和局不成，枉令斯民拘系敲榜耳。

四女之信已令尔母知之否？余定限八月二十三日以前结案，届时当可回省。此嘱。

涤生手草

同治九年八月十五日

字谕纪泽儿：

接尔十二、十三日禀，知已与李相会晤。尔之病，吾意非大黄所能奏效，旭亭治冢妇有功，此节应送百金。

吾事所以不能速定者：一则天津教案犯人认供者不过六七人，为数太少，洋人未必肯结案。若再兴波澜，忽来战攻，则吾将获大戾，岂能南行？即不决裂，而全案未结，吾亦不可他往。一则谕旨欠“无庸来京请训”一句，不能不具折请觐。若九月离津入京，则出京必十月矣。吾所以徘徊不决者，以此两者之故。

家眷由水路南下，闻雄县有一段浅阻，出省二日似须起旱。由临清至济宁，九月即已干涸，此四五日亦须起旱。吾意书箱及笨重之物，凡上次施占琦所解者，此次由运河去派一好委员或铭营之弁，九月初旬即可起行。家眷仍起旱，至济宁乃登舟，九月有闰十月，九月当不甚寒中旬起行。

余仍起旱至清江浦，入觐则十月成行，不入觐则九月成行。吾之随身衣箱书箱，令王庆云在保定署内锁一室守之，待吾应否入觐有准信时再定局也。吾目疾日剧，即至金陵履任，亦不过数月，恐难支持。曾文煜即日当回省清书。余不多及。

涤生手示

同治九年八月廿九日

字谕纪泽儿：

接尔二十八日禀并赏号一单。巡捕、内戈什太多，外戈什及余人太少，育婴堂之四百金若未送去，即不必送，概提出加赏外戈什及余人等；若已送去，即将十二人减出银百零八两，□□□再由所添发百金加赏外戈什及余人等。其应加之多少，余以○△（按：○△为原件符号）识之，由尔斟酌加发。

尔病状近日何如？余不知医，但知尔确不宜服大黄。养生家有所谓外功者，用之最能食能大小溲。或少用心，多劳身，亦有小补，亦须从此等处用功。纪鸿、叶甥今日回省，而撷师、叔耘旋即到津。府县今日起解，余具疏痛切救之，迟日抄与尔看。此嘱。

涤生手示

原摺批发

同治九年九月初二日

字谕纪泽儿：

初一日接尔二十九日禀并家信等件。满妹之千金既由蒋宅兑回九叔处，将来即须在湘成婚，不能招赘矣。大、二、三女各家皆苦，今冬拟每家寄三百金。四女虽较裕，而遭依永之变，亦拟以此数寄之。趁余家景况好时济之，以后恐难继矣。

谢旭亭初一到此为余诊脉，与五月略同。余自膝以下浮肿，膝以下酸软无力。人多谓由受湿，谢以为肾虚也。

津案拟于十三四日将第二批奏结，请觐之疏亦于尔时拜发，恐十八九日即须进京。全眷过津时将错过，不得一见。若奉旨无庸进京，则与眷属同南下矣。

余进京应用衣服，如棉袍褂、小毛中毛袍褂之类，可命王庆云清出，与王瑞征同于初六日起行来津，或将余之衣箱及随身书籍全交王庆云先行带来。余进京断不久住，总在十月十一以前出京。署中料理一切，如欠得力之人，余当令贺峻林回省一行。

余目光日蒙，丁中丞力劝全不写字看书，并不阅公文。言之恳切深至，日内即当从之。旭亭言尔病由于思虑伤脾，亦当力戒也。但琐事如麻，父子均不能不用心。二十八日密片抄寄尔看，或送作梅先生一阅，余亦行知省局矣。此嘱。

涤生手示

同治十年正月廿五日

澄弟、沅弟左右：

十五日发出一缄到否？后于十八日寅刻，纪泽生一子，大小平安，深以为慰。纪泽今年三十三岁，正在望子极殷之际，如愿得之，满门欣喜。惟八字于五行缺水缺火，不知易于养成否？

廿三日堂弟厚九至此。署中内外清吉。余眩晕之疾近日未发，目病则日益昏蒙，恐左目亦不能久保。闻堂叔母彭孺人亦盲一目，其脚本不能行动，又增目疾，老景亦苦矣。

郑小山尚书自除夕到此，初二日即督同司员审马制军之案，至今熬审将近一月，张汶详毫无确供，即再熬，亦属无益，只好仍照魁将军等上年原定之案具奏。

长江水师，外闻啧有烦言。或谓遇民间有骨牌者字牌者，则以拿赌讹索，得数千或千余文乃肯释放。或以查拿私盐，查拿小钱，搜索民舟及附近人家，讹钱释放；夜索打更之灯油钱；民船拉纤，不许在炮船桅上盖过。干预词讼，至有哨兵棍责举人者。甚且包庇私盐，袒护劫盗，种种弊端。余设立水师，不能为长江除害，乃反为长江生害。两弟在省时，亦常闻此等话否？如有所闻，望详细告我。

兄精神衰惫，加以目病，每日治事甚少，任内应尽之职，不克一一办妥；而昔年所办之事，又有大不妥如水师者，贻人讥议。用是寸心焦灼，了无乐趣，境颇顺而心不适，对老弟而滋愧矣。

沅弟若果居省城，澄弟又常不在家，则吾乡五家日益寂寞，深以为念。而荇、剑两侄欲求学问文章之日进，又似宜在省会多求良友，以扩充其识而激发其志。二者利害参半，若不得良友而亲损友，则居省之得少矣。

意诚信来，欲余专疏为黄翁申雪表章。余以昔年曾两次疏陈南翁之才而表其功，俱遭谴诘，其时余当物望尚隆之际，已不能有益于南翁，近则余望大减，恐拜疏反为南老之累，故慎重而不敢轻出。

《东皋书院记》，余尚未作，而澄弟写来之节略，又失去矣。顺问近好。

兄国藩手草

同治十年四月初七日

澄、沅弟左右：

四月初一日发出一缄交信号寄，不知可速到否？黄南翁仙逝，三月中旬始由钱子密处交到讣书。唁信及联幛等办好，又苦无便可寄，兹命彭芳四送归。自十月后日记久未付去，此次将十一二、正、二、三五个月日记付去。弟观之亦足见余近来衰惫之状，但不可与外人看。老病如此，不知引退，亦可愧也。目光昏蒙日甚，较之右目之全盲者无甚区别。幸眠食如常，不似即亲近眼闭箱者。内人腿肿渐消，亦似不至速死，殊非意料所及。

纪鸿之次子病白喉数日，今已全愈。余合室小大平安。惟署中所用弁仆妪婢等太多，食口众，则用度浩繁。又兼治病医药，百端奢靡，入少出多，江督岁中进款竟不敷一岁之用。曩者尝怪澄弟日用太侈，不能节俭，以至欠债甚巨。今余亦因用度不俭，亦将欠债，深为可讶。今付甥女贺王氏处百金，黄南翁赙仪百金，皆嫌其轻，故将近状略告弟知，以明余不善经理也。

八年春在京用去一万金，九年冬在京用去万余金。在他人见为简啬，在余已筋疲力竭。近嘱戒纪泽等必须从上房、厨房两处节省，而后不至亏空。澄弟负累本重，沅弟亦无源之水，以后三家均须力行节俭。余平日自誓不欲身后多留余财，亦不宜留债与后人耳。

扬州洋人近又与李世忠构衅，与陈国瑞构衅，并有因观剧观艺与士民争殴之事，不知能速了否？余有复总署信，抄寄两弟一阅。顺问近好。

国藩手具

同治十年八月十四夜

字谕纪泽、纪鸿儿：

余十三夜宿燕子矶船厂侧，今日东北逆风，仅行二十余里，至划子口住宿。右脚着有眼之洋袜，左脚着洋绒袜，不知果能消肿否？竹舲之方现尚未服，廉昉言到扬代觅佳茸，或当服之。折差汪正清、梁廷超先后进京，可买百余金之茸一试。或在京买似是打磨厂天会号，再问，或在祁州买，尔自酌之。

织造处送程仪百金，外加五十金水礼预备，江表弟归，于六十金之外或加二十千更妥。以渠用费不资，恐未足偿之也。

尔辈身体皆弱，每日须有静坐养神之时，有发愤用功之时。一张一弛，循环以消息之，则学可进而体亦强矣。余俟续及。

涤生手示

同治十年八月廿日早

字谕纪泽、纪鸿儿：

纪泽十五六七八等日禀、纪鸿十八日禀均已接到。

余十五六日均停阻划子口。十七午刻始开行，夜宿泗源沟之小河。十八申刻抵扬州。十九日因泥泞未阅操，而应酬极繁，疲乏之至。

接沅叔信，知牧云于八月一日仙逝。凌云有寄星泉信，余拟暂不寄去，而先寄一信于李相，报牧云之病，请其催星泉速归。兹将原信付尔兄弟一览。

李道三回鄂，可送渠洋三十元。竹林订定至扬州止，不再前进。蒋鉴海事可令叶亭拟一稿函致石泉，并拟复芗泉信稿一同付来。彭霖穷乏，却无事可找。卢入洋务局，唐子明帮保甲局，事属可行。余脚肿已消十之九，亦未服药。余俟续告。

涤生手示

沅叔信一厚封，欧宅讣信在内。

同治十年八月廿三日申正

字谕纪泽、纪鸿儿：

接纪泽十九、二十、二十一三日禀，俱悉一切。

余于十八日抵扬，十九日拜客。旋至运署查库，即饮戏酒。二十日阅操，申正毕。旋在厉伯苻家饮酒。二十一日阅操，申初毕。旋在何廉昉家戏酒，司道公请也。二十二早开船，风逆水逆，仅行二十里。二十三日亦仅行十二里，顷始到邵伯耳。

脚肿于十五六七日消去十分之九。在扬昼夜应酬，未能再消，且似更肿。盖此症宜于清闲养之，不宜劳心劳力也。今日难支，似有外感。魏荫亭送鹿茸一架，廉昉送鹿茸面子五两，昨夜已试服二钱。

欧阳星泉既遭家艰，余意讣信且缓寄去。昨有信致李相，末一页说星泉事，兹抄寄一览。石泉信已核过，兹付回并付官封一件，署中缮正后或交鉴海带去，或另去邮递，均无不可。黎竹林言接纪鸿信，又孙体有不适，不知是何病症？尔母所缠洋绒，是否在金陵所买？如金陵有之，则可买就寄至行辕；如金陵无之，则余适时在镇江自买可也。余不一一。

涤生手示邵伯书

同治十年八月廿五夜

字谕纪泽、纪鸿儿：

二十五接纪泽二十二三日两禀，俱悉一一。

芗荃信稿收到，少迟核过寄回。鉴海似须送五十金，不可再少。石泉信已发，俟下次再谢申夫事也。余二十四宿露筋祠。二十五查堤工，泊宿马棚湾。

脚肿似已全消。养生无甚可恃之法，其确有益者：曰每夜洗脚，曰饭后千步，曰黎明吃白饭一碗不沾点菜，曰射有常时，曰静坐有常时。纪泽脾不消化，此五事中能做得三四事，即胜于吃药。纪鸿及杏生等亦可酌做一二事。余仅办洗脚一事，已觉大有裨益。孙方与回籍，自可不候余信。余日来应酬极繁，尚可勉支。瑞亭今日来见，臀痈久未痊，弱瘦之状可虑。余不一一。

涤生手示　马棚湾

同治十年九月初旬

字谕纪泽儿：

戈什哈来，言凌云必欲于此次搭丁中丞轮舟至湖口。尔舅氏来此，曾未少加款洽，余思陪同一餐亦尚未办。尔可强留少住数日，与尚斋一同返鄂，并为我致意留之。如万不肯留，则送菲仪百金，外船费二十两，袍褂料一付，星泉船费三十两，必于今日上灯以前赶至下关乃可。如其能留，则更妙矣。

荐差事之说，只能写信与筱荃即日排单发。去年叶亭之差，系少荃所荐也。

同治十年九月十二日

字谕纪泽儿：

十一日接尔初七日禀，十二日接到初八、九日两禀。星泉业到金陵接得讣函，想已飞轮西上矣。

余在徐州阅武□，十一日起行南旋。感冒痊愈，脚肿亦未再发。惟目光似更昏蒙，或以船轿中看书稍多之故。余以生平学术百无一成，故老年犹思补救一二。尔兄弟总宜在五十以前将应看之书看毕，免致老大伤悔也。

余十五日可达清江，十九、二十应可南渡阅看镇、常。兹有寄澄、沅两叔信，并刘毅斋信，尔速寄去。七月杪所寄之信，湘中久未接到，何也？酱蟹剔粪后似须着□□花椒乃行捆缚，偶忘，试一询之。此谕。

涤生手示　旧邳州

同治十年九月十五夜

字谕纪泽儿：

十四日接尔初十、十一日两禀，十五日又接十二日禀，俱悉一切。

余十一日自徐州起行，按程行走，十五已抵清江。惟末一日下雨，余皆平畅，身体痊愈，并未服药。惟此七日未吃夜饭，亦食馒头烧饼之类，酒席则未尝耳。

王逸梧以主考过此，余应送百金。叶亭赴鄂，尽可即行。筠仙有信一件，或请叶拟稿复之。途次接霞仙信，偶寻未见，不知包封夹回署中否？余本欲托尚斋买川笋长约二寸余，圆围约比茶碗略小，今叶甥赴鄂，即交银五六两，托其带佳者若干斤。此外如有函稿，令其开单寄叔耘办可也。定枚得扬州局差，不无小补。牧云兄处拟寄五十金及挽联、挽幛，十一月专差送亲族年礼再行汇寄。丁心斋事处置尚可。余不一一。

涤生手示　清江舟次

再，余带来《通鉴》十一本，系一百四十八卷至百八十三卷止。其中缺少一百七十八九、百八十之三卷，系少一本，不知在家中否？其书系雨生中丞所赠，另有一直箱存于签押房之西一间。尔试往一检查。如寻出，即将此本寄来。并添寄百八十四卷以下八本合现带者为共二十本；若寻不出，则将托苏州书局补刷矣。又及。

同治十年九月廿八日

字谕纪泽、纪鸿儿：

迭接纪鸿二十二日、纪泽二十三四五日所发各禀，俱悉一切。

余于二十二日未刻抵常州。二十三日看操。二十四五过无锡、常熟。二十六日在福山看操。二十七日季君梅、杨滨石及府县请游虞山二寺。二十八申刻抵苏州，将上岸小住三日。初二日计可离苏赴松。

二十五六七三日皆连夜行船，体尚平安。惟眼蒙较甚于在署时，到上海当一找张石谷，然内障总无治法也。吾望尔兄弟殚心竭力，以好学为第一义，而养生亦不宜置之第二。吾近日寄澄、沅两叔信甚稀，纪泽宜常寄禀，以十日一次为率。壬秋、星泉二十五果成行否？宝秀果痊愈否？常常挂念。署中用度宜力行节俭。近询各衙门，无如吾家之靡费者，慎之。此谕。

涤生手示　阊门外

同治十年十月初四午初

字谕纪泽儿：

初三夜接三十及十月初一日禀，俱悉。

余于二十八日抵苏后，二十九竟日拜客，夜宴张子青中丞处。三十日在家会客，织造及质堂、眉生、季玉公请戏酒。初一日在恽次山家题主，后接见候补百六十余人，司道府县公请戏酒。初二日早看操，夜湖南同乡公请戏酒。初三日下河赴松江，仅行三十里即泊宿，约计明日初五可抵松江，初八当可抵上海，十一日当可抵吴淞，归署在十四五矣。

身体粗健，惟眼蒙日甚，恐左目又将蹈右目之辙。苏抚送魁将军入川程仪二百两，藩百两，臬百元。余与抚军事同一律，亦须送二百两。尔问明藩及道各送若干，即封二百金送去。江龙三来署，闻其病未痊愈，当于十一月令其旋湘。沅叔有一信由镜初封内来者，具道纪寿入学事，兹寄汝阅看，余不一一。

涤生手示　昆山舟中

同治十年十月十一夜

字谕纪泽儿：

接尔十月初四、五、六、七等日来禀，俱悉一一。澄叔及纪瑞、纪官各信亦均阅过。吾乡二十四都进学五名之多，洵为从来所未有。

吾自松江初七起行，申刻即至上海。应酬三日，毫无暇晷。

初十日，各官备音尊为余预祝，十一日又将备音尊正祝。

余力辞之，而自备酒面款接各客。内厅抚、提、藩等二席，外厅文武印委等二十席。虽费钱稍多，而免得扰累僚属，此心难安。巳正席散，即登舟起行，傍夕抵吴淞口。十二日可看水陆操演。十三再看半日，即驾轮舟西还，计十四可达金陵。

彤云以轮船三号送我。如魁将军尚未起身，当以恬吉一号送之赴鄂。第冬令水涸，九江以上节节浅阻。彤云深恐轮舟能往而不能返，坚请到鄂不停留一日，即放该船回沪。尔可与将军订定。若将军十五后再行，则程仪可待余归再送。第此信到宁，恐余已先到耳。余不一一。

涤生手示　吴淞口舟中

曾文正公家训

卷上 家训

目录

咸丰六年丙辰九月廿九夜，手谕，时在江西抚州门外

字谕纪泽儿：

家中人来营者多称尔举止大方，余为少慰。凡人多望子孙为大官，余不愿为大官，但愿为读书明理之君子。勤俭自持，习劳习苦，可以处乐，可以处约，此君子也。余服官二十年，不敢稍染官宦气习，饮食起居尚守寒素家风，极俭也可，略丰也可，太丰则吾不敢也。凡仕宦之家，由俭入奢易，由奢返俭难。尔年尚幼，切不可贪爱奢华，不可惯习懒惰。无论大家小家，士农工商，勤苦俭约未有不兴，骄奢倦怠未有不败。尔读书写字不可间断，早晨要早起，莫坠高、曾、祖考以来相传之家风。吾父、吾叔皆黎明即起，尔之所知也。

凡富贵功名皆有命定，半由人力半由天事。惟学作圣贤全由自己作主，不与天命相干涉。吾有志学为圣贤，少时欠居敬工夫，至今犹不免偶有戏言戏动。尔宜举止端庄，言不妄发，则入德之基也。

咸丰八年七月二十一日，舟次樵舍下，去江西省城八十里

字谕纪泽儿：

余此次出门，略载日记，即将日记封每次家信中。闻林文忠家书即系如此办法。尔在省仅至丁、左两家，余不轻出，足慰远怀。

读书之法，看、读、写、作四者每日不可缺一。看者，如尔去年看《史记》、《汉书》韩文、《近思录》，今年看《周易折中》之类是也。读

者，如《四书》、《诗》、《书》、《易经》、《左传》诸经，《昭明文选》，李、杜、韩、苏之诗，韩、欧、曾、王之文，非高声朗诵则不能得其雄伟之概，非密咏恬吟则不能探其深远之韵。譬之富家居积，看书则在外贸易，获利三倍者也；读书则在家慎守，不轻花费者也。譬之兵家战争，看书则攻城略地，开拓土宇者也；读书则深沟坚垒，得地能守者也。看书如子夏之“日知所亡”相近，读书与“无忘所能”相近，二者不可偏废。至于写字，真、行、篆、隶，尔颇好之，切不可间断一日。既要求好，又要求快。余生平因作字迟钝吃亏不少，尔须力求敏捷，每日能作楷书一万则几矣。至于作诸文，亦宜在二三十岁立定规模，过三十后则长进极难。作四书文，作试帖诗，作律赋，作古今体诗，作古文，作骈体文，数者不可不一一讲求，一一试为之。少年不可怕丑，须有狂者进取之趣，过时不试为之，则后此弥不肯为矣。

至于作人之道，圣贤千言万语，大抵不外敬、恕二字。“仲弓问仁”一章，言敬、恕最为亲切。自此以外，如立则见其参于前也，在舆则见其倚于衡也。君子无众寡，无大小，无敢慢，斯为泰而不骄；正其衣冠，俨然人望而畏，斯为威而不猛。是皆言敬之最好下手者。孔言欲立立人，欲达达人；孟言行有不得，反求诸己。以仁存心，以礼存心，有终身之忧，无一朝之患。是皆言恕之最好下手者。尔心境明白，于恕字或易著功，敬字则宜勉强行之。此立德之基，不可不谨。

科场在即，亦宜保养身体。余在外平安，不多及。

再，此次日记已封入澄侯叔函中寄至家矣。余自十二至湖口，十九夜五更开船晋江西省，二十一申刻至章门。余不多及。又示。

咸丰八年八月初三日

字谕纪泽儿：

八月一日刘曾撰来营，接尔第二号信并薛晓帆信，得悉家中四宅平安，至以为慰。

汝读《四书》无甚心得，由不能虚心涵泳，切己体察。朱子教人读书之法，此二语最为精当。尔现读《离娄》，即如《离娄》首章“上无道揆，下无法守”。吾往年读之，亦无甚警惕。近岁在外办事，乃知上之人必揆诸道，下之人必守乎法。若人人以道揆自许，从心而不从法，则下凌上矣。“爱人不亲”章，往年读之，不甚亲切。近岁阅历日久，乃知治人不治者，智不足也。此切己体察之一端也。涵泳二字最不易识，余尝以意测之。曰：涵者，如春雨之润花，如清渠之溉稻。雨之润花，过小则难透，过大则离披，适中则涵濡而滋液；清渠之溉稻，过小则枯槁，过多则伤涝，适中则涵养而浡兴。泳者，如鱼之游水，如人之濯足。程子谓鱼跃于渊，活泼泼地；庄子言濠梁观鱼，安知非乐？此鱼水之快也。左太冲有“濯足万里流”之句，苏子瞻有夜卧濯足诗，有浴罢诗，亦人性乐水者之一快也。善读书者须视书如水，而视此心如花，如稻、如鱼、如濯足，则涵泳二字，庶可得之于意言之表。尔读书易于解说文义，却不甚能深入，可就朱子涵泳体察二语悉心求之。

邹叔明新刊地图甚好。余寄书左季翁，托购致十副。尔收得后，可好藏之。薛晓帆百两宜璧还。余有复信，可并交季翁也。此嘱。

咸丰八年八月二十日，书于弋阳军中

字谕纪泽儿：

十九日曾六来营，接尔初七日第五号家信并诗一首，具悉次日入闱，考具皆齐矣。此时计已出闱还家。

余于初八日至河口。本拟由铅山入闽，进捣崇安，已拜疏矣。光泽之贼窜扰江西，连陷泸溪、金溪、安仁三县，即在安仁屯踞。十四日派张凯章往剿。十五日余亦回驻弋阳。待安仁破灭后，余乃由泸溪云际关入闽也。

尔七古诗气清而词亦稳，余阅之忻慰。凡作诗，最宜讲究声调。余所选钞五古九家、七古六家，声调皆极铿锵，耐人百读不厌。余所未钞者，如左太冲、江文通、陈子昂、柳子厚之五古，鲍明远、高达夫、王摩诘、陆放翁之七古，声调亦清越异常。尔欲作五古、七古，须熟读五古、七古各数十篇。先之以高声朗诵，以昌其气；继之以密咏恬吟，以玩其味。二者并进，使古人之声调，拂拂然若与我之喉舌相习，则下笔为诗时，必有句调凑赴腕下。诗成自读之，亦自觉琅琅可诵，引出一种兴会来。古人云

"新诗改罢自长吟"，又云"煅诗未就且长吟"，可见古人惨淡经营之时，亦纯在声调上下工夫。盖有字句之诗，人籁也；无字句之诗，天籁也。解此者，能使天籁、人籁凑泊而成，则于诗之道思过半矣。

尔好写字，是一好气习。近日墨色不甚光润，较去年春夏已稍退矣。以后作字，须讲究墨色。古来书家无不善使墨者，能令一种神光活色浮于纸上，固由临池之勤、染翰之多所致，亦缘于墨之新旧浓淡，用墨之轻重疾徐，皆有精意运乎其间，故能使光气常新也。

余生平有三耻：学问各途，皆略涉其涯涘，独天文、算学，毫无所知，虽恒星五纬亦不识认，一耻也；每作一事，治一业，辄有始无终，二耻也；少时作字，不能临摹一家之体，遂致屡变而无所成，迟钝而不适于用。近岁在军，因作字太钝，废阁殊多，三耻也。尔若为克家之子，当思雪此三耻。推步算学，纵难通晓，恒星五纬，观认尚易。家中言天文之书，有《十七史》中各天文志及《五礼通考》中所辑观象授时一种。每夜认明恒星二三座，不过数月，可毕识矣。凡作一事，无论大小难易，皆宜有始有终。作字时，先求圆匀，次求敏捷。若一日能作楷书一万，少或七八千，愈多愈熟，则手腕毫不费力。将来以之为学，则手钞群书；以之从政，则案无留牍。无穷受用，皆自写字之匀而且捷生出。三者皆足弥吾之缺憾矣。

今年初次下场，或中或不中，无甚关系，榜后即当看《诗经》注疏。以后穷经读史，二者迭进。国朝大儒，如顾、阎、江、戴、段、王数先生之书，亦不可不熟读而深思之。光阴难得，一刻千金。以后写安禀来营，不妨将胸中所见，简编所得，驰骋议论，俾余得以考察尔之进步，不宜太寥寥。此谕。

咸丰八年十月二十五日

字谕纪泽：

十月十一日接尔安禀，内附隶字一册。二十四日接澄叔信，内附尔临《元教碑》一册。王五及各长夫来，具述家中琐事甚详。

尔信内言读《诗经》注疏之法，比之前一信已有长进。凡汉人传注、唐人之疏，其恶处在确守故训，失之穿凿；其好处在确守故训，不参私见。释谓为勤，尚不数见，释言为我，处处皆然，盖亦十口相传之诂，而不复顾文气之不安。如《伐木》为文王与友人入山，《鸳鸯》为明王交于万物，与尔所疑《螽斯》章解，同一穿凿。朱子《集传》，一扫旧障，专在涵泳神味，虚而与之委蛇。然如《郑风》诸什注疏以为皆刺忽者固非，朱子以为皆淫奔者，亦未必是。尔治经之时，无论看注疏，看宋传，总宜虚心求之。其惬意者，则以朱笔识出；其怀疑者，则以另册写一小条，或多为辩论，或仅著数字，将来疑者渐晰，又记于此条之下，久久渐成卷帙，则自然日进。高邮王怀祖先生父子，经学为本朝之冠，皆自札记得来。吾虽不及怀祖先生，而望尔为伯申氏甚切也。

尔问时艺可否暂置，抑或它有所学？余惟文章之可以道古，可以适今者，莫如作赋。汉魏六朝之赋，名篇巨制，具载于《文选》，余尝以《西征》、《芜城》及《憾》、《别》等赋示尔矣。其小品赋，则有《古赋识小录》。律赋，则有本朝之吴榖人、顾耕石、陈秋舫诸家。尔若学赋，可于每三、八日作一篇大赋，或数千字，小赋或仅数十字，或对或不对，均无不可。此事比之八股文略有意趣，不知尔性与之相近否？尔所临隶书《孔宙碑》，笔太拘束，不甚松活，想系执笔太近毫之故，以后须执于管顶。余以执笔太低，终身吃亏，故教尔趁早改之。《元教碑》墨气甚好，可喜可喜。郭二姻叔嫌左肩太俯，右肩太耸，吴子序年伯欲带归示其子弟。尔字姿于草书尤相宜，以后专习真、草二种，篆、隶置之可也。四体并习，恐将来不能一工。

余癣疾近日大愈，目光平平如故。营中各勇夫病者，十分已好六七，未尚未复元，不能拔营进剿，良深焦灼。闻甲五目疾十愈八九，忻慰之至。尔为下辈之长，须常常存个乐育诸弟之念。君子之道，莫大乎与人为善，况兄弟乎？临三、昆八系亲表兄弟，尔须与之互相劝勉。尔有所知，常常与之论，则彼此并进矣。此谕。

咸丰八年十月二十九日，建昌营次

字谕纪泽：

二十五日寄一信，言读《诗经》注疏之法。二十七日县城二勇至，接尔十一日安禀，具悉一切。

尔看天文，认得恒星数十座，甚慰甚慰。前信言《五礼通考》中观象授时二十卷内恒星图最为明晰，曾翻阅否？国朝大儒于天文历数之学，讲求精熟，度越前古。自梅定九、王寅旭以至江、戴诸老，皆称绝学，然皆不讲占验，但讲推步。占验者，观星象云气以卜吉凶，《史记·天官书》、《汉书·天文志》是也。推步者，测七政行度，以定授时，《史记·律书》、《汉书·律历志》是也。秦味经先生之《观象授时》，简而得要。心壶既肯究心此事，可借此书与之阅看《五礼通考》内有之，《皇清经解》内亦有之。若尔与心壶二人能略窥二者之端绪，则足以补余之阙憾矣。四六落脚一字粘法，另纸写示因接安徽信，遂不开示。

书至此，接赵克彰十五夜自桐城发来之信，温叔及李迪庵方伯尚无确信，想已殉难矣，悲悼曷极！来信寄叔祖父封内中有往六安州之信，尚有一线生机。余官至二品，诰命三代，封妻荫子，受恩深重，久已置死生于度外，且常恐无以对同事诸君于地下。温叔受恩尚浅，早岁不获一第，近年在军，亦不甚得志，设有不测，赍憾有穷期耶？军情变幻不测，春夏间方冀此贼指日可平，不图七月有庐州之变，八九月有江浦、六合之变，兹又有三河之大变，全局破坏，与咸丰四年冬间相似，情怀难堪。但愿尔专心读书，将我所好看之书领略得几分，我所讲求之事钻研得几分，则余在军中，心常常自慰。尔每日之事，亦可写日记，以便查核。

咸丰八年十二月初三日

字谕纪泽：

初一日接尔十二日一禀，得知四宅平安，尔将有长沙之行，想此时又归也。少庚早世，贺家气象日以凋耗，尔当常常寄信与尔岳母，以慰其意。每年至长沙走一二次，以解其忧。耦庚先生学问文章卓绝辈流，居官亦恺恻慈祥，而家运若此，是不可解！尔挽联尚稳妥。

《诗经》字不同者，余忘之。凡经文板本不合者，阮氏校勘记最详阮刻《十三经注疏》，今年六月在岳州寄回一部，每卷之末皆附校勘记，《皇清经解》中亦刻有校勘记，可取阅也。凡引经不合者，段氏《撰异》最详段茂堂有《诗经撰异》、《书经撰异》等著，俱刻于《皇清经解》中。尔翻而校对之，则疑者明矣。

咸丰八年十二月十三日

字谕纪泽：

日来接尔两禀，知尔《左传》注疏将次看完。《三礼》注疏，非将江慎修《礼书纲目》识得大段，则注疏亦殊难领会，尔可暂缓，即《公》、《穀》亦可缓看。尔明春将胡刻《文选》细看一遍，一则含英咀华，可医尔笔下枯涩之弊；一则吾熟读此书，可常常教尔也。沅叔及寅皆先生望尔作四书文，极为勤恳。余念尔庚申、辛酉下两科场，文章亦不可太丑，惹人笑话。尔自明年正月起，每月作四书文三篇，俱由家信内封寄营中。此外或作得诗赋论策，亦即寄呈。

写字之中锋者，用笔尖着纸，古人谓之蹲锋，如狮蹲、虎蹲、犬蹲之象。偏锋者，用笔毫之腹着纸，不倒于左，则倒于右，当将倒未倒之际，一提笔则为蹲锋。是用偏锋者，亦有中锋时也。此谕。

咸丰八年十二月三十日

字谕纪泽：

闻尔至长沙已逾月余，而无禀来营，何也？少庚讣信百余件，闻皆尔亲笔写之。何不发刻？或请人帮写？非谓尔宜自惜精力，盖以少庚年未三十，情有等差，礼有隆杀，则精力亦不宜过竭耳。近想已归家度岁。今年家中因温甫叔之变，气象较之往年迥不相同。余因去年在家，争辨细事，与乡里鄙人无异，至今深抱悔憾。故虽在外，亦恻然寡欢。尔当体我此意，于叔祖、各叔父母前尽些爱敬之心。常存休戚一体之念，无怀彼此歧视之见，则老辈内外必器爱尔，后辈兄弟姊妹必以尔为榜样，日处日亲，愈久愈敬。若使宗族乡党皆曰纪泽之量大于其父之量，则余欣然矣。

余前有信教尔学作赋，尔复禀并未提及。又有信言涵养二字，尔复禀亦未之及。嗣后我信中所论之事，尔宜一一禀复。余于本朝大儒，自顾亭林之外，最好高邮王氏之学。王安国以鼎甲官至尚书，谥文肃，正色立朝。生怀祖先生念孙，经学精卓。生王引之，复以鼎甲官尚书，谥文简。三代皆好学深思，有汉韦氏、唐颜氏之风。余自憾学问无成，有愧王文肃公远甚，而望尔辈为怀祖先生，为伯申氏，则梦寐之际，未尝须臾忘也。怀祖先生所著《广雅疏证》、《读书杂志》，家中无之。伯申氏所著《经义述闻》、《经传释词》，《皇清经解》内有之。尔可试取一阅。其不知者，写信来问。本朝穷经者，皆精小学，大约不出段、王两家之范围。

咸丰九年三月初三日，清明

字谕纪泽：

三月初二日接尔二月二十日安禀，得知一切。

内有贺丹麓先生墓志，字势流美，天骨开张，览之忻慰。惟间架间有太松之处，尚当加功。大抵写字只有用笔、结体两端。学用笔，须多看古人墨迹；学结体，须用油纸摹古帖。此二者，皆决不可易之理。小儿写影本，肯用心者，不过数月，必与其摹本字相肖。吾自三十时已解古人用笔之意，只为欠却间架工夫，使尔作字不成体段。生平欲将柳诚悬、赵子昂两家合为一炉，亦为间架欠工夫，有志莫遂。尔以后当从间架用一番苦功，每日用油纸摹帖，或百字，或二百字，不过数月，间架与古人逼肖而不自觉。能合柳、赵为一，此吾之素愿也。不能，则随尔自择一家，但不可见异思迁耳。不特写字宜模仿古人间架，即作文亦宜模仿古人间架。《诗经》造句之法，无一句无所本。《左传》之文，多现成句调。扬子云为汉代文宗，而其《太玄》摹《易》，《法言》摹《论语》，《方言》摹《尔雅》，《十二箴》摹《虞箴》，《长杨赋》摹《难蜀父老》，《解嘲》摹《客难》，《甘泉赋》摹《大人赋》，《剧秦美新》摹《封禅文》，《谏不许单于朝书》摹《国策》"信陵君谏伐韩"，几于无篇不摹。即韩、欧、曾、苏诸巨公之文，亦皆有所摹拟，以成体段。尔以后作文、作诗赋，均宜心有模仿，而后间架可立，其收效较速，其取径较便。前信教尔暂不必看《经义述闻》，今尔此信言业看三本，如看得有些滋味，即一直看下去。不为或作或辍，亦是好事。惟《周礼》、《仪礼》、《大戴礼》、《公》、《穀》、《尔雅》、《国语》、《太岁考》等卷，尔向来未读过正文者，则王氏《述闻》亦暂可不观也。

尔思来营省觐，甚好，余亦思尔来一见。婚期既定五月二十六日，三四月间自不能来，或七月晋省乡试，八月底来营省觐亦可。身体虽弱，处多难之世，若能风霜磨炼、苦心劳神，亦自足坚筋骨而长识见。沅甫叔向最羸弱，近日从军，反得壮健，亦其证也。赠伍嵩生之君臣画像乃俗本，不可为典要。奏折稿当钞一目录付归。余详诸叔信中。

咸丰九年三月二十三日

字谕纪泽儿：

二十二日接尔禀并《书谱叙》，以示李少荃、次青、许仙屏诸公，皆极赞美。云尔钩联顿挫，纯用孙过庭草法，而间架纯用赵法，柔中寓刚，绵里藏针，动合自然等语。余听之亦欣慰也。

赵文敏集古今之大成，于初唐四家内师虞永兴，而参以钟绍京，因此以上窥二王，下法山谷，此一径也；于中唐师李北海，而参以颜鲁公、徐季海之沉着，此一径也；于晚唐师苏灵芝，此又一径也。由虞永兴以溯二王及晋六朝诸贤，世所称南派者也；由李北海以溯欧、褚及魏北齐诸贤，世所称北派者也。尔欲学书，须窥寻此两派之所以分。南派以神韵胜，北派以魄力胜。宋四家，苏、黄近于南派，米、蔡近于北派。赵子昂欲合二派而汇为一。尔从赵法入门，将来或趋南派，或趋北派，皆可不迷于所往。

我先大夫竹亭公，少学赵书，秀骨天成。我兄弟五人，于字皆下苦功，沅叔天分尤高。尔若能光大先业，甚望甚望！

制艺一道，亦须认真用功。邓瀛师，名手也。尔作文，在家有邓师批改，付营有李次青批改，此极难得，千万莫错过了。付回赵书《楚国夫人碑》，可分送三先生汪、易、葛、二外甥及尔诸堂兄弟。又旧宣纸手卷、新宣纸横幅，尔可学《书谱》，请徐柳臣一看。此嘱。

咸丰九年四月二十一日

字谕纪泽：

前次于诸叔父信中，复示尔所问各书帖之目。乡间苦于无书，然尔生今日，吾家之书，业已百倍于道光中年矣。买书不可不多，而看书不可不知所择。以韩退之为千古大儒，而自述其所服膺之书，不过数种：曰《易》、曰《书》、曰《诗》、曰《春秋左传》、曰《庄子》、曰《离骚》、曰《史记》、曰相如、子云。柳子厚自述其所得，正者：曰《易》、曰《书》、曰《诗》、曰《礼》、曰《春秋》；旁者：曰《穀梁》、曰《孟》、《荀》、曰《庄》、《老》、曰《国语》、曰《离骚》、曰《史记》。二公所读之书，皆不甚多。本朝善读古书者，余最好高邮王氏父子，曾为尔屡言之矣。今观怀祖先生《读书杂志》中所考订之书：曰《逸周书》、曰《战国策》、曰《史记》、曰《汉书》、曰《管子》、曰《晏子》、曰《墨子》、曰《荀子》、曰《淮南子》、曰《后汉书》、曰《老》、《庄》、曰《吕氏春秋》、曰《韩非子》、曰《杨子》、曰《楚辞》、曰《文选》，凡十六种。又别著《广雅疏证》一种、伯申先生《经义述闻》中所考订之书：曰《易》、曰《书》、曰《诗》、曰《周官》、曰《仪礼》、曰《大戴礼》、曰《礼记》、曰《左传》、曰《国语》、曰《公羊》、曰《穀梁》、曰《尔雅》，凡十二种。王氏父子之博，古今所罕，然亦不满三十种也。余于《四书》、《五经》之外，最好《史记》、《汉书》、《庄子》、韩文四种，好之十余年，惜不能熟读精考。又好《通鉴》、《文选》及姚惜抱所选《古文辞类纂》、余所选《十八家诗钞》四种，共不过十余种。早岁笃志为学，恒思将此十余书贯串精通，略昨札记，仿顾亭林、王怀祖之法。今年齿衰老，时事日艰，所志不克成就，中夜思之，每用愧悔。泽儿若能成吾之志，将《四书》、《五经》及余所好之八种一一熟读而深思之，略作札记，以志所得，以著所疑，则余欢欣快慰，夜得甘寝，此外别无所求矣。至王氏父子所考订之书二十八种，凡家中所无者，尔可开一单来，余当一一购得寄回。

学问之途，自汉至唐，风气略同；自宋至明，风气略同；国朝又自成一种风气，其尤著者，不过顾、阎百诗、戴东原、江慎修、钱辛楣、秦味经、段懋堂、王怀祖数人，而风会所扇，群彦云兴。尔有志读书，不必别标汉学之名目，而不可不一窥数君子之门径。凡有所见所闻，随时禀知，余随时谕答，较之当面问答，更易长进也。

咸丰九年五月初四日

字谕纪泽：

尔作时文，宜先讲词藻，欲求词藻富丽，不可不分类钞撮体面话头。近世文人，如袁简斋、赵瓯北、吴穀人，皆有手钞词藻小本，此众人所共知者。阮文达公为学政时，搜出生童夹带，必自加细阅。如系亲手所钞，略有条理者，即予进学；如系请人所钞，概录陈文者，照例罪斥。阮公一代闳儒，则知文人不可无手钞夹带小本矣。昌黎之记事提要、纂言钩玄，亦系分类手钞小册也。尔去年乡试之文，太无词藻，几不能敷衍成篇。此时下手工夫，以分类手钞词藻为第一义。

尔此次复信，即将所分之类开列目录，附禀寄来。分大纲子目，如伦纪类为大纲，则君臣、父子、兄弟为子目；王道类为大纲，则井田、学校为子目。此外各门可以类推。尔曾看过《说文》、《经义述闻》，二书中可钞者多。此外如江慎修《类腋》及《子史精华》、《渊鉴类函》，则可钞者尤多矣，尔试为之。此科名之要道，亦即学问之捷径也。此谕。

咸丰九年六月十四日

字谕纪泽：

接尔二十九、三十号两禀，得悉《书经》注疏看《商书》已毕。《书经》注疏颇庸陋，不如《诗经》之该博。我朝儒者，如阎百诗、姚姬传诸公皆辨别古文《尚书》之伪。孔安国之传，亦伪作也。盖秦燔书后，汉代伏生所传，欧阳及大小夏侯所习，皆仅二十八篇，所谓今文《尚书》者也。厥后孔安国家有古文《尚书》，多十余篇，遭巫蛊之事，未得立于学官，不传于世。厥后张霸有《尚书》百两篇，亦不传于世。后汉贾逵、马、郑作古文《尚书》注解，亦不传于世。至东晋梅赜始献古文《尚书》并孔安国传，自六朝唐宋以来承之，即至今通行之本也。自吴才老及朱子、梅鼎祚、归震川，皆疑其为伪。至阎百诗遂专著一书以痛辨之，名曰《疏证》。自是辨之者数十家，人人皆称伪古文、伪孔氏也。《日知录》中略著其原委。王西庄、孙渊如、江艮庭皆详言之《皇清经解》中有江书，不足观。此亦《六经》中一大案，不可不知也。

尔读书记性平常，此不足虑。所虑者第一怕无恒，第二怕随笔点过一遍，并未看得明白。此却是大病。若实看明白了，久之必得些滋味，寸心若有怡悦之境，则自略记得矣。尔不必求记，却宜求个明白。

邓先生讲书，仍请讲《周易折中》。余圈过之《通鉴》，暂不必讲，恐污坏耳。尔每日起得早否？并问。此谕。

咸丰九年八月十二日，黄州

字谕纪泽儿：

接尔七月十三、二十七日两禀，并赋一篇，尚有气势，兹批出发还。凡作文，末数句要吉祥；凡作字，墨色要光润。此先大夫竹亭公常以教余与诸叔父者。尔谨记之，无忘祖训。尔问各条，分列示知：

尔问《五箴》末句“敢告马走”。凡箴以《虞箴》为最古《左传·襄公》，其末曰“兽臣司原，敢告仆夫”。意以兽臣有司郊原之责，吾不敢直告之，但告其仆耳。扬子云仿之作《州箴》。冀州曰：牧臣司冀，敢告在阶。扬州曰：牧臣司扬，敢告执筹。荆州曰：牧臣司荆，敢告执御。青州曰：牧臣司青，敢告执矩。徐州曰：牧臣司徐，敢告仆夫。余之“敢告马走”，即此类也。走犹仆也见司马迁《任安书》注、班固《宾戏》注。朱子作《敬箴》，曰“敢告灵台”，则非仆御之类，于古人微有歧误矣。凡箴以官箴为本，如韩公《五箴》、程子《四箴》、朱子各箴、范浚《心箴》之属，皆失本义。余亦相沿失之。

尔问看注疏之法，“《书经》文义奥衍，注疏勉强牵合”二语甚有所见。《左》疏浅近，亦颇不免。国朝如王西庄鸣盛、孙渊如星衍、江艮庭声皆注《尚书》，顾亭林炎武、惠定宇栋、王伯申引之皆注《左传》，皆刻《皇清经解》中。《书经》则孙注较胜，王、江不甚足取。《左传》则顾、惠、王三家俱精。王亦有《书经述闻》，尔曾看过一次矣。大抵《十三经注疏》以《三礼》为最善，《诗》疏次之。此外皆有醇有驳。尔既已看动数经，即须立志全看一过，以期作事有恒，不可半途而废。

尔问作字换笔之法，凡转折之处，如㇕㇆㇄㇗之类，必须换笔，不待言矣。至并无转折形迹，亦须换笔者，如以一横言之，须有三换笔末向上挑，所谓磔也；中折而下行，所谓波也；右向上行，所谓勒也；初入手，所谓直来横受。以一直言之，须有两换笔直横入，所谓横来直受也；上向左行，至中腹换而右行，所谓努也。捺与横相似，特末笔磔处更显耳直波磔入。撇与直相似，特末笔更撤向外耳停掠横入。凡换笔，皆以小圈识之，可以类推。凡用笔，须略带欹斜之势，如本斜向左，一换笔则向右矣；本斜向右，一换则向左矣。举一反三，尔自悟取可也。

李春醴处，余拟送之八十金。若家中未先送，可寄信来。凡家中亲友有庆吊事，皆可寄信由营致情也。

咸丰九年九月二十四日

字谕纪泽：

二十一日得家书，知尔至长沙一次，何不寄安禀来营？婚期改九月十六，余甚喜慰。余老境侵寻，颇思将儿女婚嫁早早料理。袁漱六亲家患咯血疾，昨专人走松江看视，若得复元，吾即思明春办大女儿嫁事。袁铁庵来我家时，尔禀问母亲，可以吾意商之。

京中书到时，有胡刻《通鉴》一部，留家中讲解，即将吾圈过一部寄来营可也。又汲古阁初印《五代史》一部，亦寄来。皮衣等件，速速寄来。吾买帖数十部，下次寄尔。此谕。

咸丰九年十月十四日

字谕纪泽儿：

接尔十九、二十九日两禀，知喜事完毕，新妇能得尔母之欢，是即家庭之福。

我朝列圣相承，总是寅正即起，至今二百年不改。我家高、曾、祖、考相传早起，吾得见竟希公、星冈公皆未明即起，冬寒起坐约一个时辰，始见天亮。吾父竹亭公亦甫黎明即起，有事则不待黎明，每夜必起看一二次不等，此尔所及见者也。余近亦黎明即起，思有以绍先人之家风。尔既冠授室，当以早起为第一先务。自力行之，亦率新妇力行之。

余生平坐无恒之弊，万事无成。德无成，业无成，已可深耻矣。逮办理军事，自矢靡他，中间本志变化，尤无恒之大者，用为内耻。尔欲稍有成就，须从有恒二字下手。

余尝细观星冈公仪表绝人，全在一重字。余行路容止亦颇重厚，盖取法于星冈公。尔之容止甚轻，是一大弊病，以后宜时时留心。无论行坐，均须重厚。早起也，有恒也，重也，三者皆尔最要之务。早起是先人之家法，无恒是吾身之大耻，不重是尔身之短处，故特谆谆戒之。

吾前一信答尔所问者三条，一字中换笔，一“敢告马走”，一注疏得失，言之颇详，尔来禀何以并未提及？以后凡接我教尔之言，宜条条禀复，不可疏略。此外教尔之事，则详于寄寅皆先生看、读、写、作一缄中矣。此谕。

咸丰十年闰三月初四日

字谕纪泽：

初一日接尔十六日禀，澄叔已移寓新居，则黄金堂老宅尔为一家之主矣。昔吾祖星冈公最讲求治家之法，第一起早，第二打扫洁净，第三诚修祭祀，第四善待亲族邻里。凡亲族邻里来家，无不恭敬款接，有急必周济之，有讼必排解之，有喜必庆贺之，有疾必问，有丧必吊。此四事之外，于读书、种菜等事尤为刻刻留心。故余近写家信，常常提及书、蔬、鱼、猪四端者，盖祖父相传之家法也。尔现读书无暇，此八事，纵不能一一亲自经理，而不可不识得此意，请朱运四先生细心经理，八者缺一不可。其诚修祭祀一端，则必须尔母随时留心。凡器皿第一等好者留作祭祀之用，饮食第一等好者亦备祭祀之需。凡人家不讲究祭祀，纵然兴旺，亦不久长。至要至要。

尔所论看《文选》之法不为无见。吾观汉魏文人，有二端最不可及：

一曰训诂精确，二曰声调铿锵。《说文》训诂之学，自中唐以后人多不讲，宋以后说经尤不明故训，及至我朝巨儒始通小学。段茂堂、王怀祖两家，遂精研乎古人文字声音之本，乃知《文选》中古赋所用之字，无不典雅精当。尔若能熟读段、王两家之书，则知眼前常见之字，凡唐宋文人误用者，惟《六经》不误，《文选》中汉赋亦不误也。即以尔禀中所论《三都赋》言之，如“蔚若相如，皭若君平”，以一蔚字该括相如之文章，以一皭该括君平之道德，此虽不尽关乎训诂，亦足见其下字之不苟矣。至声调之铿锵，如“开高轩以临山，列绮窗而瞰江”，“碧出苌宏之血，鸟生杜宇之魄”，“洗兵海岛，刷马江洲”，“数军实乎桂林之苑，飨戎旅乎落星之楼”等句，音响节奏，皆后世所不能及。尔看《文选》，能从此二者用心，则渐有入理处矣。

作梅先生想已到家，尔宜恭敬款接。沅叔既已来营，则无人陪往益阳，闻胡宅专人至吾乡迎接，即请作梅独去可也。尔舅父牧云先生身体不甚耐劳，即请其无庸来营。吾此次无信，尔先致吾意，下次再行寄信。此嘱。

咸丰十年四月初四日

字谕纪泽：

二十七日刘得四到，接尔禀。所谓论《文选》俱有所得，问小学亦有条理，甚以为慰。

沅叔于二十七到宿松。初三日由宿至集贤关，将尔禀带去矣。余不能悉记，但记尔问穜、种二字。此字段茂堂辩论甚晰。穜为执也犹吾乡言栽也、点也、播也。种为后熟之禾，《诗》之“黍稷重穋”《七月·闷宫》，《说文》作“种稑”。种，正字也。重，假借字也。穋与稑，异同字也。隶书以穜、种二字互易，今人于耕穜概用“种”字矣。吾于训诂、词章两端颇尝尽心。尔看书若能通训诂，则于古人之故训大义、引伸假借渐渐开悟，而后人承讹袭误之习可改。若能通词章，则于古人之文格文气、开合转折渐渐开悟，而后人硬腔滑调之习可改，是余之所厚望也。嗣后尔每月作三课，一赋、一古文、一时文，皆交长夫带至营中，每月恰有三次长夫接家信也。

吾于尔有不放心者二事：一则举止不甚重厚，二则文气不甚圆适。以后举止留心一重字，行文留心一圆字。至嘱。

咸丰十年四月二十四日

字谕纪泽：

十六日接尔初二日禀并赋二篇，近日大有长进，慰甚。

无论古今何等文人，其下笔造句，总以“珠圆玉润”四字为主。无论古今何等书家，其落笔结体，亦以“珠圆玉润”四字为主。故吾前示尔书，专以一重字救尔之短，一圆字望尔之成也。世人论文家之语圆而藻丽者，莫如徐陵、庾信，而不知江淹、鲍照则更圆，进之沈约、任昉则亦圆，进之潘岳、陆机则亦圆，又进而溯之东汉之班固、张衡、崔骃、蔡邕则亦圆，又进而溯之西汉之贾谊、晁错、匡衡、刘向则亦圆。至于马迁、相如、子云三人，可谓力趋险奥，不求圆适矣；而细读之，亦未始不圆。至于昌黎，其志意直欲陵驾长、卿、子云三人，戛戛独造，力避圆熟矣，而久读之，实无一字不圆，无一句不圆。尔于古人之文，若能从江、鲍、徐、庾四人之圆步步上溯，直窥卿、云、马、韩四人之圆，则无不可读之古文矣，即无不可通之经史。尔其勉之。余于古人之文，用功甚深，惜未能一一达于腕下，每歉然不怡耳。

江浙贼势大乱，江西不久亦当震动，两湖亦难安枕。余寸心坦坦荡荡，毫无疑怖。尔禀告尔母，尽可放心。人谁不死，只求临终心无愧悔耳。家中暂不必添起杂屋，总以安静不动为妙。

咸丰十年十月十六日

字谕纪泽、纪鸿儿：

泽儿在安庆所发各信及在黄石矶、湖口之信，均已接到。鸿儿所呈拟连珠体寿文，初七日收到。

余以初九日出营至黟县查阅各岭，十四日归营，一切平安。鲍超、张凯章二军，自二十九、初四获胜后未再开仗。杨军门带水陆三千余人至南陵，破贼四十余垒，拔出陈大富一军。此近日最可喜之事。英夷业已就抚，余九月六日请带兵北援一疏奉旨无庸前往，余得一意办东南之事，家中尽可放心。

泽儿看书天分高，而文笔不甚劲挺，又说话太易，举止太轻，此次在祁门为日过浅，未将一轻字之弊除尽，以后须于说话走路时刻刻留心。鸿儿文笔劲健，可慰可喜。此次连珠文，先生改者若干字？拟体系何人主意？再行详禀告我。银钱、田产最易长骄气逸气，我家中断不可积钱，断不可买田，尔兄弟努力读书，决不怕没饭吃。至嘱。澄叔此次未写信，尔禀告之。

闻邓世兄读书甚有长进，顷阅贺寿之单帖寿禀，书法清润，兹付银十两，为邓汪汇买书之资。此次未写信寄寅阶先生，前有信留明年教书，仍收到矣。

咸丰十年十一月初四日

字谕纪泽、纪鸿儿：

十月二十九日接尔母及澄叔信，又棉鞋、瓜子二包，得知家中各宅平安。泽儿在汉口阻风六日，此时当已抵家。举止要重，发言要讱。尔终身须牢记此二语，无一刻可忽也。

余日内平安，鲍、张二军亦平安。左军二十二日在贵溪获胜一次，二十九日在德兴小胜一次，然贼数甚众，尚属可虑。普军在建德，贼以大股往扑，只要左、普二军站得住，则处处皆稳矣。

泽儿字天分甚高，但少刚劲之气，须用一番苦工夫，切莫把天分自弃了。家中大小，总以起早为第一义。澄叔处此次未写信，尔等禀之。

咸丰十年十二月二十四日

字谕纪泽儿：

曾名琮来，接尔十一月二十五日禀，知十五、十七尚有两禀未到。尔体甚弱，咳吐咸痰，吾尤以为虑，然总不宜服药。药能活人，亦能害人。

良医则活人者十之七，害人者十之三；庸医则害人者十之七，活人者十之三。余在乡在外，凡目所见者，皆庸医也。余深恐其害人，故近三年来决计不服医生所开之方药，亦不令尔服乡医所开之方药。见理极明，故言之极切，尔其敬听而遵行之。每日饭后走数千步，是养生家第一秘诀。尔每餐食毕，可至唐家铺一行，或至澄叔家一行，归来大约可三千余步。三个月后，必有大效矣。

尔看完《后汉书》，须将《通鉴》看一遍。即将京中带回之《通鉴》仿照余法用笔点过可也。尔走路近略重否？说话略钝否？千万留心。此谕。

咸丰十一年正月初四日

字谕纪泽：

腊月二十九日接尔一禀，系十一月十四日送家信之人带回，又由沅叔处送到尔初归时二信，慰悉。霞仙先生之令弟仙逝，余于近日当写唁信，并寄奠仪。尔当先去吊唁。

尔问文中雄奇之道。雄奇以行气为上，造句次之，选字又次之。然未有字不古雅而句能古雅，句不古雅而气能古雅者；亦未有字不雄奇而句能雄奇，句不雄奇而气能雄奇者。是文章之雄奇，其精处在行气，其粗处全在造句选字也。余好古人雄奇之文，以昌黎为第一，扬子云次之。二公之行气，本之天授。至于人事之精能，昌黎则造句之工夫居多，子云则选字之工夫居多。

尔问叙事志传之文难于行气，是殊不然。如昌黎《曹成王碑》、《韩许公碑》固属千奇万变，不可方物，即卢夫人之铭、女拏之志，寥寥短篇，亦复雄奇倔强。尔试将此四篇熟看，则知二大二小，各极其妙矣。

尔所作《雪赋》，词意颇古雅，惟气势不畅，对仗不工。两汉不尚对仗，潘、陆则对矣，江、鲍、庾、徐则工对矣。尔宜从对仗上用工夫。此嘱。

咸丰十一年正月十四日

字谕纪泽：

尔求钞古文目录，下次即行寄归。尔写字笔力太弱，以后即常摹柳帖亦好。家中有柳书《玄秘塔》、《琅邪碑》、《西平碑》各种，尔可取《琅邪碑》日临百字、摹百字。临以求其神气，摹以仿其间架。每次家信内，各附数纸送阅。

《左传》注疏阅毕即阅看《通鉴》。将京中带回之《通鉴》仿我手校本将目录写于面上。其去秋在营带去之手校本，便中仍当寄送祁门。余常思翻阅也。

尔言鸿儿为邓师所赏，余甚欣慰。鸿儿现阅《通鉴》，尔亦可时时教之。尔看书天分甚高，作字天分甚高，作诗文天分略低，若在十五六岁时教导得法，亦当不止于此。今年已二十三岁，全靠尔自己扎挣发愤，父兄师长不能为力。作诗文是尔之所短，即宜从短处痛下工夫。看书写字尔之所长，即宜拓而充之。走路宜重，说话宜迟，常常记忆否？余身体平安，告尔母放心。

咸丰十一年正月二十四日

字谕纪泽：

正月十四发第二号家信，亮已收到。日内祁门尚属平安。鲍春霆自初九日在洋塘获胜后，即追贼至彭泽。官军驻牯牛岭，贼匪踞下隅坂，与之相持，尚未开仗。日内雨雪泥泞，寒风凛冽，气象殊不适人意。伪忠王李秀成一股，正月初五日围玉山县，初八日围广丰县，初十日围广信府，均经官军竭力坚守，解围而去，现窜铅山之吴坊、陈坊等处。或由金溪以窜抚、建，或径由东乡以扑江西省城，皆意中之事。余嘱刘养素等坚守抚、建，而省城亦预筹防守事宜。只要李逆一股不甚扰江西腹地，黄逆一股不再犯景德镇等，三四月间，安庆克复，江北可分兵来助南岸，则大局必有转机矣。目下春季必尚有危险迭见，余当谨慎图之，泰然处之。

余身体平安，惟齿痛时发。所选古文，已钞目录寄归。其中有未注明名氏者，尔可查出补注，大约不出《百三名家全集》及《文选》、《古文辞类纂》三书之外。尔问《左传》解《诗》、《书》、《易》与今解不合。古人解经，有内传，有外传。内传者，本义也；外传者，旁推曲衍，以尽其余义也。孔子系《易》，小象则本义为多，大象则余义为多。孟子说《诗》，亦本子贡之因贫富而悟切磋，子夏之因素绚而悟礼后，亦证余义处为多。《韩诗外传》，尽余义也。《左传》说经，亦以余义立言者多。

袁臾生之二百金，余去年曾借松江二百金送季仙九先生，此项只算还袁宅可也。树堂先生送尔三百金，余当面言只受百金。尔写信寄营酬谢，言受一璧二云云。余在营中备二百金，并尔信函交冯可也。此字并送澄叔一阅，此次不另作书矣。

咸丰十一年二月十四日

字谕纪泽、纪鸿儿：

得正月二十四日信，知家中平安。此间军事自去冬十一月至今危险异常，幸皆化险为夷。目下惟左军在景德镇一带十分可危，余俱平安。余将以十七日移驻东流、建德。

付回银八两，为我买好茶叶陆续寄来。下手竹茂盛，屋后山内仍须栽竹，复吾父在日之旧观。余七年在家芟伐各竹，以为厅不光明也。乃芟后而黑暗如故，至今悔之，故嘱尔重栽之。劳字、谦字，常常记得否？

咸丰十一年三月十三日

字谕纪泽、纪鸿儿：

接二月二十三日信，知家中五宅平安，甚慰甚慰。

余以初三日至休宁县，即闻景德镇失守之信。初四日写家书，托九叔处寄湘，即言此间局势危急，恐难支持，然犹意力攻徽州，或可得手，即是一条生路。初五日进攻，强中、湘前等营在西门挫败一次。十二日再行进攻，未能诱贼出仗。是夜二更，贼匪偷营劫村，强中、湘前等营大溃。凡去二十二营，其挫败者八营强中三营、老湘三营、湘前一、震字一，其幸而完全无恙者十四营老湘六、霆三、礼二、亲兵一、峰二，与咸丰四年十二月十二夜贼偷湖口水营情形相仿。此次未挫之营较多，以寻常兵事言之，此尚为小挫，不甚伤元气。目下值局势万紧之际，四面梗塞，接济已断，加此一挫，军心尤大震动。所盼望者，左军能破景德镇、乐平之贼，鲍军能从湖口迅速来援，事或略有转机，否则不堪设想矣。

余自从军以来，即怀见危授命之志。丁、戊年在家抱病，常恐溘逝牖下，渝我初志，失信于世。起复再出，意尤坚定。此次若遂不测，毫无牵恋。自念贫窭无知，官至一品，寿逾五十，薄有浮名，兼秉兵权，忝窃万分，夫复何憾！惟古文与诗，二者用力颇深，探索颇苦，而未能介然用之，独辟康庄。古文尤确有依据，若遽先朝露，则寸心所得，遂成广陵之散。作字用功最浅，而近年亦略有入处。三者一无所成，不无耿耿。至行军本非余所长，兵贵奇而余太平，兵贵诈而余太直，岂能办此滔天之贼？即前此屡有克捷，已为侥幸，出于非望矣。尔等长大之后，切不可涉历兵间，此事难于见功，易于造孽，尤易于诒万世口实。余久处行间，日日如坐针毡，所差不负吾心、不负所学者，未尝须臾忘爱民之意耳。近来阅历愈多，深谙督师之苦。尔曹惟当一意读书，不可从军，亦不必作官。

吾教子弟不离八本、三致祥。八者曰：读古书以训诂为本，作诗文以声调为本，养亲以得欢心为本，养生以少恼怒为本，立身以不妄语为本，治家以不晏起为本，居官以不要钱为本，行军以不扰民为本。三者曰：孝致祥，勤致祥，恕致祥。吾父竹亭公之教人，则专重孝字。其少壮敬亲，暮年爱亲，出于至诚，故吾纂墓志，仅叙一事。吾祖星冈公之教人，则有八字、三不信。八者曰：考、宝、早、扫，书、蔬、鱼、猪。三者，曰僧巫，曰地仙，曰医药，皆不信也。处兹乱世，银钱愈少，则愈可免祸；用度愈省，则愈可养福。尔兄弟奉母，除劳字、俭字之外，别无安身之法。吾当军事极危，辄将此二字叮嘱一遍，此外亦别无遗训之语，尔可禀告诸叔及尔母，无忘。

咸丰十一年四月初四日，东流县

字谕纪泽：

三月三十日建德途次接澄侯弟在永丰所发一信，并尔将去省时在家所留之禀。尔到省后所寄一禀，却于二十八日先到也。

余于二十六日自祁门拔营起行，初一日至东流县。鲍军七千余人于二十五日自景德镇起行，三十日至下隅坂。因风雨阻滞，初三日始渡江，即日进援安庆，大约初八九可到。沅弟、季弟在安庆稳守十余日，极为平安。朱云岩带五百人二十四日自祁门起行，初二日已至安庆助守营濠，家中尽可放心。此次贼救安庆，取势乃在千里以外，如湖北则破黄州，破德安，破孝感，破随州、云梦、黄梅、蕲州等属，江西则破吉安，破瑞州、吉水、新淦、永丰等属，皆所以分兵力，亟肆以疲我，多方以误我。贼之善于用兵，似较昔年更狡更悍。吾但求力破安庆一关，此外皆不遽与之争得失。转旋之机，只在一二月可决耳。

乡间早起之家，蔬菜茂盛之家，类多兴旺。晏起无蔬之家，类多衰弱。尔可于省城菜园中用重价雇人至家种蔬，或二人亦可。其价若干，余由营中寄回。此嘱。

咸丰十一年六月二十四日

字谕纪泽：

六月二十日唐介科回营，接尔初三日禀并澄叔一函，具悉一切。

今年彗星出于北斗与紫微垣之间，渐渐南移，不数日而退出右辅与摇光之外，并未贯紫微垣，亦未犯天市也。占验之说，本不足信，即有不祥，或亦不大为害。

省雇园丁来家，宜废田一二丘，用为菜园。吾现在营课勇夫种菜，每块土约三丈长，五尺宽，窄者四尺余宽，务使芸草及摘蔬之时人足行两边沟内，不践菜土之内。沟宽一尺六寸，足容便桶。大小横直，有沟有浍，下雨则水有所归，不使积潦伤菜。四川菜园极大，沟浍终岁引水长流，颇得古人井田遗法。吾乡一家园土有限，断无横沟，而直沟则不可少。吾乡老农虽不甚精，犹颇认真，老圃则全不讲究。我家开此风气，将来荒山旷土尽可开垦，种百谷杂蔬之类。如种茶亦获利极大，吾乡无人试行，吾家若有山地，可试种之。

尔前问《说文》中逸字，今将贵州郑子尹所著二卷寄尔一阅。渠所补一百六十五文，皆许书本有之字，而后世脱失者也。其子知同，又附考三百字，则许书本无之字，而他书引《说文》有之，知同辨为不当有者也。尔将郑氏父子书细阅一遍，则知叔重原有之字，被传写逸脱者实已不少。

纪渠侄近写篆字甚有笔力，可喜可慰。兹圈出付回。尔须教之认熟篆文，并解明偏旁本意。渠侄、湘侄要大字横匾，余即日当写就付归。寿侄亦当付一匾也。家中有李少温篆帖《三坟记》、《栖先茔记》，亦可寻出，呈澄叔一阅。澄弟作篆字，间架太散，以无帖意故也。邓石如先生所写篆字《西铭》、《弟子职》之类，永州杨太守新刻一套，尔可求郭意城姻叔拓一二分，俾家中写篆者有所模仿。家中有褚书《西安圣教》、《同州圣教》，尔可寻出寄营，《王圣教》亦寄来一阅。如无裱者，则不必寄也。《汉魏六朝百三家集》，京中一份，江西一份，俱在家，可寄一部来营。

余疮疾略好，而癣大作，手不停爬，幸饮食如常。安庆军事甚好，大约可克复矣。此次未写信与澄叔，尔将此呈阅，并问澄弟近好。

咸丰十一年七月十四日

字谕纪泽：

尔前寄所临《书谱》一卷，余比送徐柳臣先生处，请其批评。初七日接渠回信，兹寄尔一阅。十三日晤柳臣先生，渠盛称尔草字可以入古。又送尔扇一柄，兹寄回。刘世兄送《西安圣教》，兹与手卷并寄回，查收。尔前用油纸摹字，若常常为之，间架必大进。

欧、虞、颜、柳四大家是诗家之李、杜、韩、苏，天地之日星江河也。尔有志学书，须窥寻四人门径，至嘱至嘱。

咸丰十一年七月二十四日

字谕纪泽：

前接来禀，知尔钞《说文》，阅《通鉴》，均尚有恒，能耐久坐，至以为慰。去年在营，余教以看、读、写、作，四者阙一不可。尔今阅《通鉴》，算看字工夫；钞《说文》，算读字工夫。尚能临帖否？或临《书谱》，或用油纸摹欧、柳楷书，以药尔柔弱之体，此写字工夫，必不可少者也。尔去年曾将《文选》中零字碎锦分类纂钞，以为属文之材料，今尚照常摘钞否？已卒业否？或分类钞《文选》之词藻，或分类钞《说文》之训诂，尔生平作文太少，即以此代作字工夫，亦不可少者也。尔十余岁至二十岁虚度光阴，及今将看、读、写、作四字逐日无间，尚可有成。尔语言太快，举止太轻，近能力行迟重二字以改救否？

此间军事平安。援贼于十九、二十、二十一日扑安庆后濠，均经击退。二十二日自巳刻起至五更止，猛扑十一次，亦竭力击退。从此当可化险为夷，安庆可望克复矣。余癣疾未愈，每日夜手不停爬，幸无他病。皖南有左、张，江西有鲍，均可放心。目下惟安庆较险，然过二十二之风波，当无虑也。

咸丰十一年八月二十四日

字谕纪泽：

八月二十日胡必达、谢荣凤到，接尔母子及澄叔三信，并《汉魏三百家》、《圣教序》三帖。二十二日谭在荣到，又接尔及澄叔二信，具悉一切。

蔡迎五竟死于京口江中，可异可悯！兹将其口粮三两补去外，以银二十两赈恤其家。朱运四先生之母仙逝，兹寄去奠仪银八两。蕙姑娘之女一贞于今冬发嫁，兹付去奁仪十两。家中可分别妥送。大女儿择于十二月初三日发嫁，袁家已送期来否？余向定妆奁之资二百金，兹先寄百金回家，制备衣物，余百金俟下次再寄。其自家至袁家途费暨六十侄女出家奁仪，均俟下次再寄也。居家之道，惟崇俭可以长久，处乱世尤以戒奢侈为要义，衣服不宜多制，尤不宜大镶大缘，过于绚烂。尔教导诸妹，敬听父训，自有可久之理。

牧云舅氏书院一席，余已函托寄云中丞，沅叔告假回长沙，当面再一提及，当无不成。余身体平安。二十一日成服哭临，现在三日已毕。疮尚未好，每夜搔痒不止，幸不甚为害。满叔近患疟疾，二十二日痊愈矣。此次未写澄叔信，尔将此呈阅。

咸丰十一年九月初四日

字谕纪泽：

接尔八月十四日禀并日课一单、分类目录一纸。日课单批明发还。

目录分类，非一言可尽。大抵一种学问，即有一种分类之法，有一人嗜好，即有一人摘钞之法。若从本原论之，当以《尔雅》为分类之最古者。天之星辰，地之山川，鸟兽草木，皆古圣贤人辨其品汇，命之以名。《书》所称大禹主名山川，《礼》所称黄帝正名百物是也。物必先有其名，而后有是字，故必知命名之原，乃知文字之原。舟车、弓矢、俎豆、钟鼓，日用之具，皆先王制器以利民用，必先有器而后有是字，故又必知制器之原，乃知文字之原。君臣、上下、礼乐、兵刑、赏罚之法，皆先王立事以经纶天下，或先有事而后有字，或先有字而后有事，故又必知万事之本，而后知文字之原。此三者物最初，器次之，事又次之。三者既具，而后有文词。《尔雅》一书，如释天、释地、释山、释水、释草木、释鸟兽虫鱼，物之属也；释器、释宫、释乐，器之属也；释亲，事之属也；释诂、释训、释言，文词之属也。《尔雅》之分类，惟属事者最略，后世之分类，惟属事者最详。事之中又判为两端焉：曰虚事，曰实事。虚事者，如经之三《礼》，马之八《书》，班之十《志》，及三《通》之区别门类是也。实事者，就史鉴中已往之事迹，分类纂记，如《事文类聚》、《白孔六帖》、《太平御览》及我朝《渊鉴类函》、《子史精华》等书是也。尔所呈之目录，亦是钞摘实事之象，而不如《子史精华》中目录之精当。余在京藏《子史精华》，温叔于二十八年带回，想尚在白玉堂，尔可取出核对，将子目略为减少。后世人事日多，史册日繁，摘类书者，事多而器物少，乃势所必然。尔即可照此钞去，但期与《子史精华》规模相仿，即为善本。其末附古语鄙谚，虽未必无用，而不如径摘钞《说文》训诂，庶与《尔雅》首三篇相近也。余亦思仿《尔雅》之例钞纂类书，以记日知月无忘之效，特患年齿已衰，军务少暇，终不能有所成。或余少引其端，尔将来继成之可耳。

余身体尚好，惟疮久不愈。沅叔已拔营赴庐江、无为州，一切平安。胡宫保仙逝，是东南大不幸事，可伤之至。紫兼毫营中无之。兹付笔二十支、印章一包查收。蓝格本下次再付。澄叔处尚未写信，将此送阅。

咸丰十一年九月二十四日

字谕纪泽：

昨见示所作《说文》分韵解字凡例，喜尔今年甚有长进。固请莫君指示错处。莫君名友芝，字子偲，号郘亭，贵州辛卯举人，学问淹雅。丁未年在琉璃厂与余相见，心敬其人。七月来营，复得畅谈。其学于考据、词章二者皆有本原，义理亦践修不苟。兹将渠批订尔所作之凡例寄去，余亦批示数处。

又寄银百五十两，合前寄之百金，均为大女儿于归之用。以二百金办奁具，以五十金为程仪，家中切不可另筹银钱，过于奢侈。遭此乱世，虽大富大贵亦靠不住，惟勤俭二字可以持久。又寄丸药二小瓶，与尔母服食。尔在家常能早起否？诸弟妹早起否？说话迟钝、行路厚重否？宜时时省记也。

咸丰十一年十月二十四日

字谕纪泽：

初四夜接尔二十六号禀，所刻《心经》微有《西安圣教》笔意。总要养得胸次博大活泼，此后更当有长进也。尔去年看《诗经》注疏已毕否？若未毕，自当补看，不可无恒耳。讲《通鉴》即以我过笔者讲之，亦可将来另购一部，尔照我之样过笔一次可也。

咸丰十一年二月十四日

字谕纪泽：

接沅叔信，知二女喜期。陈家择于正月二十八日入赘，澄叔欲于乡间另备一屋。余意即在黄金堂成礼，或借曾家坳头行礼，三朝后仍接回黄金堂。想尔母子与诸叔已有定议矣。兹寄回银二百两，为儿女奁资。外五十金为酒席之资，俟下次寄回亦于此次寄矣。

浙江全省皆失。贼势浩大，迥异往时气象。鲍军在青阳，亦因贼众兵单，未能得手。徽州近又被围。余任大责重，忧闷之至。疮癣并未少减。每当痛痒极苦之时，常思与尔母子相见，因贼氛环逼，不敢遽接家眷。又以罗氏女须嫁，纪鸿须出考，且待明春察看。如贼焰少衰，安庆无虞，则接尔母带纪鸿来此一行，尔夫妻与陈婿在家照料一切。若贼氛日甚，则仍接尔来此一行。明年正二月，再有准信。纪鸿县府各考，均须请邓师亲送。澄叔前言纪鸿至书院读书，则断不可。

前蒙恩赐遗念衣一、冠一、扳指一、表一，兹用黄箱送回宣宗遗念衣一、玉佩一亦可藏此箱内，敬谨尊藏。此嘱。

同治元年正月十四日

字谕纪泽：

正月十三四连接尔十二月十六、二十四两禀，又得澄叔十二月二十二一缄，备悉一切。

尔诗一首阅过发回。尔诗笔远胜于文笔，以后宜常常为之。余久不作诗，而好读诗。每夜分辄取古人名篇高声朗诵，用以自娱。今年亦当闲作二三首，与尔曹相和答，仿苏氏父子之例。尔之才思，能古雅而不能雄骏，大约宜作五言，而不宜作七言。余所选十八家诗，凡十厚册，在家中，此次可交来丁带至营中。尔要读古诗，汉魏六朝，取余所选曹、阮、陶、谢、鲍、谢六家，专心读之，必与尔性质相近。至于开拓心胸，扩充气魄，穷极变态，则非唐之李杜韩白、宋金之苏黄陆元八家不足以尽天下古今之奇观。尔之质性，虽与八家者不相近，而要不可不将此八人之集悉心研究一番，实《六经》外之巨制，文字中之尤物也。尔于小学粗有所得，深用为慰。欲读周汉古书，非明于小学无可问津。余于道光末年始好高邮王氏父子之说，从事戎行未能卒业，冀尔竟其绪耳。

余身体尚可支持，惟公事太多，每易积压。癣痒迄未甚愈。家中索用银钱甚多，其最要紧者，余必付回。京报在家，不知系报何喜？若节制四省，则余已两次疏辞矣。此等空空体面，岂亦有喜报耶？

同治元年二月十四日

字谕纪泽：

二月十三日接正月二十三日来禀并澄侯叔一信，知五宅平安。二女正月二十日喜事诸凡顺遂，至以为慰。

此间军事如恒。徽州解围后贼退不远，亦未再犯。左中丞进攻遂安，以为攻严州、保衢州之计。鲍春霆屯兵青阳，近未开仗。洪叔在三山夹收降卒三千人，编成四营。沅叔初七日至汉口，十五后当可抵皖。李希帅初九日至安庆，三月初赴六安州。多礼堂进攻庐州，贼坚守不出。上海屡次被贼扑犯，洋人助守，尚幸无恙。

余身体平安。今岁间能成寐，为近年所仅见。惟圣眷太隆，责人太重，深以为危，知交有识者亦皆代我危之，只好刻刻谨慎，存一临深履薄之想而已。

今年县考在何时？鸿儿赴考，须请寅师往送。寅师父子一切盘费皆我家供应也。

同治元年三月十四日

字谕纪泽：

三月十三日接尔二月二十四日安禀并澄叔信，具悉五宅平安。尔至葛家送亲后，又须至浏阳送陈婿夫妇，又须赶回黄宅送亲，又须接办罗氏女喜事。今年春夏，尔在家中比余在营更忙。然古今文人学人，莫不有家常琐事之劳其身，莫不有世态冷暖之撄其心。尔现当家门鼎盛之时，炎凉之状不接于目，衣食之谋不萦于怀，虽奔走烦劳，犹远胜于寒士困苦之境也。尔母咳嗽不止，其病当在肺家。兹寄去好参四钱五分、高丽参半斤，好者如试之有效，当托人到京再买也。余近久不吃丸药，每月两逢节气，服归脾汤三剂。迩来渴睡甚多，不知是好是歹。

军事平安。鲍公于初七日在铜陵获一大胜仗。少荃坐火轮船于初八日赴上海，其所部六千五百人当陆续载去。希庵所派救颍州之兵，颍郡于初五日解围。第三女于四月二十二日于归罗家，兹寄去银二百五十两，查收。余不详，即呈澄叔一阅。此嘱。

同治元年四月初四日

字谕纪泽：

连接尔十四、二十二日在省城所发禀，知二女在陈家，门庭雍睦，衣食有资，不胜欣慰。

尔累月奔驰酬应，犹能不失常课，当可日进无已。人生惟有常是第一美德。余早年于作字一道，亦尝苦思力索，终无所成。近日朝朝摹写，久不间断，遂觉月异而岁不同。可见年无分老少，事无分难易，但行之有恒，自如种树畜养，日见其大而不觉耳。尔之短处在言语欠钝讷，举止欠端重，看书能深入而作文不能峥嵘。若能从此三事上下一番苦工，进之以猛，持之以恒，不过一二年，自尔精进而不觉。言语迟钝，举止端重，则德进矣。作文有峥嵘雄快之气，则业进矣。尔前作诗，差有端绪，近亦常作否？李、杜、韩、苏四家之七古，惊心动魄，曾涉猎及之否？

此间军事，近日极得手。鲍军连克青阳、石埭、太平、泾县四城。沅叔连克巢县、和州、含山三城暨铜城闸、雍家镇、裕溪口、西梁山四隘。满叔连克繁昌、南陵二城暨鲁港一隘。现仍稳慎图之，不敢骄矜。

余近日疮癣大发，与去年九十月相等。公事丛集，竟日忙冗，尚多积阁之件。所幸饮食如常，每夜安眠或二更三更之久，不似往昔彻夜不寐，家中可以放心。此信并呈澄叔一阅，不另致也。

同治元年四月二十四日

字谕纪泽、纪鸿：

今日专人送家信，甫经成行，又接王辉四等带来四月初十之信，尔与澄叔各一件，藉悉一切。

尔近来写字总失之薄弱，骨力不坚劲，墨气不丰腴，与尔身体向来轻字之弊正是一路毛病。尔当用油纸摹颜字之《郭家庙》、柳字之《琅琊碑》、《玄秘塔》，以药其病。日日留心，专从厚重二字上用工。否则字质太薄，即体质亦因之更轻矣。人之气质由于天生，本难改变，惟读书则可变化气质。古之精相法，并言读书可以变换骨相。欲求变之之法，总须先立坚卓之志。即以余生平言之，三十岁前最好吃烟，片刻不离，至道光壬寅十一月二十一日立志戒烟，至今不再吃。四十六岁以前作事无恒，近五年深以为戒，现在大小事均尚有恒。即此二端，可见无事不可变也。尔于厚重二字，须立志变化。改古称金丹换骨，余谓立志即丹也。此嘱。

同治元年五月十四日

字谕纪泽：

接尔四月十九日一禀，得知五宅平安。尔《说文》将看毕，拟先看各经注疏，再从事于词章之学。

余观汉人词章，未有不精于小学训诂者，如相如、子云、孟坚于小学皆专著一书，《文选》于此三人之文著录最多。余于古文，志在效法此三人，并司马迁、韩愈五家。以此五家之文，精于小学训诂，不妄下一字也。尔于小学，既粗有所见，正好从词章上用功。《说文》看毕之后，可将《文选》细读一过，一面钞记，一面作文，以仿效之。凡奇僻之字，雅故之训，不手钞则不能记，不模仿则不惯用。自宋以后能文章者不通小学，国朝诸儒通小学者又不能文章，余早岁窥此门径，因人事太繁，又久历戎行，不克卒业，至今用为疚憾。尔之天分，长于看书，短于作文。此道太短，则于古书之用意行气，必不能看得谛当。目下宜从短处下工夫，专肆力于《文选》，手钞及模仿二者皆不可少。待文笔稍有长进，则以后诂经读史，事事易于着手矣。

此间军事平顺。沅、季两叔皆直逼金陵城下。兹将沅叔信二件寄家一阅。惟沅、季两军进兵太锐，后路芜湖等处空虚，颇为可虑。余现筹兵补此瑕隙，不知果无疏失否。余身体平安。惟公事日繁，应复之信积阁甚多，余件尚能料理，家中可以放心。此信送澄叔一阅。余思家乡茶叶甚切，迅速付来为要。

同治元年五月二十四日

字谕纪泽：

二十日接家信，系尔与澄叔五月初二所发，二十二日又接澄侯衡州一信，具悉五宅平安，三女嫁事已毕。

尔信极以袁婿为虑，余亦不料其遽尔学坏至此，余即日当作信教之。尔等在家却不宜过露痕迹，人所以稍顾体面者，冀人之敬重也。若人之傲惰鄙弃业已露出，则索性荡然无耻，拼弃不顾，甘与正人为仇，而以后不可救药矣。我家内外大小于袁婿处礼貌均不可疏忽，若久不悛改，将来或接至皖营，延师教之亦可。大约世家子弟，钱不可多，衣不可多，事虽至小，所关颇大。

此间各路军事平安。多将军赴援陕西，沅、季在金陵孤军无助，不无可虑。湖州于初三日失守。鲍攻宁国，恐难遽克。安徽亢旱，顷间三日大雨，人心始安。谷即在长沙采买，以后澄叔不必挂心。此次不另寄澄信，尔禀告之。此嘱。

同治元年五月二十七日

字谕纪鸿：

前闻尔县试幸列首选，为之欣慰。所寄各场文章，亦皆清润大方。昨接易芝生先生十三日信，知尔已到省。城市繁华之地，尔宜在寓中静坐，不可出外游戏征逐。兹余函商郭意城先生，在于东征局兑银四百两，交尔在省为进学之用。印卷之费，向例两学及学书共三分，尔每分宜送钱百千。邓寅师处谢礼百两，邓十世兄处送银十两，助渠买书之资。余银数十两，为尔零用及略添衣物之需。

凡世家子弟，衣食起居无一不与寒士相同，庶可以成大器。若沾染富贵气习，则难望有成。吾忝为将相，而所有衣服不值三百金。愿尔等常守此俭朴之风，亦惜福之道也。其照例应用之钱，不宜过啬谢廪保二十千，赏号亦略丰。谒圣后，拜客数家，即行归里。今年不必乡试，一则尔工夫尚早，二则恐体弱难耐劳也。此谕。

同治元年七月十四日

字谕纪泽：

曾代四、王飞四先后来营，接尔二十日、二十六日两禀，具悉五宅平安。

和张邑侯诗，音节近古，可慰可慰。五言诗，若能学到陶潜、谢眺一种冲淡之味，和谐之音，亦天下之至乐，人间之奇福也。尔既无志于科名禄位，但能多读古书，时时哦诗作字，以陶冶性情，则一生受用不尽。第宜束身圭璧，法王羲之、陶渊明之襟韵潇洒则可，法嵇、阮之放荡名教则不可耳。希庵丁艰，余即在安庆送礼，写四兄弟之名，家中似可不另送礼。或鼎三侄另送礼物亦无不可，然只可送祭席挽幛之类，银钱则断不必送。尔与四叔父、六婶母商之。希庵到家之后，我家须有人往吊，或四叔，或尔去皆可，或目下先去亦可。近年以来，尔兄弟读书，所以不甚耽搁者，全赖四叔照料大事，朱金权照料小事。兹寄回鹿茸一架、袍褂料一付，寄谢四叔。丽参三两、银十二两，寄谢金权。又袍褂料一付，补谢寅皆先生。尔一一妥送。家中贺喜之客，请金权恭敬款接，不可简慢。至要至要。

贤五先生请余作传，稍迟寄回。此次未写复信，尔先告之。家中有殿板《职官表》一书，余欲一看，便中寄来。钞本《国史文苑》、《儒林传》尚在否？查出禀知。此嘱。

同治元年八月初四日

字谕纪泽：

接尔七月十一日禀并澄叔信，具悉一切。鸿儿十三日自省起程，想早到家。

此间诸事平安。沅、季二叔在金陵亦好。惟疾疫颇多，前建清醮，后又陈龙灯狮子诸戏，仿古大傩之礼，不知少愈否？鲍公在宁国招降童荣海一股，收用者三千人。余五万人悉行遣散，每人给钱一千。鲍公办妥此事，即由高淳、东坝会剿金陵。希帅由六安回省，初三已到。久病之后，加以忧戚，气象黑瘦，咳嗽不止，殊为可虑。本日接奉谕旨，不准请假回籍，赏银八百，饬地方官照料。圣恩高厚，无以复加，而希帅思归极切。观其病象，亦非回籍静养断难痊愈。渠日内拟自行具折陈情也。

尔所作拟庄三首，能识名理，兼通训诂，慰甚慰甚。余近年颇识古人文章门径，而在军鲜暇，未尝偶作，一吐胸中之奇。尔若能解《汉书》之训诂，参以《庄子》之诙诡，则余愿偿矣。至行气为文章第一义，卿、云之跌宕，昌黎之倔强，尤为行气不易之法。尔宜先于韩公倔强处揣摩一番。京中带回之书，有《谢秋水集》名文洊，国初南丰人，可交来人带营一看。澄叔处未另作书，将此呈阅。

同治元年闰八月二十四日

字谕纪泽：

日内未接家信，想五宅平安，为慰。

此间近状如常。各军士卒多病，迄未少愈。甘子大至宁国一行，归即一病不起。许吉斋座师之世兄名敬身、号藻卿者，远来访我，亦数日物故。幸杨、鲍两军门皆有转机，张凯章闻亦少痊。三公无他故，则大局尚可为也。沅叔营中病者亦多。沅意欲奏调多公一军回援金陵。多公在秦，正当紧急之际，焉能东旋？且沅、季共带二万余人，仅保营盘，亦无请援之理。惟祝病卒渐愈，禁得此次风浪，则此后普成坦途矣。李希庵于闰八月二十三日安庆开行，奔丧回里。唐义渠即于是日到皖。两公于余处皆以长者之礼见待，公事毫无掣肘。余亦推诚相与，毫无猜疑。皖省吏治，或可渐有起色。

余近日癣疾复发，不似去秋之甚。眼蒙则逐日增剧，夜间几不复能看字。老态相催，固其理也。

同治元年九月十四日

字谕纪泽：

接尔闰月禀，知澄叔尚在衡州未归，家中五宅平安，至以为慰。

此间连日恶风惊浪。伪忠王在金陵苦攻十六昼夜，经沅叔多方坚守，得以保全。伪侍王初三四亦至。现在金陵之贼数近二十万。业经守二十日，或可化险为夷。兹将沅叔初九、十与我二信寄归，外又有大夫第信，一慰家人之心。鲍春霆移扎距宁郡城二十里之高祖山，虽病弁太多，十分可危，然凯军在城主守，春霆在外主战，或足御之。惟宁国县城于初六日失守，恐贼猛扑徽州、旌德、祁门等城，又恐其由间道径窜江西，殊可深虑。余近日忧灼迥异寻常气象，与八年春间相类。盖安危之机，关系太大，不仅为一己之身名计也。但愿沅、霆两处幸保无恙，则他处尚可徐徐补救。此信送澄叔一阅，不详。

同治元年十月初四日

字谕纪泽：

旬日未接家信，不知五宅平安如常否？此间军事，金柱关、芜湖及水师各营，已有九分稳固可靠；金陵沅叔一军，已有七分可靠；宁国鲍、张各军，尚不过五分可靠。此次风波之险，迥异寻常。余忧惧太过，似有怔忡之象，每日无论有信与无信，寸心常若皇皇无主。前此专虑金陵沅、季大营或有疏失，近日金陵已稳，而忧惶战栗之象不为少减，自是老年心血亏损之症。欲尔再来营中省视，父子团聚一次。一则或可少解怔忡病症，二则尔之学问亦可稍进。或今冬起行，或明年正月起行，禀明尔母及澄叔行之。尔在此住数月归去，再令鸿儿来此一行。

寅皆先生明年定在大夫第教书，鸿儿随之受业。金二外甥有志向学，尔可带之来营，余详日记中。此谕。

同治元年十月十四日

字谕纪泽：

十月初十日接尔信与澄叔九月二十日县城发信，具悉五宅平安。希庵病亦渐好，至以为慰。

此间军事，金陵日就平稳，不久当可解围，沅叔另有二信，余不赘告。鲍军日内甚为危急。贼于湾沚渡过河西，梗塞霆营粮路。霆军当士卒大病之后，布置散漫，众心颇怨，深以为虑。鲍若不支，则张凯章困于宁国郡城之内，亦极可危。如天之福，宁国亦如金陵之转危为安，则大幸也。

尔从事小学、《说文》，行之不倦，极慰极慰。小学凡三大宗：言字形者，以《说文》为宗。古书惟大小徐二本，至本朝则段氏特开生面，而钱玷、王筠、桂馥之作亦可参观。言训诂者，以《尔雅》为宗。古书惟郭注、刑疏，至本朝而邵二云之《尔雅正义》、王怀祖之《广雅疏证》、郝兰皋之《尔雅义疏》，皆称不朽之作。言音韵者，以《唐韵》为宗。古书惟《广韵》、《集韵》，至本朝而顾氏《音学五书》乃为不刊之典，而江慎修、戴东原、段茂堂、王怀祖、孔巽轩、江晋三诸作，亦可参观。尔欲于小学钻研古义，则三宗如顾、江、段、邵、郝、王六家之书，均不可不涉猎而探讨之。

余近日心绪极乱，心血极亏。其慌忙无措之象，有似咸丰八年春在家之时，而忧灼过之。甚思尔兄弟来此一见。不知尔何日可来营省视？仰观天时，默察人事，此贼竟无能平之理。但求全局不遽决裂，余能速死，而不为万世所痛骂，则幸矣。

同治元年十月二十四日

字谕纪泽、纪鸿：

日内未接家信，想五宅平安。

此间军事，金陵于初五日解围，营中一切平安，惟满叔有病未愈。目下危急之处有三：一系宁国鲍、张两军粮路已断，外无援兵；一系旌德朱品隆一军被贼围扑，粮米亦缺；一系九洑洲之贼窜过北岸，恐李世忠不能抵御。大约此三处者断难幸全。余两月以来，十分忧灼，牙疼殊甚，心绪之恶，甚于八年春在家、十年春在祁门之状。尔明年新正来此，父子一叙，或可少纾忧郁。

尔近日走路身体略觉厚重否？说话略迟钝否？鸿儿近学作试帖诗否？袁氏婿近常在家否？尔若来此，或带袁婿与金二外甥同来亦好。

同治元年十一月初四日

字谕纪泽：

二十九接尔十月十八在长沙所发之信，十一月初一又接尔初九日一禀，并与左镜和唱酬诗及澄叔之信，具悉一切。

尔诗胎息近古，用字亦皆的当。惟四言诗最难有声响，有光芒，虽《文选》韦孟以后诸作，亦复尔雅有余，精光不足。扬子云之《州箴》、《百官箴》诸四言，刻意摹古，亦乏作作之光，渊渊之声。余生平于古人四言，最好韩公之作，如《祭柳子厚文》、《祭张署文》、《进学解》、《送穷文》诸四言，固皆光如皎日，响如春霆。即其他凡墓志之铭词及集中如《淮西碑》、《元和圣德》各四言诗，亦皆于奇崛之中迸出声光。其要不外意义层出、笔仗雄拔而已。自韩公而外，则班孟坚《汉书·叙传》一篇，亦四言中之最隽雅者。尔将此数篇熟读成诵，则于四言之道自有悟境。镜和诗雅洁清润，实为吾乡罕见之才，但亦少奇矫之致。凡诗文欲求雄奇矫变，总须用意，有超群离俗之想，乃能脱去恒蹊。尔前信读《马汧督诔》，谓其沉郁似《史记》，极是极是。余往年亦笃好斯篇。尔若于斯篇及《芜城赋》、《哀江南赋》、《九辨》、《祭张署文》等篇吟玩不已，则声情并茂，文思汩汩矣。

此间军事危迫异常。九洑洲之贼纷窜江北，巢县、和州、含山俱有失守之信。余日夜忧灼，智尽能索，一息尚存，忧劳不懈，它非所知耳！尔行路渐重厚否？纪鸿读书有恒否？至为廑念。余详日记中。

同治元年十一月二十四日

字谕纪泽：

二十二、三日连寄二信与澄叔，驿递长沙转寄，想俱接到。季叔赍志长逝，实堪伤恸。沅叔之意，定以季椟葬马公塘，与高轩公合冢。尔即可至北港迎接。一切筑圹等事，禀问澄叔，必恭必悫。俟季叔葬事毕后再来皖营可也。

尔现用油纸摹帖否？字乏刚劲之气，是尔生质短处，以后宜从刚字、厚字用功。特嘱。

同治元年十二月十四日

字谕纪泽：

十一日接十一月二十二日来禀，内有鸿儿诗四首。十二日又接初五日来禀，其时尔初自长沙归也。两次皆有澄叔之信，具悉一切。

韩公五言诗本难领会，尔且先于怪奇可骇处、诙谐可笑处细心领会。可骇处，如咏落叶，则曰“谓是夜气灭，望舒霣其圆”，咏作文，则曰“蛟龙弄角牙，造次欲手揽”。可笑处，如咏登科，则曰“侪辈妬且热，喘如竹筒吹”；咏苦寒，则曰“羲和送日出，恇怯频窥觇”。尔从此等处用心，可以长才力，亦可添风趣。鸿儿试帖大方而有清气，易于造就，即日批改寄回。

季叔奉初六恩旨追赠按察使，照按察使军营病故例议恤，可称极优。兹将谕旨录归。此间定于十九日开吊，二十日发引，同行者为厚四、甲二、甲六、葛罣山、江龙三诸族戚，又有员弁亲兵等数十人送之。大约二月可到湘潭。葬期若定二月底三月初，必可不误。

下游军事渐稳。北岸萧军于初十日克复运漕，鲍军粮路虽不甚通，而贼实不悍，或可勉强支持。此信送澄叔一阅。

卷下 家训

目录

同治二年正月二十四日

字谕纪泽：

蕭开二来，接尔正月初五日禀，得知家中平安。罗太亲翁仙逝，当寄奠仪五十金，祭幛一轴，下次付回。

罗婿性情可虑，然此无可如何之事。尔当谆嘱三妹柔顺恭谨，不可有片语违忤。三纲之道，君为臣纲，父为子纲，夫为妻纲，是地维所赖以立，天柱所赖以尊。故《传》曰：君，天也；父，天也；夫，天也。《仪礼》记曰：君至尊也，父至尊也，夫至尊也。君虽不仁，臣不可以不忠；父虽不慈，子不可以不孝；夫虽不贤，妻不可以不顺。吾家读书居官，世守礼义，尔当诰戒大妹、三妹忍耐顺受。吾于诸女妆奁甚薄，然使女果贫困，吾亦必周济而覆育之。目下陈家微窘，袁家、罗家并不忧贫。尔谆劝诸妹，以能耐劳忍气为要。吾服官多年，亦常在耐劳忍气四字上做工夫也。

鲍春霆正月初六日泾县一战后，各处未再开仗。春霆营士气复旺，米粮亦足，应可再振。伪忠王复派贼数万续渡江北，非希庵与江味根等来恐难得手。

余牙疼大愈，日内将至金陵一晤沅叔。此信送澄叔一阅，不另致。

同治二年二月二十四日，泥汊舟次

字谕纪泽：

二月二十一日在运漕行次，接尔正月二十二日、二月初三日两禀，并澄叔两信，具悉家中五宅平安。大姑母及季叔葬事，此时均当完毕。尔在团山嘴桥上跌而不伤，极幸极幸。闻尔母与澄叔之意欲修石桥，尔写禀来，由营付归可也。《礼》云：“道而不径，舟而不游。”古之言孝者，专以保身为重。乡间路窄桥孤，嗣后吾家子侄凡遇过桥，无论轿马，均须下而步行。吾本意欲尔来营见面，因远道风波之险，不复望尔前来，且待九月霜降水落，风涛性定，再行寄谕定夺。目下尔在家饱看群书，兼持门户。处乱世而得宽闲之岁月，千难万难，尔切莫错过此等好光阴也。

余以十六日自金陵开船而上，沿途阅看金柱关、东西梁山、裕溪口、运漕、无为州等处，军心均属稳固，布置亦尚妥当。惟兵力处处单薄，不知足以御贼否。余再至青阳一行，月杪即可还省。南岸近亦吃紧。广匪两股窜扑徽州，古、赖等股窜扰青阳。其志皆在直犯江西以营一饱，殊为可虑。

澄叔不愿受沅之貤封。余当寄信至京，停止此举，以成澄志。尔读书有恒，余欢慰之至。第所阅日博，亦须札记一二条，以自考证。脚步近稍稳重否？常常留心。此嘱。

同治二年三月初四日

字谕纪泽：

接尔二月十三日禀并《闻人赋》一首，具悉家中各宅平安。

尔于小学训诂颇识古人源流，而文章又窥见汉魏六朝之门径，欣慰无已。余尝怪国朝大儒如戴东原、钱辛楣、段懋堂、王怀祖诸老，其小学训诂实能超越近古，直逼汉唐，而文章不能追寻古人深处，达于本而阂于末，知其一而昧其二，颇所不解。私窃有志，欲以戴、钱、段、王之训诂，发为班、张、左、郭之文章晋人左思、郭璞小学最深，文章亦逼两汉，潘、陆不及也。久事戎行，斯愿莫遂，若尔曹能成我未竟之志，则至乐莫大乎是。即日当批改付归。尔既得此津筏，以后便当专心壹志，以精确之训诂，作古茂之文章。由班、张、左、郭上而扬、马而《庄》、《骚》而《六经》，靡不息息相通，下而潘、陆而任、沈而江、鲍、徐、庾，则词愈杂，气愈薄，而训诂之道衰矣。至韩昌黎出，乃由班、张、扬、马而上跻《六经》，其训诂亦甚精当。尔试观《南海神庙碑》、《送郑尚书序》诸篇，则知韩文实与汉赋相近。又观《祭张署文》、《平淮西碑》诸篇，则知韩文实与《诗经》相近。近世学韩文者，皆不知其与扬、马、班、张一鼻孔出气。尔能参透此中消息，则几矣。

尔阅看书籍颇多，然成诵者太少，亦是一短。嗣后宜将《文选》最惬意者熟读，以能背诵为断，如《两都赋》、《西征赋》、《芜城赋》及《九辨》、《解嘲》之类皆宜熟读。选后之文如《与杨遵彦书》徐、《哀江南赋》庾亦宜熟读。又经世之文如马贵《与〈文献通考〉序二十四首》，天文如丹元子之《步天歌》《文献通考》载之，《五礼通考》载之，地理如顾祖禹之《州域形势叙》见《方舆纪要》首数卷，低一格者不必读，高一格者可读，其排列某州某郡无文气者亦不必读。以上所选文七篇三种，尔与纪鸿儿皆当手钞熟读，互相背诵，将来父子相见，余亦课尔等背诵也。

尔拟以四月来皖，余亦甚望尔来，教尔以文。惟长江风波颇不放心，又恐往返途中抛荒学业，尔禀请尔母及澄叔酌示。如四月起程，则只带袁婿及金二甥同来，如八九月起程，则奉母及弟、妹、妻、女合家同来，到皖住数月，孰归孰留，再行商酌。目下皖北贼犯湖北，皖南贼犯江西，今年上半年必不安静，下半年或当稍胜。尔若于四月来谒，舟中宜十分稳慎，如八月来，则余派大船至湘潭迎接可也。

同治二年三月十四日

字谕纪泽：

顷接尔禀及澄叔信，知余二月初四在芜湖下所发二信同日到家，季叔与伯姑母葬事皆已办妥。尔自槠山归来，俗务应稍减少。

此间近日军事最急者，惟石涧埠毛竹丹、刘南云营盘被围。自初三至初十，昼夜环攻，水泄不通。次则黄文金大股由建德窜犯景德镇。余本檄鲍军救援景镇，因石涧埠危急，又令鲍改援北岸。沅叔亦拨七营援救石涧埠。只要守住十日，两路援兵皆到，必可解围。又有捻匪由湖北下窜，安庆必须安排守城事宜。各路交警，应接不暇，幸身体平安，尚可支持。

《闻人赋》圈批发还，尔能抗心希古，大慰余怀。纪鸿颇好学否？尔说话走路，比往年较迟重否？付去高丽参一斤，备家中不时之需。又付银十两，尔托槠山为我买好茶叶若干斤。去年寄来之茶，不甚好也。此信送与澄叔一看，不另寄。奏章谕旨一本查收。

同治二年五月十八日

字谕纪鸿：

接尔禀件，知家中五宅平安，子侄读书有恒，为慰。

尔问今年应否往过科考，尔既作秀才，凡岁考科考，均应前往入场，此朝廷之功令，士子之职业也。惟尔年纪太轻，余不放心。若邓师能晋省送考，则尔凡事有所禀承，甚好甚好。若邓师不赴省，则尔或与易芝生先生同住，或随罢山、镜和、子祥诸先生同伴，总须得一老成者照应一切乃为稳妥。尔近日常作试帖诗否？场中细检一番，无错平仄，无错抬头也。此次未写信与澄叔，尔为禀告。

同治二年七月十二日

丹阁十叔大人阁下：

前奉赐函，敬审福履康愉，阖潭多祜，至为庆慰。

此间军事，自去秋以至今春危险万状。四月以后巢、合、二浦次第克复，夺回九洑洲要隘，江北肃清，大局极有转机。不料苗逆复叛，占据数城。一波未平，一波复起。而各军疾疫大作，死亡相属，几与去秋相等。饷项奇绌，医药无资，茫茫天意不知何日果遂厌乱也？侄身体粗适，牙齿脱落一个，余亦动摇不固。此外视听眠食未改。五十以前旧态，自以菲材久窃高位，兢兢慄慄，惟是不贪安逸，不图丰豫，以是报圣主之厚恩，即以为稍惜祖宗之余泽。上年恭遇两次覃恩，已将本身应得封典貤封伯祖父重五公暨中和公伯祖母、彭太夫人暨萧太夫人。兹将诰轴专盛四送回，即求告知任尊叔及芝圃、荣发、厚一、厚四诸弟，敬谨收藏。焚黄告墓之日，子姓悉与於祭，兹各寄二十金，少助祭席之资，又参枝、对联、书帖等微物，略将鄙忱伏乞哂存。

左君办硝之事，因采办诸人在各县挖墙拆屋，纷纷酿成控案，东征局司道乃详请概归官办，不特不能添新委员，即前此给札者亦须一一撤回，是以未能照办。但诸人借凑本钱分途采买，因此半途而废，不免吃亏。侄已函告东局主事者，酌量调剂，不令亏本矣。

同治二年八月初四日

字谕纪鸿：

接尔澄叔七月十八日信并尔寄泽儿一函，知尔奉母于八月十九日起程来皖，并三女与罗婿一同前来。

现在金陵未复，皖省南北两岸群盗如毛，尔母及四女等姑嫂来此，并非久住之局。大女理应在袁家侍姑尽孝，本不应同来安庆，因榆生在此，故吾未尝写信阻大女之行。若三女与罗婿，则尤应在家事姑事母，尤可不必同来。余每见嫁女贪恋母家富贵而忘其翁姑者，其后必无好处。余家诸女当教之孝顺翁姑，敬事丈夫，慎无重母家而轻夫家，效浇俗小家之陋习也。三女夫妇若尚在县城、省城一带，尽可令之仍回罗家奉母奉姑，不必来皖。若业已开行，势难中途折回，则可同来安庆一次。小住一月二月，余再派人送归。其陈婿与二女，计必在长沙相见，不可带之同来。俟此间军务大顺，余寄信去接可也。

同治二年八月十二日

字谕纪鸿：

尔于十九日自家起行，想九月初可自长沙挂帆东行矣。船上有大帅字旗，余未在船，不可误挂。经过府县各城，可避者略为避开，不可惊动官长，烦人应酬也。余日内平安。沅叔及纪泽等在金陵亦平安。此谕。

同治二年十二月十四日

字寄纪瑞侄左右：

前接吾侄来信，字迹端秀，知近日大有长进。纪鸿奉母来此，询及一切，知侄身体业已长成，孝友谨慎，至以为慰。吾家累世以来，孝弟勤俭。辅臣公以上吾不及见，竟希公、星冈公皆未明即起，竟日无片刻暇逸。竟希公少时在陈氏宗祠读书，正月上学，辅臣公给钱一百，为零用之需。五月归时，仅用去一文，尚余九十八文还其父。其俭如此。星冈公当孙入翰林之后，犹亲自种菜收粪。吾父竹亭公之勤俭，则尔等所及见也。今家中境地虽渐宽裕，侄与诸昆弟切不可忘却先世之艰难，有福不可享尽，有势不可使尽。勤字工夫，第一贵早起，第二贵有恒；俭字工夫，第一莫着华丽衣服，第二莫多用仆婢雇工。凡将相无种，圣贤豪杰亦无种，至要人肯立志，都可以做得到的。侄等处最顺之境，当最富之年，明年又从最贤之师，但须立定志向，何事不可成？何人不可作？愿吾侄早勉之也。荫生尚算正途功名，可以考御史。待侄十八九岁，即与纪泽同进京应考。然侄此际专心读书，宜以八股试帖为要，不可专恃荫生为基，总以乡试会试能到榜前，益为门户之光。

纪官闻甚聪慧，侄亦以立志二字兄弟互相劝勉，则日进无疆矣。

同治三年六月二十六日，酉刻

字谕纪泽：

余于二十五日巳刻抵金陵陆营，文案各船亦于二十六日申刻赶到。沅叔湿毒未愈，而精神甚好。伪忠王曾亲讯一次，拟即在此杀之。由安庆咨行各处之折，在皖时未办咨札稿，兹寄去一稿。若已先发，即与此稿不符，亦无碍也。刻折稿寄家可一二十分，或百分亦可。沅叔要二百分，宜先尽沅叔处，此外各处不宜多散。此次令王洪升坐轮船于二十七日回皖，以后送包封者仍坐舢板归去。包封每日止送一次，不可再多。尔一切以勤俭二字为主。至嘱。

顷见安庆付来之咨行稿，甚妥。此间稿不用矣。

同治三年七月初七日

字谕纪泽：

日内北风甚劲，未接包封及尔禀，余亦未发信也。

伪忠王自写亲供，多至五万余字。两日内看该酋亲供，如校对房本误书，殊费目力。顷始具奏洪、李二酋处治之法。李酋已于初六正法，供词亦钞送军机处矣。

沅叔拟于十一二等日演戏请客，余亦于十五前后起程回皖。日内因天热事多，尚未将江西一案出奏，计非五日不能核定此稿。老年畏热，亦畏案牍之繁难。余将来到金陵，即在英王府寓居，顷已派人修理矣。此谕。

同治三年七月初九日

字谕纪鸿：

自尔起行后，南风甚多，此五日内却是东北风，不知尔已至岳州否？余以二十五日至金陵，沅叔病已痊愈。二十八日戮洪秀全之尸，初六日将伪忠王正法。初八日接富将军咨，余蒙恩封侯，沅叔封伯。余所发之折，批旨尚未接到。不知同事诸公得何懋赏，然得五等者甚少。余借人之力以窃上赏，寸心不安之至。

尔在外以谦谨二字为主，世家子弟，门第过盛，万目所属。临行时，教以三戒之首，末二条及力去傲惰二弊，当已牢记之矣。场前不可与州县来往，不可送条子，进身之始，务知自重，酷热尤须保养身体。此嘱。

同治三年七月初九日

字谕纪泽：

二十三日之折，批旨尚未到皖，颇不可解。岂已递至官相处耶？各处来信皆言须用贺表，余亦不可不办一分。尔请程伯旉为我撰一表，为沅叔撰一表。伯旉前后所作谢折太多，此次拟另送润笔费三十金，盖亦仅见之美事也。

得五等之封者似无多人。余借人之力而窃上赏，寸心深抱不安。从前三藩之役，封爵之人较多，求阙斋西间有《皇朝文献通考》一部，尔试查《封建考》中三藩之役共封几人，平准部封几人，平回部封几人，开单寄来。

伪幼主有逃至广德之说，不知确否？此谕。

同治三年七月初十日，辰刻

字谕纪泽：

今早接奉二十九日谕旨。余蒙恩封一等侯、太子太保、双眼花翎，沅叔蒙恩封一等伯、太子少保、双眼花翎，李臣典封子爵，萧孚泗男爵。其余黄马褂九人，世职十人，双眼花翎四人。恩旨本日包封钞回。兹先将初七之折寄回发刻，李秀成供明日付回也。

同治三年七月十三日，巳刻

字谕纪泽：

初十、十一二等日戏酒三日，沅叔料理周到，精力沛然，余则深以为苦。亢旱酷热，老人所畏，应治之事多搁废者。江西周石一案，奏稿久未核办，尤以为疚。自六月二十三日起，凡人证皆由余发及盘川，以示体恤。尔托子密告知两司可也。

鄂刻地图，尔可即送一分与莫偲老。《轮船行江说》三日内准付回，另纸缮写，粘贴大图空处。万篪轩、忠鹤皋及泰州、扬州各官日内均来此一见。李少荃亦拟来一晤，闻余将以七月回皖，遂不来矣。此谕。

同治三年七月十八日

字谕纪泽：

二日未接尔禀，盖北风阻滞之故。此间十七日大风大雨，萧然便有秋气。

富将军今日来拜，畅谈一切。余拟明日登舟，乘坐民船，不求其快，舟中须作周石狱事一折，非三四日不能了。沅叔处无一人独坐之位，无一刻清净之时，故未办也。其他积阁之事皆须在船一为清理。到皖当在月杪矣。此嘱。

同治三年七月二十日

字谕纪泽：

余于十九日回拜富将军即起程回皖，约行七十里乃至棉花堤。今日未刻发报后，长行顺风，行七十里泊宿，距采石不过十余里。

接奉谕旨，诸路将帅督抚均免造册造报销，真中兴之特恩也。顷又接尔十八日禀，钞录封爵单一册。我朝酬庸之典，以此次最隆，愧悚战兢，何以报称！尔曹当勉之矣。

同治三年七月二十四日，旧县舟次

字谕纪鸿：

自尔还湘启行后，久未接尔来禀，殊不放心。今年天气奇热，尔在途次平安否？

余在金陵与沅叔相聚二十五日，二十日登舟还皖，体中尚适。余与沅叔蒙恩晋封侯伯，门户太盛，深为祇惧。尔在省以谦敬二字为主，事事请问意臣、芝生两姻叔，断不可送条子，致腾物议。十六日出闱，十七八拜客，十九日即可回家。九月初在家听榜信后，再起程来署可也。择交是第一要事，须择志趣远大者，此嘱。

同治四年闰五月初九日

字谕纪泽、纪鸿：

余于初四日自邵伯开行后，初八日至清江浦。闻捻匪张、任、牛三股并至蒙、亳一带，英方伯雉河集营被围，易开俊在蒙城亦两面皆贼，粮路难通。余商昌岐带水师由洪泽湖至临淮，而自留此待罗、刘旱队至乃赴徐州。

尔等奉母在寓，总以勤俭二字自惕，而接物出以谦慎。凡世家之不勤不俭者，验之于内眷而毕露。余在家深以妇女之奢逸为虑，尔二人立志撑持门户，亦宜自端内教始也。余身尚安，癣略甚耳。

同治四年闰五月十九日，清江浦

字谕纪泽：

接尔两次安禀，具悉一切。尔母病已痊愈，罗外孙亦好，慰慰。

余到清江已十一日，因刘松山未到，皖南各军闹饷，故尔迟迟未发。雉河、蒙城等处日内亦无警信。罗茂堂等今日开行，由陆路赴临淮。余俟刘松山到后，拟于二十一日由水路赴临淮。身体平安。惟廑念湘勇闹饷，有弗戢自焚之惧，竟日忧灼。蒋之纯一军在湖北业已叛变，恐各处相煽，即湘乡亦难安居。思所以痛惩之之法，尚无善策。

杨见山之五十金，已函复小岑在于伊卿处致送。邵世兄及各处月送之款，已有一札，由伊卿长送矣。惟壬叔向按季送，偶未入单，刘伯山书局撤后，再代谋一安砚之所。该局何时可撤，尚无闻也。

寓中绝不酬应，计每月用钱若干？儿妇诸女，果每日纺绩有常课否？下次禀复。吾近夜饭不用荤菜，以肉汤炖蔬菜一二种，令其烂如羹，味美无比，必可以资培养菜不必贵，适口则足养人，试炖与尔母食之星冈公好于日入时手摘鲜蔬，以供夜餐。吾当时侍食，实觉津津有味，今则加以肉汤，而味尚不逮于昔时。后辈则夜饭不荤，专食蔬而不用肉汤，亦养生之宜，且崇俭之道也。颜黄门之推《颜氏家训》作于乱离之世，张文端英《聪训斋语》作于承平之世，所以教家者极精。尔兄弟各觅一册，常常阅习，则日进矣。

同治四年六月初一日

字谕纪泽、纪鸿儿：

余于二十五六日渡洪泽湖面二百四十里，二十七日入淮，二十八日在五河停泊一日，等候旱队。二十九日抵临淮。闻刘省三于二十四日抵徐州，二十八日由徐州赴援雉河，英西林于二十六日攻克高炉集，雉河之军心益固，大约围可解矣。罗、张、朱等明日可以到此，刘松山初五六可到。余小住半月，当仍赴徐州也。毛寄云年伯至清江，急欲与余一晤，余因太远，止其来临淮。

尔写信太短，近日所看之书及领略古人文字意趣尽可自摅所见，随时质正。前所示有气则有势，有识则有度，有情则有韵，有趣则有味，古人绝好文字大约于此四者之中必有一长。尔所阅古文何篇？于何者为近？可放论而详问焉。鸿儿亦宜常常具禀，自述近日工夫。此示。

同治四年六月十九日

字谕纪泽、纪鸿：

今日接小岑信，知邵世兄一病不起，实深伤悼。位西立身行己、读书作文俱无差谬，不知何以家运衰替若此？岂天意真不可测耶？尔母之病，总带温补之剂，当无他虞。罗氏外孙及朱金权已痊愈否？

此间大水异常，各营皆已移渡南岸。惟余所居淮北两营系罗茂堂所带，二日内尚可不移。再长水八寸，则危矣。阴云郁热，雨势殊未已也。

邵世兄处，应送奠仪五十金。可由家中先为代出，有便差来营即付去。滕中军所带百人，可令每半月派一兵来，此不必定候家乡长夫送信。余托陈小浦买龙井茶，尔可先交银十六两，亦候下次兵来时付去。邵宅每月二十金，尔告伊卿照常致送否？须补一公牍否？尔每旬至李宫保处一谈否？幕中诸友凌晓岚等，相见契惬否？气势、识度、情韵、趣味四者，偶思邵子四象之说可以分配，兹录于别纸。尔试究之。

同治四年六月二十五日

字谕纪泽：

二十四日接奉寄谕，知沅叔已简授山西巡抚。谕旨咨少荃宫保处，尔可借阅。沅叔之病，不知此时痊愈否？余须寄信嘱其北上陛见之便，且至徐州兄弟相会。

陈刻《二十四史》颇为可爱，不知其错字多否？《几何原本》可先刷一百部。曾恒德无事亦可来营。余又有取阅之书，可令滕中军派兵送来，录如别纸。

同治四年七月初三日

字谕纪泽、纪鸿儿：

纪泽于陶诗之识度不能领会，试取《饮酒》二十首、《拟古》九首、《归田园居》五首、《咏贫士》七首等篇反复读之，若能窥其胸襟之广大，寄托之遥深，则知此公于圣贤豪杰皆已升堂入室。尔能寻其用意深处，下次试解说一二首寄来。

又问有一专长，是否须兼三者乃为合作。此则断断不能。韩无阴柔之美，欧无阳刚之美，况于他人而能兼之？凡言兼众长者，皆其一无所长者也。鸿儿言此表范围曲成，横竖相合，足见善于领会。至于纯熟文字，极力揣摩固属切实工夫，然少年文字，总贵气象峥嵘，东坡所谓蓬蓬勃勃，如釜上气。古文如贾谊《治安策》、贾山《至言》、太史公《报任安书》、韩退之《原道》、柳子厚《封建论》、苏东坡《上神宗书》，时文如黄陶庵、吕晚村、袁简斋、曹寅谷，墨卷如《墨选观止》、《乡墨精锐》中所选两排三叠之文，皆有最盛之气势。尔当兼在气势上用功，无徒在揣摩上用功。大约偶句多，单句少，段落多，分股少，莫拘场屋之格式。短或三五百字，长或八九百字、千余字，皆无不可。虽系《四书》题，或用后世之史事，或论目今之时务，亦无不可。总须将气势展得开，笔仗使得强，乃不至于束缚拘滞，愈紧愈呆。

嗣后尔每月作五课揣摩之文，作一课气势之文。讲揣摩者送师阅改，讲气势者寄余阅改。四象表中，惟气势之属太阳者，最难能而可贵。古来文人虽偏于彼三者，而无不在气势上痛下工夫。两儿均宜勉之。此嘱。

同治四年七月十三日

字谕纪泽：

福秀之病，全在脾亏。今闻晓岑先生峻补脾胃，似亦不甚相宜。凡五藏极亏者，皆不受峻补也。尔少时亦极脾亏，后用老米炒黄，熬成极酽之稀饭，服之半年，乃有转机。尔母当尚能记忆。金陵可觅得老米否？试为福秀一服此方。开生到已数日，元徵信接到，兹有复信，并邵二世兄信。

尔阅后封口交去。渠需银两，尔陆续支付可也。

《义山集》似曾批过，但所批无多。余于道光二十三、四、五、六等年，用胭脂圈批。唯余有丁刻《史记》六套在家否、王刻韩文在尔处、程刻韩诗最精本、小本杜诗、康刻《古文辞类纂》温叔带回，霞仙借去、《震川集》在季师处、《山谷集》在黄恕皆家首尾完毕，余皆有始无终，故深以无恒为憾。近年在军中阅书，稍觉有恒，然已晚矣。故望尔等于少壮时即从有恒二字痛下工夫。然须有情韵、趣味，养得生机盎然，乃可历久不衰。若拘苦疲困，则不能真有恒也。

同治四年七月二十七日

字谕纪泽、纪鸿：

郭宅姻事，吾意决不肯由轮船海道行走。嘉礼尽可安和中度，何必冒大洋风涛之险？至成礼或在广东，或在湘阴，须先将我家或全眷回湘，或泽儿夫妇送妹回湘，吾家主意定后，而后婚期之或迟或早可定，而后成礼之或湘或粤亦可定。

吾既决计不回江督之任，而全眷犹恋恋于金陵，不免武仲据防之嫌，是尔母及全眷早迟总宜回湘，全眷皆须还乡，四女何必先行？吾意九月间尔兄弟送家属悉归湘乡。经过省城时，如吉期在半月之内，或尔母亲至湘阴一送亦可。如吉期尚遥，则纪泽夫妇带四妹在长沙小住，届期再行送至湘阴成婚。

至成礼之地，余意总欲在湘阴为正办。筠仙姻丈去岁嫁女，既可在湘阴由意城主持，则今年娶妇，亦可在湘阴由意城主持。金陵至湘阴近三千里，粤东至湘阴近二千里。女家送三千，婿家迎二千，而成礼于累世桑梓之地，岂不尽美尽善？尔以此意详复筠仙姻丈一函，令崔成贵等由海道回粤。余亦以此意详致一函，由排单寄去，即以此信为定。喜期定用十二月初二日，全眷十月上旬自金陵启行，断不致误。如筠仙姻丈不愿在湘阴举行，仍执送粤之说，则我家全眷暂回湘乡，明年再商吉期可也。

鸿儿之文气势颇旺，下次再行详示。尔母须用茯苓，候至京之便购买。余以二十四日自临淮起行，十日无雨，明日可到徐州矣。途次平安，勿念。

同治四年八月十三日

字谕纪泽：

邵世兄开来行略等件收到，位西先生遗文亦阅过。本月当作墓铭，出月亲为书写，仍付金陵，交张氏兄弟钩刻。大约刊刻拓印须三个月工夫，年底乃可葳事。尔告邵子晋急急返杭料理葬事，以速为妙。此石不宜埋藏土中，将来或藏之邵氏家庙，或嵌之邵家屋壁，或一二年后，于墓之址丈余另穿一小穴补行埋之亦无不可。此次不可待碑成再定葬期也。

同治四年八月十九日

字谕纪泽：

王船山先生《书经稗疏》三本、《春秋家说序》一薄本，系托刘韫斋先生在京城文渊阁钞出者。尔可速寄欧阳晓岑丈处，以便续行刊刻。刘松山前借去鄂刻地图七本，兹已取回。尚有二十六本在金陵，可寄至大营，配成全部。

《全唐文》太繁，而郭慕徐处有专集十余种，其中有《韩昌黎集》，吾欲借来一阅，取其无注，便于温诵也。又《文献通考》吾曾点过田赋、钱币、户口、职役、征榷、市籴、土贡、国用、刑制、舆地等门者、《晋书》、《新唐书》要殿本，《晋书》兼取李芋仙送毛刻本均取来，以便翻阅。《后汉书》亦可带来殿本。冬春皮衣均于此次舢板带来。此嘱。

同治四年八月二十一日

字谕纪泽、纪鸿：

家眷旋湘，应俟接筠仙丈复信乃可定局。余意姻期果定十二月初二，则泽儿夫妇送妹先行，至湘阴办喜事毕，即回湘乡，另觅房屋。觅妥后，写信至金陵，鸿儿奉母并全眷回籍。若婚期改至明年，则泽儿一人回湘觅屋，冢妇及四女皆随母明年起程。

黄金堂之屋，尔母素不以为安，又有塘中溺人之事，自以另择一处为妥。余意不愿在长沙住，以风俗华靡，一家不能独俭。若另求僻静处所，亦殊难得，不如即在金陵多住一年半载亦无不可。泽儿回湘与两叔父商，在附近二三十里觅一合式之屋，或尚可得。星冈公昔年思在牛栏大丘起屋，即鲇鱼坝萧祠间壁也。不知果可造屋，以终先志否？又油铺里系元吉公屋，犁头嘴系辅臣公屋，不知可买庄兑换或借住一二年否？富圫可移兑否？尔禀商两叔，必可设法办成。尔母既定于明年起程，则松生夫妇及邵小姐之位置，新年再议可也。

近奉谕旨，饬余晋驻许州。不去则屡违诏旨，又失民望；遽往则局势不顺，必无成功，焦灼之至。余不多及。

同治四年九月初一日

字谕纪泽：

尔十一日患病，十六日尚神倦头眩，不知近已痊愈否？吾于凡事皆守“尽其在我，听其在天”二语，即养生之道亦然。体强者，如富人因戒奢而益富；体弱者，如贫人因节啬而自全。节啬非独食色之性也，即读书用心，亦宜检约，不使太过。余八本篇中言养生以少恼怒为本，又尝教尔胸中不宜太苦，须活泼泼地，养得一段生机，亦去恼怒之道也。既戒恼怒，又知节啬，养生之道已尽其在我者矣。此外寿之长短，病之有无，一概听其在天，不必多生妄想去计较他。凡多服药饵，求祷神祇，皆妄想也。吾于医药、祷祀等事，皆记星冈公之遗训，而稍加推阐，教示后辈。尔可常常与家中内外言之。尔今冬若回湘，不必来徐省问，徐去金陵太远也。

近日贼犯山东，余之调度，概咨少荃宫保处。澄、沅两叔信附去查阅，不须寄来矣。此嘱。

同治四年九月十八日

字谕纪泽：

十七日接尔初十日禀，知尔病三次翻复，近已痊愈否？舢板尚未到徐。而此间群贼萃于铜、沛二县，攻破民圩颇多，与微山湖相近，湖中水浅，近郡处又窄，舢板或畏贼不欲进耶？马步贼约六七万，火器虽少而剽悍异常，看来凶焰尚将日长。吾已定与贼相终始，故亦安之若素。

文辅卿自京来此，言近事颇详。九叔浮言渐息，霞仙虽降调，而物望尚好。筠仙众望较减，天眷亦甚平平。顷接筠信，婚期已改明年，然则尔今冬亦可不回湘矣。原信钞去一阅。尔母健饭，大慰大慰。

同治四年九月二十五日

字谕纪泽：

兹将邵位西墓铭付回。其兄之名空二字，尔可填写，交匠人钩摹刊刻。季公墓铭，匠人刻出太俗，无深厚之意，余字尚不如是。尔可教张氏二匠用刀须略明行气之法。刀下无气，则顺修逆描，全失劲健之气矣。

《几何原本》序付去照收。余十九日复奏李公入洛、李丁迭迁一疏，尔可至李宫保署查阅。此嘱。

同治四年九月晦日

字谕纪泽、纪鸿：

二十六日接纪泽排递之禀，纪鸿舢板带来禀件、衣、书，今日派夫往接矣。泽儿肝气痛病亦全好否？尔不应有肝郁之症。或由元气不足，诸病易生，身体本弱，用心太过。上次函示以节啬之道，用心宜约，尔曾体验否？张文端公英所著《聪训斋语》，皆教子之言，其中言养身、择友、观玩山水花竹，纯是一片太和生机，尔宜常常省览。鸿儿体亦单弱，亦宜常看此书。吾教尔兄弟不在多书，但以圣祖之《庭训格言》家中尚有数本、张公之《聪训斋语》莫宅有之，申夫又刻于安庆二种为教，句句皆吾肺腑所欲言。

以后在家则莳养花竹，出门则饱看山水，环金陵百里内外，可以遍游也。算学书切不可再看，读他书亦以半日为率。未刻以后，即宜歇息游观。古人以惩忿窒欲为养生要诀，惩忿即吾前信所谓少恼怒也，窒欲即吾前信所谓知节啬也。因好名好胜而用心太过，亦欲之类也。药虽有利，害亦随之，不可轻服。切嘱。

同治四年十月初四日

字谕纪泽：

尔病亦好，慰慰。贼于二十九日稍与马队接仗，其夜即窜萧县，初一二日窜又渐远，现尚不知果窜何处。各兵既力求宽限，以后即限九日，以八百里之程，每日仅走九十里，并非强人所难。

张文端公《聪训斋语》兹付去二本，尔兄弟细心省览，不特于德业有益，实于养生有益。余身体平安，惟精神日损，老景逐增，而责任甚重，殊为悚惧。

同治四年十月十七日

字谕纪泽、纪鸿：

贼自初三、四两日在丰县为潘军所败，仓皇西窜。行至宁陵，又为归德周盛波一军所败。据擒贼供称将窜湖北，不知确否。此间侯幼泉游击之师办成，除四镇大兵外，尚有两支大游兵，尽敷剿办。但求朱、唐、金军遣撤不生事变，则诸务渐有归宿矣。

泽儿身体复元，思来徐州省觐。余拟于今冬至曹、济、归、陈四府巡阅地势，现尚未定，尔暂不必来。如余不赴齐、豫，尔至十二月十五以后前来徐州，侍余度岁可也。彭笛仙在粮台，尔常相见否？其学问长处究竟何如？《聪训斋语》，余以为可却病延年，尔兄弟与松生、慕徐常常体验否？可一禀及。此嘱。

同治四年十月二十四夜

字谕纪泽、纪鸿：

余近日身体平安。捻匪自窜河南后，久无消息。十九日之折，顷接寄谕，业经照准。

明年寓中请师。顷桐城吴汝纶挚甫来此，渠以本年连捷，得内阁中书，告假出京。余劝令不必遽尔进京当差，明年可至余幕中专心读书，多作古文。因拟请其父吴元甲号育泉者至金陵教书，为纪鸿及陈婿之师。育泉以廪生举孝廉方正，其子汝纶系一手所教成者也。挚甫闻此言欣然乐从，归告其父，想必允许。惟澄、沅叔已答应将富托让与我家居住，明岁将送全眷回湘，吴来金陵，恐非长久之局。挚甫由徐赴金陵，余拟派差官送之。尔可与之面商一切。

鸿儿每十日宜写一禀。字宜略大，墨宜浓厚。此嘱。

同治四年十一月初六日

字谕纪泽：

彭宫保尚在安庆，松生陪王益梧去，恐无所遇，抑别有他营耶？河南吴中丞疏称豫省情形万难，供职无状，请另简贤能。谕旨又催移营，现因湖团一案关系极大，必须在徐料理，新年即将移驻河南之周家口。尔可于腊月来徐省觐，随同度岁。由金陵坐船至清江，清江雇王家营轿车来徐，余派弁至清江迎接。大约水陆不过十二三日程耳。季荃无病，何必托词不来？

《聪训斋语》俟觅得再寄。余前信欲乞慕徐斋头《全唐文》残本中韩文一种，尔曾与慕徐说及否？《明史》亦未带来。腊月来营，可将此二书带来。《明史》即将陈刻本带来亦可。王氏《广雅疏证》可附带也。

同治四年十一月十八日

字谕纪泽、纪鸿：

余明年正月即移驻周家口，该处距汉口八百四十里，距长沙一千六百余里，距金陵亦一千三百余里。两边皆系陆路，通信于金陵，与通信于长沙，其难一也。泽儿来此省觐，送余移营起程后即回金陵。全眷仍以三月回湘为妥。吴育泉正月上学，教满两月，如果师弟相得，或请之赴湖南，或令纪鸿、陈婿随吴师来余营读书亦无不可。家中人少，不宜分作两处住也。

余日来核改水师章程，将次完竣。惟提、镇以下至千、把，每年各领养廉若干，此间无书可查，泽儿可翻《会典》，查出寄来。凡经制之现行者查典，凡因革之有由者查事例。武职养廉，记始于乾隆四十七年补足名粮案内。文职养廉，记始于雍正五年耗羡归公案内。尔细查武养廉数目，即日先寄。又提督之官，见《明史·职官志》都察院条内，本与总督、巡抚等官皆系文职而带兵者，不知何时改为武职。尔试翻寻《会典》，或询之凌晓岚、张啸山等，速行禀复。

同治四年十一月二十九日

字谕纪泽：

蒋大春赍到，并《会典》五册、《明史》一册。国初提督尚文武兼用，厥后专用武职，不知始于何时。前明有挂印总兵，以总兵而挂平西将军、征南将军等印。国朝总兵亦间存挂印之名，而实无真印，不知何年并挂印之名而去之。尔试问刘伯山能记之否。水师章程定于十二月出奏。如其查不出，亦不要紧，凡办事不必定讲考据也。

同治五年正月十八日

字谕纪鸿：

尔学柳帖《琅琊碑》，效其骨力，则失其结构，有其开张，则无其掜搏。古帖本不易学，然尔学之尚不过旬日，焉能众美毕备，收效如此神速？

余昔学颜、柳帖，临摹动辄数百纸，犹且一无所似。余四十以前在京所作之字，骨力间架皆无可观，余自愧而自恶之。四十八岁以后，习李北海《岳麓寺碑》，略有进境，然业历八年之久，临摹已过千纸。今尔用功未满一月，遽欲遽跻神妙耶？余于凡事皆用困知勉行工夫，尔不可求名太骤，求效太捷也。以后每日习柳字百个，单日以生纸临之，双日以油纸摹之。临帖宜徐，摹帖宜疾，专学其开张处。数月之后，手愈拙，字愈丑，意兴愈低，所谓困也。困时切莫间断，熬过此关，便可少进。再进再困，再熬再奋，自有亨通精进之日。不特习字，凡事皆有极困极难之时，打得通的，便是好汉。余所责尔之功课，并无多事，每日习字一百，阅《通鉴》五页，诵熟书一千字或经书或古文、古诗，或八股试帖，从前读书即为熟书，总以能背诵为止，总宜高声朗诵，三八日作一文一诗。此课极简，每日不过两个时辰即可完毕，而看、读、写、作四者俱全。余则听尔自为主张可也。

尔母欲以全家住周家口，断不可行。周家口河道甚窄，与永丰河相似，而余驻周家口亦非长局，决计全眷回湘。纪泽俟全行复元，二月初回金陵。余于初九日起程也。此嘱。

同治五年正月二十四日

字谕纪鸿：

日内未接尔禀，想阖寓平安。余定以二月九日由徐州起程，至山东济、兖、河南归、陈等处，驻扎周家口以为老营。纪泽定于初一日起程，花朝前后可抵金陵，三月初送全眷回湘。

尔出外二年有奇，诗文全无长进，明年乡试，不可不认真讲求八股试帖。吾乡难寻明师，长沙书院亦多游戏征逐之习，吾不放心。尔至安黄后，可与方存之、吴挚甫同伴，由六安州坐船至周家口，随我大营读书。李申夫于八股试帖最善讲说。据渠论及，不过半年，即可使听者欢欣鼓舞，机趣洋溢而不能自已。尔到营后，弃去一切外事，即看《鉴》、临帖、算学等事皆当辍舍，专在八股试帖上讲求。丁卯六月回籍乡试，得不得虽有命定，但求试卷不为人所讥笑，亦非一年苦功不可。

同治五年二月十八日，兖州行次

字谕纪鸿：

凡作字总要写得秀，学颜、柳，学其秀而能雄；学赵、董，恐秀而失之弱耳。尔并非下等姿质，特从前无善讲善诱之师，近来又颇有好高好速之弊。若求长进，须勿忘而兼以勿助，乃不致走入荆棘耳。

同治五年二月二十五日

字谕纪泽、纪鸿：

接纪泽在清江浦、金陵所发之信。舟行甚速，病亦大愈，为慰。老年来始知圣人教孟武伯问孝一节之真切。尔虽体弱多病，然只宜清净调养，不宜妄施攻治。庄生云：“闻在宥天下，不闻治天下也。”东坡取此二语以为养生之法。尔熟于小学，试取在宥二字之训诂体味一番，则知庄、苏皆有顺其自然之意。养生亦然，治天下亦然。若服药而日更数方，无故而终年峻补，疾轻而妄施攻伐，强求发汗，则如商君治秦、荆公治宋，全失自然之妙。柳子厚所谓名为爱之，其实害之，陆务观所谓天下本无事，庸人自扰之，皆此义也。东坡游罗浮诗云：“小儿少年有奇志，中宵起坐存黄庭。”下一存字，正合庄子在宥二字之意。盖苏氏兄弟父子皆讲养生，窃取黄老微旨，故称其子为有奇志。以尔之聪明，岂不能窥透此旨？余教尔从眠食二端用功，看似粗浅，却得自然之妙。尔以后不轻服药，自然日就壮健矣。

余以十九日至济宁，即闻河南贼匪图窜山东，暂住此间，不遽赴豫。贼于二十二日已入山东曹县境，余调朱星槛三营来济护卫，腾出潘军赴曹攻剿。须俟贼出齐境，余乃移营西行也。

尔侍母西行，宜作还里之计，不宜留连鄂中。仕宦之家，往往贪恋外省，轻弃其乡，目前之快意甚少，将来之受累甚大。吾家宜力矫此弊。

同治五年三月初五日

字谕纪泽：

全眷起行已定十七、二十六两日，当可从容料理。得沅叔二月十三日信，定于三月初间赴鄂履任。尔等到鄂，当可少为停留。贼在山东，余须留于济宁就近调度，不能遽至周家口。纪鸿儿过安庆时，不可轻赴周口，且随母至湖北，再行定计。尔过安庆，往拜吴挚甫之父穜泉翁，观其言论风范，果能大有益于鸿儿否？如其蔼然可亲，尔兄弟即定计请之，同船赴鄂，即在沅叔署中读书。若余抵周家口，距汉口八百四十里，纪鸿省觐尚不甚难。尔则奉母还湘，不必在鄂久住。

金陵署内木器之稍佳者不必带去，余拟寄银三百，请澄叔在湘乡、湘潭置些木器送于富圫，但求结实，不求华贵。衙门木器等物，除送人少许外，余概交与房主姚姓、张姓，稍留去后之思。

同治五年三月十四夜，济宁州

字谕纪泽、纪鸿：

顷据探报，张逆业已回窜，似有返豫之意。其任、赖一股锐意东来，已过汴梁，顷探亦有改窜西路之意。如果齐省一律肃清，余仍当赴周家口，以践前言。

雪琴之坐船已送到否？三月十七果成行否？沿途州县有送迎者，除不受礼物、酒席外，尔兄弟遇之，须有一番谦谨气象，勿恃其清介而生傲惰也。余近年默省之勤、俭、刚、明、忠、恕、谦、浑八德，曾为泽儿言之，宜转告与鸿儿，就中能体会一二字，便有日进之象。泽儿天质聪颖，但嫌过于玲珑剔透，宜从浑字上用些工夫。鸿儿则从勤字上用些工夫。用工不可拘苦，须探讨些趣味出来。

余身体平安，告尔母放心。此嘱。

同治五年四月二十五日，济宁

字谕纪泽、纪鸿：

接尔二人在裕溪口、在安庆、在九江所发信，知沿途清吉，为慰。此时想已安抵湖北。沅叔恩明谊美，必留全眷在湖北过夏。余意业已回籍，即以一直到家为妥。

富圫房屋如未修完，即在大夫第借住。纪鸿即留鄂署读书。世家子弟既为秀才，断无不应科场之理。既入科场，恐诗文为同人所笑，断不可不切实用功。科六与黄泽生先生若来湖北，纪鸿宜从之讲求八股。湖北有胡东谷，是一时文好手。此外尚有能手否？尔可禀商沅叔，择一善讲者而师事之。

余尚不能遽赴周家口，申夫亦不能遽赴鄂中，道远而逼近贼氛。鸿儿不可冒昧来营，即在武昌沅叔左右苦心作诗文经策。

同治五年五月十一夜

字谕纪泽、纪鸿：

接尔二人禀，知尔九叔母率眷抵鄂，极骨肉团聚之乐。宦途亲眷本难相逢，乱世尤难。留鄂过暑，自是至情。

鸿儿与瑞侄一同读书，请黄泽生先生看文，恰与吾前信之意相合。屡闻近日精于举业者，言及陕西路闰生先生德《仁在堂稿》及所选仁在堂试帖、律赋、课艺无一不当行出色，宜古宜今。余未见此书，仅见其所著《柽花馆试帖》，久为佩仰。陕西近三十年科第中人，无不出闰生先生之门。湖北官员中想亦有之。纪鸿与瑞侄等须买《仁在堂全稿》、《柽花馆试帖》悉心揣摩，如武汉无可购买，或折差由京买回亦可。

鸿儿信中拟专读唐人诗文。唐诗固宜专读，唐文除韩、柳、李、孙外，几无一不四六者，亦可不必多读。明年鸿、瑞两人宜专攻八股试帖。选仁在堂中佳者，读必手钞，熟必背诵。尔信中言须能背诵乃读他篇，苟能践言，实良法也。读《柽花馆试帖》，亦以背诵为要。对策不可太空。鸿、瑞二人可将《文献通考》序二十五篇读熟，限五十日读毕，终身受用不尽。既在鄂读书，不必来营省觐矣。

同治五年六月十六日

字谕纪泽、纪鸿：

沅叔足疼痊愈，深可喜慰。惟外毒遽瘳，不知不生内疾否。

唐文李、孙二家，系指李翱、孙樵。八家始于唐荆川之文编，至茅鹿门而其名大定，至储欣同人而添孙、李二家。御选《唐宋文醇》亦从储而增为十家。以全唐皆尚骈俪之文，故韩、柳、李、孙四人之不骈者为可贵耳。

湘乡修县志，举尔纂修。尔学未成，就文甚迟钝，自不宜承认，然亦不可全辞。一则通县公事，吾家为物望所归，不得不竭力赞助；二则尔惮于作文，正可借此逼出几篇。天下事无所为而成者极少，有所贪、有所利而成者居其半，有所激、有所逼而成者居其半。尔篆韵钞毕，宜从古文上用功。余不能文，而微有文名，深以为耻，尔文更浅而亦获虚名，尤不可也。

吾友有山阳鲁一同通父，所撰《邳州志》、《清河县志》，即为近日志书之最善者。此外再取有名之志为式，议定体例，俟余核过，乃可动手。

同治五年六月二十六日，宿迁

字谕纪泽、纪鸿：

十六日在济宁开船，二十四至宿迁。小舟酷热，昼不干汗，夜不成寐，较之去年赴临淮时困苦倍之。

吾家门第鼎盛，而居家规模礼节总未认真讲求。历观古来世家久长者，男子须讲求耕读二事，妇女须讲求纺绩酒食二事。《斯干》之诗，言帝王居室之事，而女子重在酒食是议。《家人》卦，以二爻为主，重在中馈。《内则》一篇，言酒食者居半。故吾屡教儿妇诸女亲主中馈，后辈视之若不要紧，此后还乡居家，妇女纵不能精于烹调，必须常至厨房，必须讲求作酒作醯醢小菜之类。尔等亦须留心于莳蔬养鱼。此一家兴旺气象，断不可忽。纺绩虽不能多，亦不可间断。大房唱之，四房皆和之，家风自厚矣。至嘱至嘱。

同治五年七月二十一日

字谕纪泽、纪鸿：

在临淮住六七日，拟由怀远入涡河，经蒙、亳以达周家口，中秋前必可赶到。届时沅叔若至德安，当设法至汝宁、正阳等处一会。

余近来衰态日增，眼光益蒙。然每日诸事有恒，未改常度。尔等身体皆弱，前所示养生五诀，已行之否？泽儿当添不轻服药一层，共六诀矣。既知保养，却宜勤劳。家之兴衰，人之穷通，皆于勤惰卜之。泽儿习勤有恒，则诸弟七八人皆学样矣。鸿儿来禀太少，以后半月写禀一次。泽儿禀亦嫌太短，以后可泛论时事，或论学业也。此谕。

同治五年八月初三日

字谕纪泽、纪鸿：

接纪泽两禀，并纪鸿及瑞侄禀信、八股。两人气象俱光昌，有发达之概，惟思路未开，作文以思路宏开为必发之品。意义层出不穷，宏开之谓也。

余此次行役，始为酷热所困，中为风波所惊，旋为疾病所苦。此间赴周家口尚有三百余里，或可平安耳。尔拟于《明史》看毕重看《通鉴》，即可便看王船山之《读通鉴论》，尔或间作史论，或作咏史诗。惟有所作，则心自易入，史亦易熟，否则难记也。

早间所食之盐姜已完，近日设法寄至周家口。吾家妇女须讲究作小菜，如腐乳、酱油、酱菜、好醋、倒笋之类，常常做些寄与我吃。《内则》言事父母舅姑，以此为重。若外间买者，则不寄可也。

同治五年八月二十二日

字谕纪泽、纪鸿：

接尔等八月初十日禀，知鸿儿生男之喜。军事棘手，衰病焦灼之际，闻此大为喜慰。

九月初十后，泽儿送全眷回湘，鸿儿可来周家口侍奉左右。明年夏间，泽儿来营侍奉，换鸿儿回家乡试。余病已痊愈，惟不能用心。偶一用心，即有齿疼、出汗等患，而折片不肯假手于人。责望太重，万不能不用心也。

朱子《纲目》一书，有续修宋元及明合为一遍者，白玉堂忠愍公有之，武汉买得出否？若有而字大明显者，可买一部带来。此谕。

同治五年九月初九日

字谕纪泽、纪鸿：

接泽儿八月十八日禀，具悉。择期九月二十日还湘，十月二十四日四女喜事，诸务想办妥矣。凡衣服首饰百物，只可照大女、二女、三女之例，不可再加。纪鸿于二十日送母之后，即可束装来营，自坐一轿，行李用小车，从人或车或马皆可，请沅叔派人送至罗山，余派人迎至罗山。

淮勇不足恃，余亦久闻此言，然物论悠悠，何足深信。所贵好而知其恶，恶而知其美。省三、琴轩均属有志之士，未可厚非。申夫好作识微之论，而实不能平心细察。余所见将才杰出者极少，但有志气，即可予以美名而奖成之。

余病虽已愈，而难于用心，拟于十二日续假一月，十月奏请开缺，但须沅弟无非常之举，吾乃可徐行吾志耳。否则别有波折，又须虚与委蛇也。此谕。

同治五年九月十七日

字谕纪泽、纪鸿：

余病大致已好，惟不甚能用心。自度难任艰巨，已于十三日具片续假一月，将来请开各缺。纵不能离营调养，但求事权稍小，责任稍轻，即为至幸。欲求平捻功成，从容引退，殆恐不能，即求免于谤议，亦不能也。捻匪窜过沙河、贾鲁河之北，不知已入鄂境否。若鸿儿尚未回湘，目下亦不必来周家口，恐中途适与贼遇。

盐姜颇好，所作椿麸子酝菜亦好。家中外须讲求莳蔬，内须讲求晒小菜。此足验人家之兴衰，不可忽也。此谕。

同治五年十月十一日

字谕纪泽：

尔读李义山诗，于情韵既有所得，则将来于六朝文人诗文，亦必易于契合。

凡大家名家之作，必有一种面貌，一种神态，与他人迥不相同。譬之书家羲、献、欧、虞、褚、李、颜、柳，一点一画，其面貌既截然不同，其神气亦全无似处。本朝张得天、何义门虽称书家，而未能尽变古人之貌。故必如刘石庵之貌异神异，乃可推为大家。诗文亦然。若非其貌其神迥绝群伦，不足以当大家之目。渠既迥绝群伦矣，而后人读之，不能辨识其貌，领取其神，是读者之见解未到，非作者之咎也。尔以后读古文古诗，惟当先认其貌，后观其神，久之自能分别蹊径。今人动指某人学某家，大抵多道听途说，扣槃扪烛之类，不足信也。君子贵于自知，不必随众口附和也。余病已大愈，尚难用心，日内当奏请开缺。近作古文二首，亦尚入理，今冬或可再作数首。

唐镜海先生殁时，其世兄求作墓志，余已应允，久未动笔，并将节略失去。尔向唐家或贺世兄处蔗农先生子，镜海丈婿也索取行状节略寄来。《罗山文集年谱》未带来营，亦向易芝生先生索一部付来，以便作碑，一偿夙诺。

纪鸿初六日自黄安起程，日内应可到此。

同治五年十月二十六日

字谕纪泽：

余于十三日具疏请开各缺，并附片请注销爵秩。二十五日接奉批旨，再赏假一月，调理就痊，进京陛见一次。余拟于正月初旬起程进京。

余近无他苦，惟腰疼畏寒，夜不成眠。群疑众谤之际，此心不无介介，然回思迩年行事无甚差谬，自反而缩，不似丁冬戊春之多悔多愁也。到京后，仍当具疏请开各缺，惟以散员留营维系军心，担荷稍轻。尔兄弟轮流侍奉，军务松时，请假回籍省墓一次，亦足以娱暮景。

纪鸿在此体气甚好，心思亦似开朗，当令其回家事母耳。

同治五年十一月初三日

字谕纪泽：

余定于正初北上，顷已附片复奏。届时鸿儿随行，二月回豫，鸿儿三月可还湘也。余决计此后不复作官，亦不作回籍安逸之想，但在营中照料杂事，维系军心。不居大位享大名，或可免于大祸大谤。若小小凶咎，则亦听之而已。

余近日身体颇健，鸿儿亦发胖。家中兴衰，全系乎内政之整散。尔母率二妇诸女于酒食、纺绩二事断不可不常常勤习。目下官虽无恙，须时时作罢官衰替之想。至嘱至嘱。

同治五年十一月十八日

字谕纪泽：

此间军事，东股任、赖窜入光、固，贼势已衰。西股张总愚久踞秦中华阴一带，余派春霆往援，大约腊初可以成行。

十七日复奏不能回江督本任一折，刻木质关防留营自效一片，兹钞寄家中一阅。若果能开去各缺，不过留营一年，或可请假省墓。但平日虽有谗谤之言，亦不乏誉颂之人，未必果准悉开各缺耳。

纪鸿在此体气甚好，月余未令作文，听其潇洒闲适，一畅其机。腊月当令与叶甥开课作文。尔胆怯等症由于阴亏，朱子所谓气清者魄恒弱。若能善晓酣眠，则此症自去矣。

同治五年十一月二十八日

字谕纪泽：

此间军事，任、赖由固始窜至鄂境，该逆不得逞志于鄂，势必仍回河南。张逆入秦，已奏派春霆援秦，本月当可起程。惟该逆有至汉中过年、明春入蜀之说，不知鲍军追赶得及否？

本日折差回营，十三日又有满御史参劾，奉有明发谕旨，兹钞回一阅。余拟再具数疏婉辞，必期尽开各缺而后已。将来或再奉入觐之旨，亦未可知。

尔在家料理家政，不复召尔来营随侍矣。李申夫之母尝有二语云“有钱有酒款远亲，火烧盗抢喊四邻”，戒富贵之家不可敬远亲而慢近邻也。我家初移富圫，不可轻慢近邻，酒饭宜松，礼貌宜恭。建四爷如不在我家，或另请一人款待宾客亦可。除不管闲事、不帮官司外，有可行方便之处，亦无吝也。此谕。

同治五年十二月初一日

欧阳夫人左右：

接纪泽儿各禀，知全眷平安抵家，夫人体气康健，至以为慰。余自八月以后，屡疏请告假开缺，幸蒙圣恩准交卸钦差大臣关防，尚令回江督本任。余病难于见客，难于阅文，不能复胜江督繁剧之任，仍当再三疏辞。但受恩深重，不忍遽请离营，即在周口养病，少荃接办。如军务日有起色，余明年或可回籍省墓一次。若久享山林之福，则恐不能。然办捻无功，钦差交出，而恩眷仍不甚衰，已大幸矣。

家中遇祭酒菜，必须夫人率妇女亲自经手。祭祀之器皿，另作一箱收之，平日不可动用。内而纺绩做小菜，外而蔬菜养鱼、款待人客，夫人均须留心。吾夫妇居心行事，各房及子孙皆依以为榜样，不可不劳苦，不可不谨慎。近在京买参，每两去银二十五金，不知好否？兹寄一两与夫人服之。澄叔待兄与嫂极诚极敬，我夫妇宜以诚敬待之，大小事丝毫不可瞒他，自然愈久愈亲。此问近好。

同治五年十二月二十三日

字谕纪泽：

余自奉回两江本任之命，两次具疏坚辞，皆未俞允，训词肫挚，只得遵旨暂回徐州接受关防，令少荃得以迅赴前敌，以慰宸廑。余自揣精力日衰，不能多阅文牍，而意中所欲看之书又不肯全行割弃，是以决计不为疆吏，不居要任。两三月内，必再专疏恳辞。

余近作书箱，大小如何廉舫八箱之式。前后用横板三块，如吾乡仓门板之式。四方上下皆有方木为柱为匡，顶底及两头用板装之。出门则以绳络之而可挑，在家则以架乘之而可累两箱三箱四箱不等。开前仓板则可作柜，再开后仓板则可过风。当作一小者送回，以为式样。吾县木作最好而贱，尔可照样作数十箱，每箱不过费钱数百文。读书乃寒士本业，切不可有官家风味。吾于书箱及文房器具，但求寒士所能备者，不求珍异也。家中新居富圫，一切须存此意，莫作代代做官之想，须作代代做士民之想。门外但挂“宫太保第一匾”字样。

同治六年三月二十二日

字谕纪泽：

纪鸿病请一医来诊，鸿儿乃天花痘也。余深用忧骇，以痘太密厚，年太长大，而所服之药无一不误。阖署惶恐失措，幸托痘神佑助，此三日内转危为安。兹将日记由鄂转寄家中，稍为一慰。再过三日灌浆，续行寄信回湘也。

尔七律十五首圆适深稳，步趋义山，而劲气倔强处颇似山谷。尔于情韵、趣味二者皆由天分中得之。凡诗文趣味约有两种：一曰诙诡之趣，一曰闲适之趣。诙诡之趣，惟庄、柳之文，苏、黄之诗。韩公诗文，皆极诙诡。此外实不多见。闲适之趣，文惟柳子厚游记近之，诗则韦、孟、白、傅均极闲适。而余所好者，尤在陶之五古、杜之五律、陆之七绝，以为人生具此高淡襟怀，虽南面王不以易其乐也。尔胸怀颇雅淡，试将此三人之诗研究一番，但不可走入孤僻一路耳。

余近日平安，告尔母及澄叔知之。

同治六年三月二十八日

字谕纪泽：

鸿儿出痘，余两次详信告知家中。此六日尤为平顺，全家放心。

余忧患之余，每闻危险之事，寸心如沸汤浇灼。鸿儿病痊后，又以鄂省贼久踞臼口、天门，春霆病势甚重，焦虑之至。尔信中述左帅密劾次青，又与鸿儿信言闽中谣歌之事，恐均不确。余于左、沈二公之以怨报德，此中诚不能无芥蒂，然老命笃畏天命，力求克去褊心忮心。尔辈少年，尤不宜妄生意气，着不得丝毫意见。切记切记。

尔禀气太清。清则易柔，惟志趣高坚，则可变柔为刚；清则易刻，惟襟怀闲远，则可化刻为厚。余字汝曰劼刚，恐其稍涉柔弱也。教汝读书须具大量，看陆诗以导闲适之抱，恐其稍涉刻薄也。尔天性淡于荣利，再从此二事用功，则终身受用不尽矣。

鸿儿全数复元。端午后当遣之回湘。

同治六年五月初五日，午刻

欧阳夫人左右：

自余回金陵后，诸事顺遂。惟天气亢旱，虽四月二十四、五月初三日两次甘雨，稻田尚不能栽插，深以为虑。科一出痘，非常危险，幸祖宗神灵庇佑，现已痊愈发体，变一结实模样。十五日满两个月后，即当遣之回家，计六月中旬可以抵湘。如体气日旺，七月中旬赴省乡试可也。

余精力日衰，总难多见人客。算命者常言十一月交癸运，即不吉利，余亦不愿久居此官，不欲再接家眷东来。夫人率儿妇辈在家，须事事立个一定章程。居官不过偶然之事，居家乃是长久之计，能从勤俭耕读上做出好规模，虽一旦罢官，尚不失为兴旺气象。若贪图衙门之热闹，不立家乡之基业，则罢官之后，便觉气象萧索。凡有盛必有衰，不可不预为之计。望夫人教训儿孙妇女，常常作家中无官之想，时时有谦恭省俭之意，则福泽悠久，余心大慰矣。余身体安好如常。惟眼蒙日甚，说话多则舌头蹇涩，左牙疼甚，而不甚动摇，不至遽脱，堪以告慰。顺问近好。

同治九年六月初四日，将赴天津示二子

余即日前赴天津，查办殴毙洋人、焚毁教堂一案。外国性情凶悍，津

民习气浮嚣，俱难和叶。将来构怨兴兵，恐致激成大变。余此行反复筹思，殊无良策。余自咸丰三年募勇以来，即自誓效命疆场，今老年病躯，危难之际，断不肯吝于一死，以自负其初心。恐邂逅及难，而尔等诸事无所秉承，兹略示一二，以备不虞。余若长逝，灵柩自以由运河搬回江南归湘为便。中间虽有临清至张秋一节须改陆路，较之全行陆路者差易。去年由海船送来之书籍、木器等过于繁重，断不可全行带回，须细心分别去留。可送者分送，可毁者焚毁，其必不可弃者，乃行带归，毋贪琐物而花途费。其在保定自制之木器全行分送，沿途谢绝一切，概不收礼，但水陆略求兵勇护送而已。

余历年奏折，令夏吏择要钞录，今已钞一多半，自须全行择钞。钞毕后，存之家中，留于子孙观览，不可发刻送人，以其间可存者绝少也。余所作古文，黎莼斋钞录颇多，顷渠已照钞一份寄余处存稿。此外，黎所未钞之文，寥寥无几，尤不可发刻送人，不特篇帙太少，且少壮不克努力，志亢而才不足以副之，刻出适以彰其陋耳。如有知旧劝刻余集者，婉言谢之可也。切嘱！切嘱！余升平略涉儒先之书，见圣贤教人修身千言万语，而要以不忮不求为重。忮者，嫉贤害能，妒功争宠，所谓怠者不能修，忌者畏人修之类也。求者，贪利贪名，怀土怀惠，所谓未得患得，既得患失之类也。忮不常见，每发露于名业相侔，势位相埒之人。求不常见，每发露于货财相接，仕进相妨之际。将欲造福，先去忮心。所谓人能充无欲害人之心，而仁不可胜用也。将欲立品，先去求心。所谓人能充无穿窬之心，而义不可胜用也。忮不去，满怀皆是荆棘；求不去，满腔日即卑污。余于此二者，常加克治，恨尚未能扫除净尽。尔等欲心地干净，宜于此二者痛下工夫，并愿子孙世世戒之。附作《忮求诗》二首录右。

历览有国有家之兴，皆由克勤克俭所致，其衰则反是。余生平亦颇以勤字自励，而实不能勤。故读书无手钞之册，居官无可存之牍。生平亦好以俭字教人，而自问实不能俭。今署中内外服役之人、厨房日用之数亦云奢矣。其故由于前在军营规模宏阔，相沿未改，近因多病医药之资，漫无限制。由俭入奢易于下水，由奢反俭难于登天。在两江交卸时，尚存养廉二万金在，余初意不料于此。然似此放手用去，转瞬即已立尽。尔辈以后居家须学陆梭山之法，每月用银若干两，限一成数另封秤出，本月用毕，只准盈余，不准亏欠。衙门奢侈之习，不能不彻底痛改。余初带兵之时，立志不取军营之钱以自肥其私，今日差幸不负始愿。然亦不愿子孙过于贫困，低颜求人，惟在尔辈力崇俭德，善持其后而已。

孝、友为家庭之祥瑞，凡所称因果报应，他事或不尽验，独孝、友则立获吉庆，反是则立获殃祸，无不验者。吾早岁久宦京师，于孝养之道多疏，后来辗转兵间，多获诸弟之助，而吾毫无裨益于诸弟。余兄弟姊妹各家，均有田宅之安，大抵皆九弟扶助之力，我身殁之后，尔等事两叔如父，事叔母如母，视堂兄弟如手足，凡事皆从省啬，独待诸叔之家则处处从厚，待堂兄弟以德业相劝，过失相规，期于彼此有成为第一要义，其次则亲之欲其贵，爱之欲其富，常常以吉祥善事代诸昆弟默为祷祝，自当神人共钦。温甫、季洪两弟之死，余内省觉有惭德，澄侯、沅甫两弟渐老，余此生不审能否相见，尔辈若能从孝、友二字切实讲求，亦足为我弥缝缺憾耳。

附：忮求诗二首

右不忮

善莫大于恕，德莫凶于妒。妒者妾妇行，琐琐奚比数。己拙忌人能，己塞忌人遇。

己若无事功，忌人得成务。己若无党援，忌人得多助，势位苟相敌，畏逼又相恶。

己无好闻望，忌人文名著。己无贤子孙，忌人后嗣裕。争名日夜奔，争利东西骛。

但期一身荣，不惜他人污。闻灾或欣幸，闻祸或悦豫。问渠何以然，不自知其故。

尔室神来格，高明鬼所顾。天道常好还，嫉人还自误。幽明丛诟忌，乖气相回互。

重者灾汝躬，轻亦减汝祚。我今告后生，悚然大觉寤。终身让人道，曾不失寸步。

终身祝人善，曾不损尺布。消除嫉妒心，普天零甘露。家家获吉祥，我亦无恐怖。

右不求

知足天地宽，贪得宇宙隘。岂无过人姿，多欲为患害。在约每思丰，居困常求泰。

富求千乘车，贵求万钉带。未得求速偿，既得求勿坏。芬馨比椒兰，磐固方泰岱。

求荣不知厌，志亢神愈汰。岁燠有时寒，日明有时晦。时来多善缘，运去生灾怪。

诸福不可期，百殃纷来会。片言动招尤，举足便有碍。戚戚抱殷忧，精爽日凋瘵。

矫首望八荒，乾坤一何大。安乐无遽欣，患难无遽憝。君看十人中，八九无倚赖。

人穷多过我，我穷犹可耐。而况处夷途，奚事生嗟忾？于世少所求，俯仰有余快。

俟命堪终古，曾不愿乎外。

日课四条，同治十年金陵节署中日记

一曰慎独则心安。

自修之道，莫难于养心。心既知有善，知有恶，而不能实用其力，以为善去恶，则谓之自欺。方寸之自欺与否，盖他人所不及知，而己独知之。故《大学》之“诚意章”两言慎独。果能好善如好好色，恶恶如恶恶臭，力去人欲，以存天理，则《大学》之所谓自慊，《中庸》之所谓戒慎、恐惧皆能切实行之，即曾子之所谓自反而缩，孟子之所谓仰不愧，俯不怍，所谓养心莫善于寡欲，皆不外乎是。故能慎独，则内省不疚，可以对天地，质鬼神，断无行有不慊，于心则馁之时。人无一内愧之事，则天君泰然，此心常快足宽平，是人生第一自强之道，第一寻乐之方，守身之先务也。

二曰主敬则身强。

敬之一字，孔门持以教人。春秋士大夫亦常言之，至程、朱，则千言万语不离此旨。内而专静纯一，外而整齐严隙，敬之工夫也。出门如见大宾，使民如承大祭，敬之气象也。修己以安百姓，笃恭而天下平，敬之效验也。程子谓上下一于恭敬，则天地自位，万物自育，气无不和，四灵毕至。聪明睿智，皆由此出。以此事天飨帝，盖谓敬则无美不备也。吾谓敬字切近之效，尤在能固人肌肤之会，筋骸之束。庄敬日强，安肆日偷，皆自然之征应。虽有衰年病躯，一遇坛庙祭献之时，战阵危机之际，亦不觉神为之悚，气为之振，斯足知敬能使人身强矣。若人无众寡，事无大小，一一恭敬，不敢懈慢，则身体之强健又何疑乎？

三曰求仁则人悦。

凡人之生，皆得天地之理以成性，得天地之气以成形。我与民物，其大本乃同出一源。若但知私己而不知仁民爱物，是于大本一源之道已悖而失之矣。至于尊官厚禄，高居人上，则有拯民溺、救民饥之责。读书学古，粗知大义，即有觉后知、觉后觉之责。若但知自了，而不知教养庶汇，是于天之所以厚我者辜负甚大矣。孔门教人莫大于求仁，而其最切者莫要于“欲立立人，欲达达人“数语。立者，自立不惧，如富人百物有余，不假外求。达者，四达不悖，如贵人登高一呼，群山四应。人孰不欲已立、已达？若能推以立人、达人，则与特同春矣。后世论求仁者，莫精于张子之《西铭》，彼其视民胞物与宏济群伦，皆事天者性分当然之事。必如此，乃可谓之人；不如此，则曰悖德，曰贼。诚如是说，则虽尽立天下之人，尽达天下之人，而曾无善劳之足言。人有不悦而归之者乎？

四曰习劳则神钦。

凡人之情，莫不好逸而恶劳。无论贵贱、智愚、老少，皆贪于逸而惮于劳，古今之所同也。人一日所着之衣、所进之食，与一日所行之事、所用之力相称，则旁人韪之，鬼神许之，以为彼自食其力也。若农夫织妇，终岁勤动，以成数石之粟，数尺之布；而富贵之家，终岁逸乐，不营一业而食必珍馐，衣必锦绣，酣豢高眠，一呼百诺，此天下最不平之事，鬼神所不许也，其能久乎？古之圣君贤相，若汤之昧旦丕显，文王日昃不遑，周公夜以继日，坐以待旦，盖无时不以勤劳自励。《无逸》一篇，推之于勤则寿考，逸则夭亡，历历不爽。为一身计，则必操习技艺，磨炼筋骨，困知勉行，操心危虑，而后可以增智慧而长才识。为天下计，则必已饥已溺，一夫不获，引为余辜。大禹之周乘四载，过门不入；墨子之摩顶放踵，以利天下，皆极俭以奉身，而极勤以救民。故荀子好称大禹、墨翟之行，以其勤劳也。军兴以来，每见人有一材一技、能耐艰苦者，无不见用于人，见称于时；其绝无材技、不惯作劳者，皆唾弃于时，饥冻就毙。故勤则寿，逸则夭。勤则有材而见用，逸则无能而见弃。勤则博济斯民，而神祇钦仰；逸则无补于人，而神鬼不歆。是以君子欲为人神所凭依，莫大于习劳也。

余衰年多病，目疾日深，万难挽回。汝及诸侄辈，身体强壮者少。古之君子修己治家，必能心安身强，而后有振兴之象，必使人悦神钦，而后有骈集之祥。今书此四条，老年用自儆惕，以补昔岁之愆，并令二子各自勖勉。每夜以此四条相课，每月终以此四条相稽。仍寄诸侄共守，以期有成焉。